산도 설고
물도 설고

한국불교정신문화원

서 문

산 설고 물 설은 세계, 구도의 길은 험하고 전법의 길 또한 깊은 바다처럼 넓고 망망(茫茫)하였다.

1950년대 한국의 불교처럼 험난한 세계는 없었다. 나는 서양에서 들어온 신흥 종교를 믿다 갑자기 불교 세계에 들어오니 길고 긴 역사 속에 장엄된 아름다운 풍치도 있었지만 외색 종교의 탈을 쓴 한국 불교는 유교와 같이 마땅히 퇴치되어야 할 우상이요, 미신이었다.

대처, 비구의 소용돌이 속에서 두 스승을 함께 섬겨야 하는 불운한 행자, 그러나 나는 파도에 밀리지 않고 근원을 찾아 설산 끝까지 가서 비로소 부처님은 종파도 없고 문도도 기르지 않았다는 사실을 알게 되었다.

일미(一味)의 불교로 수천만의 대중을 거느리고 동서남북을 여행하였지만 부처님을 외면한 사람은 별로 많지 않았다.

그런데 한국 불교에서는 옷만 달리 입어도 어느 절 누구의 상좌냐 묻고 더군다나 머리를 기르고 부처님을 모시지 않은 종교는 불교가 아니라고 외면하여 지금까지도 다른 종교, 다른 교파로 발전해 가고 있다.

나는 이러한 풍토 속에서 전통을 자랑하는 강원 교육과 선방 수행을 거쳤고 더 나아가서는 신세대의 불교를 익혀야 한다고 하여 대학 교육을 받기도 하였다.

그러나 스님들이 만든 학교인데도 학생은 중 옷을 입지 못한다고 하여 그동안 받았던 계를 부처님께 바쳐버리고 다시 세속적인 불법을 신행하여야 하게 되었으니 그 이름이 '법사'다.

　고등공민학교, 불교농민학교, 불교통신대학을 만들어 일선 포교에 나섰지만 이것을 본받은 각 종파, 절에서 교양대학을 우후죽순처럼 만들고 각종 법회를 열어 포교하게 되니 나는 내가 하지 않아도 되겠구나 하고 걱정하지 않았다.

　불교방송 불교TV에서 10여 년 동안 법문하다가 보다 넓은 세계에 나아가 제삼세계를 개척하다 보니 이제 벌써 나이가 80이 되어 회향기에 접어들었다.

　BTN 불교TV에서 다큐멘터리를 만들겠다고 몇 번 사진 찍으러 오는 것을 보고 잘못하면 선후배들에게 누를 끼칠까 염려하여 그동안 지냈던 것을 출가수행기, 법사구도기, 해외포교기로 나누어 간단히 정리해 주기로 하였다. 이것이 '산 설고 물 설은 세계'이다.

　60년 동안 이것저것 겪은 것을 적다 보니 잔소리가 많아졌다.

　그러나 나와 같이 불행하게 불교를 포교하는 사람이 없게 하기 위하여 불법의 바른 길을 안내해 본다.

무술년 활안 한정섭 합장

◆◆ 일러두기 ◆◆

1. 이 책은 BTN 불교 텔레비전 다큐의 자료로서 정리된 것이다.

2. 나의 생이 비련(悲戀)하여 출가수행자 생활을 하다가 사계(捨戒)하고 재가 법사 생활을 하게 되었고, 다시 태국 승왕청에 출가하였으므로 60년 불교 생활을 전 3기로 나누어 정리하였다.

3. ① 출가수행기는 1956년 음5월부터 1962년 봄까지이고
   ② 법사구도기는 1962년부터 1999년까지이며
   ③ 해외포교기는 인연따라 각 처에 다니면서 포교한 내력이다.

4. 생각대로 쓰다 보니 연대에 맞는 것도 있고 맞지 않는 것도 있으나 기억 나는 대로 적었기 때문에 할 수 없다.

5. 처음에는 만난 인연과 장소를 구체적으로 기록하였으나 혹 잘못될 염려가 있어 낱낱이 가명으로 고쳤다.

6. 흐트러진 글을 정리해 주신 서무선법사님과 이희경국장, 조형숙 과장님께 감사드린다.

중학교 시절

고등학교 시절

대학교 졸업시

전국신도회 법사 시절

정혜고등공민학교 시절

하와이 불교대학

불교통신대학 강좌

청주수도원 법회

불교정신문화원 법회에서

불교농민학교 시절

조계사 특강 　　　　　 거제 대우조선 법회 　　　　　 부산 불교 교양대학

LA 로얄대학 특강 　　　　　 상락향 수계법회(석주스님 모시고)

경희대학 한의과 선재회 법회

인도네시아 보로부두르 사원

섬마을 어린이들 서울 초청 법회

원효종 종정스님(부산 금수사에서)

소백산 초암사 주지스님과 함께

태고종 종정스님과 함께

107세 탄공큰스님

숭산스님과 미국 유니언 대학에서 강의하고 명예철학박사 학위를 받고
동양학강사로 임명됨

인도 죽림정사에서

인간문화재 이만봉 스님과 태고사 주지 청암스님

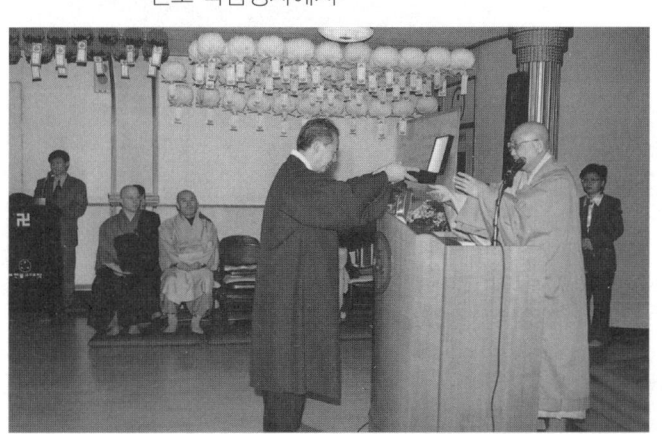

덕암 종정스님께 감사패를 받음

결혼식 주례(1천쌍 이상의 주례를 섬)

미국 불교방송 환영만찬회

안양교도소 최홍주 법사님께 주임 법사를 전해주다

佛身
佛日

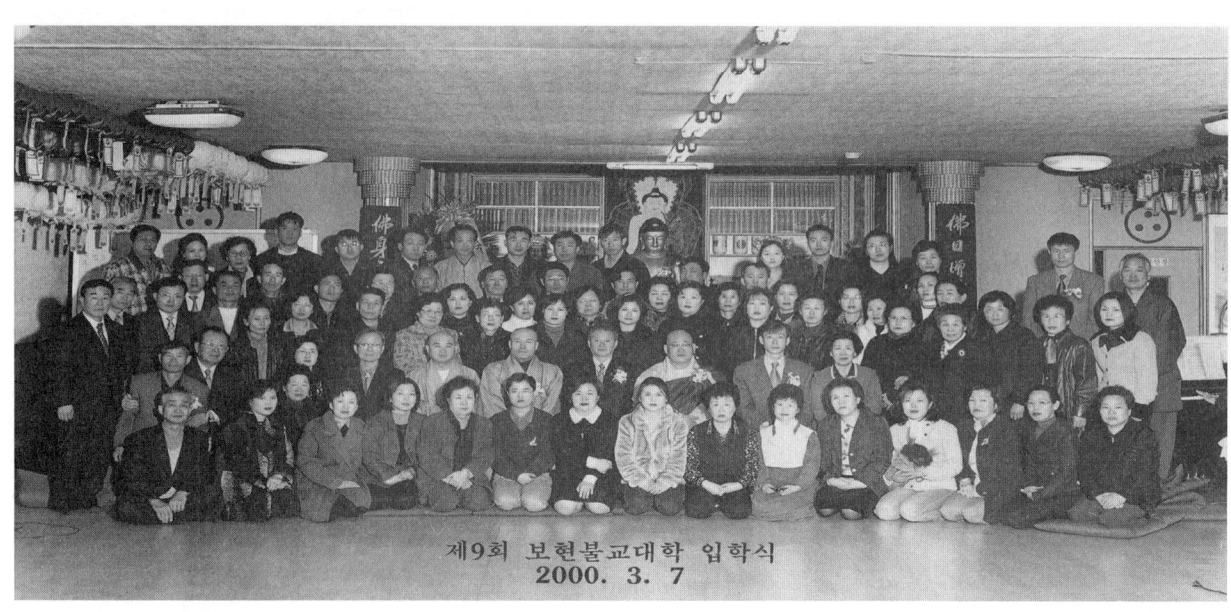

제9회 보현불교대학 입학식
2000. 3. 7

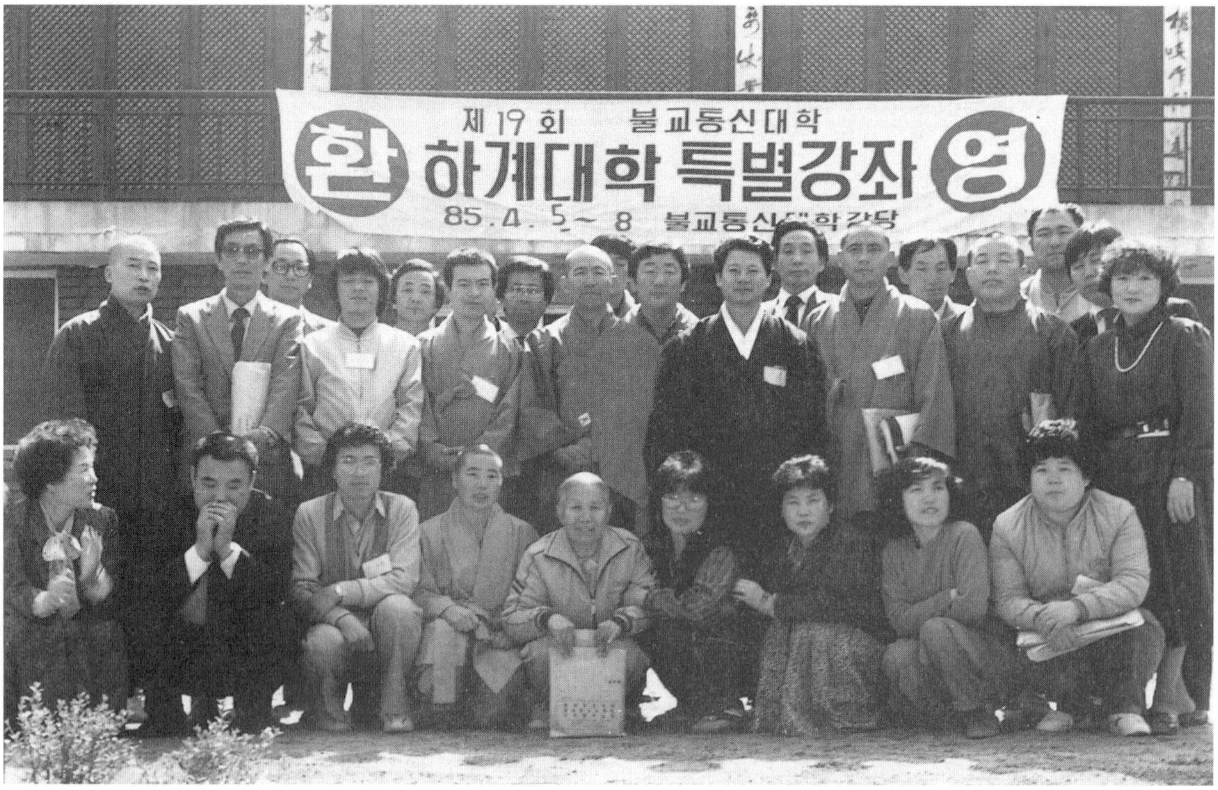
제19회 불교통신대학
환 하계대학 특별강좌 영
85.4.5~8 불교통신대학강당

하와이 대원사 환영법회

불교통신대학원 수료식

의정부불교대학 수료식

미국 유니언 대학 총장, 이사장님, 숭산스님과 함께

선문염송 점등식

대전 보현불교대학

미얀마 전통강원 강주와 함께

중국 장보고 무염국사 유적답사

선문염송 점등식

LA 로얄대학 강연을 마치고

청주 수도원에서 미국법사들과 함께

하와이 불교대학 졸업식

불교정신문화원 범패교육원 개원(송암, 벽응스님과 함께)

대은큰스님

티벳 궁전

명성큰스님

덕암큰스님

춘성스님

정호 박한영 대강사

법정스님

태국 승왕청

큰 법당 앞에서

태국 승왕청 스님들과 함께

베트남 통하이 스님과 함께

태국 불교대학에서 청강 광경

태국 장애인 학교에서 담와라 부승왕과 함께

초암사 주지스님

대만 유학생

하와이 민속공연

미얀마에서 천명 대중공양

제19회 불교통신대학 하계 특별강좌, 1985.4

몽골 도립공원에 모셔진 한국불상(대통령 고향)

몽골 국립공원에 모셔진 대불(환경부 장관과 함께)

달마대사 유적지(웅이산)

원효종 종정스님께 가사를 전
하는 소림사 행신스님

몽골 간단사 주지스님

웅이산을 지키고 있는 노보살

몽골 불교대학 총장님과 함께

징키스칸

미얀마 마하시 수도원 원장

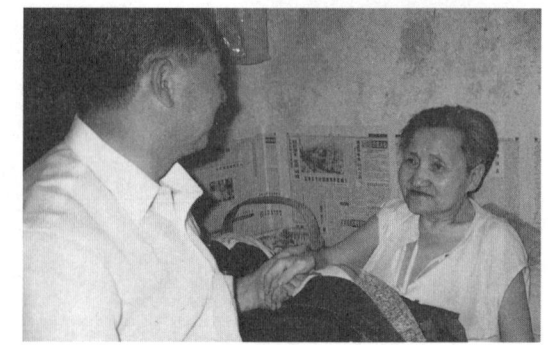

친선공부에 능한 중국 대보살

동국대학교로 유학 온 몽골스님들
(석사, 박사 과정)

금강선원에서 눈병으로 고생하는
학생을 수술해 보냄

박사과정을 모두 마친
덴부렛 몽골스님

몽골대학생 불교연합회

몽골원주민과 함께

송춘희 법사님

여여회 제1회 정기총회, 1980.12.14

철운 대학원장님

동국대 고익진박사

교화원 총재 이외윤법사

대만 불광사 합원대중

서울대 김현도박사

숭산큰스님 『천강에 비친 달』 출판 기념회(서울 하야트 호텔)

비교종교학 이경우박사님

국립박물관에서 전시회를 마치고 오른쪽부터 몽골국립박물관장, 활안스님,
아시아불교연구소장, 몽골불교예술대학장, 몽골주재대사, 자성스님 등

제4회 2006년 인물대상 시상식

경북 불교대학 학장 이취임식

불교 강연 법회

스리랑카 승왕과 함께

삼각산 문수원 신도님들과 함께 불국사 탐방

차 례

제 1 편 출가수행기

제 2 편 법사구도기

제 3 편 해외포교기

"/"권"⊿"곤

제1편

출가수행기

1-1. 승찰대본산 조계산 송광사

1956년 음력 5월 초하루, 순천 농고에서 행사를 마치고 순천역에 나가니, 『**승찰대본산 조계산 송광사**』란 글이 눈 속에 쏘옥 들어온다.

"승찰대본산(僧刹大本山)…?"

하고 속으로 말하니 옆에 있던 할아버지께서 말씀하셨다.

"송광사는 16국사가 난 곳이야…."

"16국사라니요?"

"열여섯 분의 왕사, 국사가 났다는 말이지… 앞으로도 국사 두 분이 더 나실 것이라고 하던데…."

"여기에서 멉니까?"

"낙수가는 버스를 타면 두 시간이면 가지…."

"한번 구경하고 갈까!"

하며 버스터미널에 가려 하니,

"이 앞에 서 있으면 조금 있으면 차가 올 거야…."

하더니, 그 할아버지도 함께 버스를 탔다.

"나는 선암사 입구에서 내릴 것이니 자네는 창평을 지나 낙수종점까지 가서 내려 다리를 건너가지고 2km쯤 걸으면 송광사가 나오네…."

하여 할아버지 말씀대로 낙수에서 내렸다. 종점 옆에 낙수초등학교가 있었고 다리를 건너니 오른쪽은 벌교, 광주가는 길이고 왼쪽 작은 길이 송광사로 가는 길이었다.

작은 가방 하나를 들고 벚꽃나무 가로수 길을 걸어가니 고개너머 평촌마을이 나오고 다리 세 개를 지나 꼬불꼬불 올라가니 극락교(極樂橋)라 쓰여진 다리가 있었다. 난간에 앉아서 보니 시가 한 수 붙어 있었다.

청산첩첩미타굴 (靑山疊疊彌陀窟)
창해망망적멸궁 (滄海茫茫寂滅宮)

첩첩한 푸른 산이 아미타불 집인데
망망한 푸른 바다가 적멸궁이 아니겠는가.

멋있는 말이다 생각하고 올라가니 벌써 시간이 어둑어둑 해진다. 일주문(一柱門) 앞에 한 행자가 섰다가 인사하였다.

"어서 오십시오."

"누구십니까?"

"주지스님의 시봉인데, 오늘 손님이 올 것이라 하여 종일토록 섰다가 선생님을 만난 것입니다."

하고 가방을 받아들고 하사당(下舍堂)으로 갔다.

마루에 올라가서 인사를 드리니,

"내가 너를 오랫동안 기다렸다. 우선 후원에 가서 밥을 먹고 오너라."

송광사는 큰 집들이 6, 70채가 넘어 어디가 어디인지 구분할 수 없으나 문수전이라 쓰여진 곳에 가서 밥을 먹는데, 그릇에서 칠 냄새가 나서 많이 먹지 못했다. 그러나 수각에서 흐르는 맑은 물을 한 그릇 먹고 나니 저절로 배가 불렀다.

"절에서는 행객을 함부로 재우지 않는데, 너는 오늘 저녁 나하고 자자."

하며 윗방을 정해 주었다.

이튿날 아침 공양을 하고 나니 인암상좌를 불러 말했다.

"이 애에게 절 구경을 차근차근 시켜주게…."

"예, 그렇게 하겠습니다."

하고 나를 데리고 '질락대'라 하는 곳에 가서 말씀하였다.

"지금으로부터 800여 년 전 보조국사가 지리산 상무주암에서 살다가 대중이 늘어나 자리가 협소한 것을 느끼고 화순 목우산에 이르러 세 마리의 학을 날리니 한 마리는 여수 영취산에 이르러 장차 흥국사터가 되고, 한 마리는 고흥 능가산에 이르러 능가사 터가 되었으며, 한 마리는 승주 조계산에 이르러 송광사를 짓게 되었다 한다.

그곳에는 일찍부터 교종(敎宗)스님들이 30여 명 살고 있었는데, 보조국사께서 그곳으로부터 12km 정도 떨어진 천태산에 자리를 잡아 새 절을 지어 주고 도량을 정비, 상·중·하 3단으로 절을 짓게 되었다고 한다.

상단은 선방으로

① 오랫동안 수행을 닦아온 구참납자(久參衲者)들이 사는 상사당(上舍堂)과 신참 수행자들 길을 들이는 하사당 등 두 집을 짓고 그들의 공부를 점검하는 법당(法堂)이 있었는데, 지금은 불타 없어졌다.

그리고 구름처럼 왔다가 가는 객승들이 사는 백운당과 본래부터 그 절에 뿌리를 내리고 사는 스님들이 사는 청운당도 다 없어졌고 이 절에서 난 16국사의 영정을 모신 국사전과 조사당이 남아 있었다.

② 다음 중간에는 큰 법당을 중심으로 명부전(冥府殿), 관음전(觀音殿) 등 10여 채의 전당들이 있었다고 하는데 지금은 다 불에 타 버리고 문수전(文殊殿), 도성당(道成堂) 등 세 동만 남아 있었다.

③ 셋째는 대중들이 끼리끼리 모여 사는 임경당(臨鏡堂), 법성료(法性寮), 해청당(海淸堂) 등이 있고,

④ 해청당 건너편엔 장경각(藏經閣), 칠성각(七星閣), 독성당(獨聖堂)이 있었다.

⑤ 도성당 아래는 외래손님들을 치르는 여관(旅館)과 전국의 화주보살들이 사는 신당(新堂)이 대밭 사이에 끼어 있고, 전 대중이 사용하는 해우소(解憂所) 즉 화장실이 있었다. 해우소는 근심과 걱정을 푸는 집으로서 세상 사람들이 흔히 말하는 변소 즉 화장실의 별칭이었다.

⑥ 해우소를 지나 개울 하나를 건너면 안내소가 있고, 그 앞에 하마비(下馬碑)가 있었는데, 이것이 바로 주차장이었다. 옛날 사람들이 절에 오면 여기서 말을 내려 걸어서 들어오기 때문에 생긴 이름이다.

하마비에 차를 세워놓고 정면으로 들어오면 역대 선지식들의 공적을 기리는 비가 늘어서 있고, 그 앞을 지나 절 안으로 들어오면 첫 번째 문인 일주문(一柱門)이 있는데, 기둥을 양쪽에 하나씩 세워 지었기 때문인데, 들어가나 나오나 두 마음을 갖지 않는다 하여 불이문(不二門)이라고도 한다 하였다.

그리고 계속해서 동서사방을 지키는 4천왕문이 있고, 그 앞마당에 영혼들을 목욕시키는 세월각(洗月閣)과 척주각(滌珠閣)이 있었다.

세월각은 청신녀(여성) 영가들을 목욕시키는 곳이고, 척주각은 청신사(남자) 영가들을 목욕시키는 곳이라 하였다.

그 앞에는 보조국사가 8백 년 전 돌아가시면서 짚고 다니던 지팡이를 꽂아 놓고,

"이 나무가 살아나면 내가 다시 세상에 나온 줄 알라."

하고 예언하셨는데, 지금은 하얗게 뼈만 남아 있으므로 고향수(枯香樹)라 부른다 하였다.

이렇게 한 바퀴 절구경을 하는 동안 절에는 불·법·승 삼보를 모시는 자리가 따로 있음을 알게 되었고, 죽은 사람들을 목욕시키는 집이 있다는 것까지도 알게 되었다.

물론 이 외에도 역대 선지식들의 이력을 기록한 비들이 늘어 선 비전(碑殿)과 16국사들 중 따로 떨어져 살았던 자정암(慈淨庵), 청연암(靑蓮庵)이 있는 것도 알게 되었다. 또 중국 원나라 순제의 셋째 아들 담당이 와서 3일만에 도를 깨달아 상사당을 삼일암, 그분이 먹던 우물을 삼일천(三日泉)이라 불렀고 그분이 말년에 따로 떨어져 살던 천자암(天子庵)이 있어 그 부근 마을을 장안(長安)이라 부르고 있었다.

이렇게 절들은 한 장소에 있으면서도 천 년의 역사를 간직하고 있다는 것을 알게 되니 참으로 기이하게 느껴졌다.

추강큰스님

인암스님

송광사 전경

송광사 일주문

1-2. 통영 용화사

인연이란 참으로 묘한 것이다. 송광사 하사당에서 하룻밤을 자고 나니 새벽 3시, 정적을 깨트리는 목탁소리가 유난히 맑고 밝았다.

주지스님께서는 세수하시고 가사장삼을 수 하신 뒤 문수전으로 예불 가셨는데, 아랫방에 초롱불이 켜져 있어 살짝 문을 열고 들여다 보니 작은 책상 위에 책 한 권이 놓여 있었다.

"보조국사 저 정혜결사문(普照國師 著 定慧結社文)"

한 페이지를 펼쳐보니,

"땅을 인해서 넘어진 사람은 땅을 딛고 일어나야지 허공을 잡고 일어나려 하는 것은 옳지 못하다."

쓰여져 있었다. 마음을 잘못 써 타락한 사람이라면 마음을 고쳐 바르게 되어야지 귀신이나 천신들께 빌고 사정하는 것은 옳지 못하다는 말이다. 너무 놀랍고 감격스러워 머리 끝이 솟구치는 것 같았다. 나는 매일 아침 여호와께 기도드리고 하나님의 아들 딸이 되기를 빌고 있었기 때문이다.

그런데 아침 공양이 끝나고 나니 주지스님께서 조용히 말씀하셨다.

"네가 오늘 내 심부름 좀 해주어야 겠는데, 괜찮겠느냐?"

"여러 날 걸리지 않으면 상관없습니다."

"그러면 이 편지를 가지고 창평에 가서 버스를 타고 순천포교당과 여수 흥국사, 통영 포교당에서 각각 하룻밤씩 자고, 미래사에 가서 효봉스님을 뵙고 오너라. 단지 옷은 중옷을 입고 가야 한다."

하시며 옷 한 벌을 주시는데, 60세 노인 옷을 입고 보니 두루마기가 땅에 질질 끌린다.

"입고 보니 영락없이 중이로구나……."

하시며 껄껄 웃으셨다. 그런데 마음에 싫지가 않아 학생모자와 가방을 놓아두고 창평에 이르러 차를 타고 보니 그 차가 여수행이라 바로 여수로 직행하였다.

또 여수에 이르고 보니 통영가는 배가 있어 통영까지 배로 갔다. 오후 7시, 통영포교당에 가서 하룻밤 자고 가기를 청하니 주지 스님께서는 출타하시고 집을 지키는 사람만 있어 거절하였기 때문에 미래사를 물어 해저터널로 걸어가다 보니 저녁 11시에 용화사란 절에 도착하였다.

문을 두드리니 스님 한 분이 눈을 부비며 나오면서,

"이 밤중에 누가 찾아옵니까?"

하여 들어가 인사드리고 보니 학교에서 뵈었던 법정선배였다.

"언제 스님이 되었습니까?"

"고시 공부하다가 그냥 이렇게 되었다. 그런데 너는 언제 중이 되었느냐?"

사실 이야기를 하니 껄껄 웃으며,

"효봉스님께서는 그저께 하동 쌍계사로 가셨다."

"꼭 이 편지를 전해 주고 오라 하였는데요!"

"그러면 내일 새벽 노량가는 배표를 사줄 터이니 하동 가서 차를 타고 쌍계사로 가거라."

하고 배표를 사주어 노량에서 내려 다시 하동까지 타고 갔다. 그리고 하동에서 내려 두어 발짝 걸어가니 형사 두 사람이 내 두루마기 자락을 잡아챘다.

"어디 가는 거냐?"

"쌍계사 가는 길입니다."

"지금 지리산 빨치산들이 밤낮없이 출몰하는데, 너 거기 간첩 아니냐?"

하고 하동경찰서로 데리고 가 두 시간 동안 조사를 하고 편지를 보더니 물었다.

"너, 이 속에 무엇이 들어 있는 줄 알아?"

"모릅니다."

"돈이다. 하나는 10만원이 들어 있고, 다른 하나는 30만원이 들어 있어. 이런 큰 돈을 어디서 가져왔느냐?"

그 동안 사정을 이야기하니 그 자리에서 전화를 걸었다. 쌍계사 주지스님께 전화하여 효봉스님을 바꿔 달라 하여 물었다.

"이러이러한 사람을 아십니까?"

하자,

"모릅니다."

하였다. 그러자,

"오늘은 하동포교당에 가서 자고 내일 가라."

하며 놓아주었다. 물어물어 하동포교당에 가니 누더기 입은 수좌 분이 먼저 와서 자리잡고 있다가 새벽이 되니,

"예불도 드리지 않는 절에 부처님 모시고 살아 무엇하는 것이야?"

하며 중국산 옥불을 짊어지고 가버렸다. 그대로 있다가는 도둑으로 몰려 잡힐 것 같아 나 또한 새벽길을 한없이 걷다가 구례 가는 버스를 타고 화계에서 내려 두 번 세 번 검문을 받은 뒤 겨우 쌍계사에 이르렀다.

법정스님   효봉스님

통영 용화사

1-3. 양말 깁는 효봉스님

행자 한 사람이 나와 물었다.

"어디서 오십니까?"

"송광사에서 옵니다. 노스님 어디 계십니까?"

"저 위 탑전에 계십니다."

하고 친절히 안내해 주었다. 오후 2시 청초한 노스님이 마루에 앉아 안경을 끼고 양말을 깁고 있었다.

"어, 네가 어제 저녁 하동경찰서에서 전화한 사람이냐?"

"예."

"취봉스님은 어제 가셨고 행자 밖에 없으니 후원에 들어가 우선 공양하고 목욕하는데 따라가자."

후원에 들어가니 행자 한사람이 상을 차려 주었다. 김치 깍두기, 나물 한두 가지에 간장이 전부였다.

"노인이 어떻게 이런 음식을 잡수고 살 수 있을까요?"

"엊그제 오셨으니 별 도리가 없습니다. 시주들의 공양을 좋아하시지 않습니다."

나는 이틀 동안 쫄쫄 굶었기 때문에 주는 대로 다 먹고 따라가니 맑은 물이 흘러내리는 개울이 나왔다. 노스님은 스스럼없이 옷을 벗고 물 속으로 들어갔다. 등허리를 문질러 드리며 행자에게 물었다.

"궁둥이가 왜 이렇게 새까맣게 패였습니까?"

"송광사 상사당에서 한여름 석 달 동안 앉아 공부하다가 일어나니 다 썩어 살이 뚝 떨어져 나갔다고 합니다."

"불도 공부가 그렇게 어렵습니까?"

"늦게 출가하여 생사대사를 다스리다 보니 그렇게 되신 것 같습니다."

스님은 목욕하고 오시면서 탑전 앞에 있는 돌베개를 보고 물었다.

"너, 저 돌베개 들 수 있겠느냐?"

"예."

하고 달려가 들었더니 미동(微動)도 하지 않았다. 스님은 껄껄 웃으신 뒤 말씀하셨다.

"그것이 육조대사의 돌베개다. 네가 감히 그 돌을 들 수 있겠느냐!"

후원에 돌아오자 행자가 말했다.

"오늘 스님께서 선법을 한번 크게 들려주셨습니다. 육조대사를 이길 수 있겠느냐 물으신 것인데 돌만 들었다 놓았으니 껄껄 웃을 수 밖에……."

나중에 안 일이지만 그 탑은 중국의 생불 육조대사의 정신을 모신 탑이었다. 저녁에 행자가 사미율의(沙彌律儀)라는 책을 읽으며,

"내일 세 사람이 큰스님으로부터 계를 받게 됩니다. 쌍계사 행자가 둘이고, 나는 석두 큰스님의 3대 손으로 노스님의 손자 상좌가 됩니다. 그래서 오늘 목욕하시고 새 옷을 갈아입으신 것입니다."

하며 책을 한 권 주었다. 중국 연지대사가 주(註)를 낸 사미율의(沙彌律儀)였다.

사미율의는 출가 수행자들이 익히는 첫 번째 기본 율의(律儀)로서 계율은 10계, 위의에는 24종 290여 가지가 나왔다.

첫째 10계는 살(殺)·도(盜)·음(婬)·망(妄)·주(酒)에 가무음곡과 화장품, 호화로

운 침상, 때 아닌 때 음식 먹지 않기, 그리고 금은전 소유하지 않기가 그것이었다.

그리고 스물 네 가지 위의문(威儀門)은 다음과 같았다.

① 큰스님 섬기는 법 4종

② 스승 섬기는 법 26종

③ 스승 모시고 다니는 법 9종

④ 대중에 들어가는 법 22종

⑤ 대중과 함께 밥먹는 법 24종

⑥ 예배하는 법 9종

⑦ 법문 듣는 법 8종

⑧ 경전 배우는 법 17종

⑨ 절에 들어가는 법 7종

⑩ 선방에 들어가는 법 13종

⑪ 소임 보는 법 13종

⑫ 목욕하는 법 9종

⑬ 화장실 가는 법 17종

⑭ 잠자는 법 7종

⑮ 불을 쪼이는 법 4종

⑯ 방에서 거처하는 법 6종

⑰ 비구니 절에 가는 법 9종

⑱ 남의 집에 들어가는 법 19종

⑲ 걸식하는 법 10종

⑳ 마을에 들어가는 법 16종

㉑ 물건 사는 법 5종

㉒ 무슨 일이나 제멋대로 하지 않는 법 12종

㉓ 큰스님 찾아 뵙는 법 5종

㉔ 가사와 발우 니사단 사용하는 법 3종

그런데 효봉스님을 시봉하고 있는 행자는 이미 사미율의를 한문과 한글, 두 가지로 다 외우고 있었다.

쌍계사

1-4. 사미계 수계의식

이튿날 오전 10시에 쌍계사 큰방에서는 사미계 수계식이 있었다. 앞 좌석에는 세 분의 큰스님들이 앉고 그 뒤에는 일곱 분의 증사들이 앉았으며 좌우로 30여 명의 스님들이 2중으로 둘러 앉았다. 그리고 뒷쪽에는 오늘 계를 받을 행자들이, 그리고 가족과 신도님들이 나머지 자리를 가득 메웠다.

삼사는 ① 계를 주는 계사, ② 표백문을 읽어주는 갈마사, ③ 위의 작법을 가르쳐주는 교수사였는데, 좌우스님은 의자 자리에 앉고 효봉스님은 높은 법상에 올라 앉았다.

사회자가 말했다.
"쌍계사는 전래로 한국범패(梵唄)의 근본도량이므로 모든 의식을 범패로 하겠습니다. 먼저 삼보의 강림을 청하는 거불(擧佛)을 하겠습니다."
하니 범패하는 스님들께서 거불과 보소청진언, 유치, 청사를 연속하였다.

수계자들이 꽃과 향을 올리니 이어 범패스님들이 범패로 찬불가(威光遍照十方中 月印千江一切同 四智圓明諸聖士 賁臨法會利群生)를 하고 다시 자리를 청해 앉도록 하는 헌좌진언을 하자 대중스님들은 정법계진언과 다게(茶偈)를 하였다.
이어 삼사 가운데 갈마사가 큰 소리로 무위게(無爲偈)를 읽었다.

"귀의대성존(歸依大聖尊) 능발삼도고(能拔三途苦)

 역원제중생(亦願諸衆生) 보입무위락(普入無爲樂)

큰 성현들께 귀의하오니 3도의 고통을 벗고

모든 중생들도 그렇게 하여 하염없는 즐거움에 들어가기 원합니다."

다시

"상보사중은(上報四重恩) 하제삼도고(下濟三途苦)

 출가수선도(出家修善道) 통령애청허(統領哀聽許)"

하고 나라에 간청하였다.

　그리고 부모님께 청하는 보은게(報恩偈)가 읽어지자 교수사가 삭도를 가지고 와서 머리를 깎는 시늉을 하고 해탈게(解脫偈)와 삭발하는 단초게(斷草偈)를 외우니 갈마사가 장부게(丈夫偈)와 가사게(袈裟偈)를 외우고 나서 가사와 장삼을 입혔다.

　이어 대중들이 다 같이 화상·갈마·교수·증계아사리에게 청하였다.

　"석가모니 부처님과 문수·미륵·여러 보살들과 모든 천왕들께서 증명아사리가 되어 주시옵소서."

하니 이어 수계아사리가 5계와 10계를 설했다.

수계자가

"이 몸으로부터 부처가 될 때까지(自從今身至佛身)

 굳게 금계를 지켜 범하지 않겠사오니(堅持禁戒不毀犯)

원컨대 부처님들께서는 증명하여 주옵소서 (唯願諸佛作證明).

이몸을 버려서라도 절대 범하지 않겠습니다 (寧捨身命終不退)."

이것이 입지게(立志偈)였다.

그러자 효봉큰스님께서

"그대들이 부처가 된다면

어떤 사람이 기뻐하지 않겠는가

시회대중(時會大衆)은 다 같이 아십시오.

우리들과 불법에 있어 큰 이익이 있을 것이라는 것을!"

하자 사미승들이 일어서서 대중 끝에 가서 앉아 계신 부모님들께 반절하였다. 이에 모든 신도들이 일어나 큰절로 삼배 하였다.

나는 여기에서 기독교의 입문의식과 불교의 수계의식이 크게 다르다는 것을 깨달았다. 기독교의 세례의식은 물을 뿌리면서 하나님과 접목을 선언하였는데 불교의 의식은 사람이 성현들과 약속하며 자기의지를 고백하는 것이었다.

물뿌리는 의식이나 계를 받는 의식은 거의 같지만 하나는 하나님의 자식이 되는 것이고, 다른 하나는 부처님의 자식으로 자기 성불을 기약하는 맹세였다.

1-5. 우뭇가사리 이야기

오는 길엔 차가 없어 화계에서부터 구례까지 걷게 되었다. 거리에는 걸어가는 사람들이 수 없이 많았는데, 무엇인가를 이고, 지고 피난가는 것 같았다.

70이 되어 보이는 노인과 동행하였는데, 먼 길을 오면서 고소한 이야기를 몇 가지 들려주었다.

첫째는 구례군에 있는 방광면 우분리(放光面 牛糞里) 이야기다.

『옛날 옛적 이 마을에 주인없는 소 한 마리가 들어왔다. 30일 동안 마을 가운데 매어 놓고 기다려도 주인이 나타나지 않았다. 동네 사람들이 의논하여 아전에게 갖다 바치니,

"석 달 동안 기다려도 주인이 나타나지 않으면 당신들이 알아서 처리하세요."
하여 기다리고 있었으나 역시 주인이 나타나지 않자, 하는 수 없이 처음 발견한 사람 집으로 보내졌다.

소는 건강하고 풀도 잘 먹고 일도 잘하여 동네 공동물건으로 쓰여지고 있었는데, 하루는 마구간에 들어가 보니 갑자기 소는 없어지고 소가 살던 마구간에서 밝은 빛이 쏟아졌다. 소가 누웠던 자리에서 빛이 나는지라 소똥을 헤쳐 보니 작은 종이쪽지에 글씨가 쓰여져 있었다.

"이 똥을 남해 바다에 버리면 우뭇가사리가 되어 더위 먹은 사람들의 약이 될 것이다."

하여 남해 바다에 버렸는데, 거기서 맑고 깨끗한 우뭇가사리가 생겨 그것을 건져 다가 솥에 넣고 삶았더니 묵처럼 엉켜 양념장에 버무려 먹으니 더위 먹은 사람들의 병이 감쪽같이 나았다는 것이다.』

  이것이 우뭇가사리가 생기게 된 동기였다.
  "저기 저 집이 우뭇가사리 집이니 우리 거기 가서 우뭇가사리 한 그릇씩 먹고 가세!"
하고 길을 인도하였다. 집안에는 많은 사람들이 우뭇가사리를 사서 먹고 있었는데, 한 그릇에 100원이었다. 두 그릇을 시켜 노장님과 함께 나누어 먹고 또 길을 걸었다.
  "시원하지?"
  "예, 아주 시원하여 흐르던 땀이 싸악 가셨습니다."
  "그래서 이 마을이 구례군 방광면 우분리야. 소똥에서 방광하여 생긴 이름이 거든. 이 골짜기는 넓고 커서 도적들도 많았지만 요즈음은 밤이면 빨치산들이 나타나 출입을 엄금하고 있지."
  "정말로 끝이 잘 보이지 않습니다."
  "도선국사는 저쪽 강가 모래언덕에서 한 신선으로부터 풍수지리학을 배웠고, 보조국사의 제자 진각국사는 저 백운산에서 보조국사를 만나 제자가 된 후 이 산으로 옮겨와 바위 밑에 살면서 새벽이면 게송(偈頌)을 읊어 닭들도 따라 울었다고 한다네.

삼계열뇌 (三界熱惱)가   유여화택 (猶如火宅)하니
기인엄유 (其忍淹留)하야   감수장고 (甘受長苦)아.

이 세계가 마치 불난 집과 같아

번뇌에 들끓고 있는데

어떻게 거기 빠져 헤어날 줄 모르고

달게 고통을 받고 살겠는가!

이 글은 고려 때 보조국사가 지은 수심결(修心訣)이란 책에 나오는 말인데, 지금도 닭들이 '꼬기요(高貴謠)'하고 울면 암탉이 듣고 참으로 괴롭다고 '장고아'한다고 한다네."

들고 보니 참으로 멋있는 야담이었다.

"이야기하나 더 들려줄까?"

하고 할아버지는 또 연기조사 이야기를 들려주었다.

"사람들이 농사를 지어 놓으면 가을에 도적들이 다 가져갔다. 그래서 사람들은 바리바리 싣고 읍내로 나가 한겨울을 살고 오는데, 한 집 처녀가 달 밝은 보름날 밤 휘파람 소리를 듣고 일부러 횃불을 밝힌 뒤 밖에 나가 기다렸다. 마적들이 산봉우리에 이르러 횃불을 보고 달려오자 기쁜 마음으로 맞아 접대하였다.

"아니 어떻게 우리가 올 줄 알고 누가 이렇게 준비하였소!"

처녀가 나서서 말했다.

"오라버니, 잊어버렸소? 전생에 우리가 의적이 되어 부자집 털어 가난한 사람들 살피기로 하지 않았소! 나는 금생에 오라버니 제도코자 여기 자리잡고 살고 있었는데 오라버니는 지금까지 마적단 대장이 되어 있으니!"

하고 혀를 톡톡 찼다.

마적대장이 그 길로 뉘우쳐 천은사 물로 목욕하고 화엄사에 이르러 대작불사를 지으니 그 이름이 연기조사(緣起祖師)였다.

  이렇게 재미있는 이야기를 들려주시며,

  "저기가 버스정류장이니, 거기 가서 순천 가는 버스를 타게."

하고 길을 일러주셨다. 내가 그때 들은 이야기를 권상로박사님의 '한국지명연혁
고'를 보고 정리해 놓았더니 장차 지리산 문학인들의 화제거리가 되었다.

  권상로박사님은 참으로 희한한 분이다. 동리마다 있는 옛이야기를 듣고 재미있
게 글을 써 놓았으니 말이다.

우뭇가사리

화엄사 4사자탑

1-6. 학구에서 만난 추강스님

버스를 타고 송광사 가는 길을 물으니 운전수가,

"학구에서 내려 낙수가는 버스를 타라."

하였다. 학구에서 내리니 5일 전 송광사에서 나에게 편지를 써 주신 추강 노스님께서,

"전주 갔다 오는 길이다."

하면서 깜짝 반겨주셨다.

"아니, 어떻게 이렇게 빨리 오느냐?"

"예. 첫날 창평에서 탄 버스가 여수행이어서 여수로 바로 갔다가 또 통영가는 배가 있어 순천포교당, 여수 흥국사, 통영 포교당을 거치지 않고 쌍계사까지 다녀오다 보니 이렇게 빨리 오게 되었습니다."

"너야말로 급행열차로구나. 차비 외에 먹을 것을 주지 않은 것은 중이 어떻게 구걸해 먹고 사는가를 가르치기 위해서였는데, 너는 구걸해 먹지 않고도 굶지 않고 살겠구나."

하면서 효봉스님 편지를 뜯어 보았다.

"그래, 종정스님은 잘 계시드냐?"

"예. 사미계 주는 것까지 보고 왔습니다."

"송광사는 원래 수선사인데, 보조국사를 포함해 18국사가 나와 무량중생을 제도할 곳이라 하여 솔 송(松)자 밑에 넓을 광(廣)자를 쓴 것이다. 솔 송자는 일십 십(十) 밑에 여덟 팔(八)자를 하고 옆에 귀 공(公)자를 붙였으니 말이다."

"저는 그렇게 넓고 큰 절은 처음 보았습니다."

스님의 바랑을 받아 짊어지고 낙수에서 내려 황혼길을 걸어가는 두 사람을 보고 평촌 노인 한 분이 소를 몰고 오다가 꾸벅 인사를 하며,

"큰스님, 어디 다녀오십니까? 뒤 따라가는 행자가 영락없이 막내아들 같습니다."

"예. 엊그제 하나 주웠습니다."

하고 웃으면서 불교계 내부 소식을 자세하게 일러주었다.

"옛날에는 이판·사판스님들이 서로 어울려 형제처럼 살았는데, 요즘엔 견원지간이 되어 서로 쳐다보지도 않으려 하니 큰스님이 오시면 송광사가 저절로 조용해져 6.25 때 타버린 절도 복구가 쉽게 되고 사판승들도 조용해질 텐데 오시지 못 한다 하니 걱정이 태산이다. 나도 자리를 옮겨 공부나 하러 가야 할 모양이다."

이튿날 스님은 보조국사 수심결(修心訣)을 내 놓고 읽다가 말씀하셨다.

"제 마음도 알지 못하니 어느 곳에서 찾을 것인가?"

"마음이 어느 곳에 있습니까?"

"어머니 배 속에 있을 때는 몸이라 부르고, 세상에 태어나면 사람이라 부른다. 눈에 있으면 보고, 귀에 있으면 듣고, 코에 있으면 냄새를 맡고, 입에 있으면 맛을 보고, 두루하여서는 우주법계에 가득 차고, 작게 말할 때는 티끌 속에도 들어가 있다. 이것을 아는 사람은 부처라 부르고 모르는 사람은 혼백(魂魄)이라 부른다."

"이것을 안 사람이 있습니까?"

"암, 있고 말고. 부처님이 먼저 알았고, 달마대사가 이것을 가르쳤으며, 육조대사는 염정(染淨)에 관계없는 것을 알고, 진묵스님은 그 속에서 자유를 얻었다. 그러니까 늙은 어머니를 업고 다니면서도 중노릇을 잘하고 장님 동생에게 길을 인

도하였던 것이다."

"마음이 염정에 관계없다면 진속(眞俗)하고도 상관없겠네요?"

"그렇지. 그러니까 인도의 유마거사는 거사로서 불도를 행했고, 중국의 노방거사는 가족과 함께 불도를 닦았으며, 신라 때 부설거사는 농사 지으면서도 풍타죽(風打竹) 랑타죽(浪打竹)하였던 것이다."

진묵스님 어머니의 묘지

효자 진묵스님

진묵스님 어머니

1-7. 천일기도 회원모집

음력 5월달에는 절에 손님들이 많이 찾아왔다. 개인적으로 또는 가족단위로 찾아오는 사람도 있지만 한동네 면민들이 그룹을 짜 가지고 차로 한 차씩 때로는 두 차씩 오는 경우도 있었다. 사실 6.25 후 한국의 산천들은 민둥산에 오염물 투성이라 단 하루라도 깊은 산골 우거진 숲속에서 흘러나오는 물을 마시고 맑은 공기를 들이쉬며 지내고자 오는 사람들도 있으나 농사짓고 장사하고 농촌생활에 찌들은 사람들은 하루의 즐거움이라도 청정도량에서 누리고자 오는 사람들도 많았다. 오자마자 주차장에 차를 세워 놓고 집에서 또는 마을에서 공동으로 해온 음식들을 벌판에 펴 놓고 배 먼저 채운다. 얼큰해진 사람들은 장구치고 노래하지만 그렇지 않는 사람들은 끼리끼리 모여 절을 찾는다.

잘 단청된 일주문을 보고 감탄하기도 하고 사천왕문에 들어오면 모두 놀랜다. 사천왕의 몸집이 크기도 하지만 두 눈을 부릅뜨고는 창칼을 들고 두 발로 귀신들을 밟고 있는 모습을 보고는 죄 있는 사람들은 놀래 도망치기도 한다.

"육감정(六鑑亭)이라! 무엇이 육감정인가?"

"한 자리에 앉아서 여섯 가지를 감정한다는 말이지!"

"무엇이 여섯 가지야?"

"스님에게 물어보게나. 나는 모르겠네."

하자 인암스님이 듣고는 말했다.

"같은 물도 고기가 보면 집이고, 사람이 보면 물이고, 하늘사람이 보면 유리고,

귀신이 보면 불로 보입니다. 지옥, 아귀, 축생, 인, 천, 아수라가 각기 자기 업에 따라 달리 보이기 때문에 육감정이라 합니다."

"스님 말씀이 꼭 맞네. 우리 이 스님따라 절구경이나 하세."

하고 큰 법당에 들어가 불전 놓고 절하고, 삼일천에 이르러 시원한 물 한 바가지 마시고는,

"이제 막힌 가슴이 툭 터진 것 같네."

"그러게 담당스님이 이 물 마시고 3일 만에 도 깨쳤다 하지 않던가!"

삼일천과 삼일암 뒷쪽에는 비사리나무로 만든 구시가 있다. 열 가마 밥을 한꺼번에 퍼다 놓아도 차지 않는다는 큰 구시다.

"마을에서 같으면 소에게 밥 주느라 큰 구시가 필요한데 절에서 무엇하느라 이렇게 큰 구시가 있을까!"

"4월 초파일 송광사에는 1만 명이 넘는 참배객들이 오므로 상차려서 밥을 대접할 수 없으므로 이 구시에다가 6방식(六房食)을 다 퍼다가 놓고 주먹밥을 만들어 나누어주는데 고흥신도들은 김을 가지고 와서 김밥을 싸주기도 합니다."

"참으로 희한한 세상이네."

6.25 때 타버린 절터를 보고 한숨을 쉬고 있으면 취봉스님이 화주책을 가지고 나와 권선하신다.

"송광사 큰법당 복구를 위해 천일기도를 들이고 있으니, 쌀 때(가을) 쌀 한 되, 보리 때(여름) 보리 한 되, 돈 100원씩 시주하시면 하루에 한 번씩 그 명단을 불러 축원해 드립니다."

사람들은 너도 나도 힘을 모아 도왔다. 이렇게 모집된 기도수가 몇만 명에 달하기 때문에 새벽이면 기도드리면서 10여 명의 스님들이 계속해서 그 명단을 읽었다. 이렇게 천일기도를 세 번 하여 송광사 대웅전을 복구하였다.

동서남북을 수호하는 사천왕

4월 초파일 운집한 합원 대중

1-8. 유두재(流頭齋)

　절은 황금어장이었다. 교회에서는 날마다 전단을 들고 '예수님 믿고 천당 갑시다' 외치고 다녔는데, 절에서는 선전을 하지 않아도 사람들이 구름처럼 모여 들었다.

　당시 송광사 스님들은 42명이 살았는데, 12명은 조계산을 지키는 산감으로 동서남북으로 3명씩 나누어 떠났고, 또 10여 명은 농감(農監)으로 나가고, 나머지는 각방을 지키는 노장(老丈)스님들이라 각 방에 들어가 전당(殿堂)을 지키고, 젊은 스님 5~6명이 법당을 지키고 있었다.

　외부 손님을 맞아 접대하는 주지, 총무, 교무스님은 쉴 틈이 없었고, 단지 인암스님이 교무스님으로 관광객들을 맞아 안내했다.

　오늘은 유두라 맑은 물에 목욕하고 머리를 감으면 건강하고 오래 산다고 하여 여수, 순천, 벌교, 광주, 전주 등지에서 차를 수십대 대절하여 천여 명이 몰려왔다.

　수석정(水石亭)에 이르러 수십 명의 어린 아이들이 목욕하고 머리를 감느라 정신이 없었다. 광주에서 오신 손님이 석작 속에 갖가지 음식을 만들어 가지고 와서 권했다. 김치나 나물 등 채소만을 가려서 먹으니 해물과 육물들을 먹으라고 권장하면서 물었다.

　"절에서는 어찌하여 채식을 본위로 음식을 먹습니까?"

　"살생을 하지 않기 때문입니다."

　"중노릇하고 싶어도 먹는 것 때문에 할 수 없을 것 같습니다."

"습관 들이면 괜찮습니다. 먹는 것, 입는 것 때문에 병난 스님들은 보지 못했습니다."

옆에 있던 사람이 말했다.

"비린 것 먹지 않고 기름진 음식을 먹지 않아도 산 속에서 사는 사람들이 다 장수한다는 말 못 들어봤는가?"

"글쎄, 그렇기는 하지만. 우리 같은 사람은 회가 동해서 살 수 없을 것 같네."

"나는 그런 것은 고사하고, 혼자 외로워서 살지 못할 것 같아. 아들, 손자보고 싶어서도 절에 와 살지 못할 것 같아……."

"원효대사가 말했습니다. '주리면 나무 과일을 따 먹고 목 마르면 흐르는 물을 마셔라. 단 것을 먹여 사랑으로 기를 지라도 이 몸은 반드시 부서지고 부드러운 것을 입혀 아끼고 보호할지라도 명은 반드시 마침이 있다. 도를 구하는 사람은 입는 옷과 먹는 음식, 거처하는 집에 집착하면 아니 된다' 하였습니다."

옆에 있던 고흥 녹동에서 온 한 할머니가 말했다.

"용파스님은 거금도에 들어가 돌꽃(石花)을 따 잡수면서 천수경(千手經) 100만 독을 한 뒤 물위로 걸어오셨다 한 말 못 들었는가! 먹는 것이 무슨 장애가 있을까마는 도 닦는데 장애가 있을까 금식하는 것 아니야!"

"옳습니다. 내 야운스님 시 한 구절 읽어드리겠습니다.

'삼도고본인하기 (三途苦本因何起)

지시다생탐애정 (只是多生貪愛情)

아불의우생리족 (我佛衣盂生理足)

여하축적장무명 (如何蓄積長無明)

삼도 괴로움의 근본은 어디서부터 오는가
단지 다생에 탐애정 때문이다.
우리 부처님 옷과 발우는 사는데 넉넉한데
무엇 때문에 쌓아놓고 무명을 기르겠는가.'

하는 말씀입니다. 외로울 때면 우리는 새를 벗하고 흰 구름을 짝합니다. 높은 산
뫼뿌리에 울려 퍼지는 메아리 소리가 있는데 무엇이 그리울 것이 있겠습니까!"
하여 박수 갈채를 받았다.

유두

유두 음식

1-9. 치문공부(緇門工夫)

음력 6월 초에 접어들면서 추강스님께서는 '치문공부'를 명령하였다.

"내일부터 치문경훈을 공부하라. 강사스님은 화엄전에 계신 학담스님이시다."
하고 1695년 쌍계사 성총스님께서 집주(性聰集註)한 순 한문본 책 한 권을 주셨
다. 화엄전에 가니 걸음을 제대로 걷지 못하는 강사스님이 계신데 집은 금성(錦城)에 있다고 하였다. 1주일에 한 번씩 치료받으러 가기 때문에 평균 한 주에 5일씩
만 공부하자고 하였다.

먼저 공부를 시작한 병선(秉善)이는 이미 진도가 3분지 2쯤 나가 있기 때문에
같이 공부하기 어려우니 혼자 공부하는 수밖에 없다고 하였다. 한편 치문경훈은
먼저 배운 초발심자경문을 달달 외워야 다음 글을 이어서 배울 수 있는데, 초발
심자경문을 다 외우고 있느냐 물었다.

"너무 재미가 있어 겨우 외우기는 하였으나 통달하지는 못했습니다."

"요즘은 공부하는 사람도 없고 가르치는 사람 또한 옛 선배들과 같지 않으니
옛날같이 공부를 시킬 수 있겠느냐. 주지스님은 벽담(碧潭)대종사의 후손으로 송
광사 주지를 세 번이나 하신 분이기 때문에 내 가르침을 만족하게 여기지 않을지
모르지만 정성껏 공부해 보라."
하였다.

첫날은 치문이 만들어진 동기와 한국에서 유통되고 있는 상황을 구체적으로
설명해 주셨다.

"치문(緇門)이란 삭발염의왈치(削髮染衣曰緇)요, 입산수도왈문(入山修道曰門)이라. 머리 깎고 먹물 옷 입고 산에 들어가 공부하는 사람이 익히는 글이라는 뜻이다.

중국 당나라 때 작자미상의 치문보훈(緇門寶訓)이 전해 내려오던 것을 북송때 환주지현(幻住智賢)선사가 양·진·수·당·송·명대에 이르기까지 이름난 고승들의 저술과 공경대부들의 아호들을 편집증보하여 총 9권으로 만들었는데, 1470년 가화부 진여강사인 여근(如巹)이 속편 1권을 증보하여 모두 10권으로 만든 것을 1346년 고려 때 태고보우국사가 중국에 들어가 가지고 와 30년 후 영희, 도담 두 제자가 각판 유포하게 된 것이다.

1695년에는 백암성총스님이 주를 내어 출간한 것을 1914년 박한영스님이 '가려뽑은 치문(精選緇門)'으로 내고, 1936년 안진호스님이 10권 중 중요한 것만 가려 67편만 발췌하여 거기에 토를 달고 계고와 부록을 붙여 낸 것이 있는데, 아마 스님에게는 1695년 본 밖에 가지고 있지 않았기 때문에 이 책을 너에게 준 것 같다. 이 책은 진실로 구하기 어려운 책이니 조심해서 보아라.

우리나라에서는 성총스님 이전에 1894년 함명(諴溟)스님의 사기(私記)가 있었던 것 같은데 성총스님이 이를 배경으로 주(註)를 낸 것이니 그리 알고 배우도록 하라.

이제 그 목차만을 간추려 보면 다음과 같다.

총 글자수는 40,261자나 된다. 이 글만 확실히 알면 팔만대장경을 공부하는데
는 별 지장이 없다. 그러나 양이 너무 많기 때문에 정선치문에서는 경훈 8, 면학
5, 유계 5, 잠명 3, 서장 8, 기문 7, 서문 4, 원문 2, 선문 3, 시중 4, 게송 2, 호
법 15와 전기 1 개고 하나씩만 뽑아 가르쳤다."

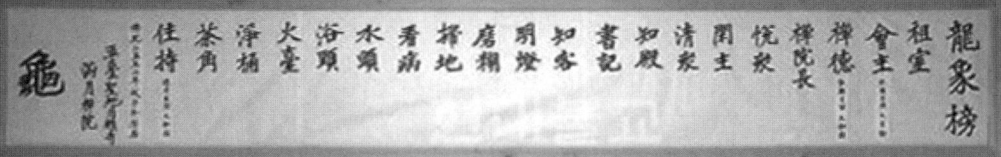

각방스님들의 임무를 기록한 용상방

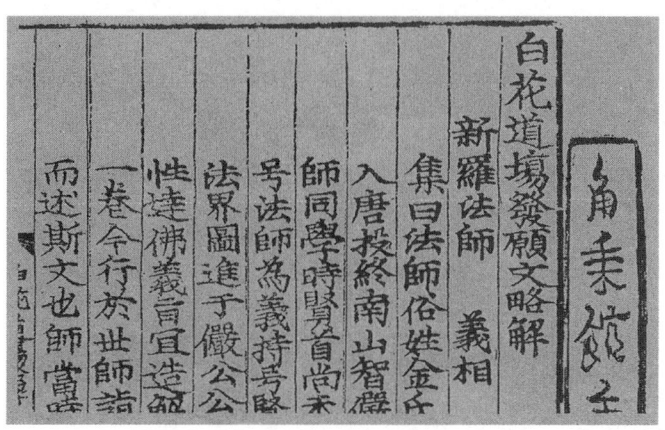

의상대사 발원문 (옛날 책들은 이렇게 목판본으로 만들어 썼다)

1-10. 경훈(警訓) · 면학(勉學) · 유계(遺戒)

치문 내용 중 첫째 위산 대원선사 경책은 부처님께서 맨 마지막에 설하신 유교경(遺教經) 및 42장경과 함께 불조 삼경으로 중국과 한국, 일본에서 널리 읽혀져 왔는데, 그 내용을 간추리면 다음과 같다.

"이 몸은 여러 가지 인연(四大六識)이 모여 이룩된 것이므로 언덕 위에 나무 아침 이슬과 같아 생노병사의 바람이 불면 아침 이슬, 저녁 연기와 같이 사라지는 것이므로 정신차려 공부하여 생사의 바다를 건너 부모·국가의 은혜를 갚아야 한다."

이 글은 부처님께서 유교경과 비유경에 설한 말씀인데 한문으로 안수정등(岸樹井藤)이라 한 말이다. 생각해 보니 우리의 생명이 아버지의 정기(父精)와 어머니의 피(母血)에 의해 처음 생겨난 것으로 알았으나 전생에 지은 업(業)이 부모님의 태에 들어가 피와 살을 빨아 먹고 열달이 차면 태어나 다시 3년 동안 여덟 섬, 너 말의 젖을 먹고 자라난다는 것을 확실하게 알게 되었다. 부모가 원하던 원하지 않던 어머니 뱃속에 들어가는 것은 만겁(萬劫)의 인연이라 하였다.

꿈(胎夢)으로 선몽하여 허깨비 같은 세상에 태어나 여기서 죽고 저기 태어나기 수 없는 겁(劫)을 윤회하면서 온갖 선악을 짓고 있으니 정신차려 공부하지 아니하면 영원히 생사에서 벗어날 수 없다는 것이다.

그러므로 송나라 때 고산지원법사는,

"옥은 쪼지 아니하면 그릇이 될 수 없고(玉不琢不成器)

사람은 배우지 아니하면 도를 알 수 없다(人不學不知道)."

하고

"보통사람이 배우면 현인(賢人)이 되고 현인이 배우면 성인이 되는데, 곧은 대나무도 긁고 다듬으면 그 들어가는 것이 깊듯이 성인도 배우고 닦고 깨달으면 부처가 된다."

하였다.

"산에 오르면 산의 높음을 배우고, 들에 나가면 들의 넓음을 배우며, 추울때는 더운 것을, 더울 때는 추운 것을 배워 계·정·혜 3학이 모두 보고 듣고 깨닫는 견·문·각·지에서 이루어진다."

하고

"계는 윤리도덕이요, 정은 몸과 마음을 안정하는 선약(禪藥)이며, 혜는 옳고 그름을 판단하는 지혜다. 3학을 배울 때는 거만하지 말고 반드시 스승을 찾아 배우되 가르치는 대로 부지런히 읽고 쓰면 무슨 일이든지 걸림없이 살아갈 수 있다."

하였다. 그렇지만 문장만 외우면 글과 사람에게 속아 넘어갈 수 있으니 스스로 그 마음을 관하여 욕계·색계·무색계의 감옥에서 벗어나야 한다고 강조하였다.

그러므로 고산지원법사는,

"부처님은 설산에서 6년을 고행하시고 달마대사는 소림굴 속에서 9년을 면벽하였으니, 먹는 것, 입는 것, 쓰는 것을 미리부터 걱정하지 말고 출가자의 명예에 욕되지 않게 하라."

하였다.

절에는 장로, 수좌, 감원, 유나, 전좌, 직세, 고두, 서장, 지객, 시자, 요주, 당주, 욕주, 수두, 탄두, 노두, 화주, 원두, 마두, 장주, 정두, 정인 등 여러 가지 직책이 있으니 각기 맡은 바 직책을 육화경행(六和敬行)으로 실천하여야 한다 하였다.

육화경행이란,

① 같은 계를 같이 지키고(同戒和敬)

② 같은 견해로 화경하며(同見和敬)

③ 같은 행위로 공경하고(同行和敬)

④ 몸은 사랑스럽게(身慈和敬)

⑤ 입도 사랑스럽게(口慈和敬)

⑥ 뜻도 사랑스럽게(意慈和敬) 하는 것을 말한다

장로는 방향을 제시하는 큰스님이고,

수좌는 행·주·좌·와, 어·묵·동·정을 보살피는 사람이고,

감원은 사주(寺主), 즉 감독자이고,

유나는 규율부장,

전좌는 상(床), 와구, 음식을 담당하는 살림꾼,

직세는 사찰 건축과 토지, 산림 관리자,

고두는 돈, 쌀, 곡식을 담당하는 재무부장,

서장은 편지, 축원, 상소문을 맡은 서기,

지객은 손님 접대하는 사람,

시자는 심부름꾼,

요두는 집 지키는 사람,

수두는 물 담당자,

욕두는 목욕탕을 담당한 사람,

탄두는 불 담당한 사람,

노두는 난로 담당한 사람,

화주는 거리에 다니면서 시주를 걷어오는 사람,

원두는 채소밭 가꾸는 사람,

마두는 방아찧는 사람,

장주는 농사짓는 사람,

정두는 화장실 청소부,

정인은 마당쓰는 사람,

이렇게 절 일은 사방 팔방으로 모두 갖추어져 있어 한 가지도 빼놓을 수 없다. 한 쪽이 빠지면 다른 쪽이 일그러져 원만을 기할 수 없기 때문이다.

그러므로
가사정대경진겁 (假使頂戴經塵劫)
신위상좌변삼천 (身爲床座徧三千)이라도
약불전법도중생 (若不傳法度衆生)하면
필경무능보은자 (畢竟無能報恩者)라 한 것이다.

가사 경전을 머리에 이고 티끌같은 세월을 보내고
몸이 법상이 되어 삼천대천세계를 꽉 채우더라도
만약 법을 전해 중생을 제도하지 못하면
결국 부처님 은혜를 갚을 수 없다는 말이다.

중은 혼자 중 노릇만 잘하면 중인 줄 알았더니 같이 살아가는 대중의 임무를 담당하여 화경(和敬)하지 못한다면 참 중이라 할 수 없다는 것을 새삼스럽게 깨닫게 되었다.

1-11. 서장(書狀)·서문(序文)·원문(願文)

서장은 편지다. 사제지간이나 부모 자식지간에 주고 받는 글을 정리한 것이고, 서문은 저서 앞에 쓰는 저자의 글이나 이름난 사람들이 붙여주는 경찬사 같은 것이다. 그리고 원문은 불제자가 불보살을 바라보면서 간절한 바램을 알리는 글이다.

치문 속의 서장은 영가진각대사에게 좌계산 낭선사가 길가에 돌아다니지 말고 깊은 산속에 들어와 함께 공부하자는 내용이 먼저 나온다.

"영계(靈溪)에 들어오니 마음과 뜻이 태연하다. 높고 낮은 산봉우리를 석장을 짚고 돌아다니며 돌집, 바위굴 속에 편안히 앉으니 푸른 소나무 맑은 물에 밝은 달이 스스로 뜨고 바람이 흰 구름을 쓸어버리니 만리가 한통속이다.

이름난 꽃, 향기로운 과일을 벌과 새가 물어오고 원숭이 휘파람 소리 멀고 가까운데 다 들린다. 호미자루를 베개로 삼고 가는 풀로 포단을 삼는다. 세상은 시끄러워 인아(人我)를 다투므로 심지(心地)를 통달하기 어렵다. 그러니 만일 여가가 있거든 여기에 와서 함께 살면서 도를 닦자."

이것이 좌계산 낭선사의 글이다. 그러나 영가진각선사는 말한다.

"좋은 말이다. 그러나 바른 도는 닦는다고 닦아지는 것이 아니고 얻는다고 얻

지는 것이 아니다. 혹 마음을 통하지 못하여 사물에 막히면 빽빽한 숲, 높은 산,
짐승 울음 소리도 번뇌거리가 되지 않겠는가. 내 소리를 한번 들어보라.”
하고 깨달음의 노래 1편을 들려주었다.

그대는 보지 못했는가?
공부가 끝난 한가한 도인은
망상을 제하지도 않고 진리도 구하지 않는다는 것을!

무명실성(無明實性)이 곧 불성(佛性)이고
환화공신(幻化空身)이 곧 법신이다.

법신을 깨닫고 보면 한 물건도 없어
본원자성(本源自性)이 천진불(天眞佛)이다.

오음(五陰)의 뜬 구름이 괜히 왔다 갔다
삼독(三毒)의 물거품이 떴다 가라 앉았다 하는 구나.

낭선사도 이 글을 보고 다시는 호악염정(好惡染淨)이 없어져 버렸다.

다음 양개(良介)화상은 어려서 서당에서 친구 죽는 것을 보고 세상의 무상을
느껴 출가코자 하였으나 어머니가 말렸다.
“형님은 집안 살림에 바쁘고 동생은 어리석어 내가 너를 의지해서 살고 있는데
네가 만약 출가하면 내가 어떻게 살겠느냐?”
“3년 동안만 말미를 주면 반드시 한 소식 얻어와서 어머니를 봉양하겠습니다.”

이렇게 하여 출가한 양개화상은 3년이 다 되어도 한 소식은커녕 반 소식도 얻지 못했다. 그래서 '나를 믿고 기다리지 말라'고 편지를 써서 보내고, 더 멀고 깊은 곳으로 이사갔다. 그러나 거기 가서도 역시 세월은 가도 도는 깨달아지지 않았다.

아주 구중궁궐로 들어가 30년을 지내고 났는데, 하루는 좌선중(坐禪中) 어머니가 3개월 후에 돌아가실 것을 알았다. 그래서 바로 바랑 하나를 짊어지고 석달을 걸어오니 어머니는 그동안 자식을 기다리다가 눈이 멀어 스님들 여관인 초제사(招提寺)에서 지나가는 스님들 발 씻겨 드리는 일을 하고 있었다. 양개에게는 왼쪽 발가락 하나가 없었기 때문이다.

양개는 30년 전 어머니를 바라보고,

"오른발만 씻겨 주십시오. 왼발은 상처가 있어 씻을 수 없습니다."

하자,

"빨리 낫기 바랍니다."

하고는 돌아 앉아 108염주를 굴리며 자식 잘 되기만을 빌었다.

새벽 일찍 양개가 길을 떠나자 동네사람들이 보고,

"어머, 저 사람이 양개스님 아니야. 얼마나 어머니가 기다렸는데 바로 왔다 갈까?"

하고 어머니에게 가서 말하니 어머니가 벌떡 자리에서 일어나면서,

"이놈, 네가 발 한짝 나에게 보이지 않을 때 나는 알았다."

하며 천방지축 뛰어가다 그만 강물에 빠져 떴다 가라앉았다 하였다. 한참 떠내려 가다 물을 잔뜩 먹어 죽게 되자,

"이놈의 정, 이 정 때문에 나는 죽네……."

하고 그만 숨을 거두었다. 어머니 시체를 거두어 강 언덕에 모셔 놓으니 그 몸에

서 강동 팔십리까지 광명이 쏟아져 임금님이 와서 보시고 양개를 중국 24대 효자 가운데 정신을 깨우쳐준 제일 효자로 추존하였다.

양개 어머니는 양개의 두 차례 편지를 받고 정반왕과 마야부인처럼 다시는 출가한 자식을 생각하지 않겠다 답장을 썼으나 모자의 정이 무엇인지 잊지 못하고 있다가 아들을 지극한 불자가 되게 하였다.

서문은 남곡스님이 자경록을 편찬하고 그 책머리에 글을 써 이 글을 짓게 된 동기와 내력, 인과법칙 등을 자세히 써 경계한 글이 자경록서(自警錄序)이다.

법흥선사는 역대 선지식들의 근검절약한 내력과 각고정진한 본을 써 걸식수행의 방법을 가르치고자 송승걸식서(送僧乞食序)를 썼다.

그리고 원문에는 이산혜연선사 발원문과 산곡거사 황태사 발원문 등이 나오는데, 우리나라에서는 운허스님이 이산스님 발원문을 우리말로 번역하여 모두 읽고 있다.

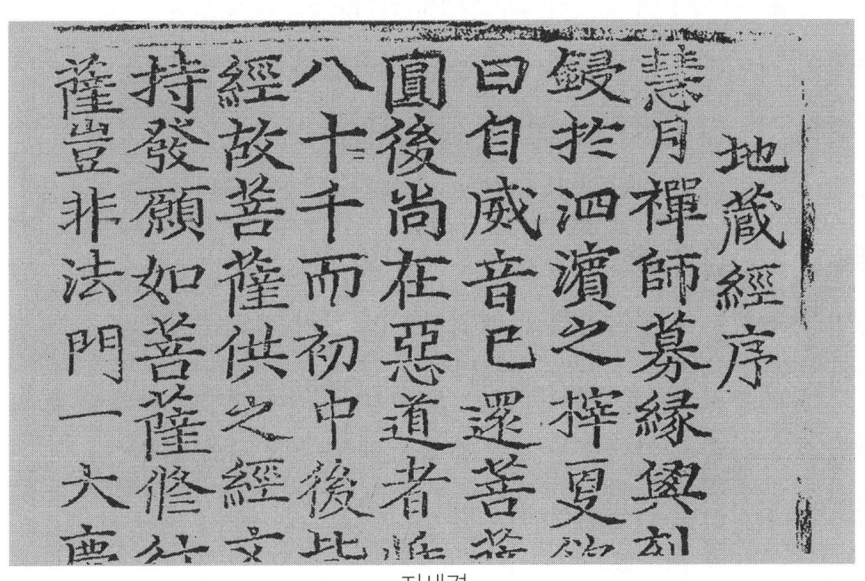

지세경

이산선사 발원문

시방삼세 부처님과 팔만사천 큰법보와 보살성문 스님들께
지성귀의 하옵나니 자비하신 원력으로 굽어살펴 주옵소서
저희들이 참된성품 등지옵고 무명속에 뛰어들어 나고죽는
물결따라 빛과소리 물이들고 심술궂고 욕심내어 온갖번뇌
쌓았으며 보고듣고 맛봄으로 한량없는 죄를지어 잘못된길
갈팡질팡 생사고해 헤매면서 나와남을 집착하고 그른길만
찾아다녀 여러생에 지은업장 크고작은 많은허물 삼보전에
원력빌어 일심참회 하옵나니 바라건대 부처님이 이끄시고
보살님네 살피시와 고통바다 헤어나서 열반언덕 가사이다

이세상의 명과복은 길이길이 창성하고 오는세상 불법지혜
무럭무럭 자라나서 날적마다 좋은국토 밝은스승 만나오며
바른신심 굳게세워 아이로서 출가하여 귀와눈이 총명하고
말과뜻이 진실하며 세상일에 물안들고 청정범행 닦고닦아
서리같이 엄한계율 털끝인들 범하리까 점 — 잖은 거동으로
모든생명 사랑하며 이내목숨 버리어도 지성으로 보호하리
삼재팔난 만나잖고 불법인연 갖추오며 반야지혜 드러나고
보살마음 견고하여 제불정법 잘배워서 대승진리 깨달은뒤
육바라밀 행을닦아 아승지겁 뛰어넘고 곳곳마다 설법으로
천겁만겁 의심끊고 마군중을 항복받고 삼보님을 뵙사올제
시방제불 섬기는일 잠깐인들 쉬오리까

온갖법문 다배워서 모두통달 하옵거든 복과지혜 함께늘어
무량중생 제도하며 여섯가지 신통얻고 무생법인 이룬뒤에
관음보살 대자비로 시방법계 다니면서 보현보살 행원으로
많은중생 건지올제 여러가지 몸을나퉈 미묘법문 연설하고
지옥아귀 나쁜곳에 광명놓고 신통보여 내모양을 보는이나
내이름을 듣는이는 보리마음 모두내어 윤회고를 벗어나되
화탕지옥 끓는물은 감로수로 변해지고 검수도산 날쌘칼날
연꽃으로 화하여서 고통받던 저중생들 극락세계 왕생하며
나는새와 기는짐승 원수맺고 빚진이들 갖은고통 벗어나서
좋은복락 누려지다 모진질병 돌적에는 약풀되어 치료하고
흉년드는 세상에는 쌀이되어 구제하되 여러중생 이익한일
한가진들 빼오리까 천겁만겁 내려오던 원수거나 친한이나
이세상에 권속들도 누구누구 할것없이 얽히었던 애정끊고
삼계고해 벗어나서 시방삼세 중생들이 모두성불 하사이다
허공끝이 있아온들 이내소원 다하리까
유정들도 무정들도 일체종지 이뤄지이다.

예불

1-12. 기명(記銘)·선(禪)·게찬(偈讚)

기문에는 남악 법륜사 성행당기, 무주 영안선원 신건법당기, 홍주 보봉선원 선불당기, 대홍산 영봉사 시방선원기, 석문사 승당기, 혜공선원 윤장기 등이 있다.

'성행당기'는 병든 스님들을 수용하는 간병당이고, '법당'은 선방스님들이 법문 듣는 장소이며, '선불당'은 선방스님들이 견성성불의 내력을 밝히는 곳, '시방선원'은 어떤 장소에서 누가 오든지 선공부하러 오는 사람을 막지 않고 받아 주는 곳, '승당'은 스님들이 거처하는 곳, '윤장기'는 대장경을 모셔 마음대로 돌려가며 공부할 수 있는 곳이다.

그런데 이 글을 읽다보면 종종 율사(律師)스님들이 선사스님들께 절을 빼앗기는 경우가 있는데, 계율만 지키고 있어 빈 집과 같았기 때문이다. 중국불교에서는 육조대사 이후 4~5백년 사이에는 눈푸른 납자들이 수 없이 나와서 지방장관들의 초청을 받아 법문을 하였는데, 장소가 협소할 때는 때때로 폐허된 율원(律院)사찰들을 양보받아 중건하고 선방으로 사용한 경우가 있다.

대홍산은 수주 서남쪽에 있는데, 주위가 100여리나 되어 산봉우리에 올라 굽어보면 한나라 동쪽 모든 나라와 임만구경(林巒丘境)이 평천처럼 보였다.

당 헌종 때 마조의 제자 선신(善神)이 법을 받아 오대산 문수사에 가서 공양주 생활 3년을 하면서 정성을 다했는데, 하루는 늙은 스님 한 분이,

"수(隋)자가 든 고을에 이르면 호(湖)자가 든 마을이 있을 것이니 찾아가 살아라."

하여 수주 대호산에 이르러 산봉우리를 올라갔는데, 그 옆 큰 호수 앞에서 마을 사람들이 기우재를 지내기 위해 양과 돼지들을 잡으려 하였다. 이에 스님이 불쌍히 여겨,

"비가 오지 않는 것이 양과 돼지와 무슨 상관인가?"

하니,

"우리 마을에서는 대대로 가뭄이 들거나 홍수가 나면 그렇게 한다."

하였다. 그중 장무릉이,

"스님께서 신통력이 있으시다면 이들 짐승을 살려보세요."

"3일 동안만 말미를 주면 내 저 굴속에 들어가 기도해 보리다."

하고 들어 갔는데, 하루가 지나자 뇌성이 울리고 비가 크게 내려 찾아가 보니 정 부동자세로 말도 알아 듣지 못하는지라 장무릉이 감동하여 큰 절을 짓고 그의 아들 두 사람을 시봉들게 하였다. 소문을 듣고 학도들이 몰려와 큰 도량을 이루니 스님은 말년에 날카로운 칼을 들고 호수 가에 이르러,

"내가 너희들에게 주는 밥을 빼앗아 살려 보냈으니 이제 늦었지만 이 몸을 베어 혈식(血食)을 주리라."

하고 몸을 베니 백혈이 낭자하여 그들의 입을 적셨으므로 용들까지 등천하여 천지를 감동시켰다. 당 문종이 이 소식을 듣고 절 이름을 유제선원(幽濟禪院)이라 고치니 한수, 광주, 여하, 분하 등 10수국의 백성들이 구름처럼 몰려와 대성황을 이루었다.

이렇게 절이 이루어지게 된 동기와 중건한 사실들을 기록하여 석문(石文) 또는 지질(紙質)에 남겼으므로 사산(寺山)의 본이 되어 후에 기문, 사료의 증거가 되었다.

나도 이를 보고 장차 절을 짓고 법당을 조성하여 포교한 사람들의 정신을 기록해 준 일이 있다.

명(銘)은 출가잠(出家箴), 좌우명(左右銘), 식심명(息心銘)과 같이 발심수행한 사람들이 그 마음을 새기기 위해 글을 써서 책상 좌우에 또는 허리띠에 글을 써서 경계하였던 글이다.

위산대원선사는 자신을 경책하는 글을 쓰고 자각장로는 귀경문(龜鏡文)을 썼으며, 영명연수선사는 팔일성해탈문(八溢聖解脫文)을 지었다.

① 예배하는 것은 부처님의 덕을 공경하는 것이고,
② 염불하는 것은 부처님의 은혜에 감사하는 것이고,
③ 계를 지키는 것은 부처님의 행을 배우는 것이고,
④ 경을 보는 것은 부처님의 이치를 밝히는 것이고,
⑤ 좌선하는 것은 부처님의 경지에 도달하는 것이고,
⑥ 참선하는 것은 부처님의 마음에 계합하는 것이고,
⑦ 깨달음을 얻는 것은 부처님의 도를 증득한 것이고,
⑧ 설법하는 것은 부처님의 원을 원만히 하는 것이다.

실제 이치에 있어서는 털끝하나도 용납하지 않지만 불사문중에는 한 법도 버리지 않기 때문에 이 여덟 가지가 사방사우에 넘쳐 흐르면 천지에 부처님의 젖이 가득하게 된다 하였다.

이것이 8일성해탈문이다.

선에 관한 글은 우가령 찬영이 지은 전선관법과 자각스님의 좌선의 등이 있는데, 좌선의에는 좌선하는 방법이 기록되어 있다.

"반야를 배우는 사람은 큰 자비심을 일으키고 큰 서원을 세워 삼매 속에서 오직 중생을 교화해야 되겠다는 생각을 가져야 한다.

앉아서 좌선할 때는 두툼한 좌복을 깔고, 옷과 허리띠를 넉넉하게 풀어 위의를 단정히 한 다음 가부좌 혹은 반가부좌를 맺고, 오른손을 왼쪽 발 위에 편안히 놓고 왼쪽 손바닥을 오른쪽 손바닥 위에 놓아 엄지 손가락을 마주 세우고, 서서히 몸을 좌우로 흔들어 좌우전후로 기울어지지 않게 한 뒤 허리와 척추를 꼿꼿하게 세워 귀와 어깨가 마주 대하고 코와 배꼽을 서로 대하게 하여야 한다.

혀는 입천장을 고여 입술과 이가 서로 닿게 하고 눈은 가늘게 떠서 혼수를 면하게 하라."

이렇게 참선을 하여 힘을 얻으면 4선8정이 이루어져 누구나 자유를 얻고 생사를 벗어나게 될 것이기 때문이다.

게찬은 시로서 불·보살 삼보를 찬탄한 것인데, 백시중의 6찬게(삼보 및 중생을 찬탄한 뒤 죄업을 참회하고 원을 발한 것)가 있고, 사마온공의 해선게(解禪偈) 등이 나온다.

분노는 불길같이 맹렬하고
이욕은 칼끝처럼 날카롭다.
아침이 되도록 슬퍼하고 슬퍼하는 것
이것이 아비지옥이다.

도덕을 한 몸에 모으고
공덕을 만물에 입혀서

어질고 큰 성현이 되면

이것이 곧 부처고 보살이다.

이렇게 사마온공은 육도중생의 생활상을 노래하였다.

선방에 앉아 좌선하는 모습

1-13. 시중(示衆)·호법(護法)·존승편(尊僧篇)

'시중'은 대중에게 보인 글이니 여산 혼융선사의 시중과 백양순선사의 시중, 부용해선사의 시중, 나암추화상 법어 등이 있다.

혼융선사의 시중은 "부처님 6년 고행과 수행이 오직 중생을 위해 하신 것인데 교주의 출가정신을 망각하고 나이 먹도록 이양(利養)과 편안함만 취하여 국가와 부모의 은혜를 망각하고 있다" 경계하였으며,

백양순선사는
"취하기 쉬운 인연따라 경계의 바람에 끄달려 다니니 어느 때나 바른 생각을 가지고 성불하겠는가."
한탄했다.

또 부용해스님의 소참은
"출가의 본뜻은 진노(塵勞)를 싫어하고 생사를 해결하는데 있는 것인데, 때를 기다리며 내일내일 하고 있으니 어느 때나 벗어날 기약이 있겠는가. 은산은 죽을 때 사람을 보지 않았고, 조주는 사람에게 고하지 아니했으며 편첨은 도토리와 밤으로 양식을 삼고 대마와 연잎으로 옷을 해 입고, 지의도사는 종이 옷만 입었고, 현태상좌는 베옷을 입고, 석상은 고목으로 집을 삼아 누웠고, 투자는 생쌀을 먹어 공양주 채공의 일을 덜어주었다."

하였으며,

나암추스님은
"부처님께서 아들 라훌라를 제도하신 내력을 들어 모두가 장부인데 누구를 기다려 눈 수술을 하려 하느냐."
걱정하셨다.

'법어(法語)'는 진리의 말씀이고, '소참(小參)'은 때 없이 하시는 말씀이며, '시중(示衆)'은 대중을 모아놓고 삶의 본을 보이신 것이다. 호법은 역대 임금님들과 관리들이 철저한 신심으로 불법을 얻고 옹호한 내력을 기록한 것이다.

한나라 현종임금님은 "꿈에 불상을 보고 가섭마등과 축법난이 불상과 42장경을 모시고 온 것을 기려 천승만기로 청량대 일대에 그림을 그리고 대장경을 봉안한 내력과 도교의 신상과 불교의 불상이 겨루어 불교가 이김으로써 만대의 본이 되어 온 백성이 이를 믿게 하였다.

수나라 고조 문황제는 지의(智顗)선사에게 물어
"패망한 진(陣)나라가 불법을 믿지 않고 백성들을 학대하므로 망한 것을 확인하고 오직 금계(禁戒)로서 공경 복종하여 기울어졌던 나라를 복구하고 백성들을 복되게 하였다."
기록하였다.

그러므로 불법의 수행을 고행으로서 하고 세상을 복되게 하는 것으로서 업을 삼을 줄 아는 까닭에 진왕(晉王)께서는 친히 보살계를 받아 일한 스님들도 지키

기 어려운 계를 지켰으며,

양나라 고조 무황제는 도사(道事)를 버리고 불도에 귀의하여 마침내 달마대사의 유촉(遺囑)을 실천하였으니 이는 웅이산에 두 임금님(梁·魏 二武)의 비석이 이를 증명하고 있다.

인종황제는 삼보를 찬탄하는 글을 짓고 송문제는 궁중에 여러 종교인들을 모아 토론하게 함으로써 제법실상의 도리를 깨달아 만 중생으로 하여금 새삼 깨달음을 얻게 하였다.

그러므로 명나라 교승스님은 스님이 스님의 존경을 받게 하려면 스님의 행이 발라야 한다고 존승편(尊僧篇)을 지었다.

"불교에서 스님을 존경하는 이유가 어디에 있는가. 부처로서 성을 삼고 여래로서 집을 삼으며 법으로서 몸을 삼고 지혜로서 생명을 삼으며 선열로서 음식을 삼는 까닭에 생을 탐하지도 않고 죽음을 싫어하지도 않는 것이다.

몸을 방어하는 데는 계가 있고 마음을 다스리는 데는 선정이 있으며 밝은 것을 가리는 데는 지혜가 있다.

계는 미혹을 청결히 하여 몸이 다하도록 더럽히지 않고 정은 신명을 바르게 하여 종일토록 있어도 어지럽지 않으며 혜는 도덕을 숭상하여 의혹을 밝히는 것이 근본이니 이것을 바탕으로 한 불법은 의혹이 없으므로 세상을 밝히고 서원이 큼으로 큰 은혜를 베풀게 되는 것이다.

자비 속에 만물을 편안하게 하므로 물에 빠진 사람들을 건져주어 천하에 다 통하므로 세상을 구제하게 되는 것이다.

그러므로 법을 설할 때는 걸림이 없고 법을 보호할 때는 몸을 돌보지 않으며 사람들이 참지 못하는 것을 능히 참고 사람들이 행하지 못하는 것을 능히 행하여 생명을 바르게 한다.

설사 밥을 얻어먹더라도 부끄러운 생각이 없고 욕심을 적게 가져 똥 묻은 옷과 꿰맨 발우로서도 만족하였던 것이다. 다툼을 없이 할 때는 설사 자신이 욕됨을 받을지언정 상대를 가볍게 여기지 않고 원망함이 없음으로 상대방을 손해 보지 않게 하였다.

실상으로 만물을 대하고 자비로서 자신을 닦아 세상과 화합함으로써 업을 삼는다 하였다. 이렇거늘 어찌 불법을 옹호하지 않겠으며 깊이 믿지 않겠는가."

그러므로 불법난봉이요, 인생난득이라 한 것이다. 글을 읽을 때는 추위와 더위를 무릅쓰고, 세상에 나갈 때는 법으로서 다니며, 명예 보기를 빈 골짜기의 메아리같이 하고, 이익 보기를 떠다니는 티끌과 같이 보아 세상일을 아지랑이처럼 생각하였다.

가난한 병자를 보살필 때는 노복과 같이 하고 비록 깊은 산중에 풀옷을 입고 나무열매로 명을 유지할지라도 안연자득한다.

스님은 이익에 유혹되지 않고 세력에 굴하지 않는다. 법으로서 권속을 삼는 까닭에 사해가 다 모일지라도 혼잡하지 않는다.

배울 때는 삼장 12부가 있고, 제자백가의 글이라도 알지 못하는 것이 없으며, 다른 지방의 풍속을 말할지라도 통하지 아니함이 없다. 어찌 불법을 소홀히 할 수 있으며 높이 받들지 아니할 수 있겠는가.

1-14. 부록(付錄)과 잡록(雜錄)

치문 맨 끝에는 여러 가지 부록과 잡록이 나온다.

상태제가 공자성인에게 물었다.

"부자는 성인이십니까?"

"나는 널리 알고 잘 기억할 뿐입니다."

"3왕은 성인입니까?"

"3왕은 지혜와 용맹을 잘 쓰신 분입니다."

"5제는 성인입니까?"

"5제는 인의를 잘 쓴 사람으로 압니다."

"그러면 누가 성인입니까?"

"만나보지 못했으나 인도에 성인이 계시다 하는데, 다스리지 아니하여도 어지럽지 않고, 말하지 아니 하여도 스스로 믿으며, 교화하지 아니 하여도 스스로 행하여 탕탕, 걸림없는 생활을 함으로서 그를 이름 지을 수 없다 하니 그가 성인이 아니겠습니까?"

그러므로 노방거사가

다만 만물에 마음이 없으면

만물이 에워싼들 무슨 방해가 될 것인가

철소는 사자후를 두려워하지 않는다

마치 나무 사람이 꽃과 새를 보듯 말이다.

신수상좌가

"이 몸은 깨달은 나무요

내 마음은 맑은 거울과 같다.

때때로 털고 닦아 때가 끼지 않도록 하자"

하니

육조스님이

"깨닫고 보면 이 몸도 몸이 아니고 마음도 마음이 아닌데

어느 곳에 때가 끼고 붙을 곳이 있겠는가."

하였다.

그러므로 달마대사가 소림굴에서 거하기 9년, 제자들에게 말했다.

"때가 되었으니 각기 얻은대로 일러보라."

도부(道副)가

"저는 문자에 집착하지도 않고 문자를 여의지도 않고 도를 씁니다."

하니

"너는 나의 가죽이다."

니총지가 나와,

"아촉나라를 본 것이 기쁘나 한 번 보고는 다시 보지 못하고 있습니다."

"너는 나의 살이다."

도육(道育)이,

"내가 본 것은 한 법도 있음이 없습니다."

하니

"너는 나의 뼈다."

혜가가 나와 세 번 절하고 섰으니,

"너는 나의 골수다."

하였다. 한 곳에서 한 스승을 모시고 공부하여도 이렇게 차별이 나는데 하물며 지도자 없이 제 나름대로 공부한다면 말이 되겠는가. 도토리 나무 밑에서 잠자던 여우가 도토리 떨어지는 소리를 듣고 놀라 천지가 무너졌다고 날뛰다가 마침내 사자 소리에 귀가 찢어진 일이 있다.

서주 잠산은 일찍이 세상에 알려져 기절(奇絶)한 산록인데, 지공화상이 거기에 가려하니 백학도인이 시기질투하였다. 양무제에게 이야기하니 누구든지 먼저 이르러 물건으로 증명하는 자가 살라 하였다.

백학도인은 학을 타고 서북풍을 거슬러 간신히 갔는데 지공화상은 단숨에 법장을 날려 그 산 봉우리에 꽂게 되었으므로 지공스님이 가서 살게 되었다.

왕양명이 시를 지었다.

험하고 평탄함은 원래 거기 걸리지 않게 되어 있는데
뜬 구름과 같이 허공을 나는 흰 학이여,
고요한 밤은 구만리 파도 속에
횡하고 석장이 나니 하늘에서 바람이 난다.

또 재나라 혜주스님이 왕곡산을 지나가다가 호랑이 두 마리가 싸우는 것을 보고 말했다.

"한 숲속에서 사는 놈들이 무엇이 부족하여 싸우는가. 어서 각기 자기 길로 돌아서지 아니하면 금강석장으로 두 동강이를 내리라."

하니 호랑이들이 슬금슬금 스님을 바라보며 하나는 동으로 다른 하나는 서쪽으로 각기 헤어졌다.

동오의 손권이 산에 갔다가 큰 거북이를 보고 잡아 묶어 왔는데, 거북이가 말했다.

"노는 것도 때가 좋지 않으면 인군에게 잡혀간다."

하니 손권이 듣고 괴이하게 생각하여 나라에 바치고자 밤새도록 배를 저서 가는데 늙은 뽕나무가 말했다.

"네가 이제 잡혀 가면 나도 곧 삶아지리라."

"비록 남산의 나무를 다 태울지라도 나를 죽이지 못할 것이다. 그런데 제갈원손이 박식하여 반드시 그 고통이 자네에게 이를 것이니 각오하라."

이윽고 도착하니 손권이 이를 삶으라 하였다. 아무리 나무를 때도 물러지지 않는지라 길거리에서 거북과 늙은 뽕나무가 한 말을 생각하고 그 나무를 베어오라 하여 한 부엌 넣으니 당장 물러졌다. 그래서 장자가 "나무는 재목이 되면 베이게 되고 기러기는 울지 못하면 죽게 되는데 거북이와 뽕나무는 때 아닌 때 놀러나갔다가 허망한 말 한마디에 자기도 죽고 남도 죽게 하였다"고 하였다.

치문에는 이와 같은 이야기들이 수 없이 나온다. 나는 이러한 글들을 모아 두었다가 후에 '불교영험설화'를 책으로 만들어 내었다.

1-15. 성공스님의 산행(山行)

성공(性空)스님은 문수전 큰 방 부전으로 아침 저녁 예불을 주관하였다. 사시 마지(巳時摩旨)는 관음전에서 발룡(鉢龍)스님이 기도마지로 올렸으므로 일이 있을 때는 동참하여도 일이 없으면 산에 따라갔다.

성공스님은 옆구리에 창칼을 차고 짚으로 만든 배낭을 한쪽 어깨에 걸치고 산에 오르는데 집을 나서면서부터 초발심자경, 치문경훈을 낱낱이 읽고 쉼터에 앉으시면 위산대원선사 경책시(警策詩) 같은 것을 노래부르며 허송세월을 탄식하였다.

환신몽택 (幻身夢宅) 이여   공중물색 (空中物色) 이로다
전제무궁 (前際無窮) 커늘   후제영극 (後際寧剋) 이리오.
출차몰피 (出此沒彼)   승침피극 (昇沈疲極) 이로다.
미면삼륜 (未免三輪) 이니   하시휴식 (何時休息) 이리오.

허깨비같은 몸 꿈집이여, 공중물색이로다
앞길이 무궁커늘 뒷길이 어찌 짧겠는가.
여기 났다 저기 빠져 오르고 내리다가 피로하여 지쳤다.
삼계윤회를 면치 못했으니 어느 때나 쉬겠는가.

탄식하는 소리가 하늘 끝까지 사무친다.
"초연아, 정신 차려 공부해라. 늙어지면 소용이 없어. 앉으면 어지럽고 서면 가

물가물. 너는 복 있는 사람이여. 들어오자 마자 주지스님 손자상좌가 되어 호강하고 살지 않느냐. 우리 때는 사람이 많아 스승도 못 정하고 이리 갔다 저리 갔다 심부름하다 끝난 사람들도 많았어. 그러나 그 가운데서도 머리 좋고 영리한 사람은 일본유학까지 갔다 와서 학교선생님 하신 분도 있고 면서기 하는 사람도 있고, 대학교수가 된 분들도 많다. 그렇지만 그들은 차라리 못배운 사람들보다도 더 복잡하고 번뇌망상에 사로 잡혀 부모 모실라, 형제간 살필라 고만고만한 애들이 참외 수박처럼 연 걸리듯 하니 도를 공부한다는 것은 생각지도 못하고 산다. 세상사람들이 볼 때는 부럽지만 산중 도인들이 보면 불쌍하기 짝이 없다. 돈, 명예, 사랑 때문에 꼼짝달싹 못하고 있어. 나 같은 바보는 해인사 강원에 갔다 오니 스님의 병환이 지중하여 밤낮으로 시중들다 보니 좋은 시대는 다 가고 늙어 한탄하나 무슨 소용이 있느냐. 그래서 나는 쉬는 시간 산에 올라 더덕도 캐고 나물도 꺾고 나무 열매를 주어 노스님들의 장줌발이나 해드리고 대중공양하는 맛으로 산다. 그래 너는 절 주지 할 생각하지 말고 치문대로 살아라. 도는 누가 선물처럼 무더기로 주는 것이 아니거든. 스스로 그 마음을 바로하여 깨달음을 얻어야 한다."

하시는 말씀마다 가슴을 찢고 뇌리를 울렸다.

금생공과 (今生空過) 하면   내세질색 (來世窒塞) 할 것이다

종미지미 (從迷至迷) 하면   개인육적 (皆因六賊) 이여

육도왕환 (六道往還) 하면   삼계포복 (三界匍匐) 한다

조방명사 (早訪明師) 하고   친근고덕 (親近高德) 하라

결택신심 (決擇身心)   거기형극 (去其荊棘) 이니

세자부허 (世自浮虛)   중연기핍 (衆緣豈逼) 이리오

연궁법리 (研窮法理) 는   이오위칙 (以悟爲則) 이라

심경구연 (心境俱捐) 이니   막기막억 (莫記莫憶) 이어다

육근이연 (六根怡然) 하면   행주적묵 (行住寂黙) 하고

일심불생 (一心不生) 하면   만법구식 (萬法俱息) 하리라.

금생을 헛되이 지내면 내생에는 질색할 것이다.

어리석음으로부터 어리석음에 이르기까지 6적으로 인해서

육도에 왕환, 삼계를 포복하고 있다.

그러니 일찍이 밝은 스승을 찾아 뵙고

덕 있는 사람들을 찾아가라.

몸과 맘을 결탁하여 만물에 형극을 없애라

세상은 스스로 들떠 갖가지 인연이 핍박하고 있다.

법리를 연구하는 데는 깨달음으로서 법칙을 삼으라.

마음과 경계를 보내 기억하지 않으면

육근이 가라앉아 행하고 주하는데 조용해진다.

한 생각도 나지 않으면 만법이 다 쉬어질 것이다.

1-16. 도량석과 종성·아침예불

사실 절 공부는 쉴 틈이 없었다. 새벽 3시에 일어나면 노스님 세숫물 떠드리고, 이부자리 개어 놓고 방 청소 하는데, 그 동안 부전스님은 도량을 돌면서 목탁석(木鐸釋)을 한다.

시간이 이르면 큰방에 나아가 종치는 사람의 종성소리를 듣고 고저장단을 따라 게송을 외운다.

원차종성변법계 (願此鐘聲遍法界)
철위유암실개명 (鐵圍幽暗悉皆明)
삼도이고파도산 (三途離苦破刀山)
일체중생성정각 (一切衆生成正覺)

이 종소리 법계에 두루하여
철위의 어두움은 밝아지고
3도의 고통은 없어지고 도산지옥은 무너져
일체중생이 다같이 성불하기 바란다.

나무비로교주 화장자존 연보게지금문
포낭함 지옥축 진진혼입 찰찰원융
십조구만오천사십팔자 일승원교

"대방광불화엄경"

제일게 (第一偈)
약인욕요지 (若人欲了知)
삼세일체불 (三世一切佛)
응관법계성 (應觀法界性)
일체유심조 (一切唯心造)

파지옥진언 나모 아따 시지남 삼먁삼못다 구치남 옴 아자나 바바시
지리지리 훔 (3번)

원래 아침종송은 이것만 하고 대종을 치게 되어있는데 송광사는 큰종이 6.25 때 불에 타 없어졌으므로 큰 종을 치지 않고 약 30분 가량 장엄염불을 더 했다. 멀고 가까이 있는 스님들이 아침예불에 빠지지 않고 다같이 참석시키기 위해서였다.

스님들이 다 모이면 40명 가량 되는데 언제나 신도님들이 있어 50∼60명 정도는 된다. 주지스님을 비롯하여 큰스님들이 어간에 서고 나머지 스님들이 전후 좌우로 서면 신도님들은 지대방 쪽에 서서 함께 예불한다.

예불이 시작되기 전에는 작은 종을 세 번 올렸다 내렸다 하는데, 이것은 원주 구룡사 스님 때문에 생긴 일이란다. 시주 나가던 스님이 알을 품고 있는 꿩을 잡아먹으려 대드는 구렁이를 죽이고 저녁 늦게 돌아오다가 숲 밑에 청초한 집이 있어 들어가니 예쁜 여자가 바느질을 하고 있었다. 하룻저녁 자기를 청하니 아랫목에 자리를 펴주어 막 누워 자려 하는데 실에 침을 묻히는 혀가 둘로 갈라진 것을

보고 일어나니 그대로 와 목을 감고 새벽 세 시 종소리가 아니 나면 물어 죽이겠다 하였다. 생명은 똑같으나 새끼들이 불쌍하여 당신의 남편을 죽인 것이니 이해하라 하여도 듣지 아니 하였는데 갑자기 상원사에서 종소리가 세 번 나자 구렁이가 몸을 풀고, "부처님이 진짜 영험하시다" 하고 사라졌다. 그래 스님이 절로 올라와 보니 어제 아침에 살려주었던 꿩들이 종에 머리를 부딪쳐 모두 깨져 죽어 있었다. 그래서 그 산 이름을 치악산이라 하고, 예불종을 세 번 올렸다 내렸다 하게 된 것이라 한다.

도량석이 끝난 뒤 일찍 온 스님들은 각기 제자리에 앉아 입정한다. 종송이 끝나면 부전(扶殿)스님이 죽비로 신호하면 모두가 반절을 하고 일어나 정쇠소리에 맞추어 예불한다.

처음 시작할 때는 정쇠를 땡땡 두 번 치고 반절하고, 일어날 때마다 한번씩 치는데, 먼저 행자 한사람이 선창하면 대중스님들은 따라서 복창한다.

아침에는 부처님께 차를 한 잔씩 드림으로 다기물(茶器水)을 올리고 삼배를 한다.

아금청정수(我今淸淨水)
변위감로다(變爲甘露茶)
봉헌삼보전(奉獻三寶前)
원수애납수(願垂哀納受)
원수애납수(願垂哀納受)
원수자비애납수(願垂慈悲哀納受)

저녁에는 향만 올리고 오분향례를 한다.

계향 정향 혜향 해탈향 해탈지견향(戒香 定香 慧香 解脫香 解脫知見香)

광명운대주변법계(光明雲臺 周徧法界)

공양시방 무량불법승(供養十方 無量佛法僧)

헌향진언 "옴 바아라 도비야 훔"(3번)

이렇게 다게(茶偈)나 오분향례(五分香禮)를 하고

① 지심귀명례 삼계도사 사생자부 시아본사 석가모니불 (절)

② 지심귀명례 시방삼세 제망찰해 상주일체 불타야중 (절)

③ 지심귀명례 시방삼세 제망찰해 상주일체 달마야중 (절)

④ 지심귀명례 대지문수 사리보살 대행보현보살

　　대비관세음보살 대원본존 지장보살마하살 (절)

⑤ 지심귀명례 영산당시 수불부촉 십대제자 십육성 오백성

　　독수성 내지 천이백 제대아라한 무량자비성중 (절)

⑥ 지심귀명례 서건동진 급아해동 역대전등 제대조사 천하종사

　　일체미진수 제대선지식 (절)

⑦ 지심귀명례 시방삼세 제망찰해 상주일체 승가야중 (절)

　　유원무진삼보 대자대비 수아정례 명훈가피력

　　원공법계제중생 자타일시성불도 (반절)

절은 보통 합장하고 땅바닥에 엎드려 절할 때는 두 손바닥을 위로 펴서 받들 어 모시는 모양을 하고 끝날 때는 언제나 가슴 위에다 합장한다.

이렇게 절이 끝나면 부처님 앞에 누군가가 발원문을 외운다.

조석향등헌불전 (朝夕香燈獻佛前)

귀의삼보예금선 (歸依三寶禮金仙)

우순풍조민안락 (雨順風調民安樂)

천하태평법륜전 (天下太平法輪轉)

원차소주송광사 (願此所住松廣寺)

대소시주성사덕 (大小施主盛事德)

복구불사원만성 (復舊佛事圓滿成)

남북통일속성취 (南北統一速成就)

원아세세생생처 (願我世世生生處)

상어반야불퇴전 (常於般若不退轉)

여피본사용맹지 (如彼本師勇猛智)

여피사나대각과 (如彼舍那大覺果)

여피문수대지혜 (如彼文殊大智慧)

여피보현광대행 (如彼普賢廣大行)

여피지장무변신 (如彼地藏無邊身)

여피관음삼이응 (如彼觀音三二應)

시방세계무불현 (十方世界無不現)

보령중생입무위 (普令衆生入無爲)

문아명자면삼도 (聞我名者免三途)

견아형자득해탈 (見我形者得解脫)

여시교화항사겁 (如是敎化恒沙劫)

필경무불급중생 (畢竟無佛及衆生)

원제천룡팔부중 (願諸天龍八部衆)

위아옹호불이신 (爲我擁護不離身)

어제난처무제난 (於諸難處無諸難)

여시대원능성취 (如是大願能成就)

죽비 든 스님

나무석가모니불 (南無釋迦牟尼佛)

나무석가모니불 (南無釋迦牟尼佛)

나무시아본사석가모니불 (南無是我本師釋迦牟尼佛)

다음은 신중단에 예불인데, 큰 방에 모셨던 다기와 향로를 신중단 앞으로 옮겨 모시고,

청정명다약 능제병혼침 유기옹호중

'원수애납수'를 세 번 하고 난 다음,

지심귀명례 진법계 허공계 화엄회상 상계욕색제천중 (절)

지심귀명례 진법계 허공계 화엄회상 중계팔부사왕중 (절)

지심귀명례 진법계 허공계 화엄회상 하계호법선신중 (절)

하고 삼배 한다.

그리고

원제천룡팔부중 (願諸天龍八部衆)

위아옹호불리신 (爲我擁護不離身)

어제난처무제난 (於諸難處無諸難)

여시대원능성취 (如是大願能成就)

하고 반절하고 그리고 '반야심경'을 다 함께 일독하였다.

이것이 아침, 저녁 예불하는 절차이다.

아침ㄱ저녁 예불하는 모습

1-17. 아침송주(朝誦呪)

기독교에서 기도는 하나님과의 교제이다. 그러므로 성도는 아침 기도로서 시작하여 저녁 기도로서 끝을 맺는다. 예수님을 영매자로 생각하여 찬양과 예배, 회개와 중보를 원하며 간절히 기도한다.

그런데 불교에서는 깨달음의 길을 걸어간 부처님으로부터 그 뒤를 이어 자각(自覺) 각타(覺他) 각행원만(覺行圓滿)의 길을 걸어간 여러 선지식들을 생각하며 7정례를 드리고, 또 도량을 지켜주시고 중생을 보호해 주시는 신장님들께 예배를 한 뒤 경전을 읽는다.

아침에는 사대주(능엄주·여의륜주·모다리니주·소재주)를 먼저 외우고 다음에 준제주·여래10대발원문·발사홍서원·삼보예경을 외우는데, 시간이 나면 장엄염불과 정토업까지도 읽는다.

첫째 능엄주(楞嚴呪)는 색을 경계한 주문(戒色呪)으로서 눈에 보이는 모든 색이나 소리, 냄새, 맛에 현혹되지 않을 것을 다짐하는 경전이다. 원래 마등가 때문에 720구절로 설해졌는데 너무 길어 요즈음은 제목만 간단히 읽는다.

다음 여의륜주(如意輪呪)는 상대방의 소망을 성취시켜 줄 것을 생각하며 외우는 주문이고,

다음 모다리니주(姥陀羅尼呪)는 이왕이면 큰일을 성취하도록 독려하는 주문이며,

네 번째 소재주(消災呪)는 이 세상 밖에서 일어나는 재해(災害) 즉 천재지변에 조심하도록 일깨워주는 주문이다.

이 네 가지를 전송(前誦)이라 하고 그 다음에 읽는 것을 후송(後誦)이라 한다.

후송은 부처님 어머니 신앙을 조직적으로 장엄한 것인데, 부처님 어머니를 인도에서는 춘디(Chundi. 淸淨母)라 한다. 그것을 중국에서 음사하여 준제(準提)로 번역했기 때문에 우리는 그냥 준제주라 부른다.

나는 이 글을 읽으면서 천주교의 마리아신앙이 어떻게 하여 생겼는가를 생각해 보았다.

청정한 어머니를 뵈오려면 주위를 깨끗하게 해야 하므로,

먼저 법계를 깨끗이 하는 정법계진언을 하고

다음에 몸을 깨끗하게 해야 하므로 호신진언(護身眞言)을 한다.

그리고 세 번째 화해평화의 뜻으로 참배해야 하므로 육자대명왕진언(六字大明王眞言)을 외운다.

그리고 다음에 준제진언(準提眞言)을 외우고 석가모니 부처님께서 세세생생 발원하신 열 가지 발원문(如來十大發願文)과 보살도를 닦으실 때 실천했던 네 가지 큰 서원(發四弘誓願)을 외우고,

끝으로 삼보예경(三寶禮敬 : 南無常住十方佛法僧)을 한다.

그런데 이러한 경전을 외울 때는 먼저 입으로 짓는 모든 죄업을 참회하고 오방 내외에 있는 모든 신들을 편안하게 하기 위하여 '정구업진언'과 '오방내외안위제신진언'을 외우고, 법보를 찬양하는 글, 즉 개경게를 외운다.

정구업진언(淨口業眞言)

"수리수리 마하수리 수수리 사바하" (3번)

오방내외안위제신진언(五方內外安慰諸神眞言)

"나무 사만다 못다남 옴 도로도로 지미사바하"
(3번)

한국의 다보탑

개경게(開經偈)

무상심심미묘법(無上甚深微妙法)
백천만겁난조우(百千萬劫難遭遇)
아금문견득수지(我今聞見得受持)
원해여래진실의(願解如來眞實意)

개법장진언

"옴 아라남 아라다" (3번)
나무 대불정 여래밀인 수증요의 제보살만행 수능엄 신주
다냐타 옴 아나례 비사제 비라 바아라 다리 반다반다니
바아라 바니반 호훔 다로옹박 사바하

정본 관자재보살 여의륜주

나무 못다야 나무 달마야 나무 승가야 나무 아리야 바로기제

사라야 모지 사다야 마하사다야 사가라 마하가로 니가야 하리다야 만다라 다
냐타 가가나 바라 지진다 마니 마하무다례 루로루로 지따 하리다예 비사예 옴
부다나 부다니 야등

불정심 관세음보살 모다라니

나모라 다나다라 야야 나막 아리야 바로기제 새바라야 모지

사다바야 마하 사다바야 마하 가로니가야 다냐타 아바다 아바다

바리바제 인혜혜 다냐타 살바다라니 만다라야 인혜혜 바리 마수다 못다야 옴
살바작수가야 다라니 인지리야 다냐타 바로기제 새바라야 살바도따 오하야미 사
바하

불설소재길상 다라니

나무 사만다 못다남 아바라지 하다사 사나남 다냐타 옴 카카

카혜 카혜 훔 훔 아바라 아바라 바라아바라 바라아바라 지따

지따 지리 지리 빠다 빠다 선지가 시리예 사바하 (3번)

준제공덕취 (准提功德聚)

적정심상송 (寂靜心常誦)

일체제대난 (一切諸大難)

무능침시인 (無能侵是人)

천상급인간 (天上及人間)

수복여불등 (受福如佛等)

우차여의주 (遇此如意珠)

정획무등등(定獲無等等)

"나무칠구지불모 대준제보살"(南無七俱胝佛母 大准提菩薩) (3번)

정법계진언

"옴 남" (3번)

호신진언

"옴 치림" (3번)

관세음보살 본심미묘 육자대명왕진언

"옴 마니 반메 훔" (3번)

준제진언

"나무 사다남 삼먁삼못다 구치남 다냐타
옴 자례주례 준제 사바하 부림" (3번)

아금지송대준제 (我今持誦大准提)

즉발보리광대원 (卽發菩提廣大願)

원아정혜속원명 (願我定慧速圓明)

원아공덕개성취 (願我功德皆成就)

원아승복변장엄 (願我勝福遍莊嚴)

원공중생성불도 (願共衆生成佛道)

태국 새벽사원

여래십대발원문 (如來十大發願文)

원아영리삼악도 (願我永離三惡道)

원아속단탐진치 (願我速斷貪瞋痴)

원아상문불법승 (願我常聞佛法僧)

원아근수계정혜 (願我勤修戒定慧)

원아항수제불학 (願我恒隨諸佛學)

원아불퇴보리심 (願我不退菩提心)

원아결정생안양 (願我決定生安養)

원아속견아미타 (願我速見阿彌陀)

원아분신변진찰 (願我分身遍塵刹)

원아광도제중생 (願我廣度諸衆生)

발사홍서원 (發四弘誓願)

중생무변서원도 (衆生無邊誓願度)

번뇌무진서원단 (煩惱無盡誓願斷)

법문무량서원학 (法門無量誓願學)

불도무상서원성 (佛道無上誓願成)

자성중생서원도 (自性衆生誓願度)

자성번뇌서원단 (自性煩惱誓願斷)

자성법문서원학 (自性法門誓願學)

자성불도서원성 (自性佛道誓願成)

석가탑

원이 발원이 (願已發願已)

귀명례삼보(歸命禮三寶)

나무상주시방불(南無常住十方佛)

나무상주시방법(南無常住十方法)

나무상주시방승(南無常住十方僧) (3번)

"여래십대발원문"은 부처님께서 세세생생 발원해 온 발원문이고,

"발사홍서원"은 부처님께서 보살도를 닦으실 때 항상 발원해 온 서원문이다.

부처님 열반상

1-18. 보조국사(普照國師)와 진각국사(眞覺國師)

오늘은 화순에서 귀한 손님이 오셨다. 진각국사의 원손(遠孫) 가운데 공무원으로 있는 사람이 고려 신종 1201년 자기의 조선(祖先) 영을(永乙) 할아버지께서 송광사 제2대 국사란 말을 듣고 찾아 왔다는 것이다. 추강노스님께서는 먼저 국사전(國師殿)에 나아가 향 사르고 예배 시킨 뒤 보조국사와 진각국사에 대해 자세히 일러주었다.

① 보조국사(普照國師)

보조국사의 휘(諱)는 지눌(知訥)이고 자호는 목우자(牧牛子)이며, 시호(諡號)는 불일보조국사(佛日普照國師)이다. 탑호는 감로인데 조금 있다 보여주겠다 하시고 그의 출생지로부터 출가 수학의 내력을 구체적으로 설명해 주었다.

1158년 고려 제18대 의종(毅宗) 12년에 황해도 서흥군에서 출생하였다. 속성은 정씨(鄭氏), 아버지는 국학학정 광우(光遇)이고 어머니는 개흥군 부인인 조씨(趙氏)였다.

어려서 신병이 잦아 백방으로 의약을 구했으나 효험이 없자 아버지가 불전에 맹세하고 기도한 뒤 출가시켜 품일운손(品日雲孫) 종휘(宗輝)스님에게 출가시켜 구족계를 받게 하니 그때 나이가 16세였다.

스님은 일정한 스승이 없이 도를 구했는데, 1182년에 선과(禪科)에 합격하고 오늘날 경기도 안성 원곡면에 있는 창원 청원사에 이르러 육조단경을 보다가 "참되고 한결같은 마음이 한 생각 일으켜 육근이 견문각지하나 털끝만큼도 물듦이 없다"하는 말씀을 보고 예천 보문면 학가산 보문사로 가서 대장경을 열람하고, 이통현장자의 신역화엄론을 본 뒤 원돈(圓頓)의 견해가 투철해졌다.

1198년 도반들과 함께 지리산 상무주암에 이르러 견해가 뚜렷해지자 대혜종고 선사의 서장(書狀)을 보고 승속이 불이(不二)함을 재삼 깨달았다.

이어 1,200년 (신종3)에 송광산 길상사를 새로 개척, 12년 동안 법을 펴니 치백(緇白)이 운집하여 대총림을 이루었다. 주로 금강경, 육조단경, 화엄론, 대혜어록으로 지침을 삼고 성적등지문(性寂等持門)·원돈신해문(圓頓信解門)·단전경절문(單傳經截門)으로서 수행의 지침을 삼았다.

억보산 백운정사와 적취암(寂翠庵), 서석산 규봉난야, 조월암 등을 창건 왕래하며 불법을 폈다.

희종이 즉위하여 송광산을 조계산으로, 길상사를 수선사(修禪寺)로 고쳐 현판을 친히 써서 내리고 만수가사(滿繡袈裟)를 보내왔다.

법상에 앉아 설법하시다가 주장자(柱杖子)를 잡고 그대로 입적하셨는데, 세수는 51세이고 법납은 36세였다. 왕이 문신 김군원(김부식의 손자) 김돈중을 시켜 비문을 짓게 하고 비를 세웠다. 그러나 병사(兵事)에 없어지고 구부(龜趺)만 남았던 것을 1678년 숙종 1년 백암 성총스님이 다시 세웠다.

이 같은 기록은 지금 관음전 뒷등에 세워진 감로탑비 가운데 있고 또 비전에 올라가면 송광사 창건비와 불일보조국사비에 상세히 기록되어 있으니 가서 보도록 하자 하시며 친히 데리고 갔다.

송광사 관음전 뒷등에는 보조국사 감로탑비가 있었는데, 주위에는 백일홍이 만발하고 탑 옆에는 3.1운동 당시 33인의 한 사람이 쓴 비석이 있었다.

비전은 송광사 본당으로부터 서북쪽으로 1km 상에 있는데 승찰대본산 조계산 송광사 사적비와 보조국사, 진각스님 비가 거창하게 서 있었다. 옆에는 탑비를 보호하는 스님들의 거처가 크게 두 동 지어 있고, 빗둥에는 역대 선지식들의 탑들이 50여점 있었다.

그 비석에는 감로탑에 없는 문도들의 이름이 적혀있었는데, 진각국사, 정선, 수우, 충담, 담령, 곽조, 몽선, 단심, 인민, 정성, 해공, 가후, 각순 스님들과 부유현 안일, 직수와 금성 안일, 진직승, 진의금, 보각일연 및 왕공사서들의 자손들이 새겨져 있었다.

보조국사의 저서에는,

① 계초심학인문 1권

② 정혜결사문 1권

③ 수심결 1권

④ 화엄론절요 3권

⑤ 진심직설 1권

⑥ 법집별행록절요병사기 1권

⑦ 원돈성불론 1권

⑧ 간화결의문 1권

⑨ 염불요문 1권

⑩ 상당록 1권

⑪ 법어 1권

⑫ 가송 1권 등 10여 가지가 있었다.

보조국사 감로탑

나는 보조국사의 감로탑비와 비석을 보고 위대한 지도자의 위덕은 저렇게 돌

속에 새겨져 눈, 서리, 화재 속에서도 없어지지 않는구나 하고 감탄하였고, 병들어 다 죽어가던 사람이 불전에 기도하여 50여 년을 살아가는 가운데서도 세상사람 150년 사는 것 보다도 더 위대한 업적을 남겼으니 사람은 오래 산다고만 해서 잘 사는 것이 아니라는 것도 뼈저리게 느꼈다.

② 진각국사(眞覺國師)

다음 진각국사 역사는 송광사 사고(史庫)에 적혀 있으니 내려가서 점심먹고 보자고 하여 차분히 도성당(道成堂)으로 갔다. 키가 크고 몸집이 장대한 총무스님이 송광사 사고 네권을 들고 와 "임신년부터 을유년까지 송광사 주지직을 맡은 기산 석진(綺山錫珍)스님께서 서원을 세우고 송광사 사기를 총정리한 것이었다.

"이것은 현재 도지정 보물로 선정되어 있습니다"

하고 책을 펴 보였다.

서문을 보니 이 글은 기미독립 당시 독립만세에 동참했던 기산스님이 학교 (중앙학림) 졸업을 앞두고 고종황제의 인산(因山)에 참여하였다가 졸업을 못하고 송광사에 이르러 착수한 것인데, 30여 년간 각고 정진하여 송광사의 지리, 사원, 인물, 잡부 사부로 정리되어 있었다.

이 책을 보면 고려 이후 한국불교 사원이 어떻게 유지되어 왔는가를 알 수 있었다. 그러나 찾아온 객손(客孫)의 뜻을 따라 진각국사의 사력만 찾아 보기로 하였다.

진각국사는 고려 명종 8년(1178) 전남 화순 한천(寒泉:투泉)에서 태어났다. 이름은 혜심이고 자는 영을(永乙), 자호가 무의자(無衣子)다. 속명은 식(寔)이고 어머니 꿈에 천문이 열리고 우뢰가 세 번 친 뒤 애를 가졌는데 태어날 때는 탯줄을 거듭으로 쓰고 나와 마치 가사를 겹으로 입고 나온 것과 같았다. 아버지는 이미 별세하였으므로 어머니에게 출가를 빌었으나 허락해 주지 않아 24세에 사마시(司馬試)를 마치고 태학관(太學館)에 들어갔다. 때마침 어머니께서 중병이 들어 형님 네 집으로 돌아와 시병을 하다가 이듬해 돌아가시자 송광사에 이르러 천도재를 베풀고 축발(祝髮)하였다.

스님은 그 후 구례군 오봉산 정상에 있는 바위 위에 앉아 (지금도 그 바위를 '좌선대'라 함) 선정을 닦으면서 매일 오경마다 게송을 읊어 주위 10여리에 사는 사람들이 모두 들었다 한다.

한번은 눈이 많이 와 소리가 나지 않으므로 가서 보니 백설이 이마에까지 찼는데도 꼼짝하지 않아 흔들어 깨 보니 살아 있었다 한다.

28세 때 구례 오봉산 전물암에서 여름을 지내고 선자(禪子) 수인과 함께 억보산 백운암에 계신 보조국사를 찾아 갔는데, 100여 보 떨어진 곳에서 스님께서 시자 부르는 소리를 듣고,

호아향락송라무 (呼兒響落松羅霧) 자명향전석경풍 (煮茗香傳石經風)
재입백운산하로 (才入白雲山下路) 기참암내노사옹 (己參庵内老師翁)

을 지어 올라가 바치니 스님께서 웃으시면서 부채 한 자루를 주었다.

하루는 길을 가다가 헌신짝이 떨어져 있는 것을 보고 물었다.
"헌신짝은 여기 있는데 그 주인공은 어디 있는고?"
"어찌 서로 보고 있는 것을 모르십니까!"

보조국사께서 매우 기뻐하셨다.

그 후 조주의 무자화(無字話)와 대혜의 10종법을 물으니 3종병으로 대답하시는지라 두말하지 않고 전법하였다.

동 4년(31세시) 국사께서 수선사에서 법석을 마련 전법하시고 스님께서는 규봉암으로 내려가려 하셨으나 스님께서 굳이 사양하고 지리산으로 가서 행적을 끊으니 33세시 스님 입멸 후 대중들이 국가에 추천해 놓고 뒤에 찾아 모셨다.

이에 임금님이 듣고 절을 증축하게 한 후 만수가사와 마납가사 1령을 불장(佛藏)과 탑장(塔藏)을 함께 보내주셨다. 뒤에 최우가 불러도 나아가지 않으므로 두 아들을 보내 참배하고 다향, 약이며 다과진수를 보내 떨어지지 않게 하였다. 고종이 즉위하여 대선사로 제수하였다.

그 후 단속사, 보경사, 양경사, 나주 장흥사, 전주 임천사, 공주 용산사, 청주 사뇌사, 공산 청량사에서 상당하여 전국을 거의 한 바퀴 돌아 본사에 돌아와 있다가 마곡에 이르러 세수 57세 법납 32세를 일기로 세상을 떠났다.

지금 광원암 북봉에 원조지탑(圓照之塔)이 있고, 비는 이규보의 찬을 김효인이 써 강진 월남사에 세웠다 한다.

스님의 저서는 49세 때 선문염송(禪門拈頌) 30권 1125칙을 지으시고 선문강요(禪門綱要)를 뒷사람들이 정리 유포하였으나 그의 후손 각운이 청진국사의 뜻을 따르고 몽여, 진훈, 마곡 등과 함께 염송설화 30권을 지어 널리 유포하였다.

진실로 한국불교의 선은 보조국사와 진각국사에 의해 정립되었다 하여도 과언이 아니다. 이 말씀을 듣고 숙연한 원손은 집안에서도 대를 이을 자손이 출가하도록 추천하겠다 하고 떠났다.

불일 보조국사 지눌

제자 진각국사 영정

1-19. 천수경(千手經)

천수경을 한국에서는 신통묘용을 일으키는 글귀로 알고 있다. 그런데 인도에서는 힌두교인들이 우리와 똑같은 경전을 읽고 있으므로 인도에 유학을 갔다 온 학자들은 그것은 시바신을 섬기는 힌두교의 성전이기 때문에 불교인들이 읽어서는 아니 된다고 이야기하고 있다.

그런데 내가 자세히 살펴보니 인도사람들은 시바를 신으로 보는데 한국사람들은 보살로 보고 있으니 그것이 다른 점이었다. 누가 읽기 때문에 읽어서는 안 되는 것이 아니라 그것이 어떤 내용을 가지고 있느냐 하는 것이 더 중요했다.

내가 처음 천수경을 읽고 그 내용을 살펴보니 천수경은 문자 그대로 신통묘용을 일으키는 글귀였다.

"천수천안관자재보살광대원만무애대비심백천대다라니(千手天眼觀自在菩薩廣 大圓滿無碍大悲心百千大陀羅尼)"라는 경의 제목을 읽어보면 참으로 놀랄만한 과학성은 물론 철학성을 발견할 수 있다. 사람은 누구나 태어나면서부터 두 손을 가지고 태어나지만 만약 천 개의 손을 가지게 되면 만능인간으로서 못하는 일이 없게 되기 때문이다.

'천 개의 손'을 가지려면 그 장소가 어떤 장소인지 알아보는 눈이 있어야 하기 때문에 '천수' 다음에는 '천안'이라는 말이 나온다. 천수천안을 가지면 누구나 적시적소에 알맞은 일을 할 수 있다고 보는데 그 이유는 자유자재한 관자재보살이 되기 때문이다.

그러면 관자재보살은 어떻게 하여 관자재보살이 되었는가? '광대원만무애대비심'을 가지고 있었기 때문이다. 넓고 크고 둥글고 가득한 마음을 무애자재하게 쓰되 대자대비로써 중생들의 고통을 구해준다. 그러나 그것을 한 번만 하는 것이 아니라 백천 가지 능력으로 온갖 것을 다 가지고 잘못된 것을 가리는 대다라니 (摠持)를 가졌기 때문이다. 그러므로 불교를 믿고 바르게 실천하면 귀신이나 마귀, 천신을 의지하지 아니해도 오히려 그들의 보호를 받아 누구나 잘 살 수 있는 것이다.

한 번 읽으면 천수천안을 알게 되고, 백 번 읽으면 관자재보살을 이해하게 되며, 천 번 읽으면 광대원만한 마음이 나오고, 만 번 읽으면 백천 대다라니가 성취되어 전생의 모든 업이 소멸되고, 십만 번 읽으면 물위를 걷고, 백만 번 읽으면 하늘을 날아다닐 수 있다고 하였다. 물 위에 뜨는 군함과 하늘을 나는 비행기가 누구의 손에 의해 만들어졌는가를 생각해 보면 알 수 있을 것이다.

그러면 관세음보살은 어떤 능력을 가지신 분인가.
원력이 넓고 깊고 상호 또한 원만하여
천 개의 팔로 모든 것을 보호하며
천 개의 눈으로 온 세계를 살피시고
진실한 말씀으로 사랑을 베풀며
하염없는 마음으로 자비심을 일으키어
어떠한 원망과 죄업도 소멸하고
소원을 성취시켜 주는 분이다.

그러므로 천수경을 읽으면 천룡중성이 보호하고 백천 삼매를 얻어 그 몸은 광명당(光明幢)이 되고 그 마음은 신통의 창고(神通藏)가 되어 모든 번뇌를 씻어주고 깨달음을 얻게 되는 것이다.

　관세음보살은 아미타불을 본존으로 하여 관세음·여의륜·관자재·정취·만월·수월·군다리·십일면 등 여러 가지 이름으로 지옥·아귀·축생·아수라 등을 절복하고 일체법을 알도록 지혜를 주어 일체중생을 구제하는 원력을 가지고 있기 때문이다.

　그러면 이제 한국사람들이 읽고 있는 **천수경**을 한번 읽어 보도록 하자.

천수천안 관자재보살 (千手天眼 觀自在菩薩)
광대원만 무애대비심 (廣大圓滿 無碍大悲心)
대다라니 계청 (大陀羅尼 啓請)

계수관음대비주 (稽首觀音大悲呪)
원력홍심상호신 (願力弘深相好身)
천비장엄보호지 (千臂莊嚴普護持)
천안광명변관조 (天眼光明遍觀照)
진실어중선밀어 (眞實語中宣密語)
무위심내기비심 (無爲心內起悲心)
속령만족제희구 (速令滿足諸希求)
영사멸제제죄업 (永使滅除諸罪業)
천룡중성동자호 (天龍衆聖同慈護)
백천삼매돈훈수 (百千三昧頓熏修)
수지신시광명당 (受持身是光明幢)
수지심시신통장 (受持心是神通藏)

세척진로원제해 (洗滌塵勞願濟海)

초증보리방편문 (超證菩提方便門)

아금칭송서귀의 (我今稱誦誓歸依)

소원종심실원만 (所願從心悉圓滿)

나무대비관세음 (南無大悲觀世音)

원아속지일체법 (願我速知一切法)

나무대비관세음 (南無大悲觀世音)

원아조득지혜안 (願我早得智慧眼)

나무대비관세음 (南無大悲觀世音)

원아속도일체중 (願我速度一切衆)

나무대비관세음 (南無大悲觀世音)

원아조득선방편 (願我早得善方便)

나무대비관세음 (南無大悲觀世音)

원아속승반야선 (願我速乘般若船)

나무대비관세음 (南無大悲觀世音)

원아조득월고해 (願我早得越苦海)

나무대비관세음 (南無大悲觀世音)

원아속득계정도 (願我速得戒定道)

나무대비관세음 (南無大悲觀世音)

원아조등원적산 (願我早登圓寂山)

나무대비관세음 (南無大悲觀世音)

원아속회무위사 (願我速會無爲舍)

나무대비관세음 (南無大悲觀世音)

원아조동법성신 (願我早同法性身)

아약향도산 (我若向刀山)

도산자최절 (刀山自催折)

아약향화탕 (我若向火湯)

화탕자소멸 (火湯自消滅)

아약향지옥 (我若向地獄)

지옥자고갈 (地獄自枯渴)

아약향아귀 (我若向餓鬼)

아귀자포만 (餓鬼自飽滿)

아약향수라 (我若向修羅)

악심자조복 (惡心自調伏)

아약향축생 (我若向畜生)

자득대지혜 (自得大智慧)

나무관세음보살마하살

나무대세지보살마하살

나무천수보살마하살

나무여의륜보살마하살

나무대륜보살마하살

나무관자재보살마하살

나무정취보살마하살

나무만월보살마하살

나무수월보살마하살

나무군다리보살마하살

나무십일면보살마하살

나무제대보살마하살

나무본사아미타불 (3번)

신묘장구대다라니

나모라 다나다라 야야 나막알약 바로기제 새바라야 모지사다바야 마하사다바야 마하가로 니가야 옴 살바 바예수 다라나 가라야 다사명 나막 가리다바 이맘알야 바로기제 새바라 다바 니라간타 나막 하리나야 마발다 이사미 살발타 사다남 수반 아예염 살바 보다남 바바말아 미수다감 다냐타 옴 아로계 아로가 마지로가 지가란제 혜혜하례 마하모지 사다바 사마라 사마라 하리나야 구로구로 갈마 사다야 사다야 도로도로 미연제 마하미연제 다라다라 다린 나례 새바라 자라자라 마라 미마라 아마라 몰제 예혜혜 로계새바라 라아미사미 나사야 나베 사미사미 나사야 모하자라 미사미 나사야 호로호로 마라호로 하례 바나마 나바 사라사라 시리시리 소로소로 못자못자 모다야 모다야 매다리야 니라간타 기마사 날사남 바라 하리나야 마낙 사바하 싯다야 사바하 마하싯다야 사바하 싯다유예 새바라야 사바하 니라간타야 사바하 바라하 목카 싱하 목카야 사바하 바나마 하따야 사바하 자가라 욕타야 사바하 상카섭나녜 모다나야 사바하 마하라 구타 다라야 사바하 바마사간타 이사시체다 가릿나 이나야 사바하 먀가라 잘마이바 사나야 사바하

"나모라 다나다라 야야 나막알야 바로기제 새바라야 사바하" (3번)

1-20. 저녁송주(夕誦呪)

그런데 한국불교에서는 천수경을 저녁송주 때 많이 외우고 있다. 아침에는 사대주를 통해서 색에 속지 아니 했는지, 상대방의 소망을 시켜주었는지, 원대한 마음으로 모든 생명을 사랑하면서도 천재지변에 장애는 받지 아니했는지를 반성하고 그것이 잘못되었다면 천수천안관자재보살의 광대원만무애대비심으로 참회하고 시정하기 위해서이다.

그러나 하나의 경전을 의식(儀式)으로 해서 읽을 때는 의식에 합당한 공식이 있기 때문에 천수경을 읽기 전에 몸과 입과 뜻을 깨끗이 하는 '정구업진언'과 오방 내외에 있는 모든 존재들을 편안히 하는 '오방내외안위제신진언', 그리고 불법의 무궁한 진리를 찬탄하는 '개경게'를 아침송주처럼 읽고 천수다라니를 읽은 다음 '사방찬'과 '도량찬', '참회게'를 읽은 후 증명법사 열 두분을 칭명한다. 그리고 '십악참회'하고 '참회진언'을 외운다.

또 아침에 읽었던 후송(준제주로부터 나무상주시방불법승)까지 읽는다.

그러면 '사방찬'은 무엇하는 것인가? 원래 천수경을 읽을 때는 큰 그릇에 물을 떠놓고 그 물이 천수주문에 감동되게 하여 사방에다 뿌리며 외우는 게송이다.

첫째 동쪽에 뿌리노니 동방은 깨끗한 도량이 되고 (一灑東方潔道場)
둘째 남방에 뿌리노니 모두 청량을 얻도록 하고 (二灑南方得淸凉)

셋째 서방에 뿌리노니 서방이 정토가 되고 (三灑西方俱淨土)

넷째 북방에 뿌리노니 북방을 안락하고 편안하게 하옵소서 (四灑北方永安康)

이 글을 외울 때는 법사스님들이 솔잎이나 말총 같은데 물을 묻혀 세 번씩 뿌린다.

다음 도량찬은 이렇게 사방이 깨끗하게 되었으면 삼보천룡(三寶天龍)이 이 자리에 내려와 도량을 보호해 주십사 권청하는 글귀이다.

도량청정무하예 (道場淸淨無瑕穢)

삼보천룡강차지 (三寶天龍降此地)

아금지송묘진언 (我今持誦妙眞言)

원사자비밀가호 (願賜慈悲密加護)

이 대목을 할 때 바라춤을 추는 사람은 시연하도록 되어 있다.

바라춤(婆囉舞)

바라춤은 부처님 당시부터 천수경을 노래하며 추는 종교무(宗敎舞)였다.

옛날 옛적 노랑 애벌레가 나무 가지에 붙어 오늘은 이 나무 잎사귀를 갉아 먹고 내일은 저 잎사귀를 먹어 몇 년을 두고 먹고 싸고 먹고 싸고 하였는데도 한 가지도 달라진 것이 없었다.

하루는 애벌레가 생각하기를 저 세상에는 어떤 물건들이 살고 있기에 세상이 저렇게 시끄러울까 하고 내려와 보니 허허 벌판이 넓고 크기도 하였다. 고추밭, 가지밭, 벼밭, 보리밭…… 할 것 없이 이 밭, 저 밭을 밟고 돌아다니다가 너무도 자신을 닮아 몸에 털이 나 있는 벌레를 발견하였다.

"저 애가 왜 저렇게 생겼지? 나 닮았나 봐…?"

하고 쫓아가 물었다.

"너, 어디에 사니?"

"무주 구천동."

"뭐 하러 나왔어?"

"세상이 답답해 놀러 나왔지."

"무슨 재미있는 일이 있었니?"

"그럼. 저쪽 동구 밖에 나가니 우리 같은 무리들이 줄을 서서 어디론가 가는데, 나는 무서워서 가다가 그만 돌아왔어."

"그러면 한번 같이 가 보자."

그리하여 얼마쯤 가니 수백수천의 애벌레들이 줄을 지어 가고 있었다.

"어디로 가니?"

"내가 어떻게 알아."

"그러면 왜 가지?"

"앞에 것들이 갔으니까 가지…."

하는 수 없어 따라 갔다. 얼마쯤 따라가다 보니 높은 빌딩들이 줄지어 서 있는데, 그것을 타고 계속해서 올라갔다. 한참동안 올라가다 보니 숨이 차서 더 이상 갈 수 없었다. 앉아서 숨을 고르다 보니 저쪽 건너 편에서는 검정 애벌레 한 마리가 숨을 고르고 있었다. 여기까지 오는데 한눈 팔지 않고 누구하고도 인사한 일이 없었는데 당장 가서 통성명하고 싶었다.

"어디 가니?"

"나도 몰라."

"그럼 왜 가지?"

"너는?"

"나도 그냥 앞에 것들 따라갈 뿐이야!"

"그러지 말고 우리 함께 내려가자. 숨이 차 죽겠어."

그래서 두 애벌레는 손을 잡고 내려왔다. 한가한 곳에 자리잡고 쳐다보니 이상스럽게도 정이 들었다.

"왜 그러니?"

"내 마음이 이상해."

"나도 그런데. 그렇다면 우리 함께 살림을 차려보자."

그리하여 노랑 애벌레와 검정 애벌레는 짝이 되어 신방을 차렸다.

"전생에 인연인가봐."

"나도 너보다 더 좋은 것은 보지 못했어!"

그런데 몇 달 지내고 보니 노랑 애벌레 배가 불러지더니 수백 개의 알을 깠다.

"어떻게 하지?"

"어떻게 하기는. 함께 노력해서 먹여 살려야지. 내가 나가 먹을 것을 구해 올터이니 애들이나 잘 봐."

검정 애벌레는 노랑 애벌레가 아이들을 거느리고 있는 모습을 신비스럽게 생각하며 열심히 먹이를 구해 왔다.

그런데 이게 뭔가. 죽어라고 한 짐 짊어지고 오면 모두 나누어 먹어버리면 그만이었다. 그러나 두 마리의 애벌레가 백 마리의 애벌레가 된 것만도 신기한 일이라 생각하고 부지런히 짊어지고 왔다. 그런데 하루는 짊어지고 오다가 힘이 겨워 넘어졌다.

"이게 뭐야. 갖다 주면 먹어버리고, 갖다 주면 먹어버리고… 나는 도대체 뭘 하는 거야."

하고 화를 냈다. 노랑 애벌레도 화를 냈다.

"나는 뭐 편하게 사는 줄 알아. 세상 한번 구경 못하고 방안 퉁수처럼 앉아 몸부림치고 있잖아."

"하긴 그래. 그러나 이렇게 짜증나게 살 바에야 우리 각기 헤어져 살아보자."

"안 돼. 나 같은 걸 또 하나 얻어 살려고. 그러지 말고 당신이 이렇게 화를 내는 것은 그때 그 높은 곳을 끝까지 올라가지 못한 데 원인이 있는 것 같아. 더 이상 애기들을 보살피려고 애쓰지 말고 당신이 그곳 한 번 갔다가 와. 나도 이 애들 다 키워 놓고 따라 갈 테니까."

그래서 둘은 서로 불쌍히 여기며 헤어졌다. 검정 애벌레가 높은 빌딩 밑에 이르렀을 때 자신 보다도 몸이 두 배, 세 배 큰 놈들이 머리가 깨지고 몸통이가 터져 숨을 몰아쉬면서,

"나비가 돼 봐야 알지! 나비가 돼 바야 알지!"

하며 죽어갔다. 아무리 생각해도 나비가 무엇인지 알 수 없어 그냥 전에 하던 대로 빌딩을 타고 올라갔다. 그 동안 일을 생각하면 화도 나고 욕심도 생겨 단번에 3분의 2쯤 올라가 보니 위에 것들은 올라가지 않으려 몸부림치고, 밑에 것들은 떨어지지 않으려 몸부림 쳤다. 그때서야 생각해 보니 아까 밑에 떨어져 죽은 놈들이 다른 놈들이 아니라 올라가다 미끄러져 떨어져 죽은 놈들이었다. 또 자세히 살펴 보니 수천 년 전부터 이 빌딩을 타고 오르다가 말라 죽은 애벌레들이 석회석이 되어 굳어져 있는 것들이었다.

"아! 올라가 보았자 소용없는 것인데. 내가 속이 없지. 내가 속이 없어."

하고 한탄하며 조금씩 조금씩 기어올라 결국 맨 끝 봉우리에 오르게 되었다. 그런데 그때 집에 버리고 왔던 노랑 애벌레가 자식들을 다 길러 출가시키고 날마다 검정 애벌레를 기다리며 동구 밖에 나와 어떻게 해야 내 낭군을 찾아 만나볼꼬 하고 고민하다가 나뭇가지에 집을 짓고 있는 한 애벌레를 발견하였다.

"너 뭐 하고 있니?"

"세상이 너무 억울하여 나비가 되고자 고치를 만들고 있다."

"나비가 되면 무엇을 하는 것이냐?"

"훨훨 날아다니지. 억울한 생각을 하면 물에 빠져 죽을 수도 있지만 몸까지 떠내려 가버리면 다시는 내 사랑을 만나 볼 수 없지 않아. 만약 죽지 않고 살아난다면 껍질을 보고 그도 나비가 되어 날아올 것 아니냐…."

"참으로 좋은 생각이었다. 나도 한번 해 볼까?"

"의심하지 말고 발로 나무에 몸을 의지하고 온 힘을 다해 아랫배에 힘을 주면 거기서 명주실 같은 실이 나오거든. 그것으로 집을 지으면 백일만에 나비가 부화돼."

"알았어. 감사하다."

하고 시키는 대로 하였더니 애벌레가 나비가 되어 천지를 훨훨 날아다니게 되었다. 인연 닿는 곳이 꽃봉우리라고 이리저리 날아다니다 보니 검정 애벌레가 높은 빌딩 위에서 곧 떨어지기 직전 몸부림치고 있었다. 나비는 그의 머리에 앉아 텔레파시를 보냈다.

"내려가, 내려가란 말이야. 내려가서 나처럼 훨훨 날아다니는 나비가 되라고."

하여 그가 안내하는 길을 따라가서 검정 나비가 되니 그때부터 두 나비는 짝이 되어 온 세상을 춤을 추며 날아다니게 되었다.

"재미있지?"

"응. 재미있어."

"그러면 지금부터서는 황량한 이 세상에 꽃을 피워야 돼. 당신이 그 동안 외롭게 살았기 때문에 그것을 위안하기 위해 이리저리 구경을 다녔는데 오늘부터서는 당신은 당신 꽃에 가서 꽃씨를 물어다가 당신의 꽃을 피우고 나는 내 꽃을 피우게 될 테니까…!"

그래서 나비들이 꽃을 피우게 되어 이 세상이 온통 꽃밭이 만들어지게 되었다는 것이다.

어떻습니까? 인생을 이렇게 살다 허망하게 회향하는 것이 좋겠습니까? 두 애벌레가 나비가 되어 이 세상에 만 가지 꽃을 피게 하듯 황량한 세상을 복되게 만들고 싶습니까? 복된 세상을 만들고 싶으시다면 나비가 되십시오.

애벌레는 중생이고 나비는 부처입니다. 이곳 저곳을 찾아 다니다가 약육강식이라 큰 것에 눌려 터져 죽는 것이 중생이고 부처는 죽기 전에 나비가 되어 여기 저기 불법의 꽃을 피우는 불보살이 된 것이니 어느 것이 낫겠습니까. 사랑도 좋고 명예도 좋고, 탐욕도 싫지 않지만 한 생각 놓아버리면 천지를 날아다니며 아름다운 꽃을 피우는 나비가 될 것입니다.

나는 여기서 늦가을까지 달라붙어 새들의 밥이 되는 감가지를 생각해 보았다. 스님들이 출세하면 주지(住持)가 되어 천하 총림을 다스리려 너나 할 것 없이 몸 부림친다. 감가지는 한 겨울에 새들의 먹이가 되기도 하지만 훨훨 날아다니는 나비는 꽃을 피워 세상에서 제일가는 로얄제리를 만든다. 그래서

"나도 나비가 되어 아름다운 꽃을 피게 해야지…."

하며 커다란 날개로 천지를 펄럭이며 '드리렁 쾅'하고 두 바라를 마주치는 법주(法主)들을 바라 보았다.

십악참회(十惡懺悔)

참회는 매일(每) 같이 썼던 마음(忄)을 뉘우치면서 잘못된 것을 깨우쳐 나가는 것인데 거기에 열 가지가 있다.

죽이지 않아도 될 것을 죽이고, 빼앗지 않아도 될 것을 빼앗고, 거짓말로 속이고 이간질, 악담, 설욕하며 괴롭히고, 남의 정조를 빼앗아 자기 욕구를 취하는 것이다. 자기 힘으로 잘되지 않으면 술이나 마약을 하면서라도 그 일을 기필코 하여 남을 괴롭게 하고 못되게 하였던 것, 이것들을 참회하는 것이다.

살생중죄금일참회 (殺生重罪今日懺悔)

투도중죄금일참회 (偸盜重罪今日懺悔)

사음중죄금일참회 (邪淫重罪今日懺悔)

망어중죄금일참회 (妄語重罪今日懺悔)

기어중죄금일참회 (綺語重罪今日懺悔)

양설중죄금일참회 (兩舌重罪今日懺悔)

악구중죄금일참회 (惡口重罪今日懺悔)

탐애중죄금일참회 (貪愛重罪今日懺悔)

진애중죄금일참회 (瞋恚重罪今日懺悔)

치암중죄금일참회 (痴暗重罪今日懺悔)

그러면 이러한 죄들은 단지 참회한다고 해서 참회가 될 것인가? 과일 참외같으면 먹기나 하지만…. 백겁 천겁 쌓은 죄도 한 생각에 지었기 때문에 그 생각만 없어지면 마른 풀이 불에 태워지듯 씨알 하나도 남지 않고 다 타버린다.

이것이

백겁적집죄(百劫積集罪)

일념돈탕진(一念頓蕩盡)

여화분고초(如火焚枯草)

멸진무유여(滅盡無有餘)이다.

왜냐하면 죄는 자기 성품에서 일어나기 때문이다. 그러므로 마음만 없어지면
죄 또한 없어지는 것이다. 죄와 마음, 이 둘이 다 없어지면 이것을 진실한 참회라
한다.

죄무자성종심기(罪無自性從心起)

심약멸시죄역망(心若滅時罪亦亡)

죄망심멸양구공(罪亡心滅兩俱空)

시즉명위진참회(是卽名爲眞懺悔)

그래서 참회진언 '옴 살바 못자 모지 사다야 사바하'를 한다.

진언이란 진실한 마음이다. 부처님 마음, 착한 마음, 아름다운 마음으로 중생
(살바)들을 깨우치고 자신(못자)을 깨달으면(모지) 결국 본래의 마음(사다야)을
꼭 성취하게 된다는 말이다.

그러면 그가 참회한 것을 누가 증명할 것인가?

이것이 참죄업장 12존불이다. 이 세상의 모든 죄악은 눈·귀·코·혀·몸·뜻이
빛·소리·냄새·맛·감촉·법을 보고 온갖 분별과 시비를 한다. 그러므로 첫째는

안·이·비·설·신·의를 비우고, 둘째는 색·성·향·미·촉·법을 비운다. 두 가지가
다 공해지면 진짜 참회가 된다.

아스팔트는 말이 없고 비각(碑閣) 또한 말이 없다. 그런데 사람은 죽어 없어졌
어도 그 아스팔트는 4.19 당시 학생들의 피 맛을 알고 있고 비각에는 아직도 총
알 맞은 자국이 남아 있다.
그러므로 동아일보 신춘문예 당선작 가운데,

'아스팔트여, 너는 그때의 피 맛을 알고 있지.
3.1 독립기념비각이여,
너는 그때의 총소리를 듣고 총탄을 맛보았지'

하는 시가 나온 것이다.

이 6근 6경이 성불하여 마침내 부처가 되었으니 다생의 업장을 참회하는 증명
자가 된 것이다.

참제업장십이존불 (懺除業障十二尊佛)

나무참제업장보승장불 (南無懺除業障寶勝藏佛)

보광왕화염조불 (寶光王火焰照佛)

일체향화자재력왕불 (一切香華自在力王佛)

백억항하사결정불 (百億恒河沙決定佛)

진위덕불 (振威德佛)

금강견강소복괴산불 (金剛堅剛消伏壞散佛)

보광월전묘음존왕불 (普光月殿妙音尊王佛)

환희장마니보적불 (歡喜藏摩尼寶積佛)

무진향승왕불 (無盡香勝王佛)

사자월불 (獅子月佛)

환희장엄주왕불 (歡喜莊嚴珠王佛)

제보당마니승광불 (帝寶幢摩尼勝光佛)

육근 육경이 성불하여 이렇게 부처가 되어 세계의 역사를 증명하고 있다.

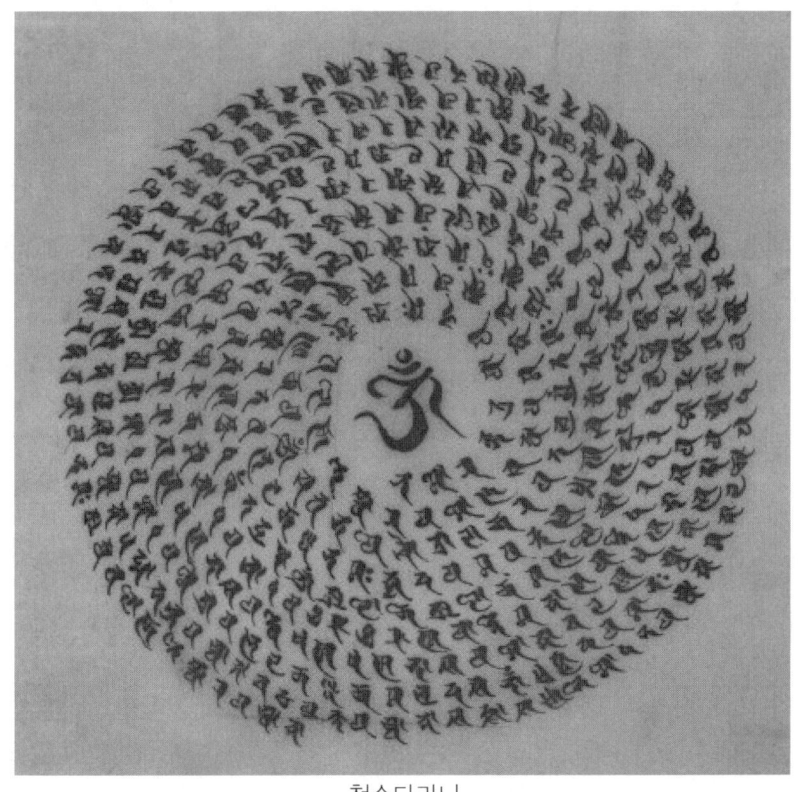

천수다라니

1-21. 장엄염불(莊嚴念佛)

장엄염불(莊嚴念佛) (1)

아침송주와 저녁 천수경은 자기 인격을 위해서 주로 읽지만 장엄염불은 개인과 사회, 동식물이 사는 환경을 불국토로 만들기 위해서 읽는 경전이다.

집도 장엄이요, 산도 들도 장엄이지만 이것은 그 속에 사는 중생들의 마음을 따라 나타난다.

사람의 인격을 보통사람과 현인, 위인, 성인, 부처로 나누는데, 보통사람은 먹고 입고 자고 노는 것에 의해 사는 사람이고, 현인은 같은 의식주도 어질고 착하게 하는 사람이며, 위인은 세상 의리를 따라 정의를 실천하는 분이고, 성인은 천지자연의 이치를 알고 자연의 도리에 따라 성스럽게 살아가는 분이고, 부처는 보는 것마다 깨달음을 얻어 삿되고 그릇되고 악한 마음이 없이 인류와 중생, 국토와 세계를 위하여 희생 봉사하는 분이다.

그러니까 장엄염불은 사람과 동식물, 대자연 속에 살아가는 중생들이 부처님을 생각하면서 자신이 사는 세계를 불국토로 꾸미기 위해 노력하는 공부이다.

부처님의 모델은 아미타불이고, 그가 사는 세상을 극락세계라 한다. 사바세계와는 달리 털끝만큼도 고통이 없는 곳이기 때문이다.

그래서 장엄염불에서는 우선 아미타불을 칭찬한다. 아미타불은 진금색으로 생겼고 상호가 단엄하여 누구도 짝할 이 없다. 백호광명이 오수미(五須彌)를 이루고 금색 눈은 청정하여 사대해와 같다. 빛 가운데서는 무수한 화불(化佛)과 보살들이 나타나 사십팔대의 원력으로 중생들을 제도하며 구품연대에 나게 하므로 그의 큰 덕을 칭찬하고 그의 세계에 가서 태어나 아미타불을 친히 뵙기 원하는 것이다.

극락세계에는 구품연대가 있어 매 연꽃마다 장육 아미타불이 서 계시며 왼쪽 손을 가슴에 대고 오른쪽 손은 내려뜨리고 있다. 찬란한 녹라의상을 입고 금빛 찬란한 얼굴로 좌우에 관음·세지를 거느리고 시방세계에서 모여드는 중생들을 접인하고 있다.

그래서 먼저 금빛 찬란한 아미타불을 찬탄한다.

아미타불진금색 (阿彌陀佛眞金色)

상호단엄무등륜 (相好端嚴無等倫)

백호완전오수미 (白毫宛轉五須彌)

감목징청사대해 (紺目澄淸四大海)

광중화불무수억 (光中化佛無數億)

화보살중역무변 (化菩薩中亦無邊)

사십팔원도중생 (四十八願度衆生)

구품함령등피안 (九品含靈登彼岸)

이차예찬불공덕 (以此禮讚佛功德)

장엄법계제유정 (莊嚴法界濟有情)

임종실원왕서방 (臨終悉願往西方)

공도미타성불도 (共覩彌陀成佛道)

달마대사

극락세계연지중 (極樂世界蓮池中)

구품연화여거륜 (九品蓮華如車輪)

미타장육금구입 (彌陀丈六金軀立)

좌수당흉우수수 (左手當胸右手垂)

녹라의상홍가사 (綠羅衣上紅袈裟)

금면미간백옥호 (金面眉間白玉毫)

좌우관음대세지 (左右觀音大勢至)

시립장엄심제관 (侍立莊嚴審諦觀)

귀명성자관자재 (歸命聖者觀自在)

신약금산담복화 (身若金山薝蔔花)

귀명성자대세지 (歸命聖者大勢至)

신지광명조유연 (身智光明照有緣)

금동대세지보살

삼성소유공덕취 (三聖所有功德聚)

수월진사대약공 (數越塵沙大若空)

시방제불함찬탄 (十方諸佛咸讚嘆)

진겁불능궁소분 (塵劫不能窮小分)

시고아금공경례 (是故我今恭敬禮)

관음·세지는 아미타불의 좌우보처이다. 어머니 관세음보살이 대세지보살처럼 능력이 있는 자식들이 좌우에서 보살피며 보호하기 때문이다.

누구든지 이런 인격을 갖춘다면 어떤 부처님이 칭찬하지 않겠는가. 그러므로 시방제불이 다 같이 칭찬하여도 그 공덕은 다 말할 수 없다 한 것이다.

석굴암 가운데 부처님은 아버지 아미타불이고 그 뒤 정면으로 서 있는 십일면 관세음보살은 어머니 관세음보살이며 문앞의 문수·보현은 아들과 딸이다.

불법을 실천하는 한 가족이 십대제자를 모시고 금강역사의 보호를 받으며 거사, 처사, 공녀들을 함께 거느리고 산다면 그 집안이 곧 불국토에 사는 부처님 가족이 아니겠는가.

그러므로 염불하는 우리는 딴 생각하지 않고 아미타불을 따라가면 마음과 마음을 옥호광에 모으고 생각생각이 금색상을 여의지 않고 들고 있는 염주로 법계를 관하며 모든 중생들의 허공과 같은 마음을 꿴다고 하신 것이다.

돌이켜 생각하면 마음을 가진 자 누가 부처가 아니겠는가만은 내가 서방에 계시는 아미타불을 생각하는 것은 아침부터 저녁까지 열심히 일하다가 저녁때가 되어 서쪽 해가 떨어지면 온 가족이 모여 화기애애한 가족생활을 하기 때문이다. 이것이 서쪽에 극락세계가 만들어진 이유이다.

원아진생무별렴 (願我盡生無別念)
아미타불독상수 (阿彌陀佛獨相隨)
심심상계옥호광 (心心常係玉毫光)
염염불리금색상 (念念不離金色相)

아집염주법계관 (我執念珠法界觀)
허공위승무불관 (虛空爲繩無不貫)
평등사나무하처 (平等舍那無何處)
관구서방아미타 (觀求西方阿彌陀)

염주

나무서방대교주 (南無西方大教主)

무량수여래불 (無量壽如來佛)

나무아미타불 (南無阿彌陀佛)

장엄염불(莊嚴念佛) (2)

장엄염불에는 이 같은 원과 은혜가 수없이 나온다. 모든 부처님들에게는 열 가지 큰 은혜가 있고, 보현보살에게는 십종대원이 있으며, 다생부모에게는 십종대은이 있고, 다섯 가지 잊지 못할 오종대은이 있다.

모든 부처님들이 중생들에게 베푼 은혜를 보면 널리 발심(發心)을 일으키게 하고 난행, 고행을 하였으며 한결같이 남을 위해 살고 육도중생으로 태어나 대자대비한 마음으로 숨고 나타나고, 승리하고 패배하는 모습을 보이며 갖가지 방편과 지혜로 죽을 때까지도 어여삐 여기는 마음을 버리지 아니한다. 그래서 **제불보살 십종대은**을 외우는 것이다.

발심보피은 (發心普被恩)

난행고행은 (難行苦行恩)

일향위타은 (一向爲他恩)

수형육도은 (隨形六途恩)

수축중생은 (隨逐衆生恩)

대비심중은 (大悲深重恩)

은승창열은 (隱勝彰劣恩)

위실시권은 (爲實示權恩)

시멸생선은(示滅生善恩)

비념무진은(悲念無盡恩)

보현보살도 마찬가지다. 항상 모든 불보살에게 예경하고, 칭찬하며 널리 공양하고, 업장을 참회하고 공덕을 따르고, 법문을 청해서 듣게 하고, 오래 오래 살기를 청하고, 항상 부처님을 따라 배우기 원하며 항상 중생을 따라 회향하였다.

그래서 **보현보살십종대원(普賢菩薩十種大願)**을 다음과 같이 외운다.

예경제불원(禮敬諸佛願)

칭찬여래원(稱讚如來願)

광수공양원(廣修供養願)

참제업장원(懺除業障願)

수희공덕원(隨喜功德願)

청전법륜원(請轉法輪願)

청불주세원(請佛住世願)

상수불학원(常隨佛學願)

항순중생원(恒順衆生願)

보개회향원(普皆廻向願)

석가모니 부처님도 그렇게 해서 팔상성도로 중생들을 교화하였다.

석가여래팔상성도 (釋迦如來八相成道)

도솔내의상 (兜率來儀相)

비람강생상 (毘藍降生相)

사문유관상 (四門遊觀相)

유성출가상 (踰城出家相)

설산수도상 (雪山修道相)

수하항마상 (樹下降魔相)

쌍림열반상 (雙林涅槃相)

도솔천에서 내려와

룸비니에서 탄생하고

동서남북 사문(생·노·병·사)을 구경한 뒤

성을 넘어 출가

설산에서 도를 닦고

보리수 밑에서 마군이를 항복받고

녹원에서 전법하고

쌍림에서 열반하셨던 것이다.

또 이 세상 태어나는 사람치고 다생에 부모의 은혜와 국가, 부모, 스승, 단월, 친구 은혜입지 않은 사람이 없으니 다생부모십종대은과 오종대은 명심불망은을 정리해보면 다음과 같다.

다생부모십종대은 (多生父母十種大恩)

회탐수호은 (懷耽守護恩)

임산수고은 (臨產受苦恩)

생자망우은 (生子忘憂恩)

연고토감은 (咽苦吐甘恩)

회건취습은 (廻乾就濕恩)

유포양육은 (乳哺養育恩)

세탁부정은 (洗濯不淨恩)

원행억념은 (遠行憶念恩)

위조악업은 (爲造惡業恩)

구경연민은 (究竟憐愍恩)

오종대은명심불망 (五種大恩銘心不忘)

각안기소국왕지은 (各安其所國王之恩)

생양구로부모지은 (生養劬勞父母之恩)

유통정법사장지은 (流通正法師長之恩)

사사공양단월지은 (四事供養檀越之恩)

탁마상성붕우지은 (琢磨相成朋友之恩)

당가위보유차염불 (當可爲報唯此念佛)

'**당가위보유차염불**'은 이 은혜를 갚으려면 항상 불보살을 생각하며 염불하여야 한다는 말이다. 거기 만약 고성염불까지 하면 어떻게 되겠는가. **고성염불**을 하면 열 가지 공덕이 생긴다.

고성염불십종공덕 (高聲念佛十種功德)

일자공덕능배수면 (一者功德能排睡眠)

이자공덕천마경포 (二者功德天魔驚怖)

삼자공덕성변시방 (三者功德聲邊十方)

사자공덕삼도식고 (四者功德三途息苦)

오자공덕외성불입 (五者功德外聲不入)

육자공덕념심불산 (六者功德念心不散)

칠자공덕용맹정진 (七者功德勇猛精進)

팔자공덕제불환희 (八者功德諸佛歡喜)

구자공덕삼매현전 (九者功德三昧現前)

십자공덕왕생정토 (十者功德往生淨土)

지극히 염불하면 잠이 줄어지고, 두려운 생각이 없어지며, 소리가 멀리까지 들리고, 3도의 고통이 없어지고, 바깥 소리가 잘 들리지 않고, 정신통일이 되어 용맹정진하게 되고, 부처님께서 좋아하며, 삼매를 얻고, 마침내는 정토세계에 가서 나게 된다 하였다.

장엄염불(莊嚴念佛) (3)

청산첩첩미타굴 (靑山疊疊彌陀屈)

창해망망적멸궁 (滄海茫茫寂滅宮)

물물염래무가애 (物物拈來無罣碍)

기간송정학두홍 (幾看松亭鶴頭紅)

깊고 깊은 푸른 산이

아미타불 법당이 되고

망망한 푸른 바다가 적멸궁이 되어

낱낱이 보는 것마다 걸림이 없어지면

소나무 정자에서 붉은 학을 보리라.

극락당전만월용(極樂堂前滿月容)

옥호금색조허공(玉毫金色照虛空)

약인일념칭명호(若人一念稱名號)

경각원성무량공(頃刻圓成無量功)

극락세계 아미타불 보름달과 같다.

두 눈썹사이 옥호광이 허공에 비추고 있으니

누구나 일념으로 염불하며 잊지 않으면

경각에 무량공을 이룬다는 말이다.

삼계유여급정륜(三界猶如汲井輪)

백천만겁역미진(百千萬劫 歷微塵)

차신불향금생도(此身不向今生度)

갱대하생도차신(更待何生度此身)

중생이 삼계 속에 윤회하는 것은 물 도르래와 같다.

백천만겁 지나도록 끝이 없으니,

이 몸을 금생에 제도하지 못하면

어느 생을 기다려 제도할 수 있겠는가 하는 말이다.

천상천하무여불(天上天下無如佛)

시방세계역무비(十方世界亦無比)

세간소유아진견(世間所有我盡見)

일체무유여불자(一切無有如佛者)

하늘 땅 다 보아도 부처님 같은 이 없고

시방세계 다 보아도 부처님 같은 이 없네

세간에 있는 것 다 보아도

비교할 자가 없다는 말이다.

찰진심념가수지(刹塵心念可數知)

대해중수가음진(大海中水可飮盡)

허공가량풍가계(虛空可量風可繫)

무능진설불공덕(無能盡說佛功德)

온 세계 티끌을 다 헤아려 알고

바닷물을 다 마시고 허공을 헤아리며

바람을 묶는 재주가 있어도

부처님의 공덕은 다 말하지 못한다는 말이다.

가사정대경진겁(假使頂戴經塵劫)

신위상좌변삼천(身爲牀座徧三千)

약불전법도중생 (若不傳法度衆生)

필경무능보은자 (畢竟無能報恩者)

가사 경전을 이고 3천대천세계를 돌아다니고

이 몸이 법상이 되어 3천대천세계를 다 채울지라도

법을 전하고 중생을 제도하지 아니하면

부처님 은혜는 갚지 못한다는 말이다.

아차보현수승행 (我此普賢殊勝行)

무변승복개회향 (無邊勝福皆廻向)

보현침익제중생 (普願沈溺諸衆生)

속왕무량광불찰 (速往無量光佛刹)

내가 보현보살의 수승한 행으로

끝없는 복을 지어 회향하되

고통 속에 빠져있는 중생들을 속히 건져

무량수불국으로 보내겠다는 말이다.

아미타불재하방 (阿彌陀佛在何方)

착득심두절막망 (着得心頭切莫忘)

염도념궁무념처 (念到念窮無念處)

육문상방자금광 (六門常放紫金光)

이 글은 고려 때 나옹스님이 절에 와 빈둥빈둥 놀고 있는 누나에게 저녁밥을

주지 말라고 했다. 그런데 저녁을 먹고 나오니 뒷방에서 밥상을 기다리던 누나가
나오자 물었다.

"누나, 배부르십니까?"

"밥은 자네가 먹고 내가 어떻게 배가 불러!"

"염불은 내가 하는데 누님이 어떻게 극락 갑니까?"

"동생, 어떻게 염불해야 빨리 극락가지?"

하고 묻자

"아미타불이 어느 곳에 계신가 정신차려 생각하여 생각이 생각 없는데 이르면
누님의 눈·귀·코·혀·몸·뜻(六門)에서 자금광이 날 것입니다."

하자 누나가 거기서 당장에 깨닫고,

"생종하처래 사향하처거 (生從何處來 死向何處去)

생야일편부운기 사야일편부운멸 (生也一片浮雲起 死也一片浮雲滅)

부운자체본무실 생사거래역여연 (浮雲自體本無實 生死去來亦如然)

독유일물상독로 담연불수어생사 (獨有一物常獨露 湛然不隨於生死)."

인생이란 어디서 왔다가

어디로 가는가

태어남은 한 조각 뜬 구름 일어나는 것 같고

죽음 또한 한 조각 뜬 구름 사라지는 것 같네.

뜬 구름이 실체가 없듯

생사 또한 이런 것이네

오직 한 물건만이 항상 독로하여

생사에 따르지 않고 담연하네.

하여 나옹스님이 누님을 업고 내려와 저녁밥을 대접했다고 하였다.

보화비진료망연 (報化非眞了妄緣)
법신청정광무변 (法身淸淨廣無邊)
천강유수천강월 (千江有水千江月)
만리무운만리천 (萬里無雲萬里天)

보신과 화신은 진짜가 아니다
법신만이 청정하여 끝도 갓도 없다
천강에 물 있으면 천강에 달이 뜨고
만리에 구름 없으면 만리가 하늘이라는 말이다.

원공법계제중생 (願共法界諸衆生)
동입미타대원해 (同入彌陀大願海)
진미래제도중생 (盡未來際度衆生)
자타일시성불도 (自他一時成佛道)

다음은 아미타불의 화신이 얼마나 수가 되는가를 가늠하는 글이다.
법신은 변만하여 따로 체상이 없으므로 보신과 화신이 아니면 중생은 보지 못한다. 그러므로 서방극락세계 아미타불은 보신불이다. 얼마나 많은 보신불이 극락세계에 계신가.
삽십육만억 일십일만 구천오백 동명동호 부처님이 계시고 이 우주에는 금빛 찬란한 아미타불이 벼, 삼, 대, 갈대처럼 무궁무진하게 계신데, 삼백육십만억 부처님이 모두 대자대비로 중생들을 제도하고 있다. 그러므로 염불하는 사람은 그 부처님께 먼저 귀의하는 것이다. 이 글이 바로 다음과 같다.

나무서방정토극락세계 삼십육만억 일십일만 구천오백

동명동호 대자대비 아미타불 나무서방정토 극락세계

불신장광 상호무변 금색광명 변조법계 사십팔원

도탈중생 불가설 불가설전 불가설 항하사

불찰미진수 도마죽위 무한극수

삼백육십만억 일십일만 구천오백

동명동호 대자대비 아등도사

금색여래 아미타불

그런데 그들 모든 부처님들은 정상을 볼 수 없고 머리에 육계가 있으며 감색머리에 백호상을 갖고 수양버들 눈썹에 맑은 눈, 큰 귀, 곧은 코, 부드럽고 넓고 긴 혀, 진금상을 가지고 있다.

나무무견정상상 나무아미타불

나무정상육계상 아미타불

나무발감유리상 아미타불

나무미간백호상 아미타불

나무미세수양상 아미타불

나무안목청정상 아미타불

나무이문제성상 아미타불

나무비고원직상 아미타불

나무설대법라상 아미타불

나무신색진금상 아미타불

그렇기 때문에 그들 모든 부처님들은 문수, 보현, 관음, 세지, 금강장, 제장애, 미륵, 지장, 청정대해중 등이 에워싸고 시봉하면서 모시고 있다. 그러므로 아미타불을 신앙하는 자들은 그들 모든 보살들에게도 귀의한다.

나무문수보살

나무보현보살

나무관세음보살

나무대세지보살

나무금강장보살

나무제장애보살

나무미륵보살

나무지장보살

나무일체청정대해중 보살마하살

Statue of Dhiyana (Cave-4)

이렇게 극락세계의 불보살들은 모든 중생들을 다같이 섭수하여 미타회상으로 회향토록 하므로,

"원공법계제중생 동입미타대원해" 라 하는 것이다.

이로써 보면 아미타불이 시방삼세 가운데서는 제일이 되고, 구품계단을 만들어 중생을 제도하는 모습 무극하기 때문에 모두 그에 귀의하여 삼업죄를 참회하

고 갖가지 복을 닦고 그 공덕을 거기 회향하여 함께 염불하는 사람들이 극락세
계에 가서 생사를 마치고 부처님처럼 일체중생을 제도하기 희망하는 것이다. 그
찬탄과 맹세하는 소리가 다음과 같다.

시방삼세불 아미타제일
구품도중생 위덕무궁극
아금대귀의 참회삼업죄
범유제복선 지심용회향
원동염불인 진생극락국
견불료생사 여불도일체

공작새도 예불드리고

원아임욕명종시 (願我臨欲命終時)
진제일체제장애 (盡除一切諸障礙)
면견피불아미타 (面見彼佛阿彌陀)
즉득왕생안락찰 (卽得往生安樂刹)

끝으로 **회향게**와 **왕생가**를 불러보면 다음과 같다.

원이차공덕 보급어일체
아등여중생 당생극락국
동견무량수 개공성불도

원앙생 원왕생 원생극락견미타
획몽마정수기별 원왕생 원왕생

원숭이들도 예불드린다

원재미타회중좌 수십향화상공양

원왕생 원왕생 원생화장연화계

자타일시성불도

구품연대는 중생 근기따라 상·중·하 삼품세계에 다시 각각 상·중·하를 만들어 근기따라 수용하게 한 것이다. 마치 유아·노소·남녀들에게 알맞은 장소를 제공하듯 말이다.

이상으로서 장엄염불은 모두 마치고 끝으로 **정토업**에 들어간다. 정토업은 이 세상을 극락세계로 만드는 작업이다. 먼저는 아미타불을 생각하면서 ① 왕생정토주 ② 정토진언 ③ 상품상생진언 ④ 본심미묘진언 ⑤ 심중신주 ⑥ 여래심주 ⑦ 근본다라니 ⑧ 답살무죄진언 ⑨ 해원결진언 ⑩ 발보리심진언 ⑪ 보시주은진언 ⑫ 보부모은중진언 ⑬ 선망부모 왕생정토진언 ⑭ 능소정업주 ⑮ 보현보살멸죄주 ⑯ 멸업장진언 ⑰ 멸정업진언 ⑱ 대원성취진언 ⑲ 보궐진언 ⑳ 보회향진언을 외우고 회향게를 노래한다.

무량수불설왕생정토주

나무 아미다바야 다타가다야 다디야타 아미리 도바비 이미리디 싯담바비 아미리다 비가란제 아미리다 비가란다 가미니 가가나 깃다가례 사바하

결정왕생 정토진언

나무 사만다 못다남 옴 아마리 다바례 사바하

상품상생진언

옴 마리다리 훔훔바탁 사바하

아미타불 본심미묘진언

다냐타 옴 아리다라 사바하

아미타불 심중심주

옴 노계새바라 라아하릭

무량수여래심주

옴 아마리다 제체 하라 훔

무량수여래 근본다라니

나모라 다나다라 야야 나막알야 아미 다바야 다타아다야 알하제 삼먁맘못다야 다냐타 옴 아마리제 아마리도 나바베 아마리다 삼바베 아마리다 알베 아마리다 싯제 아마리다 제체 이마리다 미가란제 아마리다 미가란다 아미니 아마리다 아아야 나비가례 아마리다 낭노비 사바례 살발타 사다니 살바갈마 가로삭사 염가례 사바하

답살무죄진언

옴 이제리니 사바하

옴 일다유리 사바하

해원결진언

옴 삼다라 가닥 사바하

발보리심진언

옴 모지짓다 못다 바나야 믹

보시주은진언

옴 아리야 승하 사바하

보부모은중진언

옴 아아나 사바하

선망부모 왕생정토진언

나무 사만다 못나남 옴 숫제유리 사바하

문수보살법인능소정업주

옴 바계타 나막 사바하

보현보살멸죄주

지바닥 비니바닥 오소바닥 카혜 카혜

관세음보살멸업장진언

옴 아로륵계 사바하

지장보살멸정업진언

옴 바리 마리다니 사바하

멸업장진언은 업장을 없애는 진언이고, 멸정업진언은 결정된 업을 없애주는 진언이니 마치 기간이 정해진 죄인에게 특사를 내 주는 것과 같다.

대원성취진언

옴 아모카 살바다라 사다야 시베 훔

보궐진언

옴 호로호로 사야모케 사바하

보회향진언

옴 사마라 사마라 미만나 사라마하 자가라바 훔

계수서방안락찰(稽首西方安樂刹)

접인중생대도사(接引衆生大導師)

아금발원원왕생(我今發願願往生)

유원자비애섭수(唯願慈悲哀攝受)

고아일심귀명정례(故我一心歸命頂禮)

이상으로 저녁송주는 모두 끝난다. 그런데 이들 모든 경전을 교재로 가지고 배우는 것이 아니라 꼭두새벽이나 저녁 캄캄한 장소에서 그냥 소리를 듣고 외우고 있었다. 마치 옛날 춘향가나 심청가를 가락 소리만을 듣고 배우는 것과 같이 말이다.

그런데 그것이 워낙 여러 사람이 공동으로 하니 자기도 모르는 사이에 귀에 익어 고저장단까지도 똑같이 외워졌다.

태국의 왕궁사찰

1-22. 아미타불 사십팔원(四十八願)

　　아미타불은 옛날 옛적 한 나라의 임금님으로 계시다가 세자재왕여래의 법문을 듣고 이 세상 210억 국의 불국장엄을 구경하고 그 가운데서 가장 좋은 것만 뽑아 사십팔원을 세워 극락세계를 만들었다고 한다.

　　한량없는 빛(Amita-bha)과

　　한량없는 수명(Amita-yus)으로

　　내 세계에는 악취란 이름이 없고,

　　한 번 태어나면 다시는 악도에 떨어지지 아니하며,

　　다같이 금빛으로 차별 없이 숙명통,

　　천안통을 성취하여 남의 마음을 알고,

　　신통력을 구족, 상이 없이

　　결정코 정각을 이루어 멀리 광명을 비추고,

　　무궁한 수량으로

　　무수한 성문들을 거느리고 살겠다 원을 발했으며,

　　한 번 극락세계에 태어난 중생들은 모두가 장수하고

　　착한 이름을 얻어 모든 부처님들의 칭찬을 받고,

　　자신의 이름을 열 번만 외우면

　　임종시 앞에 나타나 길을 인도하며,

　　묘한 상호를 갖추고

다 함께 부처님의 보처가 되겠다 하였으며,

아침이면 다른 나라에 가서 공양하고 무엇이고 부족한 것이 없이 본래의 지혜를 만족, 나라연과 같은 힘으로 한량없는 장엄을 이루어 거리의 가로수만 보아도 계절을 알고,
뛰어난 변재로 나라를 깨끗하게 하고 갖가지 음성으로
빛 속에 안락한 생활을 할 수 있게 하기를 원했던 것이다.

또 총지를 성취하고 다시는 여자의 몸을 받지 않게 하고,
이름만 들어도 천인이 경례하고 생각대로 옷이 입혀지고,
생각마다 깨끗하여
나무 위에 부처님 세계가 나타나게 하겠다 원을 세웠으며,
태어나는 중생들은 한 사람도 장애인이 없이
모두가 등지(삼매)를 얻고,
이름만 들어도 귀하고 선근을 구족, 부처님께 공양하고,
법문을 듣고 깨달음을 얻어
인지(忍地)를 얻도록 해 달라고 발원하였다.

이제 그 내용을 정리해 보면 다음과 같다.

미타인행 사십팔원 (彌陀因行 四十八願)

악취무명원 (惡趣無名願)
무타악도원 (無墮惡道願)

동진금색원(同眞金色願)

형모무차원(形貌無差願)

성취숙명원(成就宿命願)

생획천안원(生獲天眼願)

생획천이원(生獲天耳願)

실지심행원(悉知心行願)

신족초월원(神足超越願)

정무아상원(淨無我想願)

결정정각원(決定正覺願)

광명보조원(光明普照願)

수량무궁원(壽量無窮願)

성문무수원(聲聞無數願)

중생장수원(衆生長壽願)

개획선명원(皆獲善名願)

제불칭찬원(諸佛稱讚願)

십념왕생원(十念往生願)

임종현전원(臨終現前願)

회향개생원(回向皆生願)

구족묘상원(具足妙相願)

함계보처원(咸階補處願)

신공타방원(晨供他方願)

소수만족원(所須滿足願)

선입본지원(善入本智願)

나라연력원(那羅延力願)

장엄무량원(莊嚴無量願)

보수실지원(寶樹悉知願)

획승변재원(獲勝辯才願)

대변무변원(大辯無邊願)

국정보조원(國淨普照願)

무량승음원(無量勝音願)

몽광안락원(蒙光安樂願)

성취총지원(成就總持願)

영리여신원(永離女身願)

문명지과원(聞名至果願)

천인경례원(天人敬禮願)

수의수념원(須衣隨念願)

재생심정원(纔生心淨願)

수현불찰원(樹現佛刹願)

무제근결원(無諸根缺願)

현증등지원(現證等持願)

문생호귀원(聞生豪貴願)

구족선근원(具足善根願)

공불견고원(供佛堅固願)

욕문자문원(欲聞自聞願)

보리무퇴원(菩提無退願)

현획인지원(現獲忍地願)

이렇게 만들어진 세계를 간추려 열 가지로 정리하면,

극락세계십종장엄(極樂世界十種莊嚴)

법장서원수인장엄 (法藏誓願修因莊嚴)

사십팔원원력장엄 (四十八願願力莊嚴)

미타명호수광장엄 (彌陀名號壽光莊嚴)

삼대사관보상장엄 (三大士觀寶像莊嚴)

미타국토안락장엄 (彌陀國土安樂莊嚴)

보하청정덕수장엄 (寶河淸淨德水莊嚴)

보전여의누각장엄 (寶殿如意樓閣莊嚴)

주야장원시분장엄 (晝夜長遠時分莊嚴)

이십사락정토장엄 (二十四樂淨土莊嚴)

삼십종익공덕장엄 (三十種益功德莊嚴)

이 그것이다. 법장스님의 사십팔서원에 의해 장엄된 세계는 우선 명호가 빛나고 관음·세지·미타 삼대사가 장엄하게 서 있고, 국토가 안락하며 팔공덕수가 넘쳐 흐르고 집들이 꼭 마음에 들고 밤과 낮이 생각따라 길고 짧아져 사십팔원에 있는 대로 스물네 가지 즐거움과 서른 가지 공덕으로 장엄되어 있다는 것이다.

나는 여기서 모든 불·보살들이 욕심에 의해 국토와 세계를 정하는 것이 아니고 원력에 의해 장엄하는 것이 일반 중생과 다른 점이라는 것을 다시 한번 깨닫게 되었다. 관세음보살은 십육대서원으로 관세음보살이 되었고, 석가모니 부처님도 십사대 서원, 그리고 아미타불 또한 사십팔원을 세워 성불하였으니 말이다.

나는 이로부터 나의 작은 원을 내세우지 않고 세세생생 이같은 불보살의 큰원을 선전 포교하며 살겠다 맹세하였다.

1-23. 칠석재(七夕齋)

5월 단오, 그리고 6월 유두는 예로부터 지켜오는 민속날로 양(陽)이 센 날이므로 남녀를 막론하고 냇가에 나가 목욕하고, 둥근 절편 즉 수리떡(車輪)을 해 먹고 조상에 제사를 지내며, 씨름, 탈춤, 사자춤, 가면극으로 봄부터 여름까지의 지친 몸을 풀고 더위를 식히면 귀신도 붙지 않고 건강해진다 하여 특히 폭포가 있는 산간이나 들녁으로 사람들이 몰렸다.

그래서 칠월칠석은 은하수 동쪽에 있는 천제의 자손 직녀가 새옷을 해 입고 나오면 은하수 서쪽에 있던 견우(牽牛)가 와서 혼인하고 견우, 직녀의 솜씨를 간별하는 날이라 하여 사람들이 장터나 성터에 모여 그 동안의 솜씨를 길거리에 나열해 놓고 술, 오이, 과일 등을 내놓고 하루를 즐기는 날로 인식해 왔다.

그런데 불교에서는 탐랑(貪狼), 거문(巨門), 녹존(綠存), 문곡(文曲), 염정(廉貞), 무곡(武曲), 파군(破軍) 등 북두칠성이 인간의 길흉화복을 다스린다 하여 칠성단을 모시고 기도하였다.

집에서는 주로 장고방에 정하수를 떠놓고 기도하였는데, 절에서는 칠성단이 따로 모셔져 어린이들을 데리고 와서 명다리를 걸고 부모가 없는 이에게는 양부모를 정해주어 죽을 때까지도 외롭지 않게 하고 있었다.

법교포교당 주지 계당(桂堂)스님께서 송광사에 찾아오셔 주지스님께 '칠석불공을 어떻게 들이는 것이 좋겠느냐?' 묻고 법문을 할 수 있는 법사 한 분을 모셔 달라 하였다.

송광사에서도 이날이면 바빠 사람이 부족한데, 말사에서까지 청해 왔으니 사람을 보내지 않을 수 없어 걱정하다가 나를 데리고 가라 하였다.

나는 물론 칠성단에 있는 탱화에

① 지심귀명례 금륜보계 치성광여래불

② 지심귀명례 좌우보처 일월광양대보살

③ 지심귀명례 북두대성 칠원성군 주천열요제성군중

자미대제통성군 (紫微大帝統星君)

십이궁중태을신 (十二宮中太乙神)

칠정재림위성주 (七政齋臨爲聖主)

삼태공조작현신 (三台共照作賢臣)

고아일심귀명정례 (故我一心歸命頂禮) 하고 예불 드렸으므로 이 분들이 어떤 분들인가를 물어 정리해 가지고 갔다.

가서보니 7, 8명의 할머니 할아버지 등이 어린 아들 손자들을 데리고 와서 무명으로 만든 명다리에 자신들의 생년월일을 써서 걸고,

"너희들은 이제 칠성님과 결연을 맺었으므로 언제 어디를 가든지 삼재 팔난이 없이 잘살 수 있다."

하고 만족하였다. 그리고 칠성당에 올린 떡, 과일, 마지(摩旨)로 점심을 먹었다.

그래서 나는 학교에서 배운대로

"단오는 수리떡 해 먹는 날이고, 유두는 맑은 물에 목욕하며 더위를 식히는 날이며, 칠석은 집에서나 들에서 봄부터 여름까지 길쌈하고 농사짓는 사람들에게

특별 휴가를 주어 일가친척과 떨어져 있던 부부가 만나는 날이니 요즈음 말로 하면 농사짓는 견우와 베 짜는 직녀가 만나는 날입니다. 그러니까 농부들을 위해서는 주인들이 한 턱 내는 날이니 외롭게 길쌈하는 사람들과 멀리 떨어져 있는 머슴들을 집에 보내 짧은 시간이나마 가정생활을 할 수 있도록 해주고 조상도 찾아보게 하는 날입니다."

하였더니 계당스님께서 그러면 내년부터서는 그런 사람들을 위해 잔치를 베풀고 결혼을 하지 못한 사람들에게 결혼식을 올려주는 일을 하자고 하여 그 뒤 몇 년 동안 그렇게 하였다.

불교는 오랜 전통을 가지고 있기 때문에 민간에서 신행하던 속신들을 법당안으로 다 모셔 접합된 사상을 가지고 있다. 불교에서는 원래 있던 탐광·거문·녹존·문곡·염정·무곡·파군의 칠성별에 약사칠불, 즉 선명칭길상여래, 보월지엄광음자재여래, 금색보광묘음성취여래, 최승길상여래, 법해광음여래, 법해승해유희신통여래, 약사유희광여래를 배대하여 가난하고 병들고 몸에 장애가 있는 사람들을 살피는 날로 섬겨왔다.

그러니까 먼저는 여래의 도리를 잘 아는 사람이 약사가 되어 밤과 낮을 잘 다스리도록 가르친 교훈이었다.

그렇기 때문에 세상에서는 밤낮을 밝히는 해와 달을 일월광으로만 생각하던 것을 불교에서는 해를 일광변조소재보살, 달을 월광변조식재보살로 이름지어 상구보리(上求菩提)하고 하화중생(下化衆生)하는 보살로 인식하고 있었다. 빛과 음향, 갖가지 냄새를 제공하고도 세금 받아가지 않는 해보살, 어두운 밤을 밝혀주는 달보살처럼 금, 목, 수, 화, 토 5행에 해와 달을 보태 칠요별로 보고 자연의 행을 배울수 있도록 가르친 방편이 곧 칠성신앙이었다.

세종대왕은 이 칠성신앙을 천체물리학으로까지 발전시켜 장영실을 시켜 해시계, 달시계, 별시계를 만들게 하였으니 얼마나 장한 일인가.

요즘도 칠성마지를 올린 다음 반드시 칠성경을 읽고 있으니 이를 적어 보면 다음과 같다.

칠성경(七星經)

칠성여래대제군	북두구진중천대신	상조금궐하부곤륜
조리강기통제건곤	대괴탐랑문곡거문	녹존염정무곡파군
고상옥황자미제군	대주천제세입미진	하재불멸하복부진
원황정기내합아신	천강소지주야상륜	속거소인호도구령
원견존의영보장생	삼태허정육순곡생	생아 양아 호아 형아 허신형
괴작관행화보표	존제급급여율령	

견우 직녀

1-24. 전주 공진명(孔眞明)선생

벌교포교당에서 법회를 보고 오후에 송광사로 돌아오려 하니 계당스님께서 돈 200원을 주시며,

"택시 타고 가라."

하였다.

"대중스님들께 공양하고 싶습니다."

하니,

"네가 처음 받은 돈이니 그런 생각을 하는구나…."

하고 시장에 나와 마른 표고버섯 두 관과 국수 열 관을 사서 주며,

"스님들은 떡이나 국수를 보면 좋아한다."

하시고 택시를 잡아 주었다.

벌교서 송광사까지는 팔십리길, 70원을 주고 차에서 내리니 행자 한사람이 나와 있다가 짐을 받아들고 갔다. 송광사에는 행자 두 사람과 머슴 넷, 그리고 공양주, 채공, 차 달이는 다공이 있는데, 다공이 마침 손님을 전송하러 나왔다가 함께 짐을 챙겨 들고 온 것이다.

"전주에서 손님이 오셨어요."

"전주에서?"

"예. 옛날 이 절에서 중노릇하던 사람인데, 구경온 사람들이 대가집 데릴사위로 가면 좋겠다 하여 하산(下山)하였다고 하는데 지금은 나이가 들어 말씀을 하지 못하는 벙어리가 되어 있습니다. 주지스님을 지극히 존경하는 신도입니다."

방에 가니 내 방에 자리를 깔고 누워있었다. 노스님께 인사드리니,

"이 분이 나의 도반이다. 옛날 나하고 같이 중노릇하던 사람인데 지금은 삼남매의 아버지로 전주에서 사는데, 무슨 일이 있으면 종종 오신다. 같이 모시고 며칠 지내라."

"예, 그렇게 하겠습니다."

그분 또한 매우 반가워하였다. 지필묵을 꺼내 주었더니,

"我名孔眞明. 中間爲啞人 莫言聲 願筆書問答."

(내 이름은 공진명인데, 중간에 벙어리가 되어 말을 못하니 필담으로 하기를 원한다)는 뜻이다.

"唯. 願爲." (예. 그렇게 하겠습니다.)

하니 반겨주었다.

나는 공진명씨가 어떻게 벙어리가 되었는지에 대한 말씀을 노스님께 자세히 들었다.

"임실 사는 한 모녀가 두 번 송광사를 구경 왔다가 진명씨가 안내하는 것을 보고 여러 차례 편지를 보내 데릴사위가 됐으면 좋겠다 하여 대중스님들과 의논하여 데릴사위가 되었다. 임실 가서 처가살이를 할 수 없어 전주에다 집을 한 칸 얻었으나 배운 것이 없으니 종이로 부처님 한 분을 그려 모시고 아침 저녁으로 예불드리며 열심히 정진하였다.

부인은 본인이 좋아서 청혼한 일이라 꼼짝 못하고 이웃집에 다니며 빨래주인 노릇을 하고 있었는데, 그 통에도 애를 셋이나 낳았다. 딸 둘에 아들 하나, 애들은 영리해서 공부도 잘하고 말도 잘 들었으나 밖에 나가면 '중 아들, 중 딸'이라는 소리를 듣기 싫어하였다. 그래 아버지는 이 세상 살아보았자 별것이 없다 하고 '나무동방해탈주'를 외우기 시작하였다.

'나무동방 해탈주세계 허공공덕 청정미진 등목단정 공덕상 광명화 파두마 유리광 보체상 최상향 공양흘 종종 장엄정계 무량무변 일월광명 원력장엄 변화장엄 법계출생 무장애왕 여래 아라하 삼먁삼불타'

천 번, 만 번, 십만 번을 외우다 보니 우선 답답했던 마음이 훤히 터지기 시작하였다. 매일 밥을 지으면 한 그릇씩 그 종이 부처님께 올리고 밥을 먹었는데, 명절이 닥치니 아이들이 이웃집에서 엿 고는 냄새를 맡고 엿 달라고 울며 보챘다. 그래서 할 수 없이 마누라보고 임실 친정집에 갔다 오라 하니,

"얻어먹는 것도 한두 번이지 창피스러워 가기 힘들다."

하고 자루 하나를 머리에 이고 나가면서 욕을 했다.

"이 빌어먹을 영감을 만나 가지고서 내 신세가 이게 무엇인가!"

한없이 울고 갔는데, 그래도 어머니는 따뜻하게 대해주었다. 한 자루 이고 와서 밥을 지어 부처님께 올리려고 들고 가니 갑자기 목탁채로 부인의 종아리를 내리쳤다.

"왜 때려, 쌀 한 톨도 벌어오지 못하는 사람이……."

하니까,

"부처님은 그런 더러운 밥 안 잡순다. 당신 무슨 다리 건너가며 뭐라고 욕하고, 무슨 산 고개를 넘어가며 무엇이라 욕했지. 부처님이 그렇게 더러운 밥 잡수시는 줄 알아…."

하고 큰 소리를 쳤다. 부인은 깜짝 놀랐다.

"종이 부처가 부처인 줄 알았지만 살아있는 내 남편이 산 부처로구나!"

참회하고 우니 남편 또한 안쓰러워 부인을 안으며,

"우리 3년만 더 참읍시다. 큰 애가 금년에 초등학교를 졸업했으니 3년만 참으면 좋은 일이 생길 것이야."

달랬다. 여인은 참고 밥을 먹은 뒤,

"여태 15년을 참고 살았는데 3년 쯤이야 못참겠어요. 당신은 걱정말고 열심히 나무동방해탈주나 외우세요."

하여 다시 조용해졌다.

그런데 초등학교를 졸업한 아들이 동아일보 전주지국에서 신문배달을 하면서 보통고시에 응시하여 3년 만에 합격하였다. 사람들은 모두 놀랬다. 도지사가 찾아와 금일봉을 내놓고 갔다.

"조용히 해. 다시 2년만 더 정진하자고…."

하여 2년 동안 공부한 뒤 아들이 고등고시에 최연소자로 합격했기 때문에 이 대통령이 집을 한 채 지어주고 바로 판사로 임명하였다. 이에 공진명씨는 기고가 만장하였다.

하루는 염불하다가 보니 전주시 다가동 문간방에서 한 여자가 죽어가는 소리를 했다. 진명씨는 내복 바람으로 뛰어가 전주경찰서 서장 멱살을 붙들고,

"이놈, 네가 서장이냐? 네가 인연있는 사람 하나도 구하지 못하면서…."

이야기하자 즉시 그 아낙네를 산부인과로 보내 순산하게 하였다. 서장이 생각하니 공진명씨가 전주에 살고 있는 한, 눈 하나도 꼼짝할 수 없을 것 같아 어린 판사를 찾아가 부탁드렸다.

"아버지를 어느 곳이고 피난시켜 주십시오."

"어디로 갈까요?"

고민하고 있으니,

"저 깊은 산골짜기에 오구암이란 절이 있으니 그리로 보내십시오."

하여 모시고 갔다. 주지스님이 출타하고 계시지 않아 아버지와 함께 마루에 앉아

있었는데 쥐 한 마리가 나와서 눈치를 보면서 말했다.

"그대가 도를 깨달았다면 내 방에 쌀 한 주먹만 집어주면 내가 이렇게 눈치보고 살지 않아도 될 것 아니야…."

하자 쫓아가서 찻독에서 쌀을 한 바가지 떠서 쥐구멍에 부어주었다. 주지스님이 와서 보더니,

"사람도 못 먹는 쌀을 쥐구멍에 다 부어 주다니."

야단을 쳤다. 그때 공진명씨는,

"쥐 소리도 듣지 못하는 것이 주지는 무슨 주지냐?"

하고 싸우다가 그만 기가 넘어가 벙어리가 되어 버렸다. 그래서 그는 말했다.

"알아도 아는 척 하지 않는 것이 도다. 내가 여기 온 것은 자네가 내일 모래 계를 받는다는 소식을 듣고 장삼 하나를 해 가지고 왔으니 입어 보아라."

하면서 내놓았다.

"이 장삼은 일반스님들이 입는 도포장삼이 아니고 새로 개량된 치마장삼이거든. 장차 우리나라는 이 장삼을 입는 사람들이 판을 치고 살 것이다."

노스님께서,

"다음 13일 날이 우리 스님의 제사이니 그날 너에게 계를 주려 한다. 계사는 효봉스님과 형제뻘 되는 취봉스님이 할 것이니 잘 모시도록 하라."

하였다. 그래서 나는 음력 5월 초하룻날 송광사에 구경왔다가 이듬해 7월 13일에 계를 받게 되었다.

1-25. 취봉스님의 설계(說戒)

음력 7월 13일 큰방 문수전에서는 삼사칠증이 배석하고 여러 스님들이 증명하는 가운데 계를 받게 되었다.

"너는 일찍이 쌍계사에서 사미율의를 공부하고 또 여기 와서 초발심자경문과 치문경훈 뿐만 아니라 나와 함께 상사당에서 수심결을 읽으며 참선하였으니 그대로만 살아가면 걱정할 것이 없다. 단지 쌍계사에서는 범패로 옛 풍습을 따라 수계하는 것을 보았으니 여기서는 그냥 번역하여 쉽게 수계하도록 하겠다."

하고 5계 10계를 설한 뒤 대중들께 인사시켰다. 학담스님이 말씀하였다.

"1년 동안 나에게서 치문경훈을 공부하였으니 초연은 누가 말하지 않아도 자기 일을 자기가 알아서 할 것입니다."

추강스님이 말씀하였다.

"너의 스승은 벌교상업학교 교장선생으로 있는 사람이니 3일 후에 가서 인사 드리도록 하라. 여기 있는 인암스님이 사숙이다. 대중스님들 잘 모시고 게으름이 없이 정진하라."

한편 기쁘고 두렵기도 하였다. 학교에서 웅변대회에 간다고 나간 사람이 석 달 동안 집안에 소식도 전하지 않고 중이 되었으니 말이다. 그러나 후회는 없었다. 절 공부가 세속 학문보다 훨씬 깊고 넓었기 때문이다.

"예. 정성껏 잘해 보겠습니다."

하고 계당스님께서 사주신 표고버섯과 국수를 삶아 대중공양을 잘 하였다. 이틀 뒤 공진명씨가 지어준 옷을 입고 벌교사택을 찾아가니 사모님이 물었다.

"네가 누구냐?"

"송광사 추강스님 손자상좌입니다."

"누구의 제자가 되었지?"

"교장선생님 문하에 승적을 올린다 하였습니다."

"우리집에서는 너 같은 상좌가 필요 없어. 언제 어디다가 이런 자식을 낳아 놓았다가 누구 속을 또 썩이려고 데려왔단 말이냐. 방안에 들어오지도 말고 가거라."

사모님은 그를 쳐다보는 딸을 바라보며 매정하게 말했다.

"저게 비구야. 스님과 노스님이 모두 대처승인데!"

할 말이 없었다. 보따리를 챙겨들고 나오려 하니,

"밥이나 먹고 가라."

하며 상을 차려주었다.

"비구승은 채식만 한다기로 김치 간장뿐이다."

"감사합니다."

먹고는 뒤도 돌아보지 않고 팔 십리 길을 걸어서 왔다.

"중이 되면 삼계 제천이 모두 칭찬한다 하였는데, 은사스님 집에서부터 박대를 하다니…"

어떻게 왔는지, 저녁 늦게 도착하니 노스님께서는 사랑스런 말씀으로,

"모두 이것은 나의 잘못이다. 내가 그 동안 올바른 삶을 살지 못했기 때문에 이런 결과가 온 것이다. 세상에는 종종 이런 일이 있을 수 있으니 너는 아무 생각 말고 공부나 열심히 해라."

성공스님이 말했다.

"자네가 너무 영리하기 때문에 교장선생님처럼 유학을 보내면 좋은 열매를 맺을 것 같아 노스님께서 그렇게 정해준 것이니 걱정하지 말고 시봉 잘하게."

이런 일이 있은 뒤로는 노스님 마음이 달라졌다.

"앞으로 내 주지 임기가 1년 더 남았지만 시월 안으로 사직하고 나도 공부하러 떠나야겠다. 내 너를 통도사나 해인사로 보내고자 연락했으나 송광사 스님들은 대처승이라고 받아주지 않는다고 하니 내년쯤 오대산으로 들어오너라. 나는 상원사 선방으로 먼저 들어가 있을 테니……."

청은스님이 말씀하셨다.

"신라와 고려 때, 그리고 이조 초기를 제하고는 모두 스님들이 상좌들을 결혼시켜 빨래주인(세탁해 주는 사람)이 되게 하여 며느리들처럼 데리고 살았는데, 요즘 이대통령 유시 때문에 발심출가자들이 고집을 부리며 절 뺏으러 다니는데 자네는 거기 휩싸이면 안 되네. 듣자 하니 목상 다녔다면서, 벌교상업학교 하고는 비교가 안 되는 학교인데…. 나도 일본 유학 다녀와서 초등학교 교장을 하였지만, 인생은 별것이 아니야. 불보살님들의 원력대로 살면 돼!"
하고 신수대장경 제1권과 제2권을 내 주었다.

"이것을 읽어 보아야 부처님이 무슨 종파인지 알 수 있을거야!"

초연은 처음에는 먹먹했으나 그 말씀을 듣고 나니 기독교도 목사나 장로의 말보다는 성경을 중심으로 모든 것을 판단하고 있으니, 나도 대장경을 보고 판단하리라 생각하니 속이 편안해졌다. 사실 청은스님의 말씀이 없었으면 노스님이 오대산으로 떠나시면 집으로 다시 돌아갈 생각도 해 보았던 것이다.

1-26. 백종천도재(百種薦度齋)

7월 백중은 4월 15일부터 결제(結制)했던 스님들이 석 달만에 해제(解制)하는 날이다. 그래서 선방에서나 강원에서는 방학에 들어가는 날이므로 사람들의 마음이 들떠 있었다.

송광사 스님들도 목련존자의 효행을 본 따라 지옥중생과 아귀 축생에 빠져있는 상세선망부모의 천도를 위해 이고 지고 찾아 오는 신도들을 맞아 불공을 드리고 시식을 하였다.

법당에서는 발룡스님이 주로 관음기도를 하시고 큰 방에서는 성공스님이 하신다.

성공스님은 이런 특별한 날에는 대예참(大禮懺)이라는 것을 하시는데 불·법·승 삼보의 명위만 약 45분 정도 외우신다. 드높은 소리는 뱃속에서 울려나오는데 어찌 들으면 음정이 슬프기도 하고 간절하기도 하였다.

"'상주법계 진언궁중 반야해회… 암밤남 함캄대교주 청정법신 비로자나불'로부터 '원만보신 노사나불 천백억화신 석가모니불…' 화장세계 밖에 있는 갓 없는 무량무수 불가량 불가설전 불가설 진법계 허공계 시방삼세 제망중중 승가야 중중존 오덕사 육화덕 이생위사업 홍법시가무 상주일체 청정승보…."

지금도 틈만 나면 나는 외우고 쓰고 전한다. 아무리 피곤하고 힘이 들어도 이 대예참을 외우고 나면 힘이 생기고 게으름이 없어진다.

상단에서는 이렇게 하여 불공을 하고 중단(神衆壇)은 음식을 모두 들고 갈 수 없으니 그대로 놓고 반야심경과 약찬게를 외웠다. 그리고 시식(施食) 할 때에는 상세선망부모 누세종친 제형숙백 등 유주무주 애혼 불자들을 다 불러 법문했다.

"생종하처래 사향하처거 생야일편부운기 사야일편부운멸……" 하고 나옹스님 누님의 법문을 일러주기도 하고, "실상은 이름이 없고 법신은 자취가 없는데 이름과 모양 따라 얼마나 윤회하고 있습니까?" 하고 법신무적(法身無跡)의 소식을 일러주기도 하며, 석가모니 부처님의 열반소식, 달마대사의 소림 면벽(面壁)의 가풍을 일러주며 이제 그만 윤회를 쉬고 한 자리에 앉아 생멸본허(生滅本虛)의 소식을 일러주기도 한다.

이렇게 법주가 영가들께 법요하면 주지스님 이하 합원대중(合院大衆)이 한 분도 빠지지 않고 다 잔을 올리고 절을 하였다. 스님들의 의전이 끝나면 신도들도 불전을 놓고 절을 하였다.

시식이 끝나면 문밖으로 영가들을 전송하고 대중공양을 하였다. 대중공양은 찬상을 돌려 갖가지 음식을 마음껏 먹게 하고 나머지 음식은 신도님들께 조금씩이라도 나누어 싸주어 오지 못한 식구들까지도 골고루 먹이도록 하였다.

혹 불전이 나왔으면 10원 20원씩이라도 모여 온 대중이 한사람도 빠지지 않게 나누어 주었다. 어떤 때는 버선, 양말, 장갑까지도 분배될 때도 있었다.

아이들을 중심으로 돌릴 때는 송곳이 먼저 들어가는 것 같이 어린 아이들로부터 순서적으로 위로 올라가고, 위에서부터 내려 돌릴 때는 물이 위에서부터 흘러 아래로 내려오듯 순서적으로 빠짐 없이 돌려졌다. 귀하고 천하고 좋고 나쁜 것이 없다. 설사 구멍 뚫린 것이 나왔다 할지라도 받은 사람이 기워서 신으면 그만이지 왜 이런 것을 가져 왔느냐 말하지 않는다. 명자 그대로 평등공양(平等供養) 등찰보시(等刹布施)였다.

다 먹고 나서는 모과차나 엄나무차 등을 마시며 그 동안에 한 일을 칭찬하고 격려하였다. 석 달 지내면서 각기 자기 맡은 바 임무를 행하면서 어려운 일이 없었는지, 공부하는데 지장은 없었는지 고백을 받는다. 수가 많으니 혹 병이 든 사람이 있고, 몸이 지쳐 일을 하기 어려운 사람이 있으면 며칠 동안 휴식을 주고 보양하도록 하고, 혹시 속가에 노부모님이나 일가친척이 있으면 가서 인사드리도록 한다.

그때는 무엇이고 귀한 때라 대중공양물로 받은 떡이나 과일 또는 과자, 수건 같은 것을 싸주면서 가서 위로하도록 하고, 홀로 계신 부모님의 시봉이 없으면 다만 2, 3일이라도 보살피고 오게 하였다.

송광사 사람들의 권속들은 "우리 자식이 절에 가서 공부하고 있는 것"을 매우 자랑스럽게 생각하므로 마을에 가면 동네 아이들이 함께 모였다. 그러면 그동안 절에서 생겼던 일들을 낱낱이 이야기하고 자랑하면 올 때는 동네 아이들 두셋이 따라오는 수도 있다.

첫째는 먹는 것이 그리워서, 둘째는 입는 것이 그리워서, 셋째는 배우는 것이 그리워서 인연 따라 오게 되면 절에서는 그 연분을 따라 한사람도 버리지 않고 어른 스님들께 배부하여 심부름하게 하며 먹이고 입히고 재운다.

집에서는 평생 쌀밥 한 그릇 먹기가 어려운데 부모님들이 자식을 생각하여 불공을 드리거나 조상을 위해 제사를 지내는 날에는 모두가 잔칫날이 되어 실컷 먹고 마신다. 뿐만 아니라 새벽 3시에 일어나 저녁 여덟 시까지 쉴 새 없이 일을 해도 피곤한 줄 모른다. 이 동네 저 마을 사람들이 함께 모여 이야기 꽃을 피우면 한 마을, 면, 군이 모두 한통속이 된다. 그래서 천일기도 때는 어른 아이 없이 전국에서 동참한 신도들의 명단을 외우며 축원한다.

자신을 위해서 공부하는 것은 누구나 하지만 세상 사람들을 위해서 축원한다는 것은 쉽지 않은 일이므로 모두가 착해지고 아름다워진다. 축원방에는 시험합격발원, 건강발원, 도액발원 등등 여러 가지 내용들이 담겨 있어, 이들을 모두 읽어보면 세상에서 나만 불행하다 생각했던 마음이 다 없어지고 일체중생이 다 해탈해지기를 바라는 마음이 일어난다.

특별하게 교육을 받고 가르침을 받지는 않지만 열 사람의 축원방만 읽으면 세상 사람들의 삶이 어떠하다는 것을 알 수 있다. 그래서 세속에서 부모에게 불효하고 형제간에 의리가 없는 아이들도 두 달간만 절에서 살다 보면 마을의 효자보다 마음 씀이 낫다고 한다.

작은 선물도 챙겨놓고 먹던 아이들도 골고루 나누어 먹을 줄 알고 음식을 귀하게 생각하기 때문이다. 그래서 처음 둘 밖에 없던 행자들이 5, 6개월 사이에 10여 명이 모이게 되었으니 절도 훈훈하고 공부도 잘 되었다.

도량무(道場舞)와 바라춤을 추는 스님들

1-27. 반야심경(般若心經)의 이치

오늘은 대중스님들이 후원에서 일하는 사람들을 모아 놓고 지난 백중 때 들어온 쌀로 떡을 하고 수건, 양말, 버선 등을 나누어 주는 날인데 반야심경 외우기 경쟁을 하기로 하였다. 단번에 외우고 쓰는 사람은 돈도 100원씩 주기로 하였다.

그때 돈 100원이면 지금의 10만원에 해당된다. 쌀 한 말에 50원 했으니 100원이면 쌀이 두 말이다. 시간은 오후 1시부터 저녁 5시까지 주어졌다. 잘 외우는 사람은 두 세 번 읽고 외우는 사람도 있었고, 그렇지 않는 사람은 백번 읽어도 소용이 없는데 하물며 쓰겠는가.

마하반야바라밀다심경

관자재보살 행심반야바라밀다 시 조견 오온개공 도일체고액 사리자. 색불이공 공불이색 색즉시공 공즉시색 수상행식 역부여시 사리자. 시제법공상 불생불멸 불구부정 부증불감 시고 공중무색 무수상행식 무안이비설신의 무색성향미촉법 무안계 내지무의식계 무무명 역무무명진 내지 무노사 역무노사진 무고집멸도 무지 역무득 이무소득고 보리살타 의반야바라밀다 고심무가애 무가애고 무유공포 원리전도몽상 구경열반 삼세제불 의반야바라밀다 고득아뇩다라삼먁삼보리 고지 반야바라밀다 시대신주 시대명주 시무상주 시무등등주 능제일체고 진실불허 고설 반야바라밀다주 즉설주왈 아제아제 바라아제 바라승아제 모지사바하.

불교의 모든 경전은 화엄경을 기본으로 하여 아함·방등·반야·법화·열반 등으로 되어있는데, 화엄경은 부처님께서 깨달은 내용이므로 우주법계의 인과 이치를 무진하게 설명한 것이다. 그런데 이 이치를 제대로 못알아 들으므로 인해서 유치원부터 대학원까지 그 내용을 계단식으로 설명한 것이 아함·방등·반야·법화·열반이라 하였다.

아함경은 인과법(因果法)이므로 콩 심은 데 콩나고 팥 심은 데 팥 난다고 하는 식으로 정리해 놓은 것이고,

방등경은 이 세계 밖에도 동서남북 시방세계에 무진한 불국토가 있는데 그 부처님들의 원을 따라 아름다운 세계가 만들어져 있다고 말하였다. 말하자면 동방 만월세계 약사유리광부처님, 서방극락세계 아미타부처님, 남방환희세계 보승부처님, 북방무우세계 부동존부처님 세계가 있고 상하 전후 좌우에도 무진한 세계가 있다고 하였다. 그들 모든 세계의 부처님들이 무엇을 중심으로 그렇게 장엄한 세계를 꾸미고 있는가 하는 것을 지혜로서 설명한 것이 반야심경이다.

반야는 지혜다 곧 부처님의 어머니로 산 부처님이 반야를 모르고는 부처님 노릇할 사람이 없다는 것이다. 부처님뿐만 아니라 보살들도 마찬가지였다.

관세음보살이 보살행을 실천할 때 오온(蘊:이 몸)이 공한 이치를 깨닫고 일체 고통과 액난을 없애고 성불하였다는 것이다.

오온은 무엇인가. 이 우주 인생을 구성하고 있는 다섯 가지 요소를 말한다. 색·수·상·행·식(色·受·想·行·識)이 그것이다.

색은 물질을 말하니, 이 몸을 형성하고 있는 지(地:딱딱한 것), 수(水:수분), 화(火:온도), 풍(風:호흡) 사대를 말하고 이 물질이 인연따라 모여 있는 몸에 눈·귀·코·혀·몸 다섯 가지가 생겨 빛·소리·냄새·맛·감촉 다섯 가지와 접촉하여 감

수작용·상상작용·의지작용·분별작용을 일으킬 때 빈 마음이 중매쟁이가 되어 보기도 하고 듣기도 하며 맡기도 하고 맛도 보아 그것이 종합되어 지식과 상식을 이루어 냈으므로 오온은 오직 빈 마음 하나 뿐이라는 것이다. 그러니까 물질을 떠난 빈 마음 속에는 온갖 고통과 즐거움, 성하고 쇠하는 것이 없음으로 오온 개공 도일체고액이라 한 것이다.

그러므로 부처님께서 관세음보살이 깨달은 내용을 제자 사리불에게 다시 설하는데 "사리자여, 이 모든 빈 마음은 사람이 죽고 물질이 없어진다고 하여 없어지고 생겨나는 것이 아니라 불생불멸하고 불구부정하며 부증불감한 것이다.

불생불멸은 나지도 않고 멸하지도 않으므로 영원한 것이고 불구부정은 더렵혀지지도 깨끗해지지도 않으므로 청정한 것이고, 부증불감은 늘어나지도 않고 줄어들지도 않는 것이므로 복덕이 구족한 것이라 한 말씀이다. 다시 말하면 마음은 불어나게 쓰면 부자가 되고 가난하게 쓰면 가난하게 되며, 더럽게 쓰면 더러워지고 깨끗하게 쓰면 깨끗해지는 것이고, 한 생각 일으키면 나고, 한 생각 없애버리면 없어져 버린다는 것이다.

그러니까 이 세상의 모든 것이 마음 하나에 따라 흥망성쇠하고 길흉화복이 생기는 것이니 거기 끄달리지 않으려면 곧 빈 마음의 도리를 잘 알아야 된다고 하였다.

그러므로 빈 마음과 색이 다르지 아니한 것이고 색이 곧 공이고 공이 곧 색이라는 것이다. 일이 잘못되었을 때 눈을 탓하고 코를 나무라면 아니 되고 마음을 바로 써야 한다는 말이다. 삼세제불과 역대 조사들도 모두 그렇게 알고 공부하여 이 공 속에서 인과법도 깨닫고 인연법을 미리 알아 아뇩다라삼먁삼보리를 얻고 마침내 열반을 얻었다는 것이다.

이 세상의 모든 공포 전도 몽상이 나 밖에 다른 물건에서 오는 것이 아니고 오직 마음 하나에서 깨닫는 것이니 이 주문이야 말로 대신주이고 무상주이며 무등 등주가 된다 하였다.

옛날 티그리스 유프라테스 강변에 살던 수메르족들은 이러한 도리를 깨달아 보리풍년을 이루어 유럽의 모든 사람들을 살렸으므로 거기서 부르기 시작한 노랫말이 '아제 아제 바라아제 바라승아제'가 된 것이다.

절에 와서 일하는 사람들이 일만 하는 것이 아니라 이렇게 공부까지 하고 가니 유명해지지 않을 수 있겠는가. 가갸 뒷자도 모르는 사람도 귀로 듣고 입으로 외우며 춤을 추니 글 잘 쓰는 사람들은 창호지에 붓글씨를 써서 방마다 붙여 놓았다.

어떤 사람은 밤중에 무서워 화장실도 제대로 가지 못하고 길거리에 똥을 싸고 오줌을 누웠는데, 이 반야심경을 외우면서부터는 저 멀리 해우소(解憂所)에 까지 가서 화장실 귀신들을 위해 반야심경을 외워 전도몽상을 모두 없애 버렸다고 하였다.

반야심경 사경

1-28. 수륙재(水陸齋)

7월 백중을 지내고 나니 중앙총무원으로부터 수륙재를 지낸다는 연락이 왔다. 국가로부터 막대한 자금을 후원받아 조국의 평화통일을 기원하는 거국적 행사를 지역 따라 하겠으니 각 본·말사 스님들은 청정한 비구의 옷을 입고 각 지역 행사에 동참하라는 소식이었다.

송광사에서는 추강노스님과 취봉스님이 주장이 되어 각 말사 주지스님들을 모아 광주로 가기로 하였는데, 행사장은 조선대학교 운동장이었다. 여수, 순천, 광양, 벌교, 목포, 무안, 영광 일대의 스님들과 신도님들 그리고 광주 일대 신도님들이 한 데 모이니 3만 명이 넘어 대성황을 이루었다.

나는 추강스님을 시봉하러 따라갔는데 KBS 목포방송국 PD가 와서 인사를 하였다.

"목상 다니던 한정섭이 아닙니까? 나는 돌아가신 이석현(李碩鉉)씨 사촌입니다. 석 달전 가출하여 소식이 없다는 소식을 들었는데 언제 스님이 되었습니까?"

뜻밖의 사건이다. 조금 있으니 작은 매형의 어머니, 고모님들이 재에 동참하기 위하여 하루 전에 목포에서 올라 오셨다고 한다. 순간 소식이 학교와 집으로 전해져 학교 선생님 두 분과 초등학교 동기생 가족들까지도 만나게 되었다.

그러나 나는 이야기할 틈도 없이 고흥 녹동, 화순 적벽, 영산강 상류로 다니면서 물과 육지에서 비명횡사한 영가들을 모시러 다니는데 인로왕(引路王 : 길잡이) 보살을 따라다녔다.

수륙재란 부처님 당시 아난존자가 갠지스강가에서 불타 죽는 아귀들을 보고 부처님께 권하여 음식을 베풀게 한 것을 본 받아 중국의 양무제가 중국 땅에서 물에 빠져죽고 산에서 떨어져 죽고, 전쟁이나 병고로 고통 받다 죽은 영혼들을 구제하기 위하여 만든 의식이다.

양무제는 처음 결혼하여 초야를 치르기 위해 궁전에서 왕후의 족두리와 도포를 벗기는데 백옥같이 희고 아름답던 왕후의 몸이 뱀허물처럼 부풀어 있어 놀라 그대로 유폐(幽閉)시켜 죽게 한 일이 있다.

그런데 하루는 사냥을 갔다가 비를 맞고 배가 고파 어느 절에 들어가니 비구니 사찰이라 음식을 잘 대접하였다. 만족한 양무제가 물었다.

"오늘 점심을 준비한 스님이 누구입니까? 세상에 태어나서 처음으로 잘 먹었습니다."

덕스럽게 생긴 비구니가 나와 인사를 하는데 범인이 아니었다.

"나는 초혼(初婚)에 실패한 이후로 다시는 장가를 들지 않기로 했는데 오늘 스님을 보니 내가 꿈에 보던 국모(國母)라 종단에 의논하여 퇴속이 가능하면 내 국모를 삼을 것이니 의논해 보시오."

그래서 그 후 8개월 동안 사계(捨戒)하고 머리를 길러 국모가 되었다.

이 또한 거창하게 혼례를 치르고 족두리를 벗기는데 천장에서 구렁이 한 마리가 뚝 떨어져 임금님의 등을 스치는 지라 놀라 내려다 보니 영락없이 먼저 죽은 부인이었다. 임금님은 도망가고 혼인한 황후가 단정히 앉아 말했다.

"나는 속세를 떠난 비구니였으나 임금님께서 간청하여 당신이 하지 못한 시봉을 내가 대신 하기 위해 후계자로 들어왔는데 나까지 떠난다면 누가 임금님을 모실 것이오? 소망이 있으면 다 들어줄 것이니 흔적 없이 사라져 현몽하시오."

하니 구렁이가 스르르 없어졌다. 그런데 그날 밤 꿈에 나타나

"내가 화를 잘 내고 남자의 마음을 부풀게 하여 구렁이 몸을 받았는데 이 몸으로 물과 산을 돌아다니다 보니 나와 같은 중생들이 수가 없습니다. 부처님께서 아귀들에게 음식을 베푸는 네 가지 진언(변식진언·감로수진언·일자수륜관진언·유해진언)을 베풀어 인도의 모든 아귀들을 구하듯이 저희들에게도 수륙재를 베풀어 해탈시켜 주면 좋겠습니다."

그리하여 이 재가 이루어져서 중원의 여러 곳에서 수천만 번 베풀어졌다가 한국에 들어와서도 조선조까지는 고려 왕족들을 위하여 간간히 지내왔는데, 6.25 이후 많은 고혼들이 고통 속에 있으니 이대통령께서 종단을 세운 비구승들이 좋은 일 하라고 하여 이 재를 거국적으로 석 달 동안 베풀게 된 것이다.

그래서 6.25 때 사람들이 많이 죽은 화순 목우산, 순천 조계산, 광주 무등산, 그리고 영산강 일대를 돌아다니며 혼을 건져다 주면 어산범패(魚山梵唄)를 하는 스님들이 시식을 베풀어 천도하였다. 이렇게 보름 동안 날마다 돌아다니다 보니 대장 청담스님이 앞장을 서서 대처승들을 몰아내고 홀로 사는 스님들이 절을 접수해 신청하라 하였다.

송광사 대중은 대부분 가족을 거느린 스님들이었으므로 일본유학을 다녀온 금당스님이 주지로 신청을 하고 추강스님은 오대산 상원사 선방으로 가셨다.

"이 옷을 입고는 송광사에서 살 수 없으니 나는 10월 15일 결제를 통해 오대산 상원사에 가 있을테니 너는 집에 가서 부모님 승낙을 받고 내년 쯤 다른 절에 가 있다가 월정사로 오너라. 거기에는 탄허스님이 수도원을 만들어 승속에 구분 없이 불교를 가르치고 있다는 소식을 들었으니 적성이 맞을 것이다."

나는 본사로 돌아온 뒤 해군에 가 계신 친형님(明燮)에게 연락했더니 진해로 오

라고 하여 진해에 가서 한 달 동안 구경하고 이법화스님을 만나 법화경 한 권을 받았다.

"여기 제법실상이 들었으니 자세히 읽어 보아라."

"청운스님이 아함경 두 권을 주어 짊어지고 다니는데 어느 곳에 가서 볼만한 곳이 없을까요?"

물으니,

"고성 옥천사로 가거라. 청담스님도 거기서 발심하여 해인사로 출가한 것이다."

그래서 고성 옥천사로 가게 되었다.

보조국사 원불인 목조 3존불감, 국보 제42호

중학교 시절

고등학교 시절

1-29. 고향소식을 듣고 부모님께 글을 올리다

고향에서 수륙재를 보고 간 사람들이 부모님께 이야기하여 작은 누나가 송광사까지 왔다 가고 아버지께서 만리장성으로 편지가 왔다.

"네가 어려서부터 머리가 남달리 뛰어나 세속욕심이 없는 것을 내 잘 알고 있다. 그러나 순천 웅변대회 간 사람이 소식이 없어졌으니 학교에서는 학교대로 찾고 집에서는 집대로 찾아 지리산 빨치산들에게 잡혀가지 않았나 생각했다. 네가 가출한 뒤로 어머니께서 말씀을 하지 않고 가슴앓이를 하더니 지금은 얼굴이 노랗게 뜨고 음식을 제대로 잡숫지 못하고 있다. 설사 출가하게 되어 집을 떠난다 하더라도 말이나 하고 갈 일이지 학교 담임선생이 수차 집에 다녀 갔다.

나는 6.25 사변 전 목포형무소 탈옥사건이 있은 뒤 많은 사람들이 죽는 것을 보고, 또 거기서 바다로 50리를 헤엄쳐 자기 집에 숨었다가 아이들에게 발각되어 사람들을 모아 놓고 앞산에서 총살시키는 것도 보았다. 나는 네가 그때 그러한 모습을 보고 마음이 들떠 있는 것을 알고 있다. 이것은 모두 험한 세상을 만나 우리 백성들이 똑같이 겪어야 할 역경이었다.

너는 학교를 그대로 졸업하면 은행이나 회사 취직이 저절로 된다 하여 안심하고 있었는데 이게 무슨 일인지 하늘을 쳐다보고 통탄할 일이다. 마을 사람들도 모두 아깝게 생각하고 학교에서 또한 걱정이 많아 이 편지를 받는대로 즉시 돌아오너라.

그러나 기필고 출가해야 된다고 하면 나는 말리지 않겠다. 그러나 어머니 마음이 오직 너를 의지하고 있고 죽은 뒤 한맺혀 떠나면 어떠하겠느냐? 눈물이 앞서 글이 제대로 되지 않으니 불가피하게도 나의 쓰라린 가슴을 이렇게 전하노라, 소식 주기 바란다."

편지를 받고 나니 가슴이 뭉클해져 눈에 보이는 것이 없었다. 수석정(水石亭)에 이르러 옛 사람들의 글을 읽으며 마음을 달랬다.

남래북왕주서동 간득부생총시공 (南來北往走西東 看得浮生總是空)
천야공 지야공 일야공 월야공 (天也空 地也空 日也空 月也空)
래래왕왕유하공 (來來往往有何空)

전야공 지야공 환료다소주인옹 (田也空 地也空 換了多少主人翁)
금야공 은야공 사후하증재수중 (金也空 銀也空 死後何曾在手中)
처야공 자야공 황천로상불상봉 (妻也空 子也空 黃泉路上不相逢)

채득백화성밀후 도두신고일장공 (採得百花成蜜後 到頭辛苦一場空)
야심청득삼경고 번신불각오경종 (夜深聽得三更鼓 飜身不覺五更鐘)
종두자세사량간 편시남가일몽중 (從頭子細思量看 便是南柯一夢中)

누구의 글인 줄은 몰라도 마음 속 깊이 꿰뚫었다. 목포시 산정동 오순절교회 다닐 때부터 내 마음이 공중에 떠 있었다는 것을 나는 잘 알지 못했다.

6.25사변 후 미군 항공기가 와서 목포상업학교 본관을 폭격하여 불태워 버려서 우리는 운동장에서 체육시간이 아니어도 벌벌 떨며 교육을 받았으며 목포하숙집에 쌀만 갖다 주면 2, 3일 동안에 다 먹어버리고 밤낮 없이 죽으로 끼니를

떼워 왕산 큰누님 댁으로 자리를 옮겨 30리 길을 걸어 다니며 학교 다니던 생각, 새벽이면 잠이 오지 않아 목사님과 용두산에 올라가 눈서리 속에서 기도 하던 생각, 피난민들이 이고 지고 동서남북으로 뛰어다니다가 길 거리에 쓰러져 죽어 가는 모습을 쳐다보던 모습, 방학 때 집에 가 옹진 피난민들이 새벽부터 문앞에 와서 기다리고 있으면 아버지 어머니께서 죽을 쑤어 몇 동이씩 늘어놓고 나누어 먹이던 모습….

이러한 일들이 활동사진처럼 지나가며 송광사 대중스님들의 열정어린 신심에 푹 젖어 있었다. 특히 일자무식 발룡스님이 후원에서 차 달이고 상 차리며 법당에서 염불하는 소리를 듣고 천수다라니를 다 외워 나중에는 천일기도 법사가 되어 불공하러 온 사람들의 가족명단을 귀신처럼 외워가지고 축원하는 모습을 보고 신도들이 감격해 하는 모습, 성공스님이 망태 하나 짊어지고 조계산에 올라가 갖가지 버섯을 따고 밤 줍고 더덕을 캐어 스님들을 공양하던 모습이 영상처럼 나타났다.

세속에서 밤낮없이 쥐어짜고 동분서주하는 사람에 비하면 출가수행이야 말로 신선처럼 여겨졌다. 그래서 나는 아버지께 단호한 결심으로 편지를 썼다.

"아버지 편지를 받고 보니 전혀 밥 생각이 없어지고 불효자의 생각이 땅을 치고 통곡하고 싶을 뿐입니다. 세속에 나가 부모를 모시고 출세한다 한들 큰매부나 동생, 은행원처럼 수전노 생활을 면치 못할 것이니 세상사람들은 그것을 부러워하고 좋게 보지만 불효자의 마음 속에는 한 가락 꿈으로 여겨집니다.
아버지 용서하세요.
어머니 용서하세요.

공수래공수거 세상사여부운(空手來空手去 世上事如浮雲) 입니다.

성분묘인산거 산적적월황혼(成墳墓人散去 山寂寂月黃昏) 입니다.

박문수 박어사의 시가 떠오릅니다. 세상 부귀도 싫고 명예도 떠나 흐르는 물, 바람 소리에 이 몸을 맡기고 싶습니다. 학교에서나 집에서나 볼 것 다 보고 먹을 것 다 먹어 보았습니다. 중학교 담임선생은 폐결핵으로 골머리를 앓고 고등학교 담임선생은 세상무상을 느끼고 백양사에 들어가 스님이 되었다는 말도 들었습니다.

한국 초대 판사 이효봉스님도 지리산 쌍계사에서 종정스님이 되어 있는 것을 보았고 우리학교 대선배로 쩡쩡거리던 법정스님도 바랑을 짊어지고 산천을 오르내리는 것을 보았습니다.

세상은 넓고 큰 것 같으나 인명(人命)은 짧고 세월은 놓아주지 않습니다. 젊어서 공부하지 못하면 어느 때 공부하겠습니까. 날마다 주판을 굴리고 세속명리에 끄달리는 것 보다는 차라리 하루라도 도를 닦아 후회없이 인생을 살아가는 것이 나을 것 같습니다.

아버지, 용서하세요. 내 공부가 성숙하여 아버지, 어머니를 제도하게 되면 집에 가겠습니다. 부디 어머니께 이해를 구합니다."

이렇게 눈물로 하소연하는 글을 써 붙인 뒤 송광사에도 없음을 알렸다. 무정한 인정. 6,70 노부모를 버려두고 혼자 도를 닦는다고 길을 떠났으나 차마 발걸음이 옮겨지질 않았다.

나는 양개스님의 굳은 의지로 석가여래께서 사문유관 후 집을 떠나듯 단호한 마음으로 뒤도 돌아보지 않았다.

1-30. 옥천사에서 만난 사람들

음력으로 9월 말이라 시월 보름부터 결제를 시작한다고 옥천사는 한참 바빴다. 넓고 큰 절에 스님은 오직 한 분 상호(尙鎬)스님이 주지로 계셨는데, 그의 상좌 가운데 아직 스님이 되지 않은 성수행자가 있었고 건너편 암자에는 비구니 스님들이 대여섯 명 살았다.

"여기서 살려면 무엇인가 일을 한 가지 맡아서 해야 한다."

"무슨 일을 할까요?"

"법당 부전이 없어…."

"염불은 잘하지 못하지만 말씀하시면 시키는 대로 하겠습니다."

"그러면 내일부터 조석예불과 사시마지를 초연수좌가 하게."

하시면서 옛 스님들이 쓰던 방 한 칸을 점지해 주었다. 이것은 송광사에서 다반사(茶飯事)처럼 보고 행하던 일이라 새벽 3시에 일어나 도량석을 하고 종치고 예불하고, 아침송주를 외우고 아미타불 정진 1천 번을 하였다.

경상도 날씨는 북쪽 지방과는 달리 따뜻하였지만 부목(나무하는 사람)이 나무를 해다가 방을 따뜻하게 해 주어 마치 소죽 방같이 따뜻했다. 송광사 부목은 나무 한 짐을 지고도 바로 아궁이로 들어갈 정도로 큰데 여기는 작은 솥에 물을 붓고 불을 때면 아침 세수할 때 따뜻한 물을 쓸 수 있어 좋았다.

10월 보름이 되니 입방한 사람이 모두 열댓 명은 되었다. 스님으로서는 대구에서 오셨다는 서의현스님, 성수행자와 상호큰스님 등 네 사람이고 아랫마을에서 자청해 온 공양주가 있었다. 그리고 몸이 좀 불편한 부목이 한 분 있고 절 일을 담당한 여자 신도 두 사람이 있어 심심치 않았다.

"옛날에는 조석예불도 제대로 못했는데, 초연수좌가 와서 절 같은 기분이 나게 되었다."

칭찬하였다. 송광사 염불소리는 경상도와는 다소 달랐으나 성공스님이 해인사 출신이라 의식의 법도는 모범이 되었다. 며칠 있으니 또 마산에서 나한기도를 드리러 온 모자간이 있었고, 가을이라 김장을 도와주러 온 신도들도 여러 분 계셨다.

나는 하루 세 때 주는 밥을 먹고 법당일 보고 나머지 시간은 오로지 아함경을 보는데다 혼신하였다.

아함경에는 문장이 긴 장아함경(디가니가야), 중간치기로 긴 중아함경(마지마니카야), 이것 저것 섞여 있는 잡아함경(상굿따라니카야), 그리고 사전식으로 1부터 11까지 외우기 쉽게 그 숫자가 불어나는 증일아함(앙굿다라니카야) 등 네 가지 종류가 있었다.

먼저 장아함에는 계다발품, 큰법문품, 빠띠까품이 있고, 중아함에는 근본 50편(근본품, 사자품, 비유품, 큰쌍품, 작은쌍품), 중간 50편(장자품, 수행승품, 유행품, 용품, 바라문품), 후 50편(데바닷다품, 차례차례품, 공품, 분석품, 다섯 공덕품)이 있었으며,

잡아함경의 제1 게송 모음에는 천인, 천자, 꼬살라, 악마, 수행녀, 범천, 바라문, 방가라숲, 야차, 제석천 편이 있고, 제2 인연모음에는 인연, 현관, 세계, 무시, 캇짜라, 이득과 황대편, 라훌라, 락사나, 비유, 수행승 편이 있었으며, 제3 오온편에는 오온, 라마, 견해, 업, 번뇌, 싸리붓다, 용, 금시조, 건달바, 구름, 밧차곳따, 선정 편이 있고, 제4 6처(處) 모음에는 육근, 여인, 잠부다까, 목갈라짓따,

존망, 무위, 설해지지 않은 편이 있었고, 제5 큰 모음에는 길, 깨달음, 새김, 능력, 올바른 노력, 힘, 신통, 사리붓다, 선정, 호흡, 흐름에 든 님, 진리 편이 있었다.

그리고 증일아함에는 1심, 2문, 3대, 4신, 5력, 6도, 7각지, 8정도, 9차제정, 10무진, 11식으로 숫자를 올려 가며 외우기 쉽게 정리해 놓았다.

2,500년 전이면 과히 원시시대라 할 수 있는데, 부처님은 왕자로서 세상 낙을 다 보시고 출가하여 온갖 고행을 겪으신 분이어서 그런지 그 깨달음이 누구보다도 철저하였고 내용이 풍부하였다. 석 달, 넉 달을 눈이 잘 보이지 않을 정도로 공부하였지만 지루한 줄 모르고 읽고 생각하며 정리하였다.

그런데 한 가지 놀라운 것은 부처님은 종파가 없고 문도가 없었다는 사실이다. 공부를 인정하고 포교를 실천하는 사람들에게 건당(建幢)하는 것은 있었다. 말하자면 절을 지어 운영할 수 있는 자에게는 흰 깃대를 세워 사람들이 모이는 장소를 정해주어 절 짓는 것을 인정해 주고 또 거기 와서 법문을 할 수 있는 사람에게는 붉은 법당(法幢)을 세워 대중이 모여 들 수 있도록 하였다.

10대 제자와 20대 제자가 대부분 그런 분야에 해당되는 분들이었다. 계율로써 선정으로 그리고 지혜로써 통달한 사람들에게 아사리 자격을 주고 빔비사라 임금님과 급고독장자, 바라문녀 같은 이들에게는 절을 짓고 운영할 수 있는 능력을 부여하였다. 부처님 당시 8대 사찰이 그렇게 하여 지어졌고, 거기서 법문하고 설교할 포교사들이 그렇게 해서 추천되었다.

이렇게 아함경은 교훈으로 모든 사람들이 함께 읽고 닦아가야 할 수행서요 교양서였다.

1-31. 의현스님 법문

"엊그제가 10월 15일 입제일인 것 같은데 어느새 정월 보름 해제 날이 다가왔습니다. 언제나 우리는 해제 날이 되면 석가부처님께서 보리수 밑에서 도 깨치신 것을 생각하게 됩니다.

6년 가운데 뼈저리는 아픔을 겪고 피골이 상접하여 전정각산에서 내려오시다가 나란자라강에 떠내려가 죽을 뻔 하였습니다. 간신히 나무뿌리를 잡고 올라와 기대고 있을 때 산신기도 가던 수자타가 보고 유미죽을 올려 회복하게 되었습니다.

천천히 걸어 오는데 한 목동이 풀을 베는지라 그 이름을 물으니 '길상'이라 하니 '아, 길상한 일이 생기겠구나…' 하고 그에게 풀 자리를 마련해 달라 하여 그 자리에 올라앉아 7일7야를 요지부동 하였습니다.

홀연히 동천하늘을 바라보니 밝은 별이 빛을 발하는지라 자신의 마음에서도 빛이 쏟아져 그 자리에서 도를 깨쳤으므로 의지하고 앉아 있던 필발라수 나무는 보리수(菩提樹)가 되고, 돌멩이는 금강보좌(金剛寶座)가 되었습니다.

자, 그렇다면 부처님의 깨달음과 별과는 어떤 인연이 있는 것입니까. 별을 보지 못했으면 도를 깨닫지 못한다는 말입니까.

인연이란 성수가 해인대학장을 만나듯이 마산 사람들이 소원을 성취하듯이 때가 맞아야 하는 것입니다. 그러나 그때는 정해져 있는 것이 아니고 스스로 깨달을 수 있는 인연을 만들어야 되는 것입니다.

　모자가 부처님께 발원하기를 꼭 한 번만 성취하면 다시는 다른 생각 갖지 않겠습니다 하였는데 구멍가게를 하다보니 잔돈푼 가지고는 양이 차지 않으므로 목돈이 생각나 다시 한번 대만에 갔다가 잡혀 벌금내고 6개월 동안이나 징역살이 했다고 하지 않습니까.

　맹세하면 맹세한 대로 해야 합니다. 불가피해 처지를 바꾸더라도 처음과는 같지 않습니다. 그러므로 고려 때 백운화상이 인명성(因明星) 운오도(云悟道)에 대해서 다음과 같이 노래하였습니다.

　인성견오 오파비성 (因星見悟 悟罷非星)
　불축어물 불시무정 (不逐於物 不是無情)

　부처님께서 별이 반짝이는 것을 보고 깨달았으나 그 깨달음은 별 때문이 아니고, 사물을 쫓지도 아니하고 무정하지도 아니했느니라.

　감나무에 감이 무루 익으면 쇠바람이 불든지 까치가 날든지 관계없이 때가 되면 저절로 떨어지게 되어 있습니다. 마치 종기가 익으면 뿡가시가 아니어도 저절로 터져 나오듯이 부처님의 깨달음도 마치 그런 것과 같습니다.

　그런데 어떤 사람은 긁어 부스럼을 내놓고 종기가 터지도록 기다리는 사람도 있고, 때도 되지 않았는데 길거리에 섰다가 도둑을 만나는 수도 있습니다.

　공부가 숙성하면 고봉스님이 5조 영정을 보는 순간 "일년삼백육십일 반부단지시저한(一年三百六十日 返復但只是底漢)"이란 글을 보고 확철대오 하듯 깨달음을 얻게 되는 것입니다.

　어떤 사람이 5조의 영정을 바라보지 않는 사람이 있으리오마는 어떤 사람은 글에 매이고 어떤 사람은 영정의 그림에 매여 있는데, 스님은 그 글을 보는 놈이 누군가에 있었던 것이 날마다 사용하는 그 놈, 밥을 먹을 때나 잠을 잘 때나 행주좌와 어묵동정에 늘 그 놈을 쓰고 있으면서도 사람들은 보는 물건이나 형상에 끄달리고 있습니다.

부처님은 영산회상에서 하늘에서 꽃이 내리는 것을 보고 그 중 하나를 드니 가섭존자가 빙긋이 웃었습니다. 그때 부처님은 "나에게 있는 정법안장 열반묘심을 그대에게 부촉한다" 하셨습니다.

그렇다면 그 정법안장 열반묘심이 그 꽃 속에 들었다고 생각하십니까? 이 세상 어떤 사람이 미소 짓지 않는 사람이 있으며 꽃을 보지 못한 사람이 있겠습니까. 그러나 그것을 보고 미소 짓는 정법안장은 가섭의 마음과 부처님의 생각 속에 들었던 것이며 이 두 마음이 부딪치는 가운데 이심전심(以心傳心)이 이루어진 것입니다.

이제 정월 보름 해제를 하였는데 우리들은 마음대로 보고 느끼고 사랑하는 세계로 나아갈 것입니다. 그렇다면 여러분은 누구에게 사랑의 꽃을 바치시겠습니까."

서의현스님

1-32. 고성 보광사(普光寺)

옥천사에서는 3월 삼짇날에는 진주와 고성 일대의 신도들이 모여 대법회를 열었다. 청담스님 상좌 가운데 고성 문수암 주지 혜명스님이 참석하였고 의현스님 도반들 서너 명, 그리고 암자 비구니 스님들 도반이 10여 명 참석하였다.

법회는 상호스님께서 중이 된 이래 처음 재미있는 결제법회로 진행되었다고 자랑하며 공양주 허문도 어머니의 증언, 그리고 진재열씨의 공부이야기도 들었지만 성수스님이 독성기도한 이야기는 참으로 재미있었다. 성수스님이 말씀하셨다.

"큰 법당에서는 나무아미타불, 나한전에서는 16성중, 의현 큰스님은 아침 저녁과 사시마지 때 빠지지 않고 108참회를 하였다. 그래서 나도 뭘 좀 해 보아야 하겠다 생각했는데, 빈 법당은 독성당뿐이었습니다. 주지스님 승낙을 받고 기도를 시작했는데, 평상시 염불을 잘못해서 발음이 잘 돌아가지 않았는데 독성님 명호를 부르면서도 '나반존자'라 불러야 하는데 '나만존자'라 불러 여러 번 채찍을 받았습니다. 그러나 얼마쯤 외우다 보면 저도 모르게 또 '나만존자'가 계속 나왔습니다.

그런데 그때부터 진주, 삼천포, 통영 일대에서 줄을 지어 재를 지내러 오는 사람들이 많았는데 듣고 보면 '옥천사에 가서 재를 지내면 영가가 좋은 곳으로 갈 것이니 영가가 가지고 있던 옷이며 신발이며 돈까지도 다 가지고 가라'하여 가져왔다고 하였습니다.

그래서 신이 나서 더 '나만존자'를 크게 불렀는데, 주지스님이 내 염불소리를 듣고 와서 '들어오는 물건은 모두 너에게 줄 것이니 연화리에 가서 너희 친척들과 학교 동기들까지도 다 나누어 주라' 하시니 재를 한 번 지내고 나면 부자가 되었습니다.

사실 저는 부자집 아들이라 먹을 것이나 입을 것에는 걱정이 없이 살았는데 주지스님 시봉을 하면서부터는 중은 얻어먹고 사는 것이니 부모는 물론 누구에게도 의지하지 말라'하여 독성님께 말씀드렸습니다. '저에게는 무엇이고 주지 않아 살기 어려우니 사해(四海) 불자들이 저를 도와 주게 하십시오' 하였더니 옷도 돈도 그리운 것이 없이 들어와 풍족하게 살다가 영남대학까지 들어가게 되었으니 이런 복이 어디에 있습니까."

박수갈채를 받았다.

의현스님이 상당법문을 한 뒤 한마디 소감을 이야기하라 하여 아함경 본 느낌을 이야기하니 보광사 주지스님이 나와서 말했다.

"초연수좌 나하고 살자. 나는 청담스님하고 동기인데 가정을 거느렸다 하여 쫓겨나 고성읍 공원에 조그마한 절 하나를 지어 포교하고 있으니 나와 함께 포교하자."

상호스님의 승낙을 받고 고성읍에 가서 보니 포교하는 데는 별 지장이 없으나 큰 절에 비하면 너무 협소하고 보잘 것이 없었다. 인법당에 주지스님 방, 내 방, 그리고 객승이 오면 재우는 방이 하나 있었다. 공양주도 없어 신도들이 왔다 갔다 도와주고 있었다. 아침이면 산책을 나온 사람들이 많이 있었고 때로는 시인묵객들도 종종 들러 대화를 나누었다.

그 가운데는 시인 서봉섭씨도 있었는데, 중앙일보 신춘문예에 당선된 분이었다. 집안이 어려워 손수 나무를 해서 지게에 지고 오는데 신춘문예에 당선됐다는 소식을 듣고 뒤로 넘어져 울었다는 말을 듣고 모두 웃었다. 그래서 그 분과 인연이 되어 구두 닦는 아이들을 모아 야학을 시작하기도 하였다. 서봉섭씨는 국어를 나는 한문을 포광스님은 불교를 가르쳤는데, 고성여고 학생 가운데 정길자, 김정희 등 여러 사람들이 돕겠다하여 한 분은 음악, 다른 한 분은 수학, 또 다른 분은 과학을 담당하여 제법 체계를 갖춘 야학(夜學)이 되었다. 포광스님은 신이 나서 간식도 가져오시고 공책, 연필도 모두 조달해 주었다.

포광스님은 대학자였다. 그 당시 서울시장의 친척분이 관절병이 들어 걸음을 걷지 못하였는데 옥천사에 와서 약수를 먹고 기도하면 나을 것 같다 하여 왔다가 인연이 되어 결혼했다고 한다. 결혼은 했어도 자식을 낳지 못했기 때문에 양자로 딸 하나를 데려다가 길렀다. 그 딸이 성장하여 간호사가 되어있었다. 스님은 어차피 인연이니 '내가 책임져야 한다'고 하면서 늘 옆에서 부축해 주기도 하고 힘들 때는 업고 다니기도 하였다. 청정한 스님이 한 여인과의 사랑 때문에 파계하고 산다고 업신여기는 사람도 있었지만 세상만사가 다 인연이라 무엇을 원망하고 한탄하리요마는 스님은 남의 말에 개의치 않았다.

나는 시간이 나는 대로 사집공부를 시작하였다. 사집은 불교강원 교육의 중등과정이기 때문이다. 처음 불교에 들어와 사미율의와 초발심자경문, 치문경훈을 배우고 조석예불, 종성, 송주를 배우고 나면 불교를 다 아는 것 같은 기분이 난다. 그러나 당시 불교계는 분쟁이 생겨 어느 곳에서든 마음 놓고 글을 배울 수 있는 처지가 아니었는데 마치 큰 선지식을 만나 공부하게 되었다.

포광스님과 사모님

1-33. 사집공부(四集工夫)

사집은 서장(書狀), 도서(都序), 선요(禪要), 절요(節要) 등 네 가지이다.

1. 서장(書狀)

서장은 송나라 때 대혜종고(大慧宗杲) 선사가 여기저기서 온 편지에 답장을 해준 것인데, 쇠퇴일로를 걷던 송대(宋代) 불교에 일대 진정제가 되었으므로 이 책을 많은 사람들이 읽게 되었다.

스님은 열세 살에 서당에서 친구들과 장난을 하다가 먹물로 스승의 외출모를 먹투성으로 만들어 꾸중을 듣고 배상금 300냥을 물은 뒤 15세에 동산선원에 출가, 17세에 삭발 수구하고 19살에 태평 은적암에 이르렀는데, 강사스님이 "어젯밤 꿈에 오늘 운봉 문열선사가 오신다"고 일러 주셨다고 하면서 운봉스님의 어록을 보여 주었다. 스님은 그 자리에서 한번 보고 외우는지라 "운봉스님이 틀림없다" 하고 지극히 모셨다.

1109년 담당 무준스님 밑에서 7년 동안 공부하고 원오극근이 계신 선사로 찾아가 크게 깨달음을 인증 받으니 가섭이하 49대, 임제 11대손으로 추존하게 되었다.

당시 불교는 외세는 번성하였으나 안으로 할안종사(瞎眼宗師)와 삭두외도(削頭外道)가 판을 치고 있었으니 정법안장을 계승한 스님으로서는 파사현정에 나서

지 않을 수 없었다.

이에 분개한 스님은 천동굉지(天童宏智)의 묵조선(黙照禪)을 타파하고 달마정전의 활화선(活話禪)을 천거하였다.

때마침 송고종 11년 시정 장구성의 아버지 49재를 스님이 거처하던 경산사에서 지내게 되었는데 스님께서 "神臂弓一發 射破千重甲 仔細拈來看 當甚與皮機"라는 법문을 하였다. 그런데 묵조선의 무리들이 반역을 꾀한 글이라 하여 진회 무리들을 모두 파면하고 스님도 도첩을 빼앗긴 뒤 형주로 귀양가게 되었다. 그러나 귀양터까지 이참정, 왕한림 등 사대부들이 편지로서 도를 묻자 진회는 교통이 더 불편한 매양(梅楊)으로 귀양터를 옮겨 장장 16년 동안을 승형(僧形)을 누리지 못하게 하였다. 그래서 이 시기를 백의장발관건설법기(白衣長髮冠巾說法期)라고 한다.

1157년 11월 왕명으로 형주 아육왕사의 주지로 임명을 받고 이듬해 임안 경산사 주지로 취임하여 2천여 명의 대중을 거느리고 1162년 고종에게 대혜란 호를 받았다.

1163년 8월 6일 대중을 모아 놓고 "내가 내일 간다" 예언한 뒤 새벽 4시 왕에게 표문을 쓰고 제자 요현(了賢)에게 뒷일을 당부한 뒤 입적하였다. 세수는 75, 법납은 58이었다.

당시 중국불교는

① 혜원의 정토종 (335~417)

② 지의의 천태종 (537~597)

③ 길장의 삼론종 (549~623)

④ 두순의 화엄종 (557~640)

⑤ 도선의 계율종 (596~669)

⑥ 현장의 법상종 (622~664) 등이 크게 성하였다.

그러나 이들은 불교가 들어온지 천여 년이 지나 흥망성쇠의 상을 따라 각 종이 모두 면면히 계승하지 못하고 있었다.

선종도 송초에 이르러서는 투쟁견고의 시대를 겪어서 그런지 백의종사는 드물고 할안종사 삭두외도 묵조사배들만 들끓어 활·방·양미 순목 격상 등을 마음대로 사용하여 자는 애기 놀라게 하는 병폐가 적지 아니 하였다. 급기야 고종 이후부터서는 파벌 모략으로 조씨 일가를 흔들더니 흠종이 오락을 즐기고 문학에 편중하자 국방을 소홀히 하여 급기야 1126년에는 금나라 태종에게 찬탈당해 이러저리 피해 다니다가 마침내 고종에 이르러 남송으로 국호를 고치고 제상 이강을 파면하고 진회가 다시 등극하였다.

그때 금을 타도하고 주권을 회복하자는 파와 화해파가 다투게 되었는데 진희는 주전파들을 모두 잡아 가두고 화전파가 나서 스님마저 주전파로 몰려 체탈도첩하고 16년간 귀양살이를 하게 한 것이다.

때문에 귀양살이 도중 광록 80권, 어록 30권, 법어 3권, 보설 5권, 종문문고 1권, 어록 1권, 간병론 1권, 발원문 1권, 회향문 1권, 음예문 1권 등을 정리하였다.

"스님은 어느 쪽에 당(當)하십니까?"

"나는 주전파도 화전파도 아니네. 우리나라는 이조 500년 동안 전주 이씨를 의지한 세력파들이 결국 나라를 일본에 팔아먹자 중국과 소련, 미국 사이에 끼어 지금은 UN의 주재하에 임시휴전을 하고 있지만 미국 아니면 중국이야. 진짜 독립운동 한 사람들은 소리 없이 죽어가고 있지 않는가.

그러나 이 시대 공부하는 사람은 명예와 권력에 아부하면 안 되네. 비구승은 비구니까지 합쳐도 1,500명이 못 되는데, 8천 명이 넘는 대처승과 30만 명이 넘는 그 가족들을 거리로 내몰고 천하일색으로 만들어야 한다고 절을 접수하고 사람들을 쫓아내고 있는데 지난 6.25 때 공산주의자들도 이런 무지를 저지르지는 않았네. 차차 공부를 시키면 앞으로 중 노릇하는 사람은 비구여야 한다고 하면 30년 내지 50년만 되면 모두가 비구일색이 될 것 이닌가!"

"옳은 말씀입니다. 승찰대본산 송광사 같은 데서도 5,60명이 넘는 대처스님들이 다 쫓겨나고 치마장삼 입고 있는 5,6명이 주권을 잡고 있는데, 그 밑에는 순천, 벌교, 광주, 목표 일대에 무도관을 경영하던 사람들이 절을 지키고 있습니다."

"숫자가 문제가 아니지. 부처님 정신을 가진 사람이 있어야 돼. 대혜문도가 교충, 동림, 동서선사를 중심으로 94인이 넘었지만 지금도 간화, 묵조의 싸움은 선방마다 도사리고 있어. 문제는 도를 깨쳐 무엇을 하느냐 하는 것이 문제지. 묵조선의 거두 청동, 지굉도 1세를 풍미한 선사였지만 대혜스님보다 먼저 갔지…"

"내용을 보니 42인이 62편의 편지를 보내 공부의 내력을 묻고 병폐를 물었는데, 대혜스님은 모두 쓸데없는 견해를 물리치고 중생과 사회를 위한 삶을 하라 가르쳤습니다."

"두 문(묵조선과 간화선)의 가르침이야 적극적이냐, 소극적이냐에 차이가 있을 뿐 양심에 의해서 자기를 속이지 말고 공부하라 한 것은 똑같아. 특히 중시랑 이 참정, 부추밀처럼 관리에 충실하면서도 불교공부에 열심인 사람들이 있었다는 것이 이 책의 특징이네. 남의 잘못을 보지 말고 자기 잘못만 고쳐 갈 수 있다면 사바세계가 그대로 극락이 되지…"

"그럼 그저께 아침 문선명씨 제자들이 들어와서 아침밥을 같이 먹고 유불선 3 도교와 기독교를 한 데 모아 통일교회를 만든다고 하였는데 어떻게 생각하십니까?"

"그들도 일찍부터 고성에 와서 부처님의 고행과 공자의 인의, 거기 신선공부까지 하고 있다 들었는데, 문제는 사람을 중심으로 하느냐, 진리를 중심으로 하느냐에 사상의 핵심이 달라지지. 시집, 장가 못 가고 직장 없이 돌아다니는 사람들에겐 좋은 길잡이가 되고 있다는 말을 들었어….."

2. 도서(都序)

서장은 36,836자, 치문에 비하면 그렇게 큰 책은 아니지만 편지이기 때문에 편지를 보낸 사람들의 글을 읽어보면 그 답은 이미 결정되어 있다.

주관성 없이 남의 글이나 행을 흉내 내는 사람들을 고쳐 준다든지 공부를 하기는 하는데 자기 몽상(夢想)에 빠져 도착(倒着)된 사람들의 말을 고쳐 준다든지, 관리들이 백성들을 생각하지 않고 불교공부에 빠져 사회활동을 소홀히 할 때 한 방망이씩 내리쳐 주는 것은 매우 통쾌하고 재미있었다.

그러나 선(禪)쪽에 치우쳐 계나 율, 교를 소홀히 하는 사람들이나 패를 짜서 남의 잘못을 꾸짖는 것은 돌이켜 한번 생각해 볼 만한 점이 있었다.

그런데 선원제전집(禪源諸詮集) 도서는 유불(儒佛)의 교학에 능통한 규봉(圭峰)스님이 선교(禪敎)운동을 일치하게 하기 위하여 책을 썼다는 것은 특히 한국불교에 있어서 주목해 볼 만한 점이 있었다.

스님은 화엄종 제5조로 속성은 하(何)씨이고 위는 종밀(宗密), 호는 규봉(圭峰)이고 고향은 사천성 과주였다.

그는 7살부터 24세까지 유학에 전념하다가 28세 때 수주 대은사 도원선사(道圓禪師)를 만나 수계하고 부주(府主) 임균의 집에 공양청을 받고 갔다가 원각경을 보고 일언지하에 심지가 개통, 원각경 소문 2권을 지었다.

그 후 35세에 양양에 갔다 병든 스님에게 징관의 청량소를 받아 읽고 과거에 읽었던 책들과는 전혀 방향이 다른 것을 느끼고 화엄경으로서 교맥(敎脈)을 삼게 되었다 한다.

다음에 종남산 지거사에 들어가 3년 동안 장경을 열람하고 다음 장안 홍선사에 머물렀다가 819년 흥복사에 이르러 금강경 찬요초 각 1권씩을 짓고 보수사에서 유식론소 2권을 완성하였다.

828년 왕의 초청으로 궁중에 들어가 불법의 대의를 설하고 대덕법계를 받고 자광포를 입었으며, 841년 회창 원년에 흥복사 탑원에서 단정히 앉아 서거하였다.

경덕전등록에는 사산인(史山人)과 문답한 **10교상(十敎相)**이 나오는데, 이를 간단히 소개하면 다음과 같다.

문1 : 어떤 것이 도며 어떻게 닦아 어떻게 이룹니까?
답1 : 걸림 없는 것이 도며, 망상을 깨달아 망념이 다하면 도를 이룬다.

문2 : 어떻게 출세하여야 합니까?
답2 : 조작하면 업이 되어 허위세간이 나타난다.

문3 : 도는 당장 깨닫는 것입니까, 점점 닦는 것입니까?
답3 : 진리는 당장 깨달으나 번뇌는 점점 닦는다.

문4 : 도를 깨닫고 나면 신통광명이 나타납니까?

답4 : 얼음과 물이 본래 둘이 아니나 녹아야 마시고 씻을 수 있다.

문5 : 마음을 닦아 부처가 된다면 무엇 때문에 따로 불국토를 설합니까?

답5 : 거울은 비록 밝으나 먼지가 끼면 빛이 나타나지 않기 때문이다.

문6 : '중생이 중생이 아니다' 라 하는데 무엇 때문에 '중생을 제도해야 한다' 합
니까?

답6 : 부처에게는 '너' '나'가 없기 때문이다.

문7 : '모든 부처님은 멸하지 않는다' 했는데요?

답7 : 모든 부처님은 일체 상을 여의었느니라.

문8 : 가섭에게 법을 전했는데요?

답8 : 해와 달은 언제나 하늘 가운데서 빛나느니라.

문9 : 화상은 어떻게 발심출가하여 어떻게 도를 닦으셨습니까?

답9 : 사대는 몽환과 같고 육진은 공화이니라.

스님은 이렇게 백 가지 문답을 선교양종에 걸쳐 백 권으로 정리한 뒤 거기 각기 그 동기를 밝혀 그 서문만도 백 개가 된다. 그런데 마지막으로 전 100권을 모아 서문을 써 도서(都序)라 불렀다. 내용은 선교가 둘이 아니라는 것이었다.

"선은 부처님 마음이고, 교는 부처님 말씀이며, 율은 부처님의 행이기 때문이다."

모든 것에는

① 본말(本末)이 있고

② 선에는 위차(違阻)가 있으며,

③ 경에는 사정(邪正)이 있고,

④ 량(量)에 감계(堪契)가 있다.

⑤ 의심에는 통결(通決)이 있고,

⑥ 성상에는 동별(同別)이 있고,

⑦ 돈점에는 사반(似反)이 있으며,

⑧ 방편에는 약과 병이 있다.

따라서

① 법의(法義)는 진속(眞俗)이 다르고,

② 심성(心性)은 이름이 다르고,

③ 성자(性字)는 체가 다르고,

④ 진지(眞知)는 아는 것이 다르고,

⑤ 나와 법은 유무가 다르고,

⑥ 차전(遮詮)은 표이가 다르고,

⑦ 인식(認識)은 분별이 다르고,

⑧ 이제(二諦)는 3제와 다르고,

⑨ 삼성(三性)은 공유(空有)와 다르고,

⑩ 불덕(佛德)도 공유에 따라 다르다.

즉, 같은 사람도 아버지가 볼 때는 자식이고 아내가 볼 때는 남편이고, 자식이 볼 때는 아버지가 되듯 교와 선도 이렇게 가르치는 선생과 제자, 한대지방 사람과 열대지방 사람이 보고 행하는 견해가 다르듯이 불교도 시대에 따라 사람에 따라 조금씩 변천해 왔으니 그 원인과 연관된 사실들을 자세히 관찰해 보면 결국 한 가지 불심에 돌아간다 하였다.

똑같은 마음인데 비로소 깨달으면 시각(始覺)이 되고, 깨닫고 보면 본각(本覺)이다. 범부는 믿음으로 깨닫고 현인은 분수 따라 깨닫고, 10지 보살은 계차 따라 깨닫고, 성불한 사람은 끝까지 깨달으니 같은 깨달음도 이렇게 차이가 나지 않는가.

본래 깨달아 있는 마음도 몰랐을 때는 불각(不覺)이 되는데, 번뇌(無明) 때문에 근본을 깨닫지 못하면 근본불각(根本不覺)이 되고, 후천적인 망상 때문에 깨닫지 못하면 기말불각(枝末不覺)이 된다.

그러니 자네가 앞으로 불교를 어떻게 공부할 것인가 하는 것은 규봉스님을 보고 잘 생각해 보면 알 것이다. 상하 양권 가운데 배휴의 서문까지 합하여 22,515자에 불과한 이 작은 책자 속에는 1500년 인도와 중국 그리고 한국의 고민이 그대로 실려 있는 것 같았다.

3. 고봉화상의 선요(禪要)

고봉화상 선요는 문자 그대로 선의 요령을 밝혀 놓은 것이다. 고봉화상은 혜능하 23대, 임제의 17대 손이다. 송, 원이 교체되는 시기 간화선이 난숙할 때 살면서 간화의 작법을 면밀 주도하게 써 어두운 세계에 등불을 밝힌 분이다.

속성은 서(徐)씨, 이름은 원묘(原妙), 호는 고봉(高峰)이다. 1238년 소주 요강에서 태어나 15세에 가화(嘉禾), 밀인사에 출가 17세에 계를 받고 18세부터 천태교상을 배우다가 20세에 옷을 갈아입고 (당시 禪宗은 紺衣, 敎宗은 靑衣, 律宗은 木

蘭色을 입었다) 정자사에 들어가 3년 동안 사한(死限)을 세워 몸도 씻지 않고 머리도 감지 않고 침상에도 눕지 않고 먹는 것 입는 것을 다 잊었다.

이렇게 쉬지 않고 용맹정진 하였으니 후에 참선하는 사람들의 본이 되지 아니할 수 없다. 21세에 단교스님에게 만법귀일화(萬法歸一話)를 받고, 이듬해 설암조흠(雪岩祖欽)을 만나 북간사(北澗寺)에서 처음으로 타사시구(拖死屍句)로 결택받았다.

24세에 3탑사(경자사)에 갔다가 3월 16일 밤 꿈에 문득 앞에서 받은 만법귀일화(萬法歸一話)가 돈발하여 폐침망찬(廢寢忘餐) 동서를 구분하지 못하다가 한 생각이 60일을 계속하였다.

그리하여 22일 달마스님의 기일(忌日)에 삼탑사 영각(影閣 : 誌公, 達摩, 法演이 모셔져 있음)에서 독경, 5조 영상을 바라 보는 순간 "三百六十日에 返復是遮漢"이라는 구절을 보는 순간 깨달음이 왔다.

28세에 다시 남명 선거사(仙居寺)에 가서 설암스님을 뵙고 스님따라 천녕사(天寧寺)에 가니 다음과 같이 물었다.

"날마다 살아 가는데 어떤 놈이 주인이 되느냐?"

"사는 놈이 주인이 됩니다."

"꿈을 꿀 때는?"

"꿈을 꿀 때도 마찬가지입니다."

"꿈을 깰 때는?"

"……………."

답변을 못하자

"남의 말과 행을 따라 흉내 내지 말고 나의 주인공을 찾아라."

이 말씀을 듣고 봉수사에서 5년을 지내다가 하루는 함께 지내는 도반이 자다가 잘못 밀어뜨린 베개가 땅에 떨어지는 소리를 듣고 깜짝 의단이 타파되었다.

그 후 쌍계사(雙髻寺)에서 지내다가 41세에 항주 천목산 서봉 사자암에 들어가 사관(死關)이라는 간판을 걸고 15년 동안 동구 밖을 나오지 않고 정진하니 찾아오는 학인들이 끊이지 않았다.

자리가 좁아 사자와 대각의 두 절을 짓고 계를 준 자가 수천 수만에 이르렀다. 항상 3관으로 사람을 제접하였는데,

① 철저한 사람은 본래 생사가 없는데 무엇 때문에 명을 끊지 못하는가?

② 불조의 공안은 단지 한 가지 도리 뿐인데 무엇 때문에 밝히지 못하는가?

③ 온 대지가 불구덩이인데 어떻게 해야 타지 않을까?

1295년 12월 1일 복장 단정히 하고 향 사르고 앉아

래불입사관 거불출사관(來不入死關 去不出死關)

철사곽입해 당도수미산(鐵死钁入海 撞倒須彌山)이라 하고 해탈하였다.

그때 수행정신과 입도구법은 송 이후 모든 수행자들의 본이 되어 두구무언(斗口無言), 오직 실천에만 힘썼다.

스님의 법어는 고봉법어 1권, 선요 1권이 남아 있다. 선요는 총 29장으로 용수, 남명, 천목, 서봉 등에서 공부한 내력이 적혀 있다. 대지(大志)를 분발하고 현관(玄關)을 뚫는데 기초를 형성하고 있다. 여기에 무슨 갈등과 두려움이 있겠는가.

총 13,797자 밖에 아니 되는 작은 책자였으나 공부하는 데는 좋은 길잡이가 되었다.

影撮念紀會大人學教佛鮮朝
佛紀二九五五年三月十五日

1-34. 죽었다 되살아난 진재열씨

옥천사 대중은 그렇게 사람들이 많이 모여서 공부하는 장소는 아니었으나 희귀한 사람들이 모여서 제각기 자기 원대로 공부한 사람들이 있었다.

우선 공양주는 그 추운 겨울 석 달 동안 하루도 빠지지 않고 예불에 참례하였고, 의현스님 또한 하루도 빠지지 않고 108배를 하였다. 상호스님은 말이 없으나 모든 일을 대중과 의논하여 하였고, 상좌 스님은 대학입시 공부하다 낙방하여 절로 들어온 부자집 귀염둥이였으나 독성기도로 소망을 이루었다.

그리고 부목 진재열은 40이 넘었지만 열심히 한방 공부를 하였고, 각처에서 모여온 보살님들과 수행자들도 자기 전공 이외에는 상관하지 않았다.

나한전에서 기도하던 마산 사람은 모자간에 와서 기도하는데 장사 잘 되기를 발원하였고, 나무아미타불을 부르던 나는 열심히 신수대장경을 보았다.

진재열은 산에 나무하러 가서 톱질하다가 큰 고목나무가 덮쳐 쓰러졌다. 점심 때가 다 되어 죽었기 때문에 그 영혼이 마을 집 연화마을을 생각하며 산봉우리에 올라서서 보니 어머니하고 누이가 베에 풀을 먹이고 있었다.

"에라, 배가 고프니 오늘은 우리집에 가서 한 숟갈 얻어먹고 와야지."

하고 뛰어 내려가니 엄마가 물었다.

"절에 간 사람이 웬일이냐?"

재열씨는 누나의 두 어깨를 만지며,

"배가 고파 밥 얻어먹으러 왔지 뭐…."

하였는데, 그 사이 누나가 눈을 뒤집고 화덕불 옆에 쓰러졌다. 어머니가,

"아, 잡사가 끼어 큰일났구나…."

하고 부엌에 들어가 식은 밥을 된장에 풀어 갖다 주면서,

"어서 먹고 물러나라. 어디 갈 곳이 없어 절에 있던 사람이 집으로 내려왔느냐!"

하고 야단을 치면서 바가지 밥을 땅바닥에 뿌리고, 식칼을 꽂아 놓고 그 위에 바가지를 엎어 놓았다.

"아, 그래도 절 인심이 최고로구나. 어쩌다가 집에 한 번 왔는데 이렇게 박대할 수 있다는 말인가!"

하고 옥천사로 내달렸다. 그런데 길 옆 웅덩이에서 장구소리가 나 들여다 보니 진주에서 놀러 온 기생들이 장구를 치며 노래 부르고 있었다. 재열은 작년에 청담스님께 계를 받은 일이 있으므로,

"예라, 새파란 총각이 저런 화류계들과 어울리다가는 장가도 못 가고 인생이 끝나겠다. 어서 가자."

하고 절 문 앞에 이르니 티머리를 찔끈찔끈한 장정들이 활을 쏘면서 하늘로 날아갔다.

"이상도 하다. 왜 이리 절 안이 시끄러울까."

하고 들어가 보니 자기 방 앞에 엄마와 누나가 와서 머리를 풀고 울고 있었다.

"어찌된 일입니까? 집에서 베틀에 풀을 먹이고 있었는데!"

되살아난 재열이 일어나 이야기하니,

"응. 잡사가 끼어 네 누나가 죽게 되어 된장밥을 풀어 마당에 퍼트려 주고 지금 막 절에 올라온 것이다."

"어마, 송장이 살아나네!"

놀라자 주지스님께서

"걱정하지 마시오. 까무러쳤다 일어난 것이니…"

하고 달려들어 묶은 것을 풀고 어깨 다리를 주물러 주었다. 한 식경이 지나자 진재열은 눈을 부비고 살아나 말했다.

"아니, 이게 뭐야. 나는 산에서 집으로 밥 얻어먹으러 갔다 온 일 밖에 없는데…"

하고 밖으로 나가 자기가 산에서 주워 온 벌통 앞에서 중얼거렸다.

"아. 너희들의 주인공이 죽었다고 티머리를 찔끈하고 공중에 날아다녔구나."

또 물웅덩이에 가서 보니 비단 개구리들이 물장구를 치고 놀고 있었다.

"아. 내가 너희들 속에 들어갔으면 비단개구리가 되고 벌 새끼가 될 뻔 했구나!"

하며 절에 와서 부처님께 표백(表白)하였다.

"부처님, 저는 방금 하루 사이에 육도윤회를 체험했습니다. 앞으로 열심히 공부하여 윤회세계를 벗어나겠습니다."

주지스님은 그만 진씨에게 부목을 그만 두게 하고 내 방 옆에서 휴양하도록 시간을 넉넉히 주었다.

한편 장사 잘 되기를 기원하던 모자는 기도를 마치고 가 일본과 무역하여 대박을 얻고 대중공양을 하러 왔다. 의현스님이 부탁했다.

"부처님은 한번은 보아주시지만 나쁜 일은 두 번 못하게 하니 조심하세요."

하였는데, 그 뒤 모자는 먼저 번 돈으로 한국에서는 최초로 마산에 슈퍼마켓을 만들어 잘 살았다. 그런데 아들이 잔돈푼 보다는 큰돈이 좋다고 홍콩으로 장사 갔다가 밀수했다고 잡혀 2년 동안 징역 살고 그 동안 번 돈까지도 다 날려버렸다.

한편 이듬해 여름이었다. 진주 사는 한 신사가 아들 49재를 지내러 왔는데 상호스님 상좌가 건들건들 시봉을 잘하므로 물었다.

"너는 언제 중이 되었느냐?"

"중은 무슨 중입니까. 대학입시에 두 번 떨어져 야단을 맞고 절에 와서 주지스님 시봉하고 있습니다."

"네 나이 몇 살이냐?"

"무인생입니다. 생일은 9월 18일입니다."

"어허. 내 죽은 아들하고 나이와 생일이 꼭 같구나. 너 내 아들하자."

"주지스님께 물어보십시오."

하니 주지스님이,

"학장님이 양아들 삼는다면야 쌍수로 환영합니다."

하여 양아들이 되었다. 선생님은 동국대학교 서무처장으로 있다가 최범술스님이 진주에 해인대학을 만드시자 내려와서 학장노릇을 하고 있던 분이다.

"내 아들이 너와 똑같은 해에 동국대학교에 들어가 있다가 금년 여름 방학때 내려와 진주 남강에서 목욕하다가 빠져 죽었거든. 내 너를 만나려고 여러 절 다 제쳐놓고 옥천사까지 온 것 같구나."

하며, 49재를 지내고는 양아들을 데리고 갔다. 주지스님이 말했다.

"참으로 이상한 일입니다. 초연수좌가 오면서부터 옥천사에 사람들이 모여들더니 기적같은 일들이 많이 생겼습니다. 마산 사람들은 무역하여 부자가 되고, 우리 상좌는 이제 진짜 주인공을 만나 좋은 학교에 들어가 출세하게 되었으니 이것이 모두 부처님의 가피 아닙니까."

사실 해인대학은 얼마 안 가서 영남대학과 합치고 학생들은 희망에 따라 여기저기 여러 대학으로 편입시켰고 상좌스님은 영남대학으로 가서 장차 학장까지 하였다.

그때 공양주가 말했다.

"저희 아들 문도가 일본에서 공부하고 있었는데 아들 잘되기 위해서 자원봉사로 공양주 생활을 3개월 동안 했습니다. 그런데 아들이 건강하고 좋은 곳에 취직하여 일본 언론계에서 활약하고 있다고 하니 이것이 다 부처님의 은덕이 아니겠습니까?"

이렇게 상좌스님은 영남대학 대학원을 졸업하고 대학교수로서 명망을 날렸고 부목 진재열씨는 개천면 공의(公醫)가 되어 87세까지 잘 살다 갔다.

그리고 서의현스님은 조계종 총무원장이 되어 두 번이나 원장직을 연임하면서 노태우대통령을 위해 본사 동화사에 동양 최대의 약사부처님을 조성하여 많은 병든 이에게 귀의처를 마련해 주었다.

그리고 공양주 보살님 아들 허문도는 한국에 돌아와 장관까지 하였으니 모두가 옥천사 부처님 가피다.

고성 옥천사

1-35. 오대산 월정사

이렇게 고성에서 있다보니 송광사 사숙님께서 편지가 왔다.

"스님이 지금 오대산 상원사로 가셨는데 시자가 없으니 빨리 가 보라."

사정을 말씀드렸더니 포광스님께서 신도들과 의논하여 고성극장에서 대법회를 열어주시고 차비 또한 넉넉히 주셨다.

법회를 마치고 고속버스로 서울로 가서 바로 마장동에서 강릉가는 버스를 타고 평창에서 내렸다. 월정사까지 30리 길인데 절 머슴이 시주물건을 가득히 지고 숨도 고르지 않고 한길로 갔다.

"어디로 가십니까?"

"월정사 갑니다."

"저만 따라 오세요."

빈 몸으로 가는데도 따라가기가 힘들다.

"무겁지 않으세요?"

"이걸로요? 무겁기는 무엇이 무겁습니까. 강릉에서 화주해 보낸 사람들도 있는데…"

할 말이 없었다. 저녁 늦게 도착하여 짐꾼들과 함께 자고 아침 시간이 되어 큰방에 들어가니 학인들이 약 60명 정도 되었다.

입승스님이 어제 추강스님 전화를 받았는데 상원사로 올라와 봤자 지금 방부가 되어 있지 않으니 월정사에 있으면서 우선 공부하라 했다고 한다. 절에 간 색시는 두 말 하면 안 된다. 시키는 대로 후원에 들어가 채공, 다공을 하였다.

공양시간에는 맨 마지막 자리, 다음 자리가 없었다. 60명 찬상이 4개 밖에 안 되어 한 상에 15명씩 차지하는데, 열 두세 사람 내려오면 간장 종재기도 다 비워진다. 발우 밥을 냉수에 말아 후루루 마셔 버리고 심부름 하기에 바빴다. 먼저 들어온 선배들 가운데서도 배탈이 나서 누워 있는 사람도 있었다.

그 원인을 살펴보니 절 안의 생수는 천연 샘물이라고는 하지만 진흙탕 물인데다가 간(찬)도 없이 먹으니 탈이 날 수 밖에 없다. 그래서 그 다음부터는 오대산 상봉에서 흘러내리는 개울물을 길어다 먹었다. 몇 개의 마을이 중간에 있다 하여도 산속 물은 깨끗하였다. 그러나 간이 없이 밥을 먹는다는 것은 상상만 해도 구역질나는 일이라 나는 콩기름에 소금을 볶아 찬상에 놓았는데, 그것마저도 우리에게까지 내려오지 않아 소금을 종이에 싸서 주머니에 넣고 다녔다.

점심 먹고나면 선배들이 불렀다.

"너 중 노릇한지 얼마나 되었지. 라훌라가 부처님 발 씻어주고 성불하였다는 말 들었지? 여기 와서 발 좀 씻어주고 다리 좀 주물러라."

알고 보니 그분들이 유명한 문필가였다. 탄허 강사스님도 아끼고 사랑한다 하였다. 발을 씻다보니 발가락이 다섯 개나 없었다.

"발가락이 없으니 때꼽쟁이가 끼지 않지. 이북에서 넘어오다가 지뢰를 잘못 밟아 날아가 버린 것이다."

"죽지 않고 살아남은 것만도 용합니다."

"잔소리 말고 발이나 잘 씻어…."

이렇게 날마다 물 긷고 발 씻어주고, 찬 만들고 눈코 뜰 새 없이 지내는데 하루는 강당에 들어가 강의를 들어보라 하였다. 강당에 들어가니 큰 방에 스님들이 꽉 차 있는데, 작은 키에 안경을 낀 뚱뚱한 어른이 넓은 칠판에 한문을 가득

써 놓고 열강을 하신다.

"저 분이 유명한 탄허스님이다."

서울에서 온 신도님들이 귓속말로 전해 주었는데, 강의도 강의지만 인물도 좋았다. 유불선 3교에 다 통해서 무불통지라 하였다.

강의가 끝나면 몇몇 학인들이 묻고 답변하는 것이 마치 전쟁터 같았으나 스님은 개의치 않고 물 흘러가듯 하였다.

이렇게 석 달을 지내는 사이 월정사에서 큰 사건이 생겼다. 우리들에게 발을 씻겨 달라고 한 선배들이 저녁이면 아랫마을 가게에 가서 밤참을 먹었는데, 옛날 주지셨던 이종익스님의 조카딸과 눈이 맞아 애기를 배게 되었다. 그렇지 않아도 대처, 비구가 으르렁거리고 있었는데 대처승 딸과 비구스님이 눈이 맞았으니 난리가 안 날 수 없다. 새벽같이 분통(糞桶)을 가지고 와서 대중방에 퍼 부었으니 대중이 들어 갈 자리가 없었다.

강사스님은 야반에 강릉으로 도망가 버리고 일 저지른 사람들은 서울로 주자(走字)를 놓아 절 안에는 행자들만 들끓었다. 소문을 듣고 선방스님들이 와서 정리하였는데, 상원사에서 오신 스님이 추강스님의 심부름꾼인지 알아 보고 상원사로 올라가자 하였다.

그래도 입승스님께 말씀드리고 차근차근 짐을 챙겨 길을 떠났으나 며칠 사이 월정사는 명자 그대로 쑥대밭이 되었다.

이것이 우리시대의 불교요, 월정사의 법난이다.

상원사 선방

상원사 선방은 단아하였다. 50명 정도 들어갈 수 있는 큰 방을 배경으로 하여 좌우에 지대방이 있고, 부엌은 지하에 있었다.

뒤 쪽에 나한전이 있고 요사채에는 입승스님 방과 노스님 방 그리고 머슴들 방이 한데 붙어 있었다.

상원사 선방에 가서 가장 놀란 일은 부엌에 불만 지피면 그 속에서 두 세 마리씩 뱀이 튀어나온다는 사실이다. 7,8월이 되니 솥뚜껑, 밥 광주리 같은데도 뱀들이 도사리고 있었고, 길거리에서는 수십 마리가 기어다녔다. 어떤 스님은 나한전이 시원하여 거기 가서 낮잠을 자기도 하였는데, 따라가서 보니 밑에서 싸악싸악 하는 이상한 소리가 나 판자를 들어 보니 그 속에 수백 마리의 뱀들이 진을 치고 모여 있었다.

원주스님이 말했다.

"세조대왕께서 이곳에 와시 구병(救病)기도를 드리면서 스님들에게 한 됫박 씩 돈을 주어 그에 집착한 스님들이 죽어 뱀이 되어 있기 때문에 상원사 뱀들은 사람은 물지 않는다. 그러니 서로 불쌍히 생각하고 천도해야 한다. 한암스님은 6.25 때도 이 자리를 뜨지 않고 큰 방에 앉아 돌아가시면서도 그들을 천도했다."

"그렇게 천도 되었으면 뱀이 없어져야 하는데, 왜 이리 많습니까?"

"많이 없어졌지, 그렇지만 너희들을 제도하기 위해 남아 있는 거야…."
하고 웃으셨다.

상원사 대중은 모두 13명, 원주스님이 주지직을 담당하고, 추강스님이 조실, 그리고 도성스님(현 조계종 원로)이 입승을 보았고 나는 미감(쌀 내주는 소임)을 담당하였다.

원주스님은 한달에 한번씩 우리 13식구가 먹고 살 것을 강릉에 가서 시주해 오는데, 평창에서부터 30리 길을 한 가마 여덟 말씩 짊어지고 쉬지도 않고 천천히 걸어오셨다.

"무겁지 않습니까?"

"무겁고 가벼운 것은 마음에 달려 있다. 마음을 발 끝에 두고 한 발짝 한 발짝 떼어 가는 놈이 누군가 생각하면 천 보(千步)가 한 걸음이다."

스님은 그렇게 해서 짊어지고 오셔서도 찬물에 목욕하고 자리에 눕지 않고 고사리, 도라지를 다듬으시며 옛날 방한암스님 말씀을 들려주셨다.

"한암스님은 무슨 일이든지 남에게 미루지 않았다. 조석예불은 말할 것도 없지만 언제나 대중방의 발우공양은 빠지지 않았고 참선을 중심으로 하면서도 염불 독경도 게을리하지 않았다."

방안에 이부자리가 따로 없는 것으로 보아 평상시 눕지 않고 자지 않는 것 같았다. 오대산의 정신은 이들 몇 분의 스님들에 의하여 지켜지고 있었다.

하루는 군인 두 사람이 지프차를 타고 올라오셨다.
"아버지 49재를 지내기 위해서 왔습니다."
하고 그때 돈으로 천만 원을 내놓았다. 원주스님은 그 돈을 받아 조실스님에게 내놓고 사정을 이야기하면서 빨리 밥을 지어 손님들을 접대하라 하였다.

평상시는 보리밥, 강냉이밥을 짓기 때문에 시간이 걸림으로 쌀만 내서 공양주가 급히 밥을 지었는데, 조리질을 시원찮게 해서 돌이 들어 있었든지 먹던 밥을 상 위에 뱉어 놓았다. 내가 상을 받아 행주로 치우려 하니 손으로 막으면서 조리를 가져오라 하였다. 조리를 갖다 드리니 그 밥을 조리에 받쳐 두 번 세 번 헹군 뒤에 바로 한 입에 쏟아 넣었다. 그때 얼마나 놀랐든지 지금까지도 나는 밥티 하나 버리지 않고 먹는다.

대중공사가 벌어졌다.
"상원사 창건 이후로 이 근래에 와서 가장 큰 재가 들었는데 어떻게 해야 재를 잘 지낼 수 있겠습니까?"

"밥 한 상만 잘 차리시오."

"범패, 염불하는 스님들도 불러야 되지 않겠습니까?"

"돈 좋아하는 귀신은 돈으로 주는 것이 좋아…."

하며 49재 때는 큰 상에 밥 한 그릇하고 과일과 과자, 나물 등을 조금씩 놓으라 하였다.

재주들이 들어오더니 눈이 휘둥그레지면서 물었다.

"이것이 제사상입니까?"

"조실스님이 시키는 대로 차렸습니다."

"도둑놈들…."

하고 제사 지낼 기분이 나지 않는 듯 돌아서자 추강스님이 말했다.

"당신 아버지는 두 살에 당신 어머니를 잃고 돌아다니며 젖을 얻어 먹여 기르지 않았습니까. 초등학교, 중학교, 고등학교를 졸업하고는 육사에 갔다고 춤을 추며 인연 있는 사람들에게 돌아다니며 동냥하여 당신을 가르치고 당신이 진급할 때도 필요하다고 하면 월급 갖다 준 것 쓰지 않고 모았다가 그대로 주지 않았소. 그러니 죽은 뒤에도 당신 아버지 마음 속에는 돈 밖에 보이는 것이 없소. 밥한 그릇이면 족하니 나머지는 그대로 돈으로 올려놓았으니 만족하지 못하면 그대로 가져가시오."

하고 반야심경 한 편으로 시식을 다 마쳤다. 장군은 이 세상에 태어나 이름난 도사들을 다 만나 보았지만 아버지가 업고 다니며 젖 얻어 먹였다는 소리는 처음 듣는 일이라 감격하여 말도 못했다.

그 뒤로 상원사 스님들은 노스님을 말없는 도인으로 알고 지극히 받들었으며, 재주는 다시 천만원을 내어 월정사 식구들까지 대중공양을 하였다.

나는 이런 일을 겪은 뒤로 두세 번 세속 인연이 있다 해서 상좌들에게서 신용을 얻지 못한 추강노스님을 하늘처럼 받들며 정진하기 시작하였다.

이듬해 정월 보름을 앞두고 일주일 동안 용맹정진 하였는데, 나도 따라하였다.

정진에는 일반적으로 사분 정진을 하는데, 두 시간씩 하루 8시간 하던 공부를 12시간 하게 되면 가행정진(加行精進)이라 하고, 밤새도록 잠을 자지 않고 하면 용맹정진이라 하였다. 나는 이 세상에 태어나서 용맹정진은 처음 해 보았다.

초저녁에 자리에 둘러 앉으면 오직 입승 스님만이 높은 자리에 앉아 정진대중을 바라보고 조는 사람이 있으면 장죽(杖竹)으로 등허리를 쳐 주게 되어 있었는데, 처음 2,3일 동안은 초심자들이 잠이 와서 머리가 쿵쿵하더니 뒤에 2,3일 동안은 경험 많은 스님들도 머리방아를 찧었다.

이렇게 초심, 재심자들이 머리를 땅에다가 박을 때마다 장죽이 여지 없이 날아들었다.

제4일이 되는 날 나는 생각해 보았다.

"모든 사람들이 다 수마(睡魔)에 걸려 저렇게 정신을 잃고 있는데 도성큰스님은 무슨 재주가 있어 잠 한숨 자지 않고 불침번을 서고 계시는가."

돌아보니 스님의 눈에서는 불이 번쩍번쩍 타고 있었다. 그때 나는

"저렇게 나이 든 스님도 잠을 자지 않고 정진하는데 새파란 20대가 이렇게 졸고 있어서야 되겠는가."

하고 정신 바짝 차리고 앞에 있는 기둥나무에다 눈을 부릅뜨고 바라보며 정신을 곤두세웠다.

"무(無)"

이렇게 약 3시간 동안 눈을 깜짝하지 않고 정신을 차리고 있으니 저녁 12시

새참 때(죽을 먹을 때)까지도 성성역역(惺惺歷歷)해져 잠을 자려 해도 잠이 오지 아니 했다.

제5일, 제6일은 마치 맑은 하늘에 흰 구름이 나는 듯 온갖 것이 하늘 위로 나는 것 같아 안이비설신의가 색성향미촉법을 보고도 본 바가 전혀 없었다. 이렇게 서너 시간을 지나니 화장실을 가는데도 허공을 딛고 나는 것 같았다.

제7일에는 몇 사람이 적멸보궁에 간다고 하였다. 어둑어둑한 시간에 눈길을 걸어 올라 갔는데도 조금도 미끄럽지 않고 힘들지 않았다.

적멸보궁에 이르러 108배를 하고 돌아서는 순간 정상에서 미끄러져 약 30m 되는 언덕바지를 스키 타는 사람처럼 내려오다가 그만 커다란 상수리나무에 딱 부딪쳐 쓰러졌다.

"괜찮으냐?"

어디선가 말이 들려왔는데, 누운 채 큰 소리로 외쳤다.

천강은 보리로요 (千江菩提路)

만산은 반야봉 (萬山般若峰)입니다.

비로는 처소가 없지만 (毘盧無處所)

관음이 자비를 일으키고 있습니다 (觀音生慈悲).

깔깔대며 누워 있으니 천운(天雲)행자가 와서 일으켰다.

"괜찮아. 가만 놓아 두세요."

거의 한식경을 누웠다 내려오니 대중스님들이 야단이 났다.

"초연이 한 소식 했다네…."

"얻기는 무엇을 얻어. 본래 그러한 것인 것을!"

하고 여기저기 아무 데나 대고 절을 하니

"이상하다."

고 하였다. 그때 추강스님이 물었다.

"무엇을 보았느냐?"

"천강이 깨달음의 길이요, 만산이 반야봉입니다."

"그래. 참 선지식이 무엇인가를 네가 깨달았구나. 그럼 이 뒤로부터 어떻게 살 것이냐?"

"비로자나 부처님은 처소가 없지만 관세음보살은 자비를 일으키고 있습니다."

"됐다. 오늘부터서는 너를 잡아 놓지 않으리라."

그래서 그런지 그 뒤로부터는 사람을 특별히 가리지 않고 승속을 모두 불보살로 보았다. 혼자 말하였다.

"진짜 스승은 자연이로구나. 해는 떠도 세금을 받지 않고 달은 밝아도 상을 내지 않는구나."

정월 보름을 새해 보름으로 새고 해제한 사람들은 각기 바랑을 짊어지고 헤어졌다.

나는 큰스님께 감사 인사를 드렸다.

"큰스님 고맙습니다. 스님이 아니었으면 어떻게 이런 도의 즐거움을 맛볼 수 있었겠습니까?"

"너만 그런 게 아니다. 내가 너를 손자상좌로 삼아 벌교에 보낸 뒤로 나는 새삼스럽게 헛 세상을 살았다는 것을 깨달았어. 그래서 자진하여 주지를 내 놓고 오대산으로 온 것이다.

나는 여기와서 불철주야 정진하다가 보니 장군의 아버지가 꾀를 벗은 거지로 나타나 내가 그 자식들을 제도한 것이다. 나는 장차 서울 봉익동에 가 살다 갈 것이니 너는 오늘부터 자유인이 되어라."

"그러나 스님, 고성 포광스님께 서장·도서·선요는 배웠으나 절요는 마치지 못했습니다. 보조국사의 글이니 스님께서 한번 읽어 주셔야겠습니다."

"좋다. 날이 풀릴 때까지는 절요를 함께 공부하자."

하여 그해 여름 해제 때까지는 노스님 모시고 절요공부를 하게 되었다.

118세에 돌아가신 탄공스님 글씨

1-36. 절요공부(節要工夫)

"보조국사는 한국불교를 개혁코자 오랜 세월 고민해 왔다. 삼국과 고려불교가 중국불교를 그대로 답습하고 있었기 때문이다. 인도 사미율의에 중국식 사미교육을 부가(附加)시킨 연지율사 사미율의를 그대로 우리가 수용할 수 없으므로 계초심학인문을 지으셨고, 고려 불교의 폐해(弊害)를 보고 정혜결사문(定慧結社文)을 지어 이판사판(理判事判)을 분명히 가렸다.

그리고 불교의 수행은 선과 교, 양면이 있지만 교를 먼저 공부한 뒤 사교입선(捨教入禪) 하도록 가르쳤다. 도만 깨치면 그만이라는 직지인심(直指人心) 견성성불론(見性成佛論) 때문에 무식한 불자들이 많아져 불교가 세속화 되어 가고 있었기 때문이다.

특히 선에 있어서도 화엄경과 연관된 원돈성불론(圓頓成佛論)을 통해 부처님의 진의(眞意)가 나변(那邊)에 있는 가를 확실하게 밝혔고, 전등록의 중국 공안을 중심으로 공론(空論)에 빠진 불교를 바로잡기 위해 간화결의논(看話決疑論), 진심직설(眞心直說)을 설했고, 일반 수행자들을 위해 염불요문(念佛要門)을 지어 염불을 권하기도 하였다.

절요(節要)는 회암정혜(晦岩定慧)가 지은 별행록이 법집(法集)이란 선원집(禪源集)과 같으니 그 가운데서 스님은 하택스님·신수스님·홍주스님께서 펴신 법만을 취집하여 거기에 자신의 견해를 밝혔기 때문에 사기(私記)라 한 것이고, 그 가운데서도 특히 하택종의 법만을 별행(別行)하게 하였으므로 '법집별행록사기'라 이름을 붙이게 된 것이다.

법에는 불변(不變)과 수연(隨緣) 두 가지가 있기 때문이다. 사실 홍주와 신수(宗)는 수연만 말하고 우두(牛頭)는 불변만을 설했는데, 하택스님은 이 두 가지를 겸해서 행할 수 있도록 가르쳤기 때문이다.

말하자면 내가 제사를 지내고자 하는 자손들의 뜻 보다는 제사를 받아 먹는 아버지의 마음을 직설하여 지난번 49재를 원만히 치르고 그들 가족들을 제도한 것은 인연 속에서도 변함이 없는 아버지의 마음을 꿰뚫어 본데 원인이 있다. 그러나 그 장군은 장차 군대를 마치게 되면 스님이 되어 그 아버지의 마음까지도 완전히 제도할 것이다.

사실 이 말씀은 그 후 20년이 지난 뒤 포항제철에 가 있다가 스님이 되어 가평에 와서 살았으므로 그 임종까지도 내가 지켜본 일이 있다. 그렇다면 큰스님은 30년 후 한 군인의 인생을 꿰뚫어보고 있었다는 말인가? 왜냐하면 자식된 사람은 부모자식 간의 인연만 중시하고 아버지 마음을 깨닫지 못했기 때문에 남의 제사 지내는 것만 보고 큰 제사 작은 제사를 가렸던 것이다.

이 세상 모든 것은 인연 속에서 이루어지지만 그 인연 속에서는 변치 않는 마음(不變心)이 들어 있는 것이다.

그래서 이 책은 규봉스님과 청량국사의 7대 돈점을 상세히 가려 설명하였지만 이것은 오직 사람 근기에 따라 달리 적용될 수 있으니 문자에만 현혹되지 말고 근기를 잘 보라 하였다.

육조대사의 제자 현각스님은 홀로 앉아 깨닫고 나서 '설사 한 물건이 있다 하더라도 확실히 깨달았다 할 수 없다'고 하고, 부처님 당시 아인샤카는 사람을 99명이나 죽이고 나서 성불하지 않았느냐. 공부는 처음 말을 듣고 해오(解悟)하는 경우가 있어도 자기 자신이 확실하게 인증하기 전에는 깨달았다고 할 수 없다.

그러므로 이 절요는 역대 선지식들의 깨달음을 돈점(頓漸) 양면에 붙여 설명하였으나 이것은 네가 스스로 증명해야 할 것이다. 수십 년 동안 선방에 다니면서도 잠 하나 이기지 못하는 사람들도 있는데 어떤 사람은 하룻저녁에 만겁의 수면을 날려버린 경우도 있지 않느냐!

너는 이제 서장·도서·선요·절요를 통해 공부하는 방법을 배웠으니 이리저리 돌아다니지 말고 어머니 초상을 치룬 다음에는 뜻 따라 포교하라. 세상에는 많은 선지식들이 있는데, 사람만 선지식이 되는 것이 아니다.

나는 걱정하지 말고 해제했으니 마음대로 가되 네 복이 부족하다고 생각하면 불보살께 기도하여 가피를 입는 것도 좋은 방법이다."

"어디가서 누구에게 가피를 입는 것이 좋겠습니까?"

"너는 오대산에 와서 비로자나 부처님에게 인증을 받았으니 중생을 제도하려면 관세음보살의 방법을 배우는 것이 좋을 것이다. 내가 편지 한 장 써 줄테니 강릉포교당으로 가라. 일본 유학하고 온 한암스님 손자가 포교를 잘하고 있으니 본 받으라."

하고 편지 한 장을 써 주었다. 그리고 원주스님께 이야기하여 밀가루 닷 되와 참기름, 꿀을 주어 환약 만드는 방법을 가르쳐 주라 하였다. 원주스님은 밀가루 푸대를 가져와 반 푸대를 나누어 주시며 참기름과 꿀을 버무려 둥근 구슬처럼 환(丸)을 지으라 하였다. 그래서 이틀 동안 환을 지어 가지고 오대산에서 강릉까지 걸었다. 길 거리에는 6.25후 피난민들이 널려 있어 가는 길은 외롭지 않았다.

가면서 이 사람 저 사람 만나 하나 둘씩 밀가루 환을 나누어 먹다보니 강릉에 이르러서는 50개도 남지 않았다. 배고플 때 하나 먹고 물 마시면 배는 부르지 않으나 속이 든든해졌다.

한암스님

탄허스님

오대산 월정사

1-37. 강릉포교당

한암스님은 오대산의 버팀목으로 바로 사람의 마음을 가르쳐 깨달음을 얻게 하는 대 선지식이었다.

일본스님들이 왔다갔다 하면서 조선사람에게 창씨개명을 하고 기독교식 병원과 학교를 만들어 새 세상을 꿈꾸는 것을 보고 우리 불교도 산중의 노호(老虎)로서 소리만 지를 것이 아니라 현대교육을 위해서 포교당을 만들어 신교육을 시작해야 되겠다고 생각하셨다.

그래서 제일 먼저 월정사에는 수도원을 만들고 강릉에는 포교당을 개설하였다. 강사와 포교사는 일본에 유학하여 용곡대학에서 수학한 관웅스님과 탄허스님 같은 신식 학자들을 배치하였다.

관웅스님은 어린이들에게 세계위인전을 읽히고 스님들에게는 노자, 장자는 물론 세계지리, 과학, 문학, 철학까지도 가르쳐 세계적인 안목을 갖도록 하였다. 따라서 강릉포교사는 누구고 현대교육을 마스터한 일급포교사들이 배치되었다.

강릉포교당에 이르러 추강노스님의 편지를 주니,

"이번 결제 중 두 사람의 도인이 탄생하였다는 말은 들었는데, 네가 보리(菩提)와 반야(般若)를 깨달은 친구로구나."

하고 노스님 안부를 물은 뒤 주지스님 방 옆에 객실 하나를 주었다. 새벽에 일어나 아침 예불을 하고 식전에 마당 청소를 하였더니 칭찬하였다.

"대중생활에 익숙해졌구나. 노스님께서는 강릉에서 탁발하여 3~7일 동안 기도할 초와 향, 그리고 공양미를 준비하도록 가르쳐 주라 하였는데, 네가 시내를 목탁치고 다녀서야 되겠느냐. 여기 있는 쌀과 향, 초를 줄 것이니 기도를 잘 드리면 시주자들도 함께 복을 받을 것이다."

하고 아침 공양을 마친 뒤 챙겨주었다. 쌀 한 말, 향 세 갑, 초 열 곽을 받아 지니 등허리가 묵직하였다.

"스님은 차를 태우지 말고 걸어서 가면서 탁발하라 하였는데, 여기서 낙산사까지도 꽤 머니 차 타고 가거라."

하고 차비까지 주셨다.

"노스님께서는 중이 돈을 가지고 있으면 딴 생각이 날 염려가 있으니 돈을 지니면 아니 된다고 했습니다."

"여유있게 주는 것이 아니고 겨우 낙산사 가는 차비밖에 되지 않으니 이것은 차비로 쓰고 저기 싸놓은 김밥을 가지고 가거라."

하고 차 타는 곳까지 데려다 주었다.

아침 9시 차를 타고 낙산사에 이르니 점심 때가 다 되었다. 금오큰스님이 보시고 칭찬하고 물었다.

"요즘도 바랑을 짊어지고 다니는 사람이 있구나. 어디서 오느냐?"

"오대산에서 와 강릉 포교당에서 자고 왔습니다."

하니

"아. 그 강릉포교사가 요즘은 보기드문 수좌(首座)이다. 그래 너는 무엇하러 왔느냐?"

"예. 관세음보살께 기도드리러 왔습니다."

"홍련암 주지스님이 영혈사(靈穴寺)에 가시는 것을 보았는데…."

하고 스님 한 분을 시켜 홍련암까지 데려다 주었다.

낙산사는 동해의 명승지로 동해바다가 일망무제(一望無際)로 보이고 홍련암 앞에는 방망이 콧등처럼 되어 보이는 산등성이 있었다.

"저기가 의상대사가 기도하던 장소다. 오랫동안 기도 드려도 효험이 없자 저 산봉우리에서 떨어지니 수건 쓴 보살 할머니가 받아 올려 놓으며 말했다.

"이 미련한 중아. 떨어지면 죽지…."

"관세음보살을 뵙고 싶어도 뵙지 못해 죽으려 하였습니다."

"젖먹이 아이가 간절히 기다려야 장에 간 어머니가 오듯이 이 세상에 관세음보살 찾는 자가 한둘인가!"

하고 사라졌다. 그래서 다시 간절한 마음으로 100일 기도를 드리고 동해바다에서 홍연을 타고 동동 떠 오는 관세음보살을 보았다. 그래서 그 쪽으로 가려하니 관음조 두 마리가 와서 굴 앞으로 가라고 일러주어 가서 친히 만나 수정염주 한 벌을 받았다.

"내 몸이 머무를 장소에는 청죽(靑竹)과 오죽(烏竹)이 날 것이다. 그 가운데에 법당을 짓고 그곳에 있는 흙으로 내 모습을 조성하면 그대의 소원이 이루어지리라."

하여 올라가 보니 과연 청죽과 오죽이 나 있는 지라. 그곳에 절을 짓고 관세음보살을 조성해 모셨다. 그 절이 바로 낙산사이다.

나는 홍련암 큰 방에 자리를 잡았다. 주지스님은 설악산 영혈사 주지를 겸하고 있었으므로 두 절을 왔다갔다 한다 하였다. 오후 4시쯤 되니 한 보살님이 오셔서

"절이 비어 걱정되었는데 지킬 사람이 와서 걱정 안 해도 되겠네."

혼자말로 하고 화장실, 부엌을 낱낱이 점검시키고는,

"여기는 물이 없어요. 저쪽 약물을 받아써야 합니다"

하면서 10m 밖에 있는 샘물을 안내해 주었다.

"원효스님이 이곳에 왔다가 물이 없어 작대기로 뚫은 것이라 이 물은 많이 나지도 않고 줄지도 않습니다. 식구에 맞게 먹을 만큼씩만 나니 그렇게 아시고 쓰세요. 나는 이 너머에서 장사하는 사람인데 사람이 없을 때는 종종 와서 살핍니다."
하였다.

나는 주지스님이 안 계시지만 기도하려면 도량 먼저 청소해야겠다 생각하고 법당, 방, 부엌, 화장실까지 청소하고 저녁 늦게 사람들이 보지 않는 가운데서 바가지로 물을 퍼 목욕하였다. 오대산 물이 차갑지만 음력 7월 말인데도 이곳의 물은 등허리에 얼음이 잡혔다.

저녁 예불을 하고 부처님께 아뢰었다.

"바른 불법을 공부코자 이 곳에 찾아 왔으니 도와 주십시오. 가지고 온 것은 쌀 한 말, 향, 초 뿐입니다. 내일부터 공양을 지어 올리겠습니다."
하고 밀환 두 개로 저녁식사를 마쳤다.

낙산사 큰법당과 탑

낙산사 홍련암, 동해 바닷가에 있다.

1-38. 홍련암의 관음기도

홍련암 법당은 동해바닷가 동굴 입구에 큰 나무 네 개를 양쪽에 걸쳐 12평 법당을 만들고 불단을 모셨으니 사람들은 겨우 다섯 명씩 다섯 줄 정도로 앉을 수 있었다.

새벽 3시에 일어나 도량석하고 종송을 한 뒤 아침예불을 하였다. 그리고 2시간 동안 독경 염불한 뒤 부엌에 이르러 가져온 쌀을 씻어 공양을 지었는데, 그냥 혼자 먹기 미안하여 부처님께 한 불기 떠서 올리고 나머지는 밥그릇에 담아 놓았다.

바닷물은 철썩철썩 하고 바람은 쌩쌩 부는데 새 두 마리가 날아와 마당에서 걸어 다녔다. 짊어지고 온 쌀 한 주먹을 주니 먹고 날아가지 않았다. 한 마리는 등이 푸른 청조이고 다른 한 마리는 맵새와 같았다.

사시에도 똑같이 마지를 지어 올리고 불공기도 하였다. 오후 3시쯤 주지스님께서 오셨다.

"내 오다가 낙산사 금오스님께서 네가 와 있다는 말은 들었는데, 며칠이나 있을 것인가?"

"3. 7일 동안 기도드리려 합니다."

"3. 7일 가지고 될까. 적어도 백일 기도는 드려야 하는데…."

"시간이 없습니다."

"중이 무슨 시간인가. 한 절에서 일생을 살기도 하는데…."

"스님 시키는 대로 듣고 열심히 기도해 보겠습니다."

"나는 큰 절로 왔다 갔다 해야 하니까 있는 동안까지 네가 알아서 기도하여라. 여기 있던 신도들도 백중이 끝나 각기 집으로 돌아갔다."

저녁 공양을 해 드리고 예불을 드린 뒤 기도하는 소리를 듣고 매우 만족해 하는 빛이었다.

방은 크지 않아 밥해 먹고 국 끓이면 그런대로 따뜻했다. 아침이 되어 공양을 마치고 법당 청소를 하는데 한 50세 가량 되는 보살님이 전복 세 개를 따 가지고 와서 부처님께 올렸다.

"아니, 생물을 부처님께 올립니까?"

"나는 농사가 그것 뿐이니까 별 도리가 없습니다."

하고 가지고 나와 손질을 하여 양념 간장에 버무린 뒤 노스님 상에다 놓아두고 갔다.

"스님, 저 분이 누구입니까?"

"저 건너 고성 사람인데, 물질하러 바다에 들어갔다가 그 사이 38선이 갈라져 마을을 빤히 쳐다보면서도 가지 못하는 여인이지. 참으로 딱하네. 저 분의 원이 성취되려면 남북이 통일이 되어야 하는데…."

하고 갖다 주신 전복으로 저녁을 잘 잡수셨다. 이튿날 아침 스님은 공양 후 지팡이를 짚고 영혈사로 가셨다. 평균 3일 만에 한 번씩 오시는데, 그 보살님이 어떻게 그 소식을 잘 듣고 아침이면 바다에 들어가 전복 3개씩을 잡아다 올렸다.

"보살님 소원이 꼭 이루어지겠습니다."

"내 소원이 이루어지면 남쪽으로 피난 나온 사람들의 소망이 다 이루어질 것입니다."

그 말씀을 듣고 나니 나의 소원은 아무 것도 아니었다. 불교계의 화합과 좋은 선지식 만나는 것이 꿈이었으니 말이다. 이렇게 주지스님을 7, 8회 뵙는 사이 벌써 3. 7일이 다 되었다. 그날도 아침에 일어나 마지를 지어 올렸는데, 앞문을 열고 앉아 계시던 주지스님이 깜짝 놀라 뛰어 나왔다.

"관음조다. 관음조다."

하고 외치고 나와

"저기 저 법당 위에 앉아 있는 새가 관음조다. 청조는 관세음보살이고 다른 한 마리는 남순동자다."

"매일 이 두 마리가 와서 마당에서 같이 놀면서 모이를 먹었는데요."

"무슨 말인가. 내가 여기 온지가 3년이 넘었지만 나는 두 번 밖에 보지 못했는데! 처음 내가 저 새를 보고 이 절 주지가 되었는데 자네도 관세음보살의 진신을 보았으니 반드시 좋은 일이 있을 것이네."

하고는 영혈사로 가셨다. 나는 그날 사시를 마치고 낙산사에 오니 금오스님이 반가이 맞아 주시면서 물었다.

"영험을 얻었느냐?"

"영험은 무슨 영험입니까. 관음조를 보았을 뿐입니다."

"관음조? 관음조를 자네가 어떻게 보았나?"

"첫날 아침 마당에서 모이를 주워 먹었는데, 그 뒤로는 매일같이 두세 번씩 보았습니다."

"상서로다. 상서여. 자네 나 따라 가지 않겠는가?"

"저는 가보아야 할 곳이 있습니다."

"그곳이 어디인가?"

"어머니가 돌아가시게 되었다고 전보가 왔습니다."

"그렇다면 가야지. 오늘 밤에는 내 옆에서 자고 가게. 그렇지 않아도 서울버스가 1주일에 두 번 밖에 다니지 않아 여기서 이틀을 더 자고 가야 되겠네…. 그런데, 여기는 부전이 없어. 큰 절에 예불 드리는 사람도 없으니 걱정이네."

"내일과 모레는 제가 하겠습니다."

"고맙네."

하며 방을 정해 주어 들어가니 책상 위에 운허스님께서 번역하신 능엄경 역해가 프린트본으로 놓여 있었다. 사집을 보고 이제 사교를 보아야 되는데 저절로 책이 굴러들어 왔구나 하고 밤새도록 읽었다. 그런데 도대체 무슨 말씀인지 가닥이 잘 잡히지 않았다. 그런데 그날 밤 꿈을 꾸니

"마등가경을 보아야 능엄경을 바르게 알 수 있다."

하였다. 마등가경은 찾아도 아는 사람이 없어 그냥 능엄주만 3, 7번씩 외우고 잤다.

그런데 밤중에 난리가 났다. 미군들이 운영하는 '낙산고아원' 아이가 배가 아파 죽는다는 것이다. 밤중에 병원에도 갈 수가 없다고 하여 내려가 보니 아이가 파랗게 질려 있었다. 안타까워 배를 만지며 능엄주 3번을 외웠더니 거짓말처럼 괜찮아졌다. 초저녁부터 밥도 못 먹고 고생하였다 하여 밀환 2개를 주었더니 사탕처럼 잘도 빨아 먹었다. 희한한 일이다. 이틀동안 아침 저녁으로 예불하고 도량을 돌았는데 고아원 아이들은 모처럼 목탁소리를 듣고 관세음보살이 왔다 생각하였다고 한다.

낙산사 창건주 의상대사

금오스님

1-39. 조계사에서 만난 신선생님

아침 8시 버스를 타고 서울 마장동에 이르니 오후 4시가 되었다. 누가 찾는 것도 아닌데 헐레벌떡 조계사에 이르니 조계사 정문 앞에서 어떤 사람이 불렀다.

"초연."

쳐다보니 수 년간 송광사 비전에 있으면서 고시공부를 하던 신선생이었다.

"어떤 일이십니까?"

"여기 청년회 모임이 있어 왔네. 자네는 웬일인가?"

"예. 낙산사에서 집에 가기 위해 왔습니다."

"우리 집이 왕십리에 있으니 가세."

하여 버스를 타고 한양대학 앞에서 내려 다리 앞에 이르러

"이 벌판이 모두 우리 밭이여. 마른 똥, 진 똥이 온 밭을 덮고 있으니 여름이면 파리 때문에 사람이 살 수 없어."

밑으로 내려가니 가파른 언덕 밑에 집 서너 채가 있는데 늙은 어머니가 나오더니,

"어마, 초연이가 웬일인가!"

하고 반겨주었다. 사실 신선생님 음식을 이틀이 멀다 하고 날랐기 때문에 이 집안 사람은 초연을 모르는 사람이 없었다.

"어머니, 많이 늙으셨네요."

"어서 들어가. 똥 냄새 때문에 밥이나 먹겠는가."

"다 사람 속에서 나온 것인데요, 뭐."

"허긴, 저 파를 서울사람들이 다 먹지!"

하며 하얀 쌀밥을 한 그릇 담아 주었다. 많이 배고픈 데다가 쌀밥을 보니 달게 먹었다.

"오늘 저녁은 이곳에서 자고 내일 서울역에 가서 기차 타고 가게."

"나는 길도 모르니 알아서 가르쳐 주십시오."

"우리는 이곳에서 제일가는 부자로 기계공업을 하였지. 6.25 때 부르주아로 몰려 아버지는 돌아가시고 풍비박산이 되었어."

"나무아미타불."

우리 둘은 누워서 이런 이야기, 저런 이야기 하다가 잠이 들었는데, 아침에 일어나니 신선생님이 말했다.

"아침 먹고 내가 데려다줄게."

"사실 시골 가는 차비도 없이 조계사 가서 방울스님에게 얻어가기로 했는데 잘 되었습니다. 방울스님 잘 계십니까?"

"그럼. 잘 계시지. 너무 바빠서 만날 틈도 없지. 초상집 가랴, 결혼식장 가랴, 조계사 일은 그분이 다 보고 있으니까. 남이야 싸우든지 말든지 전혀 참견하지 않네."

"형님은 어떻게 되었습니까?"

"세 번 시험쳐서 낙방하였으면 그만둬야지. 무슨 낯으로 공부한다 할 수 있겠는가. 그러니까 이곳은 똥 냄새 난다고 찾아오는 사람도 없어. 어머니 모시고 똥파리만 날리고 있지!"

"아. 그래서 왕십리 똥파리란 말이 생겼군요."

신선생님이 껄껄 웃으며 조계사 이야기를 해 주었다.

"원래 조계사는 각황사, 태고사였지 않아. 대처스님들이 고소하여 아마 얼마 있으면 판결이 날 것이야. 신도들도 두 패로 나누어 싸우고 야단하는데 선학원에 붙어 있는 사람들이 경무대 곽영주씨 힘을 받아 막강한 빽을 가지고 있지! 그런데 추강노스님은 어떻게 되었는가?"

"두 달 전 오대산에서 헤어졌는데, 정용명인가 하는 사람이 송광사를 접수한다고 편지가 와서 스님 몰래 송광사로 그 편지를 보냈습니다. 노인이 거기 끼어들면 거간꾼 밖에 되지 않기 때문입니다."

"잘했네. 노인이 어떻게 지내는지 궁금했어."

"말씀은 겨울철에 서울 봉익동에 와서 지낸다 하셨는데 봉익동이 어디인지 알 수 없습니다."

"대각사 있는 곳이지. 3.1 운동 때 백용성스님이 계시던 곳이니 조계사보다는 낫지!"

이렇게 밤새도록 주고 받다가 아침을 먹고 나니 어머니께서 김밥을 한 보따리 싸 주셨다.

"고맙습니다. 잘 다녀 오겠습니다."

"3년 동안 있는 사이에 5,6개월 동안 초연 신세를 많이 졌습니다."

신선생님은 홀태바지에 잠바 하나를 껴입고 서울역에 나와 목포가는 기차를 태워주었다. 고마우신 분이다. 외롭게 고시공부 한다고 비전에 방 하나 빌려 살면서 큰 절에서 얻어먹고 살았으니 말이다.

초연은 점심만 먹으면 어김없이 노스님이 남겨준 밥과 찬을 가지고 비전에 올라가 저녁밥을 대접하였던 것이다. 그 많은 사람 가운데서 조계사 앞에서 만나다니… 인연이란 참으로 묘한 것이다.

나중에 들은 이야기다. 추강스님은 봉익동에 방 한 칸을 얻어 계시다가 신선생님과 마하스님을 만나 회향을 잘 하셨다 하였다.

1-40. 영면의 길에 들어선 어머니

어머니는 말이 없었다. 백지장과 같은 얼굴에 노랑물이 깊이 들었다. 간이 나빠 부산 독일병원으로 수술하러 간다 하셨다. 초연은 어머니 가슴에 얼굴을 묻고 한참 있다가 아버지께 사죄하였다.

"아버지, 용서해 주세요."

"세상이 뒤숭숭하기에 이 세상을 떠난 사람으로 알았다. 네 생각에는 어머니가 살겠느냐, 죽겠느냐?"

"3일 있으면 가시겠습니다. 괜히 부산까지 고생하고 갈 필요가 없습니다."

사촌형님이 말했다.

"얼마나 입원하기 어려운 병원인데 사정사정해서 병학이 어머니께 부탁해 놓았으니 내일 오후라도 떠나기로 합시다."

"아니 됩니다. 가시더라도 가슴을 열기도 전에 숨 떨어집니다. 초상치를 준비나 합시다."

"집안 사람들은 각오하고 있으니 걱정하지 말라."

송광사에 있을 때 양명스님이랑 살림(山林) 담당한 스님들과 상포계를 하나 든 것이 생각났다.

"저 송광사에 다녀올테니 하루만 기다려 주세요."

하고 바로 떠났다. 양명스님은 기다렸다는 듯 쌀 한 가마니에 돈 천원을 챙겨 주셨다.

"네가 곗돈도 제대로 내지 못했으나 정성을 보아 우선 주는 것이니 초상 먼저 치고 오너라."

"어려운 처지에 쌀 한 가마니에 돈 천원이 어디입니까? 감사합니다."

"나도 생각지 못했어!"

절집 식구란 이렇게 의리가 있었다. 쌀을 가지고 와서 마당에 멍석을 깔고 쏟아 부으니 풍성한 가을을 맞은 듯 사람들은 모두 흐뭇해 하였다. 방안에서는 법천사 노스님이 무상게(無常偈)를 외우고 있었다.

"부무상게자 (夫無常偈者)는
입열반지요문 (入涅槃之要門)이요
월고해지자항 (越苦海之慈航)이라
시고일체제불 (是故一切諸佛)이
인차계고이입열반 (因此戒故而入涅槃)하셨다."

무상은 찰나라 인생은 숨 하나에 달려 있다는 것을 알리는 경문이다. 노스님이 말씀하셨다.

"이제 이씨 영구(李永求) 영가는 먼 길을 떠날 준비를 하고 있습니다. 모두 가족은 방으로 들어와 임종하십시오."

들어가 보니 어머니의 얼굴이 평온하였다. 평상시 주름졌던 이마도 다 펴지고 코는 또렷이 높이 솟았고 코 밑의 주름도 다 펴졌다.

"어머니, 나 때문에 화병 나셨지요. 그러나 저는 세상의 욕망이 모두 없어졌습니다. 복길리 이도지사가 미국에 가 목사가 되어 와서 이대통령의 명령으로 전남지사가 되고, 부산 누나가 고미견씨의 힘을 빌려 서독병원에 입원하도록까지 주선하였으나 3일 전 어머니를 뵙는 순간 사바세계와는 인연이 다 되었다고 생각되었습니다. 송광사 스님들의 부주로 걱정 없이 초상을 치게 되었으니 어머니께서는 노스님의 염불소리를 따라 왕생극락 하옵소서. 나무아미타불. 나무아미타불. 나무아미타불."

큰 소리로 나무아미타불을 부르니 어머니는 자는 듯 조용히 숨을 거두었다.

나는 노스님과 함께 천수경, 반야심경을 중심으로 3일 동안 장엄염불을 하면서 불효한 마음을 참회하였다. 사촌형님이 와서 염을 할 때도 비로자나부처님과 약사부처님, 보승부처님, 아미타불, 부동존부처님 등 오방 부처님의 명호를 부르며 동서남북 어느 곳으로 가시더라도 보호해 달라고 예경하였다.

우리들은 옷을 갈아 입고 상제가 되어 있었지만 법천사에서 온 젊은 비구니스님과 함께 천수경, 반야심경을 읽으며 대령(對靈)하였다.

"어머니, 이제 어머니가 아닙니다. 세속의 애정을 버리고 진리의 말씀을 들으시옵소서.

실상(實相)은 이름이 없습니다.
법신(法身)은 자취가 없습니다.
항상 삼매 속에 들어가 흔들림 없아오니
윤회의 마음을 벗어 버리고 저희 말씀을 들으십시오.

은은히 들려오는 이 요령소리
멀리 메아리치는 목탁소리
누가 보고 누가 듣습니까!
듣는 놈, 보는 놈이 곧 나의 주인공이오니

잃어버리지 마시고 꼭 붙잡아 매십시오.

원각경 보안장에 이런 말씀이 있습니다.
'모든 중생의 몸과 마음은 허깨비와 같아
이 몸은 사대에 속하고
이 마음은 육진심식(六塵心識)에 돌아간다.

사대가 흩어지고 육진심식이 공해지면
누가 나의 몸이 되고 내 마음이 되겠는가.
나, 내 것을 다 놓아버리면
초발심보살도 능히 아뇩다라삼먁삼보리심을 발한다'

어머니 들으셨습니까.
일심으로 염불소리를 듣고
무명업장으로 부터 벗어나십시오."

노스님이 옆에 있다가 덩실덩실 춤을 추었다.
"정섭이가 세상 일에 초연하여 도인이 되었구나. 영가여, 얼마나 행복한가. 세
상 사람들은 나, 내 것에 얽매어 꼼짝달싹 못하는데 이제 아들의 법문을 듣고 바
른 길을 가게 되었으니⋯."

이렇게 이틀 동안 밤낮없이 염불하고 3일째도 상여 뒤를 따라 가면서 계속해
서 염불했다.
90이 넘은 큰어머니께서 지팡이를 짚고 따라오시며,

"나도 죽으면 이렇게 염불해 다오."

간절히 부탁하였다. 3일 동안 동네 사람들은 평산댁(어머니의 호)의 초상을 새로 이사 가는 사람을 환송하듯 기쁜 마음으로 환송하였다. 묘지는 집 뒷산 조상 묘지에 썼다. 그 앞에는 평상시 우리집에서 지어 먹는 밭 2천 평이 자리잡고 있었기 때문이다. 큰어머니께서 말했다.

"동생은 좋겠네. 죽은 뒤에도 조상 섬기며 내 밭을 지키고 있으니…."

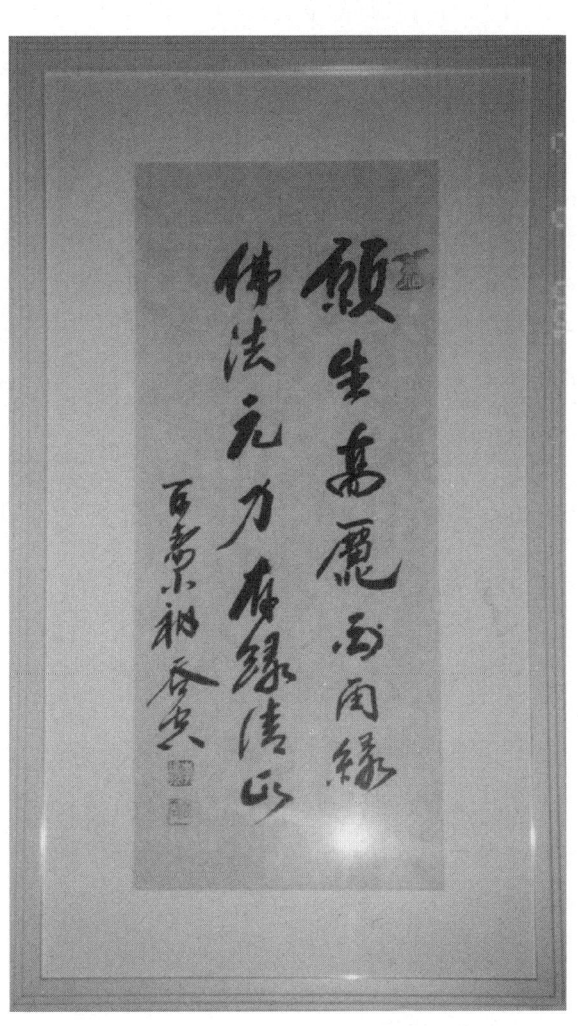

1-41. 어머니 49재

노스님이 말했다.

"마흔 아홉집의 쌀을 모아 49재를 지내면 좋단다."

이 말을 듣고 작은 누나와 함께 자루를 들고 나섰으나 차마 들어가 쌀 달라는 소리를 하지 못했다. 우두커니 다리 옆에 서 있으니 6촌 아주머니가 지나가다 보시고는,

"뭘 하고 있느냐?"

"동냥을 왔는데 차마 달라는 소리가 나오지 않습니다."

"무슨 소리냐! 너희들이 먹으려고 하는 것도 아닌데…."

하고는 자루를 달라고 하여 마흔아홉 집을 거두었는데, 자그만치 쌀이 두 가마니가 넘었다. 죽은 사람이 불쌍해서도 주지만 자식들의 효심과 그 동안 어머니가 쌓아놓은 덕이었다. 머슴을 시켜 법천사로 쌀을 보내고 집에서는 돈을 준비했는데, 송광사 스님들이 보낸 돈을 보내기로 하였다.

초연은 그날부터 법천사로 가서 49일 동안 지장기도를 드렸다. 세월이 가는지 오는지 몰랐다.

49재 날에는 목포 유달산에 계신 큰스님께서 법문을 하였는데,

사대각이여몽중 (四大各離如夢中)

육진심식본래공 (六塵心識本來空)

욕식불조회광처 (欲識佛祖廻光處)

일락서산월출동 (日落西山月出東)

이라 하고 양개스님의 출가를 실증으로 들어

"한 아들이 출가하면 구족이 생천한다 하였으니 뒷일은 다 잊어버리고 자식이 훌륭한 법사가 되어 전법 포교 하는데 도움이 되게 하십시오."
하고 축원하였다.

사람들은 모두 환희하였고 초연의 마음 또한 속이 후련하였다. 집으로 돌아온 초연은 온 정성을 다하여 1주일 동안 아버지를 받든 뒤 말하였다.

"저는 본래의 자리로 돌아가겠습니다. 형수님께서 아버지를 시봉하고 계시니 그나마 마음이 조금 놓이지만 형님이 빨리 제대하여 아버지를 모시기 바랍니다. 저는 이미 부처님께 바친 몸, 앞길을 작정할 수 없습니다. 인연이 닿으면 다시 올 터이니 기다리지 마십시오."
하고 길을 떠났다.

송광사에 도착한 초연은 대중스님들께 국수공양을 하고 그 동안 고성 옥천사와 보광사에서 지낸 일, 월정사 강원과 상원사 선방에서 있던 일들을 낱낱이 고하고, 다시 양양 낙산사에 가서 3. 7일 동안 기도한 일과 서울 조계사에서 송광사에 와서 고시 공부하던 사람의 도움을 받아 고향에 내려가 병중의 어머니를 뵙고 다시 양명스님의 도움으로 상포계를 타서 초상을 친 일들을 낱낱이 보고 드렸다.

그 동안 송광사에서는 취봉스님이 주지를 하다가 금당스님께 넘기고 장차 구산 (九山)스님의 권속들을 모셔 절을 인계하기로 약속하고 있었다.

작년 가을 오대산에서 보낸 편지를 보고 순천 경찰서에 나아가 용명스님의 청탁이 오더라도 무력 충돌을 해서는 안 되니 송광사 일에 대해서는 관여하지 말아달라 부탁하고 즉시 산중회의를 통해,

"장차 송광사는 독신스님들이 운영을 하되 기성스님들은 그대로 거처하고 나이 들면 특별 보호를 받아 초상까지 치러 주되 집안 사람들과 왕래하는 것은 관여하지 않겠다."

약속하였다고 하였다. 왜냐하면 대처스님들이 40여 명이 되면 그 가족이 5명씩만 하여도 200여 명이 되고 그의 일가 친척을 합하면 수천 수만이 되기 때문에 그들의 마음을 상하게 할 필요가 없었기 때문이다.

뿐만 아니라 송광사에서 후원하고 있던 낙수초등학교나 이읍중학교, 벌교상업학교에 대해서도 장학금은 줄지라도 운영이사로 들어가 시비하지 않기로 함으로써 정말 평화회의가 실천되고 있었다. 이것을 추강스님과 내가 의논하여 편지를 쓰고 보낸 것이 기초가 되었으니 참으로 보람된 일이었다.

주지스님은 나에게 총무스님(朴再榮)의 시봉이 되어 함께 살라 하였다. 총무스님은 키가 1m92cm가 되고 체중이 100kg가 넘어 진짜 거인이었다. 한번 웃으면 천지가 쩌렁쩌렁하여 조계산이 메아리쳤다. 사모님은 김일순(金一順), 순천에서 비단장사를 하는데 이따금씩 대중공양을 위해 왔다 가셨다. 신당(新堂)에 자리를 잡고 스님들의 세탁을 도왔는데, 나는 법성료(法性寮)에 있으면서 스님을 시봉하였다.

1-42. 마등가의 사랑

법성료는 송광사 가운데서 조계천 옆에 있어 공기가 좋고 매우 한가하였다. 성공스님께 물었다.

"능엄경을 알려면 마등가경을 알아야 한다고 하는데, 마등가경을 보셨습니까?"

"나도 보지는 못했으나 해인사에서 공부할 때 들은 일이 있네."

하면서 거기서 들었던 일을 상세히 일러주었다.

『부처님께서 아난존자를 시켜 심부름을 보냈는데 더운 날씨에 먼 길을 갔다 오다 보니 목이 말랐다. 사방을 둘러보니 한 여인이 들판 가운데서 물을 긷고 있었다.

"미안하오나 물좀 얻어 마실 수 있겠습니까?"

여인은 쳐다보지도 않으며 말했다.

"저는 마등가라 물을 드릴 수 없습니다."

마등가는 17천 가운데 맨 마지막에 해당되는 천민이라 사람을 바로 쳐다 볼 수 없게 되어 있었다.

아난존자가 말했다.

"우리 부처님께서 말씀하시기를 대천이 바다에 들어가면 모두 한 맛이 되고, 4성이 불교를 믿으면 절대 평등하다 하였습니다."

마등가는 자신의 귀를 의심하였다. 세상에 태어나서 처음 듣는 음성이다. 그래도 쳐다보지 않고 물었다.

"틀림없는 말씀입니까? 나 같은 천녀가 바라문과 몸을 부딪치면 팔을 잘라버리고 양반을 쳐다보고 문자를 바라보면 눈을 파 버린다 하였는데요?"

"불법은 그렇지 않습니다."

세상에 태어나 처음 듣는 소리라 감격하여 하늘을 우러르며 바라보듯 마등가는 아난존자를 쳐다보았다. 이 세상에서 처음 보는 남자, 그는 비록 보통사람은 아니지만 진실로 귀한 스님이었다.

자신도 모르는 사이에 물을 떠서 발에 부어드리고 다시 떠서 버드나무 잎사귀를 띄워 드렸다. 아난존자는 달게 마시고 고맙다고 인사하였다.

그리고 천천히 돌아서서 기수급고독원을 향해 걸어갔다. 이 세상에 태어나 처음 본 남자, 남자 가운데서도 보통사람이 아닌 귀족으로 출가한 스님, 그는 정신을 잃고 멍하니 쳐다보고 섰다가 그냥 그의 뒤를 따라갔다. 얼마쯤 가니 기원정사가 나오는데 금녀의 집이라 금강역사(金剛力士)가 서서 들어가지 못하게 하였다.

마등가는 한참 동안 쳐다보고 있다가 그냥 미친듯이 집으로 달려갔다.

"마등가야, 어찌된 일이냐. 물 길러 간 사람이 물동이를 이고 오지 않고 빈 몸으로 왔느냐…."

"어머니, 나는 오늘 하늘사람을 만나 보았는데, 다시 한번 만나 보고 싶습니다."

하고 그 동안 있었던 일을 상세히 설명하였다.

"미친 소리 하지 말라. 일반사람도 아닌 출가사문을 네가 생각한다니. 기원정사에는 카필라국의 왕자 싯달태자가 1,200 대중을 거느리고 있다는 말을 들었는데, 아마 그 남자는 그의 사촌인 것이 분명하다."

"어떻게 되었던 나는 그 사람을 만나지 못하면 더 이상 살 수 없을 것 같습니다. 어머니께서 나를 무남독녀로서 이만큼 길러주신 것은 그런 남자를 만나라고 길러 주신 것이 아니겠습니까?"

"그래도 나는 너를 절대로 이해할 수 없다. 이치에 닿지도 않는 소리다."

하고 굳이 말렸으나 마등가는 점심도 저녁도 먹지 않고 그대로 죽어버리겠다고 하였다.

"어머니, 어머니는 이 사위성에서 제일가는 마등가(무당)로서 온갖 병을 다 고치고 온갖 소원을 다 성취시켜 준다 소문이 났는데, 나 같은 딸 하나 구원해 주시지 못한다면 그 재주를 무엇에다 쓰겠습니까? 어머니, 내가 저 깊은 갠지스강가에 가서 일찍이 사람이 마시지 않는 정하수(淨河水)를 떠올 터이니 마등가 최고의 술법으로 그를 한 번만 만나보게 해주십시오. 그러면 저는 죽어도 한이 없겠습니다."

어머니는 몇 번이고

"불법의 주문과 마등가의 주문은 하늘과 땅의 차이다."

하고 말렸으나 마등가는 듣지 않고 고집을 부렸다. 어머니는 하는 수 없이 마당 가운데 탑을 세우기 시작하였다. 진흙과 소똥을 이겨 8층까지 쌓아 올리고 9층, 10층은 히말리야에서 가져온 하얀 소의 똥으로 조심스럽게 탑을 쌓은 뒤 그 위에 정하수 그릇을 올려 놓고 바가지를 엎은 뒤 동동 치면서 무엇이라 주문을 외우며 미친 듯이 춤을 추었다.

새벽 5시 동이 트면서 사방이 점점 밝아지는데 마등가의 집 앞에 황금가사를 입은 사문이 서 있었다. 마등가가 나가 보더니 자신도 모르는 사이에 그를 껴안고 방으로 들어갔다.

"당신이 어떻게 우리집을 찾아 오셨습니까? 우리 어머니 신술(神術)이 진실로 묘합니다."

하면서 팔과 다리를 주무르기 시작하였다.

부처님 옆에서 시봉을 하던 아난존자가 갑자기 없어져 세숫물을 뜨러 갔나 생각했는데 한 식경이 지나도 나타나지 않자 부처님은 능엄삼매(楞嚴三昧)에 들어 전후좌우로 살피다가 나중에는 헤드라이트와 같은 빛으로 사위성 일대를 비쳤는데, 마등가 방에 가 앉아 있는 아난의 모습이 드러났다. 부처님은 속으로 외웠다.

"나무대불정여래 밀인수증요의 제보살만행 수능엄신주

다냐타 옴 아나녜 비샤뎨 베라바 사라다리 반다 반다니 바사라 방디반 훔 도로옹반 사바하."

마녀의 신주에 마취되어 절을 떠났던 아난존자가 부처님의 밝은 빛을 보고 그 길로 기원정사로 들어오자 마등가는 아난존자의 손을 잡고 끝까지 따라왔다.

1,200 대중 앞에선 아난존자는 부끄러워 고개를 들지 못하고 있는데 마등가는 꼿꼿이 고개를 들고 부처님을 쳐다보았다.

"마등가야, 너는 참으로 행복한 여인이다. 아난존자를 사랑하느냐?"

"사랑합니다."

"어디를 사랑하느냐, 눈을 사랑하느냐, 코를 사랑하느냐?"

"입도 사랑하고 몸도 사랑하고, 모든 것을 다 사랑합니다. 가래침을 땅에 뱉어 먹으라 하면 빨아 먹겠습니다."

"좋다. 그렇게 말하는 것으로 미루어 네가 아난존자를 진정으로 사랑한다는 것을 알겠다. 그러나 마등가야, 부부간이란 격이 맞아야 되는 것 아니냐. 아난존자는 왕자로서 집에서부터 세속 학문을 익혔고 왕가에서 왕법을 배웠으며 절에 와서는 불법을 닦았다. 그런데 너는 마등가에서 태어나 세속 학문은 고사하고 왕법도 불법도 익히지 못했으니 어찌 마음이 맞을 수 있겠느냐?"

"그렇다면 저도 당장 출가하여 왕법도 배우고 불법도 익히겠습니다."
하고 그대로 뛰쳐 나갔다.

마등가는 집에 와서,
"나도 출가하여 아난존자와 같이 살겠습니다."
하고 스스로 머리를 깎고 베옷으로 승가리를 만들어 입은 뒤 다시 부처님께 나아갔다. 부처님이 마등가를 보고 물었다.
"어떻게 머리를 깎았느냐?"
"어머니의 승낙을 받고 깎았습니다."
"아, 그렇다면 저 왕사에 나아가면 마하파자파티 비구니가 700명 여인들을 거느리고 중노릇을 하고 있으니 그리로 가라."
"예, 감사합니다."
하고 마등가는 미친 듯이 달려가서 마하파자파티에게 인사드리니,
"너는 저 나무 밑에 가서 능엄주를 외우며 능엄삼매를 익혀라."
하였다.

마등가는 가부좌를 틀고 앉아 꼼짝달싹 하지 않고 백일 동안을 작정하고 공부하였다. 제72일이 되었을 때 자리에서 일어나 부처님께 달려갔다.
"부처님 부처님, 왜 제가 아난존자를 그렇게 죽도록 사랑하게 되었는지 알게 되었습니다. 저는 옛날 옛적 아난존자의 아내로서 왕후가 되어 있었습니다. 그런데 아난존자가 새 여자를 얻으면서 저는 점점 실의에 빠져 병이 들게 되었는데 굿을 하면 낫는다 하여 유명한 무당을 불러 굿을 하였습니다. 그런데 그 무당이 얼마나 영험한지 제 속을 다 알고 노래 부르고 춤을 추었는데 그 춤과 노래에 빠져 그만 제 병이 낫게 되었습니다. 그래서 그때부터 그 무당을 저의 양어머니로

삼고 마등가법을 배웠는데, 그가 바로 현재 저의 어머니입니다.

그래서 전생에도 무당 딸이 되어 결혼을 하지 못하고 외롭게 살았는데 금생에 옛 남편인 아난존자가 스님이 되어 저를 찾아 왔으니 제가 미치지 아니할 수 있겠습니까. 이제 보니 저희 낭군은 이미 이 세상 사람이 아닌지라 저도 따라서 출가하여 비구니가 되겠습니다."

그래서 마등가는 비구니 가운데서 총명제일 비구니가 되고 전생 일을 훤히 아는 신통력을 얻어 자신과 같은 처지에 있는 사람들을 수 없이 제도하였다.

그런데 아난존자는 그때까지도 부끄러워 대중 앞에 나타나지 못하고 있으니 부처님께서 물었다.

"아난다야, 그 부끄러운 마음이 안에 있느냐? 밖에 있느냐? 아니면 중간에 있느냐? 이것이 칠처징심(七處徵心)이다. 그리고 육도 중생이 모두 인연 속에서 태어나 인연을 버리지 못하고 살기 때문에 육도 세계가 생겨 윤회를 면치 못하고 있다."

설하시고 이어서 마군이를 항복받는 방법을 색·수·상·행·식, 50변마사로 설하여 능엄경이 만들어지게 된 것이다. 』

나는 성공스님의 이 말씀을 듣고 세속적인 사랑을 출세속적인 사랑으로 순화시킨 능엄경을 '마등가의 사랑'이란 이름으로 소설화시켜 책을 낸 일이 있다. 참으로 희한한 일이다. 이 세상의 모든 것이 우연 속에 이루어지는 것으로 생각하였는데, 다겁의 인연이 씨가 되고 재가 되어 이 사바세계를 이루고 있다는 사실을 알고 보니 참으로 놀라지 않을 수 없었다.

부처님을 모시고 있는 아난존자(좌측)와 원가섭존자(우측)

마등가의 우물 옆에 집을 짓고 사는
힌두교 시바신파 승려와 그 가족

1-43. 김잉석박사님의 화엄학 개론

　김잉석박사는 은사 춘곡 큰스님의 동서였다. 부인은 6.25때 별세하였지만 거기서 아이들 둘을 낳아 기르고 있었고, 일반 가정부의 보조를 받고 있었다.

　송광사에 내려오신 것은 송광사가 출가 본사이기도 하였지만 보조국사께서 화엄학에 관심을 가지고 '원돈성불론'을 썼고 또 근래 묵암큰스님께서 화엄학강사로서 많은 제자들을 양성하였기 때문이다.

　박사님께서는 일본에 유학하여 그곳에서 조교로 계시다가 한국에 와서 화엄학을 전공, 강의하고 계셨기 때문에 그 교재를 만들기 위해서 두 달동안 휴가를 내서 오셨다. 그래서 여름이기 때문에 대청에서 지내시겠다 하시는 것을 제 방을 드리고 내가 대신 시봉하면서 대청에서 지내기로 하였던 것이다.

　박사님께서는 곡차를 조금씩 하셨다 하는데 집필 도중에는 일체 곡차와 담배, 음식까지도 가려 드시니 시봉할 것이 따로 없었으며 공양시간이 되면 문수전 지대방에 따로 밥상을 하나 차려 드리고 차는 삼일천 샘물을 대신으로 드셨기 때문에 별도로 시봉할 것이 없었다.

　"화엄경은 40권, 60권, 80권이 있으나 용수보살 당시에는 남인도에 10본화엄경이 있었다. 부처님께서 깨달으신 내용을 중심으로 설하였으므로 그 경지에 들어가지 못한 분은 이해하기 어렵다.

　중국에서는 길장, 두순, 지엄, 법장 등이 유명하나 이통현 장자와 청량, 징관을 넘어설 사람이 없었고, 한국에서는 신라의 의상, 원효, 고려의 균여를 넘어설 사람이 없으나 선교를 통합해서 글을 쓰신 분은 역시 보조국사가 으뜸이다. 일본에 서는 자운과 관공을 치나 역시 신무천황이 제일이다.

특히 의상대사의 법성게는 세계적인 작품으로 그 뜻이 깊고 오묘하여 그 누구 도 헤아릴 수 없다 평가하고 있다."

이렇게 저녁이면 춘곡 큰스님과 대화를 나누시고

"화엄경에서는 문수동자를 제일로 치는데 형님은 보현을 겸한 문수동자를 시 봉으로 두고 있으니 참으로 행복하십니다."

칭찬하기도 하였다. 사실 스님에게는 외동딸 한사람이 있었으나 학교 교편을 잡으면서 장애인 애를 하나 낳아 꼼짝달싹할 수 없었다.

아침공양이 끝나면 삼일천으로 물 길러 가시는 사이 나는 방청소를 하고 대청 청소까지 깨끗이 하였다.

"화엄경에서는 무엇을 가르칩니까?"

"믿음이 근본이다."

"무엇을 믿습니까?"

"이 세상 모든 존재가 부처 아닌 것이 없다는 것을 믿는다. 거기에 확신이 서면 모든 것을 부처로 받드는 삶이 이룩되는데 그가 생활하는 방법을 열 가지(十住) 로 설명하고 있다.

삶이 이루어지면 부처의 행(十行)이 나타나고 그 행이 세계와 중생에게 두루 미 치므로 회향(十廻向)이라 부른다. 이렇게 하여 나와 남이 함께 불국정토를 형성해 가면 그것이 바로 10지(十地)로 마지막 성불에 들어가 자타가 똑같이 부처된 것 을 확인하고 때와 장소에 알맞은 행을 통해 모든 것을 깨닫게 하므로 등각(等覺), 묘각(妙覺), 부처(佛)라 하는 것이다.

이 세상에 모든 것은 혼자 잘나 잘 사는 것이 아니다. 하늘이 있고 땅이 있고 산과 물이 있고 거기 만물이 늘어서 있기 때문에 이것을 낱낱이 설명할 수 없어 십현연기(十玄緣起)로 설명하고 있다.

그들 모든 세계는 크든지 작든지 자기 몸과 모양을 가지고 있고 작용이 있으므로

① 이치의 세계(理法界)

② 사실의 세계(事法界)

③ 일과 이치가 함께 어울려 있는 세계(理事無碍法界)

④ 일과 일이 무진하게 연관되어 있는 세계 즉 사사무애법계(事事無碍法界)가 있으니 이것을 사법계(四法界)라 부른다.

하나의 집을 놓고 본다면 겉으로 보면 하나의 집(總相)이지만 그 집을 하나 하나 구성하고 있는 기둥, 서까래가 있으므로 총상 속에 별상(別相)이 있다.

그런데 그들은 각기 모양이 다르면서도(異相), 동일한 목적을 향해 협동하고 있으므로 이를 동상(同相)이라 한다.

마음을 모아서 한 번 뜻을 모으면 이렇게 하나의 집이 되지만(成相), 세월이 오래가면 결국 부서지고 만다(壞相).

그래서 화엄경에서는 이 세상 모든 존재를 총·별·동·이·성·괴 6상으로 설명하고 있다.

의상대사는 이것을 법성 두 가지로 설명하였기 때문에 법성게(法性偈)가 만들어진 것이다. 그러하니 이런 면으로 보면 남을 탓하지 말고 자기 노릇만 잘하면 세상을 복되게 할 수 있는 것이다."

이렇게 두 달 동안 글 쓰는 것을 보고 설명을 듣다 보니 무엇이 무엇인지 그 뜻을 확실히 알 수는 없어도 화엄의 진리는 진실로 깊고 묘하다는 것을 알게 되었다. 이 책이 동국대학교 교재로 사용된 '화엄철학개론'이다.

이것이 장차 내가 80화엄경 사경본 81권을 만들고 강의본 다섯 권을 만들어 후배들을 지도하게 된 것이니 김잉석박사님의 공덕이 크다 하지 않을 수 없다.

동국대학교 대학원장 현곡 김잉석박사

송광사 총무 춘곡대화상

1-44. 삼천포 운흥사(雲興寺)

고성 옥천사와 보광사 주지 포광스님과의 소식은 한 달이 멀다 하고 전화 또는 편지 내통이 잦았다.

옥천사 주지 상호스님께서 연락이 왔다. 옥천사 말사 삼천포 운흥사에 스님이 없어 걱정이니 석 달 동안만 주지 대행으로 일을 봐 달라는 말씀이다. 춘곡 큰스님과 의논하여 정월 보름 해제를 하고 가니 즉시 삼천포로 가 달라 하였다.

삼천포에서 온 운흥사 화주보살 옥련화를 따라 가니 벌써 남녘엔 봄빛이 완연하였다. 절에는 나이 든 부목 한 사람과 공양주 한 분이 있었으나 살림이 엉망진창이었다.

법당은 언제 청소했는지 먼지가 뽀얗게 쌓여 있고 큰 방은 쥐똥이 널려 있었다. 밥상의 그릇은 성한 것이 없고 물을 부으면 줄줄 물이 샜다. 식량은 보리 다섯 되 정도, 다른 곡식은 아무 것도 없었다. 뒷산은 마치 삭발한 스님 머리처럼 벗겨져 있었고 개울물은 바짝 말라 있었다. 이러하니 무슨 일부터 시작해야 좋을지 모르겠다.

"내일부터 대청소를 시작하겠습니다. 우선 큰 법당을 청소할 수 있도록 더운 물과 걸레를 준비하세요."

우리 세 사람은 법당에 들어가 삼배를 드리고 법당 청소를 하겠다는 것을 알렸다. 그리고 탁자에 올라가 부처님을 부드러운 수건으로 닦고 탁자를 두 번 세 번 훔쳤다. 걸레마다 숯검정처럼 검은 먼지가 묻어났다.

"부처님이 얼마나 배가 고플까. 스님들이 없어진지 넉 달이 넘어 마지 한 불기 올린 사람이 없었겠지!"

생각하고 있는데 양산을 든 멋쟁이 부부가 갑자기 찾아와서 물었다.

"여기 주지스님이 어디 계십니까?"

"주지스님이 없어 대리 주지로 이 분이 명을 받고 오셨습니다."

하니,

"허, 또 속았네."

"무엇을 속으셨습니까?"

"지난해 시월 열 이튿날 스님 두 분이 와서 '대주 운이 좋지 않아 대주 밥그릇에 쌀 가득히 떠놓고 가락지 하나를 올린 뒤 기도하세요' 하여 우리 부부가 정성을 다하여 기도하였습니다. 그런데 떠나면서 '우리는 삼천포 운흥사에서 왔으니 내년 정월 보름이 지나면 찾아오십시오. 정성껏 모시겠습니다' 하여 오늘 왔는데, 또 속았다는 말입니다."

"아, 그렇다면 걱정할 것 없습니다. 좋은 일을 하여 선심을 쓰셨으면 그 공덕이야 어디로 가겠습니까. 그런데 보시다시피 이 곳에 스님들이 계시지 않아 몇 달 동안 부처님께서 공양 한 번 드시지 못하고 계십니다. 쌀 한 말만 사 주십시오."

두 사람은 의논하더니 딱하게 생각하고 쌀 한 말 값을 내었다. 부목은 지게를 지고 아랫마을에 가서 즉시 쌀 한 말을 사오고 공양주는 밥을 지어 정성껏 부처님께 올렸다.

모처럼 드리는 불공이라 정성을 들여 염불하고 축원하였다. 부부간은 전에 있었던 일은 다 잊은 듯 절을 열 번 스무 번 하면서 만족해 하였다.

점심상이 두 상 차려졌는데, 상이며 수저, 젓가락, 그릇들이 말이 아니었다.

"살림살이가 모두 이 지경입니다. 달게 잡수십시오."

정성에 감동한 불공 손님들은,

"우리는 고성읍에 있는 중생여관 주인입니다. 돌팔이한테 속은 것을 분하게 생각했는데 그분들로 인해 이런 좋은 절을 만나게 되어 다행으로 생각합니다. 우리 삼천포에 내려가 그릇 몇 개 사서 드릴 터이니 따라 오십시오."

"쌀밥 주신 것도 고마운데 그릇까지 사 주신다니 무엇이라 말씀드릴 수 없습니다. 그러나 이제 장만하면 운흥사에 새 살림이 마련되는 것이니 그렇게 아시고 함께 도와 주십시오."

공양주와 부목이 따라갔다. 저녁때 밥그릇, 대접, 숟가락, 젓가락, 다섯 벌과 나물, 채소, 쌀까지 한 짐을 지고 왔다. 공양주가 말했다.

"참으로 부처님이 영험하십니다. 청소했다고 당장에 먹을 것을 주시다니…. 참으로 놀랄 일입니다."

"그러니까 누가 시키든지 말든지 도량 깨끗이 하고 오는 손님 기쁜 마음으로 맞으면 좋은 일이 생깁니다."

부목은 손님들께서 사 주신 양말 두 켤레와 수건 다섯 개를 내놓고 나누어주라 하였다. 사 주었으면 그만 자기 것으로 가져버리는 사람도 있는데 대중에게 내놓는 마음이 고마워서,

"이것이 공심(公心)입니다. 양말은 직접 신으시고 수건은 공양주 하나 주시고 법당에 두 개 걸어 놓으십시오."

"감사합니다."

서먹서먹한 집안이 화기애애해졌다.

"내일부터는 도량 청소하고 3일 후에는 큰 방 청소를 합니다."

"좋습니다. 싸리나무 베어다가 빗자루를 만들고 괭이 쇠스랑이로 쓰레기를 모아서 밭에다 태우고 땅에 묻겠습니다."

이렇게 해서 도량은 일시에 청결하게 되었고, 어지러웠던 텃밭도 깨끗하게 청소가 되었다. 이틀이 지나자 수염이 하얗게 난 점잖은 어른이 와서 물었다.

"여기 스님들 어디 다 갔습니까?"

"먹을 것이 없어서 탁발 나가신 것 같습니다."

"매년 음력 2월 초3일이면 당산재를 지냈는데 주지스님이 오셔서 지내주었습니다."

"그렇다면 제가 가지요."

"너무 어리신 것 같은데…"

"아이나 어른이나 불공드리는 것은 똑같습니다."

"그렇다면 2월 초 이튿날 오전에 사람을 보낼 것이니 스님이 와 주십시오."

약속하였다. 그러나 세상에 태어나서 처음 당산재를 지내게 되어 걱정이 아니 될 수 없었다.

와룡산 운흥사

1-45. 당산재와 천지팔양신주경(天地八陽神呪經)

당산재란 당산나무에 대하여 감사하는 재를 지내는 것이다. 무슨 자료를 가지고 어떻게 지내야 될 것인가 생각하며 큰 방 청소에 들어갔다.

큰 방은 옛날 대중스님들이 살던 곳인데 지대방까지 하면 길이가 20m 가량 되었다. 옛날에는 선반을 만들어 발우를 얹고 또 그 밑에는 바랑을 걸어두던 곳이기 때문에 매우 튼튼하게 잘 지었다.

방바닥에는 온통 쥐똥과 종이 쓰레기가 소복하였는데, 선반을 청소하다 보니 옛날 책들로 꽉 차 있었다.

아랫목 큰 스님들 자리에는 일본 책들이 많았고 윗목 학인들 자리에는 강원교재들이 많았다. 그리고 지대방쪽에는 선방스님들이 계셨든지 선교잡지(禪敎雜誌)가 100여 권 있었다. 박스를 주워다가 순서적으로 넣는데 잡지 쪽에 '천지팔양신주경'이란 책이 있었다. 가지고 와서 읽어 보니 만병통치약이었다.

땅 고사나 배 고사나, 집안에 큰일을 할 때, 큰일 앞서 누구든지 미리 3편만 읽고 나면 어떠한 재앙도 오지 않고 좋은 일이 생긴다 쓰여져 있었다.

더욱이나 그 책 뒤편에는 조선조 때 유명한 연담 유일스님의 해설서까지 붙어 있었다. 두어 번 큰 소리로 읽고 운흥사 주변에 좋은 일이 생기라고 기원하였다.

이 말을 듣고 부목께서 말했다.

"여기 오래 전에 사신 스님이 동네 일이 있으면 장님처럼 불려다니며 이 책을 읽으셨습니다. 초연스님이 젊은 음성으로 읽으니 천지가 진동하는 것 같습니다."

"연년시호년이고 월월선명월이며 일일시호일이 되고 시시시호시가 된다 하였으니 좋은 일이 생기지 않겠습니까?"

이튿날 나는 목욕한 뒤 새 옷으로 갈아입고 데리러 온 사람을 따라 당산마을로 갔다. 당산마을은 산골짜기를 따라 두 시간 쯤 가니 산속이 확 터져 큰 분지를 이루고 있었는데 거기에 80여 가구가 동네를 이루고 있었다.

전날 만났던 할아버지께서 반기며 말했다.

"이 나무에 고사를 지낼 것입니다. 고사 때는 동네사람들이 다 나오니 약 200명은 됩니다."

"좋습니다. 옛날처럼 멍석을 펴고 자리를 만든 뒤 상을 차려 놓으세요."

주위는 일찍부터 금줄이 쳐져 부정한 사람이 드나들 수 없게 되어 있었다. 오후 3시부터 시작하기로 하여 주위를 사대주를 외우면서 도량석을 하였다. 목탁소리를 듣고 사람들이 하나 둘 모여 오더니 너덧시 되니 도량에 사람이 꽉 찼다. 자리에 서서 불법승 삼보를 생각하면서 옹호게를 하였다.

팔부금강호도량(八部金剛護道場)

공신속부보천하(空迅速赴報天下)

삼계제천함래집(三界諸天咸來集)

여금불찰보정상(如今佛刹補禎祥)

팔금강 사보살이 천지자연의 신들을 다 데리고 와 이 도량을 빛나게 해 달라는 옹호게이다. 천수경을 순서적으로 읽기 시작하니 함께 따라 읽는 사람도 많이 있었다.

정법계진언

라자색선백 (羅字色鮮白)

공점이엄지 (公點以嚴之)

여피계명주 (如彼髻明珠)

치지어정상 (置之於頂上)

진언동법계 (眞言同法界)

무량중죄제 (無量衆罪除)

일체촉여처 (一切觸穢處)

당가차자문 (當加此字門)

'나무사만다 못다남 남'

하고 세 번 외우니 경험있는 할아버지가 팥그릇을 들고 사방으로 뿌리고 정하수 물을 불자에 묻혀 동참한 사람들에게 뿌렸다. 마치 교회에서 세례 받을 때 물뿌리는 것하고 비슷하였다.

이어서 유치(由致) 청사(請詞)를 하고 공양게를 하여 삼보님께 공양을 올리고 신중청을 한 다음 반야심경과 약찬게를 외웠다.

그리고 난 후 끝으로 시식(施食)을 하였다.

"옛날부터 이 마을에 살다 가신 여러 어르신들과 유주 무주(有主無主) 고혼들께 제사를 드리겠습니다. 순서적으로 나와 절을 하시고 개인 또는 가족, 동네 어르신들이 원하는 희망을 말씀해 주십시오."

요령을 흔들고,

"거 사바세계(據 娑婆世界)"

하니 회주(會主), 당주(堂主), 장노들께서 순서적으로 나와 절을 하고 불전도 수북하게 놓았다.

내가 끝으로 천지팔양신주경을 큰 소리로 외웠더니 사람들은 놀랐다.

"젊은 스님이 어떻게 저렇게 공부를 많이 했을까! 우리 서당선생님도 따라 읽기 힘들겠네…"

하고 칭찬하였다.

이렇게 6시까지 당산재를 지내고 나니 할아버지께서 나오셔서 음복하시고 사람들에게 음식을 나누어 먹였다. 오방신께 올렸던 떡 다섯 시루가 다 비어지고 막걸리 열 동이가 순식간에 없어져 버렸다.

"맛있다. 옛날 당산떡보다 훨씬 맛있는 걸!"

하고 맛있게들 먹었다. 할아버지가 말했다.

"옛날 우리 마을엔 호랑이도 나타나고 멧돼지도 나타나 농사가 되는 일이 없었습니다. 그런데 근래 당산재를 지내면서 부터서는 그런 일이 생기지 않고 우리 마을 자손에게서 국회의원까지 났으니 얼마나 좋은 일입니까. 옛 스님이 말씀하시기를 육화경행(六和敬行)으로 지내면 평화가 온다 하였습니다. 무슨 일이고 의논하여 싸우지 말고 화합해서 삽시다."

하니 박수갈채가 나왔다. 다음 면장, 이장 순서로 축사와 격려사를 하고 마지막으로 나에게 한마디 하라고 하였다. 나는 운흥사에 와서 느낀 대로 보고하였다.

"나는 재작년 겨울 옥천사에서 한 철을 나고 고성읍 보광사에서 시인 서봉섭씨와 함께 야학을 하면서 포광(抱光)스님을 모시고 살았습니다. 순천 송광사가 저의 본사이기 때문에 거기 가 있었는데 상호스님이 불러 부탁하기 때문에 이곳에 와서 석 달을 살기로 작정하였는데, 와서 보니 산은 벌거벗은 산이 되어 날짐승

하나 없고 지금 공양주와 부목 두 사람과 근근 득신으로 살아가고 있습니다. 도와 주십시오.

예로부터 절은 산수가 좋아야 된다 하였는데 동네 사람들이 떼로 몰려 나무를 해 가니 절 도량에 나무 하나 살 수 없습니다. 나 이후라도 살고 싶은 도량이 되게 하여 주시면 동네 사람들의 수복을 빌고 민심을 상담하는 스님이 오시지 않겠습니까. 지금 한국불교를 주도하시는 분은 진주 출신 청담스님인데 그분이 바로 개천면 옥천사 출신입니다."

박수갈채가 쏟아져 나오며 너도 나도 운흥사를 돕자 하여 그날 모여진 쌀만도 두 가마니가 넘었고, 떡, 전, 밤, 할 것 없이 머슴 셋이 한 짐씩 짊어지고 왔다.

할아버지께서 불전을 거두어 한 뭉 담아 주었지만

"이것은 동네 돈이니 동네 기금으로 쓰시고 따로 복채를 주려면 조금만 주십시오."

하니 봉투 하나를 따로 주었다. 나는 처음 당하는 일이라 실로 놀랐다.

"참으로 부처님은 복도 많구나. 부처님을 잘 모시면 배고플 일이 없다고 하더니 이를 두고 한 말이로다."

저녁 10시가 되어서 운흥사에 돌아왔다. 공양주와 부목 또한 염주를 들고 염불하고 있었다. 나는 봉투에서 3만원 씩을 나누어 떡과 쌀, 재물을 짊어지고 온 사람들께 사례하고 또 가지고 온 음식들을 공양주와 부목과 같이 나누어 먹으며 살아있는 도량신장이 되어주실 것을 부탁하였다.

1-46. 방공청년단 회의와 이대통령의 고성방문

일이 이렇게 되고 보니 운흥사가 부자가 된 것 같았다.

"도량이 청정하면 삼보 천룡이 내려오신다 했는데, 오늘부터 일주일 동안 주위산, 개울까지도 모두 청소하고 도량을 빛나게 합시다."

하여 청소하고 지난 날 당산재에서 벌어온 돈을 가지고 삼천포 시장에 가서 내복 두 벌과 옷 한 벌씩을 사서 입혔더니 인물이 확 달라졌다.

"10년은 더 젊어진 것 같습니다. 운흥사에 와서 10년을 넘어 살았지만 이런 호강은 처음 겪어 봅니다. 감사합니다."

해장국 두 그릇으로 배를 채우고 20리 길 8km를 어떻게 왔는지 알 수 없었다.

나는 며칠 전 큰 방 청소하면서 한 쪽에 쌓아 놓았던 책들을 정리하면서,

"옛날 이 곳에는 큰스님들이 계시며 많은 대중을 거느리고 살았던 것 같은데 어떻게 이 지경이 되었을까!"

하니 부목이 말했다.

"내가 듣기로는 이 절 스님들 가운데 일본유학생들이 두세 사람이나 되었고 똑똑한 학인들이 좌파에 연루되어 6.25 후 모두 소탕되고 빈 절이 되었다는 말을 들었습니다."

"그래. 절이란 별별 사람이 다 모이는 장소이니까. 주관자가 뚜렷하면 종들도 다 따라오게 되는 것인데, 친일파, 친공파, 독립파가 서로 다투다가 이 지경이 되었구만…."

"그런데 들으니 법당에 있는 괘불이 우리나라에서는 두 번째로 큰 괘불인데 일본사람들이 가져 가려 하다가 가져가지 못하고 여기 저렇게 저장되어 있다고 합니다."

"그것은 뒷사람들이 알아서 처리하여야 할 것이고 우리들이 할 일은 도량정비이니 오늘부터 큰 방 청소를 깨끗이 하고 공양주 보살님은 부엌에 녹이 슨 가마솥을 반들반들하게 만들어 놓으세요."

"예. 그렇게 하겠습니다."

그래서 공양주는 부엌에서 천정에 매달려 있는 철매를 모두 쓸어내고 부엌을 알토란같이 청소하였고, 부목은 앞계(前溪), 뒷계(後溪)를 빠짐없이 청소하여 깨끗한 도량이 되었다.

그리고 나는 열 박스가 넘는 책을 일본 것은 일본 것대로, 강본은 강본대로, 또 선적(禪籍)은 선적대로 정리하여 옥천사로 보낼 준비를 하고 나머지 잡지들은 모아 볼 만한 것은 진열해 놓고 나머지는 모두 불태워버렸다.

그런데, 2월 말 삼천포 방공청년단장과 고성단장 두 사람이 왔다.

"장소를 좀 빌리러 왔습니다. 3.15 대통령 선거 때 지도위원들을 교육하기 위해서입니다."

말끔히 청소되어 있는 큰 방과 도량을 보고 만족한듯 떠나갔다. 3월 2일부터 5일까지 3박 4일간 사용하겠다고 하였다. 부목에게는 나무를 하여 밥해 먹는데 지장이 없도록 하고 공양주에게는 밥하는 일에 장애가 없도록 하였다.

1일 오후가 되어 차 두 대가 쌀과 반찬거리, 그리고 그릇들을 가득 싣고 왔다.

제1일에는 삼천포 국회의원 이재현씨가 삼천포 방공청년단원과 경찰서 그리고 시 직원들을 데리고 왔고, 제2일에는 고성 국회의원 최서림씨가 고성직원들을 데리고 와 모두 100명 정도가 되었다. 정신없이 이틀을 강의하시곤 이제 지쳤다고 재미있는 불교이야기를 들려 달라 하였다.

나는 아함경 이야기를 경전에 있는 대로 하였다.

『마갈타국 빔비사라왕의 아들 아사세가 이웃나라를 치기 위해 우사대신을 부처님께 보냈습니다.

"부처님, 이 전쟁을 해야 되겠습니까, 하지 않아야 되겠습니까?"

부처님은 대신에게 답변하는 것이 아니라 대신 옆에서 부채질하고 있는 아난존자에게 물었다.

"아난아, 저 나라 사람들은 부모님께 효도한다 들었느냐?"

"예. 들었습니다."

"또 그들은 조상을 숭배하며 제사를 잘 지낸다고 들었느냐?"

"예. 들었습니다."

"어린 아이들을 사랑하고 노인들을 공경한다고 들었느냐?"

"예. 들었습니다."

"술을 알맞게 마시고 마약을 하지 않는다고 들었느냐?"

"예. 들었습니다."

"국가에 세금을 잘 내고 사기협잡하지 않는다고 들었느냐?"

"예. 들었습니다."

"여자는 밤을 잘 지키고 남자는 예의바르다 들었느냐?"

"예. 들었습니다."

"그렇다면, 이 나라는 절대로 망하지 않는다."

대신은 이 말을 듣고 아사세에게 가서 그대로 이야기하니,

"우리나라가 저 나라를 치기 전에 우리 백성들이 저 백성들보다 더 예의바른

나라가 되도록 교육하자!"

하여 그 나라는 3대에 가서야 자연스럽게 마갈국의 속국이 되고 마갈국은 3대 아쇼카에 이르러 전 인도를 통일, 300년 동안 다툼 없는 평화제국을 이룩하였다 하였습니다.

　우리나라는 동방예의지국으로 중국으로부터 크게 칭찬받는 나라였습니다. 그런데 조선조 500년 동안 임금님과 신하가 법도를 어기고 백성들을 살피지 아니하다가 마침내 일본의 속국이 되고 지금은 UN의 보호하에 휴전협정을 맺고 있으니 정신차려야 할 것입니다.』

하여 박수갈채를 받았다.

　이튿날도 한 시간 동안 특강요청을 받았다. 이 날은 꼬살라국의 바사익임금님 이야기를 하였다.

『바사익임금님은 3년에 한 번씩 하나님께 특별 제사를 올렸습니다. 소, 돼지, 양, 말 할 것 없이 백성들이 올려 바친 짐승들을 잡아 머리는 하나님께 바치고 피는 귀신들께 뿌리고 고기는 사람들이 나누어 먹였습니다.

　그런데 아난존자가 탁발 갔다 와서,

　"짐승들이 진실로 불쌍합니다."

　"임금님들이 실로 무지한 까닭이다."

　이 소식을 들은 바사익왕이 화를 내면서 부처님을 찾아와 물었다.

　"부처님께서는 어떤 지혜가 있기에 우리 조상들이 대대로 지내오는 제사를 비방하십니까?"

　"비방한 것이 아니라 사실을 토로했을 뿐입니다."

"만일 천제를 지내지 않아 하늘들이 벌을 준다면 어떻게 하시겠습니까?"

"비가 오고 아니 오고는 천제와는 관계 없습니다. 하늘신들은 털 달린 짐승의 머리를 잡수지 않기 때문입니다."

"그러면 무엇을 잡수십니까?"

"단 이슬, 즉 감로(甘露)를 드십니다. 그리고 상과 벌은 임금님과 신하들 그리고 백성들이 얼마나 착하게 살고 있느냐에 달려있습니다. 이 세상 모든 것은 사람이나 짐승이나 가장 소중하게 여기는 것이 생명입니다. 자기 생명을 해치는 자에 대해서 좋게 생각하는 자가 얼마나 되겠습니까?"

"그러면 어떻게 하면 좋겠습니까?"

"이미 백성들이 바친 것이니 10년 이상 된 것은 백성들에게 주어 경로잔치를 하게 하고 그 이하 되는 것은 각 마을에 나누어 주어 잘 길러 새끼를 내서 축생들을 번식시켜 장학금도 주고 좋은 일 하는데 기본 기금이 되게 하면 좋아할 것입니다."』

"인도에서는 이 일로 인해서 천 년 이상 도살장이 생기지 않았고, 유럽의 침입으로 주육(酒肉)이란 말이 쓰이게 되었으나 지금도 세계적인 흐름에 비하면 미미한 상태인 것은 누구나 다 알 수 있는 일입니다."

이 두 번의 강의로 인하여 삼천포와 고성에서 초연수좌의 명망이 높이 평가되었다. 한 달이 지나자 포광스님이 오셔서,

"이번 일요일 이대통령께서 진주, 마산을 거쳐 고성에 오게 되는데 삼천포 고성 국회의원님들이 초연스님이 환영사를 하는 것이 좋겠다 하니 고성으로 함께 가자."

하였다.

"일단 상호스님과 의논하여 후임을 정하고 가겠습니다."

하니

"그것은 내가 의논할 것이니 함께 가자."

하였다. 토요일 고성에 와서 목욕하고 대통령 후보자를 모시게 되었는데, 10분 늦게 도착하셨다.

인사드리고, 단상에 올라가,

"할아버지 대통령, 멀리 오시느라 고생이 많으셨습니다. 고성에 오신 보람으로 반드시 좋은 일이 생기기 바랍니다."

하니 수천 명의 청중들이 환호성을 올리며 단상으로 모셨다. 천동 천녀가 꽃다발을 드리고 나니 단상에 올라 말씀하는데 발음이 좋지 않았다. 미국에서 오래 살았기 때문이다.

"먼 거리를 오다 보니 시간이 늦어 죄송합니다. 내가 나이 많아 힘은 없지만 조국을 위해 마지막까지 바치고 싶으니 도와 주시기 바랍니다."

하는데, 바지 가랑이에서 물방울이 흘러내렸다. 최석림씨가 대신 올라가고 급히 화장실로 모셔 소변을 보게 하였다. 함께 수행한 사람이 "점심도 채 잡수지 못했는데 2시까지 통영으로 가야 하니 국수 세 그릇만 시켜주시면 좋겠습니다." 하여 돌아보자 운흥사에서 불공드렸던 중생여관 주인이 바로 옆에 서 있어 급히 국수를 시켜 점심을 들게 하였다. 강연은 한 시간 동안 삼천포 국회의원까지 찬조연설을 하고 끝을 맺었다. 이대통령이 말씀하셨다.

"내 만일 당선되면 스님과 중생여관 주인을 경무대로 꼭 모시겠습니다."

이것이 꿈인가 생시인가 아무리 생각해도 알 수 없는 일이다. 보리쌀 한 말도 제대로 갖지 못한 절 주지대리로 가서 석 달 사이에 지방국회의원 두 사람을 만나고 대통령까지 친히 뵙다니 이런 일은 어느 누구에게서도 듣기 어려운 이야기일 것이다.

그러나 이 일은 꿈처럼 한 순간에 지나갔으나 고성 불교신도들의 기상은 한없이 올라갔다. 포광스님은

"여기 있으면 찾아 오는 사람들이 많을 것이니 저 문수암에 가서 보름 동안만 쉬었다 오게."

하였다. 그래서 스님 시키는 대로 문수암으로 갔다.

다도해가 내려다 보이는 고성 문수암

1-47. 개미군단과 고성 문수암

　고성 문수암은 영남의 해금강으로 산은 그리 높지 않지만 다도해가 한눈에 내려다 보였다. 그래서 청담스님이 여기서 3년간 계셨던가보다. 주지스님은 혜명(慧明)스님인데 소탈하였다. 절 건너편에는 염소를 기르는 거사님이 계셨는데 혜명스님을 물심양면으로 돕고 있었다.

　"며칠 전 비가 내려 방이 추지다."

하면서 칠성님을 모신 방을 하나 주었다. 절 가운데서도 최고의 절경이라 문만 열어 놓으면 남해바다가 한 눈에 다 보였다. 포광스님 부탁으로 특별대접을 하였으나 스님은 오직 한 분, 돕는 사람이 없으니 역시 부전살이를 겸했다.

　새벽 3시에 일어나 도량석을 하게 되면 하얀 안개가 바다에서 일어나 이 세상 같지가 않았다. 너무도 황홀하여 중천에 뜬 달처럼 천지를 비치는 것 같았다.

　꿈인가 생시인가 예불 드리고 앉아 바라보면 동해바다에서 떠오르는 햇빛이 마치 노자 신선론에 나오는 단(丹)과 같았다.

　아 바다인가 허공인가
　어디서 떠 오르는 둥근 공인가
　남해바다 해조(海潮)에 밀려
　허공 가운데로 떠 오르는 둥근 빛이여,
　뜨고 질 때는 먼산 먼저 비친다 하였는데

이것이 영산회상 장엄불찰(莊嚴佛刹)이로다.

나는 환희 속에 숨을 제대로 고르지 못하고 안개만 마시고 살았다. 주지스님은 날마다 보는 일이라 대수롭게 생각하지 않고 아침 먹자 하고 불렀다.

"방이 축축하지 않았어?"

"예. 잘 잤습니다. 스님은 늙지 않겠습니다."

"신선도 걱정이 많다네."

"무슨 걱정이 그리 많으십니까?"

"구경오는 사람들만 많고 일을 도와주는 사람은 없거든."

"내 있는 동안까지는 스님을 함께 도울테니 무엇이고 시키세요."

"감사하네."

아침먹고 1시간이 채 되지 않았는데 고성의 문인들을 서봉섭선생이 모시고 왔다.

"어제 행사 잘 보았습니다. 어떻게 그 큰 어른을 흥분하지 않게 그렇게 자연스럽게 모셨습니까?"

"다 부처님 덕분이지요."

"고성시내 스님들이 초연스님 모시고 강연회를 한다고 극장을 빌려 놓았습니다."

"무슨 말씀입니까? 여기서 내려가면 바로 본사로 가야 하는데!"

가지고 온 선물들을 꺼내서 점심까지 즐겁게 먹었다. 사시기도를 하여야 하는데 주지스님께 크게 미안하게 되었다. 그래서 저녁부터는 정성껏 예불하고 기도하였다.

이튿날은 서울에서 청담스님의 손자상좌 두 사람이 신도들까지 데리고 왔다.

"이 분은 광화문 국제극장을 운영하는 스님이고 이 분은 도선사 사무장입니다."

혜명스님은 날마다 손님 치르느라 정신이 없었다. 신도들이 오면 쌀을 가지고 오고 불전도 놓고 하지만 스님들이 오시면 먹는 것은 말할 것도 없지만 차비까지 주어야 한다고 하였다.

도선사 총무가 말했다.

"모처럼 왔으니 광화문 사장님께서 사숙님께 한틱 내시오."

하고 서로 주고 받으며 껄껄 웃었다.

제3일째는 삼천포에서 운흥사 화주보살이 이재현 국회의원의 조카딸과 자신의 형제들을 데리고 왔다. 이 분은 종종 왕래하시는 분이라 내집처럼 척척 살림을 하였다.

한 사람이 물었다.

"이 분이 초연스님이야?"

"예. 제가 초연입니다."

"고성 보광사에 연락드렸더니 문수암에 계신다 하여 여기까지 왔습니다. 스님께서 불공 한 번 드려주세요."

"주지스님에게 말씀 드리고 축원방을 써 오세요."

하여 운흥사 법당 대불 앞에서 큰 소리로 불공드리듯이 정성껏 축원해 드렸다.

"그렇니까 사람들이 줄줄 따라다니지. 방공청년단 단장님이 초연스님 자랑만 하고 있거든…."

"좋은 인연입니다. 이렇게 좋은 곳에 와서 좋은 분들을 뵙게 되니 영광입니다."

"운흥사로 다시 오세요. 우리들이 틈 나는대로 모시고 불교강의를 듣겠습니다."

"고마우신 말씀이오나 포광스님과 약속이 끝나면 저는 바로 순천 송광사로 가야 합니다."

이렇게 주고 받고 하다 보니 하루해가 번쩍 기울었다. 다음 날은 비가 내리는데, 방안에 누워 있으니 개미들이 가슴 속까지 파고 들었다.

"얼마나 먹을 것이 없으면 그러냐. 점심 먹고 너희들 밥 가지고 와 줄께, 돌아다니지 말아라."

하고 밥 한 덩어리를 창틈 밖에 갔다 놓았더니 한 놈도 방안에 들어오지 않고 밖에서 놀았다. 이 광경을 본 혜명스님이,

"개미는 설탕을 제일 좋아하거든…."

하며 제사에 올렸던 밤설탕을 가지고 오셔서 부엌 옆에 놓아두었더니 보름 후 떠나 올 때까지 방안에 들어오지 아니했다. 그때부터 혜명스님이 손님만 오면,

"개미 아버지, 손님 오셨습니다."

하고 안내하였다.

조주스님에게 어떤 스님이 물었다.

"개도 불성이 있습니까?"

"없다(無)."

개미는 진짜 불성이 있는가, 없는가!

개미들이 밥먹는 모습

1-48. 고성극장 불교강연대회

보름을 쉬었다 오니 극장 앞과 보광사 정문에 플래카드가 붙어 있었다.

"초연스님 초청 불교강연대회"
– 관음신앙에 대하여 –

포광스님이 먼저 연단에 올라 말씀하였다.

"초연수좌는 묘한 사람입니다. 옥천사에 있을 때 의현스님을 따라 108배하는 것이 습관되어 있고, 아미타불 기도하는 소리를 듣고 마산 신도가 나한 기도를 하여 한국 최초의 슈퍼마켓을 만들고, 주지스님의 큰 상좌는 대학에 들어가 열심히 공부하고 있습니다. 뿐만 아니라 삼천포 운흥사가 되살아났으며 대통령을 맞는 강연까지 하였습니다. 억지로 꾸며서 하는 것이 아니라 마음 속에서 우러나서 하니 요즘은 개미 아버지로 별명이 났습니다."

이렇게 칭찬하자 초연수좌는,

"내가 본래부터 그렇게 되어서가 아니라 송광사 스님들의 가피와 사랑이 있었기 때문입니다."

하고 자숙하였다.

『부처님 당시 남의 집 산지기를 하던 말니(末尼)여인이 주인의 회갑잔치 하는 것을 보고 "부자가 부자 되는구나. 나는 무엇으로 부자의 종자를 심을꼬!" 하고 자기에게 배당되는 꼬두밥 한 덩이를 가지고 나가다 마침 밥 얻으러가는 스님께 드렸더니 환희와 정성에 차있는 말니를 보고 물었습니다.

"그대는 무엇을 원하는가?"

"밥 한 덩이 가지고 무슨 소망을 발하리까마는 될 수만 있다면 노예에서 해방되고 내생에는 한 나라의 왕후가 되어 만 중생을 보살필 수 있는 지도자가 되었으면 합니다."

"그대에게 밝은 빛이 있어라."

환희에 찬 모습으로 일어나 보니 탁발승은 이미 간 곳이 없었다. 너무도 기뻐,

한 덩어리 밥으로

노예에서 해방된다면

나는 다음 세상에 왕후가 되어

만 중생을 제도하리라.

꾀꼬리처럼 입에서 사랑스런 노래가 그치지 아니했다. 온 산천에 아름다운 노래 소리가 퍼지자 사냥 나왔던 사위성 임금님이 그쪽을 향해 말을 달렸다. 노랑색 옷을 입은 짐승이 달려가는지라 그를 따라 달리다가 그만 언덕바지에 이르러 말은 뛰어 달아나고 왕은 떨어져 가사상태에 빠졌다.

산갓 앞에서 순간적으로 일어난 일로 놀란 말니는 호수가로 뛰어 내려가 연잎에 물을 떠서 쓰러진 사람의 목을 축이고 두 다리와 어깨를 주무르니 얼마 후 눈을 뜨면서 물었다.

"여기가 어디냐?"

"아무개 장자의 산갓입니다."

"내가 어찌하여 여기까지 왔는고! 네가 아니었으면 꼭 죽을 뻔 하였구나. 네 주

인에게 가서 이렇게 이렇게 생긴 사람이 만나고자 한다 아뢰어라."

"예."

하고 비호처럼 달려가 알리니,

"아니 나라의 임금님이 내 생일을 어찌 알고 산갓까지 찾아 왔다는 말인가!"

하고 급히 달려가 엎드렸다.

"임금님께 아뢰옵나이다. 속히 저희 집으로 가서 잔치상을 받으시옵소서."

"장하다. 그러나 내가 이 여인이 아니었으면 꼭 죽을 뻔 했으니 궁중으로 데리고 가 시봉을 삼았으면 하는데 허락해 주겠는가?"

"아무렴 허락 뿐이겠습니까. 아주 임금님께 바치겠습니다."

"좋다, 그러면 가마를 불러 태워 보내라."

하고 왕은 바로 궁중으로 들어갔다.

말니가 궁중에 이르자 왕은 궁중의 여인들을 불러 선언하였다.

"오늘부터 이 여인이 나를 시중한다."

말니는 놀라 엎드려 경배하였다. 그리고 말하였다.

"저는 태어나면서부터 산 속에서 살아 산갓 지키는 일 밖에 모릅니다. 그러니 3개월 동안만 말미를 두고 궁중의 예법을 익히게 하여 주옵소서."

"좋다. 그대는 참으로 영리한 사람이다. 다른 후궁들은 몸 단장하고 언제 임금님이 부르나 기다리는데… 오늘부터 꽃집, 다방, 주방 등등, 곳곳에 들러 궁중의 식을 익히도록 하라."

말니는 석 달 동안 임금님이 좋아하는 음식, 꽃, 다(茶)를 배웠다. 이러한 말니의 부드럽고 사랑스런 태도와 총명한 눈을 보고 임금님은 크게 사랑하였다.

"그대의 원이 무엇이오?"

"나에게 무슨 복이 있어 일시에 노예에서 해방되고 왕후가 되었겠습니까. 꼬두밥 한 그릇이 오늘과 같은 결과를 가져온 것이니 그때는 그릇도 없이 연잎에 싸서 드렸는데 이제는 궁중자기에 산해진미를 담아 스님들께 공양 한번 하고 싶습니다."

"그래. 천하의 땅이 이제 당신 것이 되었으니 무엇이고 원하는 대로 하십시오."

말니는 온갖 음식을 장만하여 고귀한 수레에 가득 실어놓고 선배 궁녀들에게 물었다.

"수행자들이 어느 곳에 많이 계시며, 가장 훌륭한 지도자는 누구십니까?"

"까삘라국의 왕자 실달태자가 성불하여 지금 기수급고독원에 1,200 대중과 함께 계신다 들었습니다."

"그렇다면 나를 그곳으로 인도해 주십시오."

하여 음식을 가지고 부처님 앞에 올리고 절을 한 뒤 쳐다보니 주인 생일날 꼬두밥 한 덩어리를 받아 잡수신 분이 바로 석가모니 부처님이었다. 감격한 말니는 노래 불렀다.

"묘한 상호를 갖추신 세존님이시여,

불자가 어찌하여 그 이름을 관세음이라 하나이까?"

묘한 상호를 갖추신 세존님께서 말씀하셨다.

"불자가 모든 곳에 잘 따라주기 때문이다."

이 한마디에 말니부인은 세상 사람들이 고민하는 소리를 잘 듣고 그들의 희망을 꺾지 않고 소망을 잘 들어주시는 이, 그분이 바로 관세음보살임을 깨달았습니다.』

"신통력을 구족하고 널리 지혜와 방편을 닦아 시방의 모든 국토에 몸을 나타내지 않음이 없으므로 원통교주(圓通教主)라 합니다. 남인도 보타낙가산 포칼라에 근본 도량을 두고 있기 때문에 중국에서는 주산열도 낙가산에 근본 도량을 세웠으며, 한국에서는 양양 낙산사, 남해 보리암에 근본도량을 차리고 원통전, 낙가전, 관음전, 보광전 등의 법당을 짓고 밤낮없이 기도를 하고 있는 것입니다.

극락세계에 계실 때는 대세지보살과 함께 아미타불의 좌우보처가 되는 것이지만 홀로 계시면 어느 곳이고 자기 이름을 부르는 소리를 따라 문을 활짝 열므로 유니버설 게이트, 보문·시현·원력·홍심·대자·대비 관세음이라 부르는 것입니다.

나는 송광사에서 발룡스님이 관음기도를 하다가 이근원통(耳根圓通)을 얻고 서른두 살에 군대에 가면서,

'관세음 어머니, 나는 어머니의 품을 떠나고 싶지 않는데, 나라에서 부르니 석달 동안만 봉사하고 왔으면 좋겠습니다. 부탁합니다, 어머니.'

그래서 제주도 훈련장에 갔는데 갑자기 여름철에 비가 쏟아지니 부대장이 말하기를,

'오늘은 막사에서 총 청소를 한다. 누구나 자기 총을 잘 닦고 점검하라.'

하였습니다. 발룡스님은 총을 청소한 뒤 자기 발에다 대고 총의 방아쇠를 당겼는데 안에 실탄이 들어 있었던지 발가락 두 개가 날아가 버렸습니다. 소대장이 와서 보고,

'너 같은 놈을 데리고 있다가는 사람 죽이겠다. 속히 병원에 가서 치료하고 절로 가거라.'

하여 딱 석 달 만에 돌아온 일이 있습니다.

중국에서는 그 상호에 따라 양유관음·용두관음·지경관음·원광관음·유희관

음·백의관음·연화관음·롱현관음·시약관음·월암관음·덕왕관음·수월관음·일월관음·청정관음·위덕관음·맨맹관음·중보관음·암호관음·능정관음·아뇩관음·엽의관음·유리관음·타라관음·합리관음·육시관음·마항관음·합장관음·일여관음·불이관음 등 여러 가지 이름으로 부르고 있어 아버지 관세음보살, 어머니관세음보살, 아들, 딸 관세음보살 등 이 세상 모든 것이 관세음보살 아닌 것이 없습니다.

각기 중생의 소리를 듣고 소리를 따라 응해 주시면 그 관세음보살이 천하제일 관세음보살로 알고 있습니다. 옥천사 출신 가운데 청담스님같이 청정비구 관세음보살이 있는가 하면 똑같은 스님인데 구보살님 시봉을 하고 계시는 포광 관세음도 계시니 어여삐 여겨 사랑해 주십시오.

지금 보광사에는 길거리의 구두닦이 슈샤인보이들을 모아서 저녁공부를 시키고 있습니다. 공책과 연필을 사주셔서 공부할 수 있게 해주시기 바랍니다.”

하고 그 동안 고성 옥천사, 보광사, 운흥사에 다니며 온갖 겪은 일들을 관세음보살의 신행으로 풀어 박수갈채를 받았다. 신도회장은 목에 큰 화환을 걸어주고 많은 사람들과 함께 사진을 찍어 기념으로 남겼다.

고성극장에서 법문을 듣는 청법대중

1-49. 아름다운 파티

강연이 끝나고 보광사에 오니 그동안 함께 공부했던 슈샤인보이들이 진수성찬을 차려놓았다.

"아니 이게 웬일인가?"

"포광큰스님께서 준비하라 하여 이렇게 마련했습니다."

헤아려보니 벌써 상당한 세월이 넘어 지났다. 옥천사에서 오자 마자 서봉섭선생 그리고 정길자씨 등과 마음이 맞아 야학을 시작한 것이 벌써 20개월이 넘었다. 내가 있든지 없든지 큰스님께서 후원하시고 선생님들이 잘 이끌어 주셨는데, 이제 헤어질 때가 된 것 같아 파티를 열었다는 것이다.

헤아려보니 그 동안 강의에 참석했던 아이들이 30여 명, 그리고 그 아이들에게 공책이나 연필 등을 대어 주시고 격려해 주신 동명한의원 원장님 그리고 그 옆에서 문방구를 하셨던 사모님과 딸, 신도회 간부 여러분이 한 자리에 모여 소감을 들었다.

"기독교에 비하면 불교는 너무 미비하지만 이렇게 희망을 가지고 불교운동을 할 수 있었던 것을 진심으로 감사하게 생각합니다."

주지스님이 울먹였다.

"나는 상좌도 없고 아들이나 딸도 없어 초연수좌와 함께 살기를 희망하였는데 은사스님께서 더 이상 돌아다니면 안 된다고 하시면서 서울로 보내달라 편지가 왔으니 할 수 없다. 가더라도 나를 잊지 말고 도와 달라."

하고 꼭 껴안아 주셨다. 서봉섭시인이 말했다.

"나는 고등학교 밖에 다니지 못한 시골 나무꾼으로 신춘문예에 당선된 것만도 장한데 그 영광을 지방학생들에게 돌리게 된 것을 기쁘게 생각합니다. 아무쪼록 그 동안 배운 것을 기초로 해서 희망을 가지고 사시기 바랍니다."

학생들이 일어나 말했다.

"감사합니다. 저희 같은 사람들을 누가 쳐다나 봅니까. 그런데 이렇게 가르쳐주셔서 세상을 보는 안목이 달라졌습니다. 날마다 오는 손님, 가는 손님, 별별 손님을 다 구경하면서 여러 생각을 다 했는데 요즘 와서 보니 주소도 없이 살아가는 초연스님 생활이 부러워졌습니다. 그래서 지금은 누더기를 입고 지나가는 스님이 달리 보입니다."

이 가운데 세 사람은 출가하여 한 사람은 군승이 되고, 한 사람은 혜명보육원 지도법사가 되었으며, 또 한 사람은 선방수좌가 되어 지금은 하와이 대원사 선방에 가서 살고 있다고 한다.

끝으로 동명한의원 원장님이 말씀하였다.

"우리가 불자인 것을 알면서도 기독교 전도사들이 부리나케 드나들었습니다. 그런데 요즘 초연스님이 강연한 뒤로는 조금 뜸해졌는데, 아주 없어졌으면 좋겠고, 남의 종교, 조상 제사 헐뜯지 않는 사회가 되었으면 좋겠습니다."

사모님이 말씀하였다.

"우리집은 극장 옆이고 문방구를 겸해서 하고 있기 때문에 드나드는 손님을 보면 세상 돌아가는 이치를 압니다. 내가 아이를 낳지 못해 애기 하나를 길러 의지가 될까 했는데, 몸이 건강치 못하여 위태위태 합니다. 매일 아침 보광사 다니며 참배하는 재미로 사는데 아이가 요즘 기운을 얻어 즐거워 하고 있습니다. 미안합니다만 초연스님, 우리 딸에게 포옹 한번 해 주세요.”

그래서 일어나 여러 사람이 보는 가운데서 포옹을 하였다.

“그동안 공책, 연필, 원고지 등 정말 감사합니다.”

끝으로 정길자선생이 일어나 이별의 노래를 불러 파티가 끝났다.

인생은 작정할 수 없는 것이지만 어디 가든지 전생의 부모형제를 만난듯 기쁜 마음으로 만나고 헤어지며 서로 보살필 수 있으면 좋겠다 생각하였다.

특히 두 다리를 잘 못쓰는 사모님을 부모처럼 업고 다니며 병원치료를 하고 약을 달여 먹이고, 똥오줌을 받아내는 것을 보면 포광스님이 진짜 관세음보살이요 지장보살이라 생각되었다. 저녁에는 수발이 많아 절에서 자지 못하고 사시에만 왔다가 가시는데 집에 가서 보면 방안에 불상을 모시고 절처럼 수행하신다.

아픈 사람을 위해서는 큰 소리로 염불하고 조용히 앉아 참선할 때는 사모님을 향해 앉는다. 사모님은 너무도 감격하여 때때로 울기도 하고 때로는 혼자 웃기도 하고 때로는 감사하며 볼을 부비며 애기처럼 장난을 치기도 한단다.

1-50. 정성어린 음식과 불효자식

　이튿날은 내가 오후 2시 차로 떠나게 되어 있었기에 정길자선생님 어머니께서 점심공양을 대접하겠다 연락이 왔다. 나는 포광스님을 모시고 처음으로 그 집에 찾아 갔는데, 조촐한 가운데서도 정성어린 음식이었다.

　주로 고성 바다에서 나는 해물들로 만들어졌다. 굴이며 해삼이며 처음 보는 음식들이 많았다.

　"스님들은 음식을 가려 잡순다는 말을 들었으나 오늘은 저희들이 좋아하는 음식을 평상시처럼 마련하였는데, 달게 잡수십시오."

　"너무 황송합니다. 저 같은 행자가 큰스님 덕분에 보살도를 체험하게 되고 또 좋은 친구들도 만나 봉사활동을 하게 되었으니 잊지 못할 것입니다."

　주지스님이 서울 가는 차비라 하면서,

　"보살님이 주면 받지 않을 것 같아 내가 대신 받아 주니 잊지 말게…."

하였다. 아무리 생각해도 고성은 내가 전생에 이들과 함께 살던 곳임이 틀림없다.

　건너편 미륵사에서도 주지스님이 신도 몇 분과 함께 터미널로 찾아 오셨다.

　"부모은중경 잊지 않고 있습니다."

　내가 보광사에 있을 때 사랑하는 어머니를 잃은 아들이,

　"어떻게 하면 돌아가신 어머니를 바른 길로 천도할 수 있을까요?"

하여 심지관경의 오종대은명심불망(五種大恩銘心不忘)과 다생부모 십종대은(多生

父母十種大恩)을 49재법문으로 해준 일이 있는데, 그걸 잊지 않고 있다는 아들의 말이었다.

누가 되었든지 이 세상에 태어나면 다섯 가지 은혜를 입지 않는 사람이 없다. 이것이 **오종대은명심불망**이다.

각안기소국왕지은 (各安其所國王之恩)
생양구로부모지은 (生養劬勞父母之恩)
유통정법사장지은 (流通正法師長之恩)
사사공양단월지은 (四事供養檀越之恩)
탁마상성붕우지은 (琢磨相成朋友之恩)

나라의 은혜, 부모님의 은혜, 스승의 은혜, 친구의 은혜, 의복, 음식, 와구, 탕약을 서로서로 공양한 은혜, 이 은혜를 갚으려면 단지 그들을 부처님처럼 받들고 생각하여야 한다 한 말이다.

다생부모십종대은은
회탐수호은 (懷眈守護恩)
임산수고은 (臨産受苦恩)
생자망우은 (生子忘憂恩)
연고토감은 (咽苦吐甘恩)
유포양육은 (乳哺養育恩)
회간취습은 (廻乾就濕恩)
세탁부정은 (洗濯不淨恩)

원행억념은 (遠行憶念恩)

위조악업은 (爲造惡業恩)

구경연민은 (究竟憐愍恩)

특히 이 집에는 집 나간 자식이 있었던 모양인데, 부모는 자식을 가지면서 부터 입덧을 하여 토악질 하고, 배가 불러지면서 6척 장신도 제대로 놀리지 못하고 이리 뒹굴 저리 뒹굴 몸부림치는 모습, 자식을 낳고도 집에서 원하는 아이를 낳지 못하면 근심 걱정하는 모습을 사실적으로 묘사하여 법문하였다.

자식을 낳을 때 벗어놓은 신을 다시 신느냐 못 신느냐 고민했던 어머니 마음, 딸 여덟을 낳고도 아들 때문에 하나 더 낳아야 하는 어머니의 마음… 이러한 마음이 시골 할머니들에게는 크게 공감을 주었던 모양이다.

특히 이 집은 어머니 젖이 부족해서 이 집 저 집 얻어먹이고 쌀로 미음을 만들어 먹이면서 어려움이 많았던 것 같고 6.25 후 미군부대에서 나오는 우유와 설탕을 구하기 위해서 애썼던 모양이다.

어렵게 어렵게 하여 길러 놓으면 부모님 말이라도 잘 들어야 되는데 친구따라 강남 가서 죽을 때까지 잊지 못하게 하였으니 그 아들이 더욱 통탄해 하였다.

멀리 가서라도 돈이라도 벌고 색시라도 데리고 오면 좋으련만 포승줄로 두 손 꽁꽁 묶여 왔으니 그 어머니 마음 어찌 하였으랴.

나물 캐고 품팔이하여 감옥소에 가면 기쁜 마음으로 음식을 받고 돈을 받아야 하는데 왜 왔느냐고 짜증을 내고 화를 내는 모습을 보면 마치 성난 이리와 같았지만 그래도 내 자식인 걸 어떻게 하랴.

"언제나 나올까요? 우리 자식 빨리 좀 내보내 주세요."

하고 간수들을 붙들어 잡고 몸부림치던 어머니의 모습. 눈뜨고는 볼 수 없는 모습이지만 그 집 어머니는 그런 처지에서 눈을 감았으니 눈을 감으면서도 자식을 잊을 수 있었겠는가.

다행히 죽고 난 뒤 이틀 만에 풀려나 초상을 같이 치루었으나 자식 마음인들 오죽하랴!

나는 그 속도 모르고 어머니의 십종대은을 구체적으로 설명하여 온 절 안이 눈물바다가 된 일이 있다.

그런데 그 자식이 어머니를 대신하여 노자 돈을 가지고 터미널로 찾아 왔다. 우리는 서로 눈물을 흘리며 다시는 이런 일이 없이 아버지 잘 모시고 살아달라 부탁하고 길을 떠났다.

1-51. 신촌 봉원사의 노신사

서울에는 아는 사람이 없었다. 중학교 2학년 때 한국일보사 주최로 전국웅변대회가 있어 다녀 갔지만 어디가 어디인지 알 수 없었고 조계사는 두 번째 가는 길이니 혹시 또 뚝섬 고시선생님이 계실까 두리번거렸다.

그러나 아는 사람은 하나도 없고 수륙재 때 광주에서 만나 뵈었던 방울스님이 일주문에 들어섰다.

"스님, 저 아시겠습니까? 송광사 중 초연입니다."

"세상에 나 모르는 사람은 없어도 나는 자네를 알 수 없네."

키는 150cm 되고 항상 목탁 들고 방울처럼 굴러 다니기 때문에 스님의 별명이 방울스님이다.

"신촌 봉원사를 가야 하는데, 어디로 해서 가야 합니까?"

"아, 인간문화재 사찰 신촌 봉원사. 사직터널을 지나서 독립문을 지나가면 쉽게 갈 수도 있지만 처음 가는 사람은 어려워. 그러니 이 길로 쭉 나가 종로통을 타고 서대문을 물어 염천교를 건너가면 고개가 하나 나오거든. 그것이 아오개 고개야. 거기서 왼쪽으로 가면 여의도가 나오지만 잘못하면 한강으로 빠질 염려가 있으니 아오개 고개를 넘으면서 오른쪽으로 돌아 이화여대를 물으면 바로 그 뒤에 있으니 그렇게 가는 것이 제일 좋겠네."

방울스님 말씀을 듣고 이화여대를 찾아가니 거기서 다시 2km는 되었다. 오후 다섯시 하숙집 만봉스님 집을 찾아가니 어디서 왔느냐 물었다.

"송광사에서 왔습니다."

하니

"네 얼굴이 이사장님과 꼭 닮았구나. 네 성이 무엇이냐? 아직 시간이 안 됐으니 마루에 앉아서 기다려라."

"한가(韓家) 입니다."

"뭐, 임가가 아니여…"

하고 키가 훤칠하게 크고 눈이 부리부리하며 목에 혹이 달려 있는 나한님같은 분이 말했다.

"너는 진작부터 기산스님을 알고 있느냐?"

"편지를 받고 처음 찾아왔습니다."

마침 그때 검은 지프차가 도착하더니 중국신사들이 입는 망또를 걸친 노스님이 중절모자를 쓰고 내리셨다.

"스님, 잘 다녀오셨습니까?"

하고 한 여인이 옷을 받고 모자를 챙긴 뒤 말했다.

"송광사에서 어린 행자가 찾아 왔습니다. 행건을 친 것을 보니 청정비구승 제자인듯 합니다."

"들어가자."

스님은 방안으로 들어가서 말씀하셨다.

"너도 이리로 들어오너라."

방안에 들어가 절을 하자,

"네가 초연이냐? 오래전 현곡(玄谷 : 김잉석박사)에게서 이야기 들었는데 오대산 선방에 있다 왔다면서…"

"네. 추강큰스님 시봉 갔다가 두 철을 난 일이 있습니다."

"편히 앉거라. 오늘은 나하고 여기서 자자."

하고 밥 두 그릇을 시킨 뒤 따로 상을 차려왔다.

"외로운 사람들끼리 외상으로 먹을 필요가 있느냐. 이리 가져오너라. 나하고 같이 먹자. 밥만 이리 가져와….."

그래서 한 상에서 공양을 하고 난 뒤,

"여기는 연탄을 때기 때문에 따로 불 때는 일이 없다. 윗방에다 자리하고 자거라."

스님은 아랫방에 초연은 윗방에 편안히 누워 있으니 물었다.

"너는 어떻게 공부하였느냐?"

"낙산사에서 금오큰스님이 책 한 권을 주어 보니 능엄경이었습니다. 그래 송광사 성공스님에게 마등가 이야기를 자세히 들었는데 한 가지 의심이 있습니다."

"무슨 의심이냐?"

"불법은 모든 것이 인연 속에서 만들어진다 하였는데, 무명이 만들어질 때 홀연히 만들어졌다 하여 의심하고 있습니다."

그 말을 듣던 기산스님이 벌떡 일어나시며,

"네가 그것을 다 의심해. 네 나이가 몇 살이냐?"

"스물두 살입니다."

"아니 나는 12살에 출가하여 52살이 되어서야 그런 의심을 가졌는데 너는 출가한 지 3년만에 그런 생각을 가졌다니 참으로 놀라운 일이다. 넌 학교에 가야 되겠구나!"

"도만 깨치면 무불통지라 하였는데 학교는 가서 무엇합니까?"

"무불통지로 도를 깨치면 사람 죽여. 논리적으로 배워서 체계 있게 아는 것 하고는 성격이 다르다."

이렇게 밤 늦도록 이야기하다가 잠이 들었다.

이튿날 아침,

동대이사장 기산큰스님

인간문화재 만봉큰스님과 함께

"어디로 갈 것이냐?"

"정한 장소가 없습니다."

"그러면 조계사로 가거라. 거기가 좀 시끄럽긴 하지만 우선 쉬기는 좋으리라."

그래서 조계사로 갔더니 방울스님이 반겨 주었다. 백송(栢松) 옆에 작은 집이 하나 있는데, 들여다 보며 말했다.

"여기가 공초(空超)선생 방이다. 한국의 불교시인들이 대부분 이 곳을 거점으로 왔다 갔다 하는데 여기 가까이 하면 술 담배에 찌들게 되니 조심하라."

그 옆에 길게 집이 한 채 있었다.

"여기가 대중방이야. 전국 스님들이 왕래하는 곳이니 물품 주의하고 저 한쪽에 자리하라."

맨 아래쪽에 바랑을 걸고 앉아 있으니 20여 명의 스님들이 왔다 갔다하며 저녁 공양을 준비하고 있었다. 찬상을 들고 천수물동이를 갖다 놓으니 30여 명의 스님들이 발우를 가지고 주욱 늘어 앉았는데 계속해서 승복입은 사람들이 들어왔다.

"새로 온 사람들은 후원에 가서 먹어라."

그래도 그 가운데서는 방울스님이 대장이었다. 이렇게 2, 3일을 지내니 나도 신참 가운데서 고참이 되었다. 발우를 펼 줄도 모르는 스님들이 많았고, 주고받는 말이 속인들 만도 못한 사람들도 더러 있었다. 속으로 생각하기를,

"한국불교의 본산이 이 지경이라면 다른 곳이야 더 말할 것 있겠는가."

하고 있으니 송월주스님을 중심으로 젊은 스님들 20여 명이 한꺼번에 들어와서,

"종정스님이 오늘 이리로 오시기로 했으니 정신차려라."

하였다. 이튿날 아침예불이 끝나자마자 마당청소를 시작했는데 모두가 새 빗자루를 들고 물을 뿌린 뒤 마당을 쓸었다. 범어사 큰스님으로부터 통도사, 해인사 중

노스님들도 10여 명 와 계셨는데 월주스님이 무엇이라 하니 범어사 큰스님이 빗자루를 들고 큰 법당을 한 바퀴 돌면서 쫓아 다녔다. 한 스님이 말했다.

"이것이 선법문이여. 선방에서는 문답하는 것이 아니라 옛날 사람들은 밭에서 일하다가도 괭이 들고 스승과 제자가 싸웠거든…."

"누가 이길 것 같습니까?"

"중 싸움은 결과가 없지…."

아니나 다를까 씩씩거리면서도 서로 쳐다보고 웃는다.

이렇게 재미있게 2~3일을 지냈는데, 아침에 막 발우를 펴자마자 한 스님이 내 옆으로 다가 오면서 물었다.

"초연아, 너 나 모르겠어!"

쳐다보니 송광사 하사당에서 뵌 분이다. 몇 달만에 한 번씩 밤중에 왔다가 2,3일 지내면 흔적없이 사라진 사람이다.

"형님, 스님이 언제 되었어?"

"밥 먹고 이야기 하자."

공양 후 지대방으로 나를 데리고 가더니 우선 추강스님의 안부를 묻고는,

"오늘 오후 대법원에서 할복 자살시도가 있을 것이니 너는 여기 있어서는 안 된다. 어디로 가거라."

기산스님께 연락드렸더니,

"그제 대법원에서 태고사 스님들이 재판에 이겼거든. 전라도, 경상도 일대에 있는 무도인들이 모두 머리를 깎고 먹물 옷 입고 선학원 스님들과 함께 데모를 한다는 말을 들었다. 그렇다면 너는 사간동 법륜사로 가거라, 내가 대륜큰스님에게 이야기해 놓을 테니…."

"법륜사가 어디에 있습니까?"

"한국일보사 앞에 있다."

그래서 오전 11시쯤 법륜사로 갔는데 대륜스님께서 큰방 대중들에게 소개하였다.

"기산스님 시봉이니 싸우지 말고 잘 지내라."

오후 2시가 되자 지행수좌가 변설호큰스님의 '이조불교' 강의를 듣는다고 하였다. 나도 따라서 큰 방에 있었는데 자연히 함께 공부하게 되었다.

변설호큰스님은 해인사 주지였는데 최근 서울 누상동에 계시면서 노는 입에 염불하는 식으로 학인들을 가르치고 있었다. 들어보니 참으로 재미있었다.

'조선불교'는 능화 이상현선생이 저술한 것으로 상·중·하 3편으로 되어 있는데, 제3편 가운데 조선불교가 있다. 이태조의 불교신행과 태종의 왕권정립, 그 가운데 배불파와 친불파 이야기가 고소하게 들려왔다.

특히 세종대왕의 신불(信佛)과 세조대왕의 반역의 극적인 소재가 있었고, 그때에 만들어진 한글, 국한문 번역서 같은 것은 처음 듣는 강의였다.

한 달쯤 듣고 나니 기산스님이 찾아 오셨다.

"재미있느냐?"

"재미있습니다."

"여기서 대학을 졸업한 사람들이 80여 명이 넘는다. 지금도 20여 명이 숨어서 지내지만 아침예불 빠지면 밥도 안 준다."

"그렇지 않아도 동산큰스님을 모시고 여기서는 10여 명이 지내는데, 후원에서는 30여 명이 넘는다는 말을 들었습니다."

"지행이는 동산스님의 상좌이니 우리 초연과 가까이 잘 지내라. 미아리에 새로 절을 지었는데 아직 낙성을 하지 않았다고 한다. 국악원 악사장 김기수씨 형수씨가 지은 것이니 먼저 들어가 도량을 지키면 좋은 일이 있으리라."

"스님 시키는 대로 듣겠습니다."

1-52. 미아리 영미암

　영미암 창건주 연순이(延順伊)씨는 일찍이 여자 자전거 선수로 이름을 날렸던 분이라 한다. 종로양복점 기사 김익수선생이 후원하여 전국에서 1등을 세 번, 네 번 하였는데, 자주 만나 파티도 하였고 격려하다 보니 친구가 되어 아버지 정혜선사(精慧禪師)를 소개받아 그로부터 법화경을 배웠는데, 거기 심취하여 절까지 짓게 되었다는 것이다.

　미아리는 원래 공동묘지라 사람이 살 수 없는 곳이었으나 정부에서 종로구 계동(桂洞)과 필동(筆洞)에 살던 피난민과 원주민들을 이곳으로 이주시켜 10만이 넘는 사람들이 미아리 인수동과 삼양동 일대에 살고 있었다.

　영미암은 그 가운데 미아리국민학교에서 산등성이로 2km쯤 더 올라가 바위언덕에 자리잡고 있었는데 잘못하여 미끄러지면 개울물 웅덩이에 빠지게 되어 있었다.

　집은 짓다 말았는데 법당 여덟 평에 요사채는 40평이나 되었다. 벽도 제대로 발라지지 않아 하얀 서리가 방안에 가득하였다.

　우선 방 두 개를 수리하여 법당 옆 작은 방은 스님 방으로 사용하고 건너방 지대방은 보살님 방으로 썼는데, 보살님은 작은 아이 하나를 심부름꾼으로 두고 있었다.

　전기도 없는 허허 벌판에 물까지도 없어 물 한 지게에 천 원씩 주고 사 먹고 있었다. 주위 사람들이 피난민들이고 가난한 사람들이기 때문에 귀하고 천한 것이 따로 없었다.

　나중에 알고 보니 1km가 넘는 돌산 밑에서 생수가 나오는데, 밤낮없이 거기서 쏟아지는 물을 받아 배달해 주는 사람만 10여 명이 넘었다. 하루 일을 해 보았자 5,000원, 이 돈이면 쌀이 한 말이니 물 길어 사는 사람들이 그 동네에서는 부자였다.

　시월 상달에 부처님을 모시고 간신히 낙성식을 한 뒤 아침저녁으로 기도를 시작했다. 목탁소리를 듣고 찾아오는 사람들이 더러 있었다. 특히 아침 도량석을 돌 때는 5,6명의 신도들이 찾아와 앞뒤로 따라 다녔는데, 기분이 매우 좋았다. 아침 예불이 끝나면 부처님께 올린 다기물을 내려 나누어 마셨는데 그 물을 마시고 속병이 낫는 사람들도 있었다.

　특히 이윤재군의 아버지는 큰아들과 작은 아들을 데리고 하루도 빠지지 않고 예불에 참석하였다. 학교 선생님으로 있다가 돌아가셨는데, 큰아들이 장차는 불교정신문화원에서 운영하는 한의사 조수로 있다가 출가하여 경기대학총장 이외윤씨의 상좌가 되기도 하였고, 작은 아들은 해인사로 출가하여 조계종 중진으로 활동하고 있다는 말을 들었다. 인연이란 참으로 묘한 것이다. 생각지도 않았던 사람들이 불제자가 되다니….

　도량석을 빠지지 않고 참여하는 분 가운데 운동복을 입은 중년 신사가 한 분 있었고, 머리를 허리까지 내려뜨린 젊은 아가씨도 있었다. 하루는 신사가 말했다.

　"저는 서울대학교에서 교편을 잡고 있는 사람인데, 지난 7월부터 머리가 아파 견딜 수가 없습니다. 이렇게 새벽에 나와 염불소리를 들으면 덜 하는데, 학교에만 가면 더 아픕니다."

"그러면 학교에 한 번 같이 가 봅시다."

하여 사모님과 함께 갔는데, 서울대학교 의과대학병원 옆에서 궂은 냄새가 났다. 학교 주변에는 의과대학생들이 실험용으로 사용한 쥐나 토끼들의 시체들이 수없이 버려져 있었다.

"사람들이 저것을 주워다 먹기도 하기 때문에 독한 약물을 사용해서 처리하지 못하고 있습니다."

"알았습니다. 사람이나 짐승이나 생명은 똑같은데 함부로 버리니 혐오심을 일으켜 나타난 현상이니 의사선생님들과 함께 간단히 위령재를 지내고 도량을 정비하십시오. 그리고 우선 지금까지 상한 것은 몽땅 땅에 깊이 묻어 버리고 큰 통 두 개를 갖다가 분리수거 하십시오."

하고 사모님께 부탁하였다. 우선 그곳에 작은 희생비를 하나 세워 장소를 표시하고 함부로 사람들이 들어가지 못하게 한 뒤 시루 하나 쪄 놓고 막걸리 한 잔 부은 뒤 감사의 글을 지어 읽도록 하십시오.

"사람을 위해 희생된 모든 영가들이시여, 좋은 땅을 마련하여 묻어 주든지, 화장터에서 화장을 해야 하는데 불쌍한 사람들이 당신들의 시체를 영양소로 보충하고 있어 함부로 처리하지 못하고 있었습니다. 이 몸은 여러 원소의 집합체라 흩어지면 공한 것인데, 죽은 시체로 버려져서도 굶주린 중생들을 구원하고 있어 그 공덕으로 반드시 좋은 곳에 태어나리라 믿습니다. 무지한 중생들을 원망하지 말고 기쁜 마음으로 보살펴 주시옵소서."

하고 그 옆에 두세 개의 장비를 만들어 쥐, 토끼, 여타 짐승들과 사람들의 태나 큰 짐승의 장기는 각기 따로 모아 위생적으로 처리할 수 있도록 하였다.

의과대학 과장님은 그날 간단한 의식을 한 뒤 다시 머리가 아프지 않았고 하는 일 마다 좋게 되어 아들 딸들도 희망하는 대학에 들어갔다. 지금은 세월이 흘러 어디로 갔는지 알 수 없으나 그 집에 가면 붓글씨로 쓴 반야심경이 현관에 붙어 있어 매일 같이 신앙하는 표적이 되었다.

　머리가 긴 여인은 무당의 딸로 신이 들려 시집도 가지 못하고 있었다. 어디가면 친구들이 신들린 사람이라 업신여겨 속이 상해 사람들을 상대하고 싶은 생각이 없어 낮에는 집에 꼭 틀어박혀 있다가 밤에만 활동한다 하였다.

　"신을 보았는가?"

　"보았습니다."

　"어떻게 생겼던가?"

　"꿈에 영상으로 나타나기 때문에 실물을 잡을 수 없습니다."

　"공상영화로구나…."

　"나도 신이 들렸었지."

　"무슨 신에 들렸었습니까?"

　"여호와신에 들렸었지. 하늘 속에 여호와가 있다하여 찬송가 부르고 믿다 보니 허공 가운데서 여호와가 나타났습니다."

　"아, 그래서 수녀, 신부, 목사님들을 서양무당이라 하는군요."

　"그렇지. 무당(巫堂)이 별것인가? 하늘과 땅 사이에서 사람들의 생각을 점쳐주는 사람이지. 신들려 보지 못한 사람은 신의 세계를 전혀 알지 못하지. 제석신, 천왕신, 물귀신, 산신 등이 모두 그렇게 해서 생긴 것이거든. 그러니까 신들린 사람이라 업신여기면 신도 들려보지 못한 것이 무슨 소리 하느냐, 신들린 세계를 네가 어떻게 알겠느냐 야단을 쳐봐.

　그렇게 하면 신들리지 않은 사람들이 꼼짝 못할거야. 그리고 어머니가 들려있는 신이 어디 있는지, 어떻게 생겼는지 한번 찾아봐…."

　갑자기 아가씨의 눈에서 불이 번쩍 났다.

"나는 저 법당에 모셔진 부처님을 부처신으로 보았는데, 알고 보니 인도 가비라국의 왕자로서 깨달음이 훌륭하기 때문에 성인으로 모시고 있는 것이군요." 하고 합장하였다. 그때부터 그 아가씨는 사람 기피증이 없어지고 항상 명랑한 가운데 서라벌예술대학교에 다녀 문예를 창작하는 작가가 되었다.

지금도 새벽 4시 목탁소리가 들리면 인수동 산골짜기에 호롱불이 쫘악 켜지며 밥 지어먹고 공장에 나가는 사람들의 모습이 선연하다.

영미암 창건주와 말도스님

명절에 모인 미아리 영미암의 어린이법회 회원들

1-53. 정혜고등공민학교

　이렇게 해서 절을 찾아 오는 사람들이 한두 사람씩 모이자 연순이 보살님이 기분이 좋아졌다. 사실 이 분은 자전거 국가대표 선수로 이름난 사람이었지만 칭찬해 주고 후원해 주는 팬을 따라 한 살림을 시작했는데 가시밭길이었다.

　남들은 애기를 낳고 재미있게 살고 있는데 중도 속인도 아닌 보살도를 닦고 있으니 말이다. 그런데 마침 김선생님의 아버지가 법화행자라는 것을 알고 공부하여 절까지 짓게 된 것이다.

　그런데 김거사는 그의 가족들이 미국으로 이민 갔는데도 갈 생각을 하지 않고 직장에 충실하면서 불교 공부 하는 것에 재미를 붙였다. 매일 아침 목욕하고 법화경을 읽었으며 자가용을 가지고 출퇴근 하던 것을 치워버리고 인수동에서 미아삼거리까지 2km 이상을 걸어 출퇴근 하였다. 그리고 좋아하던 담배와 술도 다 끊어버리고 그렇게 사사롭게 쓰던 돈도 모아 법당 전기세와 연탄값으로 냈다.

　그중에 보살님 오라버니가 들어오시고 김거사님까지 이사 와 식구가 모두 여섯 명이 되었다. 오라버니는 목수 출신이라 무엇이고 망가진 것이 있으면 감쪽같이 고쳐 놓고, 마당쓸고 바깥 청소를 하여 더욱 도량이 깨끗하게 되었으며 부인 또한 살림을 도와 부엌 일에 걱정이 없게 되었다.

　절이 차차 윤택해지자 동네 아이들이 모여 어린이 법회까지 보게 되었다. 교통이 불편하여 학교를 가지 못해서 떼로 몰려다니면서 술래잡기나 갖가지 놀이도

하였다. 하루는 부처님께 공양 올리고 남은 떡을 나누어 주며,

"너희들 돌아다니지 말고 공부를 하면 어떻겠느냐?"

"어디서 무슨 공부를 합니까?"

"내가 다른 것은 몰라도 한문공부는 조금 하였다. 너희들에게 한문을 가르쳐 줄 수 있다."

"좋습니다. 내일부터 당장 여기 와서 한문공부를 하겠습니다."

그래서 시내에 나가 작은 칠판을 하나 사고 연필과 공책을 사다 늘어 놓았다. 처음에는 아이들이 대여섯 모이더니 차츰 친구들을 데려와 수십 명이 되었다. 방이 좁아 밖에 나와 마당에서 했는데 한 달이 못 되어 100명이 넘게 되었다.

인수동 동장이 찾아와서 공부하는 것을 보고 등불 기름을 대겠다 하고, 기산 스님이 보시고 동국대에서 부서진 의자와 책상을 한 차 실어 보냈다. 학생들이 너나 없이 나와 돕다보니 소문이 퍼져서 절마당도 부족하게 되었다.

그래서 고향 아버지에게 사정하여 땅 이백 평을 샀다. 거기에 '정혜고등공민학교'라는 간판을 붙이고 교실 세 칸(한 칸은 선생님들 방)을 지으니 명실공히 학교가 되었다.

학생들이 너무 많아 낮반과 저녁반으로 나누어 가르쳤다. 이러한 활동이 신문에 나자 서울시에서 와서 조사해 가더니 이듬해 3월 서울시 교육위원회에서 교육공로자상을 주며 돈도 6,000원씩이나 보조해 주었다.

수상장에 가서 보니 월계동에서 전자학교를 만들어 가르치는 교장선생님도 오셨는데 목사님이셨다. 초라한 내 모습을 보고 교장선생님의 장인 되는 분이 와서 말했다.

"우리 사위와 나이가 같은 것을 보니 큰 인연인 것 같습니다. 만일 좋다면 내

본부에 이야기해서 천만 원 얻어 줄테니 저희들하고 함께 교육사업을 합시다."

"저는 불교의 스님이기 때문에 교육을 사업으로 생각하지 않습니다."

기사가 여러 신문에 나자 여기저기서 자원봉사 교사들이 많이 생겼다. 서울대, 고려대, 동국대 등 주야간으로 20여 명의 선생님들이 무료로 봉사하였는데, 동국대에서는 박선영, 김유길, 신동욱 등 여러 분이 와서 국어, 영어, 수학, 역사 등 과목을 담당해 주셨고, 특히 국민대학 주선생님과 서울역 USO에서 영어선생님이 오셔서 수 년 동안 봉사해 주셨다.

아이들이 전 과정을 마치면 진급할 곳이 없었으므로 USO선생님이 서울역 옆에 한미고등기술학교를 만들어 1968년에는 모두 그곳으로 이전시키고 나는 가평에 상락향 수도원을 짓고 새로운 불교운동을 일으키게 되었다.

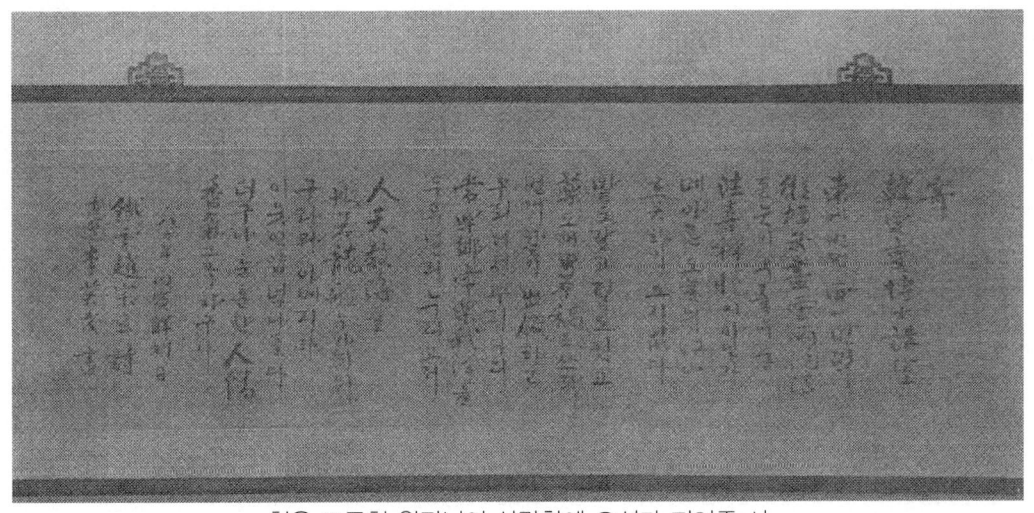

철운 조종현 원장님이 상락향에 오셨다 지어준 시

1-54. 불교학의 전당 동국대학교

이렇게 학교 일로 동분서주하는 가운데 딴 생각 할 여념이 없는데 하루는 기산스님이 부르셨다. 동국대학교로 찾아가니 벌써 퇴근하셨다 하였다.

아마 종단일로 일찍 나가셨나 보다 하고 조계사 총무원으로 가니 지방에서 올라 온 스님들과 회의를 하고 계셨다.

저녁 때가 다 되어 인사 드리니,

"너 내일 송정리에 내려가야겠다."

하셨다.

"송정리는 뭐 하러 갑니까?"

"정광고등학교에 가서 시험보고 와야 한다."

"3년 동안 절 공부 하느라 영어나 수학은 물론 모든 과목을 다 잊어버리고 있는데 어떻게 시험을 친단 말입니까?"

"요즈음 시험은 OX니 연필 굴리기만 잘하면 걱정없다. 아는 대로만 쓰거라. 교장선생님이 신지정선생님인데 동국대 서무처장을 겸하고 있다. 내가 미리 연락해 놓을 터이니 그 집에 가서 자고 시험 보고 오너라."

"예, 시키는 대로 하겠습니다."

신서무처장은 동국대학교에서도 몇 번 뵌 일이 있기 때문에 안심하고 내려갔다. 시험은 3일 동안 간단했다. 아는 것은 아는 것 대로 O를 치고 모르는 것은 모르는 데로 X표를 했다. 그런데 어떻게 되었든지 학교를 졸업하게 되었다고 연락이 왔다. 스님에게 말씀을 드리니,

"다시 내려갈 것 없다. 교장선생님께 의논해서 불교학과에 원서를 내라."

여기서도 물론 시험이 있었다. 한번 경험을 한지라 걱정하지 않고 시험에 응했다. 시험지를 보니 여기서도 역시 OX문제가 중심이 되어 있었다. 시험 성적은 평균 87점이 나와 재단장학을 받을 수 있게 되었다.

"네가 학교를 안 다녀 다 잊어버렸다 했는데, 재단장학생이 되었구나. 4년 동안 돈을 내지 않고도 학교를 다니게 되었다. 축하한다. 내년 2월에 입학식이 있으니 춘곡스님을 꼭 모시고 오너라."

어쩌면 춘곡스님하고는 미리 의논을 하여 한 일인지 알 수 없어 연락을 드렸다. 스님은 아주 기분이 좋으셨다.

"송광사에도 동국대학교 학생 하나가 생겼구나. 승찰대본산이라 자랑하면서도 상좌 하나 기를 수 있는 처지가 못 되어 얼굴을 제대로 들고 다니지 못했는데…. 이제 숨 한번 쉬게 되었다. 내 2월에 올라 갈 터이니 걱정 말고 공부 잘해라."

스님은 오실 때 미과(米菓)며 산자 등 송광사에서 연말에 만든 과자와 곶감 등을 한 보따리 가지고 오셨다. 미리 오셨기 때문에 현곡 김잉석박사님 집과 신지정 교장선생님 집을 낱낱이 찾아 뵙고 인사드렸다.

"이놈이 돌아다니기를 좋아하니 꼼짝 말고 4년 동안 공부 잘 하도록 살펴 주십시오."

교장선생님이 말씀하셨다.

"우리 일도 추풍낙엽이 될 것 같아 학교 일도 걱정입니다. 대법원까지 이긴 재판을 다시 지방으로 내려 보냈으니 앞 일이 뻔한 것 같습니다."

"대처와 비구라는 말은 세상을 현혹하기에 꼭 알맞습니다. 대처는 타락한 중이고 비구는 청정비구로 인식하여 무소유정신의 비구를 생각하지 않고 절 주지만 꿈을 꾸고 있습니다. 이름난 대처스님들도 가짜로 이혼하고 비구인 척 합니다."

"그것이 대세라면 어쩔 수 없지요. 송광사 일은 산중회의에서 다 가닥을 냈으니까요."

"어떻든 몸조심 하시고, 젊은 사람들과 대결하지 마십시오. 전국에서 모여 온 깡패가 5,6백 명이 넘습니다."

우리는 영미암으로 돌아와 그 동안 도와 주었던 연보살님과 김거사님께 감사드리고 한 턱을 내었다. 이틀 동안 스님은 인연있는 사람들을 찾아 뵙는다 하며 혼자 떠나셨는데, 문교부 문화재 관리국장에게서 전화 온 것을 보니 송광사 문화재에 관계된 것을 의논하러 가신 것 같았다.

하루는 친척집에 가서 주무시고 하루는 기산스님과 함께 주무신 뒤 2월 3일 동국대 교정 입학식에 참석하셨다.

처음에는 중강당에서 입학식을 한다 하였는데 지방에서 학부형들이 많이 올라와 운동장에서 하기로 하였다. 나는 나이도 많지만 승복을 입었다 하여 맨 뒤에 세웠다.

동국대학교가 생긴 이래 먹물 옷을 입은 학생은 내가 처음이었다. 행사가 끝난 뒤 학생처에서 문제가 되었다고 옷을 갈아 입고 학교에 다니라 하였다.

"중이 중을 위해 세운 학교에 중 옷을 입고 다니지 못한다면 어떤 중이 이 학교 다니겠습니까?"

"선배 비구들도 머리 기르고 양복 입고 학교 다닌다. 학생은 학교 규칙을 지켜야 학생이 되는 것이니 여러 소리 말라."

이튿날 학교에 갔더니 학생처장이 경고하였다.

"다음 주까지 교복을 입고 학교에 나오지 않으면 처벌하겠다."

이 말을 듣고 김잉석박사님이 군인 사지바지에 물들인 양복 한 벌을 사 가지고 와서 입으라 하였다.

"부처님께 계를 받을 때도 이 옷을 함부로 벗지 않기로 약속했습니다. 절에 가서 사계(捨戒)하고 입겠습니다."
하고 기산스님께 찾아가 말씀드렸다.

"학생은 학생복을 입어야 한다고 하는데 은사(춘곡)스님이 계실 때 증명으로 모시고 승복을 벗고 학생복을 입겠습니다."

"좋다. 나도 가마."

그래서 1962년 3월 5일 미아리 영미암에서는 우리나라에서는 처음 있는 사계법회(捨戒法會)가 이루어졌다.

기산스님께서 말씀하셨다.

"옛날 김동화박사님 제자 정각사 주지가 입학하였을 때도 문제가 되어 머리를 기르고 양복을 입게 한 일이 있는데 앞으로 이 문제는 학칙에 반영하여 고치도록 해야 될 것 같다."
하고 의식을 집행하였다.

삼귀의와 반야심경을 외우고 고유문을 낭독하였다.

"부처님, 중이 중법을 절에서 배우지 않고 학교에서 배우게 되어 학칙에 의해 중옷을 벗고 학복을 입어야 하게 되었습니다. 부처님께서 백 번 이해하시고 저로 하여금 재가 법사가 되게 하소서."

춘곡스님이 말씀하셨다.

"세상이 변하여 한복은 시골 나무꾼이나 입는 옷으로 알고 모두가 비단 옷에 양복을 입는다. 절 풍습 또한 이렇게 달라지고 있구나. 이것이 옳은지 그른지는 나도 잘 모르겠으나 정한 법에 의해서 장차 정리될 것으로 안다."

기산스님께서 말씀하셨다.

"오늘은 기쁜 날이니 춘곡스님에게도 차 한 잔 대접해라."

"그렇지 않아도 입학식날 돌아오시다가 '너 거기 섰거라. 잠깐 내 들릴 곳이 있다' 하고 들어가시는데 보니 일미집이었습니다. 그날은 승복을 입었으므로 바로 따라 들어가지 못했는데 오늘은 양복을 입었으니 모시고 가 대접하겠습니다."

기산스님은 그 길로 조계사 총무원으로 가시고 춘곡스님은 연보살님이 좋은 음식점으로 모셔 저녁공양을 잘 대접했다.

1956년 음력 5월 2일 사바세계에서 처음 입었던 승복을 1962년 3월 5일 서울 성북구 미아동 산 75번지 영미암에서 벗으니 서운하기도 하고 아쉽기도 하였다.

연보살님은 그길로 명동에 가서 검판사들이 입는 법복을 만들어 와 1997년 태국에 가서 다시 계를 받고 테라바다 승가이로 바꾸어 입을 때까지 그 법복을 입고 살았다. 이 사건이 생긴 이래로 기산큰스님께서 발기하여 이미 출가해 있는 스님들은 그대로 승복을 입도록 하여 우리 후배 박송랑스님부터 승복을 입고 학교에 다니게 되었다.

새로 해 입은 법복

1-55. 헤아릴 수 없는 일들

이렇게 고등공민학교가 체계 있게 정비되자 절 일은 박선영 동문이 와서 맡았고 학교 일은 김유길선생이 담당하였다.

박선영선생은 천재로 동국대학교가 생긴 이래 총점 99.6으로 총체적인 장학을 받았고 장차는 교육학을 전공하여 교육대학원장으로서 명망이 높았다.

말하자면 불교를 종교로서만 보지 않고 부처님을 한 분의 선각자, 즉 교육자로 보아 새로운 분야를 개척한 것이다. 뛰어난 장학생으로 드러나자 백마하숙옥 주인이 찾아와 데릴사위로 삼겠다 하고 데려가 대학 2학년 때 결혼하고 처갓집으로 들어갔다.

김유길선생님도 지리산 천은사 대학자 정원스님의 아들로 머리가 천재였다. 불교학과를 졸업한 뒤, 1급 교사 자격증을 확보해서 전라도 중고등학교 선생으로서 그 명망이 높았다.

영미암에서는 일찍이 이북에서 넘어온 처녀가 한 사람 있었는데 나이는 들어가고 세상은 날로 살기 어려워 두 번씩이나 자살을 시도하였다. 평상시 말을 하지 않아 잘 몰랐는데, 두 번째 자살 시도를 하였을 때는 병원비도 없어 여기저기서 빌려서 살려 놓으니 원망이 가득하였다.

"나 혼자는 살 수 없는데, 어떻게 살라고 나를 다시 살려놓았습니까!"

점심을 해 먹이고 차차 이야기를 꺼내니 자신의 지난 시절 이야기가 활동사진처럼 드러났다.

"사실 저희 아버지는 이북에서 한약사였는데 1.4 후퇴 때 피난 나오다가 저를 잃어버려 어디론가 가시고 저는 어떤 사람의 소개로 정광학교 앞 식당에서 일을 보다 인연 있는 사람을 만나게 되었습니다. 그런데 그 분이 말도 없이 어디론가 떠나서 제가 혼자 살 수 있겠습니까."

그런데 그때 마침 동아방송에서 '만남의 광장'이라는 방송을 만들어 헤어진 이산가족들을 만나게 하는 프로그램을 들려주고 있었다.

"주소를 한 번 불러보세요. 이북에서 살던 시기와 장소, 그리고 아버지와 헤어지게 된 상황을 구체적으로 말씀해 보세요. 아버지는 어딘가에서 살고 계실 것 아닙니까?"

"살아계신다면 틀림없이 약방을 하고 계실 것입니다."

하여 이 사실을 적어서 동아방송에 보내고 여인은 다시 영미암에서 기다리라 하였다.

그런데 얼마 후 뜻밖에 소식이 왔다.

"공주에서 한약방을 하고 계신 분으로 동명동호가 있으니 한 번 만나 보시겠습니까?"

우리는 너무 감격하여 날짜를 정해 놓고 여의도 광장에 가서 모녀상봉의 다큐멘터리를 보며 한없이 울었다. 당시 여의도 광장에는 헤어진 사람들의 사연과 이름들이 수천 명 기록되어 전시되고 있었다.

이렇게 부녀가 여의도 광장에서 많은 사람들의 환호 아래 만나게 되었고, 아버지는 방송국에 사례하고 딸을 공주로 데리고 갔다. 그런데 이 사실이 라디오와 TV로 나가자 어떤 사람이 미아리 영미암으로 찾아왔다. 그는 외항선을 타고 있는 외로운 청년인데 부모님과 헤어진 상황이 너무도 자신의 사정과 비슷하여 만나보고 싶어 왔다는 것이다.

우리는 부랴부랴 공주로 전보를 쳐서 아버지와 딸이 함께 서울로 올라오도록 했다. 부녀가 상경하여 상견하는 자리에서 그 청년은 아버지를 껴안고 통곡하면서,

"아버지, 저는 오늘부터 당신을 아버지로 생각하고 저 딸을 내 가족처럼 모시겠습니다."

너무도 갑작스런 일이지만 피차간 과거를 생각하지 않고 살기로 약속한 뒤 아버지와 딸은 공주로 내려갔다.

그 후 두어 차례 연락이 왔었지만 서로 만나면 다시 과거 일을 회상할 염려가 있기 때문에 지금까지 아주 잊고 살고 있다.

이산가족 상봉

이산가족 찾기

정혜고등공민학교 기숙사

영미암 법사 김말도 스님과 함께

제 2 편

법사구도기

2-1. 평상시 불교

재가법사기는 머리 기르고 속복을 입고 일선 포교에 앞장섰던 시기이다. 모양 새는 달라졌으나 하는 일은 하나도 달라진 것이 없었다.

박선영 친구가 결혼해 간 뒤로 경주 친구 말도(末度)스님이 학교 동기로서 부부 간에 와 절 일을 살폈는데 말도스님은 법당 일을 주로 보고 사모님은 집안 살림을 전담하였다.

절이 점점 커지고 신도들이 점점 불어나서 일이 많았다. 나는 언제나 새벽예불로부터 일과를 시작하였기 때문에 인수동 사람들은 내가 없으면 목탁소리가 안 나는 줄 안다. 그래서 아무리 바쁜 일이 있어도 일단 절에 와서 자고 이튿날 다른 데 일을 보았다.

이러한 습(習)은 지금까지도 별로 달라진 것이 없다. 새벽 2시에 일어나 큰 법당, 삼성각, 나한전, 극락전(납골당)에 향초를 켜고 3시면 도량석을 한다.

환경은 달라졌으나 목탁소리가 나면 초목총림과 비금주수가 깨어난다. 개울가에서 안개가 피어오르면 새들이 지저귄다.

"그만 자고 일어나요. 법사님도 일어나서 일 갈 준비하고 있지 않아요."

새들의 지저귀는 소리를 따라 인수동 골짜기의 촛불, 호롱불이 켜지고 밥해 먹고 직장 갈 준비에 서두르는 사람들의 모습이 지금까지도 눈에 선하다. 50년 전 인수동에 살던 할머니, 할아버지들이 지금까지도 가평까지 오신다.

"그때 그 목탁소리를 지금까지 잊어버릴 수 없습니다."

하며 찾아 오는 사람 가운데는 절 밑에 살던 칠공주 어머니, 앵두나무 우물가에 살던 연병훈씨 가족, 배보배 보살님 집 옆에 살던 미장원집 어르신 등, 7,80이 되었는데도 잊어버리지 않고 찾아 오신다.

그래서 나는 지금도 목탁소리를 귀히 여긴다. 절 집에 목탁소리가 나지 않으면 빈집처럼 생각이 되고, 더욱이나 선방에서 죽비소리가 울리지 않으면 공부하는 사람이 없는 것 같이 느껴진다.

기산스님은 사계법회(捨戒法會) 이후로 나를 특별하게 생각하시는 것 같았다. 다른 사람들은 옷 갈아 입으라 하면 그 자리에서 갈아 입고 속인 행세를 하기도 하고 역으로 속인이 승복을 입고 청정비구처럼 뻐기는 모습을 많이 보아 왔기 때문이다.

그러나 나는 아함경과 율장 속의 계율을 통해서 중이 중 노릇을 못하게 되면 반드시 스님의 계를 먼저 부처님께 바치고 속계(俗戒)로 바꿔 받고 스님 행세를 하지 않는다는 것을 잘 알고 있었기 때문에 그렇게 한 것 뿐인데, 불교를 자신보다 더 세밀하게 보고 승속의 행을 분명히 하고 있다고 생각하였기 때문이다.

한 번은 학교에 가니 스님께서 이사장실로 불렀다.

"오늘 이 음식은 승려로서는 마지막 음식이다. 나는 항상 중 노릇하면서 속가에 가서 음식을 함부로 먹지 않았기에 너하고도 종종 이곳에 앉아 함께 밥을 먹었는데, 이제는 속복을 입었으니 어느 곳에 가 무엇을 먹더라도 음식의 법도만 잘 지키면 부끄럽지 않게 잘 살 것이다.

법륜사 노스님께서는 행건치고 다니는 스님을 보고 '산중에서 사는 비구 새끼인가!' 하고 비꼬는 말씀을 하셨는데 80평생 중 노릇 하면서 가짜 비구들에게 속은 일이 많았기 때문이다. 서운하게 생각하지 말고 따뜻하게 받들어 모셔라."

"예. 법륜사에 있으면서 낮에는 변설호큰스님께 조선불교사를 들은 것을 잊지 않고 있으며, 저녁에는 동산스님이 언제나 앉아 철야정진하는 것을 보고 잊지 않고 있습니다."

동산스님은 초저녁이면 9시부터 자리 깔고 주무셨다. 그러나 10시가 되면 언제나 일어나 좌복을 두툼히 깔고 용맹정진하셨다. 새벽 2시 화장실에 가려고 일어나면 그때 좌복을 접고 다른 사람과 같이 행동하셨다."

공부란 사람들이 보는데서만 하는 것이 아니라 보지 않는 가운데서도 스스로 그 몸과 마음을 다스릴 줄 아는 것이 선이라는 것을 오대산 선방에서 보아 가슴 깊이 간직하고 있었다.

뿐만 아니라 아침, 점심, 저녁 발우공양을 언제나 잊지 않고 있다. 바쁜 사람들이 후원에서 훌훌 마셔 버리고 정신없이 떠나면,

"저러다 체하면 어찌 하려고 서두르는가. 조금만 일찍 자고 조그만 일찍 일어나면 저렇게 서둘지 않아도 될 터인데!"

하고 안타깝게 생각하기도 하였다.

기산스님이 말했다.

"내일 10시에 오면 총장님께 인사드리게 할 것이다. 총장님은 지금 머리를 깎고 양복을 입고 있지만 일찍이 독일에 가서 반야심경으로 박사학위를 받고 한국에 돌아왔으나 나라도 흉흉하고 백성들도 안정이 아니 되어 금강산에 들어가 3년 동안 용맹정진하였다. 처음에는 미륵부처님의 십선운동을 생각하면서 미륵존불을 외우다가 다음에는 이왕이면 큰 마음으로 살아야 되겠다 하고 대방광불화엄경을 불렀단다. 지금 학교에서 외호를 맡고 있는 신장님들이 대부분 그곳에서 함께 공부하던 사람들이다."

그래서 이튿날 일찍 가니 스님 방은 여자대학원생이 청소를 하고 있었고 바깥 도량은 잡부들이 하고 있었으나 알고 보니 대부분 절과 연관 있는 사람들이었다.

"아, 큰 절은 암자 열 개를 합쳐놓은 것 같더니, 학교는 대본산 열 개를 합쳐 놓은 것 같구나……."

하고 학교를 큰 절로 생각하게 되었다.

기산스님이 오시니 총장님께서 직접 기산스님께 인사드렸다.

"밤새 안녕히 주무셨습니까? 종단에 큰일은 없으셨습니까?"

문안하고,

"오늘은 이런 이런 일이 있을 것입니다."

간단히 보고하고 갔다.

나는 스님을 따라 총장실에 가서 큰 절로 삼배하고,

"스님 덕분에 학교공부를 하게 되었으니 보살펴 주십시오."

하고 인사드렸다.

"한국에 많은 선지식들이 계시지만 기산스님처럼 청백하고 눈 밝은 이가 드무니 정성껏 모셔라."

하였다. 그 후로 불교대학장 김잉석박사, 서무처장 신지정선생, 교학처장 장원규박사, 대학원장 김동화박사님도 인사드리고, 무슨 일이 있으면 직접 찾아 다니며 심부름까지 하게 되었다.

"선지식은 학교에만 계신 것이 아니라. 학교 밖에 퇴직한 선생님들도 계신다. 안진호스님, 권상노박사님, 김포광스님 등 많은 분들이 계시니, 틈나는 대로 찾아 뵙고 과외공부도 할 수 있도록 하라."

"예. 힘 따라 노력하겠습니다."

기산큰스님

백성욱 총장님

기산스님의 큰 상좌 인곡스님

2-2. 불교학개론(佛敎學槪論)

학교공부는 불교학개론으로 하고 깊이 있는 공부는 자기 자신이 알아서 한다고 하였다. 교재는 김동화, 김잉석, 장원규, 조명기, 황성기 등 다섯 분이 공동으로 집필한 것이었다.

총론으로서 불·법·승 삼보가 나오는데, 부처님은 깨달은 사람이고, 법은 부처님께서 깨달은 진리이고, 승은 불법을 믿고 수행하는 사람들이었다.

부처는 다생의 수행을 통해 금생에 도를 깨달은 사람인데, 삼세의 무수한 부처님이 계시지만 금생에는 석가모니 부처님이 교주가 되어 나오신다 하고, 그는 팔상성도를 통해 성불하고 교화하였다 한다.

전생에는 연등부처님을 스승으로 섬겼고, 거기서 석가모니란 수기를 받아 금생에 탄생하게 되었는데 이 세상에 태어나기 이전에는 도솔천 내원궁에 계시다가 가비라국에 태어나 사문유관을 하고 성을 넘어 출가하여 설산에서 6년 동안 고행하고 보리수 밑에서 도를 깨쳐 녹야원에 이르러 전법하고 쌍림에서 열반하셨다고 하였다.

도솔천은 부처의 후보생들이 태어나 세상의 욕락과 불법의 법락을 수용하는 곳인데 외원은 세상의 욕락을 누리는 곳이고, 내원은 법락을 누리는 곳이라 하였다. 왜냐하면 사람은 환경의 지배를 받아 그 행이 나타나기 때문이라는 것이다.

궁중에서 태어나서도 19세까지는 세속락을 맛보다가 사문유관으로 인해서 생노병사에 끄달리는 인생을 보고 출가를 희망했으나 아버지께서 자식 하나만 낳아주고 가라 하여 10년을 더 기다려 29세에 라훌라를 낳아 바치고 출가하였다는 것이다.

출가해서도 제 마음대로 도를 닦는 것이 아니라 당시 외도들의 수행상을 낱낱이 체험한 뒤 자신의 이목구비(耳目口鼻)를 항복받기 위해 6년을 고행하고 드디어 필발라수 나무 밑에 길상초를 깔고 앉아 대도를 깨달으니 그 내용이 '천상천하 유아독존'이었다.

삼계의 중생이 똑같이 불성(佛性)을 가지고 있으면서도 그 마음을 깨닫지 못하여 육도에 윤회하고 있는 것을 보고 녹야원에 이르러 6년 동안 자신을 따라다니던 다섯 비구를 제도한 후 3가섭의 제자 1,000명과 마갈타국의 빔비사라왕, 코살라국의 바사익왕 등을 제도하였으며, 1,200제자를 거느리고 천하를 주유하시면서 중생들을 제도하였다고 하였다.

불법의 제자들이 많아지자 저절로 교단이 생겨 혼자 있을 때와는 달리 많은 문제가 생기므로 교단을 형성하여 해야 할 일과 해서는 아니될 일을 가르치고, 세상을 불쌍히 여겨 중생교화 할 것을 가르쳤다.

교단에는 출가 비구와 비구니, 재가 우바새(청신자)와 우바이(청신녀)의 구별이 있어 비구에게는 비구가 지켜야 할 250계, 비구니가 지켜야 할 348계를 만들고 재가불자에게는 다같이 8계와 10선계를 통해 세상을 아름답게 만들라 가르쳤다.

20세 미만의 어린 아이들이 부모 또는 형제를 따라 출가하기도 하고 길 거리에 버려진 아이들을 주어 기르다 보니 그들에게만 필요한 율의가 있어야 하였기 때문에 나중에 사미율의(沙彌律儀)를 만들어 지도하였다.

　이렇게 사부대중이 화합하여 불도를 닦고 세상을 복되게 하는 것을 승가교단(僧伽教團)이라 하였다. '승가'란 화합대중이라는 말이다.

　만성 받이가 차별없이 남녀가 한 데 어울려 있으면서도 남녀의 문제가 따로 생기지 아니하였으므로 불교단체를 승가대중, 또는 화합대중이라 불렀다.

　첫째는 몸과 입과 뜻으로 화합하고,

　둘째는 부처님의 말씀과 법을 따라 화합하였기 때문이다.

　이렇게 한 학기 불교학개론을 공부하고 나니 전체 불교의 강령을 이해할 수 있었다.

　동국대학교는 일찍이 안암동 개운사에 있던 고등강원이 성장하여 불교대학이 된 것이므로 불교학과가 주축이 되어 있었다. 그러나 학교를 남산으로 옮기면서 국어국문학과, 역사학과, 과학대학, 농민대학 등을 설립하면서 학생들이 8천여 명이 넘었으며, 교수, 강사, 조교 등 교직원 식구만 해도 3백 명이 넘었다.

　나는 고등공민학교 하나를 가지고 있으면서도 쩔쩔매고 있는데, 수백 명의 직원을 먹여 살리면서 수천 명의 학생들을 거느리고 있으니 역시 스케일이 컸다.

　그런데 이렇게 재미있게 공부를 시작하는 가운데 3.15 부정선거가 끝나고 4.19 혁명이 있어났다. 학교에서는 대자보가 여기저기 붙었고 학생들이 들썩들썩 하는데 교수님들마다 들어와,

　"왜 데모하지 않고 가만히 있느냐!"

꾸짖었다. 어떤 교수님은 담배를 두세 갑씩 가지고 와 책상 위에 올려 놓고,

　"자네들도 한 대씩 피우며 생각해 봐. 세상을 어떻게 살아야 할 것인지. 아니

면 한번 뒤집어 보아야 할 것인지. 옳고 그름은 여러분 스스로 판단해야 한다. 외세에 의해서 그어진 3.8선 때문에 같은 민족이 나누어져 남북이 싸우고 있지 않느냐. 어떻게 해야 되겠나 생각이 잘 나지 않거든 담배 연기 속에서 생각해 보라!"

이렇게 종용하는 바람에 학생들은 교내에서 궐기대회를 하고 이어서 플래카드를 들고 광화문으로 뛰어나갔다.

나는 애들을 단속하기 위해 미아리 인수동으로 달려갔다. 그래도 우리 학생들은 딴 마음 없이 열심히 공부하고 있었다.

동국대학교 전경

2-3. 황의돈박사님의 역사이야기

불교과 학생들은 모두 27명, 원래 백성욱박사님이 새로운 인재를 양성하기 위해서 제1차로 43명의 장학생을 뽑아 각 대학에 12명을 분배하고 나머지 30명을 불교과에 넣었는데, 인연따라 과를 바꾸어 간 사람들이 세 사람이고 나머지 27명이 남았다.

그런데 김잉석박사님 불교학개론에는 철학과, 사학과, 문학과 학생들까지 와서 전에 보지 못한 사람들이 종종 눈에 띄었다.

철학과에서는 인도철학을 전공하고자 하는 신동욱이 있었는데, 전통적인 서울 출신으로 독일어와 영어에 능했다. 그런데 불교과에 와서 강의를 듣는 것은 인도 사상을 바로 알려면 불교를 모르고서는 아니 되기 때문에 왔다는 것이다.

행정대학에서는 진주 국회의원 아들 최대우씨가 왔고 문과에서는 하동진 등 재주꾼들이 김유길 동문의 기상천외한 행을 보고 왔다고 하였다.

나도 여기서 새로운 아이디어가 생겼다.

"아, 불교만 배우려 할 것이 아니라 골고루 다니면서 특강을 들어야 되겠구나."

그래서 역사학과에서는 황의돈교수님의 강의와 함께 조좌호선생의 동양사, 국문과에서는 양주동박사님과 조연현교수님의 강의를 통해 많은 동냥 글을 익혔다.

황의돈박사님은 털털한 시골 할아버지와 같았다.

"이성계가 태종 때문에 속이 상해 함흥에 가 있었거든. 누구든지 보내기만 하면 죽여버려 '함흥차사'란 말이 생겼지! 그래서 혼자 사는 중을 보내면 죽어도 권속이 없으니 유생보다는 났겠다 하여 무학대사를 보냈다.

한 스님이 초라한 모습으로 물에 빠진 강아지처럼 하고 들어가니,

"아니, 스님. 어찌하여 몰골이 이 지경입니까?"

"정도전과 내통하였다 하여 간신히 도망쳐 왔습니다."

"누가 그렇게 스님을 죽이려 합니까?"

"태종이지요. 아니 아버지를 몰아내고 높은 자리에 앉았으면 조용히 정사나 볼 일이지 정적들을 모조리 청소하고 있습니다."

"고얀 놈, 나는 그렇게 가르치지 아니 했는데 어찌하여 성질이 그렇게까지 되었을꼬!"

"그거야 정도전 때문이지요. 왕자의 난이 그 사람 때문에 생긴 것 아닙니까!"

"어서 배가 고플 터이니 후원에 가서 공양이나 하십시오."

객실의 방을 주워 한가히 누워 있는데, 틈만 나면 찾아온다.

"답답하십니까?"

"서울 일이 궁금합니다."

"그렇다면 나하고 암행을 가십시다."

"그러다가 들통이 나면 또 내란이 날 것 아닙니까?"

"어차피 일은 난 것인데 수습하는 것이 제일 아닙니까. 내 아무도 몰래 비구니 절에 가 있을 테니 조용히 오십시오."

"그래 먼저 가 계십시오."

멀리 회암사가 건너다 보이는 여승 절에 와 술 닷 말만 사다 놓으라 하였다. 함흥에서 몇 날 며칠이 걸려 양주땅에 도착하니 배도 고팠다.

"뭐 먹을 것이 없습니까?"

"좋아하시는 포천 막걸리 갖다 놓았습니다."

초저녁부터 둘이 주거니 받거니 새벽 3시까지 잔을 기울이다 보니 닭 우는 소리가 났다.

"새 날이 밝는가 봅니다."

"내 스님하고 농담 한 번 하고 크게 웃었으면 좋겠는데 괜찮으시겠습까?"

"아무도 없는데 무엇이 두려울 것 있습니까?"

"그럼 제가 먼저 하지요. 스님께서 곡차 들고 취해 있는 모습을 보니 꼭 물에 빠진 강아지 같습니다."

"제가 임금님을 바라보니 영산회상 부처님 같습니다."

"아니, 농담하기로 해 놓고……."

"나도 농담입니다. 개 눈에는 개만 보이고 부처님 눈에는 부처님만 보입니다."

"허허, 스님도 쓸데없는 말씀 하십니다."

"모두 이 세상은 제 눈에 안경입니다. 자식도 여럿 두면 효자도 있고 불효자도 있습니다. 내일 아랫마을에 나가서 직접 한번 의논해 보십시다. 임금님은 하늘이 내리지 않으면 아니 되는 것이니……."

"내 그 놈을 죽이지 않고는 마음이 풀리지 않는데……."

"그렇다면 활을 가지고 가서 그 놈을 그 자리에서 쏘아 죽이십시오."

"그래. 스님 말씀대로 해 보겠습니다."

스님은 하인들을 시켜 아랫마을 당산나무를 배경으로 태조와 태종이 마주 앉아 나라 일을 의논할 수 있도록 자리를 마련하라 하였다. 부랴부랴 사람을 보내 아뢰니 그렇지 않아도 마음 속에 항상 불안한 바가 있었으므로 태종이 부하들을 거느리고 당산나무 건너편 상수리나무 밑에 앉았다.

이어서 이태조가 마음을 먹고 자리에 앉자 태종이 큰 소리로 외쳤다.

"아바마마, 불효자 문안 드립니다."

하고 절을 하니 순간 비호처럼 살이 날아 상수리나무에 박혔다.

"저, 저 놈이 누구를 뵈오러 왔단 말인가!"

"불효자도 없는 것보다 낫다 하지 않습니까. 여기 정식으로 앉아 인사 받으십시오."

그리하여 그 자리가 전좌(典座)마을이 되고, 비구니스님들 절은 임금님 마음을 돌린 절이라 하여 회룡사(回龍寺)가 되었다.

이렇게 구수하게 이야기를 하고 나서는,

"지금 전좌마을 사람들이 몇 집이나 되는 줄 알아? 집은 모두 여섯 채고 살던 사람들은 18명이야. 지금도 거기에 아름드리 당산나무가 있고 상수리 나무도 있어. 나라의 정치를 의논한 곳이라 하여 그 마을 전체를 의정부(議政府)라 부르게 되었지. 역사공부는 이렇게 하는 것이야. 먼저 사료를 보고, 현장에 찾아가 마을 사람들의 말을 듣고 동네 이름을 중심으로 추적하면 다 나오게 되어 있어.

그 후 이태조는 마음을 풀어 정식으로 태종에게 자리를 물려주고 본인은 회암사에 가서 스님처럼 회향하였거든. 사실 잘 알려진 사실은 아니지만 이성계는 태고보우국사의 제자로 때때로 절에 가서 중 노릇하며 살았지.

이러한 역사적 사실을 알려면 북한산 태고사에 가서 보면 알 수 있지. 태고사 보우국사 비문에 정몽주와 함께 재가 제자로서 이성계의 이름이 분명히 새겨져 있는데, 이 근래에 와서 어떤 유생이 정을 가지고 와 그 이름을 파 버렸지만 본래 비문에는 그 명단이 분명히 남아 있는데 어떻게 속일 수 있겠는가.

사람의 역사는 지필묵과 금석문에 기록되어 만년을 가도 부서지지 아니하면 또렷하게 드러나게 되어 있어!"

학생들은 웃었다, 울었다, 어쩔 줄을 몰라 했다. 교수님은 한 번도 책을 가지고 강의하는 것을 보지 못했다. 현장답사를 통해 분명히 이해하고 있었기 때문이다.

회룡사

조제호박사

황의돈

김법린박사

조명기

2-4. 모래내에서 생긴 일

학교에 다녀 오니 초상이 났다고 하였다. 지난 4월 초8일에 와서 두 딸 손자들을 위해 등불을 켜고 갔던 92세 된 노보살님께서 돌아가셨는데, 집이 모래내에 있다고 하였다.

모래내가 어디인지 알 수 없으나 스님 한 분을 모시고 갔다. 미아리에서 차를 타고 종로에서 내려 모래내가는 차를 타고 가니 한강에서 1km쯤 떨어진 곳에 버드나무가 줄 지어 섰고 그 안쪽 대나무 밭 속에 오직 집 한 채가 있는데, 지붕 위에 옷 한 벌이 올라가 있는 것을 보고 그 집이 초상집인 것 같았다. 너무 외져서 그런지 친척들이 없어서 그런지 사람들이 없었다.

저녁 7시 염불을 시작하여 1시간쯤 지내니 5,60되어 보이는 어르신 두 분이 관 하나를 가지고 와서 염을 하였다. 원래 불교에서는 염을 할 때 혼을 부르는 반혼착어(靈明性覺妙難思·月墮秋潭桂影寒·金鐸數聲傳淸信·暫辭眞界下香壇)를 하고 십념(청정법신 비로자나불·원만보신 노사나불·천백억화신 석가모니불·구품도사 아미타불·당래하생 미륵존불·시방삼세 일체제불·시방삼세 일체존법·대성문수사리보살·대행보현보살·대비관세음보살·대원본존지장보살·제존보살마하살·마하반야바라밀)을 외우고, 삭발, 목욕, 세수, 세족, 착군, 착의, 착관·입감·정좌·연좌를 하고 명정을 세운 뒤 성복제를 지내고 조문을 받게 되어 있다.

그래서 그릇에 물을 뜨고 가위를 올려 놓았는데, 염하시는 분들이 먼저 가위를 들고 영가의 머리, 손톱, 발톱을 잘랐다.

"지금 삭발을 하는 것은 단지 무명을 끊고 번뇌망상을 일으키지 말라 이르는 것이니 다시는 쓸데없는 생각 일으키지 마십시오."

하니 동행한 스님이

"한 떨기 흰 구름이 빈 골짜기에 끼면 하고 많은 새들이 집을 찾지 못합니다."

하였다. 그때 염사들이 솜에 물을 찍어 얼굴과 어깨에 바르고 발을 씻었다.

"부처님 얼굴은 보름달과 같고 손가락 발가락에서 천 가지 광명이 쏟아집니다. 지금 목욕하여 진구(塵垢)를 씻으셨으니 금강불괴신을 드러내 보이십시오."

하니 속옷을 입히고자 먼저 입었던 옷을 벗기던 사람이 그만 우두커니 서 있다가 나가버린다. 한 사람이 나가버리니 또 한 사람도 따라 나가 돌아오지 않는다. 함께 온 스님도 놀라 목탁 치는 것까지도 잊어버리고 우두커니 서 있다. 어떻게 할 것인가. 큰 따님과 나는 서로 바라보며 말 없이 섰다가,

"일꾼들이 들어오지 않아 우리 둘이 하는 수 밖에 없습니다."

하고 내가 윗옷을 벗고 나서자 따님 또한 겉치마를 벗어 버리고 달려들었다. 손을 넣어 밑을 만져보니 뭉클 똥덩어리가 손에 잡혔다. 이것 때문에 일꾼들이 놀라 도망한 것이로구나 하고 대야에 물을 떠 깨끗이 청소한 다음 솜으로 닦고 속옷을 입혔다. 그러나 윗옷은 우리들 힘만으로는 시신을 들 수 없었다.

"하는 수 없습니다. 화장을 하신다 하니 베로 시신을 둘둘 말아 감읍시다. 그리고 신발을 신기고 머리에 족두리를 씌워 줍시다."

이렇게 땀을 뻘뻘 흘리며 염을 하고 나자 똥냄새고 오줌냄새고 조금도 나지 않았다.

시체를 관에다 넣고 못질을 한 뒤 명다리(흰 천)로 묶었다. 그리고 명정을 펴 덮으니 훌륭한 관이 되었다.

성복제는 두 딸과 두 손자가 머리를 감고 통곡을 한 뒤 제사상을 차려 시식을 하였다.

"할머니, 용서하세요. 딴 곳에 외롭게 살다 보니 친척도 없고 일가도 없어 우리들끼리 제사를 지냅니다."

동행한 스님이 향 하나 피우고 독경을 하였다.

원차일편향(願此一片香)

생종일편심(生從一片心)

원차향연하(願此香煙下)

훈발본진명(熏發本眞明)

이 한 줄기 향은 오직 저희들의 정성심에서 나온 것이니

이 향연 아래 내려오셔서 본래 참 마음을 깨달으시옵소서

차와 밥을 드리고 보공양진언과 회향진언을 외운 뒤 반야심경을 큰 소리로 읽었다. 오후 3시에 절을 나와 저녁 10시 반이 되어서야 제사가 끝났으나 배가 고픈지 목이 마른지 아무런 생각이 없었다.

평상시 스님들이 "더럽고 깨끗한 것이 둘이 아니다" 하였는데, 똥 만진 손으로 밥을 먹게 되었는데도 더럽고 깨끗한 생각이 나지 않았다. 나는 그때부터 지금까지 더럽고 깨끗한 냄새를 맡지 못하고 있다. 아마 너무 놀래 후식(齅識)이 망가져 버린 것이 아닌가 생각되기도 한다.

이튿날 사람이 없으니 차에다 관을 싣고 홍제동 화장터로 갔다. 세상에 태어나

화장터는 처음이다. 기다리는 시간에 염불을 하려하니 백련사 스님들이 와서 물었다.

"어디에서 왔느냐?"

"모래내에서 왔습니다."

"누구의 제자냐?"

"기산스님의 제자입니다."

깜짝 놀라 큰스님께 아뢰니,

"우리가 염불해 줄 터이니 걱정말고 있어라."

두 시간을 기다리고 있자, 한 주먹 재가 되어 나왔다.

"모시고 가 봐야 따로 모실 곳도 없으니 이 산밑 나무 아래 뿌려주십시오."

하니 큰스님께서,

법신편만백억계 (法身遍滿白億界)

보방금색조인천 (普放金色照人天)

응물현영담저월 (應物現影潭底月)

체원정좌보연대 (體圓定坐寶蓮臺)

하고 뿌린 뒤 위패 하나만 달랑 들고 미아리로 갔다. 그 뒤 49재를 지내고 그 가족들은 캐나다로 이민 갔는데 간 뒤 3년까지는 소식이 있더니 지금은 아주 소식이 끊어졌다.

2-5. 양주동박사 쌍녀분(双女墳) 이야기

양주동박사는 여요천주로 유명해 지셨지만 우리나라 가요를 가장 멋있게 잘 설명하는 천재다. 박사님의 강의 때는 미리부터 자리잡기 전에는 서서 듣는데도 자리가 없다.

오늘은 석조전에서 1,2학년 특강을 하는데 교실 두 칸에 500명 정도가 모여 멀리 복도까지 꽉 차 밖에 야외 스피커까지 설치해 놓았다.

쌍분묘 이야기는 신라 때 최치원이 중국에서 과거에 급제하여 처음으로 율수현 현감으로 나갔다가 겪은 일을 기록한 것이다.

최치원이 길을 가다가 두 묘지가 있는 것을 보고 시를 짓는다.

수가이여차유분(誰家二女此遺墳)이냐
적적천경기원춘(寂寂泉扃幾怨春)이로다
형영공유계반월(形影空留溪畔月)이고
성명난문총두진(姓名難問塚頭塵)이로다

양박사님은 이 시를 넓은 흑판에 갈겨 쓰고는 본인이 최치원이 된 듯 아련한 음성으로 시를 읊는다.

뉘 집 두 딸이 묻혀 있는 무덤인가

적막한 황천문에서 가는 봄을 얼마나 원망했는가

형영은 공연히 계곡 달 속에 남아있고

이름은 무덤 가 먼지에 묻혀 있도다.

학생들은 숨을 죽이고 본인이 최치원이 된 듯, 아니면 묘 속에 묻혀 있는 두 여자처럼 흥분된 마음으로 서로를 쳐다본다. 그때 양박사는 외로운 길손의 고독한 마음을 노래한다.

꽃다운 정이 혹 그윽한 꿈속에서 나마 통하기를 허락한다면

기나 긴 밤에 이 나그네를 위로함이 어떠한가.

외로운 여관에서 만약 남녀가 정을 나누기를 원한다면

그대와 더불어 낙천부(洛川賦)를 부르리라.

학생들은 대부분 귀신과 산 사람의 이야기로 듣지 않고 청춘남녀가 주고 받는 연애편지로 이해하고 있었다.

이렇게 편지를 써 던지고 온 최치원을 두 여인이 따라온다. 팔낭자가 편지를 써 청춘의 외로움을 토로한다.

유혼이한기고분(幽魂離恨寄孤墳) 도검유미유대춘(桃瞼柳眉猶帶春)

학가난심삼도로(鶴駕難尋三島路) 봉채공타구천진(鳳釵空墮九泉塵)

나무아미타불만 없어서 그렇지 깊은 산중에서 기상 높은 한 스님이 소리 높여

외치는 것처럼 양박사님은 게송을 읊었다.

저승의 혼과 이별의 원한을 외로운 무덤에 붙이고 있으나

복사꽃같은 얼굴, 버들같은 눈썹엔 아직도 봄빛을 띠고 있습니다.

학을 타고 삼신산(봉래·방장·영주)의 길을 찾기 어려워

봉새무늬 새긴 비녀가 부질없이 구천의 먼지 속에 떨어지고 있습니다.

특히 여학생들은 숨소리가 그쳤다. 다시 여인의 제2구가 들려온다.

당시 세상에 있을 때는 길이 나그네를 부끄러워하였으나

오늘은 알지 못하는 사람에게 교태를 품습니다.

시로 첩의 뜻을 알림은 깊히 부끄럽게 여기어

한 번 고개를 돌릴 때마다 일천 번 마음을 아파합니다.

여기 저기에서 한숨소리가 들려온다. 그런데 구낭자가 시를 지었다.

왕래수고로방분 (往來誰顧路傍墳) 난경원금진야진 (鸞鏡鴛衾盡惹塵)

일사일생천상명 (一死一生天上命) 화개화락세간춘 (花開花落世間春)

길 가면서 누가 길가의 묘를 돌아보겠습니까.

난조를 새긴 경대와 원앙을 새긴 이불엔 먼지만 일어납니다.

한번 죽고 한번 태어남은 하늘이 정한 운명이요

꽃이 폈다 지는 것은 세상의 봄소식입니다.

하고 이어서

　　이름 숨김을 괴상히 여기지 마세요
　　외로운 혼이 인간을 두려워 하기 때문입니다.
　　장차 심사를 모두 말씀드리고자 하면
　　잠깐 서로 친할 수 있도록 허락해 주옵소서

　학생들은 박수갈채를 보냈다. 시도 시지만 시 속에 나타난 사람의 정이 너무도 간절하고 사실적이었기 때문이다. 그런데 양박사님은 또 푸념을 늘어놓는다. 예나 지금이나 연애를 하려면 이 정도 시는 지어야 하지 않겠는가! 감격한 사람들은 그 다음 소식을 듣고자 박수를 더 쳤다.
　"사랑이 너무 깊으면 밤잠을 못 자는 법인데, 그래 한 수 더 들려주지…."

　드디어 최치원은 두 여인들과 저녁에 한 방에 모여 찻잔을 주고 받으면서 꽃다운 말이 오고 갔다.
　최치원이,
　"눈 앞에 가득 찬 황금파도가 창공에 넘실거리니
　천리를 달리는 수심은 곳곳이 같습니다."

하니 팔낭자가 말하였다.
　"달 그림자는 움직이면서도 옛길을 흐리게 하지 않고
　계수나무 꽃은 피면서도 봄바람을 기다리지 않습니다."

　구낭자가 말했다.

"둥근 달빛은 삼경을 넘어 점점 희어지고 있습니다.

이별의 슬픔은 한결같이 바라보는 마음에 애달픕니다."

최치원이 좁은 방을 바라보며,

"그대들의 방은 따로따로 있어 손님맞이를 각각 할 수 있는데, 이곳은 오직 방 하나, 어찌 두 여인과 함께 할 수 있겠는가."

"그런 말씀 마십시오. 나라의 임금님은 한방에 5쌍의 여인들과 함께 즐기기도 하였습니다."

최치원이 할 말이 없어 밖에 나갔다 오니 벌써 방안에는 원앙금침이 율수현을 꽉 메우고 있었다.

양주동

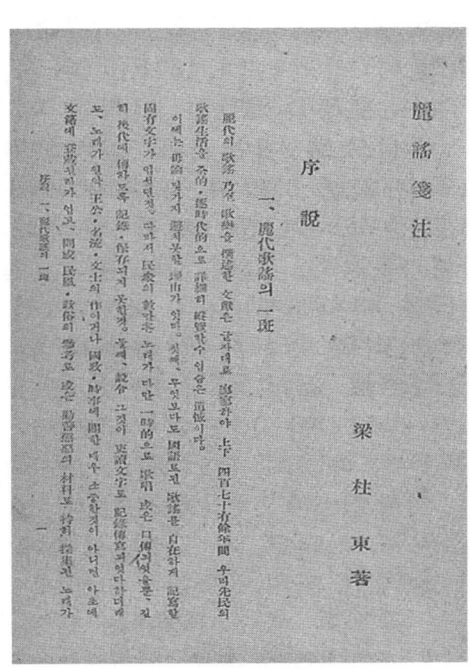
양주동의 여요천주

2-6. 미아리 결혼식

정혜고등공민학교는 성인교육이라 나이 10여 세 되는 아이들로부터 25,6세 때로는 37,8세 되는 성인들까지 있었다. 특히 여학생들은 낮에는 아르바이트를 하고 저녁에는 공부를 하였으므로 부지런하기도 하고 독립심이 강해 홀로 된 어머니나 아버지 또는 동생들을 거느리고 사는 사람들이 많았다.

언젠가 한 번은 국민대학에 다니는 국어선생님이 고향 처녀를 만나 고향의 노부모님을 모시도록 보낸 일이 있는데, 서울역 옆에 있는 USO에서 다니는 선생님이 이발소에 갔다가 야학 학생을 만나 이발하고 그 집에까지 갔는데, 홀어머니 밑에서 동생들 셋을 거느리고 사는 것을 보고 말 없이 도와주고 싶은 생각이 나올 때마다 미국과자, 라디오, TV 같은 것을 가져다 주고 또 사용방법 등을 가르쳐주다 보니 자신도 모르게 한 식구가 되어 1년 이상 같이 살았다고 한다. 그래서 양쪽 부모님들이 서둘러 결혼을 하게 되었는데, 결혼식은 미아리에서는 처음 생긴 예식장에서 올리게 되었다.

신랑은 32세, 신부는 26세, 나이 차이는 약간 났으나 생김새도 비슷하고 마음씨도 고와 모든 사람들의 칭찬 속에서 식을 올리게 되었다. 신랑이야 원래 단정하게 생기신 분이니 양복 입고 머리를 단장하니 멋있는 신랑이 되었지만 신부는 세상에 태어나 처음 입는 웨딩드레스에 높은 굽의 구두, 몸을 꽃단장하니 미스코리아가 무색할 정도로 사람들을 놀라게 했다.

이발소를 배경으로 한 동네 사람들이 백여 명 모였는데, 우리 학생들을 합해 3백여 명 이상이 모이니 들어갈 틈이 없었다. 그런데 학생들이 거리에 서서 찾아오는 하객들을 친절히 안내하고 먼저 온 사람들을 아랫 식당으로 모셔 2층 예식장이 우리 손님으로 꽉 찼다.

주례는 USO 대표인 서양사람이 서고 축사는 인수동 동장님이 하였다. 나는 신부가 아버지가 계시지 않기 때문에 아버지 대신 신부를 데리고 들어가는 아버지 노릇을 하니, 장가도 안 간 사람이 쑥스럽기 그지없었다.

그러나 학교에서 우리는 친부모처럼 또는 형제처럼 4,5년을 살아왔으므로 동네 사람들도 그렇고 우리 불자님들도 그렇고 모두가 한집 식구처럼 생각하게 되었다.

사실 길거리에서 놀던 아이들을 주워 모아 교육을 시작한 것이 지금은 5백 명이 넘는 대 식구가 되었지만 졸업한 뒤를 특별하게 보살피지는 못했다. 그러나 USO 원장님이 결혼식을 하고 나서는 생각이 달라졌다.

서울역에서 한국직원들이 원호사업의 하나로 인연있는 아이들을 모아 영어교육을 시키기도 하였지만 이렇게 많은 아이들이 모여 공부하는 줄을 몰랐던 것이다. 그런데 그날 공부를 이미 마친 학생들 100여 명을 보고,

"무엇을 도울 수 있겠는가?"

물어,

"한국에는 전쟁 후 기술도 배우지 못하고 직장이 없어 노는 사람이 많다."

고 하니

"그럼 내가 현재 하고 있는 교육생들과 합하여 기술학교를 하나 만들어 보겠다."

하였는데, 특히 1등 미용사 신부가 있기 때문에 쉽게 이루어질 수 있었다.

첫째는 이용·미용사 교육

둘째는 요리 배달 사범

셋째는 사환으로 심부름할 아이들을 길렀다.

이것이 저 유명한 '한미기술고등학원'이다. 오랫동안 운영이 지속되다가 용산기술학교로까지 발전되었지만 USO가 없어지면서 부대사업도 따라서 종지부를 찍게 되었다.

지금은 그의 가족들이 미국으로 가서 잘 살고 있지만 서로 만나지 못하는 아쉬움이 있다.

세상의 인연은 천차만별하다. 가정이나 가세, 세속의 명예로 보아서는 전혀 이해가 되지 않는데도 뜻만 맞으면 서로 만나 아름다운 가정을 꾸미고 잘살게 된다.

국민대학 선생님도 그 뒤 학교를 졸업하고 고향의 중학교 교사로 있으면서 먼저 보냈던 아가씨를 아내로 맞아 노부모를 잘 모시고 살고 있다.

나는 우리학교 선생님들이 학생들에게 가르쳤던 10후회의 글귀를 잊지 않고 있다.

불효부모사후회(不孝父母死後悔)

불친종친소후회(不親宗親疎後悔)

불접빈객거후회(不接賓客去後悔)

불치장원도후회(不治牆垣盜後悔)

춘불경종추후회(春不耕種秋後悔)

소불근학노후회(少不勤學老後悔)

색불근접병후회(色不勤接病後悔)

부불절용빈후회(富不節用貧後悔)

분불사난패후회(分不思難敗後悔)

주중망언성후회(酒中妄言醒後悔)

　　그후 나는 1천여 명의 결혼식에 주례를 섰는데 거기서 태어난 애들이 정월, 8월에는 백여 명씩 인사를 온다. 이것도 하나의 포교였다.

2-7. 김포광(金抱光)박사님 금강경특강

　　김포광박사님은 정년퇴직이 되어 아무런 강의도 맡지 않고 성북동에 살고 계셨다. 총장님께서 싸주신 논문집 2권을 가지고 가니 오물오물 눈깔사탕을 입에 넣고 계시다가 물었다.

"그대가 누군가?"

"기산큰스님 시봉입니다. 오늘 총장님께서 심부름 갔다 오라 하여 왔는데 기산큰스님께서 허락하시면 점심대접 하고 오라 하셨습니다."

"내가 오장동 냉면을 좋아하는 줄 어찌 알았을꼬! 걸어서 가야 하는데 자네도 같이 가겠는가?"

"예. 스님도 가시는데 제자가 모시고 가야 하지 않겠습니까."

"그러면 가세."

마고자 바지 저고리에 지팡이를 짚으시고 길을 나섰다.

"여기가 성북동 삼거리다. 이 고개를 넘어가면 혜화동 로터리가 나오고, 거기서 종로5가를 거쳐 가면 동국대학교 정문 500m 거리에 오장동 냉면집이 있다. 이북사람들이 하는데 아주 잘한다."

"언제부터 다니셨습니까?"

"해방 후 다달이 한 번씩은 갔지. 물냉면도 맛있지만 회냉면은 더 잘하지."

"오늘은 스님께서 원하시는 대로 공양하겠습니다."

"다른 것은 잘 먹지 않는데 냉면 소리만 나면 백 리라도 멀다 하지 않고 가네."

어느덧 혜화동 고개를 넘으며,

"저기 저 집이 한규설 대감집이야. 사람이 착했지만 자식을 낳지 못해 평양 부잣집 딸을 형제 다 데리고 살았지. 언니가 시집 와서 자식을 낳지 못하니 동생이 따라와 시봉이 되었는데, 한 대감이 다른 여자를 얻으려 하자 '이왕이면 내 동생을 데리고 사세요' 하여 살았는데 동생이 언니가 미안해 자유롭게 살지 못하자 자기 방을 동생에게 주고 자신은 보계산 석대암에 가서 10년 동안 두문불출하고 지장기도를 드려 동생이 딸 하나를 낳았는데, 지금 무인생이야. 영국으로 유학가 잘 살고 있다는 말을 들었네.

한 대감이 딸을 낳자 감격하여 동두천 일대 땅을 다 사서 마나님께 주니 석대암 밑에 큰 절을 하나 짓고 전국에 대교과생들을 모아 큰 강원을 열었지! 거기서 배출된 학인들이 전국에 깔려 있어. 조계종 월하스님도 거기서 공부했고 태고종 덕암스님도 거기서 공부했지….

일 년 농사를 지으면 5,6천 석이 들어오는데, 혼자 그것을 다 먹는가. 보계산 대승강원에 5천 석을 보내고 자기는 천 석만 가지고 복지사업을 하였다네."

또 혜화동 고개를 내려가면서 오른쪽 성균관대학을 가리키며,
"저기가 흥륜사 절터였지. 그래서 은석국민학교가 거기다 자리를 잡은 거야. 저기 높게 지은 집이 유림회 회관인데 흥륜사 큰 법당 자리이지…… 장안에 대찰이 세 개 있었는데, 하나는 흥천사이고 다른 하나는 원각사(지금 파고다공원), 그리고 여기 있는 흥륜사가 참으로 큰 절이었지. 서대문에서부터 경복궁과 창경궁 두 궁을 끼고 삼대사찰 담벼락을 의지하고 오면 비 한 방울 맞지 않고 왔지……."

이렇게 묻지도 않는 말씀을 상세히 설명해 주면서 오장동에 이르러서는 냉면을 세 그릇 시켰다. 회냉면 두 그릇, 물냉면 한 그릇.

"자네는 회냉면 먹고, 나는 회냉면 먹고 난 뒤 물냉면으로 헹굴게!"

하고는 빙긋이 웃으셨다.

점심 공양 후 차를 잡아드리고 동국대학교에 올라가니 큰스님께서 매우 칭찬하셨다.

"박사님은 냉면소리만 나면 춤을 추신다. 그런데 공양대접도 않고 볼일만 보고 가는 사람에겐 말 한마디도 하시지 않는단다. 그분은 여섯 살 때 출가하셨으나 팔만대장경을 다 꿰고 있어 묻기만 하면 대장경 몇 권 몇 페이지를 보라 하지 직접 가르쳐 주는 일이 없다.

소태산(少太山) 선생의 원불교 정전도 그분이 다 조직해 준 것이고 조계종 교전이나 태고종 종전도 모두 그분의 지도 아래 편집된 것이다."

언젠가 추강스님을 따라 이리에 가서 원불교 정전을 한 권 얻어 보았는데, 옛날 성전이 아니고 누구나 보면 다 알 수 있는 법전(法典)이었는데, 3단논법이 똑 떨어졌다. 오늘날 원불교가 크게 성하여 100만 신도를 자랑하고 있는데, 소태산 종사의 큰 덕도 있지만 포광스님의 지혜가 만 중생의 길잡이가 되어있다.

생각해 보면 진실로 뵙기 어려운 어른을 뵙고 온 것 같아 크게 자부심을 갖게 되었다. 그래서 그 다음에는 금강경특강을 부탁드려 석 달 동안 강의를 듣고 공양대접한 적이 있다.

여기 스님의 시 한 수를 읊어 본다.

거금삼천년 인도가비라 (距今三千年 印度迦毘羅)

대성인출세 기호석가불 (大聖人出世 其號釋迦佛)

❋ 포광선생님 금강경 특강

대학 1학년 2학기 때 총장님이 직접 네 번의 특강을 통해 금강경 강의를 해 주셨는데, 첫 강의는 독일에 가서 박사공부를 한 이야기를 주로 하시고, 두 번째 시간에는 6백부 반야경 16처 법문을 주로 하셨고, 셋째 시간에는 32분 중 제일 6분까지 상을 내지 말라는 말씀 가운데,

범소유상 개시허망 (凡所有相 皆是虛妄)
약견제상비상 즉견여래 (若見諸相非相 卽見如來) 에 대해서 설명하시고,

넷째 시간에는 견 (見)에 대한 이야기로

약이색견아 이음성구아 (若以色見我 以音聲求我)
시인행사도 불능견여래 (是人行邪道 不能見如來) 에 대해 설명하셨다.

박사님은 큰 대야에 물을 떠 오라 하여 앞에 있는 물을 뒤로 보내 보라 하였다.

"앞에 물이 뒤로만 가는가, 뒤에 물이 앞으로 오는가?"

"뒤에 물이 앞으로 옵니다."

"그것이 보시야. 베풀면 반드시 그 과보가 그렇게 돌아오게 되어 있거든. 그러니 여러분은 받을 생각만 하지 말고 조건 없이 베풀면 조건 없는 과보가 돌아온다는 것을 생각하라고."

이렇게 지계, 인욕, 정진, 선정, 지혜를 낱낱이 설명하였으나 학생들은 크게 양

이 차지 않았다.

"어느 분이 제일인지, 제일인자를 모셔 강의 한 번 더 듣자…."

생각하고 있었는데, 돈암동 정각사에서 박사님 친구가 돌아가셔서 49재에 동참하였다. 그런데 그 자리에는 한국불교계의 대단한 선지식들이 모였는데, 모두가 포광박사님께 재법문을 청하였다.

그런데 박사님은 여름이라 노타이에 양복을 입고 구두를 신고 계셨기 때문에 한 교수님이 자신이 매고 있던 넥타이를 벗어 박사님께 매어드렸다. 그러니까 또 한 분은 가사장삼을 벗어 박사님께 입혀 드렸다.

차경심심의 대중심갈앙 (此經甚深義 大衆心渴仰)
유원대법사 광위중생설 (唯願大法師 廣爲衆生說)

하고 청법하니 법상에 올라 말씀하셨다.

"친구여, 나는 자네 덕분에 참으로 희한한 일을 다 겪고 있네. 양복에 가사장삼을 입지 않는가, 노타이 위에 넥타이를 매지 않는가. 그래서 친구가 좋다고 하는가봐. 자네는 평상시 살아서 나와 함께 노래 부른 것이 있지!

사문유관중 비감로병사 (四門遊觀中 悲感老病死)
출가입설산 수도성보리 (出家入雪山 修道成菩提)

라 하니, 내가

소오시하경 난사해탈경 (所悟是何經 難思解脫境)
범천기조물 사성평등인 (梵天豈造物 四姓平等人)

라 했지 않나. 이 도리만 알면 가나 오나 평온할 것일세!"

그날 이 법문을 들은 학생들이 스님 법문을 다시 한번 듣자고 하여 한 달에 쌀 한 가마씩 드리기로 하고 석 달 동안 12회 금강경 법문을 구체적으로 듣기로 결정하고 스님께 말씀 드리니 좋다고 하여 매주 1회씩 들었다.

우리는 우리끼리 약속하여 쌀 세 가마니 값을 해 드렸는데, 박사님께서는 학교에 정식으로 강의료를 청해 왔다. 총장님이 들으시고 화를 내시며,

"교무실에 의논도 않고 학생들끼리 한 것은 부총장이 책임져야 한다."

하여 청강생들 앞에서 두 다리를 걷도록 하고 회초리로 내리쳤다. 죄송하기 그지 없어 총장님께 말씀드렸다.

"듣건데 박사님께서는 나이 들어 하는 일이 없으므로 생활이 어려워 끼니를 거를 지경에 있다 하여 저희들이 방편으로 한 것이니 대단히 잘못되었습니다. 용서해 주십시오."

하니,

"아니, 박사님 집이 그렇게 어렵던가. 그렇다면 우리 한 번 생각해 보아야 할 문제이다."

하고 대학원장님과 의논하여 한 달에 두 번씩 특강을 하여 돌아가실 때까지 7,200원씩 강사료를 받아 생활하셨다.

이런 경우를 두고 옛 사람들이 전화위복(轉禍爲福)이라 한 것이 아니겠는가.

사실 우리들이 찾아 뵙고 몰래 특강을 받은 스님들은 안진호, 변설호, 권상노 박사님 등 여러 분이 있었지만, 왜정시대 일본에 가서 유학하고 오신 스님들이나 대학자들이 사찰 강원에서 강의를 하던 분들 또는 선방에서 공부를 하신 스님들 가운데는 이 세상에서는 보기 드문 선지식도 많았다.

그러니까 그분들 제자들은 만나면 노골적으로,

"C스님은 출가 후 M이란 딸을 낳았고, S스님도 B를 낳아 출가시켰으며, 우리 스님은 그쪽에 협조하지 않는다고 이렇게 박해하는 것입니까?"

하고 울분을 터트리는 사람도 있었다. 그러나 그분들을 만나면,

"오나 가나 세상은 하나이고, 다 늙어 거짓말하고 살면 부처님인들 좋아하겠는 가. 불법을 알았으면 그것만으로 만족하고 있으니 걱정하지 말게⋯⋯."

하고 도리어 위무(慰撫)하였다.

회냉면

물냉면

2-8. 모래내 보살님의 49재

모래내 보살님 49재는 7·7재를 지내지 않고 49일날 와서 3년 탈상 겸 재를 지냈는데, 재상(齋床)에 지금까지 보지 못한 책자가 한 권 올려져 있었다.

"이것이 무엇입니까?"

"어머니께서 평생 동안 사용하시던 책입니다. 책 이름은 '전생록(前生錄)'입니다. 이 한 권의 책을 보면 전생 일은 말할 것도 없지만 금생에 할 일들이 다 기록되어 있다고 합니다."

하고 설명해 주었다.

"보살님, 무슨 띠입니까?"

"갑자생입니다."

"보살님은 전생에 옥황상제의 신하 북해용왕으로서 북지국을 다스리고 있었는데 마음이 방탕하여 선녀를 회롱한 죄로 상제에게 벌을 받고 12신하와 함께 인간세상에 태어났으니 성품은 용감 쾌활하나 사물에 격동이 많고, 마음이 고르지 못해 화를 잘 내는 편입니다. 인색할 때는 한없이 인색하고 후할 때는 한없이 후해 들어오고 나가는 것이 밀물과 썰물 같습니다."

보살님이 옆으로 다가앉자,

"부모세업은 있다 하여도 지키기 어려워 자수성가를 해야 합니다. 의식은 풍족하나 부모를 일찍 여의고 타향생활을 하다가 관록을 얻으면 귀하게 될 것입니다."

말이 이쯤 되니 주위 사람들이 빙 둘러 앉아 나는 어떤가 하고 궁금해 하였다.

점괘는 계속된다.

"자식은 삼, 사형제를 두지만 도화살이 있어 부부 이별 수가 있고 40당년에 액을 볼 것입니다.

여자는 재주 있어도 빈궁곤고하고 비명횡액이 두려우니 입산수도를 하든지 불전에 공을 많이 드리면 길할 것입니다. 조상에 근심이 많으니 시주를 많이 하고 선업을 닦아야 합니다.

처는 남방 사람은 불길하고 서북방이 길합니다. 화각살이 들었으니 불조심하여야 합니다……"

또 한참 있다가,

"…… 이 사람의 집 좌향은 해좌사향(亥坐巳向)이나 임좌병향(壬坐丙向)이 좋고 문은 진손(辰巽)으로 내십시오. 평생 남방이 불길하니 조심하고, 인(寅)년에 삼재가 들어 사(巳)년에 나갑니다.

수명은 80이요. 전생 빚은 5만3천관, 금강경 17권을 제3 원(元) 조관에 바치십시오. 제4 5관대왕 금수지옥에 속해 있습니다."

한참 듣고 나니 그럴듯 하였다.

첫째는 전생 일을 아는 사람이 없고,

둘째는 후생 일도 아는 사람이 없으니 궁금하지 아니할 수가 없다.

셋째는 사람이란 성품과 사는 것이 비슷비슷하니 마음이 기울어지지 아니할 수 없다.

큰딸이 말했다.

"우리 어머니는 60갑자와 전생록을 훤히 끼고 있었는데, 특히 사람이 오면 그 태어난 날짜를 보아 길흉화복을 잘 보았고 태어난 시간에 따라 성격이 잘 맞았으므로 병자들에겐 병든 날짜에 따라 구병시식하는 방법을 잘 일러줌으로써 효험을 본 사람이 많았습니다.

  그리고 집을 짓는 사람이나 이사하는 사람들이 줄을 이었고 병든 사람은 간단히 방해(防害)를 하여 혜택을 본 사람들이 많았습니다.

  그러나 이제 저희들은 캐나다로 이민을 가게 되어 이런 것들이 필요 없게 되었으므로 재를 지내고 태워드리기 위해 가지고 왔으니 스님들이 알아서 해주십시오.”

  말이 끝나기가 바쁘게 한 보살님이 말했다.

  “내 것 좀 봐 주세요.”

  “이렇게 하다 보면 날이 새는데…… 생일이 언제세요?”

  물어 답하니,

  “재주 있겠네요. 천재가 있어 귀신의 도움을 받아 아침에 뜨는 해와 같이 학문이 빛나겠습니다. 그러나 바라는 바가 너무 크기 때문에 곤란을 겪울 수도 있으니 친절히 구제하는 데 힘을 쓰세요.”

  “그래, 꼭 맞지 않아! 너는 분수 밖을 쳐다보는 것이 병이야!”

  친구가 이렇게 말하니, 보살님이 말했다.

  “11, 21, 31, 41 …… 하듯 매 10년마다 첫해 7월달을 조심하세요.”

  “그래서 금년 7월달에 교통사고를 당했는가.”

  옆에서 듣고만 있던 친구가 또 물었다.

  “저는 어떠해요? 자시(子時)에 태어났다고 합니다.”

  “마음이 일정하지 못하므로 고향을 떠나게 될 것입니다. 11세, 18세, 36세, 46세 때 실패수가 있으니 신병을 조심하세요. 고향을 떠나면 이리저리 돌아다니다가 꽃 파는 사람이 되기 쉬우니 부처님께 기도하고 선심을 기르세요."

또 한 사람이 물었다.

"저는 지난 29일부터 병이 났는데, 머리가 아프고 정신이 혼몽하고 추웠다 더웠다 하고 음식 맛이 없습니다."

"동남쪽에 갔다가 얻어 온 병이니 구병시식을 하고 서쪽으로 열일곱 발 걸어 가서 퇴송해 보세요."

이렇게 그 보살님은 일생을 무지한 사람들의 길잡이가 되어 살았다. 그러나 지금와서 생각해 보면 맞는 것도 있고 맞지 않는 것도 있어, 그 이유는 잘 알 수 없으므로 딸들은 오히려 답답하여 보지 않으려 하였다.

점(占)은 시간과 공간 속에 인과인연의 법칙을 잘 알아야 해결이 된다. 부처님은 전생록을 보지 아니 했어도 숙명통(宿命通)을 하여 전생의 인과를 훤히 깨달아 알고 있었기 때문에 살인귀 아인샤카를 하루 아침에 제도하고 자신의 등창병을 석 달만에 치료하였던 것이다.

49재 법문

2-9. 남이장군 약수터

  1963년 8월 방학이 시작 되자 마자 연순이 보살님을 따라 경기도 가평군 외서면(현 청평면) 대성리에 있는 약수터를 찾았다. 마장동에서 버스를 타고 대성리에서 내려 서북쪽으로 벼루길을 2km쯤 가니 엄청난 바위 밑에 동굴이 있는데, 5m쯤 들어가니 바위에서 시원한 물이 한 방울씩 떨어졌다. 밑에는 커다란 저박지를 놓아 물이 하나 가득 차 있는데 바가지로 떠 먹으니 말도 못하게 시원하고 달았다. 사람들은 그 물을 손으로 받아 손발도 씻고 얼굴과 몸에 바르기도 하는데, 온갖 피부병이 다 낫는다고 하였다.

  개울에서 목욕하고 언덕에 올라가 보니 건너편 산자락이 누어있는 모습이 사자의 머리처럼 보였다.

  첫째는 산이 좋고

  둘째는 물이 좋으니 명자 그대로 명당이다.

  이듬해 산 주인을 찾아 사랑방을 얻어 가지고 하룻밤을 잤다. 산에 올라가서 보니 동남쪽으로 천마산이 에워싸고 있고 서북쪽으로는 운악산 줄기에서 내리는 개울이 천마산 물과 합해져 장장 칠십 리를 흐르고 있었다. 삼면이 잘 짜였으나 뒷산이 조금 낮다.

  하지만 이씨 가족들이 백 년 가까이 내려오면서 터주대감이 되어 있고 이웃에는 강릉 함씨 형제와 춘천댁 등 모두 세 집이 살고 있었다.

  인심이 풍요하고 산세가 좋으므로 자리를 잡아도 좋겠다 생각하고 물으니 남이터 골짜기를 쌀 세 가마니 전세로 내주겠다 하였다. 1년을 준비하여 1965년 대학졸업을 하면서 7월부터 10월까지 돌담집 여섯 칸을 지었다.

그때 당시에는 서울 을지로 5가 통일예식장에서 매주 토요일마다 법회를 보고 있었으므로 2시 차를 타고 가서 6시 법회를 보고 오곤 하였다. 그런데 두 달 이상을 쌓아올린 돌담집 지붕을 잇지 못해 걱정을 하고 있는데 전화가 왔다.

"왜 법회에 나오지 않느냐?"

시간을 보니 벌써 4시가 다 되었다. 진흙 일을 하다가 옷도 갈아 입을 틈이 없어 그대로 달려갔다. 다행이 일반법회는 끝나고 청년법회시간이 되어 간신히 법회를 보았는데, 맨 뒤에 앉아 있던 처음 보는 남자가 물었다.

"어디에서 무엇을 하는데 온몸이 진흙 투성이입니까?"

"사실은 가평에서 수도원 하나 짓고 있는데, 벽은 다 세워 놓고도 지붕을 잇지 못해 걱정입니다."

"아, 그러십니까. 나는 강원용목사 사촌동생으로 이름은 강룡이라 하는데, 금강스레트회사 전무입니다. 일본에서 들여온 27푼짜리 철판이 있는데, 녹이 슬어 반품하려 하고 있습니다. 스레트기계로 골을 내보내드리면 되겠습니까?"

"좋습니다."

하여 그 길로 가서 스레트기계로 누르고 회사차를 동원해 경동역까지 부쳐주어 이튿날 대성리역에 온 동네 사람들이 동원되어 지붕을 막 이으니 하늘에서 소나기가 쏟아졌다. 만약 때 맞추어 지붕을 잇지 아니 했으면 두 달 동안 애써 쌓은 진흙벽이 그대로 무너져 버리고 말았을 것이다. 천재일우의 성사였다.

이것이 인연이 되어 강원용목사님과 알게 되고 강박사님 기독교 아카데미에 가서 강의를 듣는 영광을 가지게 되었다. 그 뒤 강룡씨는 금강스레트회사 미국지부장이 되어 갔는데 너무 바빠 왕래가 끊어졌다. 알고보니 그는 동국대 동문인 이

신남친구와 고등학교 동기였다.

　땅주인 이상호씨는 형제간이 많았는데, 막내동생이 대학에 합격했으나 학비가 부족해 그렇다고 우리가 도지로 쓰고 있는 땅을 사라고 하였다.

　토담집을 짓고 사는 것도 근근득신인데 어떻게 하나 걱정하고 있는데 전주에 있는 정을수법사님께서 성금을 보내오고 국악원 김기수씨 사촌형수씨께서 계를 하여 첫째 번 몫과 끝몫을 합해 건네주므로써 3만 평 산을 사게 되었다.

　마침 그때 일요신문사 사장 친구가 상락향에 휴양왔다가 일요신문사에 2만 평을 팔아주어 빚을 다 갚고 불사를 원만히 성취하게 되었다.

　우리는 부처님을 모실 수 있는 형편이 못 되었기 때문에 한 스님이 자연적으로 빠져나온 바위 앞에서 백일 동안 기도를 하였는데, 하루는 건너 마을 사람들이 불이 났다고 쫓아왔다.

　촛불도 제대로 켜지 못하고 사는 처지인데 무슨 횃불을 켰겠는가. 옆에서 보면 아무 일이 없는 것 같은데 건너 마을에서 보면 바위 부근에서 방광을 하여 훤히 밝아지므로 천지가 감동하였다 하여 마을 사람들이 자진하여 하룻 씩 무료로 일을 봉사해 주었다.

　당시 일 값은 일인당 50원, 쌀 한 말 값인데 30여 명이 돌아가며 보시하니 도량이 한결 정비되고 깨끗하게 되었다.

　그때부터 우리는 동네에서 무슨 일이 있으면 마을의 일원으로 협조하고 함께 활약하였다.

　최근에 토요일과 일요일이면 서울에서 M.T하러 학생들이 몰려와 명동거리처럼 흥청거리니 옛 풍습은 그림의 떡이 되고 말았다. 안타까운 일이다.

2-10. 작은 거인 안진호스님

안진호(安震浩)스님은 한국불교를 중흥한 지식파(知識派) 가운데 최고봉을 차지하는 스님이다. 초발심자경문으로 부터 사집, 사교, 대교에 이르기까지 모든 한문 교재에 현토(懸吐)를 하고 주(註)를 달아 그 어려운 한문을 쉽게 배울 수 있도록 하였다.

하루는 기산스님께서 거처하고 있는 성북동 청룡암에 갔다 오는데 성북동 삼거리에서 노인 애기가 자전거를 타고 재주를 부리고 있었다. 누군가 하고 가서 보니 그분이 바로 안진호스님이었다.

키가 152cm, 자전거는 키보다 훨씬 커 두 발이 제대로 페달에 닿지 않는데도 궁둥이를 이리 돌리고 저리 돌리며 용케도 잘도 탔다.

"이것이 내 자가용이야. 얼마나 빠른 줄 알아. 내 한 번 삼선교 로타리를 거쳐 혜화동 로타리까지 돌아올테니 시간 한 번 재 봐, 얼마나 걸리는지……."

하고 횡 떠났는데, 30분도 되지 않아 한 바퀴 돌아왔다.

"내가 어느 절에 재 불공이 들어 해 주러 갔는데 재받이 하는 것을 보고 제자가 감동하여 이 자전거를 사 주었거든. 내가 키도 작고 볼품은 없어도 불교하고 자건거 타는 데는 제일이야…."

이렇게 자랑을 하고 평상에 앉자, 내가 가까이 가서 깍듯이 인사를 하였다.

"저는 기산스님의 제자로서 종종 김포광박사님 집에 왔다 갔다 하여도 스님이 여기 사시는 것을 처음 알았습니다."

"그래. 그놈 똑똑하게 생겼구나. 들어가자."

하여 대문을 열고 들어가는데, 몸이 절구통만큼 커다란 여인이 나왔다.

"여보, 이 애가 기산스님 상좌래. 차 한 잔 줘……."

하니 날쌔게 인삼차 한 잔을 주었다.

"너, 이력 보았어?"

"조금 보다 말고 동국대학교 다닙니다."

"학교도 좋지만 기본이 바로서야 돼. 이력 가운데서는 치문이 제일이지."

"치문도 치문이지만 스님의 석문의범을 배우고 싶습니다."

"네가 석문의범을 배우고 싶다고? 그냥은 안 돼. 쌀 한 가마니 가져온다면 몰라도……."

"예. 쌀 한 가마니 가져오겠습니다."

"그렇다면 그때 내가 예경축원으로부터 각청(各請) 수계편을 차례로 일러 줄게. 저 끝 격외염롱문(格外拈弄門)에 가면 참으로 재미있지. 그러나 나는 결정된 시간이 없어. 여기서 불공드려 달라 하면 가고, 저기서 재 지내 달라 하면 때 없이 나가니까."

"사모님께 문안드리고 스님 시키는 대로 따라 가겠습니다."

"알아서 하게."

하고는 책 한 권을 주었다. 책 이름이 '석문의범(釋門儀範)'인데, 1931년 판이었다.

집에 와서 보니 선교양종(禪敎兩宗)을 시·종(始·終)으로 하고 시(始)를 황엽보도문(黃葉普渡門), 선(禪)을 격외염롱문이라 하여 종(終)으로 꾸몄다. 국판 314페이지나 되었다.

황엽보도문에는 상·하 양편이 있었는데, 상편에는 각단의 예경문, 축원문,

송주, 재공, 각소편(各疏篇)이 있고, 하편에는 각청(各請), 시식(施食), 배송(拜送), 점안(點眼), 이운(移運)편과 수계(受戒), 다비(茶毘), 제반의식, 방생(放生), 지송(持誦), 간례(簡禮), 가곡(歌曲), 신비(神祕) 편이 있었고, 각종 길흉화복을 점치는 일까지 온갖 것이 다 정리되어 있었다.

그리고 선문에는 불조들의 화두(話頭), 좌선의식(坐禪儀式), 좌선을 하여 마음을 깨달은 경지를 낱낱이 예를 들어 설명해 놓았다.

예경편도 대웅전, 극락전, 팔상전, 약사전, 용화전, 대장전, 관음전, 나한전, 명부전, 신중전, 산왕, 조왕, 칠성, 독성, 현왕단이 따로 있고,

대웅전에서 하는 예불도 향수해, 소예참, 오분향, 칠처구회, 사성례, 강원상강례, 대예참, 관음예문 등이 있어 지금까지 보지 못했던 의식들이 수없이 많았다.

나는 성공스님이 늘 외우시는 대예참이 어디서 나온 것인가 하였더니 알고 보니 대웅전 예불문의 하나였다.

축원에 있어서도 행선축원, 상단축원, 중단축원, 생축식, 망축식이 모두 달랐다.

송주도 아침송주, 저녁송주, 반야심경, 소심경이 있었는데, 전남대학 광장에서 수륙재를 지낼 때 한 의식이 소심경(小心經), 즉 식당작법임을 깨달았다.

재를 지내는데도 상주권공, 영산재, 각배재, 생전예수재, 수륙재가 있는데, 그러한 재를 지낼 때마다 불보살님께 아뢰는 소문이 각각 달랐다.

처음 법회를 건립할 때 아뢰는 건회소(建會疏), 시작할 때 알리는 개계소(開啓疏), 대회를 알리는 대회소(大會疏), 삼보님께 아뢰는 삼보소(三寶疏), 상단에 알리는 상단소(上壇疏), 시왕에게 알리는 시왕소(十王疏), 심부름꾼들에게 알리는 사자소(使者疏), 행사를 알리는 행첩소(行牒疏), 성현들께 알리는 성위소

(聖位疏), 명부에 알리는 명위소(冥位疏), 전체를 종합한 함합소(含合疏), 길 갈음을 하는 오로소(五路疏), 중단, 하단에서 하는 중위소(中位疏), 하위소(下位疏), 회향소(廻向疏), 비바람에게 알리는 풍백우사소(風伯雨師疏), 외로운 혼령께 알리는 고혼소(孤魂疏) 등 오만 것들이 다 들어 있었다.

또 제반편에는 아침 저녁 5경에 울리는 종송소리, 성도살림 때 하는 해인십바라밀도(海印十婆羅密圖), 축상작법(祝上作法), 각종 번식, 삼동결제방, 재시용상방, 강원보설방, 화장실 가서 외우는 입칙오주(入則五呪), 담배의 나쁜 점(癡惡草呪), 십팔지옥송, 인과경초, 간당론(看堂論) 등 갖가지 종류가 세밀하게 다 들어있었다.

그런데 스님을 만나 물어보면 처음부터 한 가지도 외우지 않고 있는 것이 없어 새삼스럽게 놀라지 아니 할 수 없었다. 작은 고추가 맵다고 겉으로는 장애인처럼 생겼어도 속에는 오만 잡동사니까지 다 들어 있는 살아 있는 불교 백화점이었다.

그러므로 사불산인(四佛山人) 퇴경 권상로박사가

안진호스님

조문각의번잡식 (條文各儀繁雜式) 을
일사불난총청리 (一絲不亂總整理) 하니
진호강백불해식 (震湖講伯不解識) 이면
석문의식하편재 (釋門儀式何編哉) 리오.

하였다. 그 해박한 지식과 지혜에 놀라지 아니 할 수 없다.

2-11. 김동화박사님의 교리발달사

김동화박사님은 일본 유학파 가운데서 가장 실력이 뛰어날 뿐만 아니라 생활 자체를 출가수행자와 똑같이 하여 학생들이 본 받아야 할 모델로 생각하였다.

공부할 때는 먼저 불교학개론을 배울 때도 마찬가지지만 처음부터 끝까지 필기 중심이다. 대학노트에 빽빽하게 쓴 강의노트를 가지고 와서 천천히 읽으면 어떤 학생도 필기하지 아니할 수 없다. 어려운 한문은 칠판에 꼭꼭 박아 쓰고 나머지 문장을 끝없이 읽어가되 숙어가 나오면 상세히 설명해 주었다.

박사님의 제자인 황성기교수나 원의범박사, 우정상교수는 한번도 출석을 체크 하는 일이 없었는데 박사님은 철저히 학번과 이름을 부르며 학생들의 얼굴을 점 검하였다.

"학생들이 학교만 나온다고 해서 학생이 아니라 공부를 해야 학생이 된다. 남 의 책을 건성으로 읽기만 하면 녹음테이프를 듣는 것처럼 눈과 귀만 즐거워진다. 손도 공부하고 발도 공부하고 오장육부가 함께 공부하여야 한다."

원래 교리발달사는 대학노트로 800페이지가 넘었으나 나는 일 년 동안 받아쓰 고 나서 그것을 축소시켜 다음과 같이 정리하였다.

萬古碧潭空界月　만고벽담
만 고 벽 담 공 계 월　공계월은

無關風雨常光明
무 관 풍 우 상 광 명

비바람에 관계없이
항상 빛난다.

時俗隱現變態像
시 속 은 현 변 태 상

시속을 따라 숨었다
나타나는 변태상을 가지고 있으나

無知衆生不覺知
무 지 중 생 불 각 지

무지한 중생들은
깨닫지 못하고 있을 뿐이다.

原始部派小大乘
원 시 부 파 소 대 승

원시 부파
소·대승이

隨機頓漸加減差
수 기 돈 점 가 감 차

근기따라 돈오 점수
불어나고 줄어듦이 있지만

一音演唱圓滿行
일 음 연 창 원 만 행

일음 연창
원만행은

深淺不顧大海行
심 천 불 고 대 해 행

깊고 얕음에 관계없이 항상
대해를 향해 흐르고 있다.

釋迦弟子孫弟子
석 가 제 자 손 제 자

석가부처님으로부터
제자·손제자 때까지 (서기전 531-370)

上座大衆二部派
상 좌 대 중 이 부 파

상좌 대중
두 부파를 (서기전 370-100)

原始部派小乘敎
원 시 부 파 소 승 교

원시·부파·
소승불교라 한다.

斥小大乘出現後
척 소 대 승 출 현 후

소승을 배척하고
대승이 출현하면서 (서기 후 150-470)

衆經百論無數出
중 경 백 론 무 수 출

여러 가지 경론이
수없이 나타나

春山百花滿發香
춘 산 백 화 만 발 향

봄 산에 백 가지 꽃이
만발한 것 같이

世界一花萬邦鄕
세 계 일 화 만 방 향

세계일화가
만방에 피었도다.

처음 강의를 들을 때는 교리도 발달하는가 생각했는데, 차차 강의를 듣고 1년 가까이 되니 아무리 좋은 음식도 지역풍토에 따라 조금씩 달라진다는 것을 알게 되었다.

부처님의 깨달음은 입멸 후 100년, 직제자, 증손자 시대까지는 크게 변하지 않고 인과, 인연, 마음의 법으로 일관해 갔으나 세월이 가면서 인연이 일어나는 것을 연기(緣起)라 설명하고 그것을 다시 시간따라 변해가는 제행무상인(諸行無常印), 장소에 따라 옮겨가는 제법무아인(諸法無我印) 두 가지로 깨닫고, 생사에 관계없는 마음을 열반적정인(涅槃寂靜印) 등 삼법인으로 설명하기도 하고, 고통의 원인과 결과, 열반의 원인과 결과를 구체적으로 설명하여 사성제(苦·集·滅·道), 빈 마음을 공(空), 업에 따라 윤회하는 업과 윤회, 마음의 작용을 심식(心識), 깨달음의 마음을 불성(佛性)이라 부르고 그를 따라 육바라밀을 실천하는 보살들과 사향사과를 닦는 나한님들로 낱낱이 설명한 성문·연각·보살·불의 과정으로 풀어서 설명하게 되었다.

남인도는 열대지방이라 먹고 입고 지내는데 별 차이가 없지만 북인도쪽은 히말리아 근처라 옷 한 벌 입고 하루 한 끼만 먹고는 살 수 없었으므로 두 끼, 세 끼 먹고, 속옷도 입도록 하자는 사람들도 생겼고, 깨달음의 문제도 사람따라 각기 다르기 때문에 형편따라 하자는 논리가 생겨 계율문제와 교리문제로 인해 완전히 두 파로 갈라지게 되었다.

말하자면 계율을 중심으로 한 무리들은,

① 소금을 저축했다 먹을 수 있도록 하자.
② 오후 2시까지는 밥을 먹을 수 있도록 하자.
③ 자기 능력에 따라 기쁜 마음으로 받아 먹도록 하자.

④ 자리를 옮겨서 또 먹을 수 있도록 하자.

⑤ 우유, 차 정도는 마실 수 있도록 하자.

⑥ 병치료를 위해서는 덜 된 술도 마실 수 있도록 하자.

⑦ 좌구는 몸에 맞도록 조정해서 만들어 사용토록 하자.

⑧ 습관적으로 내려오는 일은 그대로 해도 어긋나지 않도록 하자.

⑨ 꿈 속에서 소리친 일은 율에 어긋나지 않도록 하자.

⑩ 금은전보를 비상용으로 조금씩 가질 수 있도록 하자.

만 명 가운데 이를 찬성한 사람은 9,300명이나 되었으므로 대중부(大衆部)라 하고 이를 반대한 사람은 700명이었는데, 700명은 대개 나이가 많고 부처님의 일종 식을 철저히 지키는 사람들이었으므로 상좌부(上座部)라 하였다. 또 상좌부는 이상 9천명이 주장하는 것을 절대 반대하면서 법이 아니라 하였으므로 십사비법(十事非法)이라 하였다.

그리고 교리문제 때문에 이의를 제기한 사람들은 대천스님의 논리에 따라,

① 꿈 속에서 몽정한 것은 법에 어긋나지 않도록 하고 (餘所誘)

② 나한님이 되어도 다 알 수 없다. (無知)

③ 나한님도 의심이 있을 수 있으므로 (猶預)

④ 먼저 깨달은 사람을 통해 깨달음을 인증 받을 수 있도록 하자. (他令入)

⑤ 소리를 질러 깨달음을 선언할 수 있다. (道因聲故)

주장하자 이 또한 장로(上佐)와 대중(大衆) 두 파가 갈라졌다.

그런데 그 뒤 법화, 화엄 등 대승불교가 싹이 트니 이를 믿는 사람도 있고 믿지 않는 사람도 있어 신·불신(信·不信), 공·가·중(空·假·中), 방편과 진실, 진제

와 속제, 정·부정(淨·不淨) 등 여러 개의 종파가 만들어지니 그들 교리가 법은 가고 옴이 없다는 법무거래중 업은 중유(中有)로 남아 있다는 중유론(中有論), 법체항유론(法體恒有論), 견도(見道)와 수도(修道)의 차이점 때문에 성인관, 보살관, 불타관이 나타나게 되고, 당장 깨닫게 되고 천천히 깨닫는 돈·점(頓·漸)의 이론과 육근육식의 작용이 같고 다른 점을 논하고, 도와 번뇌, 업의 이숙(異熟), 색·심(色·心)에 대한 여러 가지 문제가 생겨 상좌부 11종, 대중부 9종, 총 20부파가 생기게 되었다.

그래서 이들 교리를 가지고 시비하고 싸우는 종파를 소승불교라 하고 후세 발달한 보살불교를 대승불교라 하는데, 거기에는 각각 경·율·논 삼장이 따로따로 성립되어 있다.

그래서 경에는 장아함·중아함·잡아함·증일아함이 생기는데 부파불교가 생기기 이전 불교에서는 부처님과 당시 제자들이 읽었던 글을 소아함이라 하여 읽고 또 부파불교에서 만들어진 경전들도 중요한 것만 골라 따로 읽으니 그 이름이 법구경(法句經)이 되었다.

어찌 되었던 부처님 불교는 100년까지는 부처님 당시 법대로 내려왔으나 100년 이후 상좌, 대중부로 나누어졌다가 결국에는 소승 20부파로 나누어졌으며, 그 후 대승불교는 본래 부처님 당시 불교로 돌아가자 하여 생겼으나 중국, 한국, 일본 등에 번역되어 전파되면서 분열된 그대로 실천하게 되었으니 부파 분파 20부파 보다도 훨씬 많은 종파가 생기게 되었다.

이들을 체계 있게 정리하여 이해하는 학문이 불교교리발달사이다. 불교교리만 그렇게 되는게 아니고 불교계율과 여러 가지 논전까지 완전히 별도로 구분되어 신행해 왔으니 교리발달사를 소홀히 할 수 없었다.

그래서 나는 마지막으로

강하산천유입별 (江河山川有入別) 이나
대해일미무차별 (大海一味無差別) 이다.
불법여시천차별 (佛法如是千差別) 하나
성불작조무분별 (成佛作祖無分別) 한다.

라고 결론을 내렸다.

산천따라 흐르는 물은 다르지만
바다에 들어가면 모두 한 맛이 되듯
불법도 이와 같이 천차만별하지만
부처가 되고 조사가 되는데는
하등의 차별이 없다는 말이다.

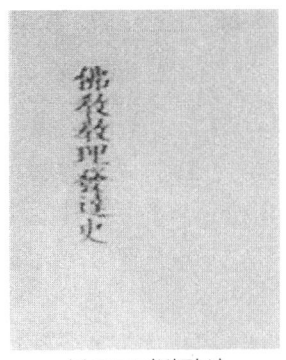

불교교리발달사

국한문 불교교리발달사

2-12. 조좌호박사님의 동양사 특강

조좌호선생은 경남 창원 출신으로 일찍이 항일학생운동에 앞장섰다가 중국, 일본 등에서 동양사상을 연구하고, 동아대, 연대를 거쳐 동국대학교에 와서 4반세기를 지내다가 마지막 성균관대학 총장으로 회향하셨다.

90kg 거구에 런던 포구(망토)를 입고 나오면 쳐다보지 않는 사람이 없었다. 전형적인 황인종이면서도 약간 백색을 띠어 화장을 하지 않아도 얼굴에서 빛이 났다.

하루는 동양사 특강이 있다 하여 중강당에 가니 벌써 사학과 학생들을 중심으로 장내가 꽉 차 있었다. 우리는 뒷좌석에 자리잡고 무대 정면을 바라보니 그 조용한 거인에게서 장엄한 대포소리가 쏟아졌다.

"현대는 바야흐로 정신분열증 시대입니다. 언어를 상실한, 대화를 상실한, 웃음을 잃은 히말라야의 찬바람이 몰아치는 황량한 거리에 불신의 베일을 쓴 꼭두각시들이 춤을 추고 있습니다.

공산주의와 자본주의, 이 두 개의 서양사상이 세계를 휩쓴지 오래 되었는데 공산주의를 주장하는 사람들은 자본주의를 뒤엎고 평등사회를 주장하는가 하면 자본주의를 주장하는 사람들은 부귀 빈천을 주장하며 서로 먹히고 먹는 가운데서 권력투쟁만 거듭하고 있습니다.

우리 조상 단군임금님 시대에는 이런 사상이 없었어도 하나 생기면 하나를, 둘

생기면 둘을 서로 나누어 먹으면서 곤지곤지 짝짝궁하며 4천 년을 넘어 살아왔는데, 중국의 사대주의가 싹을 트면서 일제의 침략까지 거듭되어 조선인민의 정치는 피폐하기 짝이 없게 되었습니다.

대개 사람들은 동·서 사상의 차이점을 정적·동적, 정신적·물질적, 직관적·추리적, 염세적·낙천적, 원시적·발달된 것으로 나누고 있습니다. 그러나 이것은 동전의 양면과 같아서 하나만 가지고는 아무 것도 되지 않습니다.

영국이 인도를 3백 년이 넘도록 통치하면서 아프리카와 아세아를 정복하여 수많은 자본을 이끌어다가 공장을 짓고 도로와 철도를 놓고 항만을 건설하였으나 하루 아침에 간디 옹이 식민주의를 타파하고 평등사상을 내 세우며 면화와 벼를 심어 벼꽃, 면화가 만발하였습니다. 뿐만 아니라 집집마다 물레를 돌려 국산을 장려하니 영국땅의 공장은 폐쇄되고 항만에는 일이 없어 일시에 영국이 손을 들고 말았습니다.

이 세상 어느 누가 가난한 것 좋아하는 사람이 있겠습니까. 그러나 지나치게 입이 걸면 몸뚱이가 퇴폐하여 잘 먹고도 오래 살지 못합니다.

일본이 세계 각국에서 있는 것 없는 것 다 모아 왔으나 원자탄 하나에 손을 들고 말지 않았습니까. 공산주의라 해서 다 나쁜 것이 아니고 자본주의라고 해서 다 좋은 것도 아닙니다. 문제는 사람입니다. 그것을 수용하는 사람이 병이 들면 세상이 다 누렇게 떠 버리고 맙니다.

서양 사람들은 동양 사람들을 관념적 직관적이라 말하지만 서양은 과학적 논리적 기술로 세계를 못 쓰게 물들여 놓고 말았습니다.

아리스토텔레스의 3단 논법은 세계의 어떤 논법도 따라갈 수 없다 하였으나 인도에는 인명논리학이 수천 년 전부터 인도사상 발전의 근간을 이루고 있었고,

서양에서는 원자론, 유물론을 가지고 판을 치고 있지만 동양에서도 일찍부터 오행설, 음양설이 있고, 노자와 장자 등은 자연의 신선사상을 통해 백세, 천손이 잘 살아갈 수 있는 방법을 말하고 있습니다.

무엇이고 새로운 것을 보면 그것밖에 없는 것 같이 느끼지만 옛 것이 더 소중하다는 것은 살아본 사람만이 알 수 있습니다. 해방 이후 이 나라가 지나치게 어수선하기 때문에 오늘 이런 말씀을 드렸습니다. 부처님은 말이 없어도 그 제자들은 꾸준히 행했고 맨발로 돌아다니면서 무지한 중생을 제도한 부처님 때문에 남의 것 얻어먹고 손 하나 까딱하지 않던 거렁뱅이들이 부처님 말씀을 듣고 무욕의 성자들이 되지 않았습니까!

동국대학교는 불교학교, 깨달음을 실천하는 무량수, 무량광의 대학입니다. 자신만 도를 깨달아 생사를 해탈하려 하지 말고 다같이 업력을 깨끗하게 하여 삼천리 금수강산을 불국정토로 만들어 주시기 바랍니다."

이 같은 논리는 철학과에 가면 김용배박사님과 황의돈선생님이 끝없이 주장해 오신 주장이다.

황의돈박사님은 한 번도 강의시간에 책을 가지고 들어오지 않는다. 단지 손에 분필 하나를 들고 와 그 분필 하나도 다 쓰지 못하고 나가시는데, 사람을 울리고, 웃기면서 흥분시킨다.

"교수님은 어떻게 공부하여 머리가 그렇게 좋으십니까?"

"이 놈들아, 계란으로 바위를 쳐 봐야 안다. 바위는 굳어 말랑거릴 줄을 모른다. 그러나 사람의 머리는 솜덩이와 같아 누르면 한 장의 종이와 같이 되지만 부풀면 태산처럼 올라와 이 세상 모든 것이 다 그 속에서 쏟아져 나오거든. 산이 우거지면 새를 기르지 않아도 오고, 온갖 비금주수가 그 속에서 함께 살면서 노래하고 춤추지 않던가."

하시는 말씀마다 금과옥조(金科玉條)요, 명답 아닌 것이 없었다.

이와 같이 동악(동국대학교)은 한국정신사의 요람이요, 동양철학의 뿌리였었다. 성균관대학이 유교대학이라 하였지만 불교가 대처·비구싸움 때문에 기가 죽어 있듯이 신구양파의 싸움 때문에 전국의 유림이 파산되어 기를 펴지 못하고 있었다.

다행이 이병철씨가 성균관대학을 접수하여 동양윤리의 요람으로 키우다보니 요즘 와서는 세계굴지의 명문대학으로 발전하고 있는 것이다.

백성욱총장님이 살아 계실 때는 박한영, 권상로, 김포광박사님 등이 정신적인 지주가 되었고, 문학계통에서는 조종현, 김달진, 서정주 같은 거인들이 배출되어 후배들을 양성하였으므로 세계적 지성대학으로 발전하고 있었다.

사은경로대법회
앞부터 조종현스님, 민희식박사님, 덕암큰스님, 숭산대선사, 이외윤대법사

2-13. 비구니 명성스님

대학 2학년이 되니 못 보던 사람들의 얼굴이 많이 나타났다. 마산 해인대학교가 영남대학과 합해지면서 불교과 학생들이 여기저기로 나누어져 편입된 것이다.

김봉식, 김준경 등 10여 명이 되었지만 이렇다 저렇다 하는 이이야기가 없이 그냥 와서 강의를 들었다. 원래 철학과 학생들도 문과 학생들도 종종 와서 강의를 들었기 때문에 그냥 그렇게 생각하고 관심없이 지냈는데, 수업 도중 질문을 가장 많이 하는 학생들은 그분들이었다.

해인대학교에서는 강원 강사스님들과 선방 선사스님들이 와서 주로 강의를 받았는데, 동국대학에서는 대부분 젊은 교수들이므로 한문이 그리 능숙치 못했다.

서울대학교를 나온 이재창교수님 같은 분은 영어에는 능통하였으나 한문에는 막히는 데가 많았다. 그래서 불교경제학을 가르칠 때는 교재에 나오는 사찰 창건 비문이나 중건지(重建誌) 같은 것은 학생들 보고 읽고 해석하라 하였다. 아버지가 대본산 주지스님이었지만 자신은 서울에 와서 살다 보니 과학적인 논리만 배웠지 한문공부를 하지 않아 잘 알지 못한다 하고 솔직히 나이 많은 학생들 그리고 강원출신 학생들과 친구가 되어 살았다.

명성스님은 2학기 말에 들어와서 3학년부터 같이 공부하였으나 학교출석은 그렇게 많이 하지 않고 이곳 저곳을 다니면서 널리 교양을 익히고 있었다. 붓글씨도 잘 쓰고 한문책자를 가지고 와 혼자 읽기도 하였는데, 혹 교수가 결강이 되면 학생들을 데리고 같이 공부하기도 하였다.

한 번은 무도관 옆 동산에서 혼자 공부하는데 불렀다.

"학생은 언제부터 학교에 나왔습니까?"

"1학년 때부터입니다."

"응. 편입생이 아니군요. 편입생들도 하도 여러 군데로 나누어 갔기 때문에 잘 알 수 없습니다. 나는 직지사 전관웅스님의 권속으로 학교 교편을 잡다가 늦게서야 들어와 학생들과 잘 어울리지 않습니다. 들으니 이사장님 제자라고 하는데 사실입니까?"

"예. 은사스님은 송광사에 계시고 이사장님을 법사스님으로 모시고 있습니다."

"고등공민학교를 운영한다는 말을 들었는데, 어떻게 운영하십니까?"

"학생들은 동네 아이들이고, 선생님들은 여기 김유길, 박선영 동문들과 행정대학 최대우, 그리고 서울대, 고려대, 국민대 장학생들이 자진해 와서 근근득신으로 운영하고 있는데, 만족할 만한 처지는 못 됩니다."

"요즘 나는 600부 반야경을 공부하기 시작했는데, 혼자 하니 지루하기 짝이 없습니다."

"그렇다면 시간 나는 대로 함께 보십시다."

하여 두서너 번 같이 공부하였는데, 대강 마치고 나서는 노자 도덕경 이야기를 하여 학교 앞 이범석장군님 집에서 여주 이경현선생이 와서 강의하시는 곳을 가르쳐 드렸다.

"600부 반야경은 경 수만 하여도 600권이나 되었기 때문에 가닥을 잡기가 어려웠으나 노자 도덕경은 상하 양권에 81장 밖에 되지 않기 때문에 보기는 쉬우나 주석서가 1,600가지나 되어 공부하기 어렵습니다.

경현선생은 위(魏)나라 왕필, 한나라 하상공을 배경으로 한 당 현종의 주(註)를 가지고 가르치기 때문에 쉽게 이해할 수 있었습니다."

도가도비상도 명가명비상명 (道可道非常道 名可名非常名)

무명천지지시 유명만물지모 (無名天地之始 有名萬物之母)

도를 가히 도라고 이름하면 상도가 아니고

이름을 가히 이름하면 그것은 상명이 아니다.

무명은 하늘과 땅의 시작이고

유명은 만물의 어머니이다.

유교의 학설하고는 천지의 차이가 있다. 유교는 아버지를 하늘로 보고 어머니를 땅으로 보면서 이것들에 이름을 붙이고 그 이름을 따라 고저장단을 논하고 있다. 그래서 중국사람들은 도교를 형님으로 보고 유교를 동생으로 본다. 유교는 세상의 학문을 중심으로 하지만 도교는 자연을 배경으로 하고 있기 때문이다.

이렇게 우리는 2년 동안 하염없는 마음으로 공부하였다. 그 뒤로 스님은 운문사로 내려가 후배 양성에 온 힘을 기울였는데, 마침 시대를 잘 만나 여성불교의 기수(旗手)가 되었다.

그 동안 동기생들과 함께 상락향을 한 번 찾아 오셨지만 동기생들 때문에 따뜻하게 대접하지 못한 것을 항상 죄송스럽게 생각하고 있는데, 금년 생각해 보니 벌써 나이가 89세가 된 것 같다. 나보다는 여덟 살 손위가 되는 큰 누나뻘이기 때문이다.

나는 종종 서울에서 관응큰스님의 법문이 있을 때마다 명성스님을 모신 듯 지극히 받들었다. 김동화박사님하고는 사형사제간이 되기 때문이다.

직지사 오록원스님과 전관응큰스님

한국 비구니 교육을 육성시킨 운문사 명성스님 제자들

2-14. 권상노(權相老) 박사님과 퇴경당문집

　권상노박사님은 경북출신이다. 안진호스님의 안내로 불교에 입문하여 김동화박사님처럼 대가를 이루신 분인데, 머리가 호박처럼 둥글게 생겼다. 역사학을 전공하여 중국, 한국 역사를 두루 꿰고 있는데, 평상시는 말씀이 없고 강의 때만 재미있게 이야기하신다. 몸이 불편해서 걸음을 잘 걷지 못하시기 때문에 우리는 청량리 홍릉 장미원 자택에 가서 삼국유사를 배웠다.

　삼국유사는 전5권, 상하 양권으로 되어 있는데 상권은 한국의 역사가 기록되어 있고 하권은 불교역사가 적혀있다. 삼국사기를 쓴 김부식선생이 유교정신에 의해 삼국역사를 정리하였기 때문에 저자 일연스님은 거기서 빠진 설화와 인물, 탑상 등 민족문화를 중심으로 정리하였다.

　책은 이미 천년에 가까운 것이나, 현장에 가보면 그 역사가 삼국유사처럼 보존되어 있는 것이 많다.

　"내가 몸이 아파 강의를 한다 해도 끝까지 할 것 같지가 않으니 공부하는 방법만을 그대들에게 일러주리라."

하고 세밀하게 번역하고 주를 내주었다.

　"삼국유사는 왕력(王歷), 기이(記異), 흥법(興法), 탑상(塔像), 의해(義解), 신주(神呪), 감통(感通), 피은(避隱), 효선(孝善)으로 되어 있는데,

　왕력은 삼국, 가락국, 후 고구려, 후 백제의 간략한 연표가 정리되어 있고,

기이편은 고조선으로부터 후삼국에 이르기까지 간단 간단한 내용을 57항으로 나누어 설명했는데, 이것이 1, 2권의 내용이다.

홍법편에는 삼국의 불교역사가 기록되어 있고, 탑과 불상을 따로 31항목으로 나누어 설명했다.

의해편에서는 원광의 중국유학을 비롯해서 14항목으로 정리했고,

신주편에서는 신라 밀교의 상황을 정리하고,

감통편에서는 신라의 영험설화를 10항목으로 정리하였으며,

피은편에서는 초탈 해탈한 고승들의 역사를,

효선편에서는 부모님께 효도하고 나라에 충성하며 사회에 착한 일 한 사람들, 즉 미담설화를 다섯 가지로 정리하였다."

선생님께서 책 한 페이지 보지 않고 일목요연하게 설명해 주시고 학자가 되려면 이 같은 사실들을 낱낱이 찾아다니며 점검해야 한다고 하였다.

"동국대 교수 가운데 황수영씨가 있는데 그분이 부자집 아들이거든. 공부는 하지 않고 사진만 찍으러 다녀 부모님께서 걱정하길래 공부는 책만 보고 하는 것이 아니니 걱정하지 말라 하였지. 그런데 전국 불교유적지를 빠짐 없이 다니며 불상, 탑 가람터를 찍어 가지고 와 자랑하면 아무개 선생님께 가서 물어보라 하고 가르쳐 주었는데, 같은 부처님도 아미타불이 있고 약사부처님이 계시며 석가모니불이 있어 삼세시방 부처님을 낱낱이 구분하게 되고, 관세음보살도 양유관음, 송자관음, 지경관음 등 33관음을 가려내다 보니 지금은 불상, 탑, 절터를 판단하는 감정사가 되었거든. 공부라고 하는 것은 그냥 한 번 본다고 되는 것이 아니고 여러 번 보고 의심하고 찾아 비교해 보면 자연히 학자가 되는 것이야……

보라고, 이방에 무엇이 있는지. 책이라고는 고려대장경, 신수대장경, 고려, 조선

왕조실록 뿐이야. 나는 왜정 때 일본 사람들이 조선의 언어, 놀이, 민속신앙을 조사하는 것을 보고 놀랬어. 우리는 이런 것들을 노인들 놀이 또는 무당 굿으로 보았는데 그들은 한국의 문화 습관들을 그 속에서 찾아내고 있었어. 여기 100만 장 이상 되는 원고가 모두 그런 것들을 모아 놓은 거야…"

"언제 이것을 책으로 다 내시렵니까?"
"인연이 닿으면 저절로 나오게 되어 있어. 아마 내가 죽고 나면 자네가 내지 않을까 생각되네……."

우리가 삼국유사 제2편 기이편에 이르러 기력이 쇠진해서 더 이상 강의를 못하시고 간신히 모시고 나와 홍릉갈비집에서 갈비탕 몇 그릇 대접한 인연 밖에 없는데, 영면 후 22년 있다가 그 원고가 보련각으로 넘어와 전관응스님과 직지사주지 오녹원스님, 그리고 이외윤법사님의 원력으로 불교통신교육원에서 전10권으로 엮어 책 이름을 『퇴경당전서(退耕堂全書)』라 출간하였다.

내용은 질려원고(蒺藜薗藁)로부터 하대고승명호록(下代高僧名號錄)에 이르기까지 서(書), 서(序), 기(記), 발(跋), 명(銘 : 종명, 비명, 묘알명), 상련, 제문, 원문, 찬(讚), 설(說), 게(偈), 논(論), 전(傳), 사적, 잡록, 불교영험설화에 이르기까지 백천 가지 글들이 종류별로 다 정리되어 있다. 명자 그대로 불교백과사전이다.

언제 누가 그것을 다 번역해 낼런지 알 수 없으나 벌써 여기서 박사학위만 여덟 명이 나왔다. 스님께서 석천기(石天基) 집안에 내려오는 명일가를 써놓으신 것이 있어, 여기에 전재한다.

明 日 歌

명일후명일명 일하기다아생 (明日後明日明 日何其夥我生)

대명일만사성 차타세인고피 (待明日萬事成 蹉跎世人苦被)

명일루춘거추 래로장세조간 (明日累春去秋 來老將世朝看)

수동류모간일 서추백년명일 (水東流慕看日 西秋百年明日)

능기하청군청 아명일가 (能幾何請君聽 我明日歌)

내일 내일 또 내일

얼마나 인생을 산다고

내일 내일 하며 온갖 일을 하다가

세상 사람들은 갖가지 고통을 받고 사네

내일 속에 봄 가을 다 가고

늙은 사람이 또 아침을 맞이하네

물은 동쪽으로 흘러 새 날을 맞이 하는데

백년 서쪽에서 또 새 날을 맞이하네

그대들은 듣는가 나의 이 말을

나는 오늘도 명일가를 부르노라.

퇴경선생

권상노 박사님의 퇴경당전서

2-15. 신행불교와 불교사상연구회

'신행불교'는 동국대 김동화박사님께서 노상강탈하고 법정투쟁하는 한국불교를 보고 교리중심불교를 제창하신 것이다.

불교는 사찰중심, 종파중심, 사람중심 불교를 할 것이 아니라 부처님께서 깨달은 법을 믿고 바로 알며 실천하여 깨달음을 얻도록 하자고 한 것인데 이것은 김동화박사님께서 처음 제창하신 것이 아니라 화엄경에 신·해·행·증(信·解·行·證)으로 분명히 나오기 때문에 그렇게 주장하신 것이다.

첫째, 무엇을 믿고 살 것인가.

부처님께서 깨달은 법(인과, 인연, 마음)을 믿고 부지런히 정진하여 지혜를 개발하여 몸과 마음을 안정시키고 물러섬이 없는 마음으로 불법을 옹호해서 이 사회를 윤리도덕이 충만한 불국정토로 만들자는 것이다.

둘째, 알고 믿자는 것이니 맹목적으로 나는 불교신자다 내세우며 자기 좋아하는 부처님이나 절만 고집할 것이 아니라 부처란 무엇이고, 보살은 무엇이며, 왜 관음, 세지, 문수, 보현, 지장 같은 많은 보살들이 나왔으며 나한님은 무엇이고 사미, 사미니, 비구, 비구니, 우바새, 우바이는 무엇인가를 확실하게 알고 믿자는 것이다.

셋째, 행(行)은 믿고 안 것을 널리 실천하여 자리이타(自利利他), 각행원만(覺行圓滿)이 이루어지도록 노력하자는 것이며,

넷째, 증(證)은 깨달음을 얻은 경계가 보살경계인지 성현의 경계인지 아니면 부

처님의 경계인지를 확실하게 알아 자만에 빠지지 말라는 것이다.

사람은 누구나 남이 모르는 것을 조금 알면 거기에 안주하여 아상, 인상, 중생상, 수자상을 내게 되어 있다. 가정의 빈부귀천, 사회의 사농공상을 따라 족보자랑하고 이력 자랑하며 선행을 뽐내다 보면 자기 혼자만 극락가고 천당갈 것 같아 남을 업신여긴다.

옛날 한 임금님이 깨끗한 것만 좋아하다 보니 대중공양을 하는데 새 옷 입은 사람들만 궁중에 들여보냈다. 한 거지 스님이 와서 들어가려 하니 안 된다 하여 새 옷으로 갈아 입고 들어가니 비로소 밥을 얻을 수 있었다. 밥을 받은 스님은 옷을 벗어 놓고 옷에다 밥을 먹었다.
"왜 스님은 밥을 잡수시지 않고 옷에다 밥을 먹입니까?"
"옷 때문에 들어 왔으니 옷이 먹어야 할 것 아니오."
하고 옷을 확 제치니 사자가 되어 타고 뛰어 나가자 이를 본 임금님이 말을 타고 그 뒤를 따라갔으나 지금까지도 사자의 종적을 찾지 못하고 있다.

그러므로 김동화박사님은 알고, 믿으며, 실천해야 부처가 될 수 있고 부처님 마음으로 보살도를 실천하면 반드시 이 세계가 불국정토가 될 수 있다는 확신을 가지고 계셨다.

이와 같은 사상을 따르는 학자와 신도들이 점점 많아져 을지로 5가 통일예식장에서 토요법회를 하게 되었으니 이것이 장차 불교사상연구회(佛敎思想硏究會)가 되었다.
한국의 지성불자들이 수없이 모여 김동화, 황성기, 권상로, 김두헌 등 대 석학들의 법문을 듣다 보니 불교가 새롭게 지식불교로 발돋움하는 것 같았다.

산중불교를 도심화하고, 사찰중심불교를 대중중심불교로 변화시키자 하니 너도 나도 승속간에 많은 사람들이 모였다.

당시에는 일반 사찰에서는 거의 법회가 없고 대개 상담역에 불과하였기 때문에 교리에 굶주렸던 불교신도가 끼리끼리 모여 신도회, 거사회, 청년회, 학생회 등 서클이 만들어짐으로서 차차 사회적인 지각변동이 일어났다.

그 동안 동국대학교는 백성욱총장이 물러나고 정두석박사가 후임을 맡았다가 조명기총장이 계승하게 되고, 이사진들도 태고종에서 조계종으로 바뀌어졌다. 따라서 교수들도 물갈이가 되고 장학생들도 많이 달라졌다. 말하자면 재단장학을 받던 사람들이 많이 탈락하게 되었고 이 일로 불교과 학생들이 다른 과로 전과하는 일이 생겼다. 예를 들면 원불교 출신들은 정통불교가 아니라하여 원광대학으로 많이 옮겨갔고 대처스님들 자제분들이나 친척들도 불교과에 입학했던 사람들이 다른 과로 많이 옮겨갔다.

우리는 4학년 때 일이므로 별 변동이 없었으나 특히 대학원 학생들에겐 영향이 커서 김잉석박사님 제자들도 두 사람이나 승적이 박탈되어 큰 종단 큰스님 상좌가 되었다.

사실 우리 당시에 가장 인기가 있던 교수는 이기영박사님이었다. 불교과 뿐만 아니라 철학과, 문학과, 사학과 학생들까지도 청강에 들어왔다.

인기가 날로 상승해지자 이상한 소문이 들려왔다.

"이기영은 기독교재단에서 돈을 받아 유학한 사람이다."

"이 사람에게 강의를 받으면 차차 보이지 않게 불교인이 기독교화 된다."

"동국대학교가 장차는 기독교학교로 바뀔 것이다."

근거 없는 말들이 날마다 달리 들려왔다. 사실 박사님은 가톨릭재단에서 돈을 받아 유럽유학을 떠났다 한다. 그런데 그쪽 대학 교수가 강의시간에 들어와 물었다.

"어디서 왔는가?"

"한국에서 왔습니다."

"해동소(海東疏)를 아느냐?"

"처음 듣는 소리입니다."

"해동소도 모르는 사람이 무엇 하러 여기까지 왔느냐?"

하며 핀잔을 주었다. 그래서 한국에 와서 물으니 해동소가 바로 원효스님의 기신론소(起信論疏)였다. 너무 놀란 이기영박사는 그의 원전을 가지고 있는 일본대학에 가서 자료를 가지고 와 '원효사상(元曉思想)'이란 책을 써 세계적인 학자가 되었다.

사실 원효스님은 요석공주와 결혼하여 설총을 낳았기 때문에 자신을 복성거사(卜姓居士)라 자칭하여 불렀지만 요즈음 말로 보면 대처승이다. 그런데 '원효대사' 영화가 나오자 어떤 큰스님이 원효는 한국의 파계승 시조라고 평가한 일도 있다.

기독교재단에서 장학금을 받아 유럽까지 가서 박사학위를 받은 사람이 서울대학교수가 되었다가 동국대학에까지 상륙하니 불교가 기독교에 점령당하는 것이 아니냐 하여 경계하는 사람도 적지 않았다.

그러나 우리는 박사님의 강의를 듣고 서구 불교사상에 새로운 이해를 얻게 되었고 장차 이런 사람이 동국대총장이 된다면 동국대학은 세계적인 불교학교가 될 것이라 자부하고 있었는데 뜻밖에 이런 소문이 퍼지면서 그를 동국대학 강단에 서지 못하게 해야한다고 하여 지극히 실망하였다.

이화여대, 연세대, 서강대, 배제대 같은 대학에서는 이교도들에게 특혜를 주어 장학생을 뽑아가는데 동국대학교에서는 대처승 상좌나 이교도에 대한 혜택을 주지 않으므로 이에 울분하여 종단에까지 가 데모하는 교수들도 있었다.

세상은 대세 따라 돌아가는 것이다. 대처승계 사람들은 하나 둘 물러나고 독신 승계 일색으로 바뀌게 되다 보니 명예, 돈, 자리다툼 때문에 학교는 날로 후진화 되어갔다.

붓다가야에 있는 正覺塔

2-16. 당돌한 질문

나는 지금도 그때 일을 생각하면 얼굴이 붉어지고 가슴이 뛴다. 대학 2학년 때 정종교수가 실존철학을 가르쳤는데 강의시간에 들어오시기만 하면 하늘에 새매가 뜬 것 같다 하였다.

나는 그 선생님이 공자님 연구로 박사학위를 받아 동국대학교에 와서도 예의 바른 선생님으로 알고 있었다.

공자님도 주나라에 유학하여 주역을 깨달으므로서 무불통지로 알려졌으나 7세 동자에게 망신을 당하고 곰보 여인에게 가르침을 받은 일이 있는데 하고 생각하고 있었는데 마침 그때 그런 말씀을 하였다.

"공자님께서 3천 제자와 길을 가는데 길 가운데서 똥을 싸고 있는 애들이 있었거든, 그래서 제자 한사람이 가서

'네 이 놈. 길 가운데 똥을 싸 놓으면 어떻게 할 것이냐. 어서 빨리 저 논밭 있는 곳으로 가거라.'

하니 모두 다 갔는데 한 놈이 가까이 와서 물었다.

"공자님은 뭘 하시는 분이예요?"

"성인이시란다."

"성인은 뭘 하는 분이시죠?"

"네가 직접 물어 보거라."

그래서 길가에 섰다가 물었다.

"공자님께서 성인이시라는데 성인은 뭘 하는 분이시죠?"

"음. 눈 앞의 일이나 겨우 알고 사는 사람이지."

"그러면 내 한 가지 질문이 있습니다. 공자님 눈썹이 모두 몇 개지요?"

"………."

답변을 못하고 우두커니 서 계시자

"눈에서 제일 가까운 눈썹도 모르시는 분이 성인은 무슨 성인–."

하고 달아났다. 어중간히 아는 것이 병이라는 말이 있는데 공자님은 아직 성숙되지 못하셨던가 보다.

그런데 공자님 시대에는 남녀가 유별, 남자는 하늘이고 여자는 땅이라 하여 업신여겼다. 얼마쯤 길을 가다보니 두 여인이 뽕을 따고 있었다. 그런데 동쪽에서 따는 여인은 곱고 서쪽 나무가지에서 따는 여인은 얽어 있었다.

"동지박 서지박(東枝璞 西枝縛)."

하니 서쪽 나뭇가지에서 뽕을 따던 여자가 공자님을 쳐다보고

"건순노치(乾脣露齒)하니 칠일절량지상(七日絶糧之像)이로다."

하였다. 입술이 하늘로 뒤집혀져 이가 밖으로 허옇게 들어났으니 7일 동안 밥 굶을 상이라는 말이다.

할 말이 없어 고개를 푹 숙이셨다.

그런데 얼마쯤 가니 진나라 군대가 와서

"체포하겠습니다. 나라의 보물을 훔쳐간 도둑입니다."

"허. 나는 노나라 사람으로 남의 물건을 훔친 사람이 아닌데!"

"무슨 말씀하세요. 이 초상화를 보세요. 6척 단구에 귀 밑에 점까지 있지 않습니까? 국보를 도둑질한 도둑은 구중궁궐에 가두어 굶겨 죽이게 되어 있습니다."

제자들은 두 손을 싹싹 빌면서

"우리 스승은 노나라 대학자로 남의 물건을 훔쳐갈 사람이 아닙니다."

아무리 사정을 해도 들어주지 않았다. 나라 임금님이 이 이야기를 듣고

"보통 사람이 아니라면 내 한 번 시험해 보리라."

하고 아홉 개의 구멍이 뚫린 구슬 하나를 주면서 말했다.

"반복되지 않게 실을 한 번 꿰어 보라 하여라."

아무리 생각하고 실습해도 반복되지 않게 꿰어지지 않았다. 하는 수 없이 공자님은 제자를 불러

"그 여인에게 한 번 가 보라."

하였다.

"선생님, 그 때가 어느 때라고 지금까지 그 뽕나무에 사람이 있겠습니까?"

"그 사람이 보통 사람이 아니라면 무슨 흔적이 남아 있으리라."

가 보니 서쪽 나뭇가지에 신 한 짝이 걸려 있었다. 가지고 와서 말씀드리니,

"괘혜촌(掛鞋村)을 찾아가 보라."

"어디에 있겠습니까?"

"서쪽 나뭇가지에 걸려 있었다니 그 나무 서쪽으로 찾아가 보라."

찾아가니 곰보 여인이 누에를 먹이면서 말했다.

"나같은 곰보가 무엇을 안다고 찾아오셨습니까?"

하고 쳐다보지도 않았다.

"우리 선생님께서 굶어 죽게 생겼으니 살려주십시오."

하고 백 배 절을 하니

"참으로 딱한 양반들도 다 있구만. 내가 안 가르쳐 주어도 내일이면 나올 텐데—."

하고

"얘야, 저 방에 가서 지필묵(紙筆墨) 가져오너라."

하더니

"밀 의 사(蜜 蟻 絲)"

글자 석 자를 적어 주었다. 공자님이 감옥에 감금된지 5일째가 되던 날 이 글을 전해 주니

"불개미 한 마리 하고 명주실 한 발 하고 꿀 조금만 얻어오너라."

하였다. 갖다 주니 꿀 속에 구슬을 담가 놓았다가 겉은 다 핥아먹고 개미 뒷다리에 명주실을 묶어 놓았더니 하루 저녁 사이에 꿀을 파먹느라 실을 다 꿰어 버렸다.

임금님은 모셔다 삼배하고

"성인을 몰라 봐서 죄송합니다. 그렇지 않아도 지금 막 도둑을 잡았는데 어쩌면 공자님과 똑같이 생겼습니다."

하고 보여 주었다.

"죄는 내가 받았으니 이 사람은 그냥 놓아 주십시오."

하여 풀어 주었다.

공자님이 죄인에게 물었다.

"임금님이 아홉 개의 구멍이 뚫린 구슬을 반복되지 않게 꿰 보라고 한 것은 무슨 뜻이지?"

하고 물으니 죄인이 말했다.

"사람은 아홉 개의 구멍을 가지고 살고 있습니다. 두 눈, 두 귀, 두 코, 한 입, 하수도 두 개— 성인이라 하시니 재탕 인생을 살지 않았는지 물으신 것입니다."

공자님은 정색을 하고 제자들에게 말씀하였다.

"똥통에도 구슬이 있네—."

정종교수는 이렇게 신이 나게 설명하고 이것이 공자님의 실존 철학인 것처럼

강의하였다. 그리고 사르트르 실존철학을 공자님 이상으로 재미있게 설명하시며 말씀하였다.

"진리는 땅 속의 물과 같아 항상 우리 내부에 존재하는데 밖에서 구하는 것이 병이란 말이야!"

그래서 내가 질문을 하였다.

"그렇게 실존을 잘 아시는 분들이 왜 자살하였습니까? 그분들은 벌써 세기를 지낸 분들이니까 그렇고 땅 속에 흐르는 물을 꺼내는 방법을 알려 주십시요!" 하니 한 말씀도 하지 않고 우두커니 서 있다가 나가버렸다.

도반들이 걱정하였다.

"저 분에게 한번 걸리면 학점이 제대로 나오지 않거든…" 할 수 없었다. 그런데 아니다 다를까. 시험만 치면 60점 이상 나오지 않았다.

여덟 과목 총 점수가 평균 85점 이상이 되어야 장학금을 받는데 우리 뒤에 앉아 시험을 보는 시원치 않은 친구들까지도 시험지를 써 주면 95점이 나왔는데….

그러나 어찌 할 수 없었다. 근근득신으로 4학년을 마치고 인도를 갔다 오는데 홍콩 다방에서 어떤 사람이 불렀다.

"한 군 어디 갔다 오는가?" "아이구 선생님 웬 일이십니까?"

"내가 그 동안 중풍이 들어 겨울철 지내기가 힘이 들어 열대 지방에 가서 살다 오는 길이네. 그런데 자네는 지금도 그 때 생각하나?"

"생각은 하지 않으나 항상 미안하게 생각합니다."

"아니야. 내가 말이 막혀 답변을 못한 것이 아니라 자네를 우리집으로 찾아오게 하기 위해서 그냥 나온 것인데 자네는 지금까지도 우리집에 오지 않았어. 실존 철학이란 말로 하는 것이 아니거든. 그런데 내가 그 날 너무 말이 많았어." 하고 사과하며

"그때 우리집에 찾아왔으면 우리 딸 하나를 맡겨 줄까 하였는데…"

하고 껄껄 웃으셨다.

또 하나는 윤명로박사님 이야기다.

서울대학교 교수로 명성이 있는 분인데 4학년 때 논리학을 담당하여 매주 한 번씩 만나게 되었다.

정종 선생에게 한번 혼이 났으므로 다시는 질문을 안 하기로 생각하였는데 선생님께서 3단 논법에 대해 자신 있게 말씀하셨다.

"이 세상 어떤 것도 이 3단 논법으로 통하지 않는 것이 없다."

"선생님. 불교에서 말하는 마음은 3단 논법 가운데 어느 곳에 해당됩니까?"

그만 깜빡했다.

"자네 다음주 목요일에 교수실로 오게."

하고 강의를 마치고 갔다.

"또 걸렸구나. 아는 것이 병이라니까."

후회하며 일주일을 기다리고 있다가 교무실로 가니 반갑게 맞아주시며

"자네 덕분에 불교 유식학을 제대로 공부하였네. 내 일주일 동안 파고 보니 마음은 3단이 아니라 5단 논법으로 작정지을 수 없다는 것을 알았네. 참으로 고맙네."

하시며 대학 노트에 가득 기록한 책을 하나 주셨다.

질문은 똑같은 질문인데 답변은 이렇게 하늘과 땅 차이가 있을수 있다. 그러나 이런 선생님들을 통하여 불교학을 연구하고 체계를 세운다는 것은 대학이 아니면 안 된다는 것도 새삼스럽게 느꼈다.

그래서 기산 노스님께서

"너는 학교에 가야 하겠다."

하신 것을 알았다.

정종 교수

윤명로 교수

2-17. 이기영박사님의 원효사상

이기영박사님의 원효사상은 한국불교 1,600년사에서 원효스님을 가장 으뜸가는 스승으로 추존하게 되었다.

귀명진시방 (歸命盡十方)
최승업변지 (最勝業徧知)
색무애자재 (色無礙自在)
구세대비자 (救世大悲者)

급피신체상 (及彼身體相)
법성진여해 (法性眞如海)
무량공덕장 (無量功德藏)
여실수행등 (如實修行等)

이것은 불·법·승 삼보께 귀의하면서 불법의 참모습을 드러내 설명한 것이다.

"목숨을 들어 돌아가나이다.
언제 어느 곳에서나
가장 훌륭한 일을 하고
두루 모르는 바 없이 다 아시며

그 인간성 자유자재하여

세상을 구하고자

큰 사랑 베푸시는 어른이시여.”

아마 지금까지 이 세상 어떤 사람도 부처님의 모습과 사랑을 이렇게 설명한 사람은 없을 것이다. 살아 있는 부처님, 그는 과연 어떻게 생겼으며 무엇을 하신 분이었을까.

마명(馬鳴)스님은 이렇게 노래하고 원효스님은 이렇게 풀이했는데, 이기영박사님은 그 두 분 뱃속에 들어갔다 나온 것 같다.

“그 지혜와 사랑을 갈무린 몸이여,

참되고 한결같은 마음이

저 바다와 같은 모습이여”

이것은 부처님의 깨달으신 진리를 큰 바다에 비유해 표현한 것이다. 바다는 지공무사(至公無私)하다. 동정에 한결같고 오르고 내림에 차별이 분명하다. 그러나 거기서 크고 작은 배들은 바람따라 잘도 유통시키고 있지 않은가. 그래서 불교에서는 대각의 마음을 바다와 허공에 많이 비유한다.

허공은 텅텅 비어 사(私)가 없고, 그러므로 염정(染淨)이 함께 융통하며 진속(眞俗)에 평등하고 사량(思量)의 길이 끊어져 있다.

태허공과 같은 마음, 대양과 같은 마음, 누구나 그 마음을 가지고 있으면서도 그 광탕무애(曠蕩無礙)한 마음을 쓰지 못하고 있다.

그래서 그 마음을 배우기 위해서 모여든 사람들이 스님이 아니었던가.

"헤아릴 수 없이 많은 공덕을 가지고

　있는 그대로, 그리고 그 모든 것들 속에서

　살아가는 그 숱한 구도자들이여!!"

이것이 기신론에서 설명한 스님들이다.

　그런데, 그 스님들이 진속(眞俗)으로 나누고 염정으로 가름하여 배를 가르고 피를 뿌리며 데모를 하고 있으니 이교도라 평판받는 한 학자의 마음이 어떠했겠는가.

　나는 이박사님이 주관하여 박종홍선생님과 함께 서울대학교에서 세미나 할 때 참여한 일이 있다. 박종홍박사, 이기영교수, 서정주시인, 이청담스님, 네 분이 연사가 되어 두 시간 동안 발표를 하게 되었는데, 스님을 모셨으니 스님이 먼저 하시게 합시다 하여 청담스님이 먼저 올라갔다.

　발표는 한 사람이 30분씩 총 120분이 책정되어 있고, 다시 30분간은 질문을 받고 토론하도록 되어 있었다.

　그런데 큰스님이 연단에 올라가 혼자서 120분을 이야기하는 바람에 박종홍박사님은 가버렸고 나머지 분들은 안절부절 어찌할 바를 몰라 했다.

　혼자 120분을 천장만 바라보고 이야기 하던 스님이 2시간이 다 되어 밑을 내려다 보더니 혼자 앉아 있는 학생을 보고,

　"왜 혼자 앉아 있는가?"

물으니 뒤를 돌아보고,

　"어머! 벌써 다 가버렸네…."

하고 일어서자 스님도 그만 끝을 내고 다방으로 오셨다. 그때까지 가지 않고 앉

아 있던 서시인에게,

"미안하게 됐습니다. 다 가버렸으니…."

하니,

"앞으로 보아도 춘향이고 뒤로 보아도 춘향입니다."

하여 모두 한바탕 웃고 헤어진 일이 있다.

이것이 당시 한국불교의 실정이다.

나는 이기영박사님의 원효사상의 서설(序說)을 읽고 오늘 이 시대의 불교인들, 특히 대승불교를 자처한 한국불자들이 무엇을 해야 할 것인가를 알게 되었고, 왜 마명대사가 대승기신론을 지어 유전(流轉)과 생사(生死)를 설명하고 혁명적 실천을 '바라밀'로 설명했는가를 알게 되었다.

선생님은 그 후 동국대학교 명예교수로 있으면서 한국불교연구원을 만들어 한국불자들이 무엇을 해야 될 것인가를 천명해 주었다. 강원에서 한문교육으로 능엄, 기신, 반야, 원각을 배워야 할 것을 동국대학교에 와서 따로 배우고 강의를 들으니 우물안 개구리가 대양에 나가 해엄치는 것 같았고, 비행기를 타고 천하를 주유하는 것 같아 기쁘기 한이 없었다.

부처님의 광대하고 넓고 깊은 뜻을

저희들이 분수따라 설명하였사오니

이 공덕, 참되고 한결같은 마음 그대로

모든 세계에 흘러들어 일체중생을 이익하게 하옵소서.

기신론에 쓰여진 마명대사의 회향송이다.

이기영박사

이기영의 원효사상

2-18. 불교금언성전(佛敎金言聖典)

　기산큰스님은 동국대 이사장 시절에는 신촌 봉원사에 계셨는데, 그 후 통합종
단총무원장 시절에는 내 절이 하나 있어야 되지 않겠는가 생각하여 린곡(麟谷)과
문곡(文谷)상좌와 의논하여 성북동 청룡암을 주처로 정하였다.

　먼저는 삼선교에 자리 잡았다가 지관(止觀)스님이 해인사 포교당으로 쓰겠다
하여 주고 태고종 스님들이 살던 집을 주지스님이 돌아가신 뒤 사모님에게 마을
집 하나를 사 드리고 이사가게 되었다.

　옆에는 팔정사(八正寺)라고 하는 비구니 사찰이 있는데, 한용운스님의 제자 춘
성(春成) 때문에 널리 알려진 곳이다. 춘성스님이 안국동 선학원에 갔다가 옛 도
반을 만나 일미집에서 차를 마시고 밖에 나오니 벌써 통행금지 시간이 되었다.
여기 저기서 호르라기 소리가 나더니 "게 섰거라!" 소리가 났다.

　"게 누구냐?"

　"중 대장이다."

　"아니, 중대장이라더니 계급도 없어?"

　"중 대장이라 하지 않았느냐. 중도 몰라보는 것이 호루라기는 왜 불어!"
하고 호루라기를 빼앗아 불고 가는데 무엇이 덜컥 발에 걸렸다. 자세히 보니 애
기 낳은 여인이 길가에 쓰러져 있었다. 애는 꼬물거리는데 자세히 보니 살아 있는
것 같았다. 옷을 벗어 덮어주고 자신은 발가벗은 몸으로 뛰다가 서울대학병원 화
장실로 들어갔다.

　화장실에 앉았던 사람은 스님이 들어오는 바람에 놀라 도망쳤다. 스님은 더 이

상 거기 앉았다가는 추위 얼어 죽을 것 같아 손을 비비고 있는데, 어떤 여인이 들어오더니, "아이고, 귀신이야!" 하고 도망쳤다.

큰 소리에 스님 또한 놀라 성북동 팔정사까지 뛰었다. 마침 새벽 예불시간이라 모두 법당에 들어가고 없어, 빈 방에 들어가 코를 골고 누웠으니 주지스님이 놀라 옷 한 벌을 던져주는지라 입고 도봉산까지 뛰었으므로 팔정사가 유명해졌다.

하루는 청룡사에 인사차 가니 물었다.

"요즈음 무엇 하느냐?"

"학생들에게 한문 가르치고 있습니다."

"그러지 말고 이 책 가지고 가서 교정 보면서 강의를 해 봐라."

하고 보자기에 싸주었다. 가지고 와서 보니 진짜 '불교금언성전'이었다. 팔만대장경에 있는 말들 가운데서 금싸라기만 주워 모아 정리해 놓았기 때문이다.

동전굴신(動轉屈伸)에 항상 그 그림자가 따라다니므로 중생이라 한다.

〈출요경〉

밥을 먹고 무엇을 하여야 할 줄 모르는 사람을 목석인(木石人)이라 부른다.

〈대보적경〉

이렇게 세간의 중생, 인생, 인신, 인심, 무상, 고, 번뇌, 죄악, 업보, 윤회, 불성 등을 낱낱이 간추려 정리하고, 세간도, 출세간도를 가려서 정리해 놓고, 윤회의 도와 성불의 도를 체계 있게 정리해 놓았다. 이기영박사님 '원효사상' 논문을 읽고 새삼스럽게 놀랐는데, '불교금언성전'을 읽고 나니 팔만대장경 속에 들어 있는 알맹이가 찻독에 곡식알처럼 낱낱이 드러났다. 동아일보 편집장을 지내신 김관호

법사님이 와서 보고,

"일본 사람이 쓴 간이불교성전(簡易佛敎聖典)과 중국의 불교성전을 보았어도 이런 글은 처음 본다. 우리 기자들에게 보여주면 기사 쓰는 데 좋은 자료가 되겠다."

하면서 몇 가지 적어 가셨다.

나는 이 글을 배경으로 6개월 이상 정혜고등공민학교를 졸업한 선배들에게 강의하고 다음에는 금강경구가해(金剛經九家解)를 보았다. 학교 선배 가운데 교정을 볼만한 분들은 거의 다 보시고 마지막에 김영태(金煐泰)교수님께 맡겼는데, 시간이 나지 아니할 때는 부분적으로 우리에게 나누어 주었다.

그래서 우리는 몇 사람이 돌아가며 보다 금강경이 600부 반야부경 가운데 577번째에 해당하는 글이라는 것을 확실하게 알았다. 한국사람들은 세종대왕 이후 금강경 삼가해 오가해가 있는 줄 알아도 구가해가 있는 것을 아는 사람은 적다.

금강경은

① 후진(後秦. 402년) 구마라집이 번역한 금강반야바라밀경이 있고,

② 후위(535)때 보리유지가 번역한 것이 있으며,

③ 진(陳)나라 때(566) 진제삼장이 번역한 것이 있다.

④ 그리고 수(隋)나라 때 달마굽다가 번역한 능활금강경,

⑤ 현장법사가 당태종 때(648) 번역한 능단금강경,

⑥ 의정스님이 측천무후 때(695) 번역한 불설능단금강경이 있는데 거기 주를 낸 사람이 인도, 중국, 한국, 일본에 이르기까지 800여 명이 넘는다.

그 가운데서도,

① 육조해(六祖解) ② 야부송(冶父頌) ③ 종경강(宗鏡綱) ④ 규봉찬(圭峰纂)

⑤ 부대사찬(傅大士讚)을 오가해라 불렀고, 거기 함허득통선사의 서서해(緖序解)를 넣어 6가해라 불렀는데, 인도의 미륵게(彌勒偈), 무착론(無着論), 천친소(天親疏)를 넣어 알기 쉽게 기록하였으므로 전문인들은 대부분 이 책을 금강경 대사전으로 보았다.

나는 처음 조계종 전국신도회 상임법사가 되어 서대문 법당에서 이 책을 강의하여 박수갈채를 받았다. 신도회장 이후락씨는 이 책의 녹음테이프를 활자화 하여 당시 강의를 들었던 200명 거사님들과 신도님들께 보시해 주었다.

여기 함허득통선사의 서설을 들어보자.

"여기 한 물건이 있으니
이름과 모양이 끊어졌으나 고금에 관통하고
티끌 속에 들어 있으면서도 온 세계를 감싸고 있다.

안으로는 온갖 공덕을 다 갈무려 밖으로 뭇 중생을 따른다.
삼재(천·지·인)의 주인이 되고 만민의 왕이 되니
탕탕하여 그에 비길 것이 없고,
외외하여 그에 짝할 이 없다.
이 어찌 싱그럽지 아니한가.

부앙(俯仰)의 사이 항상 맑고 밝으며 보고 들음에 은은하니
하늘 땅 보다 먼저하여 그 비롯함이 없고

하늘 땅 보다 뒤에 하여 그 끝이 없다.

비었다 할 것인가, 있다고 할 것인가

나는 그 까닭을 알 수 없다."

우리 부처님은 그 이름을 '금강반야바라밀'이라 하였으나 함허스님은 알지 못하겠다고 말하였다. 육조스님은 무상(無相)으로서 종(宗)을 삼고, 무주(無住)로서 체(體)를 삼으며 묘유(妙有)로서 용(用)을 삼았다고 했다.

야부(冶父)스님은

크고 큰 법왕이며

짧지도 않고 길지도 않네.

본래 검고 흰 것 아니지만

곳을 따라 푸르고 누른 빛 나타내네.

불교금언성전

하였고, 종경스님은

진상(眞常)이 홀로 드러나니

반야 아닌 것이 없고

삼심(心·意·識)이 움직이지 아니하니

육유(六喩)가 온통 드러난다.

불교금언성전을 보고 춤을 추신 김관호법사님, 한용운 스님의 제자로 일제 때 동아일보 편집장으로 있었음

하였다.

2-19. 신수대장경과 길거리 포교

나는 이렇게 해서 불교의 질(質)과 량(量)을 짐작하게 되었으므로 그 다음부터는 무서운 것이 없었다. 그 전에는 모르는 것이 있으면 겁부터 났는데 이제부터는 모르는 것이 있으면 스승을 찾아 물으면 되고 거기서도 해결이 아니 되면 팔만대장경 속에서 그 자료를 찾아냈다.

쌍룡시멘트회사 김회장님이 회갑을 맞이하여 무엇을 할까 하다가 부인 김여사께서 부처님의 경전을 출판하여 보시하는 것이 좋겠다 하여 일본 신수대장경 101권을 복사하여 전세계 도서관에 돌렸다.

미국에 있는 아들이 유학으로 가 있었는데 그 학교에 이 대장경이 도착하자 그 아들을 전교생 앞에 세우고 칭찬하였다.

"우리 학교에 동양학연구소를 만들었으나 자료가 없어 걱정했는데, 좋은 자료가 왔으니 소원을 풀었다. 열심히 공부하여 명예롭게 졸업하라."

그후 회장님 내외께서는 다시 대장경 100질을 만들어 전국 인연 있는 사람들에게 돌렸는데, 전국신도회에서 받은 것이 나에게 돌아왔다. 목록을 보니.

① 아함부·본연부가 2권

② 반야부가 4권

③ 법화·화엄·보적부가 각 2권

④ 대집·경집·밀교부가 각 1권, 4권씩

⑤ 그리고 율부가 3권

나머지는 모두가 논소부(論疏部)·사전부(史傳部)로 없는 것이 없었다.

나는 허기진 사람이 오곡밥을 얻는 것처럼 먹지 않아도 배가 불렀으며 저절로 입에서 흥얼거리는 소리가 나왔다.

아함십이 방등팔(阿含十二 方等八)

이십일재 담반야(二十一載 談般若)

말만 듣고 천태지자대사의 학설을 어느 때나 마칠 것인가 생각해 왔는데, 책을 보니 가히 만족할 만하였다.

나는 그 뒤 중국속장경(續藏經)과 용장(龍藏), 인도 팔리경전(巴利經典), 태국장경(泰國藏經), 몽골, 티베트 장경들을 다 구입했지만 불교를 공부하는데는 대정신수대장경(大正新修大藏經)으로 만족할 수 있었다.

그러나 음식은 보는 것만으로는 만족할 수 없다. 일본 신수대장경을 동국역경원에서 나온 한글대장경과 비교 연구해 가며 축소시켰다. 이것이 내가 33년만에 완성한 한국대장경 12권이다. 먼저는 축역 학습대장경을 내서 불교통신대학 4학기 교재로 사용하고, 내 자신이 대장경을 보기 위해서는 천천히 그리고 정독을 하였다.

먼저 한 번 읽고, 두 번째는 쓰면서 정독하고, 세 번째는 출판하면서 교정을 보았다.

한국대장경 출판에는 우여곡절 애로가 많았다. 첫째는 충분한 시간이 허락치 않았고, 두 번째는 출판자금이 없어 한꺼번에 낼 수 없었다. 아무 출판사에나 맡기면 장사꾼밖에 안 되기 때문이다. 부처님은 45년 동안 맨발로 걸어 다니며 보시한 것인데, 그것을 오늘날 제자들이 장사 해먹고 살아서 되겠는가 하는 간절한 마음 때문에 겨우겨우 책을 내서 인연 있는 사람들과 나누어 보았다.

생각해 보면 전문 교정인도 없이 주경야독으로 밤낮없이 하다 보니 1965년부터 76년 3월까지 거의 1독은 한 것 같았다. 그러나 읽어 보면 갖가지 사투리에 깔끔하지 못한 언어들이 많이 나왔다.

틈나는 대로 곳곳에 다니며 사실을 이야기하면 어떤 분은 생일기념으로, 어떤 분은 결혼기념으로 동참해 주신분도 있었다. 처음 아함경을 낼 때는 나오지 않는 말이었으나 영화사 법회에 갔다가 월주큰스님을 뵙고 말씀드렸더니 두말하지 않고 거금(책 1권값)을 시주해 주셨다. 그래서 그때부터 용기를 얻고 책을 조금씩 나누어 출판하기 시작하였다.

불교방송국에서 출판기념법회를 할 때는 한 보살님이 자신과 두 자식을 위해 책 세 권 출판비를 보시하겠다 하여 마지막 책 세 권을 한꺼번에 냈는데, IMF 환난 속에 망하게 되었으므로 책값은 고사하고 돈 몇 푼만 얻어 달라 사정하여 이화문화사 사장님께 사정하여 얻어 보냈는데 책값 밀린 것이 5천 만원이 훨씬 넘어 1년 반 동안 이자도 주지 못하게 되니 그 동안 내었던 판권과 원고까지 다 넘어가 버렸다.

이렇게 4년 동안 지내는 사이 출판사도 점점 살아나고 나 또한 부지런히 원고를 써 조금은 유지하게 되었는데, 어떤 분이 칠순 잔치로 거금을 내 주어 한국대장경을 출판하면서 짊어지게 된 빚 문제가 거의 해결되었다.

이러한 문제는 이화사장님과 나만 알지 누구도 알지 못하는 일이라 여기에도 쓰지 않으려 했다가 혹시 뒷사람들에게 참고가 될까 하여 몇 자 적어 놓는다. 세상에는 쥐도 새도 모르게 불사를 돕는 분도 있지만 대중 앞에서 대작불사를 공언(公言)해 놓고 속으로 골탕 먹이는 사람도 있으니 조심하여야 할 일이다.

만일 이러한 일이 포교 초창기에 생겼더라면 그만 좌절하고 말았을 것이다. 그러나 우리는 4년 동안 머슴살이하고 쫓거나 알 거지가 된 큰 절 주지스님들도 많이 보아왔기 때문에 괜히 포교한다고 남의 신세 많이 지면 아니 되니 그래도 우리 먹을 것은 준비해 놓자고 하여 농사도 짓고 학생들도 치루고 하여 먹고 사는 데는 걱정 없었다.

아침에 나가면 저녁 늦게 들어오면서도 한 가지도 가지고 오는 것이 없으므로 어디다 두 살림을 차리고 있는가 하여 하루는 관장님이 따라 가겠다 하였다.

아침 여섯 시 밥도 먹지 못하고 첫차를 타고 마장동에 오니 군산가는 버스가 바로 있었다. 그래서 김밥 하나도 사 먹을 틈이 없이 차를 타고 군산에 이르니 12시가 넘었다. 또 거기서 한 시간 반을 차를 타고 가야 하는데 앞에 차를 놓쳐 30분을 기다려 타고 가니 간신히 오후 2시 법회시간에 도착하였다.

내가 연단에 올라 한 시간 이상 법문을 하고 나니 질문이 30분 이상 계속되었다. 서무처장이 그만 중단시키고 나오니 교도소 소장님께서 얼마나 초라하게 느껴졌든지 가다가 밥 먹고 가라고 돈 3만원을 건네 주었다. 아침, 점심, 저녁 겸해서 수감자 면회장에 가서 먹고 나니 속이 조금은 풀렸다.

빈 속으로 긴 여행의 경험을 한 후로는 군산교도소에 간다면 다시는 따라갈 엄두도 내지 못했지만 대신 2,3인분 김밥을 싸 주는 것은 잊지 않았다.

포교의 길은 쉬운 것 같아도 어려움도 많다. 부처님께서 하루에 한 때씩 잡숫고 맨발로 걸어다니며 포교하신 것에 비하면 차 타고 먼 거리 여행하면서 높은 집에가 연설을 하니 그것에 비하면 얼마나 호화판인가. 그러므로 부처님과 조사님들을 생각하면 부족하다거나 힘들다는 생각이 없어져 버렸다.

달마대사는 향지국왕의 아들이라고 하지만 남인도에서 부터 중국땅에 이르기까지 얼마나 고생하였고, 양무제를 만났어도 뜻이 맞지 않아 강을 건너 소림사까지 갈 때 그 고초는 말할 수 없었을 것이다. 뿐 만 아니라 광통율사의 제자들과 반야다라스님을 만나 "여기서 이래 가지고는 아니 되겠다" 생각하여 소림굴 속에 들어가 9년을 면벽한 일도 생각하면 밥이 무슨 밥이며 잠인들 편히 잘 수 있겠는가.

나는 항상 이들과 지공화상, 포대화상 등을 생각하며 헐벗고 굶주린 것은 생각하지 않았다.

하와이에서 한국 전통무용의 전수자 자은스님,
피리의 명수 법일스님과 함께 춤추며 노래하며 법문하였다.

2-20. 상락향 수도원을 건립하고

나는 원래 출가 스님들과는 달리 절을 갖지 않기로 맹세하였다. 그러나 불가피하게 교육을 하게 될 때는 교육도량을 가지지 아니 할 수 없었다. 그래서 인수동에 고등공민학교를 세웠을 때는 300평 대지에 200평 교실을 갖게 되었고, 상락향을 만들 때는 12,000평 땅 위에 돌담집을 지었다.

"절 이름을 무엇이라 할까요?"

"법사가 절은 무슨 절입니까. 도 닦는 사람들이 사는 장소라 하여 수도원이라 붙이지!"

"수도원은 보통명사이니 그 앞에 무엇이라 이름이 붙어야 되지 않을까요?"

"그렇다면 상락향(常樂鄕)이라 붙이지. 부처님께서 열반경에 무상한 세상에서도 영원한 마음으로 살고, 괴로운 세상에서도 즐겁게 살며, 부자유한 세상에서도 자유롭게 살고, 더러운 세상에서도 깨끗하게 살면 그것이 열반 평화라 하였으니 말일세."

그래서 이름을 상락향수도원이라 한 것이다. 12,000평 안에는 논이 다섯 마지기, 밭이 2,800평이 들어 있어 열심히 농사를 지으면 열 식구는 걱정 없이 살 수 있었다.

그런데 첫 해에는 진흙과 돌로 지은 벽도 채 마르지 않고 천정 또한 철판으로 덮어 보통 추운 게 아니었다. 벽에는 성에가 하얗게 끼고 천정은 낮에 팽창했던 철판이 저녁이면 수축되어 뚝뚝 소리가 났다. 사방에 못을 박고 철사를 끼워 신문지로 천정을 바르기는 하였지만 찬바람이 술술 들어왔다.

보통사람들은 견디다 못해 다 나가고 나 혼자 있는데, 저녁이면 역시 뚝뚝 소리가 나다가 더운 방 천정에서는 물방울이 빗방울처럼 떨어졌다. 얼굴을 내놓고 자고 나면 머리와 코가 얼어서 말 소리가 제대로 나지 않았다.

특히 혼자 밥을 해 먹고 초저녁부터 자면 저녁 열 시쯤 되면 냉방이 되어 더욱 추웠다. 그래서 일부러 저녁 10시쯤 군불을 넣고 이불을 뒤집어쓰고 밥상을 책상 삼아 웅크리고 앉아 글을 썼다. 동국대학교에서 강의 들었던 내용과 여러 절에서 들었던 법문을 생각나는 대로 적었다. 이것이 '생(生)의 실현(實現)'이란 책으로 영원한 인생과 사랑의 대화다.

먼저 제1부에서는 고, 공, 무상, 무아, 진공묘유, 사주팔자 등 존재의 의미를 되새겨보고 제2부 사상의 벽에서는 승유빙탄(僧儒氷炭), 대처승과 비구승, 신 없는 종교, 마음공부, 염불과 참선, 생사고락, 보살의 서원을 썼고, 제3부는 불법의 역사 가운데서도 근본불교, 소승불교, 대승불교를 듣고 본 대로 정리하였다.

모든 책들은 미아리 인수동에 놓아두고 왔으므로 단지 머리 속에 들어있는 글들을 맞든지 틀리든지 논하지 않고 정리하였다. 그리고 그 글을 새벽 2시까지 외우다가 3시가 되면 밖에 나가 목탁석을 하고 정근했다.

부처님을 모신 것도 아니고 허허 벌판 바위틈 사이에 집 한 채만 덩그렇게 지었기 때문에 양철지붕이 들썩들썩 올라갔다 내려오는 것 같았다.

그런데 이렇게 며칠을 지나니 친구들이 생겼다. 부엌에는 토끼 두 마리가 와서 자고 가고 낮이 되어 문을 열어 놓으면 새들이 방안에까지 들어와 날아가지 않았다. 쌀 한 주먹이면 참새 세 마리가 들어와서 한나절씩 놀다 간다. 먹는 것도 중요하지만 그것들도 따뜻한 방이 그리운 것 같았다.

건너 마을 함씨가 이 광경을 보고 가더니 첫째 딸 임진(任辰)이를 보냈다. 청소도 하고 밥도 하고 군불을 지펴주라고 해서이다.

혼자 밥을 해 먹을 때는 쌀 반 되 씻어 안치면 누룽지가 눌기 때문에 아침에 밥을 하면 저녁까지 먹을 수 있도록 세 그릇을 하여 두 그릇은 솥 속에 넣어 놓았다가 먹곤 하였는데, 친구 한 사람이 생기니 쌀을 배로 내야 하였다. 뿐만 아니라 밥 때가 되면 어김없이 아버지가 찾아온다. 처음에는 밥으로 해서 나누어 먹다가 나중에는 시래기죽을 쒀서 아홉 그릇 열 그릇씩 만들어 놓았다가 먹기도 하였다.

찬이라고 하는 것은 김치 한 가지, 이른 봄에 무씨 한 줌을 사다가 응달에 뿌려놓았는데 9월 달에 가 보니 팔뚝만씩 한 무가 200개 가량 자랐다.

"아, 이런 재미로 농사를 짓는 것이로구나."

하고 지게로 대여섯 짐을 져다가 깨끗이 씻어 항아리에 넣고 그냥 소금만 뿌려놓았는데, 정월달에 맛을 보니 동삼이 문제가 아니었다. 사근사근 뱃속까지 시려지는 동치미 맛은 밥을 먹지 않아도 배가 불렀다. 어쩌다 찾아온 사람들은,

"무슨 무가 이렇게 맛있습니까. 산삼이 들어간 것 아니어요?"

하고 묻는 사람도 있었다.

어쨌든 이렇게 두 항아리의 동치미와 거기서 난 시래기를 가지고 한 겨울을 났다. 처음에는 방이 빨리 식어 춥기도 하였지만 나중에는 습관이 되니 추운지 더운지 잘 구분이 되지 않았다.

낮에는 임진이와 그의 아버지가 함께 지내고 저녁에는 오직 홀로 개울물 소리를 들으며 노래를 부르기도 하고,

계성 (溪聲)이 편시광장설 (便是廣長舌) 인데
산색 (山色)이 기비청정신 (豈非淸淨身) 이랴
야래팔만사천게 (夜來八萬四千偈) 를
후일거사하여인 (後日擧事何與人) 이리오

하는 소동파의 무정설법을 외우기도 하고,

처자권속이 삼여죽 (妻子眷屬森如竹) 이요
금은옥백이 적자구 (金銀玉帛積似丘) 라도
임종독존고혼서 (臨終獨尊孤魂逝) 하면
사량야시허부부 (思量也是虛浮浮) 로다.

신라 부설거사(浮雪居士)의 시를 이렇게 읊다가 때로는 순치황제(順治皇帝)의 출가시를 읽기도 하였다.

천하총림은 밥산(飯似山)이니
발우만 있으면 가는 곳마다 임금님 찬을 먹게 된다.
황금 백벽(白壁)이 귀한 것이 아니라
오직 가사입고 중 되기가 진실로 어렵도다.

짐은 대지산하의 주인으로
나라를 다스리고 백성을 다스리는데 쉴 사이 없었다
백년 삼만 육천일이
절간의 반나절 한가함만 못하도다.

한탄하노라 당초 한 생각 바꿔

붉은 가사를 황포(黃袍)와 바꿔 입었던고!

나는 본래 인도의 한 납자(衲子)였는데

무슨 일로 제왕가에 떨어졌는고!

알지 못하겠다 전생에 나는 누구였고

금생엔 나는 누구인지!

점점 커져 나를 인식하게 되니

죽은 뒤에는 내가 또 누가 될 것인가!

백년 세상사가 한 밤의 꿈이요

만리 강산에 바둑판 하나와 같다

우(禹)임금은 걸주를 소탕하고

진시왕은 육주를 통일했다.

자손들에겐 각기 자손의 복이 있는데

무엇 때문에 자손을 핑계하여 소와 말이 되겠는가

고래 다소 영웅들이

남북동서에 한 주먹 흙이 되어 누워 있도다.

올 때는 기뻤는데 갈 때는 슬프니

공연히 한 세상 맴돌다 간다

오지도 않고 가지도 않으면

기뻐할 것도 슬퍼할 것도 없으리라

날마다 맑고 깨끗한 정신으로 자기를 안다면

홍진세계의 고통을 가까이 하지 않으리라

입 속에서 항상 맑은 정신 맛보려면

차라리 이 몸 위에 납의(納衣)를 걸치리라.

2-21. 상락향의 봄

봄이 되니 온갖 풀들이 뾰쪽뾰쪽 푸른 산천을 이룬다. 사람들은 와서 진달래 꽃을 따 먹으며 노래한다.

나보기가 역겨워 가실 때에는
말 없이 고이 보내드리오리다
상락향 약산에 진달래꽃
아름따다 가실 길에 뿌리우리다

가시는 걸음걸음
놓인 그 꽃을
사뿐이 즈려밟고 가시옵소서

나보기가 역겨워
가실 때에는
죽어도 아니 눈물 흘리오리다

불교농민학교 학생과 함께

"아니 그 노래를 어디서 배우셨어요."
"김소월 선생님께 배웠습니다."
"기억력도 좋습니다."

"단지 여기는 영변이 아니고 상락향이기 때문에 지명만 바꾸어서 읽었습니다."

이렇게 우리 산에는 진달래꽃이 만발하였다. 남이터 동네에 산수유(山茱萸) 꽃이 피면 그 꽃이 지기도 전에 산등성에는 진달래가 만발하고, 개울가에는 개나리꽃이 흐드러진다. 그래서 지나가던 사람들이 꽃산 또는 약산이라 부르며 많이들 찾아온다.

산에는 온통 삽추나물(창출, 백출)이 늘어져 있고 철쭉, 난초, 국화, 칡넝쿨, 산딸기, 머루, 다래가 늘어져 있기 때문에 약초 캐는 사람들 또한 적지 않게 온다. 그래서 우리는 정자각에 앉아 소월선생의 산유화를 부른다.

산에는 꽃이 피네
꽃이 피네

갈 봄 여름 없이
꽃이 피네

산에 산에 피는 꽃은
저만치 혼자서
피어 있네

산에서 우는 작은 새여
꽃이 좋아 산에서 사노라네

산에는 꽃이 지네

꽃이 지네

갈 봄 여름없이
꽃이 지네

그래서 새들도 노래한다. 이슬 먹은 꾀꼬리는 또렷하게도 노래하는데 북한강
접동새는 남이장군 약수터에 와서 운다.

접동
접동
아우래비 접동

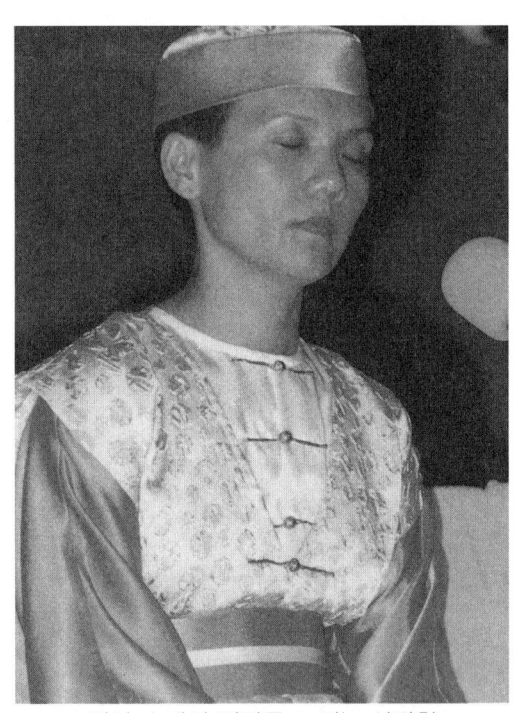
명상 속에서 평화를 느끼는 상락향

진두강 가람 가에 살던 누나는
진두강 앞 마을에 와서 웁니다.

옛날, 우리나라
먼 뒤쪽의
진두강 가람 가에 살던 누나는
의붓어미 시샘에 죽었습니다

누나라고 불러보랴
오오 불설워
시새움에 몸이 죽은 우리 누나는
죽어서 접동새가 되었습니다.

아홉이나 남아 되던 오랩동생을

죽어서도 못 잊어 차마 못 잊어

야삼경 남 다 자는 밤이 깊으면

이 산 저 산 옮아가며 슬피 웁니다.

우리집에 와서 노래하는 접동새는 우는 것이 아니라 노래했다. 단지 요즘 아침 도량석하면 그 모습은 보이지 않는데, "영자야, 영자야!" 하고 부르다가 목탁석이 끝나면 "그럴 줄 알았다…." 하고 후드득 날아간다. 내 눈에는 보이지 않으나 아마 초저녁에 잠들었다 일어나 보니 영자가 없어 찾아 다니다가 새벽에 들어오는 것을 보고 "꾸르륵" 하고 날아가는 것 같다.

새들도 세월따라 노래한다더니 큰새들에게는 모두가 문제가 많은 것 같다. 날마다 내 방에 들어와서 조잘거리고 노는 참새나 부엌에서 자고 가는 토끼들은 근심도 걱정도 없는데, 제 맘대로 돌아다니는 새들과 짐승들에게는 항상 문제가 있는 것 같다.

50년 전부터 살아오던 노루와 멧돼지들은 지금은 무리지어 돌아다닌다. 처음 나오는 채소나 고구마 순을 뜯어 먹으면서도 밭을 뒤집는다든지 두세 번 나오는 채소와 과일은 따 먹지 않아 같이 심어 같이 먹고 살고 있다.

최근 들어 우리 남이터는 캠핑바람이 불어 산장만 50채 이상 지어져 있는데 그 가운데는 개들의 놀이터도 있어 장관이다.

옛날 사람들은 노래 부르고 춤추고 밤새도록 시끄럽게 하였는데 지금 사람들은 무엇을 하는지 조용하게 놀다가 조용하게 간다. 그런데 간혹 싸움이 일어나고 사랑싸움에 울부짖는 사람들이 있어 우리 학생들이 데려다 놓으면 다시 또 내려가 죽는 소리를 하니, 이것이 사람과 짐승의 차이점인가 보다.

　홀로 사는 집은 언제나 한가하고 조용하다.

　　산당정야좌무언 (山堂靜夜坐無言)

　　적적요요본자연 (寂寂寥寥本自然)

　　하사서풍동임야 (何事西風動林野)

　　일성한안애장천 (一聲寒雁唳長天)

　나는 항상 이런 노래를 부르며 가을 하늘을 바라본다. 고요한 절집, 캄캄한 밤에 말없이 앉아 있으면 몸도 고요하고 마음도 고요하며 생각도 고요하여 본래 자연으로 돌아간다.

　나는 그럴 때마다 무슨 일로 새바람(서쪽 바람, 인도바람)에 임야(중생들의 마음)가 흔들리는가 생각한다. 2,500년 전 석가모니 부처님은 석가부처이고 오늘 대한민국 백의민족은 백의민족인데…….

하고 하늘을 쳐다보면 끼욱하고 남쪽 하늘을 향해 날아가는 기러기가 있다. 저 넓은 하늘에 기러기 한 마리…… 그러나 기러기 끼욱 소리에 천지의 봄과 가을을 알게 된다.

　보아라. 이 세상 어떤 것이 부처가 아니겠는가. 오늘 낮 진달래 따는 아줌마를 통해 진달래꽃이 겹으로 피는 것을 알게 되었으니 말이다.

2-22. 극락정사 차만석스님

만석스님의 호는 몽월(夢月)이다. 일찍이 북한에서 피난 내려 와 김해 들에서 온갖 풍상을 다 겪다가 건봉사 만일회에 들어가 일우(日宇)스님에게 불법을 익혔다.

그 후 오봉정사와 극락정사 등을 지어 서울을 오르내리는 피난 온 스님들의 여인숙이 되게 하였다. 생기는 대로 보리면 보리, 쌀이면 쌀로 밥을 지어 배불리 먹이고 말했다.

"부처님이 주시는 것이니 욕하지 말고 잡수십시요."

머리도 깎지 않고 담배도 피우며 때로는 신도들이 막걸리를 사오면 막걸리도 한 잔씩 드셨다. 처음 보는 사람이,

"머리 달린 스님도 있네?"

"아직까지 못 보았어! 못 보았으면 오늘 자세히 보세요."

하고 그 모습을 곧추 세운다. 어떤 때는 법상에 올라 담배를 피우면서도 설법을 하신다.

"스님도 담배 피우십니까?"

"못 보았으면 오늘 똑똑히 보세요. 한 대 피우겠어요."

하고 담배를 주면 두 손 모아 받아든다.

귀천 남녀를 막론하고 존대말을 쓰지 않는다. 그러나 그 특이한 모습을 보기 위해서도 사람들이 더 많이 모인다. 한 번은 가랑비가 오는 날 큰 아들을 데리고

상락향에 오셨다.

"상락향, 상락향 하더니 모처럼 내가 오니 꽃비가 내리는구만…."

하고 담배를 빨대에 꽂았다. 아들이 어색한 모습으로,

"아버지……."

하니

"왜 그러냐? 부처님께 향공양 올리려 하는데……."

하고 그만 쌈지에 넣었다.

"이 놈이 무인생(戊寅生), 자네하고 동갑인데, 공부는 하지 않고 일꾼들만 따라 다니네…."

"세상은 제가 좋아하는 대로 사는 것이니 하고 싶은 대로 하게 놓아 두세요."

"그래. 꼭 잡아매면 단명하게 생겼지?"

"독립하지 않으려면 애초부터 어머니 배속에서 나오지 않습니다."

"옳거니. 자네는 어떻게 농사를 짓고 사는가?"

"동냥해먹기 힘들어서 그럽니다."

"미아리에서 고등공민학교 할 때부터 신문 보고 알았어. 참으로 장하네. 나는 오봉정사에 와 이런 일을 해 볼까 하였는데 주위가 공동묘지라 그만 장례불교를 하기로 하였어."

그 뒤 법회에 가서 보니 납골탑지가 잘 만들어져 있었다. 이렇게 스님은 남이 하지 않는 일을 선구자적 입장에서 개척하고 계셨다.

상담이 오면 사주팔자를 논하지 않고 문로(問路)를 따라 답변을 잘해 주신다. 어떤 사람이 스님에게 와서 물었다.

"저 같은 사람도 국회의원이 될 수 있겠습니까?"

"암, 마음먹고 하면 되지. 국회의원 하려면 동네 개가 되어야 해. 그런데 자네는 국회의원을 여덟 번이나 하게 되어 있으나 망신살이 두 번이나 들어 있어. 망둥이가 뛴다고 갈치까지 뛰면 안 되니 조심해야 하네."

과연 그 예언은 꼭 들어 맞았다. 한 번은 당을 위해 차떼기 하였다가 망신당하고, 또 한 번은 대장 때문에 꼴뚜기 싸움에 덤벼들었다가 망신을 당했다.

"우리 집안에 차재연이라는 사람이 있어 아버지가 학자라 공부를 시켜려 하였으나 듣지 않아 어머니하고 동대문 시장에다가 고무신 장사를 시작하여 돈도 많이 벌었지… 젊은 나이에 사장님이 되니 동대문 깡패들과 함께 화투 치다 들켰어.

'이놈들 그대로 놓아두고 일어나거라.'

꼼짝없이 일어서니 마대에다 판돈을 다 담아 넣고 가려 하자,

'깡패 위에 깡패 있네. 돈이 필요하거든 이런 짓 하지 말고 나에게 오너라.'

하고 명함을 주었지. 그 뒤 얼마 있다가 명함을 가진 사람이 찾아와 돈을 요구했다.

'무엇에 쓸 것인가?'

'독립운동에 쓸 돈입니다.'

'그렇다면 한 짐 짊어지고 가거라.'

하고 큰 마대로 돈을 한 짐 주었다.

'절대로 출처를 밝히지 말고 들키지 않게 잘 가지고 가거라.'

독립군이 신의주를 넘어 하얼빈에 가다가 잡혔다. 죽지 않을 만큼 고문을 하자 그만 불어버렸다.

밤중에 찾아와서 평양 감옥에까지 끌려가 3년 동안 징역살이를 하였다. 손톱, 발톱이 다 빠지고 성한 곳이 없도록 매를 맞았다. 죽지 않고 살기는 하였으니 고향으로 내려왔다.

용인에 사는 아버지와 동생은 모두 간첩 연고죄로 잡혀 죽은 뒤라 사람들이,

'이 아버지, 동생을 잡아 먹은 놈, 또 누구를 잡아 먹으려 왔느냐!'

하고 야단을 쳐 다시 동대문으로 가려고 안양천에 이르러 다리 밑에서 거적대기를 깔고 누웠는데, 관악산에서 밝은 빛이 쏟아졌다. 쫓아가서 보니 아버지와 어머니께서 자식의 수명장수를 위해 세워 놓은 장명등이었다.

"차재연 수명장원"

붙들어 잡고 우니 주지스님이 나와 놀라 방으로 데리고 들어가 따뜻한 방에 잠도 재우고 좋은 일을 하라고 했다.

'무슨 좋은 일 있습니까?'

'산신각에 기와를 입히고자 저 아랫마을에 기와를 갖다 놓았으나 힘이 모자라 가져 오지 못하고 있네. 매일 세 번씩 내려가 한 짐씩만 지고 오면 석달 후에는 산신각을 이을 수 있어.'

재연은 시키는 대로 관세음보살을 부르면서 석 달 동안 기와를 날라 와 집을 이었다.

주지스님이 감사한 마음으로 안양시장에 가서 고깃국 한 그릇 사 먹고 오라고 돈을 주었다. 가지고 가서 음식을 먹으려 하니 아버지 어머니 생각이 나서 먹을 수가 없었다. 나머지 돈으로 3색 과일과 재물을 사 가지고 와 부처님께 올리고 밤새도록 울다가 잠이 들었는데, 어머니가 수건을 쓰고 큰 다라에 쌀을 가득 담아 가지고 와서 말했다.

'이것은 네 것이다. 그러나 부처님 것이니 함부로 쓰면 안 된다.'

하여 빙그레 웃고 있는데, 주지스님이 예불하러 왔다가 꿈 이야기를 듣고 말 하였다.

'됐다. 내 산신각을 이었으니 이제 산신탱화를 만들어 모시려 하였는데, 이 돈을 가지고 가서 무엇이고 생각나는 대로 해 보아라.'

그래서 그 돈을 받아가지고 안양시장에 나와 돌아다니다 보니 씨앗 장사 하는 것이 힘 안 들이고 좋을 것 같았다.

'어디서 떼어 옵니까?'

'서울대학교 농장이네.'

하고 일러 주어 거기서 갖다가 시장바닥에 펴 놓고,

'누구든 필요한 만큼씩 가져가시고 돈은 힘 따라 내세요.'

하고 써 놓았더니 장마다 한 말씩 팔렸다.

그러나 돈을 가지고 있으면 써버릴 것 같아 농장주인에게 맡기고는,

'이 돈은 부처님 돈이니 잘 간수했다가 필요할 때 주세요.'

부탁하였다. 하루는 농장주인이 시장에 왔다가 보고 말했다.

'여기서 고생하지 말고 우리농장에 와서 농장 관리나 해 주게…'

그래서 따라가 시키는 일뿐만 아니라 아침부터 저녁 늦게까지 농장일을 도와 주었더니,

'일을 너무 많이 하면 병이 나면 안 되니 저기 저 축산단지로 가서 소, 말, 닭 관리를 해 주게.'

하고 데려다 주었다. 농장일보다는 훨씬 쉬웠다. 머슴들에게 똥을 치게 하고 마구간을 깨끗이 청소한 뒤 풀과 모이를 주면서 말했다.

'닭 부처님, 개 부처님, 열심히 먹고 커서 중생들의 영양보충을 해 주되 원망하지 말고 죽어서 좋은 곳에 가 태어나세요.'

닭들도 좋아서 꼬꾸댁 거리고 소와 양, 말들도 말을 잘 들었다.

주인이 와서 보니 편히 일하라고 보냈는데 짐승들에게 절을 하면서 알뜰하게 키우는지라,

'이 일 그만하고 나를 따라와 우리 집 살림살이를 관리해 주게.'

하고 모든 재산문서를 맡겼다.

'우리들이 조선에서 살아있는 동안까지는 이 모든 것이 우리 것이지만 만약 일본으로 돌아갈 때는 자네에게 주겠네….'

이렇게 약속을 한지 18일 만에 해방이 되었다. 모든 밭 문서, 논 문서, 농장 문서를 통째 맡기며,

'산 부처님에게 공양하고 갑니다.'

하고 후회 없이 떠났다. 그 뒤로 모든 문서를 가지고 관악산 연주대에 올라가 부처님 앞에 올리고 말했다.

'당신의 돈이 이만큼 불어났습니다. 우리들 돈은 사람을 살리는 데로만 돌고 죽이는 데로는 돌아가지 않게 하십시오.'

하여 관악산 법당을 짓고 그 뒤로 어머니 고향에 전답 210마지기를 사 의지없이 돌아다니는 노인들을 살게 하고 용인군 화운면 삼거리에 300만 평 산을 사 아버지와 동생 뼈를 이장해 모시고, 화운사를 지어 비구니스님들의 교육장이 되게 하였다.

그리고 평양에서부터 걸어오며 어느 집에서도 잠 한숨 편히 자지 못했기 때문에 집 천 채를 지어 피난민들에게 나누어 주고 자신은 신영여객 버스회사를 만들어 복되게 살다가 죽었다."

차만석스님은 이렇게 차재연의 이야기를 들려주고,

"좋은 일 해. 좋은 일 하면 복이 오고 오래 사네. 잘못하면 구정물이 튀어 옆사람에게까지 누를 끼칠 염려가 있거든……."

하고 일러주었는데, 과연 그 길로 내려가 국회의원에 연속 당선되어 지금도 국회의원을 하고 있다.

나는 그때부터 조종현원장님 뒤를 이어 지금까지 관음재일법회를 보고 있으니

조종현 원장님의 헌시(獻詩) 한 편을 여기 소개하고자 한다.

몽월주지 대법사 교화공덕(夢月住持 大法師 敎化功德)

동란(動亂) 어제런듯 하마벌써 사십년(四十年)이

김해(金海) 벌 갖은 풍상(風霜) 노을바람에 씻었겠다.

오봉(五峯)과 극락정사(極樂精舍)가 송이송이 연꽃일네

요설무애변재(樂說無碍辯才) 새 소리도 흥겨운 듯

삭가라수(爍迦羅手) 그리울사 천화(千化)를 일으킬레

모두가 서로 기뻐라 구름같이 모여드네

건봉사(乾鳳社) 일우법해(日宇法海) 그 누가 헤엄쳤나

관음게송(觀音偈頌)이 혀 끝에 구렀것다

뜨거운 신심일념(信心一念)이 크나큰 등(燈)불 되었구나

팔륙년 사월 초팔일 철운 조종현 시 고경 이영무 제

(八六年 四月 初八日 鐵雲 趙宗玄 詩 古逕 李榮茂 題)

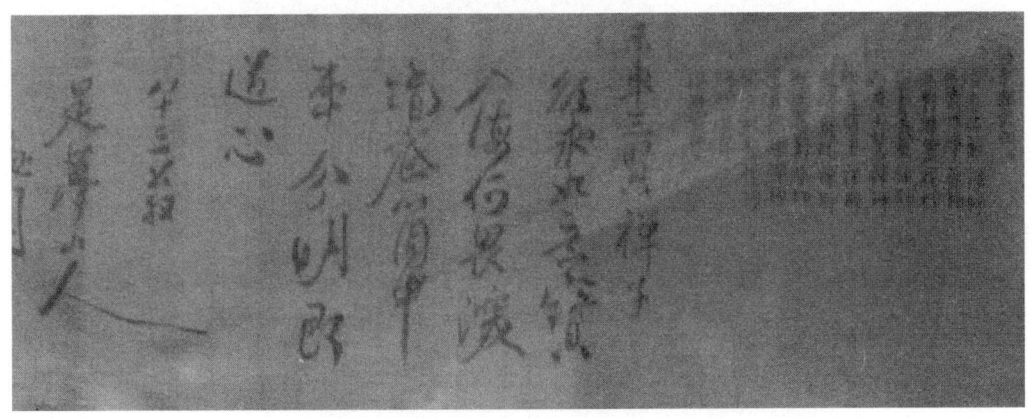

頌祝

極樂精社 住持大德

夢月宗師古稀紀念法會

實相妙法 밝은 智慧

햇빛 보다

밝다 할까

冠岳에 쌓은 德이

가람처럼 흐르는 듯

그뉘라

이만한 香董

흥긴가 하리요

西紀一九八八年戊辰九月念七日

八十三歳鐵雲宗玄 詩

南舟 洪信杓 書

2-23. 불교통신교재

1965년부터 1976년 정월까지 경·율·론 삼장과 선·밀교까지 오장의 경전이 어느 정도 정비되자 나는 옛날 교회에 다니면서 성경통신교육을 받았던 것을 상기하며 계단식 교재를 만들기로 하였다.

계단식이란 먼저 초등과·중등과·고등과·대학과 등으로 나누고, 초등과는 불교기초교리가 중심이 되어 있으므로
① 부처님의 생애와 교훈을 먼저 가르치고
② 다음이 기산스님의 불교금언성전을 가르치기로 하였다.

부처님의 생애와 교훈은 시간적으로 꾸며져 있는데, 금언성전은 공간적으로 조직되어 있기 때문이다.

첫째 부처님의 연대는 중국 사람들이 사용한 3천 년 전 역사가 있고, 인도와 유럽사람들이 공동으로 쓰는 2,500년 역사가 있는데, 이 두 가지를 배열하여 읽는 사람들이 판단하도록 하였으며, 부처님의 출가 연대는 19세 설과 29세 설이 있는데, 이 또한 독자들의 판단에 맡기도록 하였다. 왜냐하면 세상의 모든 역사는 관념적인 전설이 있는가 하면 과학적(고고학적)인 자료가 있기 때문이다.

요즘 사람들은 지구가 언제 생겼느냐 물으면 확실하게는 알지 못하지만 과학교재에서 180억 년 전에 진화해 만들어진 것으로 추정하고 있다고 한다. 그러나 구

약성경을 보면 이 지구는 지금으로부터 6~7천 년 전 하늘과 땅이 생기고 아담과 이브가 하나님의 생각에 따라 만들어졌다고 전하고 있다.

그런데 우리 한국 사람들은 하나님의 신앙을 더욱 굳건히 하여 과학적인 말씀을 도리어 믿지 않고 있기 때문이다. 그래서 삼국유사도 우리 조상의 역사를 곰이야기부터 시작하는 것이다.

그래서 부처님 역사도

① 탄생 ② 재가생활 ③ 출가생활 ④ 정각 ⑤ 전법 ⑥ 입멸 식으로 나누어 설명하였고, 그 내용은 원시근본불교를 중심으로 조직하였다.

또한 불교금언성전은 그 제목을 '진리의 말씀'이라 변경하고, 상편 세간도에서는 중생, 인생, 인신, 인심, 무상, 고, 번뇌, 죄악, 업보, 윤회, 불성, 성불로 재조직 하였다.

출세간도에서는 신앙, 신심, 삼보, 참회, 수행(自力·他力), 진수(進修), 증과(證果 : 성문·연각·보살·불) 순으로 구성하였다.

그리고 교리편에서는 연기론(緣起論)과 실상론(實相論) 두 부분으로 구분하고, 연기론에서는 업감연기(業感緣起), 아뢰야연기(阿賴耶緣起), 유심연기(唯心緣起) 세 가지로 구분해 설명하였다.

또 실상론에서는 만유를 보는 유위공법(有爲空法)과 만유무아(萬有無我), 반야정관(般若正觀)을 지시하고 실상론에 있어서는 일심진여(一心眞如) 삼제원융(三諦圓融)들을 표시하였다.

계속해서 일반적으로 유행하고 있는 일승, 삼승법과 해탈, 열반, 보리법은 끼리끼리 모아 설명하였다.

이것들 모두는 출세간의 일이고 불교인이 세상에 살면서 지켜야 할 도리에 대해서는 근면노력 지행쌍운(知行双運), 생각, 언어, 절제생활을 중심으로 정리하고 국왕, 국민, 신뢰의 도를 제목따라 표시하였다.

물론 이것은 혼자 생각으로 편집한 것이 아니라 동국역경원장 운허큰스님, 법사 임석진스님, 대 포교사 김대은스님, 사학자 권상로박사님, 대학원장 김동화박사님께 자문한 다음 정리하였는데, 여러 사람이 정리하면 일관성이 없으니 혼자 하라고 하여 정리하였던 것이다.

그리고 참고 서적으로 왕오천축국전, 신라수이전, 균여전을 한 데 묶어 출판하였다.

왕오천축국전은 여행기를 통해 2,500년전 불교역사를 이해시키기 위한 것이었고, 신라 수이전은 한국 전설의 시초가 되는 설화문학을 이해시키기 위한 것이었으며, 균여전은 고려향가를 이해시키기 위한 것이었다.

교재 자체가 기독교 통신학교에 비하면 상당히 수준이 높은 편이지만 불교를 바르게 이해시키기 위해서는 그 동안 관념불교를 다소 해소시키기 위해 이러한 방법을 택하게 된 것이다.

이렇게 만들어진 교재를 주위 인연 있는 100사람을 선정하여 무료로 보급하면서 이해를 촉구하고 그 소감을 받아들였다.

이것이 불교통신교육원 초등과 교재가 만들어지게 된 동기이다.

두 번째 중등과 교재는 초등과 교재를 배경으로 하여 불전의식을 바로 이해시키기 위해서 아침·저녁 예불과 송주를 가르쳤는데, 조석예불문은 별도로 해서 가르치고 송주는 아침송주와 저녁송주, 장엄염불, 정토주를 바르게 이해할 수 있도록 정리하였다. 그 이름이 '천수경' 강의이다.

그리고 불교계율을 널리 깊이 있게 이해시키기 위하여,

① 사미율의

② 초발심자경문

③ 계율해설을 정리해 넣었는데,

특히 계율해설은 비구, 비구니, 우바새, 우바이의 계율과 보살 십중사십팔경계, 칠불통계 등을 종합적으로 정리하여 '계율해설'이라는 이름을 붙였다.

그리고 참고서적으로는 삼국유사를 1, 2권으로 만들어 1권에서는 한국의 역사를 이해하게 하고, 2권에서는 고구려, 백제, 신라의 불교를 이해시켰다.

이것은 특히 대은스님과 권상로박사님의 가르침이 컸다. 여기서 처음으로 권상로박사님께서 천수경을 번역하여 한글로 읽으시는 것을 보고 장엄염불까지 번역하여 읽게 되었다.

왕오천축국전

불교통신강좌 전8권

불교중등교리문답

2-24. 고등과 교재와 대학과 교재

고등과 교재로는 고승법어와 비교종교학이 있다.

고승법어는 치문경훈, 사집(서장·도서·선요·절요)에 나오는 중국스님들과 인도, 한국 스님들을 간추려 정리하였다. 말하자면 교주 석가여래 이후 27대(가섭, 아난, 상나화수로부터 27대 반야다라까지) 역사를 정리하고 인도의 여러 율사와 논사들을 정리하였으며, 중국에서는 달마 이후 육대조사와 육조 이후 번성한 선승들과 일반 고승사에 빠져있는 역경사, 포교전법사 등을 총망라하였다. 특히 그들이 지은 구사, 유식과 증도가, 신심명, 명(銘)과 가(歌), 잠언(箴言), 그리고 이름난 저서들을 소개하였다.

다음 비교종교학에서는 세계종교연감을 중심으로 3,200개 종교 가운데 교세가 큰 이름난 종교 10개를 선정하여 소개하고, 크게 신을 믿는 종교와 도덕을 신앙하는 종교, 마음을 깨닫는 종교로 구분하였는데, 3,200개 가운데서 3,100개 이상이 신을 믿는 종교였으며, 유교를 중심으로 몇 종교는 천리(天理)나 물리(物理)를 믿는 종교였고, 오직 불교만이 무신론 종교로서 깨달음의 종교였다.

여기에서는 이러한 종교나 사상을 철학논리와 같이 비교 판단하지 않고 독자들이 스스로 판단하게 하였다. 특히 마(魔)와 귀(鬼), 신(神), 불(佛)의 위치와 사상을 통하여 무엇을 믿고 어떻게 살 것인가를 본인들이 알아서 결정하도록 하였다.

성경이나 불경(특히 대승불교경전)에는 수 많은 마신(魔神)들이 나오고, 그 가운데서도 사람을 보호하는 신장이 있는가 하면 사람에게 폐를 끼치는 신장도 있다.

그래서 몽골 같은 데서는 무당 가운데도 흑무당(黑巫堂)과 백무당(白巫堂)이 있는데, 흑무당은 악한 신이고 백무당은 착한 신으로 본다. 흑무당들은 악하므로 악을 깨닫고 달래어 보호를 받도록 하여야 한다 주장하고, 백무당은 흑신들은 본래 악한 귀신들로 달래도 듣지 아니하므로 선신들에게 기도해야 보호를 받을 수 있다고 주장하였다.

그러나 그것 가운데 어떤 것만이 진리라고 볼 수 없기 때문에 몇 천년 지난 오늘날에도 몽골에는 이 두 파의 무당들이 흑백의 신들을 달래고 쫓아내는 일들을 담당하고 있다.

사실 종교는 우주 인생의 근본을 밝히는 것이므로 가장 과학적이며 철학적이고 논리적이어야 한다. 그런데 어떤 종교는 따지면 종교가 아니고 종교란 무조건 믿는 것이라 고집하는 종교도 많다.

그들은 종전(宗典)도 설화적인 요소가 많기 때문에 비과학적이라 하면 잡아다 죽여 버리기도 한다. 고대 서양사를 보면 "지구가 돈다"고 하면 "무슨 소리냐 하늘이 돈다" 하여 잡아다 불에 태워 화형시켜 버리기도 하였다.

아이들이 학교에서 이상한 짓들을 하면 물었다.

"누구에게서 배웠느냐?"

"누구에게서 배웠습니다."

고 하면 그 사람을 잡아다가 마녀재판을 하고 바늘방석에 앉혀 죽이든지 껍질을 벗겨 뜨거운 물에 데쳐 죽이든지 한 내용을 담은 책 십여 권이 책방에 나와 있고, 그 재판에 걸려 죽은 사람이 수천, 수만이 된다. 그래서 그 시대의 종교를

'암흑시대의 종교'라 부르고 있다.

불교는 미신이나 우상에 빠지지 않기 때문에, "아침부터 저녁까지 사람 100명을 잡아 죽이면 도를 깨친다"는 말을 듣고 아흔아홉 명을 죽이고 백 번째 달려드는 살인귀를 부처님께서 제도한 일이 있는데, 그 이름이 '아힌샤카'이다.

중국에서는 조왕님을 모셔놓고 그 조왕님께 소나 돼지를 잡아 올리고 아버지 어머니가 빨리 죽기를 비는 사람들 앞에서 눈물을 흘리고 있는 조왕님을 막대기로 쳐 부숴버리니 그 속에서 푸른 동자가 나와 감사 인사하고 떠나자 물었다.

"네가 누구냐?"

"나는 아랫마을 천씨(賤氏) 영감님 손자인데, 먹을 것이 없어 당산나무 밑 기도처에 다니며 주워 먹다 죽었는데, 너무도 마음씨가 착한 한 사람이 와 기도를 드리므로 "당신이 꿈에 본 대로 나를 조성해 놓고 모시면 크게 될 것이다" 하였더니 그가 나를 이렇게 만들어 놓고 백만장자가 되었으므로, 이를 본 나쁜 사람들이 부모유산을 받기 위해 소, 돼지를 잡아 놓고 기도하므로 기가 막혀 울고 있는데, 스님께서 나의 고민을 알고 허상을 깨뜨려 더 이상 죄를 짓지 않게 되었습니다" 하여, 중국에서는 파조타(破竈打)스님이 나왔다.

이렇게 세상에는 무지몽매한 사람도 많고 이상한 신도 있지만 그의 인과와 인연을 꿰뚫어 깨닫게 하는 종교가 불교이므로 불교를 무신론 종교라 부른다.

그렇다고 해서 불교에 신이 없다고 주장하는 것은 아니고, 신은 있지만 그 신이 어떻게 하여 신이 되었는가를 깨달아 천도하는 것이다.

대학과 교재는 팔만대장경을 축소시켜 읽도록 하는 학습팔만대장경과 불교교리가 어떻게 발전되어 왔는가를 가르치는 불교교리발달사를 교재로 선정하였다.

이것은 양도 많고 글도 어려우므로 많은 양의 교재는 국민서관에서 만든 팔만대장경을 구입하여 보게 하였고, 교리발달사는 김동화박사님의 동국대 교재를 프린트하여 쓰게 되었다.

물론 매 과정마다 과제를 내 주어 자가 학습으로서 시험을 치르게 하고 대학에서는 논문을 제출토록 하였다. 공부의 수준이 동국대학교 불교학과 교재와 전통강원 교재를 중심으로 간추린 것이므로 어려운 것은 상당히 수준이 높은 것도 있어 일 년이면 두 차례 여름과 겨울 방학때를 통하여 특별강의를 통해 도움을 얻도록 하였다.

숫자가 많고 보니 학교 선생님이나 국가공무원 또는 거기서 퇴직한 선생님들은 상당한 수준에 이르러 능히 감당하였지만 그렇지 못한 분들은 두 번, 세 번까지 반복하여 공부한 분도 있다.

1976년 교재가 완성되어 허가를 신청하니 '통신'이란 어구가 들어가면 안 된다 하여 그냥 출판사로 등록하여 대중포교에 나섰다.

1968년 조계종 무진장스님이 강의 오셨다가 "산중에서도 이렇게 포교하는데 우리는 뭘하고 있는거냐!" 하며 조계종 포교원 교육기관이 만들어져 교육하게 되었고, 남산의 교양대학 대원불교대학도 통신대학 출신들이 가서 만드니 전국 사찰에 교양대학들이 우후죽순처럼 솟아나게 되었다.

나의 원은 불교를 대중화하고 현대화하여 정법화하는 것이었으므로 여러 곳에 교육도량이 만들어지면서, "나는 안 해도 되겠구나…." 생각하였으나 그래도 선배들이 후배들을 이끌고 와 지방교육원까지 운영하게 되었으므로 지금은 한국불교 금강선원에 본부를 두고 인연 있는 사람들이 교육하고 있다.

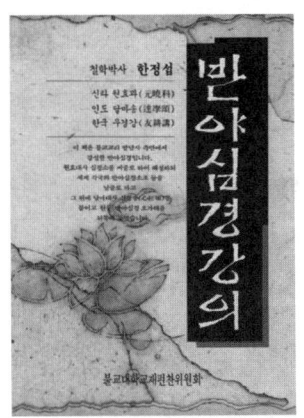

반야심경강의

비교종교학

유식학 강요

불교우주인생관

법화경 약찬게

불교포교 방법과 실제

불교통신교육원 하계특별강좌 기념

2-25. 불교농민학교

나는 불교법사로 포교하고 있으면서도 박정희대통령께서 운영하고 있었던 새마을 교육에 관심을 가지고 있었다. 그래서 세 차례 수원연수원에 가서 유달영선생의 특별한 배려하에 특별교육을 받고 불교도 절마다 땅이 많으니 남에게 맡길 것이 아니라 신도들을 시켜 운영하는 것이 좋겠다 하여 불교농민학교를 만들었다.

논도 있고 밭고 있고 산도 있기 때문에 산에 있는 밭들을 절에서 운영하기로 하고 마을에 있는 논과 밭은 공동으로 운영하기로 하여 내 놓았다.

불교방송을 통해 이 소식이 알려지니 전국에서 농사 짓겠다고 찾아오는 사람들이 수십 명이 되었다. 어느 종단스님의 소개로 농민학교 교장 한 분을 뽑고 지도자 두 사람을 둔 뒤 이 밭과 논에 알맞은 곡식을 파종하여 경작토록 하였다.

원래 사업이란 동업을 하면 자칫 불미스러운 일이 생길 수도 있기 때문에 한 사람에게 통째로 맡겨 주면서 수익된 것을 가지고 불쌍한 사람들을 보살피라 하였더니 정말로 열심히 농사를 지었다.

하루는 추수해 놓고 농부들끼리 앉아 잔치를 하면서 농민학교의 기본방향을 설정해 달라 하였다. 그래서 부처님 경전에 있는 대로,

여래의 밭에다가 (如來田)

보리의 종자를 심고 (菩提種)

번뇌의 풀을 매면 (煩惱草)

열반의 농사가 되리라. (涅槃果)

써 주었다. 중국의 백장스님도 이렇게 농사를 지어 천 명 대중을 먹여 살리며 공부하였기 때문이다. 사실 이들도 농사를 짓지만 아침 저녁으로 예불을 드리며 열심히 살았다.

이렇게 농사 짓기 3년, 농사를 짓는 사람보다도 얻어 먹으러 오는 사람이 더 많다 보니 딴 생각이 난 것이다.

교장선생님은 인물도 좋고 능력이 있었다. 그런데 그 때 울산에서 선생 노릇 하시던 분이 정년퇴직하고 올라와 교장선생님을 도우면서 살다보니 얼마 안 가서 부부간이 되고 말았다.

"농사 지어 가지고는 이 많은 식구를 거느리고 살기 어려우니 여기다가 절을 하나 지어놓고 겨울철이면 탁발을 나갑시다."

대단히 좋은 아이디어였다. 그런데 이 분들이 다니면서 지역 지역마다 화주보살들을 두고 탁발을 하다 보니 주위 사찰에서 항의가 들어왔다. 뿐만 아니라 절을 짓는다고 화주, 시주를 하다 보니 신도들까지 몰려와 농민학교가 난장판이 되었다.

교장선생님이 잘못을 인정하고 다시 본래의 상태로 돌아가기는 어렵게 되어 농사꾼 몇 사람은 지리산으로 들어가고 나머지는 해산하여 지방으로 내려갔는데, 후에 전하는 바에 의하면 경상도 쪽에서 살고 있다는 소식은 들었다.

농사를 지으면 정부에서 여러 가지 혜택을 준다. 밭에 우물도 파주고 전기도

반값으로 쓰게 하였으므로 밭에다가 가건물을 지어서 여러 가지 편리한 일을 할 수 있게 하였다.

그런데 그러한 혜택은 농사를 짓는 농부에 한하여 주어지는 것이고 그렇지 않는 사람에게는 용납되지 않는다. 그런데 이 분들은 3년 동안 농사를 지으면서 농협과 거래하여 농자금까지 얻어 쓰고 가버렸으니 그 책임은 모두 상락향이 짊어지게 되었다.

상락향은 원래 가난한 사단법인체로 허가가 나서 누구든지 함께 사는 사람들이 공동으로 운영할 수 있게 되어 있는데 이러한 내용을 잘 알고 있는 사람들이 일을 저지르고 간 것이다. 그래서 부처님께서 "좋은 일도 없는 것만 못하다" 하신 것이다.

농사는 지금까지도 짓고 있다.

밭에다 씨앗 뿌려 놓으면 토끼도 와서 먹고 꿩도 뜯어 먹는다. 그래도 그 짐승들은 주인 먹을 것까지 뜯어 먹지는 않는다. 산돼지도 있고 노루도 있고 다른 들짐승들도 있지만 크게 장애를 받지 않고 있다. 지금도 신도 몇 사람과 콩도 심고 들깨도 심고 무나 배추도 심고 과일 나무도 심어 공동으로 지어 먹고 사니 마음이 편하다.

사람은 누구나 견물생심이라고 처음 마음 먹었던 대로만 하면 걱정 없이 살 텐데 뜻밖의 일을 당하면 욕심이 생기기 마련이다.

처음 마음먹은 대로 농민학교만 잘했으면 찾아온 여인도 귀하게 되고 애기들도 잘 자랐을 것인데 중도에 폐하게 되었으니 안타깝기 그지없다.

사실 이 글을 쓰지 않으려 했으나 그 학교출신으로 시골에 내려가 중 노릇도 잘하고 농사도 잘 짓는 사람이 지금까지 있어 다시는 이런 일이 생기지 않게 하기 위해서도 이 글이 필요하다 생각되어 쓰는 것이다.

2-26. 대학원 교재

불교통신대학 출신들이 수가 많아지다 보니

"더 이상 공부할 것이 없느냐?"

하며 학습하고자 하는 내용들을 구하면서 직접 교재를 만들어 달라 하였다. 그래서 생각한 것이 열두 권의 한국대장경을 이용하여 경(經)·율(律)·논(論)·선(禪)·밀교(密教)·의식(儀式)으로 나누고 각 분야별로 공부하도록 가르쳤다.

① 경학부는 아함경, 방등(大集)경, 반야경, 법화경, 열반경, 화엄경을 체계있게 공부할 수 있도록 지도하고,

② 율부는 오분율(五分律), 사분율(四分律), 마하승지율(摩訶僧祇律), 십송율(十誦律), 근본율(根本律), 비나야(卑奈耶) 등을 공부하고, 범망경(梵網經), 기타 대승율(三聚淨戒) 등을 공부하도록 하였으며,

③ 논은 청정도론(淸淨道論), 구사론(俱舍論), 유식론(唯識論), 삼론(三論 : 中論, 百論, 十二論)을 기본적으로 공부하고 더 깊이 공부하고 싶은 분들은 육족론, 대지도론(大智道論) 등을 소개해 주었다.

경율론 삼장에 관한 책들은 물론 통신대학 교재로서 나온 것도 있지만 동국역경원에서 번역해서 나온 것이 아니면 고려대장경이나 신수대장경 등 원전을 보도록 하였다.

④ 다음 밀교는 신수대장경 제18권부터 21권까지에 있는 가장 기본적인 경이

되는 비로자나성불경, 대일경(大日經), 금강정경(金剛頂經), 아촉불경(阿閦佛經), 약사여래소재경(藥師如來消災經), 다라니경(陀羅尼經) 등 수 백 가지가 있으나 조석송주로부터 한국 사람들이 가장 많이 읽는 천수다라니, 육자주 등을 교육하였다.

⑤ 선은 김동화박사님의 선종사(禪宗史)를 먼저 공부하고 다음에 중국의 전등록(傳燈錄), 한국의 염송(拈頌) 등을 가르쳤으며, 가능한 한 선방에 들어가 직접 체험하도록 하였다. 특히 미얀마 계통 스님들을 청하여 위빠사나를 특강하고 인도의 요가명상을 사실적으로 가르쳤다.

⑥ 의식은 교재로서는 안진호스님의 석문의범을 기본교재로 하고 실기는 불교예술대학에서 범패(梵唄)를 익히게 했으며, 조석송주와 재공의식(齋供儀式)을 익히게 하였다.

한국사찰에서는 재, 불공, 기도가 중심이므로 영산재(靈山齋), 사십구재, 백일재, 천도재를 집중적으로 가르쳤고, 기도는 관음기도, 미타정토신앙, 약사, 미륵, 지장기도를 중심으로 가르쳤다.

이렇게 초·중·고·대 4과를 마치고 실기에 능한 사람에게는 전법사 자격을 주고, 경·율·논·선·밀교·의식 등 대학원 출신에게는 경사, 율사, 논사, 주사(呪師), 의식사(儀式師)의 자격을 주며, 이 여섯 가지에 능통한 사람에게는 삼장법사 학위를 주었다.

이것은 미얀마의 삼장법사제도와 대만 오명스님의 삼장대학과정에서 본받은 것인데, 특히 미얀마는 1,900년대 밍군스님이 태어나 12,000권의 불경을 모조리 외움으로써 한 나라의 국존으로 빛을 낸 일이 있다. 지금도 미얀마에는 4아함을 완전히 외우고 있는 사람들이 수백 명 배출되어 있으며, 만달레이 불교대학과 양군대학이 국제불교대학으로서 동서의 명인들이 수련하고 체험하는 좋은 장소가 되고 있다.

대만의 오명스님도 불광사 성운스님과 같이 복지, 교육, 포교에 모범을 보이고 있으며 중대불교, 성운스님불교도 크게 발전하고 있다.

가능하면 우리는 통신대학출신을 중심으로 국제불교 선구자들을 찾아뵙게 하고 그것이 우리불교에 맞도록 교육하고 있다.

그러나 한국불교는 자기 종파사람이 아니면 받아주지도 않고 써 주지도 않기 때문에 절름발이 불교가 되어 있다. 돈이 없고 터전이 없는 것도 아닌데 마치 남북이 공산주의와 자본주의로 나누어 싸우는 것처럼 종교 자체에도 그런 양상이 전혀 없는 것이 아니다.

종교가 통합하고 종단내에에 정법이 실현되어야 사회정의가 실현되고 올바른 종교지도자가 나오게 된다. 한국의 정치 지도자가 국회에 와서 싸움 잘하는 것같이 종교문화 가운데서 투쟁 잘하는 종교를 본받은 것이 한국종교가 아닌가 생각되었다.

종교지도자는 민중의 지팡이로서 가난하고 헐벗고 못 배운 사람들을 가르쳐 본 궤도에 올려 놓고 그들을 위한 심부름꾼이 되어야 하는데 아직도 한국에는 군왕제도의 임금님처럼 높은 자리에 앉아 행세하기 때문에 후배들이 그를 본받고 있는 곳이 많다.

불교지도자들도 높은 자리에 올라가기만 하면 떨어질 것을 생각하지 않고 하늘 끝까지 성을 쌓다가 한꺼번에 무너져 망신을 당하는 경우가 많은데, 부처님이 종정, 총무원장, 주지직을 맡아 사부대중 앞에 군림한 적이 있는가 한번 생각해 볼 일이다.

통신대학 출신들도 모 대학원에 입학만 하면 세상사람이 아니라 하늘사람이 되어 선배, 후배도 알아보지 못하는 경우가 많다. 곡식은 익을수록 고개를 숙이고 물은 대양에 들어가면 큰 고기, 작은 고기 논하지 않고 모두를 먹여 살리는데, 한국이 그렇게 되려면 원시불교시대로 돌아가야 할 것 같다. 공부하는 사람은 높을수록 사랑으로 귀해지고 어려운 사람의 친구가 되어야 한다. 나는 항상 대만 성운스님과 미얀마의 밍군스님을 생각하며 통신대학 출신 가운데 그러한 인물이 배출되기를 손 모아 빈다.

2-27. 금오선생과 의료봉사

1960년대 말 상락향수도원에는 고시공부하는 사람들이 많이 왔다. 그 가운데 사암침법에 능숙한 한의사 한 분이 오셨다. 밥상에 앉으면 일대 광장설이 이루어지고 환자가 있으면 어김없이 치료한다.

첫째, 그분은 신농백초(神農百草)에 능숙하여 본초강목(本草綱目)을 달달 외운다. 산에 가면 이것은 눈이 밝아지는 약초, 귀에 좋은 약초하며…… 약 아닌 것이 없다. 실제 그런 약을 캐다가 달여 먹든지 찬을 해 먹으면 당장 그 자리에서 효험을 본다.

둘째, 그는 침을 잘 놓는데 물론 함부로 놓지는 않는다. 침으로 효과를 볼 수 있는 사람에겐 어김없이 침을 놓는데, 그렇지 않은 사람에게는 약도 함부로 먹이지 않는다.

틈만 나면 오리동, 신발이, 점둔지, 새말 할 것 없이 가평군과 양주군, 부르는 대로 따라간다. 너무 환자가 많고 허약한 사람이 많으니 경희대학 학생들을 불러다가 의료봉사를 시작하였다.

3일 동안 작정하면 5일 동안 연장을 하여도 끝이 나지 않는다. 하루는 홀로 초발심자경문을 보다가 자경문 끝에 있는 야운스님 글을 보고 호를 하나 지었다.

옥토승침최노상 (玉兎昇沈催老像)

금오출몰촉년광 (金烏出沒促年光)

구명구리여조로 (求名求利如朝露)

혹고혹영사석연 (或苦或榮似夕煙)

달(옥토끼)이 커졌다 작아졌다 하는 것은 늙은 사람을 재촉하는 것이고,

해(금오)가 떴다 졌다 하는 것은 세월을 재촉하는 것이로다.

명예를 구하고 이익을 구하는 것은 아침 이슬과 같고

혹 괴롭고 즐거운 것은 저녁 연기와 같다.

"법사님. 저는 대전 출신입니다. 머리가 영리하여 일찍이 경희대학 한의과를 나왔더니 어머니가 감격하여 대전에다가 한국최초로 동의한방병원을 만들어 주었습니다. 스물일곱 살에 무슨 경영인이 되겠습니까. 아픈 사람이 오면 침 놓아주고 약 지어주고 못하는 일 없었지만 어려운 사람들에게 약 지어 주고 돈 받는 일은 내가 할 일이 아니라 그만두고 도망 나왔습니다. 그런데, 가는 곳마다 환자들이 따라 다녀 살 수가 없습니다. 산속에 들어가 도를 닦고자 하는데 스님은 되고 싶지 않습니다. 배운 재주 가지고 이제마선생님처럼 중생을 구제하고 싶습니다. 도망갈 자리를 하나 구해주세요. 법사님께서 공부하셨던 송광사가 좋을 것 같습니다."

"지금 송광사는 구산문중(九山門中)들이 들어와 크게 선방을 구성하고 있는데 거기 의사가 들어가면 깜짝 놀랄 텐데……."

"그러니까 이름도 없이 살짝 들어가 공양주, 채공부터 하겠습니다. 꼭 3년만 채우고 올 터이니 소개해 주십시오."

그래서 도감스님께 편지를 써서 공양주가 되었다. 음력 9월 15일쯤 들어갔으니 송광사에는 그때쯤이면 얼음이 맺힐 정도다. 백여 명 대중의 공양과 김장을 한꺼번에 하게 되니 얼마나 바쁠까. 무와 배추가 한 트럭씩 들어오면 젊은 스님들과

함께 목욕탕에 5,60개쯤 집어 넣고 짚새기 신고 밟아 번개처럼 씻어낸다. 배추들은 여자들이 다듬어 주면 커다란 소금통에 넣어 항아리에 차근차근 절여 놓으면 이튿날이면 김장하게 된다.

밥쌀은 한 가마니씩 수곽에 부어 큰 주걱으로 헹구어 씻은 뒤 가마솥 두 군데 나누어 넣으면 그대로 밥이 되고 무국은 칼끝으로 밤 깍듯 채를 쳐서 뜬 물에 담가두면 밥솥에 타고 남은 불이 금방 국을 끓여 놓는다.

눈코 뜰 새 없이 이렇게 한철을 지내고 나니 입승스님이 물었다.

"자네 이름이 무엇인가?"

"금오(金烏)입니다."

"아니 해가 해 뜨는 데서 떠야지 부엌에서부터 빛나서야 되겠는가?"

"옛날 갈가마귀가 임금님 어머니 병을 치료하여 해가 금오로 붙여지게 된 것 아닙니까!"

"그래? 그렇다면 공양주 방명록에 금라불(金羅佛)이라 붙여라."

이렇게 딱 3년을 지나 10월 보름 입재가 되려면 꼭 한 달 남았을 때다. 구산스님이 갑자기 관격이 되어 밤중에 옴도 뛰도 못하니 금오가 소리를 듣고 슬슬 선방에 올라가서 보고,

"똑바늘 있으면 가져오세요."

하여 사관을 트고 중환 한 방 놓으니 스르르 잠이 든다.

"공양주가 조실스님 병을 고쳤다네."

하고 찾으니 공양주가 없어졌다. 깊은 밤에 밥 해놓고 국 끓여 놓고 감쪽같이 사라졌다.

이렇게 해서 3년 동안 복을 짓고 온 것이다. 송광사에 3년 동안 머무는 사이에 환자들이 오면 이 약 주고 저 약 주고 하여 시키는 대로 봉사하였는데, 금오선생

이 왔다는 말을 듣고 덕숭산에서 모시러 왔다.

　그 뒤 이리저리 돌아다니다가 불교 텔레비젼방송에서 2년 동안 강의하였는데, 지금은 어디 가서 있는지 알 수 없다.

　금오선생이 상락향에서 없어진 뒤 한 여인이 찾아와서

　"나는 선생이 없이는 살 수 없습니다."

하여 금오선생이 써놓은 신심명 8폭을 드렸더니 그것을 가지고 가 수병풍을 만들어 왔다.

　"이것이 기념입니다. 저는 미국으로 가 로얄대학에 들어가게 되어 있습니다."

하고 떠났는데, 나중에 들으니 그 또한 한의과대학을 나와 미국에서 제일 침을 잘 놓는 명의가 되었다고 하였다.

　지금도 그 병풍은 상락향에 있으며, 경희대학, 경주한의대, 대전대학, 대구대학 한의과 학생들이 상락향에 와서 봉사하지 않은 사람이 없다. 놀기도 잘하고 먹기도 잘하며, 밤낮없이 2,3일씩 특강을 하여도 지치는 일이 없었다. 참으로 묘한 사람이다.

　"차라리 중노릇하면 편히 살 텐데……."

금오선생 병풍

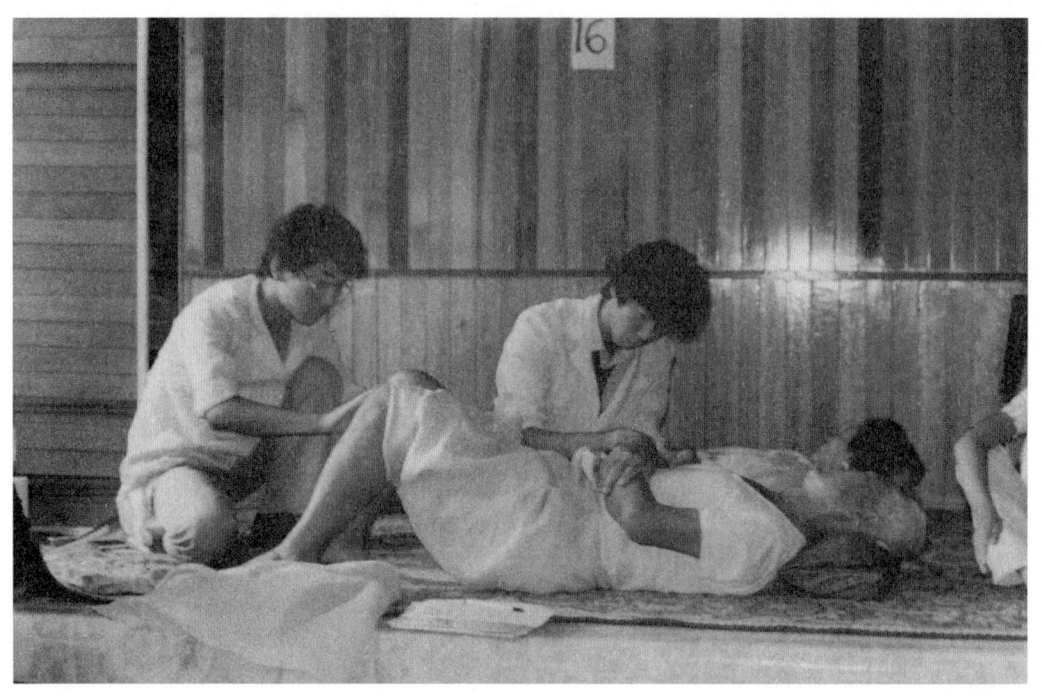

2-28. 전국순회 강연대회

대학 2학년 때 이규범선배가 전국순회 강연을 가자고 제안해 왔다.

"어디로 갑니까?"

하니 전국 사찰 강원을 중심으로 한 바퀴 도는데, 대전 보문학교가 출신교이므로 거기서 끝을 내자 하였다. 사실 이런 일을 하려면 먼저 학교에 보고를 하고 불교대학 학장님 추천서를 얻어 미리 갈 곳에 연락을 취해야 하는데 갑자기 제안해 왔으므로 그냥 따라가기로 하였다. 서울에서 가장 가까운 곳이 용인 화운사 강원이기 때문에 먼저 들렸다.

강사스님은 김대은스님으로 일찍이 일본 유학을 갔다 와서 전국포교사 대회에서 1등을 하신 스님이다. 키가 늘씬하게 크고 눈과 얼굴 모습이 중국 사람처럼 푸르스름하게 생겼는데, 한번 말씀을 하게 되면 시간 가는 줄 모른다.

"스님, 예정도 없이 갑자기 바람이 불어 순회강연 왔습니다."

"잘 왔네. 옛날 불교전문학교(혜화전문학교) 시절에는 1년이면 두 세팀씩 짜가지고 경상도, 전라도, 충청도 할 것 없이 돌아다녔고 차비가 없으면 탁발해서 다니기도 하였지!"

반가이 맞아주시며 과거 경험을 여러 가지로 설명하셨다.

"옛날 일본에서 유학할 때는 돈이 없어 인력거를 끌었거든. 한 번은 역전에 차가 도착하여 손님을 기다리고 있는데, 몸이 뚱뚱하게 잘 생긴 아가씨가 와서 어디를 가자고 하였어. 그곳에 가려면 큰 고개를 둘이나 넘어야 하거든. 그래서 태우고 신이 나서 가는데, 산 고개에 이르러서 보니 숨이 차서 갈 수 없었다. 일본 사람들 같으면 자리에서 일어나 뒤에서 밀고 같이 가게 되어 있는데 한국 사람이라 그런 예의를 모르고 그냥 앉아 있는 거야. 땀을 뻘뻘 흘리며 올라가다 그만 욕이 나왔어. '이 빌어먹을 년이 남의 속도 모르고 이렇게 앉아 있네…!'

그러자 여자가 자리에서 벌떡 일어나면서,

'선생님 미안합니다. 나는 그런 줄도 모르고 딴 생각만 하고 있었습니다.'

그래서 나는 앞에서 끌고 손님은 뒤에서 밀고 고개 봉우리에 올라가 쉬게 되었는데, 여인은 가방에서 무엇인가를 꺼내더니,

'제 애인이 좋아해서 식혜하고 떡을 해 가지고 가는 길인데, 한번 잡수어 보세요.'

하고 내놓았다.

'미안합니다. 나는 일본 사람인 줄 알고 욕을 했는데!'

'괜찮습니다.'

'그래, 선생님은 뭘 하시는 분입니까?'

'유학 졸업생인데, 글을 씁니다.'

'글을 써요?'

'예, 이광수씨입니다.'

대은스님은 깜짝 놀랐다.

'저는 일본대학에서 국문과를 졸업하고 다시 불교대학에 다니고 있는 김태흡입니다.'

'아, 그러십니까. 불교잡지에서 선생님 글 읽은 기억이 납니다.'

'저는 건달이라 글도 제대로 쓰지 못합니다.'

'그런 말씀, 한국 사람에게는 그 정도 글도 제대로 쓰는 사람이 많지 않습니다.'

이렇게 해서 이광수선생님 계신 하숙집으로 모셔다 드리면서 거장 춘원 이광수씨를 만나 보고 그의 부인 허영숙씨를 모셔다 드린 일도 있어…."

하고 껄껄 웃으셨었다.

"그래, 무슨 제목을 가지고 강연을 할 것인가?"

"선배는 학교 이야기를 주로 할 것이고, 저는 김용배교수님의 동서사상의 벽(癖)에 대해서 하겠습니다."

"좋네. 그러나 지나치게 학교 자랑을 하면 강원학생들이 바람이 날 염려가 있으니 적당히 하게…."

하였다. 저녁 6시가 되어 저녁 예불을 드리고 산내 모든 학인들이 강당으로 모였는데, 80여 명이나 되었다.

대은스님은 강단에 올라가 강사소개를 하면서 강연 갔다가 금강산 구경한 이야기에 통도사 가서 경봉스님을 만나 법문들은 이야기까지 들려주었다.

이규범 선배는 동국대학교가 90년 전 개운사에 있던 혜화전문학교가 발전한 것이고, 그분들이 중심이 되어 백용성, 한용운스님 등의 말씀을 듣고 3.1운동을 일으켜 온갖 고난을 겪어 왔다는 이야기와 백성욱박사님께서 독일에서 박사학위를 받았으나 그것만 가지고는 아무 곳에도 쓸데없어 금강산에 들어가 백일기도를 열 번이나 하고 내무부장관이 되었다가 바로 동국대총장이 되어 남산에 땅을 얻어 동국대학교를 지은 이야기를 실감나게 하였다.

그리고 불교학과를 중심으로 철학과, 사학과, 문학과 등 여러 학과가 개설되어 서정주, 조지훈, 양주동, 황의돈 같은 대학자들이 배출되어 학맥을 계승해가고 있다는 이야기도 하였다.

나는 평상시 황의돈, 조좌호, 김용배교수님 강의를 중심으로 동양사상과 서양

사상을 비교하고 김태흡스님같이 적국(敵國)에 들어가서 일본문학과 한국문학을 전공한 뒤 불교학을 연구한 후 훌륭한 선생노릇을 한 분들이 계시다고 강연하였다.

두 사람이 한 시간씩 강연을 하였으나 다시 태흡스님의 서론과 결론을 보태면 세 시간 정도는 되었다. 태흡강사스님은,

"여러분, 이런 강연 들어 보았어요!"

"없습니다. 처음입니다."

"골고루 들어야 합니다. 단 것만 먹으면 당뇨병에 걸리듯이 한 가지만 알면 세상 중생들을 다스릴 수 없습니다."

하고는,

"그럼 내일 오전에 학강(學講)을 하지 않고 다시 한번 강연을 듣도록 하면 어떻겠습니까?"

하여 이튿날 한 번 더 하기로 하였다. 우리들은 깨끗한 이부자리에서 잠자며,

"모처럼 비구니 사찰에서 자게 되었는데, 남자스님들 절보다 깨끗하고 정결하다."

고 칭찬하였다. 이튿날 규범선배는 대학 강의과목에 대해서 설법하고 나는 초발심자경문에 이어서 미아리 인수동에 있는 고등공민학교를 세워 가르치고 있는 이야기도 했다.

사실 한국에서는 유일하게 대민교육을 하고 있기 때문에 느낀 바가 컸다. 기독교에 비하면 불교는 황금어장이었다. 매주 일요일 절에 놀러오는 사람들 안내만 잘 하여도 큰 포교가 되는데 절에서 법회를 하고 있지 않다는 것이 너무 안타까워 말씀드렸는데,

"저희들은 절만 지어 가지고 포교할 생각을 하였지 그렇게 열려 있는 장소에서 평상시 포교한다는 것은 생각지도 못한 일입니다."

하고 이야기하면서 앞으로 절을 찾아 오는 사람들이 많든 적든 반드시 안내하겠다고 다짐들을 하였다. 대은스님께서는,

"앞으로 나와 인연 있는 사찰에 들려 강의를 해 달라."

하면서 계룡산 동학사, 군산 동국사, 전주 정혜사 등을 소개 받았다.

동학사에 들리니 명봉노스님이 강사로 계셨다. 여자처럼 조용한 분이었다.

"해방 후 혜화전문 출신들이 몇 번 오기는 하였지만 동국대학교 재학생들이 오기는 처음 일이네."

하면서 자리를 마련해 주었는데, 학인들은 60명 정도 되었다.

그리고 군산 동국사에는 남자스님들이 있었으나 대처·비구 분쟁 때문에 신도들이 많이 모이지 않았고, 전주 정혜사와 대전 보문학교에서는 대성황을 이루었다.

특히 이재복교장선생님이 크게 칭찬해 주시며 내 강연에 이어 황의돈선생님의 '육체적 인생관, 명예적 인생관, 영혼의 인생관'에 관하여 부연해서 설명하시며 이 세 가지를 다 원만성취할 수 있도록 하라 하셨다.

이렇게 일주일 동안 강연을 마치고 돌아오고 나서 이규범선배와는 특별한 인연을 가지고 졸업 후에도 교류하고 지냈다.

불교통신대학 하계수련 오신 큰스님들

동국대학교 선후배들로 조직된 두토회

2-29. 방한암스님과 공양주

상락향을 짓고 나니 불교통신학교 학생들도 많이 왔고 고시생들도 몰려 왔다.

며칠 동안 밥을 하다 보니 방한암스님 생각이 났다. 스님이 처음 절에 들어와 공양주 생활을 할 때는 중 되기 위해서 공양주 생활을 하였는데, 도를 깨치고 나서 생각하니 감사한 마음으로 공양주 생활을 한번 더 하고 싶어 13년 동안 공양주 생활을 하신 일이 있다. 스님은 늘 불을 땔 때마다 천수경을 읽고 외웠으며, 밥을 풀 때에는 솥뚜껑을 열고,

"내가 지은 이 밥을 먹는 사람은 누구나 건강하고 성불하기 바랍니다."

하였다. 나도 그날부터 불을 때면서 천수경을 읽었다.

"나모라 다나다라 야야……."

이렇게 세 번을 읽고 나면 밥이 끓어 김이 무럭무럭 난다. 그런데 한 번은 열심히 천수경을 외우고 있는데 휴양차 와 있던 장선생이 옆에 와서 지켜보고 섰다 물었다.

"그게 무슨 소리예요?"

"소원성취하는 소리지…… 누구나 이 소리를 들으면 솥 속의 밥도 성불한다 하였어…."

"그러면 나도 한번 외워 볼까요."

하고 천수경 책자를 들고 불을 때었다. 5,6일 동안 하다 보니 천수경이 다 외워져 신이 났다.

"오늘은 내가 밥을 풀께요."

"그래. 알아서 하시구려…."

하고 밥주걱을 주었더니 솥뚜껑을 열고 합장하였다.

"내가 푸는 이 음식을 먹는 사람은 모두 건강하고 소원성취 하십시오."

이 소리를 들은 학생들도 모두 나와 멍석을 깔고 상을 놓고 밥을 차린다. 도량은 진실로 화기애애하였다.

그해 봄에는 합격한 학생들과 함께 이른 봄에 땅속 깊이 묻어두었던 두견주를 꺼내 파티를 열었다.

장선생은 외아들로 평상시 방안에만 들어 앉아 말이 없이 살았는데, 상락향에 와서 입도 터지고 생각도 터져 무서운 것이 없게 되었다. 원래 어려서부터 작은 아버지와 삼촌들을 닮아 영어를 잘 했는데, 몸이 좋아지자 무역회사에 들어가 상무일을 보았다. 매년 7월 백중이나 4월 8일 불탄일이 되면 어머니를 모시고 오더니 어머니가 돌아가신 뒤에는 직장 쪽으로 이사하여 봉령사 묘음스님의 신도가 되었다는 말을 들었다.

사람들은 누구나 크게 다를 것이 없다. 상락향에 가 있어 얼마 있지 않아 음력 정월 초 이튿날 새벽 2시에 남자 두 분이 왔다.

"어디서 오셨습니까?"

"아무 곳에서 왔는데, 동네에 큰일이 생겼습니다. 우리 마을 지도자로 있던 사람이 갑자기 정신이상이 생겨 사람들을 낫으로 찍고 작대기로 칩니다."

"그래 그 사람을 어떻게 해 놓았습니까?"

"기둥나무에다 꽁꽁 묶어 놓았지요. 그러니 선생님께서 한번 가 보아주십시오."

"내가 간다고 뭐 달라질 게 있겠습니까?"

"그래도 가 보시면 알 것입니다."

그래서 논둑 밭둑을 한 시간 가량 걸어 마을에 이르니 사람들이 웅성웅성 묶어 놓은 선생님을 쳐다보고 있었다. 나는 자다가 일어났기 때문에 평상시 입는 한복을 입은 채 갔는데 기둥나무에 묶여 있던 사람이 나를 보고 빙긋이 웃었다.

"멀쩡한 사람을 누가 이렇게 묶어 놓았습니까?"

"저 사람들이 내가 미쳤다고 이렇게 묶어 놓았습니다."

"풀어주세요."

하고

"뭐 먹고 싶은 것이 있습니까?"

하니

"밥이 먹고 싶습니다. 3일 동안 묶여 있어 쫄쫄 굶었습니다."

"빨리 밥을 지으세요. 우선 냉수 한 그릇 떠 오시고."

그래 마주 앉아 물 한 모금 마시고 이야기 하다가 밥상이 들어오니 밥 두 그릇을 한 자리에서 먹더니,

"아이고, 이제 살 것 같네. 한숨 자야겠다."

하고 방안으로 들어가 코를 골았다.

"멀쩡한 사람을 미쳤다고 하니 미칠 수 밖에 없지요. 일어나면 아무 말 말고 본인이 원하는 대로 하도록 놓아 두세요."

하고 돌아왔다.

그런데 오후에 또 사람이 왔다. 전하는 말에 의하면 한숨 자고 일어난 사람이 나무하러 가는데, 동네사람이 보고,

"어머, 저 미친 놈이 언제 저렇게 사람이 되었나…."

하니 그만 낫을 들고 쫓아와서 그 사람 등을 찍어 버렸다는 것이다.

"이렇게 해서 또 동리에 난리가 났으니 한 번 더 와주셔야 하겠습니다."

"다시 간다고 해서 좋아지지 않을 것이니 청량리 정신병원에 입원시켰다 음력

25일날 데려오세요."

그래서 청량리 뇌 병원에 입원시켰다. 나는 매년 정월 초 3일부터 24일까지 기
도드리기 때문에 24일 기도를 막 마치고 나니 택시 한 대가 도착하더니 그 안에
서 환자가 나와 법당으로 올라갔다. 그 동안 병원 약만 먹고 밥도 먹지 아니 했
다 하는데 힘이 어디에서 솟았는지 법당 천장까지 뛰어 올랐다. 좋은 말로 해서
는 듣지 않을 것 같아 큰 소리로 외쳤다.

"악……!"

하고 크게 소리를 지르자 천정까지 올라간 사람이 뚝 떨어지면서 온몸에서 땀이
주르르 흘렀다. 사람들이 업어서 방으로 옮겨 방바닥에 눕히니 3일 동안 화장실
도 안 가고 잠만 잤다. 4일째 되는 날 털털 털고 일어나더니 물었다.

"여기가 어디야?"

"자네 집이지……."

하니 쳐다보더니 빙긋이 웃는다.

"법사님, 난 집에 안 갈래요. 멀쩡한 사람보고 미쳤다 하니 진짜 미치겠어요."

"그럼 나하고 살지."

"저는 정말 집에 가지 않습니다."

그래서 방을 주어 편히 쉬게 하였다. 아무런 이상이 없으므로 나와 같이 나무
도 하고 밥도 하였다. 하루는 나무를 해 가지고 오다가 쉬면서 물었다.

"자네, 그때 왜 나보고 웃었어?"

"아유, 법사님도. 지금 시대가 어떤 때라고 핫바지를 입고 다니십니까. 그래서
웃었지요."

진짜 웃을 일이다.

"그럼 그때 정신이 아찔했을 때 일이 기억이 납니까?"

"그럼요. 내가 우리 마을 반장을 하지 않았어요. 서울대학교 여학생들이 봉사

활동을 와서 보름 동안 열심히 뒷바라지를 해 주었는데, 그 단체 아가씨가 날마다 나를 찾아와 의논하며 원하는 대로 모든 것을 해 주고 이장님과 상의하여 닭도 열 마리나 잡아 동네 사람들과 잔치를 해 주었습니다. 그런데 가면서

'서울 오면 우리집에 꼭 찾아 오세요. 왕십리에 있습니다.'

하였습니다.

그래서 마음 속에 늘 생각하다가 하루는 보고 싶어 명함을 들고 길을 나섰는데, 버스를 타고 보니 걱정이 되었어요. 어떻게 그 집을 찾을꼬. 왕십리가 똥파리 고향이라 들었는데…… 하고 걱정하는 사이 자동차가 고개를 이리저리 돌았습니다. 그때 나도 모르는 사이에 정신이 아찔하여 쓰러졌습니다.

그 뒤로 정신이 없었는데, 집에 와서 보니 기둥나무에 묶여 있었어요. 내가 그 여자를 사모한 것도 아닌데, 문제는 서울 처음 길을 가면서 만날 여자 생각을 지나치게 한 탓이죠."

"이제 정말 걱정할 것 없어. 지난 일은 모두가 꿈이거든. 건강하면 또 그 사람들이 봉사 와서 찾을 것입니다."

이렇게 해서 석 달 동안 상락향에 살면서 형제처럼 사랑하고 지냈다. 그의 어머니는 "내 팔자에 자식이 없어 양아들을 삼았는데 그래서 그렇게 된 것이 아닌가" 생각했으나 사람들이 좋은 인연이 있으면 결혼을 시키라 하여 그 후 봉사자 간호원과 결혼하여 모범적 가정을 이루고, 마을에 큰일은 그 사모님이 다 하고 있다. 참으로 아름다운 이야기다.

사람은 살다 보면 예기치 않은 일이 생길 수 있는데, 지나치게 겁을 먹고 이상한 생각을 하다 보면 멀쩡한 사람에게도 그러한 일이 생길 수도 있다. 조심해야 할 일이다.

2-30. 전국신도회에서의 오가해법문

통신대학교육을 하고 농민학교를 잘 운영하다 보니 전국적으로 소문이 났다. 사람들도 많이 찾아왔지만 전국신도회 이후락회장님께서 김한천법사님을 보내왔다.

"우리하고 같이 대중운동을 하면 어떤가?"

"좋습니다. 우리는 범불교 초종파로 운영하는데 조계종 신도회에 가면 말이 많지 않을까요?"

"그것은 걱정할 것 없어. 전국신도회 자체가 독립단체로 되어 있고 무진장스님이 여기 교육 왔다 말을 하여 마음을 낸 것이니−."

"그럼 우선 정한 장소에서 신도회 법문을 하겠습니다."

그래서 서대문 법당에 가서 '금강경오가해' 법문을 하게 되었다.

금강경오가해는 함허득통선사께서 설의한 것이 있으나 방한암스님의 삼가해를 가지고 하되 야부송(冶父頌)을 중심으로 하기로 하였다.

서대문 법당에 나아가니 모여온 신도들이 200여 명 되었는데, 그중 거사님들이 반 이상이 되었다.

사실 한국불교 신자들은 열 명이 모이면 남자는 한 명 나오기 어려운데 1970년대 남자들이 전체의 2분의 1이 모인다는 것은 쉬운 일이 아니었다. 그래서 오가해 가운데서도 함허스님의 설의와 야부송을 기본으로 설하기로 하였다.

함허스님은 세종대왕이 가장 존경하던 분으로 이 스님에 의해 세종대왕의 불교가 확고부동하게 되었기 때문이다. 세종대왕이 38세 되었을 때 두 다리에 힘이 없어지고 눈이 침침해졌는데 다른 제상들은 영양이 부족해서 그렇다고 하였는데 함허스님은 병명은 이야기 하지 않고 주색을 경계하고 채식과 잡곡밥을 드시라 하였다. 유생들이 반대하였으나,

"먹고 안 먹고는 내가 알아서 할 것이니 내 상에는 산해진미를 같이 놓고 밥은 쌀밥과 잡곡밥을 함께 놓아라."

하였다. 그래서 6년 동안 채식과 잡곡밥을 잡숫고 건강이 회복되었다. 지금 같아서는 당뇨병으로 본 것이다.

그 후 함허스님은 상좌 신미스님에게 한글제작을 빨리어와 산스크리트어에서 찾아 보라 하여 한글창제 13년 전에 이미 한글을 만들어 특강하기도 하였던 것이다.

금강경은 서기 402년부터 695년까지 진(秦), 위(魏), 진(陣), 수(隋), 당(唐) 나라 등에서 여섯 번 번역하게 된다.

총 4처 16회 반야법회 가운데 제577권에 해당되는 경으로 인도에서는 미륵보살의 80행게, 무착보살의 18주위, 천친의 27의단으로 해석하였고, 중국에서는 소명태자의 32분, 양 지공(誌公)스님의 소(疏), 부대사의 찬(贊), 육조스님의 해(解)가 유명하고, 규봉스님의 찬(纂), 야부송(冶父頌), 종경강(宗鏡鋼)이 유명했다.

우리나라 함허스님은 이상 다섯 분의 찬·해·찬·송·강을 배경으로 설의(說誼)를 내어 한국적 금강경을 만들어 냈다.

금강경은 총 32분으로

① 법회인유분(法會因由分)은 법회가 일어나게 된 동기를 밝힌 분으로, 부처님

께서 사위국 기수급고독원에서 1200대중과 함께 계셨는데 그때 밥 때가 되어 발우를 가지고 사위대성에 들어가 차례로 빌고 본자리로 돌아와 밥을 잡수시고 발을 씻고 앉으셨다.

이것은 곧 대승보살은 밥 때가 되면 복장 단정히 하고 식당에 나아가 음식을 챙겨 먹고 자기 자리에 앉아 자기 할 일을 해야 한다고 강조하신 것이다. 그러므로 야부스님은 '지천지지 독립지인 정라라 적쇄쇄 몰가파(指天指地 獨立之人 淨裸裸 赤酒酒 沒可把)'라 하였다.

② 다음 선현기청분(善現起請分)은 장로 수보리가 대중 가운데 있다가 자리에서 일어나 복장 단정히 하고 무릎을 꿇고 합장공경한 뒤 부처님께서는 "모든 보살들을 잘 호념하고 부촉하신다" 칭찬하고 "아뇩다라삼먁삼보리심을 발한 자는 어떻게 살며, 어떻게 번뇌망상을 항복받아야 합니까?" 물으니 부처님께서 수보리를 칭찬하고 답변해 주시겠다 하니 즐겨 듣겠다 하였다.

이것은 곧 제자가 스승에게 질문하는 방법을 가르친 것이다. 자리에서 일어나 복장 단정히 하고 우러러 바라보면서 칭찬한 뒤 질문을 해야 한다고 하였다. 그렇게 할 수 있는 사람은 산 넘어 연기를 보고 불을 추리하듯 담장 밖에 뿔을 보고 지나가는 소를 알듯 홀로 앉아 있으면서도 동서남북 일을 판단할 수 있는 능력이 있게 된다 하였다.

③ 대승정종분(大乘正宗分)에서는 부처님께서 보살이 9류중생(태·란·습·화·유색·무색·유상·무상·비유상비무상)을 다 무여열반에 들게 해도 내가 그들을 제도했다는 상(아상·인상·중생상·수자상)을 내면 보살이 아니다 하였다. '정천립지 비고안횡 혁혁분명 광탄만상(頂天立地 鼻高眼橫 赫赫分明 光吞萬像)'이기 때문이다.

④ 묘행무주분(妙行無住分)은 보살의 묘한 행(육바라밀)은 불가칭 불가량이라 그 복덕은 헤아릴 수 없다 하였다.

허공경계는 헤아릴 수 없고 맑은 도는 이치가 그윽하기 때문이다. 만일 이렇게 북두(北斗)를 남면간(南面看)할 정도로 생각이 터지면 열세 배 위에 꽃잎으로 수놓은 것 같다 하였다.

사실 금강경은 여기서 끝난다. 그런데 사람들이 그렇게 이치가 깊으면 어떻게 알 수 있겠는가 의심하니 "하나의 달이 하늘에 뜨면 모든 물에 나타나고 일체 물 속의 달들이 결국 한 달에 거두어진다 하시고 ⑤ 여리실견분(如理實見分)에서는 법신을 알면 보·화신도 다 알 수 있다 하고 다음과 같은 시를 지었다.

보화비진료망연 법신청정광무변 (報化非眞了妄緣 法身清淨廣無邊)
천강유수천강월 만리무운만리천 (千江有水千江月 萬里無雲萬里天)

보신과 화신은 진짜가 아니고 방편이며
법신만이 청정해 끝도 갓도 없어
천강에 물 있으면 천강에 달이 뜨듯
만리에 구름 없으면 만리가 하늘인 것 같다 하였다.

그러니 이것을 바로 믿는 사람은 진짜 '희유한 사람'이라 한 것이 ⑥ 정신희유분이고, 이런 도리는 얻는 것도 아니고 설할 수 있는 것도 아니다 말씀하신 것이 ⑦ 무득무설분(無得無說分)이다. 그러니까 불자는 누구나 이 법을 의지하여 복덕을 닦아야 한다고 한 것이 ⑧ 의법출생분이고, 천 가지 만 가지로 보아도 결국 보는 놈은 마음 하나 뿐임을 천명한 것이 ⑨ 일상무상분(一相無相分)이다.

이렇게 알고 살면 자기가 살고 있는 이 세상이 불국정토가 된다는 말이 ⑩ 장

엄정토분이고 그렇게 불국토를 이루면 한량없는 복을 받는다 한 것이 ⑪ 무위복
승분이다.

　그러면 그 한량없는 복을 어떻게 믿고 살아 갈 것인가. 바른 가르침을 존중하
여야 사구게 속에서도 모든 중생들이 사랑을 받을 수 있다 강조한 것이 ⑫ 존중
정교분이다.
　그러므로 불자는 마땅히 정법을 수지하여 ⑬ 정법수지분과 ⑭ 이상적멸분(離
相寂滅分)의 생활을 하여야 한다 강조하고, 이 경을 받아 가지면 금강경의 공덕이
한량없다는 말이 ⑮ 지경공덕분이다.

　여기까지가 금강경 상권인데 이렇게만 살면 진주라부(鎭州羅蔔)가 되고 운문의
호병(雲門胡餅)이 된다 하였다. 진주나부는 중국에서 제일 좋은 무이고, 운문호병
은 배고플 때 먹는 떡이다.

　다음부터는 금강경 하권이다.

　⑯ 능정업장분(能淨業障分)에서는 업장을 맑게 해야 그런 경계에 들어가고, 무
아의 경지에 들어 가야 그렇게 될 수 있다 한 것이 ⑰ 구경무아분(究竟無我分)이
다. 무아의 경지에 들어가면 누구나 평등한 ⑱ 일체동관분이 되고 평등경계에 들
어가면 어디가나 다 통해진다고 한 것이 ⑲ 법계통화분이다.
　그러므로 ⑳ 색상을 여의고(離色離相分) 잔소리 하지 말고(非說所說分) 나만 얻
을 생각도 하지 말라 하였다. 법은 가히 얻을 수 있는 것이 아니기 때문이다(無
法可得分).
　이렇게 ㉓ 깨끗한 마음으로 선행을 하면(淨心行善分) ㉔ 복과 지혜가 충만해지

고 (福智無比分) ㉕ 교화한 사람이 따로 없어진다(化無所化分) 하였다.

㉖ 법신은 상이 아니고(法身非相分) ㉗ 끊어지지도 않는 것이니(無斷無滅分) ㉘ 탐하지도 말고(不受不貪分) ㉙ 행·주·좌·와, 어·묵·동·정을 적정히 하라(威儀寂靜分).

'법·보·화 삼신은 하나도 아니고 둘도 아니며, 합해진 것도 아니고 나누어진 것도 아니며, 일에만 있고 이치에만 있는 것도 아니기 때문에' ㉚을 일합이상분(一合理相分)이라 한 것이니 ㉛에서는 지견을 내지 말라(知見不生分) 한 것이다. ㉜ 응신과 화신은 진짜가 아니기 때문이다(應化非眞分).

이것이 금강경 32분이다. 반야(般若)는 말과 문자가 아니다. 낚시질 해본 사람만이 알 수 있다.

천척사륜직하수 일파재동만파수 (千尺絲輪直下垂 一波纔動萬波隨)
야정수한어불식 만선공재월명귀 (夜靜水寒魚不食 萬船空載月明歸)

라 하였다. 물론 이 글은 하루 아침에 설해진 것이 아니라 석 달 동안 특강한 것이다. 사람들은 금강경 원문에 대해서도 이해를 새롭게 하였지만 야부송을 중심으로 한 육조대사의 해석, 규봉스님의 찬에 대해서 박수갈채를 보냈다.

2-31. 권오영법사 장기기증

　결과는 10년 후에 나타났다. 항상 함께 여덟 명이 뜻을 모아 공부한 분들이 계셨는데, 학계, 법조계, 언론계 등 쟁쟁한 직위에 계신 분들이었다.

　그 가운데 권법사라고 하신 분은 우체국장을 거쳐 한 지역의 경찰서장까지 하신 분인데 하루는 조계사에서 전화가 왔다.

　"내가 오늘은 조계사에 나와 있으니 만날 수 있겠습니까?"

　방송을 막 마치고 전화를 받았기 때문에 그 길로 택시를 타고 조계사로 갔다. 권법사님은 조계사 정문 백송(白松) 앞에 서 있었다.

　"무슨 일입니까?"

　"내가 장암에 걸려 걸음을 제대로 걷지 못합니다. 발을 옮기기만 하면 똥이 나옵니다. 그러니 내 말만 들으세요. 아까 불교방송에서 장기기증을 희망하는 사람이 있으면 연락하라 하였는데, 내 눈을 주고 싶습니다.

　나는 아주 나쁜 놈입니다. 우체국장을 할 때는 그래도 덜했지만 경찰서장을 하면서는 남의 돈도 많이 받아 먹고 이성교제도 적지 않았는데 이제 눈이라도 남에게 주어서 죄값을 조금 줄이고 싶습니다."

　"너무 오래 서 있으면 힘이 드니 저쪽 다방으로 가십시다. 제게 업히세요."

　"집사람에게 다방에 앉아 있으라 하였는데요?"

　"잘 됐습니다. 장기 기증은 본인만 희망한다고 주어지는 것이 아닙니다. 가족들이 모두 보증을 서야 합니다."

　그래서 다방에 가 사모님께 말씀드리니 깜짝 놀랐다. 그러나 기증을 원하는 장기의 건강상태가 이식이 가능한 상태에 있어야만 되는 것이 아닌가 생각되었다. 그래서 물었다.

"현재 어떤 약을 드시고 계십니까?"

"하루에 진통제를 여섯 알씩 먹습니다. 아침, 점심, 저녁 각 두 알씩…."

"그렇다면 그렇게 진통된 눈을 남에게 준다고 좋은 일이 되겠습니까. 정상적인 눈을 만들어 가지고 주어야지……."

"하긴 그렇군요. 어떻게 해야 정상적인 눈을 가질 수 있을까요?"

"우선 장에 통증이 없어야 하니 약을 복용하면서 염불을 하십시오. '관세음보살 관세음보살' 하면서 내 눈을 통해 반드시 장애인이 정상적인 사람이 되게 해 달라고 발원하세요."

이렇게 해서 사모님이 집으로 모시고 갔고 법사님은 그 길로 하루에 만 번씩 염불을 하니 약을 먹지 않아도 통증이 없어졌다.

"좋은 일 하기는 다 틀렸습니다."

"더 안전하게 하여 주면 받는 사람도 기분 좋지요."

하여 걸음 한 발짝 걷지 못하던 사람이 나중에는 2층 방에서 1층까지 걸어 내려오고 주위 학교 운동장을 한 바퀴씩 돌 수 있을 정도로 호전되었다. 그러나 본인은 안타까워 했다. 그때 죽었으면 꼭 좋았을 것을 죽지 못해 한이 되었고, 좋은 일도 못했기 때문에 죄송스럽게 생각하였다.

그 후 2년 후 인도성지순례를 갔다가 양력 섣달 그믐날 귀국하였는데 공항에 도착하자마자 권법사님 집에서 연락이 왔다고 하였다. 그래 바로 그 길로 장안동으로 갔더니 권법사님은 반듯이 누워 있었다.

"나 좀 빨리 도와주세요. 죽기 전에 눈을 주어야 상대방 눈이 떠지지… 죽은 눈을 주면 무슨 소용이 있겠습니까?"

그 말도 옳은 것 같았다. 그래서 옛날 장기 기증을 약속한 서울대학 안과병원장에게 전화하니 뜻밖의 말씀을 하였다.

"눈은 기증한다고 해서 눈 자체를 파오는 것이 아닙니다. 눈 속의 망자만 살짝 거두어 가지고 와서 냉장고에 보관하였다가 체질이 같은 사람에게 이식하게 되니 걱정할 것 없습니다. 눈은 비닐종이와 같아서 죽은 뒤에도 1주일 동안은 썩지 않습니다. 그러니 우선 편안히 계십시오. 임종이 끝나면 그때 가겠습니다."

의사의 말을 상세히 들은 권법사님은,

"오늘 저녁도 내가 죽을 것 같지 않습니다. 내일은 초하루니 모레 갈 것이니 모레 저녁에 우리 법우님들에게 연락하여 전국신도회에서 법회 하듯 마지막 법회를 한 번 해 주십시오."

그래서 모였던 사람들이 모두 헤어지고 이틀 후 저녁에 만나기로 하였다.

나는 절에 가서 목탁과 요령을 가지고 가니 인연 있는 분 10여 명이 넘게 모여 있었다.

다 같이 천수경을 하고 삼귀의와 반야심경, 찬불가를 한 뒤 그때 당시 우리들이 외웠던 발원문을 읽었다.

"거룩하신 부처님,
 자비의 문을 열고 구원의 실상을 밝혀 주옵소서.
 극락과 지옥이 본래 없는 것이오나 중생들이
 스스로 짓고 받는 인과의 법칙을 깨닫지 못하여
 험악한 악몽에 사로 잡혀 갈 길 몰라 헤매나이다.
 고뇌에 억눌린 무거운 짐을 벗고 희망에 가득 찬

구원의 밝은 빛을 찾아 슬기로운 부처님 품안으로

돌아가옵나니 감응하시옵소서.

지금 저희들이 원하는 모든 일이 이룩되게 하시옵고

신·구·의 삼업으로 다시 또 나쁜 업을 짓지 않게 하옵소서.

복덕과 지혜 다 갖추신 부처님, 바라옵건데

이 공덕으로 멀리 있거나 가까이 있거나 모든 중생,

모든 불자들에게 행복과 평화와 보은이 있게 하옵소서.

나무 석가모니불, 나무 석가모니불, 나무시아본사 석가모니불"

그때 김병희법사님이 말했다.

"친구여, '송곳으로 천번 땅을 뒤집는 것보다 가래로 한 번 파는 것이 훨씬 낫다' 야부스님이 말씀하지 않았던가,

기린맥봉(麒麟驀鳳)은 무리를 짓지 않고

척벽(尺壁)과 촌주(寸珠)는 시중(市中)에 들어가지 않는다고.

하루 뛰는 말과 나란히 하지 말고

의천장검(倚天長劒)으로 하늘을 바치시게."

또 주판사가 말하였다.

"친구여, 금강경에

'범부가 범부가 아니라 그 이름이 범부라' 하지 않았는가. 태어나면서부터 누구나 칠보행(七步行)을 하고 사람 사람이 코는 곧고 눈썹이 옆으로 뻗었다. 웃고 우는 것이 모두 비슷한 것이니 누가 높고 낮은 것 있는가 보시오."

하니 꿀꺽 숨 넘어가는 소리가 들렸다. 사모님이 말했다.

"병원장님께 연락해 주시오. 어느 집 누구에게 내 눈이 가고 어떤 사람에게 장기가 가는가 묻지도 말고 찾아 가지도 말라 했습니다."

"좋은 일도 없는 것만 못하기 때문입니다."

"색신은 학생들에게 주어서 마음대로 연구하라 하였으니 오늘 우리는 이 염불로 초상을 쳤다 생각하겠습니다."

이렇게 하여 병원에서 차가 와서 모셔 갔는데, 6개월 동안 소식이 없다가 통신대학 여름강좌 때 화장하여 모시고 왔다. 교육왔던 이민환법사님이,

"내가 비석 하나 세우겠습니다. 먼저 가신 서산보살님과 나까지 합하여 3인 비석으로 써 주세요."

하여

'고 권오영, 이민환, 하학순 삼법사 기공비(紀功碑)'

라 세웠다.

그러니까 불교방송에서 장기기증운동의 제1호로서 보시된 분이 권오영법사인 것이다. 지금도 상락향에 사진을 모시고 있으나 가신 분의 뜻을 따라 그 가족들은 왕래하지 않고 있다.

가수 송춘희법사님의 축가   시인 김어수법사님 조사

권오영법사님 도반들과 함께. 앞줄 오른쪽 첫번째가 권법사님

이북오도회 불교대표 오시권스님

2-32. 서산 하학순법사

　서산에 사는 하학순법사는 새마을운동 36기로서 충청남도 대표였다. 무슨 인연으로 통신대학에 입학하여 5년 코스를 3년 만에 마쳤다. 글 공부도 잘 했지만 포교전법에 남다른 재주를 가지고 있었다.

　통신대학은 학교를 직접 다니는 것이 아니라 자기 직장에 충실하면서도 혼자 글을 읽고 리포트를 쓰는 것이므로 읍, 면, 동, 리의 지도자들을 모조리 입학시켰다. 20명이 넘는 학생들이 옥천사(玉泉寺)라는 절에 모여 공부한다고 하여 가 보았더니 서산 수덕사 선방수좌들의 단골집이었다. 어지럼병이 났다든지 두통증세가 생기면 으레 보살님 집으로 와 꼬막과 석화(굴)로 영양보충하고 자유스럽게 있다가 떠났다.

　보살님은 6.25 때 피난 나와 사방으로 돌아다니다가 서산에 방 둘 되는 집을 짓고 올데 갈데 없는 사람들의 무전 여행소로 제공하고 있었다. 부엌은 넓고 정결하였고 뒤뜰에는 굴과 꼬막 껍데기가 가득하였다.

　"일년이면 한번씩 바닷가에 실어다 놓으면 모두가 부스러져 백사장이 됩니다."

　굴과 꼬막은 잡아오는 사람들이 싱싱한 것들만 골라 보살님께 주고 간다. 토요일과 일요일이면 부모 없이 자라는 아이들이 모두 와서 집안청소를 하고 놀다 간다고 하였다.

　가라지(고등어)나 비누장사로 얻어진 이득을 가지고 어린이들의 장학금으로 제공하여 중학교 졸업생만 40여 명이 넘었다. 모두 이들 어린이들이 "할머니" 또는

"어머니"라 부른다. 비록 자식은 없어도 외롭지 않게 살고 있었다.

옥천사 주지스님과 의논하여 숭산스님이 미국에서 오시자 그 제자들을 데리고 와 서산극장에서 공개 강연을 한 일이 있다. 서산에서는 처음 있는 일이라 대전, 군산에서까지 차를 대절하여 와서 일대 성황을 이루었다.

10년 이상을 상락향을 다녀도 항상 그 옷에 그 신발이므로 내가 24일 관음법회날 노량진 극락정사 법회를 가다가 청량리 대왕코너에 들러 옷 한 벌과 신 한 켤레를 사서 신기니 기뻐하면서 90노인이 거울을 보더니

"어머, 10년은 젊어졌네."

하며 눈물을 펑펑 쏟으며 기뻐하였다. 둘이 붙들어 잡고 울다가 전화가 와서 받아보니,

"왜 시간이 지났는데 법회에 오지 않느냐!"

하는 독촉전화였다.

"어차피 일이 이렇게 되었으니 양해를 구하고 오늘은 그만 차나 한 잔 마십시다."

하고 다방으로 들어가 차를 마시고 난 후 보살님이 좋아하시는 시래기 곰탕집에 가서 밥을 먹었다. 보살님이 고백하였다.

"사실 저는 생전에 딸 하나밖에 낳지 못했습니다. 살았으면 지금 무인생이니까 마흔맷 되었을 것입니다. 미군들이 비행기에서 기관총을 쏘아 엉겁결에 숲속으로 피했다 나와 보니 어디로 갔는지 찾을 수 없었습니다.

애를 찾기 위해 전국을 돌아다니며 도부장사를 하다가

"어차피 찾지 못할 바에는 부모 없는 자식들의 양모가 되자 하여 부모 없는 아이들을 기르고 절에 다니다 보니 스님들이 병이 들면 올데 갈데 없어 우리집을 요양소로 이용하고 있습니다. 수덕사 법장스님도 제자들과 함께 종종 와서 쉬어 갑니다."

이런 이야기, 저런 이야기를 주고 받다 보니 오후 2시가 되어 마장동에 가서 차를 태워드리고 돌아왔는데, 그분이 내 나이가 딸과 동갑인 것을 알고 그 다음 수련 때 왔다가

"내가 딸을 만나면 집 한 채 사주려고 서산 농협에 넣어 놓은 것이 있는데, 그건 장차 부탁하고 오늘은 우리 법사님이 자가용도 없이 걸어 다니는 것을 보니 안타까워 주는 것이니 꼭 봉고차 한 대 사서 쓰세요."

하며 돈 800만원을 쥐어 주었다. 대중이 의논하였다.

"차를 사서 10년만 타면 무트러기가 되니 여기 조금 보태 땅을 사서 농사 지어 먹읍시다."

하여 상락향 건너편 땅에 있는 논 다섯 마지기를 사 놓았다. 이것이 오리동에 있는 논 다섯 마지기다.

그 후 2년 있다가 서산에서 연락이 왔다.

"하학순보살님이 돌아가시게 되었으니 빨리 오십시오."

부랴부랴 내려가니 벌써 중환자실에서 초상준비를 하고 있었다. 눈을 감고 가만히 누워 있더니 내 소리가 나니 벌떡 일어나 아랫 주머니에서 통장 하나를 꺼내 탁 던져 주면서 말했다.

"내 죽은 뒤 3년까지는 그대로 가지고 있다가 이산가족 찾기에서 소식이 없거든 세 사람이 알아서 하시오."

하고 눈을 감았다. 펴보니 돈이 6,400만원이다. 3천만원이면 좋은 집 한 채를 살 때이니 큰 돈이다.

세 사람이란 옥천사 주지스님과 서산농협장하고 나였다. 그래 내가 말했다.

"저는 멀리 떨어져 있는 사람이니 농협장님이 간수하고 옥천사 주지스님이 49

재를 지내면서 도장과 통장을 가지고 있다가 유언대로 실천하십시오."
하고 3일장을 치른 뒤 올라왔다. 그 뒤 49재는 옥천사에서 지내고 3년 동안 농협장이 가지고 있다가 스님에게 주었는데, 스님은 그 뒤 얼마 후 교통사고로 사망하여 역시 49재를 지낸 뒤 스님의 아들과 농협장에게 장학금으로 전달하라 주었는데, 그 후 소식이 끊어졌다.

자기 자신을 위해서는 한 푼도 쓰지 않고 옷 한 벌도 사 입지 아니 했던 보살님, 그래도 기르고 보살핀 아이들이 40여 명이 넘으니 그 뒤가 외롭지 아니했다. 지금은 상락향에서 매년 9월 3일 조사다례 때 함께 추모제를 지낸다.

진흙 나무 그림 그려 모신 모양
푸른색, 녹색, 금색으로 분장하니
어쩌면 부처님 얼굴과 그렇게도 닮았는가
만일 눈 감은 사람이 그를 만져보고
살아 있는 부처라 믿는다면
나무관세음보살, 사람 죽이는 소리로다.

견색문성 일목본상(見色聞聲 一木本常)이여,
눈 위에 또 서리까지 겸했구나
그대는 보지 못하는가 황색부처님의 놀놀한 마음을!
만일 이것을 안다면 당장에 마야부인 뱃속에 들어가리라.

거품 같고 구름 같고 꿈같은 몸이여
이것 밖에 또 다른 몸이 있었던가

그 중에 한 물건 용납하지 않다가
황매산 길거리서 나누어 주었으니

하학순 보살님이시여.
날아가는 기러기를 보십시오
한일(一)자 돗대 곤(l)자
좌우로 줄을 섰다가
끼욱하는 한 소리에 천지로 갈라집니다.
한 없는 덕 쌓고 모래알 같은 복이
맑은 바람 밝은 달이 천지를 밝히고 있는 것 같습니다.

하학순법사님. 상락향 신도와 함께

2-33. 서울구치소와 어린이 청년법회

김한천법사님이

"오늘은 서대문 교도소 법회이니 나와 같이 갑시다."

하여 노법사님을 모시고 갔다. 입구에서 주민등록증을 맡기고 들어가니 여자 감호소에 들어 갈 성법사님이 와 있었다.

옛날 신촌 봉원사 강사 동호스님과 함께 상락향에 오신 일이 있으므로 깍듯이 인사를 나누었다.

"찾아 뵙지 못해 죄송합니다."

"전국신도회 법당에 와 계신다 들었는데 인사드리지 못했습니다."

열시가 되니 담당 교도관이 와서 들어가라 명령하였다. 김한천법사님은 나와 함께 교도소로 들어가고 성법사님은 여자 감호소로 들어갔다.

교도소 강당에는 푸른 옷을 입은 수인들이 200여 명 나와 있었다. 교도관의 강사 소개에 따라 김한천법사님이 법문을 하였다. 그리고 끝에 나를 소개하였다.

"전국신도회에 새로 부임한 법사님입니다. 앞으로는 이 법사님과 서로 교대하여 오겠습니다."

시간을 마치고 나오니 안청정행 보살님이 기다리고 있었다.

"나는 무기수 가운데서도 사형수를 담당하고 있습니다. 법문은 할 줄 모르기 때문에 탁발해 가지고 이 분들에게 공양대접을 하고 있습니다. 처음에는 나에게 여섯 사람이 배정되었는데 교회에서 워낙 정성을 다하다 보니 오직 한 분만 남아 함께 가시라 하여도 '나는 어머니를 배반할 수 없다' 하며 가지 않고 있기 때문에 이 한 분을 위해 매주 한 번씩 나오고 있습니다."

"장하십니다. 노구를 이끌고 어머니 노릇을 하고 계시니……."

"같이 가십시다. 아들에게는 밥을 먹였으니 우리 같이 점심이나 하십시다."

조금 기다려 성법사님과 함께 넷이 구내식당으로 갔다. 면회오는 사람들이 있기 때문에 오전 10시부터 저녁 다섯시까지 운영한다고 하였다. 우리들은 죄수들의 간식으로 점심을 때우고 피차의 어려움을 토로하였다.

첫째, 성법사님께서는 여자 감호소에 부처님 한 분 모셔달라 하는데 어떻게 하면 좋을지 모르겠다 하니 김한천법사님께서 담당교도관과 의논하여 구치소 소장님께 허가를 받아야 된다고 하였다.

둘째, 안청정행 보살님이 말했다.

"아는 사람의 아들이 큰 죄를 지어 사형언도를 받았으므로 어머니는 놀라 까무러쳐서 죽고 그 어머니 대신 내가 2년째 다니고 있는데 참으로 답답합니다. 언제 죽을지 모르는 사람에게 '잘 먹고 잘 죽어라' 할 수도 없고 하여 영치금 몇 푼과 국 한 그릇을 올려 주고 세월만 기다리고 있습니다."

셋째, 김한천법사님은 "내 나이 70이 다 되었는데 밤낮 죄인만 상대하다 보니 나까지 죄인이 다 된 것 같습니다."

듣고 보니 기가 막혔다.

"일단 구치소장의 승낙이 떨어지면 어떻게 해서든지 내가 부처님 한 분 모셔드리겠습니다."

하니 성법사님이 긴 호흡을 내뱉었다. 걱정을 덜었다는 뜻이다. 안청정행 보살님과 김한천법사님께는 한 달에 두 번씩 첫째와 셋째는 내가 맡아서 할 터이니 교도소 법문이 끝난 뒤에 독방에 들어갈 수 있도록 해 주세요."

부탁하고 헤어졌다. 처음 간 교도소 법회를 보고,

"염라국이 따로 없구나……."

하고 나도 한숨을 내쉬었다.

불상 문제는 두 주일 후에 해결이 되었다. 남자는 여자 감방에 들어갈 수 없다 하여 봉불식도 할 수 없었으나, 성법사님이 모든 것을 준비해 가지고 와서 걱정만 하고 앉았다가 떡하고 음료수를 가지고 나가더니 허락을 받아왔다.

"오직 오늘 하루만 들어갈 수 있으나 다시는 남자 법사님이 여자 감호소에 들어가면 안 된다고 합니다."

"좋습니다."

하고 같이 들어가 간단히 봉불식을 하고 법문을 하였는데, 죄인들의 얼굴에 죄인 딱지가 붙어 있는 것이 아니었다. 모두가 선량한 여인들의 모습으로 신심이 투철하였다. 천수경과 반야심경을 같이 읽고 보왕삼매론(寶王三昧論)을 큰 소리로 독송하였다.

1. 몸에 병 없기를 바라지 말라. 몸에 병이 없으면 탐욕이 생기기 쉽나니, 그래서 성인이 말씀하시되 '병고로써 양약을 삼으라' 하셨느니라.

2. 세상살이에 곤란함이 없기를 바라지 말라. 세상살이에 곤란함이 없으면 업신여기는 마음과 사치한 마음이 생기나니, 그래서 성인이 말씀하시되 '근심과 곤란으로써 세상을 살아가라' 하셨느니라.

3. 공부하는데 마음에 장애 없기를 바라지 말라. 마음에 장애가 없으면 배우는 것이 넘치게 되나니, 그래서 성인이 말씀하시되 '장애 속에서 해탈을 얻으라' 하셨느니라.

4. 수행하는데 마(魔)가 없기를 바라지 말라. 수행하는데 마가 없으면 서원이 굳

건해지지 못하나니, 그래서 성인이 말씀하시되 '모든 마군으로서 수행을 도와주는 벗을 삼으라' 하셨느니라.

5. 일을 꾀하되 쉽게 되기를 바라지 말라. 일이 쉽게 되면 뜻을 경솔한데 두게되나니, 그래서 성인이 말씀하시되 '여러 겁을 겪어서 일을 성취하라' 하셨느니라.

6. 친구를 사귀되 내가 이롭기를 바라지 말라. 내가 이롭고자 하면 의리를 상하게 되나니 그래서 성인이 말씀하시되 '순결로써 사귐을 길게 하라' 하셨느니라.

7. 남이 내 뜻대로 순종해 주기를 바라지 말라. 남이 내 뜻대로 순종해주면 마음이 스스로 교만해지나니, 그래서 성인이 씀하시되 '내 뜻에 맞지 않는 사람들로서 원림을 삼으라' 하셨느니라.

8. 공덕을 베풀면서 과보를 바라지 말라. 과보를 바라면 도모하는 뜻을 가지게 되나니, 그래서 성인이 말씀하시되 '덕을 베푸는 것을 헌신처럼 버리라' 하셨느니라.

9. 이익을 분에 넘치게 바라지 말라. 이익이 분에 넘치면 어리석은 마음이 생기나니, 그래서 성인이 말씀하시되 '적은 이익으로서 부자가 되라' 하셨느니라.

10. 억울함을 당해서 밝히려고 하지 말라. 억울함을 밝히면 원망하는 마음을 돕게 되나니, 그래서 성인이 말씀하시되 '억울함을 당하는 것으로 수행하는 문을 삼으라' 하셨느니라.

기쁜 마음으로 봉불식을 마치고 떡과 과일, 음식을 나누어 먹은 뒤 우리는 사람들의 눈에 띄지 않게 나왔다. 점심을 먹고 오후 2시 학생회 법회가 있으므로 나는 서대문 법당으로 나갔다.

청년들은 순수했다. 일찍 와서 청소를 마치고 법회준비를 하고 있었다. 나는 천수경 한 구절을 외운 뒤 도량이 따로 없다는 말을 하였다.

"도량이 청정하여 더러움이 없으면 삼보천룡이 그 자리에 내려와 그대로 불도량이 된다 하였습니다. 원래 이곳은 회사 직원들이 일을 보던 사무실이었습니다. 그러나 법회대중이 한데 모이니 법당이 되지 않았습니까.

첫째, 동쪽에다 대고 천수물을 뿌리면 도량이 깨끗해지고

둘째, 남쪽에다 대고 천수물을 뿌리면 남방이 청정해 지며

셋째, 서쪽에다 대고 천수물을 뿌리면 모두가 정토가 되고

넷째, 북쪽에다 천수물을 뿌리면 모두가 건강하게 됩니다."

스님들은 이 경게(經偈)를 외우며 나비춤을 추는데, 애벌레가 나비되는 과정이라고 구체적으로 설명하였다. 학생들은 상상 속에서 나비와 꽃을 연상하였다.

"우리 다같이 나비가 되어 불법의 꽃을 피웁시다."

그동안 성법사는 빵과 우유를 사가지고 와서 학생들에게 나누어주었다. 그리고,

"새로 부임한 상임법사님을 잘 모셔 바른 불법을 익혀가도록 하자."

하고 강조하였다. 또 저녁 7시부터 청년회 법회가 있어 준비하여야 하는데 성법사님이 자기 절에 가서 저녁을 먹고오자 하였다.

여의도는 옛날 비행장이 있던 곳이라 황량한 줄 알았는데 한강 다리를 넘으니 오른쪽으로 대형교회가 서 있고 왼쪽으로 한바퀴 돌아 63빌딩 쪽으로 가니 아파트단지가 있었다. 그 아파트단지 3층에 법당을 만들어 놓았는데, 아담하기 그지없었다. 나이 드신 어머니와 이모님, 그리고 딸들이 정성껏 차린 음식을 대접해 주었다.

"우리 절은 대방동에 있는데, 법사님께서 오신다 하여 뵙고자 왔습니다. 오시는 분들이 스님들이 중심이 되어 서먹서먹하였는데 오늘은 가족 분위기입니다."

"감사합니다."

하고 급히 저녁을 먹고 택시를 타고 서대문 법당으로 갔다. 청년회 법회라 해도

대학생들이 중심이 되어서 나왔다. 청년들은 많지 않았으나 생기가 발랄하였다. 가는 곳마다 노인들이 중심이 되어 모이는데 여기는 젊은 사람들이 웅성거리니 살아 움직이는 것 같았다. 나는 화랑도 이야기를 하였다.

"신라 젊은이들은 매월 십재일(十齋日)에 모여 전국 사찰과 큰 스님들을 찾아뵙고 특징 있는 법문을 들었습니다. 부석사 의상대사는 화엄경 대가이고, 통도사 자장율사는 계율이 중심이었으며, 분황사 원효스님은 민중불교를 중심으로 가르쳤습니다. 절에만 가면 모셔진 부처님도 다양하고 읽는 경전도 독특해서 행하는 모습이 각각 다르기 때문에 골고루 배울 수 있었습니다.

산에 가면 낮고 높음을 배우고, 들에 가면 들의 넓음을 배우며 물을 보면 물의 일미(一味)를 터득하게 됩니다. 여기에는 스승도 따로 없고 친구도 구할 것이 없습니다. 달을 보면 달의 친구가 되고 숲을 보면 서로 어울려 자라나는 모습을 배울 수 있습니다.

대나무는 태어날 때 죽순으로 큰 대나무와 다르지 않게 나오지만 매년 매듭 매듭이 굳어지고 푸르러져 50 또는 60매듭으로 하늘 끝까지 올라가도 동풍이 불면 서쪽으로, 서풍이 불면 동쪽으로 고개를 숙여 자연을 거스르는 일이 없습니다.

이 세상에는 많은 스승이 있으나 대나무처럼 큰 스승이 없기 때문에 마디마다 굳어져 끝까지 가면 땅 속의 물을 하늘 끝까지 빨아올려 빈 속에 마디마다 화살이 부딪쳐도 뚫어지지 않습니다.

사람도 마디마디 제 분수에 따라 굳어지면 비고 텅 빈 대통 속에서 피리소리가 아름답게 나듯 말과 행이 곧고 청아하게 됩니다. 그래서 옛사람들이 대나무처럼 인격이 형성되면 누구나 편안하게 살 수 있다 하여 '죽평안(竹平安)' 이라는 말이 나오게 된 것입니다.

우리 법회는 석달에 한 번 정도는 밖에 나가 사대문을 돌아보고 궁중에 출입한 사람이 어떤 사람이었는가를 알아보고 궁전의 특징, 정원의 아름다움을 바라보면서 살아 있는 법회를 하면 좋으리라 생각합니다. 그냥 놀러 다니는 것이 아니라 문화유적답사를 하는 마음으로 공부하면 좋겠습니다. 인심(人心)은 신세월(新歲月)하고 춘의(春意)는 구건곤(舊乾坤)하기 때문입니다."

안양교도소 새 법사님으로 취임한 최홍주법사님

2-34. 포천 맹호사단 법당

포천 맹호사는 월남에 가 있던 맹호사단의 정신적 훈련소다. 이후락 회장이 모범적 군부대 법당을 건립한 것인데, 낙성식이 있어 서옹(西翁)스님을 모시고 가게 되었다.

버스 한 대에는 스님들과 법사님들, 그리고 신도 간부들이 타고 다른 한 대에는 일반 신도들이 탔다. 모처럼 찾는 군부대이기 때문에 떡과 빵, 음료수를 준비하고 사탕을 수천 봉지 준비하였다.

또한 새로 만든 군법당 의식집과 불교성전 그리고 신도님들이 별도로 준비한 간식, 수건 등을 봉고차에 넘치도록 가득 싣고 갔다. 청평을 지나니 헌병차가 나와 안내하였고, 현리에 이르니 병사들이 연도에 서서 불교기와 태극기를 흔들어 주었다.

법회 의식은 군악대의 연주에 맞추어 삼귀의와 찬불가를 하고 스님들이 반야심경을 외운 뒤 군법사가 경과보고를 하고 부대장이 축사를 하였다. 그리고 이회장이 격려하고 동참재자들을 표창하였다. 그리고 다같이 일어나서 서옹큰스님을 맞는 청법가를 하였다. 그때 나는 하늘 높이 울려 퍼지는 나팔소리에 감동하였다.

원래 청법게는

차경심심의 대중심갈앙 (此經甚深義 大衆心渴仰)

유원대법사 광위중생설 (唯願大法師 廣爲衆生說)

하던 것인데, 이광수씨가

　덕높으신 스승님 사자좌에 오르사

　사자후를 합소서 감로법을 주소서

　옛인연을 이어서 새인연을 맺도록

　대자비를 베푸사 법을 설하옵소서

로 번역한 것이다. 이때 여러 악기를 사용하지 않고 오직 하나의 나팔소리가 하늘 끝까지 메아리쳐 올라갔다. 이어 대중들이 입정하여 조용히 있다가 입정이 끝나니 스님께서 게송을 읊으셨다.

　일등능속백천등 (一燈能續百千燈)

　심인광통법령행 (心印光通法令行)

　천성불전취불멸 (千聖不傳吹不滅)

　연휘열겸전분명 (聯輝列焰轉分明)

　한 등이 백천 개의 등을 켜

　마음의 빛이 법령으로 나타나네

　천성이 전하지 못한 소리 불어도 꺼지지 않으니

　그 빛이 열리어 더욱 더욱 빛나도다.

이 세상 선행은 산 높고 물 깊고

해와 달처럼 해야 한다고 하였는데,

산속 들녘 군부대 속에

단청 찬란한 법당이 들어서니

산에 핀 꽃 비단 같아

오색이 분명하다.

그런데 무엇 때문에

전삼삼 후삼삼을 물을 것인가.

마음의 경계가 피차를 잊었으니

대천사계(大千沙界)가 온통 법당이로다

나는 이렇게 노래 부르며 젊은 병사들이 전운(戰雲) 속에서도 항상 빛나기를 기원하였다. 그 뒤 법당이 하나 둘 지어지니 교도소에 지지 않게 바삐 뛰고 달려야 했다.

한 달에 법회를 많이 할 때는 100여 곳씩 해야 하는데, 어떤 날에는 아침에는 호텔에서, 낮에는 법당에서, 오후에는 교도소와 감호소에서, 저녁에는 일반법회를 하였다.

호텔법회는 개신교나 천주교인들이 조찬기도회를 하듯이 1인당 2,3만원 식사비를 내고 빈 자리를 이용해서 오롯하게 하니 아담하고 성스럽기까지 하였다. 때로는 도반들의 생일파티도 겸해서 케익에 촛불이 켜지면 하늘이 별빛처럼 빛났다. 맑고 깨끗한 목탁소리도 특이하지만 초청된 합창단들이 곱게 차려입고 와서 찬불가를 부르면 하늘의 선녀들처럼 복스럽게 보였다.

법당의 법회는 신도법회이므로 남녀노소가 없지만 평상시 큰스님들이 오셔서 하시던 법회이므로 높이 법상에 올라가서 하라고 하였지만 나는 한 번도 법상에 올라가지 않았다. 스님들의 위신을 격하시키는 일이 되기 때문이다.

중국의 부(傅)대사는 처자 권속을 떠나 호미 하나를 들고 천지를 돌아다니며 농부들의 일손을 거들어 주다가 눈이나 비가 오는 날이면 사랑방에 들어 앉아 마을 사람들에게 자비희사(慈悲喜捨)의 법을 폈어도 부족하지 아니하였는데, 책상이 앞에 섰으면 됐지 괜히 용상(龍象)까지 오를 필요가 없었기 때문이다.

옛날 사미시대에는 멋도 모르고 큰스님이 무등을 하여 올려 모시면 대중에게 기쁨을 주기 위하여 애기법문을 하였으나 이제 남북이 갈라지듯 대처 비구의 싸움 속에서 새삼스럽게 법사가 그 중간에 끼어들 필요가 없다고 생각하였다.

단지 시대가 시대인지라 신구가 겸해진 법회를 좋아하는 것 같았다. 아이들에게는 '학교종이 땡땡땡…' 하는 식으로 간단한 노래 이야기가 좋은 법문이 되고, 중·고등학생들에게는 '너는 누구냐?', '지구는 왜 돌아가는 것이냐?'하는 회의론적 법문이 좋았고, 대학 청년들에게는 논리적 법문이 좋은 결과를 가져왔다.

그래서 나는 거기에 맞는 글귀를 찾아,

적수성빙신유지 (滴水成氷信有之)
녹양방초색의의 (綠楊芳草色依依)
추월춘화무한의 (秋月春花無限意)
불방한청자고제 (不妨閑聽鷓鴣啼)

물이 얼음이 된다면 믿을 수 있고

녹양방초라야 색이 가히 볼 만하다.

가을 달, 봄 꽃 한없는 뜻이여

자고새 노래소리가 방해롭지 않구나…

하면 나이든 어른들은 신음소리를 내고 어중간한 중늙은이는 무릎을 친다.

"아니, 어찌 저 새파란 머리 속에서 늙은 소리가 나오는가!"

하고 감탄하는 사람도 있었다. 나는 때때로 오가해 글귀들을 적어 가지고 가서 들려 주기도 하였다. 한거사님이

"기방(妓房)의 색성(色聲)은 괜히 늙은 몸을 흥분시키지만…."

하자,

"불법의 대의처럼 적적요요(謫籍寥寥)한 것이 없습니다."

하였다.

그런데 하루는 중늙은이가 털 달린 가슴을 내놓고 법상에 올라 인물자랑, 이력자랑, 스승자랑 하다가 한 노파에게 망신당하고 내려왔다.

"부처님께서는 밥 때만 되어도 가사장삼을 분명히 입고 거리에서 탁발하였다 하는데, 스님은 대낮에 가슴을 내놓고 집안 자랑을 하고 있습니까. 아상·인상·중생상·수자상을 내지 아니 해야 보살이라 하였는데, 어찌 가슴의 털을 내 놓고 시중의 아낙들을 홀리려 하십니까!"

꼼짝달싹 못하고 내려와 점심공양도 하지 않고 도망쳐 버렸다.

법사는 법사, 스님은 스님……. 각기 그에 알맞은 옷을 입고 걸음을 걷고 행해야 할 법도가 있는 것이니 누구의 흉내를 내지 말고 자기 분수따라 해야 한다.

방울스님은 원체 몸도 작지만 이리저리 기독교, 천주교, 유교 틈 속에서도 목탁을 잘 쳐 성색(聲色)이 들어나므로 웃음 속에서 핀잔을 받으면서도 사랑을 받았다.

"한 푼 주십시오. 두 푼 주십시오. 강가에 왔으니 방생하려 합니다."

한 손에는 요령, 다른 한 손에는 발우, 그 발우가 부듯하면 거리에 앉아 떨고 있는 거지들을 불러다 밥도 먹이고 죽도 사준다. 모든 의식은 결정된 법이 없다. 신부에게는 신랑이, 스승에게는 상좌가 때 맞추어 활동하면 대쪽 맞듯 맷돌 맞듯 모두가 꼭 맞게 되어 있다.

2-35. 불교정신문화원

'화무십일홍(花無十日紅)' 이라더니 궁정동 사건이 터지기 10여일 전 지도자의 생일을 맞이하여 사과 두 상자, 귤 세 상자, 떡 한 보따리, 케이크 하나가 전달되었다.

서대문 법당 아랫층에는 슈샤인보이들의 쉼터를 만들어 재웠는데, 행복한 잔칫날 본인들은 큰 잔치를 벌이면서 따뜻한 국 한 그릇 주지 않고 찬 과일에 딱딱한 떡만 준다 하며, 뿐만 아니라 가지고 와서 두 손으로 받들고 사진을 찍는다 하여 애들이 4층 옥상으로 올라가 동서남북으로 다 팽개치고 똥을 누어 신문지에 싸서 던지니 이웃 사람들이 난리가 났다.

관리하던 사람들이 발이 손이 되듯 빌고 사과해도 소용이 없었다. 일 보던 사람들이 회장집에 불려가 야단을 맞았으나 사무실에 와서 보니 한 사람도 남지 않고 모두 다 도망가 버렸다.

평상시 무엇 좀 먹어라 하면 그들은 일을 하여 사 먹기 때문에 음식을 줄 필요는 없고 과일이나 빵, 라면이면 족하다 하여 박대한 결과가 이렇게 된 것이다.

이회장은 장차 서교동 주유소 옆에 500평 땅을 구해놓고 그곳에 새로운 회관을 지어 복지사업과 불교회관을 겸해서 쓰기로 하였는데, 며칠 있다가 궁정동 사건이 터지니 모두가 허사로 돌아갔다.

땅을 팔아 지인에게 주어 지방에 가서 택시회사를 운영하게 하고 그 일부를 가지고 숙대 옆에다가 재단법인 국제불교를 만들어 불국사 스님에게 운영하도록 주었다.

그리하여 우리는 옛 러시아 대사관 옆 빈 땅에 300평 판자집을 짓고 어린이법회와 청소년법회, 연예인법회 등을 운영하다가 결국 조계사로 합해지고 말았다.

나는 도반 여덟 사람과 함께 중곡동 중곡극장을 빌려 불교정신문화원을 만들고 교양대학으로 불교포교사전문대학을 개설한 뒤 경희대 강박사님과 한방병원을 운영하면서 어린이교육의 선구자 전영애씨와 함께 유치원을 개설했다. 한국에서는 최초로 초종파 지도자 교육기관이요, 의료복지센터였으며 어린이유치원이었다.

개설한지 얼마 되지 않아 인간문화재 박송암스님과 벽응스님이 오셔서 범패의식을 겸해서 가르쳤으면 좋겠다 하여 일주일에 한번씩 두 스님이 돌아가며 범패와 범무를 가르쳤다.

KBS와 MBC에서는 한국에서는 처음 있는 일이고 절 가지고 싸움이 없는 화경(和敬)의 불사이므로 매일 같이 와서 선전해 주었다.

한 주일은 포교사대학, 한 주일은 한방병원, 한 주일은 어린이법회, 한 주일은 범패의식을 돌려주다 보니 승속 간에 너나 없이 모여들었다. 학생들이 300여 명 어린이들은 100여 명, 한방병원 역시 대성황이었고, 범패의식은 스님들이 주로 교육을 받았다.

그런데 여덟 사람 가운데 한 사람이 태고종 스님으로 조계종은 동국대학이 있으니 태고종 종립대학으로 만들면 어떻겠느냐 하고 의논하였다.

여덟 명 이사 가운데 네 사람이 태고종과 연관이 있고 또 범패를 가르치는 두 스님이 태고종스님이므로 모두 그렇게 하였으면 좋겠다하여 네 사람에게 창립비 300만 원씩을 돌려주고 태고종으로 합치기로 하였다.

그런데 공교롭게도 미국 나성에 있는 오리엔탈대학 총장이 와서 미국에서 허가가 난 대학과 자매결연을 맺으면 어떻겠느냐 하여 그렇게 하기로 하니 김병주 동국대 문과대학 학장이 학장이 되고 내가 부학장으로 취임했으나 총무원에서 운영권을 가지니 학교가 제대로 운영이 되지 아니 했다.

학생들 반 이상이 조계종 스님들이었는데, 태고종으로 넘어가니 대부분 탈퇴, 강석주스님과 함께 승가대학을 추진하였다.

그때 태고종 종정 묵담스님이 서울에 올라오셨다가 부탁하였다.

"우리 태고종에도 포교원을 하나 만들어 주게."

80 노스님께서 부탁하시는 일이라 총무원장 박영지스님과 의논하여 포교원을 설립하고 자리를 배정하는데, 나보고 포교원장을 하라고 간곡히 부탁하였으나 대부분의 종단은 스님들이 운영하는 것이니 포교원장은 스님에게 자리를 주고 임시로 부원장 자리를 맡겠습니다 하여 석 달 동안 운영 방법을 가르쳐 준 뒤 나는 거기에서 손을 떼었다.

미국의 오리엔탈대학 총장은 무진장스님과 함께 박사학위를 가져와 수령하기를 원했으나 학교일은 이미 종단에 맡긴 이상 딴 생각하면 안 된다 생각하여 끝까지 받지 않으니,

"그러면 학교 이름을 동방대학으로 바꾸면 어떻겠느냐?"

하여 총무원장스님과 종정스님이 허락하면 그렇게 할 수 있다 하여 가칭 포교사 전문대학으로 이름을 붙였던 것을 미국대학을 본따 오리엔탈(동방)대학으로 이

름을 바꾸었던 것이다.

그 뒤 얼마 있다가 미국 나성의 오리엔탈대학 총장이 서거하니 학교는 지지부진 근근득신으로 운영하다가 대학원대학으로 허가를 받아 현재 운영하고 있다.

그 뒤 삼청동 칠보사 노스님이 불러서 가니,

"포교사 전문대학 학생들이 안암동으로 와서 승가대학을 법인으로 추진하고 있으니 같이하면 어떤가?"

종용하였다. 그러나 나는 그동안 불교계의 돌아가는 일을 수없이 보아왔기 때문에,

"부처님 같은 마음으로 불사를 한다 해도 한국에서는 성공하기 어렵습니다. 우리 뿐만 아니라 앞으로 50년, 100년이 지나면 학생모집도 쉽지 않을 것이니 저는 조용히 토굴생활이나 하겠습니다."

하고 빠졌다. 그러나 노스님의 간절한 원력에 의하여 승가대학 캠퍼스가 김포에 지어지고 제법 대학교육 도량의 모습을 갖추었다.

70노인이 어렵게 유치원를 만들어 어린이교육을 시작한 원효유치원을 돕기 위해 전시회를 가졌다.

원효유치원 어린이들

상락향 어린이들 서울나들이

2-36. 바라밀 무용단

내가 하루에 세 번, 네 번 법회하는 것을 보고 인간문화재 김천홍선생님이 노래와 춤으로 포교하는 법을 일러주었다.

"교도소는 거의 남자들만 왕래하는 곳이라 여자들이 들어오면 좋아하고 또 여자들 노래 소리를 들으면 더욱 기뻐할 것이다. 군법당도 마찬가지다. 춤을 추고 노래하면 훨씬 활기가 차거든!"

"누군가가 가르칠 사람이 있어야지요."

"예술인 법회가 있지 않아."

생각해 보니 '낙엽따라 가버린 사람'을 노래한 차중락씨의 동생 차도균씨가 있고 또 국악원에서는 이 뜻을 밝힌 김천홍선생이 있기 때문에 문제가 없을 것 같았다.

그래서 음악과 무용을 할 수 있는 보살님 여섯 분을 선택하였다. 김순희, 김연희, 김정남보살님 등 다섯 명을 모아서 성법사님께 인계해 주니 본인이 단장이 되어 열심히 연습하였다.

사실 불교에서는 칠보사 강석주스님이 어린이합창단을 만들어서 꽃을 피기 시작하여 전국사찰에 합창단이 만들어지면서 열매를 맺기 시작하였다. 당시는 전국신도회 조계사 합창단 이외는 이렇다 할 만한 합창단 활동이 거의 없었다.

그러나 이들도 법회를 하기 위한 수단으로 모여진 사람들이지 우리처럼 포교를 위해 나선 것은 아니었다.

김천홍 국악인은 현대무용인 발레만 빼고는 승무, 가면극, 탈춤, 고광대, 나비춤, 학춤, 바라춤 할 것 없이 한국무용을 거의 다 마스터한 거장이었다.

"교도소와 군법당에 가면 오방무, 처용랑, 흥부 놀부가 꼭 맞는데, 여럿이 하지 않으니 오방무와 처용랑이 적당할 것 같아."

하여 오방무(群舞)와 처용랑(獨舞)을 배웠다. 나이가 80이 넘었는데도 몸이 가벼워 훨훨 날았다. 우리 무용단 가운데도 대학 무용과 출신들이 있어 잘 배웠고, 또 바라춤과 나비춤도 배워 협연하였다.

찬불가는 청소년 교화연합회 정운문스님과 칠보사 합장단장 송운스님을 중심으로 거기서 배운 집회가, 삼귀의, 찬불가, 반야심경, 청법가, 사홍서원, 산회가 등 기본 법회의식들을 익히고 예불문, 축하의 노래, 낙성가, 조가(弔歌) 등 20여 곡을 먼저 배웠다.

그리고 청법자들에게도 갈 때마다 한 가지씩 가르치니 자체 내의 소법당에서 법회를 할 때는 범음성으로 하는 것보다 누구나 따라 하기 쉬운 연등, 우리스님, 군인아저씨, 붓다의 메아리 등을 많이 불렀다.

광명의 등, 지혜의 등, 연등, 연등, 연등
불을 밝히자 기원 드리며
둥근 등, 네모 등 마음을 밝히자
봉축 봉축 봉축, 연등 연등 연등

등불을 들고 거리를 행진하는 불자들의 모습이 눈에 선했다.

‘우리스님’이나 ‘우리 절’ 같은 노래는 스님들의 생일이나 절의 창건기념일에 불렀고, ‘군인아저씨’는 군법당 법회에서 많이 불렀다. 그리고 ‘붓다의 메아리’는 반영규씨가 짓고 서창업씨가 작곡한 노래인데 많이들 불렀다.

우리는 메아리 붓다의 메아리
이웃과 이웃을 이어주는 메아리
먹구름 헤치고 응달을 양달로
온 겨레 가슴에 퍼져가는 메아리
우리는 메아리 붓다의 메아리
파랗고 성스러운 붓다의 메아리

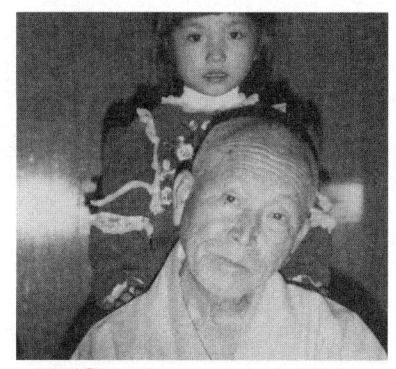
평생을 동심으로 사신 강석주스님

그리고 처용무는 신라 때는 검정모자를 쓴 사나이가 홀로 추는 춤으로 이해되어 왔으나 조선 후기에 와서는 다섯 사람이 추는 오방무로 형성된 것이 용제총화에 나온다.

신라 헌강왕이 개운포에 놀러 갔는데 구름과 안개가 끼어 앞 길을 가늠할 수 없으므로 일관이,
"이것은 동해용왕의 조화이니 장차 절을 하나 지어주기로 약속하면 곧 풀릴 것입니다."
하니 임금님이 약속하자 동해용왕 일곱이 와 춤을 추었는데, 아버지와 어머니는 감독을 하고 다섯 아들들이 춤을 추었으므로 오방무가 된 것이다.

그 중 한 아들이 임금님을 끝까지 따라오며 춤을 추었으므로 급간(及干) 벼슬을 주어 결혼시켜 주었다. 그런데 어느 달 밝은 밤 동구에 나가 놀다오니 자기 아내의 방에 사내가 침범하여 고이 잠들고 있었다. 그는 놀라지 않고 노래를 불렀다.

서울 밝은 달에 밤들어 노니다가

들어와 자리를 보니 다리가 넷이로다

둘은 내 것이다 마는 둘은 누구의 것인고

본래 나의 것이지만 빼앗긴 것을 어찌하리오!

하고 본래 자리로 돌아가려 하니 나라에서 지은 처용사에서 살게 하고 그의 모습을 그려 섣달 그믐날 문 앞에 붙이면 이성에 대해 잘못된 일이 생기지 않는다 하여 지금도 경상도 사람들은 문배(門排)로 붙이고 있다.

개운포는 지금 울산이고, 처용사는 울산대학 삼거리 무거촌(無去村)에 있다.

그러므로 이 노래와 무용은 어두운 그림자를 쫓고 밝은 마음으로 세상을 살다 가는 이치를 가르치기 때문에 교도소의 복역자들은 물론 군법당의 병사들에게도 도움이 된다 하였다.

2-37. 귀신들린 사람

어느 날 새벽 꿈에 곱게 차려입은 신부가 법당 윗길로 올라오는 것을 보았는데 아침 공양 후 어떤 할아버지가 할머니와 함께 애기를 업고 손에 무엇인가를 들은 여인의 뒤를 따라 왔다.

나는 아침 식사 후 잠깐 현관에 앉아 쉬고 있었는데 그 여인은 나의 목을 안고 키스를 하려 하였다. 할아버지가 보고 소리를 질렀다.

"에이, 이 요망스런 계집! 누구하고 입을 맞추려 하느냐!"

하니 여인은 여지없이 할아버지 얼굴에 침을 뱉아버렸다. 내가 일어나며 여인에게 물었다.

"이것이 무엇이요?"

"부처님께 올릴 공양미입니다."

"그러면 바로 절로 올라가 불공을 드려야지…"

하고 데리고 올라가니 할아버지와 할머니, 두 어린이와 여인의 남편 되는 사람이 따라왔다.

쌀은 불기에 담아 부처님 앞에 올리니 두세 차례 절을 하더니,

"나는 집에 가지 않아. 여기서 살 거야!"

하니 남편이 달랬다.

"아이들 때문에 집에 가지 않으면 안 돼!"

하니

"안 돼도 할 수 없지."

하고 떼를 썼다. 이 광경을 지켜보고 있던 관장님이

"보통 이런 식으로 해서는 귀신이 떨어질 것 같지 않으니 큰스님을 불러야겠다."

하고 용인 화운사로 전화하여 대은큰스님을 청했다. 스님은 무슨 영문인지도 모르고 택시로 오셔서 내용을 듣고는,

"그럼 구병시식을 해야지."

하고 이것저것 준비시켰다.

원래 구병시식은 해가 떨어진 뒤 어두컴컴할 때 하는 것이다. 저녁을 먹고 법당에 올라가 저녁예불을 하고 시식을 하려고 요령을 흔드니 옆에 앉아 있던 환자가 여지없이 대은큰스님의 요령잡은 손을 물어 뜯어버렸다. 피가 철철 흐르자 대은스님은 놀라 아래 요사채로 내려 가시고 혼자 있다가 물었다.

"할아버지 집에 이러 이렇게 생긴 여자가 있었습니까?"

"그렇지요. 그 애가 우리 첫째 며느리입니다. 모 국회의원이 소개하여 부잣집 며느리를 얻게 되었는데, 아들 하나 낳아 놓고 개울에 빨래하러 갔다가 그만 물에 빠져 죽었습니다. 송천리에서부터 70리 길에 급히 흐르는 벼락물이었으므로 지금까지 시체도 찾지 못하고 있습니다."

"그렇다면 그 사람이 시집올 때 가지고 온 물건들도 있습니까?"

"예. 있습니다. 오동나무 농에 명주로 만든 원앙금침, 다듬잇돌, 절구통… 큰 차로 하나 실어 왔었습니다. 그래서 그 귀중품을 쓰지 않고 꼭꼭 잠가 놓았다가 이 며느리가 들어와 아이를 둘이나 낳았기 때문에 이제는 써도 괜찮겠지 하여 쓰게 되었는데, 그 요를 깔고 막 드러눕다가 등허리에서 불이 나 정신없이 뛰는 바람에 하룻 저녁을 묶어 놓았다가 오늘 아침 절로 가자 하여 선생님을 찾아 온 것입니다."

"그렇다면 지금 집에 가서 그 물건들을 하나도 남기지 말고 사람들을 시켜 이리로 가져오세요."

그런데 그 말을 들었던 며느리가 소리 높여 외쳤다.

"그럼 그렇게 해야지…."

하고는 하품을 하더니 그만 정상인으로 돌아왔다. 너무도 신기한 일이다. 아이들도 어머니 품에 안기고 시아버지와 남편은 바로 집에 가서 이불, 요, 농을 시작으로 다듬잇돌, 절구통까지 모조리 짊어지고 왔다.

나는 그것들을 쓰레기장 있는 곳으로 가지고 가서 하나 하나 불태워 주었다. 그리고 다듬잇돌과 절구통은 산 너머 언덕바지를 깊이 파고 묻어 주었다.

여인은 거짓말처럼 정상으로 돌아왔고 가지고 온 쌀로 밥을 지어 부처님께 올린 뒤 다 같이 나누어 먹었다. 할아버지가 말했다.

"먼젓번 며느리가 가지고 온 물건이 너무도 아까워 그때 태워주지 못했는데, 햇수로 10년이 지났으니 그만 써도 될 것으로 생각되어 쓰려 했던 것인데 모두가 나의 잘못입니다."

며느리가 듣고 있다가,

"어제 저녁 내 등에서 불이 났던 곳을 보세요."

하고 저고리를 위로 올려 확인해 보라 하였다. 과연 벗어 올린 등을 보니 불로 지진 것처럼 여자 손자국이 부풀어 있었다.

시어머니가 말했다.

"나의 잘못이야. 큰 손자가 있는 것을 그의 외가로 보내 길렀으니 우리 작은 며느리는 그런 것도 모르고 살았지요. 산 사람이나 죽은 사람이나 정신은 매한가지인데.

애초에 재혼할 때 며느리 되는 사람에게 사실을 알리고 재혼시켰으면 이런 일이 생기지 않았지요. 동네 사람들도 모두 모르는 것이 좋다고 하여 그렇게 한 것인데, 오늘 새 며느리께 참회하고 먼저 떠난 며느리에게도 참회한다."

며느리는 깊은 한숨을 내쉬며,

"나는 우리집 같은 처지에 웬 이렇게 귀한 장롱이 있는지 또 원앙금침이 있는지 의심했지만 모두가 아버지 어머니 것으로 생각하고 있었습니다. 이제 모두 풀렸으니 영가는 영가대로 좋은 곳으로 가고 영가가 제대로 모시지 못한 남편을 잘 모시도록 노력할 터이니 안심하십시오."

"그렇다면 이제 큰 아들을 데려와 같이 살도록 해야겠다."

남편이 말했다.

"이제 다 큰 아이 고등학교 들어 갔으니 힘 따라서 학비나 좀 대주세요."

영가는 이런 말을 듣고 훨훨 날아 춤을 추며 연기처럼 날아가는 것 같았다. 영가 며느리가 일어서서 아버지 어머니께 절을 한다.

"한 맺힌 옷을 태워주시고 자식 학비까지 대준다니 나도 저 세상에서 아들 잘 되도록 돕겠습니다."

그 뒤 큰아들은 공부를 잘하여 고시에 합격하여 판사가 되고 작은 어머니와 배다른 동생들을 데려다가 서울에 집을 사주고 가게를 보도록 하여 잘 살고 있다.

산 사람이나 죽은 사람이나 집착이 있는 사람은 자기 물건과 자기 자식에 대하여 깊은 애착을 가지고 있으니, 불가피하게 새 사람을 얻고 물건을 사용하더라도 미리 고하고 쓰면 이런 탈은 생기지 않게 되어 있다.

당시 법문 오셨던 대은큰스님

화산으로 뒤집어진 땅덩어리, 사람도 마음이 부풀면 이 지경이 된다

2-38. 미련한 일꾼

진성스님의 죽음을 보고 교리적인 교육도 중요하지만 우선 눈 앞에 닥친 일을 한 가지라도 해결하는 것이 더 급한 일이라 여겨졌다. 아마도 그가 일반환자가 아니라 전염성이 농후한 결핵환자였기 때문에 아내도 죽고 모든 사람들이 싫어하지 아니 했나 생각하였다.

그래서 그러한 스님들을 한 데 모아 수용해야 되겠다 생각하고 개울가 양지 바른 곳에 땅 500평을 사고 건축을 시작하였다.

그런데 문제는 물이었다. 건물이 산 중턱에 있기 때문에 물이 없었다. 그래서 막대한 자금을 들여 열세 길 이상 땅을 팠는데, 다행히 물이 나서 거기에 우물 깡을 묻는데 일꾼 네 사람이 들지를 못했다.

그래서 중간을 조금 들어 달라 하여 한 쪽 어깨를 들이대고 받쳤는데, 일꾼들이 그냥 놓아 버리는 바람에 그만 몸이 찌그러들면서 가슴에서 피가 터졌다. 마치 큰 호수에서 물이 쏟아지듯이 순식간에 몸 안에 있는 피가 다 쏟아져 나왔다.

하늘과 땅이 노랗게 보이더니 그만 자리에 주저 앉았다. 일꾼들도 어찌 할 수 없어 엎고 대성리로 향했다. 간신히 버스를 타고 서울에 도착했으나 아는 병원이 없어 인수동 가까운 데 자리를 잡았다.

혈압을 재 보더니 몸 안에 피가 없어 수혈을 한다 해도 제대로 흡수할 수 없을 것 같다 하면서 수혈을 시작하였다. 밤새도록 수혈하여 아침 여덟 시가 되니 울컥 하더니 밤새도록 수혈한 피가 다 쏟아져 버렸다.

이렇게 10일을 거듭해도 매 일반이었다. 의사도 환자도 모두 포기할 수 밖에 없었다. 그래서 만 11일이 지난 저녁에,

"이젠 집으로 갑시다. 여기 있어 보아야 소용이 없으니 집에 가서 죽읍시다."

하고 이튿날 10시에 퇴원하기로 결정하였다. 새벽 3시 일어나니 옛날 내가 살던 인수동이 보고 싶었다. 병원 문을 나서서 사방을 돌아보니 아직은 칠흙같은 어둠이 깔려 있는데, 미아삼거리에 약방 하나가 눈에 보였다.

"그쪽에 가면 인수동 골짜기가 보이리라."

천천히 걸어가니 아침 6시, 막 약방문이 열렸다. 사정 이야기를 하고 피가 그칠 수 있는 약이 있느냐고 물으니,

"석 달 전 일본에서 이프시롱이란 약을 가져 왔는데 100정 가운데 60알이 남았습니다."

하며

"네 알만 먹으면 그대로 피가 멈추어 죽게 됩니다."

"죽고 사는 것은 책임을 묻지 않을 것이니 저에게 그 약을 다 주십시오. 오늘 나는 고향으로 돌아가는 길이니 절대로 책임을 묻지 않겠습니다."

약사는 두 번 세 번 다짐하고 확약했다.

"절대로 2알 이상 드시지 마세요."

"예. 잘 알았습니다."

하고 약방을 나와 인수동 골목을 쳐다보니 옛날 물을 길어다 먹던 돌산이 훤히 빛나는 것 같았다.

"잘 있거라 인수동아. 살아나면 다시 보자."

하고 병실에 돌아오니 시자들이 걱정하였다.

"걱정할 것 없어. 좋은 약을 샀으니 안 죽으면 살 것이야!"

하고 두 알을 먼저 먹은 뒤 택시를 잡았다.

상락향은 비포장길이라 돌자갈이 많아 차가 많이 흔들렸다. 그러나 매일 아침 8시부터 10시 사이 피를 토했기 때문에 오늘도 별 도리가 없으리라 생각하였는데, 아니나 다를까 상락향에 도착하자마자 어제 수혈한 피를 모두 다 쏟아 버렸다.

그러나 집에 와서 그런지 마음은 상쾌하였다. 입을 헹구고 다시 약을 세 알 먹었다. 그리고 밥을 세 숟가락쯤 뜨고 자리에 누웠다. 약을 과하게 먹어서 그런지 오후 2시까지 깊이 잤다.

그런데 그때 김대희라 부르는 고시공부하는 사람이 '향약집방(鄕藥集方)'이라는 책 한권을 가져왔다.

"청계천 헌 책방에 들렸는데, 눈에 띄어 혹 도움이 될까 하여 사왔습니다."

점심을 약간 먹고 옆으로 누워 왼손에 책을 들고 탁 펼치는 순간 '애엽(艾葉)'이 눈에 띄었다. 애엽은 쑥이다. 아래 작은 글씨를 읽어보니 피를 맑게 하고 몸을 따뜻하게 하며 피를 그치게 한다 적혀 있었다.

"아, 그래서 웅녀가 쑥을 먹고 사람이 되었다 하였는가 보다."
하고 쑥을 뜯어 오라 하였다. 반 주먹쯤 뜯어다 주어 입에 넣고 자근자근 씹어 먹으니 속이 훈훈해지는 것 같았다. 다시 더 뜯어다가 즙을 내서 마시기도 하고 국을 끓여 먹기도 하였는데, 속이 편안해졌다.

생각해보니 토하고 남은 피가 몸에 엉켜 있었는데 그것이 풀어지는 것 같았다. 밥도 쑥국에 말아 먹었다. 이렇게 10여 일을 지내는 사이 기침하면 묻어 나오던 피가 깨끗이 멈추었다. 천천히 화장실도 혼자 다니고 음식도 차차 불려서 먹게 되니 20여 일 사이 하얀 피부가 불그스레해졌다. 물론 양약은 하루에 3번씩 먹고 나중에는 줄여서 한 알씩만 먹기도 하였다.

23일이 되니 별 지장이 없어 본래 사람이 된 것 같았다. 요양소를 짓고 고시원으로 만들고 우물을 정비하여 여러 사람이 먹도록 하였다.

나는 이번 경험을 통해서 큰 교훈을 얻었다.

"분수에 넘는 일은 절대 하여서는 아니 되고, 좋은 일도 욕심을 부리면 기대치 않았던 일이 생긴다"는 것을 깨달았다.

그리고 나에게 새로운 삶의 철학이 형성되었다.

"안 죽으면 산다."

살려고 몸부림 친다고 살아지는 것이 아니라 살게 되면 죽을 사람도 살아날 수 있다고 생각되었다. 그 후부터 바깥일은 일꾼들에게 맡기고 나는 방안에 들어와 있었다. 일을 보면 안 할 수 없었기 때문이다.

그때 관장님이 곁에서 시봉을 하면서 고생을 많이 하였다. 그때 전라도에서 온 할머니가 공양주로 있었는데, 내가 음식을 잘 먹지 못하기 때문에 남긴 밥으로 어떻게 만드는지 밥술을 만들어 거기 설탕을 타서 한 그릇씩 주었다. 그렇지 않아도 약을 먹으면 속이 편치 못한데 그 밥술을 마시면 그런 증세가 없어졌다. 한 달쯤 지나니 얼굴에 살이 올랐다.

내가 누워 있는 사이 관장님에게 치문경훈을 읽어 달라 하였다. 성공스님이 등산하면서 읽는 소리와는 달라도 치문내용을 들으면 인생을 새롭게 깨닫게 되고 중노릇을 잘못한데 원인이 있지 않는가 생각되었다. 그래서 그것을 정리한 것이 『현토역해 치문경훈』이다.

원고가 다 되었는데 마침 봉선사 운허스님께서 오셨다.

"나는 여기가 좋아. 저 정자각에 앉아 있으면 아무 생각이 없거든……."

차 한 잔 잡수시고 정자각에 올라가 두어 시간 계시다가 점심공양을 하게 되었다. 독상을 차려드리니,

"봉선사에서도 만날 독상인데 여기까지 와서도 혼자 먹으라 하는가. 같이 먹

세.”

하여 겸상으로 점심을 대접하며 원고를 보여 드렸더니 깜짝 놀라셨다.

"원문이 4만 자가 넘어 누구도 함부로 번역할 수 없는 것인데 자네들이 번역하였다니 기특하네. 내 가지고 가서 한번 읽어보고 서문을 한 자 써 줌세. 옛날 불교사전을 만들 때 성북동 청룡암에 가서 자네가 교정 본 불교금언성전을 보여 주어 여러 가지로 참고하였네."

칭찬하시고 떠났다. 차를 불러드린다 해도 마다하시고,

"천천히 대성리에 가서 버스를 타고 교문리에서 내리면 봉선사 가는 길이 있어 …."

하고 걸어가셨다. 나중에 안 일이지만 스님은 이북에서 서당선생님도 지내셨고 학교에서 교편도 잡아 동국역경원장이 되어 친인척과 떨어져 살게 된 것이 안타까웠던가 보다.

사실 상락향이 좋아서 종종 오시는 큰 스님 가운데는,

첫째 농사 지어 자급자족하는 것이 좋게 보였고,

둘째 거짓말하지 않고 양심적으로 사는 것이 좋았다고 한다.

나는 이 일로 인하여 후에 병원이 가까운 서울에다 기로원(耆老院)을 만들고 극노인(極老人) 환자들을 모시게 되었다.

2-39. 보약이 따로 없다

몸은 회복되었다고 하지만 옛날 같지 않고 겨울에 감기도 자주 들었다. 서울 집에 갔다가 약방에 들려 감기 이야기를 하니,

"원기가 부족하고 기관이 약해져서 그러니 보약을 잡수세요."

하고 약을 일러주었다.

"강원도에서 딴 진꿀이 있는데 한 병에 30만원입니다. 계란 노른자 하나나 둘에 이 꿀을 반 숟가락 넣고 들기름 반 숟가락 넣어 저어 먹으면 속도 든든하고 살결도 부드러워집니다."

"한꺼번에 돈을 못 드리고 나누어 드릴 터이니 그 꿀을 저에게 주십시오."

"아마 두 병만 잡수시면 확실하게 좋아질 것입니다."

그래서 꿀을 사 가지고 와서 당장 두 달을 해 먹고 나니 속이 든든하여 헛기침이 나지 않았다.

매일 아침 일어나 계란 한 알, 저녁에 자기 전에 한 알, 이렇게 먹고 나니 두 달 사이에 체중이 5kg이상 불었다. 56kg 나가던 몸이 61kg까지 불어났으니 말이다.

그때부터는 다시 지게를 지고 일을 조금씩 하게 되었다. 아침 3시에 일어나고 저녁 10시에 자는 것은 매 일반인데 낮에 점심 먹고 1시간쯤 쉬었다. 쉬는 사이 누워서 책을 보면 통신대학 교재가 잘못된 것이 눈에 띄었다.

차차 교정을 보리라 생각하였으나 40권이 넘는 분량이고 보니 아직까지 다 고

치지 못하고 남아 있다.

내 몸이 아프니 같은 불서 가운데서도 병약(病藥)과 관계되는 책이 눈에 띄었다. 대지도론을 보다가 사대오온병의 이치를 터득하게 되었다.

'이 몸은 지(地)·수(水)·화(火)·풍(風) 사대로 형성되어 있는데, 여기 조화를 이루어야 건강할 수 있다는 것이었다. 고체적인 것만 너무 많이 먹어도 안 되고, 습기 많은 것만 좋아해도 안 되며, 열이 많이 나는 음식이나 바람기를 일으킬 수 있는 음식을 조심하라 하였다.

또 이것은 근본 체질 가운데서 조심해야 할 일이지만 눈·귀·코·혀·몸이 빛·소리·냄새·맛·감촉을 지나치게 편중(偏重)해서 살면 눈병·귀병·코병·혓병·몸병이 나게 되어 있으니 색·성·향·미·촉에 조심하라 하였다.

앞의 오근(눈·귀·코·혀·몸)이 뒤의 오색(빛·소리·냄새·맛·감촉)과 접촉하는 가운데서 지식과 상식의 정신작용이 생기는데, 그러한 사상에 끄달리면 뇌가 분열증을 일으켜 머리가 아프게 되어 있다 하였다.

세상의 모든 병은 귀신병이 아니면 업병으로 생각하였는데, 사대오온병이 있다는 것을 알게 되었고, 특히 제6의식의 사상병(思想病)이 무섭다는 것도 깨달았다. 6. 25때 아버지가 자식을 죽이고 자식이 부모를 죽이는 일이 비일비재하였는데 알고 보면 그것이 모두 사상병이었다.

물론 귀신병도 있고 업병도 있으나 귀신병은 관념병(觀念病)이었고 업병(業病)은 몸과 행과 뜻이 합해진 행위병이었다. 이것만 조심하면 어지간한 사람은 120세까지 사는 것이 보통이라 하였다.

조선시대 동무 이제마씨가 사상의학을 개발했는데 그것은 다생에 먹고 입고 쓰는데 음양의 조화를 이루지 못해 양이 강하고 음이 성하는데서 태양·소양·태음·소음으로 갈라지니 약을 먹을 때도 좋다고 무조건 먹는 것이 아니라 음양에 조화가 될 수 있도록 먹고 쓰라 하였다.

서울 사는 모 대감 동생이 나이 스물 다섯이 넘도록 병이 깊어 시집도 못 가고 앓고 있으니 소문을 들은 어머니가 부탁했다.

"네 동생 좀 데리고 함경도 가서 이제마씨 한번 만나보고 오너라."

본인 혼자서 갈 수 없어 몸종 하나를 딸려 튼튼한 머슴 두 사람이 가마를 메고 갔다. 천 리가 넘는 길을 오르락 내리락 하다 보니 일꾼들도 일꾼이지만 우선 환자가 견딜 수가 없었다.

"조금 쉬었다 갑시다."

"아직 1주일을 더 가야 하는데 쉬엄쉬엄 가다가는 한 해가 다 넘어가겠습니다."

그래 달 반이 걸려 간신히 이제마씨 집에 도착하였는데, 마루에서 뒷짐지고 왔다갔다 하던 이제마씨가,

"어. 내려놓으면 죽어. 안 죽을려면 바로 가게."

호통을 치면서 쫓아냈다. 야속하기 짝이 없었으나 죽는다고 하니 하는 수 없이 나와 산비탈을 올랐다. 그때 어디선가 포수쟁이의 총소리가 났다.

"애들아, 저기 가서 멧돼지 피 한 그릇만 얻어오너라."

"어딘 줄 알고 찾아갑니까?"

"높은 봉우리에 올라가서 사방을 둘러보면 알 수 있다!"

그리하여 산 중턱에서 멧돼지를 잡아 짊어지고 오는 포수를 발견하였다.

"돈은 얼마고 드릴 터이니 피 한 사발만 주십시오."

그 자리에서 돼지 목을 따 피 한 사발을 큰 그릇에 받아왔다. 그동안 가마 속에서 몸부림치고 애타던 처녀가 피를 보더니 그만 꿀컥꿀컥 단숨에 다 마셔버

렸다. 그리고 가마 속에서 나와 후미진 골짜기에 들어가 소변을 보고 오더니,

"가자. 피 한 사발 먹고 나니 살 것 같구나…."

하고 한 시간쯤 걷다가 가마 타고, 가마 타고 가다 걷고, 해서 올 때는 갈 때보다 반 거리가 줄어든 것 같았다.

"아니, 다 죽었던 사람이 어떻게 걸어오느냐?"

어머니께서 방에서 쫓아 나오며 반가이 맞아 주었다.

"함경도 이제마씨 집에 갔다가 가마에서 내리지도 못하고 죽을 뻔 하였습니다."

"무슨 소리냐? 병이 나았으면 그 사람이 명의다."

어머니는 두 번 묻지 않고 아들에게 소식을 전하니 대감이 와서 물었다.

"어떻게 병이 나았느냐?"

"목이 말라 돼지 피를 먹고 나았습니다."

"아, 그 사람이 명의는 명의로구나. 약이 있는 곳을 급히 가르쳐 주었으니…."

"그러나 오빠, 만약 만나거든 한 번 혼쭐내 주세요."

"알았다."

그 뒤 얼마 있다가 딸을 시집보냈는데 어머니께서 병이 나,

"나는 거기까지 가지 못하겠으니 방문이나 하나 얻어 주었으면 좋겠다."

"서울서 함경도까지 간 사람에게 물 한 모금 주지 않고 쫓아버린 사람이 무슨 병을 알겠습니까?"

"그래도… 밥은 고사하고 물도 마시기 싫으니 사람을 한 번 보내보아라."

그래서 환자의 생년월일만 적어 가지고 갔는데, 가자마자 돌아왔다.

"방문을 받아왔느냐?"

"방문도 아닙니다. 집 한 채, 논 다섯 마지기, 밭 열 마지기, 머슴 하나, 소 한

마리, 쟁기 한 벌… 이것이 무슨 약방문입니까."

"싱거운 사람이다."

심부름꾼이 다녀 온지 보름이 지나도 약을 지어주지 않는지라 야단을 치니 서랍 속에 넣어 놓았던 편지를 준다.

"이것이 무슨 약방문입니까?"

어머니가 보시더니,

"나는 이것만 있으면 병이 낫는다. 너희 외할아버지가 나이 99세에 손이 없어 조석을 끓여 먹지 못하고 있는데, 내가 어찌 밥이 들어가겠느냐?"

그래서 어머니에게 방문대로 해 드렸더니 할아버지 할머니가 건강해져서 이듬해 100살 때 나라에서 100살 이상된 노인들을 모아 잔치를 하는데 부부간에 동참한 사람은 오직 대감의 외할아버지 할머니이므로 상을 주고 가마를 태워 한양 구경을 시킨 뒤 돌려보냈다. 임금님이 물었다.

"함경도 그 의원을 한번 불러보게. 왕후께서 병이 나서 걱정이 많네."

"예. 그렇게 하겠습니다."

대감은 즉시 군사를 보내 이제마를 잡아와 대전에 꿇어 앉히고는 물었다.

"의원 이제마는 들으라. 서울서 함경도까지 그 먼 길을 걸어간 사람에게 물 한 모금도 주지 않고 쫓아버리고, 나이든 할머니 약방문을 집 한 채, 논, 밭, 쟁기 일꾼으로 적어 보냈으니 이것도 약방문인가?"

꿇어 앉았던 동무 이제마가 벌떡 일어나 대감에게 소리쳤다.

"저런 불효자식이 있는가. 어머니, 동생 속도 모르고 사람들만 고생시키니…… 이래가지고 백성들의 속을 어찌 알겠는가. 임금님 아뢰오니 저런 놈은 당장 곤장 100대를 쳐 귀양 보내시기 바랍니다."

대감은 즉시 버선발로 내려와 모시고 당상으로 올라가 임금님께 알현시켰다.
임금님이 물었다.

"그대는 어떻게 병을 보는가?"

"타고난 성품대로 약침을 써 몸 안의 사기(邪氣)만을 제거할 뿐입니다."

임금님이 듣고 감격하여 국의(國醫)로 지명하고,

"태양·소양·태음·소음의 체질의학을 개발하라."

하였다.

이것이 저 유명한 『사상의학(四象醫學)』이다.

나는 이 책을 보고 금오선생이 가르쳐 준 신농백초를 배열하여 『불교병리학』이
란 책을 내어 경주대, 경희대 한의대생들의 참고서가 되게 하였다.

원효대사가 말했다.

"만약 몸에 병이 있거든 먼저 그 마음을 치료하라."

들기름, 꿀, 계란 노른자도 몸이 허한 사람에겐 도움이 되지만 부대증(富大證)
환자에게는 도움이 되지 않는다. 병을 보고 체질을 알고 약을 먹을지언정 아무
것이나 좋다고 함부로 먹으면 안 된다.

한국 병리학의 새로운
경지를 개척한 이제마
씨(1937~1900)

불교병리학

신국판 / 320쪽 / 불교통신교육원 / 값 10,000원

2-40. 곽생원과 무심행

　곽생원과 무심행은 우리 상락향 식구 가운데서도 가장 어려운 일을 담당한 일 꾼이고 주모였다.

　곽생원은 원래 남이터 터주대감 이생원 집에서 살던 머슴이고 무심행은 지나 가던 사람이 하룻 저녁 함께 잔 인연으로 임종까지 하게 되었다.

　곽생원은 나이가 70이 넘었으므로 힘든 일은 할 수 없어 먼저 집에서 나와야 할 처지이므로 세 때 밥만 먹여 달라 한 것을 용돈은 조금씩 있어야 한다고 하여 쌀 세 가마니를 새경으로 정했다.

　무심행은 지난 해 겨울 밥솥에 불을 때고 있는데

　"아이 추워…."

하면서 부엌으로 달려들어 저녁밥을 같이 먹고 하룻저녁 재워 준 것이 인연이 되 어 나머지 삶을 함께 할 수 있었다.

　곽생원은 담배는 피우지 않는데 술은 한번 들면 2,3일 동안 계속하는 습관이 있었다. 그래서 약속했다.

　"독에 든 소주 한 말 두 되 든 것을 한 달에 한 통씩 사줄 터이니 하루에 석 잔씩만 반주로 드세요."

　"그렇게 하겠습니다."

하여 붉은 오지통에 든 소주를 사서 본인 방에 놓고 주전자에 따라 밥 먹을 때 마다 한 잔씩 하였다. 그런데 두 달이 지나니 얼굴이 뽀얘지고 석 달 이후부터서는 불그스레 아주 건강한 모습이 나타났다. 사람들이 다 젊어졌다고 하니 본인도 좋아하였다. 그래도 생일, 추석, 정월 보름이 되면 동네사람들과 어울려 하루 정도는 즐겁게 놀았다.

하루는 산에 올라 나무를 하다가 긴 작대기를 하나 깎아 박아 놓고,

"나 죽으면 여기에다 묘지를 써 주세요."

"허, 그 땅은 이생원 땅인데요!"

"내가 거기서 10년 이상을 살았는데 땅 세 평 주지 않겠어요?"

하고 동네 사람들에게 부탁하였다. 그런데 그해 음력 11월 14일 병도 없이 조용히 떠났다.

동네 사람들이 땅 주인에게 말하고 거기다 썼다.

"이 영감님이 달 밝은 날 가겠다 하더니 꼭 맞았네."

하고 보름날 저녁 상여놀음을 하고 16일 날 묘지를 썼다.

살았을 때 평상시 저녁이면 자다가 일어나 큰 소리로 무엇이라 이야기하면서 방안을 돌아다녔다. 이유를 물었더니,

"깊은 골짜기에서 사람들이 손을 내밀고 구해 달라 소리치기 때문에 구하기 위해 일어나 그 곳으로 가는 길입니다."

하였다.

"그것은 악도에 떨어진 친구들이나 조상들이 천도해 주기를 바라는 것이니 큰 소리로 염불하여 구해 주세요."

하고 천주(千珠)를 사다 드렸더니 저녁마다 염불하여 그런 버릇이 없어지고, 경쾌한 기분으로 항상 즐겁게 사시더니 결국 죽음 또한 아주 깨끗하게 하였다.

무심행보살은 하룻밤 재워 준 인연으로 함께 살다 임종까지 하게 된 것이다.

하룻밤을 재워주고 이튿날 일어나 보니 이와 서캐가 방으로 하나였다. 목욕을 시키고 머리를 빗질한 후 새 옷으로 갈아입혀 놓으니 인물이 훤했다.

"어디로 가느냐?"

"갈 곳이 없어요. 산골짜기 옆에 집을 짓고 살았는데, 애기 낳은 지 3일 만에 큰물이 져 집하고 같이 떠내려가다가 애기는 잃어버리고 나만 겨우 살아 남았는데, 돌아와 찾아보니 남편도 없어졌습니다. 그래서 거지가 되어 그렇게 돌아다녔던 것입니다."

말을 하는 것으로 보아 아주 바보는 아닌데 정상에는 조금 미치지 못하는 것 같았다.

"그러면 여기서 관장님이랑 밥해 먹고 살겠어?"

"가라고만 하지 않으면 그렇게 하겠습니다."

하여 함께 살게 되었다. 그런데 손님이 오면 하던 일을 그만두고 우두커니 서서 그 사람만 바라보는가 하면 밥을 해 놓고 국을 끓여 놓고도 '상 차려 가져와' 소리를 하지 않으면 자기 혼자만 밥을 먹고 있다. 오죽하면 그 이름을 '무심행'이라 지었겠는가.

어쩌다 장에 가면 준 돈으로 술 담배를 사서 동네사람들에게 먹이고 춤도 추고 노래도 하다가 저녁 늦게 산나물을 한 바구니씩 이고 돌아온다.

평생 화내는 일이 없고 다정하게 살다 보니 아는 사람도 많고 동정하는 사람도 생기더니 하루는 세탁소에서 찾아온 옷을 보고 물었다.

"법사님, 어디 가시나요?"

"응, 하와이 대원사 갈 거야."

"언제 가세요?"

"3일 후에 가지."

"그러면 나 먼저 처리해 주고 가세요."

"어디다 치워?"

"곽생원 방 옆에…."

하고 방에 들어갔는데 이튿날 나오지 않아 들어가 보니 반듯하게 누워 죽어 있었다. 그래서 3일장을 치르고 4일째 되던 날 미국 길을 떠났는데, 보름 있다가 한국에서 연락이 왔다.

"산 주인이 남의 산에다 묘지를 썼다고 야단을 쳐 묘지를 파야 되겠는데, 어찌하면 좋겠습니까?"

"갑자기 겨울에 묘지를 파면 어떻게 하겠는가. 곽생원은 묘지를 쓴지 오래되었으니 3월쯤 파서 화장하고 무심행은 1년쯤 더 있다 파게 해 달라고 사정을 해 보아."

"그렇게 하려면 산을 사라고 합니다."

그래서 그 땅을 사 곽생원 비석도 다시 제자리로 옮겨 세워주었다.

조계사 수련생들을 밤새도록 도운 무심행과 곽생원

아름다운 산치대탑

2-41. 제1차 인도성지순례

나는 1981년부터 2017년까지 인도성지순례를 19번 다녀 왔다. 성지순례는 그냥 구경가는 것이 아니라 부처님의 역사와 2,500년 인도불교사를 새롭게 정리하고 발굴하기 위해서였다.

제1차 인도여행은 전 태고종 종정스님이신 안덕암스님의 원력에 의해서 진행된 것이다. 통역으로는 동국대 오국근교수가 담당하고 시봉은 봉황사 주지가 맡고 나는 순례기를 쓰기로 하였다.

먼저 코스는 홍콩, 대만, 태국을 거쳐 네팔에 이르러 2박 하고 거기서 다시 비행기를 타고 룸비니에 내려 순서적으로 팔대성지를 참배하도록 계획하였다. 북인도 성지순례가 끝나면 계속해 남인도로 가서 용수보살 유적지를 돌아보고 스리랑카로 갈 작정이었다.

출발에 앞서 통역을 맡은 오교수가 대략의 일정을 알려주었다.

"인도는 먹을 것이 없으니 홍콩과 태국에 가서 든든하게 드셔야 합니다. 오늘 저녁 비행기를 타면 3시간 후 홍콩에 도착하게 됩니다 홍콩에서 하룻밤을 자고 다음날 빅토리아봉에 올라 구경한 뒤 다시 비행기를 타고 대만을 거쳐 태국에 들어가게 됩니다.

홍콩은 영국령이라 비자 없이 들어가게 되는데 그렇기 때문에 유럽 여행객들이 많습니다. 여행객이 많을 때는 수속이 복잡하여 두세 시간을 기다려야 하는 경우가 있으니 각오하셔야 합니다."

(1) 홍콩방문

우리는 저녁 늦게 홍콩에 도착하여 호텔에서 자고 아침 일찍 일어나 그 시간에 열려 있는 식당을 찾으니 모두가 닫혀 있었다. 오박사님과 함께 주위 대여섯 골목을 살폈으나 문을 연 음식점이 없어 빈 손으로 돌아오는데 아침 10시쯤 되니 한 자그마한 죽을 파는 가게가 문을 열었다. 음식을 시켜놓고 부리나케 호텔로 돌아오니 스님들은 눈이 빠져라 기다리고 있었다.

"우리는 자네들이 한국으로 다시 돌아가버린 줄 알았네."

"죄송합니다. 어제가 크리스마스인 것을 미처 몰랐습니다. 여기서는 쉬는 날에는 모든 가게가 문을 닫습니다."

하고 스님을 죽 가게로 천천히 모시고 가니 오전 11시가 되었다. 그런데 죽 그릇이 꼬막지기만 하다. 두 숟갈 뜨면 그만이다. 스님이 아홉 그릇을 잡수셨으니 우리야 더 말할 것이 없다. 열 그릇이 넘어가니 주방장이 나와서 죽을 먹는 우리들을 쳐다보고 있었다.

"어제 저녁도 먹지 못하고 아침 또한 굶었으니 세 끼를 한꺼번에 먹어야 합니다."

다행히 다른 손님들이 많지 않아서 망신은 당하지 않았다.

오후 2시, 빅토리아봉을 올라가 홍콩을 구경하기 위해 케이블카를 타러 갔더니 서양사람들이 200명은 줄을 서 있는 것 같았다. 모든 사람들이 표를 들고 줄을 서 신문이나 잡지를 읽고 있는데, 우리는 처음 당하는 일이라 한 시간쯤 기다리다 스님께서 말씀하셨다.

"나는 다리가 아파서 견딜 수 없으니 그냥 가는 게 좋겠네."

"조금만 기다려 보세요."

하고 오교수가 개찰인에게 가서 물으니,

"여기는 노소의 구분이 없습니다."

하였다. 그래서 조금 조금 한 것이 한 시간을 더 기다려 빅토리아봉에 올랐다. 거기를 올라가야 홍콩 시내를 훤히 내려다 볼 수 있기 때문이다. 30분쯤 구경하고 다시 내려와 택시를 타고 구룡터널을 지나 광동성 입구(중국과 홍콩의 국경)에 이르러 사진을 찍고 시내로 돌아와 공동묘지를 구경한 뒤 화엄사(황룡사)로 갔다.

공동묘지는 우리와는 판이하게 달랐다. 시체를 관 속에 넣어 벽에다 세워 놓는데 6개월이나 1년이 되면 낙근이 되어 뼈만 남게 된다고 한다. 그러면 그 뼈를 부수어 자기 집 지붕 밑에 보관하던지 이곳 납골당에 봉안한다고 하니 장사를 두 번 치루어야 한다는 말이다. 스님께서 듣고 기가 막혀,

"다리가 아파 어떻게 섰을꼬…."

하니

"한국사람들은 허리가 아파 어떻게 누워 있습니까?"

하였다. 공동묘지는 그리 크지 않는데, 5,000평 규모에 수십만 장(葬)이 들어서 있었다.

"밥맛 떨어진다 어서 가자."

하여 다시 절을 찾아갔다. 첫째 절은 화엄사인데 삼재풀이를 하는 사람으로 꼭 차 있었다. 사무실에서 도구를 사 법당에 가서 기도드리고 소각장에 가서 불살라 준다.

옛날 중국의 왕상운(王祥雲)이라는 부자가 광동성에 살고 있었다. 전쟁이 나자 부모형제를 모두 잃고 단신으로 피난가면서 금은보배의 궤짝 하나만 짊어 지고

촌길을 달렸다.

"어디 가서 살까?"

하고 두리번거릴 때 길거리에 한 노파가 앉아 외쳤다.

"이것을 가지면 부자가 됩니다. 이것을…!"

사람들이 에워싸고 보다가 다 헤어졌다. 혼자 우두커니 서서 물었다.

"얼마요?"

"보물 한 궤짝입니다."

자기의 궤짝을 바라보며 이야기 하자 속으로 생각했다.

"헤에, 저것이 다 보물이라 하여도 내 것만은 못한데…."

"그런 생각하지 마십시오. 이것만 가지면 홍콩을 다 사고도 남습니다."

그래서 함참 망설이다가 그만 자기도 모르는 사이에 바꾸고 말았다.

"여기서 풀어 보지 말고 저 산중턱에 가서 풀어 보세요."

"허긴 여기서 망신 당하는 것보다는 저 산에 가서 홀로 펴 보는 것이 낫겠다."

하고 그것을 들고 산 위에 올라갔다. 둘러보니 주위에 커다란 너래바위가 있어 거기가서 풀어보았다. 한 껍데기를 벗기면 한 껍데기가 나오고, 또 한 껍데기를 벗기면 또 한 껍데기가 나오고 하여 서른 여섯 겹을 벗기니 따르르 말린 종이 한 장이 나왔다.

"이것이 무엇인가?"

하고 펴 보니,

"나무대방광불화엄경"

하고 아홉 글자가 써 있었다.

"이것이 다 보물이라 해도 내 것만 못하다고 하였더니 대방광불화엄경이 나 죽였네."

하고 한없이 대방광불화엄경을 부르다가 그만 지쳐 잠이 들었다. 그때 노란 옷을

입은 황의동자가 앞에 나타나,

"감사합니다. 감사합니다. 나는 300년 동안 이곳에 살던 구렁이인데, 50년 동안 장사를 하여 돈을 많이 벌었으나 자식이 없으므로 그것을 황금으로 바꾸어 항아리에 가득 채워 놓고 죽었습니다. 누가 그것을 가져갈까 봐 5m나 되는 황구렁이가 되어 그 주위를 지키고 있었습니다. 며칠만에 한 번씩 쥐 한 마리를 잡아먹고 굶주린 몸으로 오랜 세월 지키고 있었으나 누구 하나 그것을 탐하는 사람이 없었습니다. 그래서,

'어떻게 해야 이 신세를 벗을꼬!'

하고 고민하고 있었는데, 당신이 '나무대방광불'을 외치는 소리를 듣고 '그래 위대하고 바르고 넓고 큰 마음을 깨달아야지' 하고 지금 곧 이 몸을 벗게 되었습니다. 내 몸이 있는 곳은 이 바위돌 아래 굴속이며, 황금이 있는 곳은 내 몸을 들어내면 그 밑에 큰 항아리가 있고, 그 속에 황금덩어리가 꽉 차 있습니다. 당신 마음대로 갖다 쓰시고, 단지 나를 위해 작은 절 하나만 지어 주십시오."

하여 그는 내려가 황구렁이를 태워주고 그 밑에 있는 황금덩어리를 가지고 홍콩 일대의 땅을 다 사서 절을 짓고 주위에 높은 빌딩을 지어 부자가 된 것이다.

올라가 보니 정말 큰 너래바위가 있고 황금 궤를 담았던 항아리가 있었다. 그래서 이 절을 황룡사라 부르게 되었다. 많은 사람들이 황금 궤가 그려진 부적을 사 법당에 바쳤다가 불설소재길상다라니를 외우며 불태웠다. 우리도 부적 네 개를 사 '南無大方廣佛華嚴經'이라 아홉 자를 쓰고 '印度佛教聖地圓滿成就'를 기원하였다.

홍콩의 전경

홍콩을 다스리고 있는 영국정청

병산고탑

(2) 고구마처럼 생긴 대만

저녁 10시 어제 밤 한국에서 타고 왔던 비행기를 다시 타고 대만에 이르렀다. 대만은 홍콩보다는 따뜻했다. 비행기에서 내려 1시간 반 동안 대만공항을 구경했다. 바닷가에 자리잡은 장정공항은 우리나라 김포공항보다는 두세 배가 되게 컸다.

엘리베이터를 타고 2층에 올라가 화려한 청사를 보니 역시 대국의 풍미가 가득찼다. 상가 벽에 3m, 5m, 10m 되는 그림과 글씨가 하늘을 나는 용처럼 찬란하게 빛났고, 주위에는 갖가지 물건들이 상가 전시대에 꽉 차 있었다.

한 바퀴 돌아 다시 비행기를 타고 한숨 자고 나니 태국에 이르렀다.

(3) 뜨거운 나라 태국

태국은 열대지방이라 진짜 햇볕이 강해 땅에서 김이 무럭무럭 났다. 주위에는 열대식물인 야자수가 즐비하고 온갖 꽃들이 장관을 이루었다. 택시를 타고 시내에 이르러 호텔에 들어가 씻고 점심을 먹은 뒤 스님들은 쉬게 하고 우리는 WFB 세계불교도우의회 사무실로 갔다.

태국 국기와 세계불교도기가 높이 매달려 팔랑거릴 뿐 문이 꼭 잠겨져 있다. 그 더운 날 우리는 6km 이상을 도보로 갔는데 호텔로 돌아갈 생각을 하니 막막하였다.

"버스는 없습니까?"

"버스는 무슨 버스야? 여행은 걸어야 제대로 볼 수 있어."

하고 긴 콤파스로 쉬지 않고 걸어가면서 무엇이라 일러 주는데 귀에 들어오는 것은 없다.

"아, 저기 한국집이 보이는 구나. 저기 가서 목이나 축이고 가자."

중국 절

중국 부처님

태국 절

해서 들어가 맥주 다섯 병에 불고기 5인분을 시켰다.

"아니 이것을 둘이 어떻게 다 먹습니까. 싸 가지고 갈려고 그러십니까?"

"싸기는 무엇을 싸. 배 속에 넣고 가야지……."

맥주가 나오자마자 커다란 컵에 따라 연속 마셨다. 한 컵에 한 병씩 세 컵을 먹고 나니 세 병의 맥주가 없어졌다. 불고기도 역시 3인분이 금방 없어졌다.

"안 먹어? 기운이 있어야 여행을 하지…."

하면서 권했다. 역시 열대지방에서는 맥주가 좋았다.

"물이 한국하고는 다르기 때문에 목 마르면 맥주를 마셔야 한다."

내가 한 컵 마시는 사이 불고기 5인분을 다 먹고 맥주도 다 마셨다.

"아, 이제 좀 살 것 같다."

호텔은 3층인데, 호텔이 숲 속에 있어 모기가 많았다. 모기장 세 개를 사서 각기 하나씩 배정해 주고 오박사님은 팬티와 런닝셔츠만 입고 코를 골고 잤다.

다음날 아침 일어나더니,

"보시 좀 했어?"

"무엇을 보시해요?"

이런데 오면 모기도 조금씩 먹여 살려 주어야지!"

스님들도 모기 소리 때문에 잠 한숨 제대로 자지 못했다고 한다.

"여기는 아무 것도 아닙니다. 진짜 인도 가면 모기 파리가 많습니다."

말만 들어도 겁이 난다. 쳐놨던 모기장을 거두어 털어 접어 싸고는 아침 밥을 먹고 왕궁사찰 구경을 갔다.

절은 모두 탑 양식으로 건설되었는데 맨발로 들어갔다. 우리처럼 잠깐 들어가 참배하고 나오는 것이 아니라 일찍부터 와 있는 신자들이 각기 책을 펴 놓고 불경을 외운다.

우리는 외국사람들이 올라가 기도드리는 장소에 가서 3m 높이의 청옥 부처님께 예배를 하였다.

"이 부처님을 위해 캄보디아와 3년 동안 전쟁을 했습니다. 저 부처님 한 분만 가지고도 남한 땅을 다 살 수 있습니다."

말만 들어도 엄청나다.

법당에서 나와 태국, 캄보디아, 미얀마 탑이 한 곳에 서 있는 탑 건물에 가서 탑돌이를 하고 시내로 나오니 온통 거리가 꽃동산이다.

"부미임금님이 중노릇을 할 때 산골짜기에서 양귀비를 재배하여 사는 원주민들을 살리기 위해 왕궁과 방콕 시내를 꽃밭으로 만들고 그 꽃밭을 관리하게 하여 원주민들을 살렸습니다. 우리들은 선방에 앉아 '이뭐꼬(是甚麽)'하는데, 이 분들은 고민하는 중생들을 어떻게 살릴꼬 생각합니다."

왕궁사찰만 한 바퀴 돌고 나니 점심때가 다 되었다.

"저 건너 한식당에 가서 공양하고, 오후 3시 비행기를 타려면 다시 공항으로 나가야 합니다."

오박사님은 거기서도 맥주 여섯 병과 불고기 5인분을 시켜 우리들이 먹고 남은 것을 모조리 다 먹었다. 그리고 캔맥주 10개를 사 가방에 넣고 말했다.

"목마르시면 이것을 물 대신에 마셔야 합니다. 배탈나면 큰일입니다."

오박사님은 땀을 많이 흘려서 그런지 화장실도 자주 가지 않았다. 우리는 다시 호텔로 돌아와 짐을 꾸려 가지고 비행장으로 나갔다.

(4) 네팔의 카트만두

네팔의 수도는 카트만두이다. 비행기에서 내려 공항 밖으로 나가니 헐벗은 옷을 입고 길거리에 앉아 있는 사람들이 수없이 많았는데 스님이 피해 가다가 쭈르

힌두교의 신앙인 링카상

자이나교의 나체 수행자들

힌두교의 신앙인 시바신상

유럽 불자들

룸비니 개발을 촉진한
우탄트 UN사무총장

르 미끄러졌다. 다행히 넘어지지는 않으셔서 가서 보니 길거리에 온통 똥무더기 투성이었다.

택시를 타고 호텔로 갔는데, 호텔은 국가에서 운영하는 여행자 호텔이었다. 허름하기 짝이 없는데, 그런데도 사람들이 꽉 찼다. 새벽 2시가 되니 여기저기에서 턱을 떠는 소리가 나 일어나 보니 얼마나 추운지 자기 자신도 모르게 위 아래 턱이 딱딱 마주쳤다.

스님은 다리가 오그라져 앉을 수도 없다고 하였다. 카운터에 이야기하여 작은 난로 하나를 얻어 왔지만 별로 도움이 되지 않았다. 유리창 밖으로 내려다 보니 사람들이 줄을 서서 뛰고 있었다. 그대로 있다가는 몸이 그냥 굳을 것 같아 스님을 모시고 밖으로 나가 무조건 뛰었다. 한참을 뛰어 보니 몸에서 열이 났다.

새벽 6시에 쟈이(차) 한 잔 사서 먹고 조금 나은 호텔을 찾아 보라 하니 프랑스 사람들이 운영하는 상길라호텔이 있다고 그곳으로 옮겨갔다.

나중에 안 일이지만 네팔은 히말리야 등산객들이 많아 국가에서 운영하는 국영호텔이 많았고, 상길라와 같은 고급호텔은 엄청나게 비싸다 하였다. 어찌되었던 상길라에서 한숨 자고 아침, 점심 겸해서 조금 먹은 뒤 부처님의 안탑(眼塔)이 있는 곳을 중심으로 몇 곳을 들렸으나 다니고 싶은 생각이 없었다.

히말리아 중턱까지 차를 타고 또는 마차를 타고 가는 사람들이 많았다. 길거리에는 거지가 천지이고 보통사람들도 오전에는 머리까지 싸매고 다니다가 점심때가 되니 허리춤에 옷을 묶고 다녔다. 아랫도리는 남자고 여자고 속바지 위에 치마 같은 옷을 두세 개씩 겹쳐 입고 더우면 하나씩 벗어 허리에 감고 추우면 세 개 네 개씩 겹쳐 입었다.

자동차에 물건을 싣는 사람들을 보니 이마에 띠를 매어 쌀 가마니를 꿰어 획 돌리면 2~3m 되는 짐차 위에 떨어졌다. 우리 같으면 목이 부러지고 말 일인데 애기 때부터 훈련이 되어 튼튼하다고 하였다.

이튿날은 갠지스강 상류에 있는 죽음의 강을 가보자 하여 갔는데, 사람들이 5km 이상 늘어서 앉아 있다. 세계 각국 사람들이 많은데 특히 유럽 사람들이 더 많았다.

화장을 할 사람들이 줄을 지어 있다. 남녀를 구분하지 않고 줄 지어 있다가 앞의 화장이 끝나면 다음 사람이 옮겨간다. 이 광경을 구경온 사람 또한 인산인해를 이루고 있다. 천천히 밀치고 앞으로 나가 보니 화장하는 맷돌이 십여개 있고 거기 타는 불 위에 시체들이 얹혀져 있다.

힌두교 성자들과 불교스님들은 그 주위에 앉아 독경염불을 하고 있는데, 뒤에 줄을 선 사람들은 그들을 바라보며 함께 염불을 한다.

죽은 사람의 시체에는 오직 수건 하나만 걸치고 나머지 옷은 다 벗겨 깨끗이 세탁하여 나무 가지나 벌판에 널어 놓으면 옷 없는 사람들이 와서 입고 간다. 음식은 차나 수레에 가득 가득 싣고 와 자기 부모 형제라고 따로 대접하는 것이 아니고 순서적으로 먹을 수 있는 힘이 있는 사람들에게 나누어 준다.

그런데 묘한 것은 한 사람도 울거나 슬픈 얼굴을 하고 있는 사람이 없다. 병이 없어도 늙어지면 거기 와서 얻어 먹고 살다가 그대로 몸을 살라 갠지스강에 띄워지는 것을 최고의 행복으로 생각한다 하였다.

반대편으로 돌아 도살장 있는 곳에 이르니 소, 말, 돼지, 양 할 것 없이 수백 마리의 짐승들이 묶여져 있는데, 머리를 깨끗이 깎은 바라문 스님이 나타나 날카로운 칼로 한 번 내려치면 그대로 목이 뚝 떨어졌다. 그러면 옆에 섰던 사람이 머리를 쟁반에 받쳐 천신들께 올리고 바가지에 피를 받아 조각된 신상에 뿌렸다.

그리고 몸통은 위에서 굴리면 차례로 내려가다가 인연 있는 사람들이 있는 곳에 닿으면 털을 뜯고 껍질을 벗겨 모닥불에 구워서 죽음을 앞둔 사람들에게 갖다 주었다. 관심이 없는 사람들은 오직 강 언덕바지에 앉아 명상을 하든지 독경을 하든지 팽이처럼 돌아가는 법구(法具)를 돌리며 주문을 외운다.

네팔의 눈탑(眼塔)

"아, 이것이 인간의 삶인가. 잘 사는 사람이나 못 사는 사람이나 육도 사생이 똑같구나."

하시고 노래 불렀다.

어디서 왔다 어디로 가는 거냐?
뜬 구름 아지랑이
거품처럼 떠 올랐다 안개처럼 사라지는
인생은 나그네길 처음도 끝도 없네…….

(5) 비자 없이는 들어가지 못하는 인도

제행무상(諸行無常)을 뼈저리게 느끼게 한 네팔, 스님께서는 뭘 잡수시지 않는다. 가게에 가도 뭘 먹을 만한 것이 없다. 시장바닥을 뒤지다가 한 일본 가게에서 곰팡이가 핀 라면 두 개를 발견하였다. 그것을 그냥 먹어서는 안 될 것 같아 한국스님들이 좋아하는 고수를 샀다. 그쪽에서는 고수를 향초(香草)라 불렀다. 어제 죽음의 강가에서 배급 받은 주먹밥 생각을 하면서 국물이라도 조금 먹으면 속이 풀릴 것 같아 냄비에다 끓였다. 깨끗이 씻기도 하였지만 곰팡이 냄새는 전혀 나지 않았다. 큰스님께 갖다 드렸더니 먹어보라는 소리도 하지 않고 다 잡수셨다.

"아니, 그 라면 어디서 난 거야?"

"시장바닥 일본 가게에서 구했는데, 아마 등산 왔던 사람들이 버린 것 같습니다."

"천하 일미네. 우리도 조금 사가지고 왔어야 하는 건데… 이제 어디로 가는가?"

"오후 2시 비행기를 타고 룸비니로 갑니다."

살아있는 여신

장엄한 히말라야와 네팔 사원

네팔의 고탑

인도로 가신다는 말을 듣고 스님은 애기처럼 좋아하셨다.

오후 2시 40명 정도 겨우 탈 수 있는 프로펠러 경비행기를 타고 히말라야 등성을 날랐다. 천년적설(千年積雪)을 입은 산 정상들이 금빛처럼 빛난다.

"아, 저것 보세요. 황금 눈빛이 방광(放光)을 합니다."

골짜기 골짜기마다 색깔이 다르고 기기묘묘한 눈들이 높은 산봉우리 사이에 갖가지 그림을 묘사하고 있다. 황홀경에 빠진 우리들은 그만 시간을 잊어 버리고 있는데 벌써 파트나 공항에 도착하였다 한다.

흥분된 마음으로 짐을 내려 검사를 하고 비자를 보더니 오교수와 나는 한쪽으로 서라 한다. 스님들은 이미 밖으로 나가 기다리고 있는데,

"왜, 무슨 일이 있어요?"

"이틀 전 인도에서 학생들 데모가 일어나 비자 없는 사람은 들어가지 못한다고 한다. 하는 수 없이 우리는 카트만두로 다시 가서 비자를 내 가지고 와야 해. 자네는 여기 있어. 우선 스님들을 호텔에 모셔다 드리고 짐을 맡겨 놓고 올테니까."

혼자 의자에 앉아 한 시간쯤 기다리니 오교수가 왔다.

"어떻게 되었습니까?"

"미리 예약해 놓은 아쇼카호텔에 방을 정해드리고 왔어. 어서 가자. 이 비행기가 2시간 대기했다 바로 떠나거든."

돌아 갈때도 역시 히말리아 등산객들로 비행기가 만원이다.

"이번에는 무료숙박소로 가야겠다."

하고 공항에서 내려 40분간 걸어 한국대사관을 찾아 비자를 부탁하고 나니 또 벌써 저녁 때가 되었다. 건빵 한 개를 사서,

"먹어라."

하고 주면서 말했다.

"이래서 내가 많이 먹어 두어야 한다고 한 것이야. 배고프지?"

"나는 너무 놀라 배고픈 것도 없습니다."

"오늘 저녁은 여기서 자고 내일은 카트만두 일대를 걸어서 구경하겠네……."

걱정이다. 구경이 아니라 종일토록 마라톤을 해야 하기 때문이다. 무료 숙박소에는 세계 각국에서 온 등산객들이 침대도 없이 땅바닥에 침낭 하나씩만 뒤집어 쓰고 누워 잤다. 우리도 그냥 누워 보니 천장 공기가 너무 차 잠이 오지 않았다.

"침낭 하나 얻어 주세요."

하여 침낭을 얻어 뒤집어 썼더니 이불보다 더 따뜻했다. 아침에 일어나 10리 길을 걷고 오전에는 30리 가량 걸었다. 모두가 돌 서달에 판자집을 짓고 있다. 나이 든 사람들은 양지쪽에 앉아 모닥불을 피워 놓고 쟈이를 끓여 먹으며 손바닥만한 빵(자빠띠)을 구워 먹는다. 우리들도 하나씩 사 먹어 보았으나 아무 맛도 없다. 더군다나 소금기가 없으니 무슨 맛인지 알 수 없었다.

점심때는 시청에 가서 카레와 국수를 받아 먹었다. 우리 앞에 부인 두 사람이 아이 하나씩을 데리고 점잖게 생긴 남자와 음식을 받아 먹는데 남자가 양쪽 팔을 걷더니 두 손을 물에 적셔 씻은 뒤 큰 그릇에 부어 쪼무럭쪼무럭 버무린다. 그리고 나서 네 접시에 나누어 주고 자신은 그 손으로 그냥 국수를 집어 먹는다.

"왜 포크를 사용하지 않느냐?"

하니

"포크가 무슨 밥맛을 압니까!"

하고 씽긋 웃는다. 참으로 태연자약한 사람이다. 아이들과 엄마, 엄마와 아버지가 서로 이야기를 하며 밥을 먹는 것이 너무도 행복해 보였다.

오박사님은 점심 후 가게에 가서 맥주 세 병을 물로 마셨다. 나도 처음에는 한 잔 먹었는데 냉수보다는 훨씬 맛이 좋았다.

"여기서 파는 냉수는 개울물을 떠다 먹는 것이니 오염이 심하다. 그래서 여기 사람들은 그 물로 차를 끓여 먹는 것이다."

하기는 화장실이 따로 없으니 누구나 물가에 가서 변을 보고, 그 물을 떠 밑을 씻으니 당연한 말씀이다.

저녁에는 곯아 떨어졌다. 하루 100리 길을 걸었으니 따라다닌 것만도 다행이다. 이튿날 오전 12시 비자가 나와 그것을 가지고 다시 2시 비행기로 파트나공항으로 갔다. 두 스님은 이층 문을 열어 놓고 눈이 빠지게 기다리고 있었다.

"어떻게 밥이나 받아 잡수셨습니까?"

"밥이 뭐여. 말이 통해야 먹지. 만약 비자가 나오지 않아 다시 한국까지 갔다 온다면 어떻게 할 것인가 걱정이 되어서 잠도 못잤어."

"죄송합니다. 갑자기 인도에 데모가 일어나서 비상이 걸린 것입니다."

저녁 식당에는 관광객들로 붐볐다.

"겨울이 되면 방학을 이용해 성지순례 오는 사람들이 이렇게 많습니다."

간신히 자리를 구해 네 사람이 앉으니 쿡이 부지런히 물과 접시와 음식을 날랐다. 오박사님이 그것들을 받아 어르신들께 나누어 드리고 자리에 앉으니 심부름하는 애가 음식을 가져와 오박사님께 맨 나중에 드렸다. 내가 "어른 먼저 드려야 한다" 하니,

"이 분은 한국에서도 노예로 심부름 하는 분이니 한 상에 앉아 밥 먹을 자격도 없다."

하대하였다. 오박사님이 설명했다.

"여기는 차에서 짐을 내려 놓는 사람과 호텔방까지 옮겨주는 사람, 현관문을 열어주는 사람, 방문을 열고 닫는 사람이 각기 정해져 있으니 남의 일을 대신하면 그 사람의 밥벌이가 없어지므로 용납이 되지 않습니다. 그렇기 때문에 그때

뒤에 만들어진 대성 석가사

룸비니를 개척한 아난다스님

그때 일을 하면 즉시 팁을 주어야 합니다. 이들에게는 따로 월급이 없습니다."

"오늘 큰 것을 배웠네. 그렇기 때문에 이틀 동안 창문을 열어놓고 눈이 빠지게 기다리고 있는데도 누구 하나 들여다 보는 사람이 없었구만. 만일 미숫가루를 가지고 오지 않았다면 우리는 굶어 죽었을 거야!"

하고 웃었다.

(6) 룸비니와 까삘라국

여기서부터 델리까지는 어차피 차로 가야만 될 곳이기 때문에 짚차 하나를 보름 동안 세를 냈다. 평균 하루에 두 곳씩 부처님과 연관된 성지를 다 돌기로 하였다.

첫날 순례지는 룸비니와 까삘라국이다. 룸비니는 호텔에서 4km쯤 떨어진 곳에 있었는데, 한국의 시골길처럼 비포장 2차선 도로에 조그마한 가로수도 서 있었다. 작은 읍처럼 생긴 도시를 끼고 돌아가니 높은 다리가 하나 있고 다리를 건너 오분쯤 가니 네팔 절과 티베트 절이 하나 씩 있었다.

우리는 차를 세워 놓고 작은 울타리를 지나가니 마야부인이 애기를 낳은 곳에 마야부인과 천상천하 유아독존을 하는 태자상이 모셔져 있었다. 두 상은 모두 오랫동안 땅 속에 묻혀 있었기 때문에 그런지 진흙 색깔이 사이 사이에 끼어 있었다. 재료는 옥이었다.

생각했던 것보다는 초라했으나 2,300년 전 아쇼카 임금님이 조성한 것이라 하니 세계적인 문화재였다. 우리는 그곳에서 참배하고 뒤로 돌아가니 아쇼카 임금님께서 세운 둥근 기둥이 있고, 기둥에는 팔리어로 다음과 같이 새겨져 있었다.

"이곳이 부처님께서 탄생한 곳이다. 나 아쇼카는 불멸 후 100년 뒤 이곳에 와서 일보일배하고 병이 나은 뒤 이 비석을 세우노라. 이곳에 사는 주민들은 세금의 10분의 1만 내고, 나머지로 이곳을 잘 보호해 주기 바란다."

우리는 이 비석의 명문(銘文)에 의한 고고학적 자료를 통해 부처님의 연대를 재확인할 수 있었다.

아쇼카왕은 부처님께 귀의하기 전 마지막으로 남인도 오릿사지방을 정복하고 수십만 인민들을 살해하였는데, 그 해 추석에 순방을 나갔다가 4대의 위패를 한 자리에 모셔 놓고 제사 지내는 여인을 보고 까닭을 물으니

"아쇼카란 놈에게 우리 4대가 단칼에 죽어 며느리들도 따라 죽었으나 나는 너무 억울해서 그 놈을 만나보고 죽고 싶어 지금까지 죽지 못하고 있다."

하였다. 비로소 임금님은

"전쟁의 참화가 바로 이것이로구나…."

하고 무릎을 꿇고 참회하니 그 여인이 달려 들어 온몸을 손톱으로 후비고 그곳에 침을 뱉으니 그대로 창병이 되었다.

온갖 좋은 약을 다 써 보아도 치유가 되지 않자 절로 약수를 먹으러 가는데 한 스님이 보고 말했다.

"이 병은 약수로는 낫지 못한다."

"그럼 무슨 약을 먹어야 되겠습니까?"

"법수(法水)를 마셔야 한다."

"어디에 가서 먹을까요?"

"룸비니부터 4대성지를 다니며 일보일배를 하라."

하였다. 그 길로 내려와 룸비니 주위를 세 바퀴 돌면서 일보일배하니 온 몸의 종기가 풀잎에 씻겨 모두 터져 나왔다.

그래서 아쇼카임금님은 이 자리에 비석을 세우고 다시 4대성지를 다니며 또 다른 비석을 세웠다.

네팔 카필라국 정반왕 묘

부처님 어머니 마야부인 묘

그 후 4대성지는 국가의 보호 아래 크게 번성하여 수백 명의 수행자들이 머물 렀는데 그 절터가 오늘날까지 그대로 남아 있었다. 부처님께서 목욕한 구룡토수 도 커다란 보리수 아래 사방 100m 이상의 큰 못이 되어 있었다.

우리들은 네팔 사찰에 이르러 네팔 불교지도자 아난다스님을 뵙고 마야부인의 사진과 실달타의 조형물을 선물로 받고 교류를 다짐하고 떠났다.

까삘라국은 약 100리 가량 떨어진 곳으로 부처님께서 12년 만에 까삘라국을 방문하고 머무르신 대림정사터를 보고 다시 까삘라성으로 가서 동문과 서문을 보고 부처님께서 어려서 목욕했던 니연선하와 그리고 배 타고 놀았던 호수도 보 았다.

그리고 석가부처님의 어머니와 아버지 묘지에 가 한국에서 가지고 간 과일과 과자를 놓고 제사를 지냈다. 정반왕과 마야부인의 묘지는 붉은 벽돌로 쌓아 돌 렸으며 정반왕 것은 30평 정도, 마야부인의 묘지는 20평 정도 평면으로 되어 있 었다.

우리들의 목탁염불 소리를 듣고 어린아이, 어른들이 30여 명 모였는데 그들에 게 제사지낸 모든 과일과 과자들을 나누어 주고, 까삘라성을 지키는 군인들에게 도 불전을 주어 잘 보호해 달라 부탁하였다.

까삘라성 부근에는 10여 채의 농가가 있고 2km쯤 떨어진 곳에 면사무소와 파출소가 있었다. 주민들은 주로 농사를 짓고 집집마다 닭이나 개를 길렀으며 사 람들은 좀 말랐으나 건강해 보였다. 네팔사람보다는 훨씬 잘 사는 것 같았다.

우리는 다시 아쇼카호텔로 돌아와 다음 방문지를 정했다.

(7) 신까삘라국과 붓다가야

교살리국 바사익왕은 축생천제(畜生天祭)의 법문을 듣고 크게 감동하여 자주 부처님을 뵈었는데, 32상 80종호를 갖춘 부처님을 보고,

"나도 까삘라성 여인과 결혼하여 부처님과 같은 아들을 하나 낳으면 좋겠다 생각하고 부처님께 청하니,

"그런 일이면 까삘라국 왕에게 청해보십시오."

하였다. 그래서 까삘라 성주 마하남에게 부탁하니,

"원래 우리 까삘라족은 같은 종족이 아니면 절대로 결혼을 하지 않게 되어 있으나, 임금님의 말씀이니 한 번 상의해 보겠습니다."

하고 족장회의를 열었는데,

"까삘라국 처녀는 줄 수 없으니 임금님의 후궁 가운데 한 사람을 선택하여 보내십시오."

결론이 났다. 이에 인도네시아 왕족이 까삘라국에 들어와 후궁으로 있었는데, 그 여인을 선택하여 보내니 교살라국 왕비로 삼았다. 다행이 몸이 유리와 같이 맑고 깨끗한 아이를 낳았으므로 이름을 유리태자라 불렀다.

태자가 여섯 살 되었을 때 외갓집에 가고 싶다 하여 데리고 갔는데, 까삘라국 사람들이 왕자가 앉았다 일어난 자리를 물로 씻으며,

"노비의 자식이 어떻게 양반을 자처하는가."

하며 .업신여겼다. 속이 상한 유리태자는 자기 궁전으로 돌아와 자기 또래의 친구들 1천 명을 훈련시켜 아버지가 돌아가시면 기필코 복수하리라 맹세하였다.

부처님 말년, 16세에 왕위에 오른 유리태자는 3천 명의 군대를 거느리고 가 3중으로 까삘라국을 에워싸고 외할아버지 마하남을 체포하고 왕족 1천여 명을 포로로 잡아 궁중 호수 앞에 앉혀 놓고 말했다.

"당신은 대국의 왕을 속인 역적이다. 당연히 그냥 죽여야 하지만 한 가지 소망을 들어줄 터이니 무엇이건 말하라."

"나는 내가 잘못한 죄로 죽으나 죄없는 왕족들까지 따라 죽게 할 수는 없으니 내가 저 물속에 들어가 시체가 떠오를 때까지 도망간 사람은 잡지 말아 주시오. 그리고 태자가 세 차례나 정복하러 오다가 부처님께서 '내 종족의 피는 말랐다' 하신 말씀을 듣고 퇴군한 바 있는데, 그때 불교 교단에 출가한 까삘라국 사람들은 죽이지 말아 주십시오."

"좋다."

하자 까삘라국왕이 호수 속으로 들어갔는데 두 시간이 되어도 시체가 떠오르지 않자 잠수부를 시켜 들어가 보니 상투를 나무 뿌리에 꼭 묶고 죽어 있었다.

그때 도망간 사람들과 외국무역이나 관리로서 외지에 나갔던 사람들이 돌아와 오늘날 인도 땅에 제2 까삘라국을 세웠는데, 그 성이 지금 인도 땅에 접해 있다.

근세에 와서 네팔사람들은 우리나라에 있는 까삘라국이 진짜 까삘라국이다 주장하는가 하면 인도사람들은 까삘라국은 인도 땅에 있다 하고 주장하였다.

그런데 예부터 내려오는 까삘라국은 정반왕과 마야부인의 묘지가 있는 곳이고, 새로 만든 까삘라국은 인도에 있는 것이니, 신구 까삘라국이 그렇게 해서 만들어진 것이다.

부처님 입멸 후 까삘라족들이 분배 받은 사리도 알고 보면 신 까삘라국에 모셨던 것인데 지금은 인도 국립박물관에 모셔져 있다. 그래서 우리는 구 까삘라국은 보았으니 신 까삘라국을 보고 가자 하여 들렀던 것이다.

그곳의 중요문화재는 부처님 사리인데, 현재 델리에 있는 국립박물관에 모셔져 있으니 특별히 볼 것은 없지만 궁전터와 요사채, 왕비들이 거처한 장소가 있었다.

거기서 세 시간 쯤 중앙지대로 내려가면 부처님께서 도를 깨달으신 붓다가야가 있고, 그 건너에 수자타마을이 있으며, 저 멀리 북쪽으로 전정각산이 보였다.

우리는 먼저 호텔을 정해 놓고 부처님께서 견성오도하신 금강보좌와 보리수, 그리고 성도 후 첫 주에 금강보좌에서 건너와 눈도 깜짝이지 않고 서 있던 곳에 탑을 세운 불순탑지(不瞬塔地), 세 번째 나무꾼들의 쉼터에 앉아 오색광명을 놓은 제4 명상터, 하늘의 제석천왕과 대범천왕이 권청하여 법문을 해 주시기로 한 제5 선정지, 미얀마사람들이 부처님께 미숫가루물과 보리 떡을 공양한 제6 선정지, 비바람을 피하기 위해 동굴 있는 쪽으로 갔다가 파리와 모기, 등에가 가득 차 있는 것을 보고 밖에 나와 앉았으니 코브라 한 마리가 꼬리를 느릅나무 가지에 감고 그 머리로 부처님의 머리 위를 가려 풍수해를 피하게 한 제7 선정지를 낱낱이 보고 다시 본자리로 오니 첫 번째 금강보좌에서 불순탑까지 갔을 때 발밑에서 솟아나온 연꽃을 상징하여 일곱 개의 연꽃이 돌에 조각되어 있었다.

금강보좌로부터 제5 선정지까지 약 200m 사이에는 부처님 성도를 기념하기 위하여 52m의 정각탑이 세워져 있었고, 용왕의 동굴 뒤에는 300평 정도의 큰 저수지가 있었다.

우리의 호텔은 아쇼카호텔이었는데 부처님 성도지에서 가장 가까이 있는 호텔은 일본사람들이 지은 니꼬호텔이었다. 우리들은 니꼬호텔에 가서 저녁을 먹고 이튿날 수자타 마을에 갔다. 그곳에는 거창하게 큰 3층 전탑이 있는데, 이 탑은 뒷사람들이 수자타를 기념하여 만든 것이라 하였다.

부처님께서 목욕하다 빠져 죽을 뻔 한 곳에는 마치 교회의 뾰족탑처럼 큰 탑이 숲 속에 세워져 있었으며 수자타마을 청년들이 청소년 교육을 위해 수자타 학교를 만들어 운영하고 있었다.

전정각산은 완전한 돌산인데 티베트스님들이 부처님의 그림자가 있는 유영굴

(遺影窟)을 보호하고 있고, 절 앞 마을에는 불가촉(不可觸) 천민들이 상당히 큰 마을을 형성하고 있었다.

(8) 녹야원과 베살리성

녹야원은 다섯비구가 부처님이 수자타에게서 유미죽을 얻어 잡수는 것을 보고 타락하였다 버리고 도망가 있던 곳이다. 갠지스 강가로는 불교 이전부터 힌두교와 자이나교 신도들의 성지로 크게 발전하여 있었는데, 불교는 그 가운데서도 녹야원에서 다섯비구가 거쳐하고 있어 부처님이 그곳을 찾았던 것이다.

부처님께서 갠지스강을 건너려 하니 뱃삯을 내라 하여 까마귀처럼 날아 건넜기 때문에 부처님께서 가장 처음으로 신통력을 나타낸 곳으로 이해되고 있다.

다섯비구는 싯다르타를 완전히 깨달은 성자로 보지 않고 타락한 왕자로 생각하였는데, 이마에서 밝은 빛을 쏟아내고 눈빛이 형형한 것을 보고 물었다.

"싯다르타여, 그대의 모습은 옛날과는 크게 다른데, 무엇을 깨달았느냐?"
하니 부처님은 하늘을 가르키며,

"나는 누구도 의지하지 않고 스스로 깨달았다."

이 말을 듣고 아약교진녀가 먼저 깨닫고 받들었으며, 나머지 친구들은 오온, 십팔계, 십이연기, 삼법인 법문을 듣고 모두가 깨달았다.

부처님은 여기에서 베나레스에서 제일가는 장자 구리의 아들 야사를 제도하고 그의 친구들께 포교의 길에 오를 것을 선언하였다.

"사람들아, 그대들은 모든 구속으로부터 벗어났으면 그대들처럼 다른 사람들도 불쌍히 여기고 구제하라. 세상에는 더러움이 적은 사람도 있는데, 가르치지 아니

티베트 부처님

탁발하는 스님들

하면 망할 것이다. 처음도 좋고, 중간도 좋고 끝도 좋으니 말과 뜻이 겸해진 행을 가르치라."

그래서 그곳에는 불영탑(佛迎塔) 다메크(法輪塔)가 있다. 그 뒤부터 부처님은 30명의 귀공자와 3가섭의 제자 1천 명을 제도한 뒤 빔비사라 임금님을 제도하고 죽림정사를 희사 받는다.

마가다국의 빔비사라왕은 부처님을 큰 스승으로 모셨고 그의 아들 아사세왕은 불멸 후 제1 결집의 후원자가 되어 팔만대장경을 결집하게 된다.

왕의 제3대에 와서는 아쇼카왕이 태어나 전 인도를 통일하고 부처님의 법을 전 세계에 유포하였다.

이것이 불교가 세계화되게 된 동기이다. 마가다국의 서울에 있는 영축산은 그곳에서 부처님께서 법화경을 설해 유명하다.

베살리성은 마가국에 속해 있는 작은 나라였으나 인도 모든 나라 왕족들이 피신해 와서 사는 유락지였다. 인도에서 제일가는 기생 암바발라는 제자 1천 명을 거느리고 있었고, 재가불자 유마거사는 중도불이(中道不二)의 법문으로 부처님께서 다 하지 못한 포교를 거들었으며, 부처님 제일가는 제자 가섭존자가 법을 받은 곳도 바로 베살리성이다.

가섭존자는 금세공의 아들로 어려서부터 큰 부자로 살았는데, 세상사람들이 죽어가는 것을 보고 나도 출가해서 법을 구하리라 하였는데 아버지와 어머니께서

"네가 결혼을 하지 아니하면 손이 끊어지게 되는데 이 부를 누구에게 물려줄 것이냐!"

걱정하니,

"나와 같이 황금빛 찬란한 여인이 있으면 결혼하겠습니다."

하여 베나레스의 부호 8선녀 가운데 막내딸과 계약결혼을 하게 되었다.

"나는 장차 출가수행자가 될 것이니 우리가 부부가 되더라도 애기를 낳지 말고 아버지와 어머니가 돌아가실 때까지만 함께 살자. 피부색이 다른 아이를 낳으면 우리처럼 조롱받는 사람이 되지 않겠느냐."

하여 결혼 후 20년 동안 동침하지 않고 살다가 아버지와 어머니가 돌아가시자 모든 재산을 노예해방 하는데 쓰고 자신들은 모단 옷 한 벌과 옥발우 하나씩만 가지고 바라문교에 출가하였다.

그 뒤 부인은 친정쪽으로 가서 살고 가섭존자는 스승을 찾아 유랑하다가 부처님께서 베살리성 다자탑(多子塔) 앞에 앉아 계시는 것을 보고 자신의 옷을 벗어 바쳤다. 부처님께서 그 가사를 반은 자신이 깔고 앉고 반은 가섭존자에게 앉게 하여 '다자탑반분좌(多子塔半分座)'란 말이 생기게 되었다.

그 뒤 영축산에서 법화경을 설할 때 꽃을 드니 가섭이 은근히 미소를 지어 '영산회상 염화미소(靈山會上 拈花微笑)'란 말이 생겼고, 부처님께서 쿠시나가라에서 입멸 후 가섭존자가 가니 관 밖으로 두 다리를 쭈욱 뻗어내어 '곽시쌍부(廓示双趺)'라는 말이 나와 삼처전심(三處傳心)의 가섭존자로 알려졌다.

어떻든 가섭존자는 부처님의 제일 제자가 되었다. 그의 생활은 두타(頭陀)를 제일로 하였는데 출가수행자들의 모범이 되었기 때문이다.

베살리성에 가니 부처님의 사리탑지가 그대로 남아 있고, 아난존자의 탑이 원숭이가 부처님께 꿀 공양을 올린 곳 바로 앞에 있었다. 암바발리가 부처님께 귀의했던 곳도 이곳이고 대중부와 상좌부가 갈라진 제2 결집지로도 널리 알려져 있다.

부처님 마지막 안거를 하신 베살리성은 물과 곡식이 풍부하여 인도 제일 무역지로도 알려져 있다. 그러나 아직도 유마거사의 집터와 암바발리의 집터, 다자탑지가 발견되지 않아 짐작으로만 거점을 잡고 있었다.

우리는 상카시아 일정을 생각해서 베살리성에서 자지 않고 조금 길고 먼 시간이었으나 쿠시나가르로 가서 잤다.

(9) 쿠시나가르성과 상카시아

쿠시나가르는 부처님께서 열반에 드신 곳이다. 전생에 부처님께서 선견왕으로 전륜국가를 이루어 살던 곳으로 3천 년 후는 대 도시가 될 것이라 예언한 곳이다.

호텔도 제대로 된 것이 없어 국립여행자호텔에서 잤는데, 침대가 다 부스러지고 엉망진창이었다. 그래도 네팔보다는 나았다.

부처님께서 마지막으로 돼지버섯을 잡수시고 배가 아파 고생하다가 여기서 열반에 드시고 10개국 사람들이 그 사리를 나누어 가져간 곳이다.

현재는 열반탑에 열반상이 모셔져 있고 화장한 장소에는 빨간 벽돌더미가 조형물도 아닌 무더기를 형성하고 있다.

덕암큰스님은 한국에서 가져간 제물과 비행기에서 사갔던 양주를 내놓고 통곡하시었는데, 주위 마을에서 노인 한 분과 아이들 10여 명이 와 함께 제사를 지냈다. 특히 그 노인에게는 양주를 통째로 주고 아이들에게는 과자와 과일을 나누어 주면서,

"부처님 열반지를 잘 지켜 달라."

부탁하였는데, 그 다음에 인도를 가니 그 노인이 스님이 되어 그 자리를 지키고 있었다.

쿠시나가르는 팔대성지 가운데 가장 후미진 곳으로 도시 모양이 말이 아니다. 그러나 요즈음 가서 보면 여러 성지 가운데서 가장 성장한 도시로 비행장도 시설

부다가야 정각탑

쿠시나가르

되어 있고 호텔도 일본사람들이 가족호텔을 지어 쉬어가기에 편안하였다.

여기서 우리는 팔대성지 가운데서 마지막 코스인 상카시아로 갔다. 상카시아는 새벽 4시에 출발하여 오후 5시에 도착하였으니 하루 여행으로는 무척이나 긴 여행이었다. 부처님이 사위성에서 신통력을 나타내어 천불(千佛)을 화현하고 제석천왕과 대범천왕의 권유로 돌아가신 어머니가 계신 33천에 이르러 어머니를 제도하고 지상으로 내려오신 곳이다.

부처님께서 성도 후 마가다국에 계실 때 사위성 기타태자와 급고독원장자가 큰 절을 지어 모시니 이교도들이 시기질투하여 절대 입성(入城)을 반대하였다.

그러나 사위성에 와서 번성하게 포교하니 육사외도가 신통경연대회를 하자고 하여 임금님께서 주신 망고를 잡수시고 손바닥에서 싹이 나게 하여 가지를 뻗게 하고 열매를 맺게 하니 수많은 사람들이 "부처님, 부처님" 하면서 서로 만지려 하자 천불을 화현하여 모든 사람들이 마음대로 만져 보게 하였다.

그때 제석천왕과 범천왕이 하늘에 계신 어머니를 제도하러 가자 하여 33천에 이르러 어머니를 뵙고 지장보살을 불러 제도케 한 뒤 석 달 동안 안거를 하고 상카시아로 내려오셨다. 그러므로 지장경이 그곳에서 설해지게 되었는데, 지상사람들은 부처님을 뵈올 수 없어 부처님을 그림으로 그리고 전단향나무로 상을 만들어 모시고 매일 예불하였기 때문에 불상과 탱화가 만들어지게 되었다고 한다.

그러나 비구니 가운데 신통을 잘 부리는 연화색 비구니가 부처님을 보고 싶어 천왕의 모습으로 여러 나라 왕들 앞에 나타나 섰다가 부처님께 들켰다.

"연화색 비구니여, 네가 어찌 법을 어기고 큰스님들 앞에 섰는가. 수보리는 영축산에서 나를 진작 환영하였는데……."

하여 참회하고 부처님을 따라다닌 일이 있다.

이렇게 부처님은 천상에 계신 어머니를 제도하고 그 어머니의 옛 친정인 상카시아로 내려와 가족들을 빠짐없이 모두 제도하였다. 우리들은 지치고 허기진 가운데서도 부처님께서 맨발로 천당과 지상을 오르내리며 중생을 제도하는 모습을 보고 감탄하였다.

상카시아에는 스리랑카 사찰과 티베트 사찰 둘이 있는데, 스리랑카 사찰에서 잠깐 쉬었다가 사위성으로 향했다.

(10) 사위성의 급고독사원

사위성은 평화로운 도시였다. 밤새도록 차를 타고 새벽 4시에 도착하여 일본 호텔에서 잤는데, 모처럼 달게 잤다. 음식도 쌀밥이 있고 국수가 있어 마음대로 먹을 수 있었다.

모처럼 샤워를 하고 느즈막하게 기수급고독원에 가니 절 입구에 스리랑카 절이 있었는데, 큰스님을 지극히 모셨다. 스리랑카 차로 속을 덥힌 뒤 천천히 급고독장자의 절에 들어 가니 사리불과 사리불 제자들이 지냈던 절이 붉은 벽돌로 지어져 있고, 급고독원장자가 만금을 주고 샀다는 수닷다의 황금땅에는 아난다의 사원이 보리수 밑에 지어져 있었다.

거기서 50m쯤 가면 부처님의 향실이 있고, 대강당이 있으며, 비구니스님들이 앉아 부처님 법을 들었던 절이 있었다. 강당 옆에는 우리나라 옛 우물처럼 큰 우물이 파져 있는데, 지금은 펌프를 박아 물을 퍼 올리고 있었다. 급고독원 절은 대지가 100만 평 이상은 될 것 같은 거대한 공원이었다.

후문으로 나와 살인귀 아인샤카의 집과 급고독장자의 집을 보고 사위성 왕궁터와 그 터 옆에 있었다는 왕사, 비구니스님들 절터도 보았다. 그리고 그곳에서 멀리 떨어져 있지만 갠지스강가에 김해 김수로왕의 부인 허황후의 고향이 있다

하였다.

그리고 마지막으로 부처님께서 천상으로 올라 갔던 천왕사(天往寺) 절터에 올라가 사위성의 전경을 한눈에 볼 수 있었다.

이것으로 이번 계획했던 8대성지를 모두 순례하고 나니 입 속은 서걱서걱 먼지 투성이 이고 옷 또한 말이 아니지만 마음은 천상을 나는듯 환희에 차 있었다.

우리는 델리로 가서 중일식 음식점에서 산해진미(山海眞味)를 시켜놓고 제1차 성지순례를 평가하였다.

첫째, 부처님은 처자권속을 함께 출가시켜 공부하고 있었어도 친 불친을 따지지 않고 평등하게 수행하였고,

둘째, 1,200대중을 거느리고 다녔으나 권속관념을 가지고 사람들을 차별하지 않았으며,

셋째, 수십 개의 사찰을 지어 받았으나 세세생생 대중의 수행처로 받아 공영하게 하므로서 지금도 국가에서 관리하고 있었다.

넷째, 부처님은 종파가 없이 원융법으로 일 잘하는 거사나 장자들에게는 스님들 공부 잘하게 바라지하게 하고, 출가수행자들에게는 완전 무소유로 오직 구도와 전법 수행에만 몰두하게 하고 있었다는 것을 크게 깨닫게 되었다.

그래서 우리는 장차 한국에 가서도 종파불교를 내세우지 말고 권속관념에 빠지지 않도록 하자고 다짐하였다. 이후 스님은 포교사 전문대학을 중심으로 후배양성에 힘을 쓰다가 제자들이 여러 종파의 주인공이 되어 여기 저기서 모시고자 하는 바람에 할 수 없이 태고종 총무원장과 종정을 지내다가 가셨다.

나는 전국신도회에 상임법사로 있으면서도 교도소, 군법당, 새마을 교육할 것

없이 필요한 곳에는 가림 없이 포교하였으며 천태종, 진각종, 심지어는 원불교까지도 가리지 않고 포교하였다.

(11) 델리와 남인도

델리에서 이틀 동안 옛 유적지를 다니면서 구경하였는데, 나라를 지키다 희생한 구국위령탑(한국 같으면 국립묘지)을 참배하고 전후좌우로 10리 길이 넘는 국립공원, 정부청사를 구경하였으며, 왕궁박물관도 둘러보았다. 박물관에서는 뉴까삘라국에서 출토된 부처님 사리가 맨 앞에 모셔져 있어 통곡하며 참배하였다.

남인도에 이르러서는 엘로라(32석굴)와 아잔타(27석굴) 등 대형 석굴을 구경하고 감탄하였다. 한 왕후를 위해 자식에게 왕위를 물려주면서까지 살아서 약속했던 맹세를 지킨 왕이 지은 타지마할을 보았으며, 그곳을 지키는 관리들이 살던 집을 호텔로 개조하여 운영하는 곳에서 이틀을 지냈는데, 명자 그대로 왕궁이었다. 음식이고 잠자리고 모두가 인도 전통적인 왕궁형이었고 심부름하는 사람들까지도 인도 전통 의상을 입고 상냥하게 봉사하였다.

이튿날 튼튼한 성이 둘러싸고 있는 붉은 사암으로 건축된 궁전과 수백 명의 후궁들이 살았던 집들도 구경할 수 있었다. 자기의 종교를 후궁들에게 강요한 것이 아니라 각자의 종교를 신앙할 수 있도록 하여 참으로 평화스러운 풍경을 보았다.

사실 나라의 임금님은 복잡하게 얽힌 씨족과 종족, 그리고 백성들을 정신적으로 서로 융통하며 평화스럽게 지낼 수 있는 방법을 택했고, 힘으로 겨루어 약육강식하지 않았다.

인도의 기후풍토가 열대지방이라 각자가 부지런하기만 하면 먹고 사는 것에는 크게 걱정하지 않아도 되었고 빈부의 차이가 심하더라도 보시정신이 강하여 병든 사람은 많아도 굶어 죽는 사람은 그렇게 많지 않았다고 한다.

마지막으로 우리는 용수보살이 화엄경을 가져 왔다는 남해에 이르러 배를 타고 구경하였다. 화엄경은 무진세계, 백억일월세계를 설명하고 있는데, 인도의 밤하늘을 바라보니 능히 천백억세계를 연상하고도 남음이 있었다.

용수보살은 큰 부자집 바라문의 아들로 여섯 살 때부터 베다를 공부하여 열네 살에 모든 학문을 마스터하고 열 다섯부터 친구들과 신통력을 배웠다. 땅속으로 기어 다닐 수도 있고 하늘을 날아다닐 수도 있게 되었다.

"자, 우리가 이런 경지에 이르렀으니 무엇부터 해 보는 것이 좋겠는가?"

"이 세상 가운데서 뭐니 뭐니해도 여자가 제일이지!"

"그렇다면 어떤 여인인가?"

"이왕이면 임금님이 뽑아 놓은 여인이 어떠할지……."

"자신있는 사람만 손 들어봐라."

딱 두 사람 뿐이었다. 그래서 그들은 왕궁 옆으로 가서 때를 기다렸다가 밤이 되자 다람쥐, 지네 같은 것으로 변신하여 왕궁 담을 넘었다. 어여쁜 선동(仙童)으로 변하여서 그들의 품안으로 들어가니 그들은 조금도 의심하지 않았다.

조금씩 조금씩 자라 그들이 잠들었을 때는 풍만한 남자로 변하여 여인들과 환희 속에서 놀아났다. 이들은 자그마치 3년 동안 궁중여인들을 거의 다 농락하였다.

임금님은 자신을 대수롭지 않게 여기고 무엇인가 새로운 세계를 동경하는 여인들을 발견하고 물으니 사실대로 고백하였다. 이에 특수부대를 양성하여 그들을 잡고 보니 새파란 청년들이었다.

아쇼카왕의 4사자탑

네팔, 인도 사람들

"너희들 생각이 어떠하냐?"

두 놈이 말했다.

"아직은 잘 모르겠습니다."

"흥, 더해 보아야 알겠다는 말이로구나…."

용수보살을 바라보며 물었다.

"네 생각은 어떠하냐?"

"별 것이 아닌 것을 깨달았습니다."

"그렇다면 저 놈들은 이곳에서 즉결처분하고, 너는 산중으로 들어가 중이 되어라."

하여 용수보살은 절로 들어 왔으나, 두세 달 공부하고 나니 더 이상 배울 것이 없었다. 그래서 북인도에 이르러 법화경을 보고 나니,

"남인도로 가 보라."

하여 남인도에서 10조 9만 5천 4십팔자, 10종 화엄경을 발견하고 무진세계의 법문을 배경으로 대지도론을 정리하고 그 가운데서 사바세계 중생들이 이해할 만한 40권, 60권, 80권 화엄경을 가지고 와 널리 퍼뜨리니 백억일월세계를 이해하는 사람들이 있었다.

나는 성지순례를 마치고 한국에 와 80권 화엄경강의본을 내어 덕암큰스님 칠순찬지를 하게 되었으니 모두 이것은 용수보살의 가피다.

이렇게 해서 우리는 남인도까지 구경하게 되었으나 산치탑까지는 가지 못하고 엘로라와 아잔타 석굴만 구경하였다. 짚차 한 대로 전 인도를 돌아다니다 보니 차가 엉망이 되었기 때문이다.

(12) 스리랑카의 국민정신과 불교

그래서 차를 보내고 거기서 스리랑카로 날아갔다. 초기불교의 전법상을 보기 위해서였다.

비행기로 우리는 콜롬보에 도착하였다. 320년간 영국의 지배를 받아오면서도 자기네의 옷과 글, 문화를 완전하게 보존하고 간직해 온 나라가 스리랑카였다.

물론 인도에서도 마찬가지였지만 인도는 워낙 종족이 많아 인도만 해도 640종이 되었다. 스리랑카는 싱할리족과 타밀족 두 부족이 있고, 종교로는 힌두교와 불교가 있으나 그 가운데서도 고대 불교의식이 그대로 살아있다고 하는데 놀라지 않을 수 없었다.

먼저 상좌부와 대중부 두 사찰에 들려 이(理)를 중심으로 하는 상좌부와 사(事)를 중심으로 하는 대중부 등 두 불교를 보았으나 하루에 한 때 먹거나 두 때 먹는다는 차이점과 바깥 일을 중심으로 하거나 안의 일을 중심으로 한다는 차이점 밖에는 별로 다른 점이 없었다. 어떻든 비구는 하루에 한 때만 빌어서 먹고 소유를 갖지 않는 것을 확실하게 깨달았다.

신도들도 모두 일색으로 백의를 입고 절에 온다는 것과 특히 일요일이면 온 식구가 와서 어린이들은 스님들의 지도를 받아 경전을 익히고 이미 성숙한 어르신들은 각기 끼리끼리 앉아 경전을 독송하든지 절 일을 돕든지 하등의 차이를 두지 않았다.

특히 보살님들이 마이크 앞에 앉아 아함경을 독송하는 모습은 인상적이었다.

노스님이 말했다.

"영국사람들이 이 나라를 320년 동안 다스려 왔으나 거기에 크게 물들어 있지 않았습니다. 우리들은 반영(反英)운동을 많이 했지만 지금 옥스퍼드대학에 가서 영국사람들에게 불교를 가르치는 사람들은 대부분 스리랑카 스님들입니다.

불교를 없애기 위하여 절 앞에 교회를 세우고 기독교인에게만 신식학교에 다니게 하였으나 신식학문을 배운 사람들이 도리어 불교에 헌신하므로서 결국 그들은 손을 들었습니다.

불경을 외우지 못하게 하여 모든 책을 거두어 불 질러 버렸으나 머리 속에 들어 있는 책은 불태울 수 없었습니다. 스리랑카에는 4아함, 법구경, 소아함을 완전히 외우고 있는 사람들이 전 국민의 5분의 1은 됩니다.

스님들은 중 노릇하다가 세상일꾼이 부족하면 사계하고 나와 세상사람들과 함께 노력합니다. 나라 전체가 섬이라 처음에는 먹을 물도 부족했습니다. 그런데 사계하고 나온 스님들이 중심이 되어 저수지 막는 일을 하여 지금 스리랑카에는 3,600개 이상의 호수가 만들어져 먹는 물이나 농업용수에 걱정이 없습니다.

뿐만 아니라 물이 호수를 이루니 그 가운데서 고기들이 자라 백성들의 식량문제에도 큰 도움이 되었습니다.

그 전에는 바다나 산으로 다니면서 고기잡고 사냥하였는데, 사냥하지 않고도 물고기가 흔하니 소, 돼지를 잡지 않아도 배부르게 먹을 수 있습니다.

이것이 사판승(事判僧)들이 해낸 일이고, 이판승(理判僧)들은 송경(誦經)과 사경(寫經), 위빠사나를 중심으로 하며 우리의 전통과 글을 완전하게 보존해 오는데 큰 역할을 하였습니다.

영국사람들은 우리나라에서 가장 오래 된 대장경을 가지고 가 연구하다가 팔리어와 산스크리트가 유럽어의 할아버지이고 아버지라는 것을 발견하여 지금은 우리보다 불교공부를 더 열심히 하고 있습니다."

이야기를 듣고 보니 할 말이 없었다. 한국인의 전통 옷은 대부분 서양화되고

성지를 수호하는 인도 군인

수자타 마을

빔비사라왕의 감옥

언어는 일본어, 영어가 반 이상 들어와 온통 시내 간판이 꼬부랑 글씨로 맥질해 가고 있으니 말이다.

이튿날 우리는 캔디로 가서 부처님 치아사리를 참배하고 지금도 장경을 펜글씨로 나무이파리에 써서 보급하고 있는 패엽경 장경사, 불교가 최초로 스리랑카에 도래했다는 이슈므르 절 등을 보고, 끝으로 종정스님이 직접 운영하는 불교학교에 가서 수천 학생들에게 불교를 가르치고 있는 스님들의 교육활동을 관람하였다.

우리는 지금 동국대학교 하나를 가지고도 네 것, 내 것을 가리고 싸우고 있는데, 부끄럽기 짝이 없었다. 그래서 귀국한 후 덕암스님은 불교정신문화원이나 포교전문대학을 자주 오셔서 격려해 주셨다.

이렇게 한 바퀴 돌고 나니 귀국 날짜가 다 되어 있었다. 서둘러 귀국길에 올라 태국에 들려 WFB 세계불교우의회를 찾아보고, 태국에서 해단식을 가졌다. 오극근교스님이 국제세미나에 참석하도록 되어 있어 부득이 태국에서 떨어졌기 때문이다.

큰스님은 귀국길 공항에 나와서야

"선물 한 가지도 사지 않았으니 어떻게 하나…."

하시어, 푸른 구슬로 긴 목걸이를 만든 염주를 세 개 사서 귀국해서 이를 풀어 단주를 만들어 돌리기로 하였다.

나는 다녀온 뒤 보름 동안 여행지에서 메모한 것을 총 정리하여 『안덕암스님 인도불교성지순례기』를 써서 이화문화사에 맡겨 출판 후 기념법회를 마치고, 중곡동 불교정신문화원에서 대강연회를 가졌다.

잊을 수 없는 여행이었다.

녹야원 전법상(석가모니 부처님)

2-42. 죽어도 살아 있는 광덕스님

광덕스님은 1927년 경기도 화성에서 태어나 1950년 부산 범어사 동산스님 문하에 출가하였다.

일찍이 출세하여 학교 선생님이 되었는데 몸이 약해 어느 산에 가 휴양을 하는데 건너 산에서 매일 새벽이면 목탁소리가 났다. 나가 보니 풀뿌리만 먹고도 건강한 스님들이 새벽부터 염불과 참선을 하고 있었다.

"어머니, 이제 그만 해 오세요. 몸에 좋다는 것은 다 먹어도 소용이 없지 않아요. 나도 스님들을 따라 염불하겠습니다."

생각이 달라진 스님은 꼬리곰탕이나 족탕을 먹지 않아도 사는 새로운 인생으로 태어났다.

"스님, 나같이 병든 사람도 중 노릇 할 수 있겠습니까?"

"그럼. 멀쩡한 사람도 중 노릇 하는데 하물며 병든 사람이 참회하면 뒷길이 밝아지지……."

하여 후원 일을 살피며 천수경을 외었다.

세상에는 조금만 쉬어도 남은 음식을 모두 버리는데, 여기서는 끓인 것을 다시 끓여 한 가지도 버리는 것이 없었다. 위생관리란 버리는 데만 깨끗한 것이 있는 것이 아니라 버리지 않는데 더욱 깨끗함이 있다는 것을 알았다.

부잣집 아들로 학교선생으로 잘났던 생각으로 함부로 살았던 자기 인생이 저절로 반성되었다.

"나는 오늘부터 버리는 것 보다는 버리게 된 것을 버리지 않게 하고, 못 쓰는 것을 쓰게 만들어야 하겠다."

하고 매일 백팔참회를 하였다.

대자대비민중생 (大慈大悲愍衆生)

대희대사제함식 (大喜大捨諸含識)

상호광명이장엄 (相好光明以莊嚴)

중등지심귀명례 (衆等至心歸命禮)

저희들이 지난 날을 생각하오면 시작 없는 옛적부터 지은 죄가 한량 없습니다. 제 스스로 짓기도 하고, 남을 시켜 짓기도 하며 탑전이나 삼보도량, 승물이나 사방승물 가림없이 제 것인양 함부로 갖기도 하고 무간지옥 떨어질 오역중죄도 남이 짓는 십불선도 좋아하고 나와 남이 어울려 짓기도 하며 이와 같은 모든 죄가 태산 같으되, 어떤 것은 지금도 생각에 남고 어떤 것은 아득하여 알 수 없으나 알듯 말듯 지은 모든 죄의 과보로 지옥아귀 축생도에 떨어지니 제가 이제 지성 다해 참회합니다."

너무나 많이 울고 절을 많이 해서 그런지 몰라도 일어나지도 못하고 그 자리에 쓰러져 있었다.

누가 데려다 놓았는지 몰라도 눈을 떠 보니 병원인데 의사가 말했다.

"스님은 폐를 수술해야지 그냥은 살 수 없습니다."

"사람이 폐로 숨을 쉬고 사는데 폐를 잘라버리면 어떻게 삽니까?"

"어머니 배속에서는 폐로 숨을 쉬지 않았습니다."

"그렇지 않아도 어제 저녁 관세음보살님께서 그렇게 일러주셨습니다."

그 말을 듣고 곰곰이 생각하다가 단전복기(丹前腹氣)를 하게 되었다. 두 달쯤 연습을 해 가지고 조심스럽게 폐를 열었다. 열어 보니 한 쪽은 이미 못 쓰게 되었고 다른 한 쪽도 3분의 1은 다 썩어 있었다.

"모두 다 잘라낼 터이니 4분지 1 인생만 사세요."

스님은 수술 후 조심스럽게 호흡하면서 108염주를 돌렸다.

아침 저녁 불어주는 숨결이 다르구나

어수선한 마음도 차분히 제 자리로 찾아가는구나

학생들은 학교로 선생들은 교실로

맡은 바 임무를 다해 가니 수확은 저절로 맺어지는구나

서둘지 않으면…

보이지 않던 것이 보이게 되었고 어두었던 것이 점점 밝아졌다.

"아, 말은 성대(聲帶)의 진동이 아니로구나. 쓸데 없는 말을 줄이고 조용히 행동으로 말하리라."

그의 일거일동은 명자 그대로 부처님의 사자후(師子吼)요, 조사님들의 침묵이었다.

학생들은 스승을 따랐고 신도들은 시기질투가 없어졌으며 스님들은 모두가 하나 되었다.

내가 언젠가 새벽녘에 오라 하여 대각사를 찾아 갔더니 법당 뒤 후미진 골방에 5,6명 스님들이 공양을 하다 말고 작은 상에 설렁탕 한 그릇을 주었다.

"안청정행 보살님이 해 오신 것입니다. 잡수세요."

거기 계신 스님들은 광덕스님이 발심하기 이전의 행자들과 같은 사람들이었다.

"잘 먹겠습니다."

하고 달게 먹었다.

"듣건데 그 놈이 회향을 잘 하였어요. 저는 달래고 달래다 지쳐 그만두었는데
……."

"저도 생각을 접었다가 병든 보살님이 수발하는 모습을 보고 금곡에 땅까지
사 놓고 준비하였습니다."

"그래 그런 고집쟁이가 어떻게 선종을 하였지요?"

"반야심경 사경을 하다가 한 생각이 확 터졌습니다. 내가 장가를 가 새끼를 낳
았다 하더라도 너는 사형수의 부인, 너는 제 형수와 형님을 죽인 사람의 아들…
하고 핀잔을 들으면 거기서 제2의 살인귀가 또 나오지 않겠습니까. 그래서 저는
가기로 작정하였습니다. 보살님은 그 날 나오지 않고 나는 한 신부와 목사님과
함께 앞 자리에 앉았는데, 큰 소리로 외쳤습니다.

"가는 마당에 당신들 신세까지 질 필요가 있겠습니까. 그만 놓으세요. 내 발로
걸어 갈테니……."

하고 교수대에 올라 앉아,

"아버지, 어머니께 사죄하고 나라와 백성들께 사죄합니다. 나같은 사람 본받지
말아달라고 부탁합니다."

지금도 그 사람의 염불소리가 귀에 쟁쟁합니다.

"죄 짓지 말아야 합니다. 뒤에 후회할 일을 해서 무엇합니까."

그의 비석에는 무량수(無量壽), 무량광(無量光)만 썼습니다. 그는 숨 떨어지면서
반야심경의 불생불멸 불구부정 부증불감을 외쳤습니다.

"장합니다. 그리고 그에게 끝까지 뒷바라지 해주신 안보살님께 감사드립니다."

지평선 위에 떠오르는 해는

오늘도 돌아 내일 또 떠오를 것입니다

그렇지만 그가 새로 떠오를 땐

우주의 평화를 노래하고 춤을 춥니다

죽지 않고 살아났다고…….

광덕스님

스님은 이렇게 하여 찾아오는 사람들에게 희망을 주고 사랑을 베풀었다. 그 이름이 불광(佛光)이다.

나는 길이 달라 함께 하지는 못했지만 스님의 스승, 고암스님을 하와이 대원사에서 모시며 재미있게 살았다.

불광회

2-43. 무애 서돈각 박사님

무애 서돈각 박사님은 순수한 불교신도로서 서울대학과 동국대학 총장을 거쳐 불교진흥원 이사장을 지내신 분이다.

돌아가시기 2년 전 진흥원에서 전화가 와 청량리 전철역에 나갔더니 신법사님과 함께 오셨다.

"어디가서 공양대접 한 번 하기 위해 왔습니다."

"찾아오신 것만도 고마운데 공양은 무슨 공양입니까. 우리 식당에서 하십시다."

하여 금강선원 구내식당에서 공양하였다.

"웬 식구가 이렇게 많습니까?"

"평상시 함께 사는 식구가 18명이고, 일 보는 사람들까지 합하면 20명이 넘습니다."

"병든 스님들을 모시고 산다는데 한 번 구경할 수 있습니까?"

"보는 것은 어렵지 않으나 내가 공부를 잘못하여 이런 지경에 들었는가 생각하며 부끄러워 하십니다. 그러나 굳이 뵙고 싶다면 비구스님 한 분과 보살님 한 분만 만나 보시도록 하겠습니다."

하고, 4층으로 올라가니 숨이 찼다.

"옛날 집이라 계단이 많아 오르고 내리기가 힘듭니다. 그렇지만 운동 삼아 다니시겠다 하여 희망따라 방을 정해드렸습니다."

5층에는 단양에서 오신 영화스님이 계셨다. 낮은 침대에 앉아 염주를 돌리시는 것을 보고 물었다.

　　"괜찮으십니까?"

　　"아무 이상 없습니다. 멀쩡한 사람들이 덜렁 앉아 시은(施恩)만 입고 있으니 부끄럽습니다."

　　"지금 몇 살입니까?"

　　"스물세 살에 출가하여 꼭 아흔이 되었습니다."

　　깜짝 놀라셨다.

　　"90노인이 부동자세로 앉아 염불을 하시다니……."

　　영화스님은 돌아가실 때까지도 아프시지 않고 도반들과 이야기하다 가셨다.

　　3층 보살님 방에 가니 역시 90이 넘은 보살님들이 시봉하고 계셨다. 낱낱이 인사를 드리고 나니,

　　"아니, 안경을 끼지 않고 글을 보십니까?"

　　"내 나이 93살이지만 너무 억울해서 지금도 노인대학에 다니고 있습니다."

하고 방을 보이니 벽에는 노인대학 졸업장이 세 개, 개근상, 우등상 등 상장이 열 개가 넘었다. 감탄하고 내려오면서,

　　"여기서 이분들께 공양 한 번 하려면 얼마나 듭니까?"

　　"30만원이면 넉넉합니다."

　　"오늘 낮에 먹은 것도 5,6천원은 하겠던데, 30명이 먹는데도 그렇게 쌉니까?"

　　"돈을 주면 거기에 맞추어 노인들 드시기 좋은 것을 해 줍니다."

　　박사님은 그 자리에서 30만원을 주시면서,

　　"이것은 진흥원에서 주는 돈이 아니고 내 돈입니다."

　　모두 박수를 치고 크게 웃으셨다.

"우리는 손님 한 분 접대하는데 보통 십만 원이 드는데, 이렇게 싼 음식이 있다니 참으로 놀랐습니다."

그래서 그 뒤로 수차에 걸쳐 진흥원에 가서 뵙고 몽골 고려사에 불교진흥원 간판을 함께 붙이자고 하여 시작할 때 2천만 원, 세미나 할 때 3천만 원 하여 총 5천만 원을 출원하였다. 우리는 매달 100만 원씩 도와주신 돈으로 몽골에 한글학교를 만들어 돌아가실 때까지 50여 명의 졸업생을 배출하였고, 돌아가신 뒤에도 동국대학교 불교학과 대학원 박사학위 두 명, 석사학위 다섯 명을 수료시켰다.

"내 몸이 조금 나아지면 나도 몽골 한 번 갔다 오고 싶어……."
하셨는데, 결국 몽골에 가지 못하시고 영면하셨다.

박사님은 항상 만날 때마다 장경호원장님의 거룩한 삶에 대하여 감사하고 있었다.

"6.25 피난 시절 어느 절 담벼락에 판자를 걸쳐 의지하고 있을 때 아들 생일날 밥을 끓이지 못하고 있었는데 어떤 사람이 아들과 같은 날 태어난 아이 생일불공을 온 사람이 쌀 한 가마니를 내어 부처님께 공양을 올리고 한 불기씩 돌려 집안식구가 포식을 하였답니다.

그때부터 우리도 정성을 들여 부처님을 받들자 하여 가마니를 줍고 못을 주워 펴서 팔았는데, 차차 수용이 많아지자 주운 못을 용광로에 넣어 새 못을 만들기 시작한 것이 오늘날 굴지의 철강회사가 되었다고 합니다.

불심으로 사업을 하니 자식들도 잘되고 부부가 건강하여 30년 동안 모은 돈 33억을 불교계에 내놓기로 하였는데, 종단이 18개나 되어 어느 쪽에 따로 드릴 수가 없어 박대통령께 바친 것이 재단법인 '대한불교진흥원'이 되니 각 종단, 군법당, 군승들을 후원하여 지금은 불교방송국까지 돕게 되었습니다.

나는 이 말씀이 영영 잊혀지지 않습니다. 우리는 일생 동안 학자로서 말만 불자지 큰일 한 번 해본 일 없는데, 여기 와서 일을 하다 보니 그 돈을 함부로 쓰기도 부끄럽습니다.

그리고 스님께서 법사로서 활동하실 때부터 불교통신대학, 농민학교를 한다 하여 가 보고 싶었는데, 지난 날 청량리 가서 보고 놀랐습니다. 조금 좋은 곳에 가서 먹으면 두세 사람 먹을 돈으로 30명이 공양한다는 말씀을 듣고 감격하였습니다. 사람은 잘 먹으나 못 먹으나 한 끼 먹으면 그만인데 그것을 가지고 인격을 따지고 갑질을 하는 세상이 되었으니 걱정입니다.

나도 얼마 가지 않아 세상을 하직하게 될 것 같은데 장경호원장님의 원력이 이 세상 끝까지 울려 퍼지기 바랍니다."

청정법신비로자나불 (淸淨法身毗盧遮那佛)

원만보신노사나불 (圓滿報身盧舍那佛)

천백억화신 석가모니불 (千百億化身釋迦牟尼佛)

서박사님은 명자 그대로 삼신불의 행을 그대로 실천하고 가신 분이다.

2-44. 극락세계를 다녀오신 관정(寬淨)스님

관정스님은 일곱 살에 중이 되어 허운(虛雲)스님에게 선(禪)을 받고 능해(能海)스님에게 밀교를 받고, 심일(深日)스님에게 정토종을 받아 정법안장(正法眼藏) 열반묘심(涅槃妙心)을 실천하신 분이다.

1924년에 태어나 1967년 7년간 극락세계에 다녀와 정토선(淨土禪)을 전하고 미국으로 가 17곳에 절을 짓고 2007년 6월 18일 복건성 삼회사에서 83세로 세상을 떠났다.

스님은 평상시 2~3일 내지 5~6일씩 선정에 들어 계셨으므로 식사를 하지 않는다든지 그 모습이 보이지 않더라도 옆에 사람들이 크게 신경을 쓰지 않았다.

그런데 1967년 음력 10월 25일부터 1973년 4월 8일까지 6년 5개월만에 나타나 다음과 같이 말했다.

"내가 복건성 덕화현 구선산 미륵동에 있을 때 원관(圓觀)스님이란 분이 나타나 가자고 하여 따라 나섰더니 북경의 고궁보다도 더 화려하고 찬란한 산문(山門)이 있는데, 붉은빛 옷을 입고 금빛 허리 띠를 한 네 분의 스님들이 기쁘게 맞아주었다.

위 아래로 금으로 쓴 찬란한 글씨들이 대구(對句)로 적혀 있었으나 알 수 없고 그 아래 장기를 두는 사람들도 있었다. 중천나한(中天羅漢)이라고 써진 큰 집으로 들어가니 시원한 물을 주고 목욕하라 하여 목욕하고 옷을 갈아 입으니 하늘을

중국 관정스님 금강선원 방문

티베트 달라이라마 후계자 린린포체

나를 듯 상쾌하였다.

밖으로 나오니 한 노인이,

"작주(作主)·심마(心魔)·자유(自由)·불교(佛敎), 이 여덟자로 36가지를 구성해 보면 장차 불교의 형편을 잘 알리라."

하였다. 그리고 그 노인이 구리 대야에 있는 물로 얼굴을 씻고 몸에 바른 뒤 잿빛나는 얼굴로 나를 데리고 백옥담장이 있는 곳으로 나가니 큰 다리가 있어 능엄주를 외우니 다리가 이어져 건널 수 있었다. 다리 양쪽에 온갖 장식물이 찬란하게 빛났고 물은 깊어 바닥이 보이지 않았다. 주위의 나무들은 화장세계와 같았고 꽃구름이 하늘 위를 덮어 무지개만이 빛났다.

처음 남천문을 지나 도솔천에 가니 허운스님이 10여 명의 제자들을 거느리고 와서 원관스님에게 인사를 드리며,

"관세음보살님 수고하셨습니다."

하여 그분이 바로 관세음보살의 화현인 줄을 알았다. 10여 분의 수행자 가운데는 복주 용천사 묘연, 동운종(洞雲宗) 복영스님이 있었고, 나머지는 알 수 없었다.

주위에 명나라 옷을 입은 남녀노소가 많이 있었는데 영원수(靈元樹) 꽃에서 꿀을 따 떡을 만들어 하나 주었는데 먹고 나니 키가 세 배나 커졌다.

허운스님과 헤어져 극락세계로 들어가니 귀에서는 이상한 바람소리가 들리고 발 밑에는 금모래가 깔려 있었다. 갖가지 새들이 염불로서 노래하고 있었다.

앞에는 아미산 보다도 더 높고 큰 부처님이 계셔 배꼽 있는 데까지 올라가니 대전(大殿)에 수천만 명의 선남선녀들이 계셨다. 아미타불이 말했다.

"너는 옛날에도 여기 있었는데 사바세계 중생들을 제도하기 위해서 갔으니 다

시 구경하고 가서 중생들을 제도하고 오너라."

하고 원관스님께,

"구품연대를 빠짐없이 구경시켜 주라."

하였다.

원관스님은 상품상생으로부터 상품중생, 상품하생, 중품상생, 중품중생, 중품하생, 하품상생, 하품중생, 하품하생을 낱낱이 구경시켜 주었는데, 구품 밖에 이르니 남녀의 옷을 입은 사람들이 있었다.

"극락세계에는 여인상이 없다 하였는데 어찌하여 여자들이 있습니까?"

"본 몸에는 남녀상이 없으나 남녀상이 있는 세계에서 오는 사람들을 위해 방편복(方便服)을 입고 있는 것이다."

하고 8공덕수, 24락, 30종의 이익되는 것을 낱낱이 보여주었다. 이것이 관정스님이 6년 5개월 동안 극락세계를 구경하고 내려오신 이야기다.

나는 인사동에 가서 스님을 찾아 뵙고 이런 이야기를 들었으며 또 청량리 금강선원으로 초대하여 법문을 듣고 공양을 대접하였다. 스님은 수행에 관한 여러 가지 가르침과 정토선, 조사선, 깨달음의 단계에 대한 여러 가지 법문을 해 주셨다.

"일반적으로 불교신자에겐 삼보, 오계, 십선, 인과, 회향, 십팔계, 사제, 십이인연, 공도리 등을 가르치고, 37조도품을 일러주는 것이 상식이지만 조사선은 좀 까다로운 점이 있고 정토선은 언제 어디서나 마음대로 할 수 있는 것이 특징이니 악업자나 선업자들에게 많이 권해주십시오.

화엄경은 무진세계, 즉 우주를 깨닫는 방법을 가르치고 있으니 너무 넓고 커 생각이 좁은 중생에겐 가당치 않습니다. 그러니 영원한 생명관 속에 한량없는 지혜와 한량없는 수명을 누리면서도 사바세계와 같이 아기자기한 꿈을 키울 수 있는 곳이 극락세계이므로 나는 극락세계를 천거하는 것입니다."

스님의 이 같은 글은 중국어, 영어, 한국어 등 세계 각국어로 번역되어 있으며, 손수 다니며 지으신 절이 30여 개에 달한다. 우리 금강선원에서도 이 분 이외에도 티베트의 라마스님, 부탄의 농림부장관님이 오셔서 순수하고 자연스러운 불교와 교류하고자 초청하였으나 나는 인연이 닿지 않아 아직까지 가 보지 못하고 있다.

부탄의 국민 연간소득이 8,000불에 불과하면서도 세계의 행복지수는 제1위를 차지하고 있다고 하니 그들의 생활이 얼마나 자유스러운가를 상상만 하여도 알 수 있다.

세계의 과학이 우주법계를 꿰뚫더라도 사람의 생명은 오직 하나, 자기 마음이 편안치 못하면 극락세계에 가서도 지옥생활을 면치 못하는 것이니 욕심부리지 말고 분수에 맞는 생활 속에서 행복하게 사시길 바란다.

재미홍법원 스님들과 서산에서 대강연회를 하다

2-45. 불교장로회 : 여여회(佛敎長老會 : 如如會)

　불교에서는 '장로(長老)'를 나이 많은 비구(比丘) 또는 존자(尊者)라 번역하고 나이 많은 사람은 기년(耆年)장로, 법을 잘 아는 사람은 법(法)장로, 의식을 잘 하는 사람은 작(作)장로라 부른다.

　그런데 우리나라에서는 나이 많은 스님들을 따로 모시는 법도가 없으므로 나이 들면 대부분 뒷방으로 쫓겨 나가기 때문에 속이 상해 아예 절에서 나가는 사람도 있고 인연따라 나가는 사람도 있으며, 바람따라 다른 곳으로 옮겨 가는 분들도 계신다.

　나이 60이나 70이 되어도 받들어 주는 사람이 없으니 1979년 인연 있는 동지들이 친목단체로서 '여여회(如如會)'라는 것을 꾸몄다.

　첫 번째 모인 사람들을 대강 적어보면,

김어수 (影潭)	황영진 (錦松)	김현진 (睹剛)
이종익 (法雲)	나병기 (春峰)	정용준 (南溟)
안흥덕 (德菴)	전준열 (德翁)	김재수 (碧虛)
이현홍 (玄庵)	서정천 (聖峰)	박창수 (龍岩)
권상윤 (冶翁)	엄성섭 (玄堂)	유한섭 (法性)
김태현 (龍海)	박성호 (大莖)	전상수 (海空)

황천호 (法海)　　　이성규 (法印)　　　안영호 (運河)

이외윤 (耘墟)　　　김달진 (月河)

　이분들 가운데는 대학교수도 있고 전직 스님들도 계시며 일반 신도도 있다. 그러나 끝까지 불교를 믿고 신행하면서 후배들을 기르고 선배들을 받들며 삼보를 옹호, 파사현정(破邪顯正)에 앞장서는 분들이 많다.

　회칙에 보면 '본회는 불타의 교법을 신행하며 생활화하는 가운데 상호간의 유대를 가지고 심신을 단련 친목을 도모하는데 목적이 있다' 하였다.

　처음에는 다달이 만나다가 두 달, 석 달, 다섯 달만에 한 번씩 만나기도 하였는데, 우리 상락향에는 두 번이나 다녀 가셨다. 장노님들을 모시는 데는 넉넉하지는 못했으나 넓은 장소에서 한 나절씩 편히 쉬었다 가는 것만도 도시보다는 낫다고 하였다.

　특히 김어수, 김달진, 이종익, 안덕암스님께서는 수 차례 오셨고 벽허, 현당, 황천오, 이외윤, 김달진선생님께서는 불교운동에 많은 길잡이가 되었던 분들이다.

　선배스승이란 좋은 사람도 있고 나쁜 사람도 있지만 어찌보면 나쁜 행동으로 바른 길을 후배에게 가르쳐주는 사람도 있으니 개의(介意)할 것이 없다. 일생을 돈, 명예, 사랑 때문에 전전윤회하는 사람도 없지 않기 때문이다.

　끝으로 남영스님이 읊은 한용운스님의 시 한 송을 소개한다.

　사랑의 속박이 꿈이라면

　출세의 해탈도 꿈입니다.

웃음과 눈물이 꿈이라면

무심의 광명도 꿈입니다.

일체만법이 꿈이라면

사람의 꿈에서 불멸을 알겠습니다.

2-46. 구암사(龜岩寺) 노스님

　1980년대 한국불교 태고종에서 포천에 있는 전 김일성별장이 있던 곳에서 방생을 하는데, 특별법문을 해 달라 초청이 왔다. 정한 날짜에 가기로 약속을 하였는데, 호수 가운데서 밝은 빛이 쏟아지더니 내 가슴으로 들어왔다.

　"이상한 꿈이다."

생각하였는데, 법문을 마치고 나니 몸이 비대한 그러나 점잖게 생긴 비구니스님이 오셔서,

　"이야기는 진작 들었는데 뵙기는 처음입니다. 나는 봉천동 구암사 절에서 온 대현입니다. 우리 절에 오셔서도 법문을 해 줄 수 있겠습니까?"

　"시간이 나는 대로 해 보겠습니다."

　약속을 하였다. 그 뒤 매월 24일 관음재일에 봉천동 구암사에 갔다. 아마 10년을 넘게 법문을 했을 것이다.

　그런데 매월 24일 법회에 가면 언제나 노인 한 분이 앉아 계셨다. 남자라고는 오직 우리 두 사람 뿐이기 때문에 몇 차례 겸상을 하게 되었다.

　"왜 법당에 들어오지 않으십니까?"

　"죄인이 가서 무엇 합니까?"

　하고 절에 오는 내력을 말씀하셨다.

　"내가 몸이 좋지 않아 생피를 주로 먹는데, 여기 와서 불공하고 가면 효과가

있기 때문에 따라 옵니다."

"무슨 피를 잡수십니까?"

"제일 좋아하는 것은 자라 피인데, 사냥을 가면 종종 노루도 잡습니다."

"그렇다면 오늘 여기서 점심 먹지 말고 저하고 워커힐에 갑시다."

"워커힐은 왜요?"

"거기가면 방생장이 있는데, 좋은 고기가 많습니다. 두 마리 사서 한 마리는 방생하고 한 마리는 잡수십시오."

"그렇다면 갑시다."

자가용을 타고 가니 여러 사람들이 와서 방생도 하지만 매운탕을 끓여 먹는 사람들도 있었다. 커다란 자라 두 마리를 6만 원에 사서 먼저 한 마리는 살려주려 하니 등에다가 이름을 써야겠다고 한다.

그래서,

"살려주려면 놀라지 않게 살려주어야지 등에다 글씨를 쓰면 얼마나 놀라겠습니까?"

"용왕이 성명을 몰라도 효험이 있을까요?"

"산 생명이 더 잘 압니다."

배를 타고 강 중간에 들어가 반야심경을 한 번 외운 뒤, 할아버지 이름을 부르며 모든 병 다 가지고 가라 외쳤다. 그리고는 "살려주라" 하니 놓아 주었다.

그런데 물 속에 들어갔던 자라가 한 바퀴 뱅 돌고 고개를 쳐들고 끄덕끄덕 하였다.

"저것 봐라. 저것이 우리 마음을 아는 것 같네."

하고 매운탕 해 먹기로 산 자라까지 그 자리에서 살려주었다. 두 마리의 자라는 두 바퀴 세 바퀴를 돌면서 고개를 들어 인사하고 어디론가 사라졌다.

"아, 신기하다."

"저것들도 불성이 있어 다 압니다. 그러면 우리 식당으로 가서 공양합시다."

"나는 오늘부터 생피를 먹지 않겠습니다."

알고 보니 이분은 ○○○ 검사님의 아버지였다. 어머니가 구암사 신도회 회장으로 계셨기 때문에 언제나 기도하고 사냥을 가셨던 것이다.

그 뒤 10여 년 있다가 아버지께서 87세로 돌아가셔 구암사에서 49재를 지냈는데 법문을 나보고 하라 하여 하는 수 없이 갔다. 많은 신사 숙녀들이 모인 가운데 이 이야기를 하였더니 아드님께서 그 다음부터,

"큰 절로 구경가자."

하여 사찰 간판과 주련을 모아 내력을 밝히고 서도가의 이름을 써 기념으로 책을 내었다고 하며 보시하였다. 참으로 고마우신 분이다. 아버지가 원하신다고 일요일이면 모시고 산에 가서 사냥을 하다가 생피를 드시지 않으면서부터는 전주 이삼만(李三萬), 완당(玩堂) 선생님 등이 쓴 글씨들을 모아 책을 내어 아버지께 바치다니….

사실 나는 대학시절 동국대학교 앞에 있는 이범석장군의 집에 가서 노자 도덕경을 배우면서도 그분들이 그렇게 훌륭한 불자인 줄을 몰랐다.

그러나 생각하면 불교란 과거를 묻지 않는 법이라 어느 절 주인이 어떤 사람인지, 어느 절 신도가 어떤 사람인지 알 필요가 없다. 그래서 지금도 청법하면 그곳에서 필요한 법문만 하고 나올 뿐 집안 내력은 묻지 않고 있다.

특히 수천 명의 통신대학생들이나 금강선원 식구들에 대해서도 스스로 밝히기 전에는 과거를 묻지 않는다.

만 가지를 다 정리하고 출가수행 온 사람들에게 과거 이야기를 하게 해서 속을

뒤집어 놓을 필요가 없기 때문이다. 불공기도 하러 오는 사람들에게도 한 가지 소원만 말할 뿐 딴 생각하지 말라 일러주고 있다.

그러나 이런 일은 세상에 드문 일이고 포교하는 사람으로서는 꼭 알아두어야 할 일이기 때문에 불가피하게 한 자 적은 것이다. 미물인 곤충도 자기의 생명을 존중하는 사람에게는 감사하고 찬탄하며 눈물을 흘린다.

118세에 돌아가신 탄공스님이 상락향에 오셔서 그려준 그림이다.

2-47. 선행주의자(善行主義者) 보적선생

보적선생은 한국의 도덕군자다. 전북 곰소출신으로 서울대 법대를 나와 3년간 한학을 전공하고 대만에 가서 중국문화를 폭 넓게 섭렵한 뒤 귀국 후에는 무료 고전강좌와 노자 강의를 하고 지금은 전남대학에 재직 중이다.

누구든지 만나면 원료범(遠了凡) 이야기를 들려주고 성(性)을 잘 지킬 것을 강조한다.

남자가 성을 잘 지키면 자본이 번성하고 여자가 성을 잘 지키면 귀한 자식을 난다고 하며, 방륜(放倫)의 폐악을 열두 가지로 설명한다.

첫째는 천륜(天倫)을 해치고,
둘째는 정절(貞節)을 망하고,
셋째는 명예를 잃고,
넷째는 가품을 망가뜨리고,
다섯째는 성명(性命)을 해치고,
여섯째는 풍속을 파하고,
일곱째는 심술(心術)을 해치고,
여덟째는 음덕을 해치고,
아홉째는 부귀영화가 망하고,
열째는 수명(壽命)을 해치고,
열한째는 조상을 해치고,

김지수 보적선생

열두번째는 처자식을 망친다.

그래서 옛 사람들은 나이든 사람을 어머니처럼 보고, 손위 사람을 누나처럼 보며, 손아래 사람을 동생처럼 보고, 더 어리면 딸처럼, 손녀처럼 보아 위신을 지켜갔다는 것이다.

왜 한 번 참으면 길이 즐거워지는가.
① 마음이 깨끗해지고,
② 법도가 지켜지며,
③ 천지신명의 사랑을 받고,
④ 정신을 함양하기 때문이다.

그래서 옛 사람들은
① 잠자리에서
② 술 마셨을 때
③ 병들었을 때
④ 화장실에 갔을 때 그 생각을 바로 하고 정조를 지켜왔다는 것이다.

특히 군자들은 ① 처녀 ② 과부 ③ 하녀 ④ 머슴의 아내 ⑤ 유모 ⑥ 가난한 여인 ⑦ 수행인 ⑧ 창녀, 기생 ⑨ 남색을 경계하였다.

옛날 원료범이란 사람이 있었는데, 처음에는 부자집 아들이었으나 세 살 때 마루에서 떨어져 장애인이 되고 다섯 살 때 어머니가 죽고 여덟 살 때 아버지가 죽어 삼촌 집에 가서 머슴을 살았다. 날마다 일만 하고 고생하느니 차라리 거지가 되어 얻어 먹고 돌아다니는 것이 낫겠다 하여 10년 동안 거지생활을 하였다.

그래서 하루는 절에 가서 밥을 얻어 먹게 되었는데, 상에다 밥을 차려 귀인처럼 대하므로 감사히 먹고 인사하니 스님께서 말했다.

"부귀장수하게 생긴 사람이 왜 거지가 되어 돌아다니느냐?"

"저는 사주팔자가 거지 팔자라 그렇습니다."

하니

"하지만 좋은 일하면 그 팔자가 바뀐다."

하였다. 다른 때는 아침 먹으면 점심, 점심 먹으면 저녁 먹을 집을 찾아 뛰어다니기 마련인데, 오늘은 생각을 느긋하게 가지고 절에서 내려왔다. 한참 내려오다 보니 조금 전 절에서 불공드린 할머니가 조심조심 내려왔다.

"할머니, 몇 살이나 되었습니까?"

"아흔두 살이지……."

"그렇다면 아들딸이나 손자를 시키실 일이지 넘어져 다치면 어떻게 하실 겁니까?"

"죽기 전에 나도 복을 짓고 죽어야지. 오늘이 내 생일이기 때문에 자네도 한 상 잘 받아 먹지 않았는가?"

가슴이 뜨끔했다. 작은 개울을 건너게 되자 할머니를 업어서 건네주니 물었다.

"어디로 가려는가?"

"거지가 정처가 있습니까."

"돌아다니지 말고 우리 집에 가서 바깥 머슴노릇 하게……."

"감사합니다."

할머니를 모시고 가니,

"머슴이 넷이나 되는데 무슨 머슴을 또 데려왔느냐…."

책망하였다.

"그들 머슴은 우리집 머슴이고, 이 사람은 동네 머슴으로 삼자."

그리하여 매일 동네 길을 쓸고 봄부터 가을까지 일꾼 없는 집 일을 거들어 주었는데, 그 해 겨울 산중턱에 살고 있는 집까지 눈을 쓸고 가니 그 집 어머니가 나와서,

"이런 착한 사람이 있나….."

하고 죽을 끓여주면서

"우리집 데릴사위로 삼았으면 좋겠다."

"우리집 할머니에게 물어보세요."

하여 동네 잔치로 결혼식을 올렸다. 원료범은 혼잣말로,

"좋은 일을 하면 좋은 일이 생긴다더니 그 말이 꼭 맞는구나. 내 마음을 착하게 쓰고 열심히 공부해야지……."

하였는데, 결혼하여 3년 만에 두꺼비 같은 아들을 낳았다.

"나도 귀한 아버지 노릇하려면 공부해야지……."

하고 매일 글자 한 자씩 녹여내었다. 이렇게 3년을 공부하고 나니 길거리 광고를 읽을 만큼 되었다.

"9월 보름날 과거시험이 있다고……. 나도 한 번 가 보아야지……."

하고 가서 시험을 쳤는데, 뜻밖에 급제하게 되었다. 그 후 그는 한성의 성장까지 올라갔는데, 쉰두 살이 되는 해에 임진왜란이 나 출군하라는 명령이 떨어졌다.

"저는 무술은 백지라 가 보았자 싸울 수 없습니다."

"전쟁이란 숙련된 군인만 가는게 아니야. 덕장이 가야 이기지!"

하여 옛날 절에서 밥 얻어 먹었던 생각이 나 가서 불공드리고 빌었다.

"저의 사주가 52살에 죽는다 하더니 이제 사지(死地)로 가게 되었으니 부처님께서 특별히 보살펴 주세요."

그리고 백만대군을 거느리고 압록강을 막 건너려 하는데,

"전쟁이 끝났으니 바로 그냥 돌아가세요."

하여 돌아와 74세까지 장수하며 살았다. 좋은 일 하면 좋은 일이 생기는 것이니 딴 생각 할 것 없다.

이것이 원료범선생의 이야기다.

내가 보적선생을 만났을 때는 50대 말 홀로된 어머니를 모시고 살았는데, 결혼도 하지 않은 총각이었다. 채식을 중심으로 하는 소식가(素食家)였다.

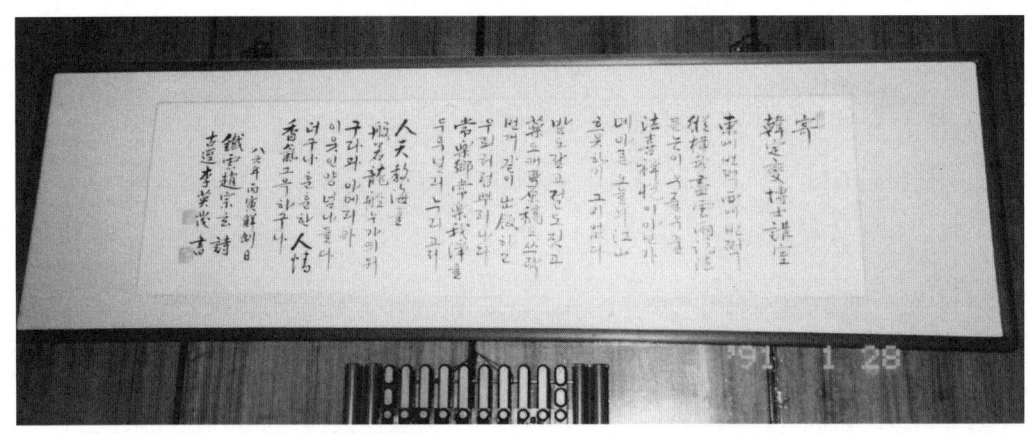

2-48. 이 거사님의 고민

L.A에서 법회를 보고 나니 한거사님이 자신의 절에 가서 하루 저녁 자고 가라 하였다. 차로 2시간 가량 가니 넓은 벌판에 집 두 채가 지어져 있는데, 위에 있는 것은 법당이고 밑에 있는 집은 요사채였다.

한국에 있을 때는 이렇다 하는 사장으로 정부청사도 짓고 삼보법회도 운영하며 불교신문도 만들어 한국불교발전에 커다란 보탬을 주셨던 분이다.

그런데 한 법사가 되어 외국으로 피난 나와 한 사람의 신자로서 화주 시주의 대상이 되고 말았다. 찾아 오는 사람이면,

"시주하세요."

"포교당 하나 지어 주세요."

"재가불자가 절을 가져 무엇합니까?"

"저희들에게 넘겨주세요."

등등, 요청의 성격을 띤 질문 뿐이지,

"어떻게 운영합니까?"

"무엇이 필요하십니까?"

하는 도움의 손을 내미는 사람은 거의 없었다고 한다. 그런데 오늘 법문을 듣고 나니 그런 소유와 권속보다는 어떻게 살다 가느냐 하는 것이 더욱 중요하다는 것을 깨닫게 되었다는 것이다.

"저는 일찍이 한국에서 건축업을 하여 큰 부자가 되었습니다. 그러나 한 가지

슬하에 자식이 없어 고민하던 차에 애인이 한 분 생겼는데, 독실한 불자였습니다. 그래서 좋은 일도 많이 했지만 집안의 후계자를 위해 기도를 하게 되었습니다.

"어디로 갑니까?"

"안국동 네거리에 큰 스님들이 계신 절이 있습니다. 그래서 따라 갔더니 절 같지 않은 곳에 큰스님이 계셨습니다. 사정을 이야기하니,

'마침 잘 되었습니다. 지금 양쪽 종단이 분쟁을 하여 우리가 돈이 없으니 법원 공탁금 2억 4천만 원만 대 주시면 애기는 부처님께서 알아서 점지해 주실 것입니다.'

그래서 그 자리에서 수표를 발행하여 부처님께 올리니 큰스님이 발원하였습니다.

'한국불교가 살고 죽는 것은 부처님께 달려 있으니 알아서 하십시오.'

하고 재판내력을 소상히 일렀습니다. 그래 저희들도 공감하여 잘했다고 생각하고 집에 왔는데, 3일이 못되어 귀한 아들이 들어서게 되었습니다. 그래서 칭찬도 받고, 전국신도회 회장도 맡고, 불교신문도 발행하고, 대중포교당도 만들어 명망있는 법사님들도 청하여 법문도 하였습니다.

이렇게 4,5년을 지내는 사이 아들을 둘이나 낳게 되니 큰 부인이 눈에 불을 켜고 또 새로운 부처님께 매달렸습니다. 똑같이 기금을 내어 대작불사를 하였는데 공교롭게도 20년 동안 태기가 없던 사람에게 애기가 들어서 그쪽에서도 아이를 둘이나 낳았습니다.

그런데 이놈들이 만나기만 하면 싸워 견딜 수 없어 하는 수 없이 먼저 아이를 난 여인이 미국으로 이민을 왔습니다. 그런데 얌전하고 평상시 말이 없던 큰부인이 잔소리가 심해지고 귀에 듣기 어려운 이야기를 많이 하여 저도 역시 피난차 미국으로 왔습니다. 어떻게 해야 되겠습니까? 먼저 애기를 낳은 부인은 차라리

원불교로 가겠다고 하는데, 그래도 되겠습니까?"

"신앙은 자유니까 억지로 말릴 것은 없습니다. 과거 일곱 부처님들도 다같이 부모도 계시고, 부인과 자식들도 있었습니다. 출가 후에는 시봉자와 제자들이 따로따로 있었으나 재산을 가지고 싸움을 한다든지 종교를 가지고 시비한 일은 없었습니다. 문제는 아버지 본인에게 달렸습니다."

"내가 이쪽에 와 있으니 큰 부인도 애기들을 데리고 미국으로 온다 하고 있습니다."

"당연하지요. 우선 미국과 한국은 교육과 문화수준이 비교가 되지 않으니까요. 원불교도 마찬가지입니다. 소태산이 금강경을 보고 그로 인해 도를 깨닫고 자기 재산을 통째로 내놓으니 친구들도 따라 내놓아 복지, 교육사업을 하다 보니 그렇게 커진 것이 아닙니까. 구불교는 조상의 재산 가지고 싸우고 있으나 원불교는 그럴 이유가 없습니다.

인과 인연, 마음을 바르게 깨닫고(正覺正行), 천지, 자연, 국가, 인간의 은혜를 잊지 않고 갚으며(知恩報恩) 중생구제를 열심히 하면 그대로 이 땅에 불국정토가 된다(救濟衆生 佛國淨土) 가르치고 있습니다.

우리가 볼 때는 앞으로 사회적 개념이 달라질 것입니다. 수백 년 전에는 서양도 종파에 따라 서로 다투고 싸웠는데 신도들이 다 없어지고 보니 교회가 텅텅 비었지 않습니까. 염보돈은 하나님 일을 위해 우체국에서 송금하지만 교회 가지고 싸우는 성도들도 보기 싫어 신도들이 교회를 나가지 않고 있지 않습니까.

그러니 문제는 선생님께 달려 있습니다. 옛날에는 재벌가로서 행세를 했으나 지금은 가정 식구들도 불신임하고 있는 실정이 아닙니까. 이럴 때는 잘해도 못해도 편을 들지 말아야 합니다.

법당에 앉아 계신 부처님께 물어보십시오.

"부처님, 당신은 미국 부처님입니까? 한국 부처님입니까? 오직 중생의 부처님이지 누가 상을 조성했느냐에 따라서 편을 가르지 않습니다.

삼보도 마찬가지입니다. 불법을 믿는 사람들의 신앙의 도량이지 이 절이 누구의 것이냐? 어떤 종단에 속해 있느냐? 하는 것이 문제가 되지 않습니다.

더욱이나 미국의 종교단체는 미국법에 의해 운영되고 있는데, 모든 교회가 주종관계는 있어도 소유권을 가지고 다투지는 않습니다.

거사님은 보살님을 따라 미국에 들어왔으니 보살님 하는 대로 따라가야지 내가 남편이라고 내 주장을 하신다면 그것은 미국 법에 어긋나는 일입니다."

"감사합니다. 저는 지금까지 한국적인 관념을 가지고 살아왔습니다. 나도 이제는 머리도 깎고 양복을 벗어버리고 나머지 생을 수행자로서 살아가고 싶습니다."

"머리를 깎든지 깎지 않든지, 옷도 양복을 입든지 한복을 입든지 논할 것이 없습니다. 만반장불거(萬般將不去) 유유업수신(唯有業隨身)이라 하지 않았습니까. 한 가지도 가져갈 것이 없습니다. 오직 업만 따르는 것이니 잘하든 못하든 주는 밥 잡숫고 공부만 열심히 하세요."

이렇게 해서 우리는 헤어졌는데, 지금은 돌아가셔서 고민할 것도 없게 되었다. 세계 종교 가운데 소유욕을 가지고 싸우는 종교는 한국 종교 밖에 없다. 정신 차려야 할 일이다.

관음사

미국 용운사 기념법회

2-49. 초월행 보살님

서울에 초월행보살님이 있었다. 집은 육사(陸士) 부근에 있었지만 친조카 되시는 분이 인수동에 살았기 때문에 종종 오셨다. 젊은 사람이 대학에 다니면서 고등공민학교를 운영한다는 말씀을 듣고 종종 찾아 왔으나 잠깐 들렀다 그냥 가셨다.

그런데 하루는 와서 말했다.

"나는 원래 경상도 양반집에 태어나 일찍 결혼하였으나 남편이 일본으로 사업하러 가는 바람에 자손도 없이 외롭게 살고 있었습니다.

그런데 애기를 가질 때가 되어서 그랬던지 남편 보고 싶은 생각이 간절하여 부모님들의 말림에도 불구하고 일본으로 들어갔습니다. 주소만 가지고 갔더니 남편은 직장에 가 없는데 5,6세 되어 보이는 아이를 거느린 일본 아가씨가 반가이 맞아 주어 고맙게 생각하였는데, 밥상을 들고 와 물었습니다.

"어떻게 오셨습니까?"

"내가 아무개씨 부인인데, 너무 보고 싶어서 왔습니다."

"아, 그렇습니까. 편히 쉬고 있으면 오후 5시쯤 돌아오실 것입니다."

하여 편히 쉬고 있는데, 오후 2시쯤 난리가 났다.

"히데꼬가 물에 빠져 죽었어요."

"어린 아이가 불쌍하군. 어떻게 그렇게 다정하게 지내던 가정에 풍파가 일어났을까!"

사람들이 웅성거리며 걱정하였다. 남편이 돌아오더니,

"뭐 하려고 소식도 없이 이렇게 왔느냐?"

야단치며,

"큰일났다. 왕과 가장 가까운 친척 가운데 한 사람이 내가 외로운 총각인 줄 알고 외동딸을 나에게 맡겨 그동안 이렇게 생활을 해 왔는데, 당신이 내 아내인 줄 알았으니 가문의 체면 때문에라도 살 수 있겠느냐."

눈물을 흘리고 나가며,

"당신은 흔적 없이 저 너머 절에 가 있으라."

고 하며 자그만치 2년을 넘게 기다리고 있었으나 소식이 없어 하루는 직장으로 찾아갔더니,

"집에 가 있으라."

하여 집으로 갔다.

그날 저녁 남편은 그 동안의 이야기를 들려주었다. 한국에서 일본으로 건너와 의지할 데 없어 모 직장에 취직하였는데, 그 공장이 바로 현 임금님 사촌이 운영하는 공장이었다. 성실히 2년을 넘게 지내니 공장일을 맡기고 딸까지 주어 결혼하게 되었는데, 이것이 탄로나면 사장님께 큰 피해를 주게 되니 흔적 없이 돌아가라 하여 귀국하였다.

그런데 보살님이 일본절에 있을 때 사람들이 그 절 스님이 아는 것이 많다고 물으러 왔는데, 스님께서는 주로 두 가지를 가지고 일러 주었다.

첫째, 각(角)·항(亢)·저(底)·방(房)·심(心)·미(尾)·기(箕)·두(斗)·우(牛)·여(女)·허(虛)·위(危)·실(實)·벽(壁) 하는 28수(宿)와

둘째는 자(子)·축(畜)·인(寅)·묘(卯)·진(辰)·사(巳)·오(午)·미(未)·신(申)·유(酉)·술(戌)·해(亥)하는 12지(支)였다.

12지로는 평생의 운(運)을 보고 28수로는 당년의 운을 보았다.

"나는 책을 주어 그대로 읽고 일러주기는 하면서도 내용을 잘 알 수 없어 궁금해서 왔는데, 법사님께서는 무엇으로 보십니까?"

"나는 원래 아버지께서 서당에서 가르친 유교의 인·의·예·지로서 세상의 윤리 도덕을 판단하고, 그 다음 기독교 신앙을 할 때는 성경의 십계로서 판단하였으나 지금은 인과 인연의 법칙에 따라 마음으로 모든 것을 판단하고 있습니다."

"그것은 도인들이 하는 것이고 우리 인간들은 간단한 것이 좋지 않아요?"

그래서 그 책을 보니 28수는 천문지리에서 연유된 것이었고 12지는 음양오행에서 생긴 것이었다.

예를 들면 생일에 각(角)이 든 사람은 신수가 좋지 않으니 1월, 8월, 12월에 조심하고 산신기도를 드려야 한다.

방(房)이 든 사람은 불을 조심하고 조왕을 잘 섬기라 하였다.

각(角)은 뿔이 둘이니 태산처럼 흔들림 없는 마음으로 시비를 조심하라는 말이고,

방(房)은 역시 각씨 방이나 남자 방이니 바람 함부로 피지 말라는 소리 같았다.

"대개 점은 길흉화복 가운데 길과 복보다는 흉화(兇禍)를 중심으로 주의를 주고 도액하는 것이니 산신은 산에 사는 할아버지이니 나이든 어르신들 말씀을 잘 본받아 태산부동(泰山不動)한 마음으로 살라는 말씀이고, 조왕은 부엌이니 밥하는 여자나 주방장을 조심하라 하는 말인 것 같습니다."

이렇게 28수를 설명하니 대강 알아 듣겠다 하고 다음 음양오행에 대해서 물었다.

"자생(子生)은 어찌하여 귀(貴)하며 축생(丑生)은 액(厄)이며, 인생(寅生)은 권(權)입니까?"

"짐승에 대한 배대(配對)는 나라마다 조금씩 다르나 쥐는 무엇이고 물어다가 저장을 잘 하고 새끼도 잘 낳아 번식하므로 귀하다 하고 소는 풀만 먹고 살면서도 일을 많이 하며 매를 맞으므로 액이라 한 것이 아니겠습니까?"

"호랑이는요?"

"호랑이는 산짐승의 왕이고 태도에 위엄이 있어 권위롭게 느껴지니 그렇게 붙인 것 아니겠어요."

그로부터 이 보살님은 다달이 상락향에 오셔서 농사짓는 친구들과 함께 막걸리 파티도 하고 노래도 부르고 춤도 추며 벽에다 시도 써 붙여 별난 사람으로 이해되었다.

그 뒤 얼마 있으니 노량진시장이 개설되었는데, 인수동 조카가 사무장이 되었다 하였다. 박대통령이 일본에 왔다가 시장에서 수산물 관리하는 것을 보고,

"내가 땅을 줄 터이니 시장을 하나 지으시겠어요?"

하여 시장을 지었는데 이것이 노량진 수산시장이다. 가서 보니 시장안의 가게만도 200개가 넘었다.

남편되시는 분은 한번 거짓 결혼으로 실패한 뒤 양심에 가책을 느껴 거기서 낳은 아들 하나만 데리고 살 뿐 여자는 전혀 가까이 하지 않았다. 단지 일본에 갔을 때 큰 부인에게서도 딸 하나가 태어나 어머니를 모시고 살다가 어머니가 돌아가신 뒤에 따라 죽었다. 두 분의 희망에 따라 묘지가 상락향에 있다.

2-50. 근본불교를 바르게 이해하는 청정도론

불교대장경의 족보는 아함경으로부터 시작된다. 그러나 이 책을 바르게 이해하려면,

첫째 그 책을 기록한 팔리어(巴利語)를 알아야 하고,

둘째 경에 대한 안목(眼目)이 열려야 하며,

셋째 수행이 뒷받침되어야 했다.

1956년부터 아함경을 보기 시작하여 4아함(長·中·雜·曾一阿含)을 보고, 이어서 부처님께서 늘 외우시던 소아함, 이 네 가지를 종합 정리한 법구경을 보았어도 아직도 미진한 점이 많았다.

그러나 81년 처음 인도에 가 이것을 해석한 붓다고사가 쓴 청정도론이 있다는 말을 들었다. 그 뒤 삼장학회에서 몇 번 팔리어 강의를 듣기는 하였지만 아주 그곳에 가서 전문적으로 공부하기 전에는 어렵다는 것을 느꼈다.

그런데 다행히도 우리나라에서도 대림스님과 전재성박사님이 이를 전공하여 원어 그대로 경을 번역하기도 하였지만 청정도론까지 출판하게 되었으니 인도, 중국, 한국, 일본 등 대승불교권에 있는 사람들도 아함경을 바르게 보고 이해할 수 있는 길이 열렸다.

청정도론은 총 23장으로 되어 있었다.

① 계(戒)　　　　② 두타(頭陀)　　　③ 명상(瞑想)

④ 땅　　　　　　⑤ 물·불·바람　　⑥ 부정(不淨)

⑦ 생각　　　　　⑧ 집중과 회상　　⑨ 범주(梵住)

⑩ 무색(無色)　　⑪ 삼매　　　　　⑫ 신통

⑬ 초월지　　　　⑭온(蘊)　　　　⑮ 12처 십팔계

⑯ 근(根)과 제(諦)　⑰ 연기(緣起)　　⑱ 청정

⑲ 단의(斷疑)　　⑳ 도와 비도(非道)　㉑ 수도(修道)

㉒ 37조도품　　　㉓ 지견청정

그러니까 출가수행자가 겪어야 할 모든 주제들을 항목별로 가름하여 공부하는 사람이 이해하기 쉽게 정리해 놓았는데 저자 붓다고사가 이 일로 적지 않은 세월 많은 고생을 하였다.

나는 근래 수행자들이나 포교사들이 너무 쉽게 생각하고 거리로 뛰어 나오는 경우가 있는데, 닦아야 할 기본정신을 습득하게 하기 위해서 붓다고사가 겪은 길을 간단히 소개하고자 한다.

붓다고사는 남인도 출신으로 고향이 용수가 공부하던 곳이라는 말도 있고 중인도 붓다가야라는 말도 있으나, 대개 후자로 믿고 있다. 그의 음성이 깊고 그윽하게 울려 불음(佛音)이라 부르기도 하고 깨달음이 철저하여 세상을 울린다 하여 각명(覺鳴)이라 부르기도 한다.

서기 5세기경 탄생하여 기원 430년경 스리랑카로 가서 실론어(스리랑카 토착어)와 빨리어로 부처님 경론을 토론하고 결집하여 그 이름을 '청정도론'이라 부르게 되었는데, 근본불교 연구의 제1 참고서가 되어 지금도 세계적인 작품으로 이해되고 있다.

엘로라

아잔타

죽림정사

영축산

아난다 사리탑

베살리 사리탑

쿠시나가르 열반상

부처님께서 탄생하신 룸비니 공원

그 내용은 경·율·론 삼장으로 구성되어 있다.

계는 불멸 100년 후부터 500년 사이 분열된 종파 때문에 사분율, 오분율, 십송율 등 7~8가지로 나누어지는데, 이 분은 상좌부의 사분율을 중심으로 모든 계율의 본을 설정하고 있다.

"계란 무엇인가?" 묻는다면 "나는 이렇게 대답하리라" 하고,

① 절제나 소임보는 일을 충실하게 하기 위하여 그 실천자의 의도를 기록한 것이다.

② 설사 그 의도를 실천하기 위하여 유익한 생각(十善)을 갖더라도 마음의 삼업을 제외한 신·구·의업의 청정을 실천하는 것이 계다.

③ 그러나 그것이 단속의 틈을 타고 자기도 모르는 사이에 세속으로 흘러내린다면 그는 계라 할 수 없다.

말하자면 마음챙김을 저지한다든지 통찰지가 없이 그냥 생각나는 대로 해버린 것은 계라고 할 수 없다.

왜냐하면 계는 행을 따라 나타나지만 보이는 성질에 따라 그 특징이 각각 다르기 때문이다.

계에는 작용과 성취가 있는데, 나쁜 계행을 털어버렸더라도 비난받지 않는 덕을 성취하지 못하면 온전한 계라 할 수 없다.

여기에 깨끗함과 수치심, 양심이 있다. 만일 그것이 제대로 성취된다면 계에는 한량없는 이익이 있다.

흐르는 물이 아무리 깨끗하여 사람의 몸때를 씻을 수 있지만 계의 청정처럼 중생의 열병을 잠재울 수는 없다.

세상에는 아름다운 꽃이 있어 그윽한 향기를 풍겨 코를 즐겁게 하지만 계의

향기처럼 천상 열반에 오르는 사다리는 되지 못한다.

아무리 좋은 악세사리가 세상의 모든 것을 장엄하더라도 청정한 계의 명성만은 못하다.

그러므로 수행자는 새가 알을 품듯 야크가 꼬리를 보호하듯 외아들을 보호하는 부모님처럼 계를 사랑하고 보호하여야 한다.

그래서였을까! 사바세계의 모든 것을 하직하고 테라바다불교에 들어가 승복을 입고 발우를 가지고 탁발하러 나갈 때 한없이 눈물이 흘러 앞발을 보고 제대로 따라가지 못했던 일, 이것은 분명 허망한 세계에서 허망한 것을 보고 허망하게 잘못된 인생을 씻어내리는 눈물이었을 것이다.

그런데 실제로 담와라자 라야 스님은 우리와 똑같은 방에 거처하면서도, 맨발로 하루 한 때만 잡수시면서도, 항상 만족하고 넉넉한 마음으로 후배들을 거느렸던 것이다.

① 떨어진 옷을 기워 입고,

② 상·중·하 3의만 수용하며,

③ 차례로 탁발하고,

④ 탁발한 음식만 먹고,

⑤ 한 자리에 앉아

⑥ 하나의 발우음식만 먹고,

⑦ 나중에 갖다 준 음식은 먹지 않고,

⑧ 항상 숲 속에 머물며,

⑨ 숲과 함께 앉았고,

⑩ 노천에서 상담하고,

⑪ 때로는 공동묘지에 가

⑫ 배정된 자리에 앉아

⑬ 눕지 않는 수행을 하였던가 보다.

이렇게 하면 정신통일이 저절로 이루어진다. 삼매를 따로 논하지 않아도 좋다.

승왕의 방에는 3의 1발 이외는 아무 것도 없었다. 그래도 90이 넘도록 아무 탈 없이 공부하고 있으며 100만 승가의 우두머리가 되어 있다. 그의 위의 하나 하나가 법도가 되었고, 땅, 물, 바람, 불처럼 담담하고 맑으며 시원하고 화려하였다.

그리고 나는 청정도론을 보면서 20부파가 난립한 가운데서도 승가대중이 해야 할 일과 해서는 안될 일을 청정, 두타, 삼매의 세 가지로 가름하여 누가 옳고 그르다는 말을 하지 않고 오직 부처님의 발자국만 보고 정좌한 스님의 위대한 정신, 당시 8종의 언어 가운데서도 부처님께서 서민들을 상대하여 이야기하던 빨리어를 선택하여 그 나머지 말을 해석하고 풀었다는데 진실로 감동하였다.

지금도 세상에는 불법이 죽지 않고 살아있다. 청정도론을 통해 근본불교를 공부하고 마명, 용수, 제바보살과 같은 대승불교 논사들이 학문을 통해 사람다운 수행자다운 행자상을 지니고 있는 사람들이 얼마나 많은가. 욕심을 버려야 하고 명예를 버려야 하고 권속에 대한 관념을 버려야 한다. 세상에서 낳아 놓고 온 자식들도 잊고 사는 사람이 출가 후 권속관념에 빠져 있다면 이것은 소도 웃을 일이다.

비구가 비구법을 존중하면서도 사돈네 8촌까지 데리고 다니며 살림하는 사람들이 있다고 하니 기가 막힌 일이다. 그리고 쥐꼬리만한 지식과 상식으로 세속적인 학문을 통해 세상을 다스리다가 나라까지 망쳐버린 일들을 생각해 보아야 할 것이다.

그렇지 않아도 앞으로 50년, 100년이 되면 세속적인 지식을 통하여 출세속적인 지혜를 함부로 농락하는 시대가 올 것이다. 그래도 부처님께서 깨달은 진리는 절대 망하지 않는다. 그것은 기계에 달려 있는 것이 아니라 다르마(法)에 달려 있기 때문이다.

인도 청정운동의 선구자 간디선생의 묘지 앞에서

2-51. 기구한 운명의 여인

영주 희방사에서 철야정진하며 밤 11시, 12시까지 법문을 한 일이 있는데 대구 팔공산에서 청이 왔다.

"새벽 1시부터 3시 사이 법문을 해 주십시오."

우리나라 불교는 티베트나 몽골 불교와 비슷하여 무엇이고 한 번 생각이 났다 하면 가닥이 나야 끝난다.

대구역에서 내려 팔공산 뒤쪽으로 가서 1시간 쯤 산비탈을 타고 올라가니 두 골짜기에서 흘러나온 물이 작은 개울을 이루고 오른쪽 산기슭을 타고 올라가니 사람들이 건널목 바위 밑에 멍석을 깔고 앉아 있었다. 대부분 약사부처님 앞에 가서 기도하고 내려오는 사람들이었다.

이렇게 밤새도록 기도하고 내려 오는 사람들에게 죽을 쑤어 주면 달게 먹고 쉬었다 내려가는 사람들이 기분이 더 좋아지기 때문에 죽을 쑤어 준다 하였다. 그날만 하여도 500여 명은 족히 넘는 것 같다.

"공양미는 어떻게 조달합니까?"

물어보니, 대답 대신 자기 팔자 이야기가 한없이 쏟아져 나왔다.

"내가 아버지를 따라 일본에 갔는데 전쟁통이라 학교에 다니는 사람들도 많지 않아 초등학교 때부터 1등으로 공부를 잘하여 학교에서 사랑 받고 살았습니다.

고등학교 2학년 때 아버지가 돌아가시고 학교를 졸업하고 나니 학교선생님이 소개하여 결혼을 하였습니다. 그런데 아이 둘을 낳아 놓고는 군대에 가서 소식이 없어 기다리고 있었는데, 전사통지서가 와서 우리 교포와 다시 재혼하였습니다.

그런데 그곳에서도 아이 둘을 낳아 놓고 남편이 집을 나가 소식이 없으므로 하는 수 없이 한국으로 돌아왔습니다.

귀국하여 대구에 와서 남의 절 일을 살폈는데 글씨도 잘 쓰고 법문도 잘 하고 하니 일본법사라 하여 크게 칭찬 받고 살았습니다. 그런데 주지스님께서 친척 한 분을 소개하여 세 번째 결혼을 하였는데, 거기서도 애기 둘만 낳아 놓고 행방불명이 되었습니다.

내 무슨 팔자가 이런 팔자가 있는가 하여 죽으려고 이곳 팔공산 약사부처님께 갔다가 뒷길로 내려오는데, 오다 보니 저기에 작은 굴이 보여 들어가 보니 다리를 뻗고 누워 있을 만 하였습니다.

밥도 안 먹고 한 달쯤 지내면 저절로 죽으리라 생각하고 한숨 자고 일어났더니 굴 앞에 쌀도 있고 떡도 있고 불전도 놓여 있었습니다. 지나가던 사람들이 들여다 보고 사람냄새가 나니 공부하는 사람인줄 알고 놓아두고 간 것입니다.

사람들이 이렇게 알면 죽을 수도 없겠구나 하고 그걸 가지고 시장에 가서 솥도 사고 무 짠지도 사 가지고 와서 죽을 끓여 먹이다 보니 이렇게 숫자가 불어났습니다.

법사님께 청을 하여 소식을 전한 선생님은 대구 장애인학교 교장선생님으로 일찍이 불교통신대학에 입학하여 졸업한 유명한 선생님입니다."

"하여간 과거는 잊어버리고 현재 일이나 충실히 합시다."

밤 12시까지 이런저런 이야기를 하다가 1시가 되니 정식법회가 이루어졌다.

산이고 개울이고, 풀밭이고 나무 위고, 심지어 돌 무더기 위에도 모두가 사람들이다. 약사부처님에게 기도하고 내려오던 사람들은 너나 없이 모두 사이사이에 끼어 앉았다.

나는 신라 때 선덕여왕으로부터 이야기를 시작하였다.

"선덕여왕이 오랫동안 병을 앓다가 중국에 유학하고 오신 밀교스님을 모시고 3일 동안 특별기도회를 연 일이 있는데, 그때 사용하던 교재가 약사경이었습니다.

약사경에는 일곱부처님이 나옵니다. 우리나라 칠성별처럼 각기 제 장소에 있으면서 소원 따라 중생을 제도하시는 분들입니다.

그런데 일곱 번째 약사유리광부처님은 열두 가지 서원을 세워 이 세상에서 헐벗고 목마르고 의지할 곳 없는 사람들의 의지가 되고 병든 사람들의 의지처가 되겠다 맹세하였습니다.

모두 그 나라 사람들은 탐·진·치 삼독에 기만과 의심 속에서 살생, 도둑질, 사음, 거짓말 등으로 악업을 짓다가 약사유리광부처님의 하시는 행을 보고 그 몸과 마음과 뜻을 깨끗이 하여 유리알 같은 세상을 만들었기 때문에 그 세계를 약사유리광세계라 한 것입니다.

부처님 당시 연꽃처럼 어여쁜 여인이 있었습니다. 일찍이 아버지를 여의고 아홉 살에 어머니와 함께 살다가 열세 살에 어머니를 돕고 있던 젊은 남자와 결혼하였습니다. 1년 만에 첫 애를 낳아 아이에게 푹 빠져 있었는데 한밤중에 돌아다니다 보니 남편이 어머니 방에 가서 누워 있었습니다. 말로 표현할 수 없이 분노를 느꼈기 때문에 자는 아이를 들어다가 어머니 방에 던져버리고 정처없이 길을 떠났습니다.

얼마를 가다 보니 새벽녘에 한 신사가 수레를 타고 오다가 물었습니다.

"어디서 오는 사람인데 새벽길을 이렇게 걸어 옵니까?"

"묻지 마세요, 나는 기구한 운명의 여인입니다."

신사는 말을 듣고,

"나도 신세가 비슷합니다. 석 달 전 결혼했던 아내가 자다가 갑자기 죽어 저기

저 산에다 묘지를 쓰고 찾아가는 길입니다."

"몇 살에 죽었습니까?"

"열다섯 살에 죽었습니다."

"어머, 어쩌면 저와 동갑입니다."

"그렇지 않아도 그 모습이 비슷하여 죽은 아내가 살아오는가 생각했습니다. 그렇다면 우리집으로 가서 같이 살면 어떻겠습니까?"

정처없는 몸이라 연꽃여인은 그 사람을 따라 가 10년 이상을 재미있게 살았습니다. 그런데 불행히도 아이를 낳지 못해 걱정이 많았습니다.

"아이를 낳지 못하면 조상에게 큰 죄를 지으니 누구고 사람을 하나 얻어 아들을 낳도록 하세요."

"나는 한 가지도 부족한 것이 없습니다. 당신과 똑같이 생긴 사람을 만나기 전에는 절대로 딴 생각을 하지 않겠습니다."

그런데 그 뒤 탁가실라성에 장사 갔다가 보니 물동이를 이고 지나가는 여인이 연꽃여인과 똑같이 생겼습니다. 그래서 따라가 물었습니다.

"아버지는 어디 계십니까?"

"저는 노예입니다. 5,6년 전에 이 집으로 팔려와 물심부름을 하고 있습니다."

"얼마에 팔려 왔습니까? 내가 대신 돈을 주면 나와 같이 가 살 수 있겠습니까?"

"노예에서 해방만 시켜준다면 시키는 대로 따라 가겠습니다."

그래서 돈을 주고 그 여인을 데리고 몇 달 동안 돌아다니다가 집에 돌아오니 부인 또한 좋아하였습니다. 그래 함께 사는데 하루는 비 오는 날 서로 같이 목욕하고 머리를 빗겨 주는데 한쪽 머리가 다 빠지고 없었습니다.

"어찌하여 머리에 이렇게 큰 상처가 났는가?"

"어머니가 할머니 방에 나를 던져 내 머리가 다 깨졌는데, 죽지 않고 살다 보니 이 지경에 이르게 되었습니다."

들고 보니 전생에 자기 딸이 분명했습니다.

자신의 인생이 너무 안타까워 집을 버리고 한없이 걷다가 어느 나뭇가지에 목을 매 죽게 되었는데, 한 나무꾼이 와서 끌러 주었습니다.

"가만히 죽게 놓아 두지 살아서 무엇 하겠습니까?"

"우리 아내는 자식만 넷을 낳아 놓고 그만 죽었습니다. 그렇게 죽을 바에는 우리 아이들이나 길러 주세요."

"좋습니다. 어차피 죽을 몸이니 좋은 일이나 하다가 죽겠습니다."

하여 그 집에 가서 10여 년 동안 잘 봉사하였습니다. 행복한 나날을 보내고 있는데, 큰 아들이 장가를 가게 되어 아버지가 가서 혼약을 하고 왔습니다.

결혼식 날 상객이 말을 타고 오는데 바로 지난 번의 자기 남편이었습니다.

담장 너머로 쳐다보다가 연꽃여인은 또 그렇게 도망쳐 한없이 걷다가 어느 길거리 빈 집에 들어가 잠이 들었습니다.

얼마 후 눈을 떠 보니 한 장년이 빙그레 웃으며,

"제 발로 들어온 복덩이로구나."

하며 앉았습니다. 몸부림을 쳐 보아도 소용없는 세상이라 그냥 그 사람과 짝이 되었습니다.

그런데 그 사람은 마작꾼으로 술 잘 마시는 동네 깡패로 유명한 사람이었습니다. 친구들과 놀다가 돈이 떨어지면 그냥 마누라를 잡혀 먹었습니다. 하는 수 없이 이 남자, 저 남자를 상대하다가 마침내는 불행한 여인이 되어 공원 앞에 앉아 있었는데, 그때 부처님께서 제자들과 함께 지나가시다가 사리불과 목건련에게,

"저 여인은 너희들이 책임져야 한다."

하여 저녁 때 갔더니 사람은 쳐다보지도 않고 하늘만 쳐다보고 있었습니다.

"무엇이 그립습니까?"

"빛이 그립습니다."

"빛 가운데는 우리 부처님 빛이 제일입니다. 가십시다."

하여 데리고 왔더니 부처님 발에 절하고 한없이 울었습니다.

"그래 이름이 무엇인가?"

"웁판노반나(연꽃여인)입니다.

"연꽃이 물에 젖는 것 보았는가?"

"보지 못했습니다."

"그렇다면 그대 몸은 만신창이가 되었더라도 마음은 젖은 일이 없으니 그대의 이름을 연화색이라 불러라."

그래서 비구니 10대 제자 가운데 한 사람이 되었습니다.

오늘 이 자리에서 약사경을 가르치는 주인공은 옛날 인도의 연화색 비구니와 같습니다. 모든 중생의 약이 되고 의지처가 될 것이니 모두 뜻을 모아 조그마한 집을 짓고 거룩한 일을 할 수 있도록 도와주십시오."

그 뒤 절 이름은 약사사가 되었고, 대구 교도소 주임법사가 되어 30여 년을 봉사하다가 길을 떠났다.

사람은 칠전팔도(七轉八倒), 일곱 번 넘어지고 여덟 번 거꾸러져도 살아날 길이 있는데, 문제는 살아서 무엇을 하느냐 하는 것이다. 한 번 맛 보았으면 두 번, 세 번 맛을 보아도 별 다른 맛이 없는 것인데, 사람들은 내일, 내일하며 내일에 속아서 살고 있는 것 같다.

2-52. 백장선원(百丈禪院) 김의택 법사

백장선원은 김의택법사님이 설립한 것이다. 내가 농사짓고 사는 것을 보고 자신은 농사를 짓지 못하지만 함께 수행하는 사람이라도 농사도 짓게 하고 선(禪)도 겸해서 해 보았으면 좋겠다하여 백장선원을 설립케 하였다.

원래 선사는 인천에서 사업을 하여 먹고 사는 데는 걱정이 없게 되자 숭산스님을 따라 화계사 토요선원에서 13년간 철야정진을 하여 수행 잘하기로 소문이 난 분이다.

한쪽 다리를 잘 못써서 걸음을 제대로 걷지 못하나 평상시 생활하는 데는 큰 지장이 없었다. 그래서 20여 명이 살 수 있는 건물을 주고 아침 점심 저녁을 대중과 함께 해 먹도록 하여 공동생활을 실천하였다. 하루에 여덟 시간 정진하는 가운데 시간은 어김없이 지켜졌다. 일주일에 한 번씩 조사어록을 통해 마음을 점검하는 공부도 하였는데 먼저는 동안상찰선사의 십현담(十玄談)을 가지고 설법하였다.

묻는다. 그대 마음이 어떻게 생겼기에
마음의 도장을 누구에게 주고받는다 하는가.
세월을 지내도 한결같아 다른 빛이 없으니
심인(心印)이라 부르는 것도 벌써 헛말 아닌가.

모름지기 그 몸이 허공과 같은 줄 알면

붉은 화로에서 연꽃이 피게 되리라.

무심이 도라 이르지 말라.

무심도 오히려 한 관문이 막혀 있다.

환희에 찬 얼굴이 불그스레 달아오른다.

법사님은 누구에게도 평(評)을 구하지 않고 스스로 맛을 보고 스스로 배를 채운다.

"여러분 조사의 뜻이 이미 이러하거늘 공·불공을 논하지 마세요. 오직 시심마(是甚麼). 이것이 무엇인고. 꼭 잡아 매십시오. 3현 10성도 이 뜻을 밝히기 어렵고, 깨달았다 말하지 못합니다. 그물을 벗어난 고기가 물에 걸리면 갈 곳이 없습니다. 머리를 돌린 말이라야 채롱에서 벗어날 수 있습니다. 이것이 조사의 뜻이니 동쪽이니 서쪽이니 말하지 마십시오."

밭에 나가면 풀을 뜯고 열매를 북돋으며 많이 맺든지 적게 맺든지 논하지 않는다. 호미로 곡식들을 북돋을 땐 어미가 자식을 살피듯 하고 마을마다 물길을 내어 비가 와도 피해를 보지 않게 한다.

개미들이 지나가면 그 길을 막지 않고 거미줄 하나도 해치지 않으며 기러기들을 칭찬한다.

"공자님이 개미들을 보고 붕우유신(朋友有信)을 만들었고 기러기들을 보고 장유유서(長幼有序)를 만들었거늘, 보라. 저 새들이 길을 어기고 딴 짓을 하는가. 경험있는 놈들이 앞으로 가면 차례로 뒤를 따라 한일자(一)를 만들기도 하고 앉아야 할 자리가 있으면 선배들이 동서남북으로 배정하여 후배들을 이끌어 간다.

보라고. 이 개미들을. 먼저 죽은 개미를 물고 가기 위하여 짊어지고 오던 밥을 옆에 놓아두고 가지 않는가. 사람 같으면 집에 가서 짐 부려 놓고 밥 먼저 먹고 초상 칠 텐데 개미들은 친구 초상 먼저 치고 나서 밥을 물어 가지 않는가. 이들 곤충도 그러한데 하물며 사람이 친구와 신의를 어기고 질서를 파괴해서야 되겠는가."

법사님의 법문은 때와 장소가 없다. 일하다가 쉬면서 중참을 먹으면서도 물으면 답변한다.

"아득한 공겁(空劫)에도 그러했습니까?

"진기(塵機)도 얽매임이 없는데"

"묘한 체(妙體)는요?"

"몸통이 없으니 자취가 없지."

"닭이 추우면 어디로 가지요?"

"닭장으로 오르지!"

"오리는요?"

"물속으로 들어가지. 그러니 길을 돌이키지 말라."

또 한참 쉬다가 한 고랑 매고는

"여기 보소. 한법사님이 세워 놓은 비석을. 여래의 밭에 보리의 종자를 심어 번뇌의 풀을 매고 열반의 과를 거두라 하지 않았는가. 여러분들은 지금 무슨 종자를 심어 무슨 풀을 매고 있는지!"

하고 노래 불렀다.

탁한 놈은 스스로 탁하고 맑은 놈은 스스로 맑고

번뇌와 보리가 다르지 않으니

변화(卞和)의 구슬이 중국에만 있겠는가.

여주(驪州)는 가는 곳마다 빛나 언제나 제 값을 가지고 있다.

좋구나.

삼승차제연금언(三乘次第演金言)하니

삼세여래역공선(三世如來亦共宣)이로다.

하고 일어나 춤을 추니 의정부에서 온 갑진(甲辰) 법사가

초설유공인진집(初說有空人盡執)하더니

후비공유중개연(後非空有衆皆緣)하였다.

하며 박수를 짝짝 쳤다.

개울에 가서 목욕할 때나 후원에 가서 밥을 지을 때도 항상 이렇게 노래하고 춤추다 보니 잃어버린 소를 찾고 소 타고 피리 부는 사람처럼 장구치고 북도 쳤다.

7월 백종이 되어 해제하면 덮었던 침구 돌돌 뭉쳐놓고 앉았던 방석 털털 털고 방안 청소를 깨끗이 해 놓고

"오늘은 철발우(撤鉢盂)하고 고향 가는 노래합니다."

하면 행자들이 교자상 펴고 뺑 둘러 앉아 다과회를 하게 된다.

"용궁에 가득 찬 대장경을 보았는가. 중생의 약방문이니 잊어버리지 말고 가져가세요."

"부처님은 학수(鶴樹)에서 한 가지도 갖지 않고 두 다리를 쭈욱 뻗으셨다 하던데요."

"그거야 내 발자국 보고 뒷일을 걱정하라 하신 말씀 아닙니까."

"깨끗한 생각에는 한 생각에 한 생각만 일으켜도 병이 된다 하셨는데!"

"중론에서 공왕(空王)도 섬기지 말라 하였으니 지팡이 들고 고향에 갈 때 구름과 물에도 머물지 말고."

"눈이 오고 비가 와도 바쁜 것 없는데 조상인들 바쁠 것 있겠습니까."

제각기 이렇게 한마디씩 외우면서 바랑 지고 나서면 노법사는 먼 산을 바라보며 수염만 다듬는다.

이렇게 한 철을 지내고 나면 다음 한 철이 돌아오고 다른 한 철을 지내고 나면 또 다른 한 철이 돌아와서 10년이 하루 아침 같았다.

지금 돌아보니 인천 법사님은 흰 구름따라 떠났고 의정부 법사님도 청산 가운데 누워있다. 나머지 사람들은 중도 되고 소도 되고 제각기 분수따라 백장선원은 언제나 백장산을 바라보며 일 속에 먹고 산다.

김의택 법사님

김갑진 법사님

2-53. 세종대왕과 신미대사

법왕궁 보살님은 매년 정월 초하루면 어김없이 밤중에 세종대왕님께 가서 잔 한 잔 올리고 그 주위를 세 바퀴 돌고 돌아온다.

처음에는 초소의 병사들이 근접을 못하게 했으나

"일년이면 한 번씩 세배드리는데 그것도 하지 못하게 하려면 무엇하러 광화문 네거리에 모셔 놓았으냐. 부모를 멀리 쳐다만 보는 사람도 있으나 가까이 가서 인사드리고 차를 대접하는 사람도 있어야 하지 않겠느냐. 나는 세종대왕님께서 공부에 찌들어 38세부터 눈이 어두워지고 다리에 힘이 없어 출입도 제대로 하지 못하게 되었을때 함허 득통선사가 잡곡밥을 먹고 채식 중심으로 드시되 주색을 조심하라 하여 그대로 실천하여 44세에 몸이 회복된 것을 알고 있다. 그래서 이렇게 잡곡밥을 해오고 맑은 청국장 한 잔 대접코자 왔으니 나를 말리지 말라."

병사들도 어쩔 수 없이 옆에서 지켜보면서 함께 잔을 올렸다.

그 뒤로 어디서 말씀을 들었는지 알 수 없지만 한글이 집현전 학자들에 의해 처음 만들어진 것이 아니고 득통선사의 제자 신미스님에 의해 만들어졌다는 것을 알고 그 역사를 밝혀 달라 부탁하였다.

그래서 법주사 교양대학 법문을 갔다가 복천암에 들려 신미대사의 역사를 상세히 알게 되었다.

세종실록 10년 기사에 이런 글이 있다.

"2월 17일 세조는 중궁과 함께 온양을 순행하기 위하여 광주 문현산을 거쳐 19일 죽산 변방에 머물렀다. 20일 진천 광석에 기거하고 21일 청주 초수(椒水)에서 자고 27일 등평에 이르니 병풍송(屛風松)이 고개를 쳐들어 고동을 받들었다. 그때 신미가 와서 떡 150동이를 바쳐 호송군들이 나누어 먹었다. 28일 법주사에 이르러 쌀과 콩, 각 30석을 하사하고 복천암에 이르러 쌀 300석, 노비 30구, 전지 200권을 하사하였다."

이렇게 신미스님은 세조 이전부터 왕궁과 밀접한 관계가 있었다.

신미스님은 세종대왕 당시 흥천사에 와 있었는데 왕모 49재 때 함허 득통선사와 동참하였다.

세종대왕이 뒷방에 있다가 경전 외우는 소리가 유독히 청아하여 나가보니 바로 수염이 긴 스님이 앉아 송경하는지라 자시(子時)가 넘어 방문하라 하여 가니 지극히 대해주시면서 말했다.

"지금 일본 사람들이 해인사 대장경을 집까지 보시하라 하는데 어떻게 하면 좋겠는가. 유생들은 읽지도 않는 책을 쌓아 놓아 무엇하느냐 주자고 하는데.…."

함허가

"안됩니다."

하니

"제가 누구나 볼 수 있도록 한글을 짓겠습니다."

하여 그 후 티벳 문자와 일본의 히라가나 인도의 실담문자, 몽골문자를 보고 티벳-몽골의 모든 문자가 인도의 빨리어와 산스크리트에서 기원한 것을 알고 그중 28자를 차출하여 한국 사람들이 읽기 좋게 만드니

ㄱ, ㄴ, ㄷ, ㄹ, ㅁ, ㅂ, ㅅ, ㅇ, ㅈ, ㅋ, ㅌ, ㅍ, ㅎ

이고 거기 ㅏ, ㅑ, ㅓ, ㅕ, ㅗ, ㅛ, ㅜ, ㅠ, ㅡ, ㅣ 를 보태

가, 갸, 거, 겨, 고, 교, 구, 규, 그, 기

나, 냐, 너, 녀, 노, 뇨, 누, 뉴, 느, 니

다, 댜, 더, 뎌, 도, 됴, 두, 듀, 드, 디

하는 식으로 만들어졌다. 지금 사용하지 않는 4자를 합하면 28자가 되는데 신미 스님은 이것을 의지하여 원각선종석보(圓覺禪宗釋譜)를 만드니 대자사에 와서 종종 강의를 하셨다. 그때 세조 대왕이 와서 그의 조카들과 함께 들었기 때문에 온양에 갈 때도 마중나와 떡 공양을 하였던 것이다.

당시는 유생들이 힘이 너무 강해 불자가 한글을 창제했다 할 수 없으므로 성균관에 입학하여 집현전 학자들에게 원고를 주도록 하여 세종의 명의로 발표하게 된 것이다.

동생 김수경과 김수온도 신미스님의 영향으로 불심이 투철하였고 제수씨 한 분은 출가하여 비구니가 되었다.

이와같이 신미스님은 배우기 어려운 한문과 이해하기 어려운 이두문자를 보고 백성들을 깨우치기 위해서는 새로운 문자가 만들어져야 되겠다 생각하고 실담 문자를 배경으로 한글을 창제하였으나 이것을 올바로 이해시키기 위해 몽골어, 티베트어, 일본어, 산스크리트어, 빨리어까지 통달했던 것이다.

이것을 정리한 책이

"세종대왕의 훈민정음과 혜각존자 신미대사"

이다. 나는 이 글을 쓰면서 옛날 사람들은 각고의 정진으로 이렇게 없는 글도 만

들어서까지 발표하는데 있는 글도 다 읽지 못하고 전법한다는 것은 있을 수 없다 생각하고 어려운 선문(禪文)과 교학(敎學)까지도 통달하도록 손에서 책을 놓지 않았다. 아무리 훌륭한 책도 박물관에 놓여지면 하나의 구경거리 밖에 되지 않기 때문이다.

제 3 편
해외포교기

제3편 세계불교포교기(世界佛敎布敎記)

제3편은 1990년부터 써야 하나 제2편이 너무 많아 조금 줄여 하와이에서부터 시작한다.

생각하면 한국을 떠나 해외여행을 간 것이 81년도 인도여행이기 때문에 인도여행 또한 순수한 구도기였으므로 제2편에 넣고 제3편을 하와이 포교로부터 시작했다.

하와이를 13번 갔는데 8번은 대원사 불교대학과 연관이 있고 나머지는 숭산, 진각스님과의 인연 때문에 LA, 뉴욕, 워싱턴, 샌프란시스코 등에서 강의하였다.

그리고 몽골과 동남아시아는 관광과 연관이 있지만 때에 따라서는 현지 스님들과 교류를 갖기도 하였다.

보스톤 프라브덴스 관음젠스쿨에서 외국사람들과 함께 법회를 하는 광경

3-1. 미국 포교

(1) 하와이 대원사

하와이 법회는 1980년부터 대원스님이 한국에 나오시기만 하면 하와이 대원사 사무장 나기연씨에게 부탁해 미국에 오라 하였지만 내가 무소유로 사는 사람이라 내 이름으로 통장이 없기 때문에 보증자가 없으면 미국에 들어갈 수 없었다.

그런데 1983년 하와이 대학 페이지 교수가 초청하는 형식으로 하다 보니 그의 친구 워커씨가 주한미국대사로 있어 3일 만에 비자가 만들어져 나왔다.

그래서 아무런 준비도 없이 하와이 가는 비행기 표만 사가지고 길을 떠났다. 저녁 비행기를 타고 갔기 때문에 아침 8시에 도착하여 밖에 나가니 벌써 대원사 주지스님을 비롯해서 신도님들이 10여 명 나와 환영해 주어 10시까지 가서 법회를 보았다.

– 대원사 법회 –

대원사는 우리나라 사찰처럼 높은 산골짜기 밑에 순 한국식으로 지어져 있었다. 나는 주지스님 방 옆에 자리를 잡아 조실스님인 고암스님과 자주 대화를 나눌 수 있었다.

고암스님은 일찍이 한국에서 공양주 생활을 오래 하셨기 때문에 절 음식을 잘 만든다고 하시면서 새벽 4시면 쥐도 새도 모르게 나와 미국 쌀로 밥을 짓고 김치

하와이 대원사 법회에서 설법하는 장면

불교통신대학 하와이 교육원을 개설하고

찌개, 시래기국을 끓여 7~8명이 먹을 수 있도록 밥상을 차려 놓고 감쪽같이 들어가신다.

"한국보살님들이 한국음식을 좋아하거든……."

보살님들은 아침 6시에 예불 왔다가 공양시간이 되면 공양주에게 감사드리고 아침밥을 맛있게 먹고 갔다. 노스님은 흐뭇해 하시면서 공양주께 절대 그런 말을 하지 말라고 하였다.

법회는 매주 일요일 오전 10시에 시작되어 12시에 끝이 나는데 한국에서 종종 귀한 분들이 오시기 때문에 훌륭한 학자나 스님들이 오실 때는 그분들을 모시고 법회를 보아왔다고 한다.

그러나 내가 가면서부터는 내가 주임법사가 되고 다른 분들은 인사말 정도만 하였다. 그래서 내가 주지스님께 부탁하여 나보다 먼저 인사도 하고 법문을 하신 뒤에 끝으로 내가 법문을 하게 해달라고 부탁하였다.

첫째는 그분들의 위신을 세워주고

둘째는 다른 나라 여러 가지 풍습을 익히게 할 수 있게 하기 위해서였다.

그래서 누가 오든지 먼저 법문을 하고 뒤에 내가 하게 되니 아는 분들은 그들을 칭찬하고 법문을 듣게 되고 모르는 분들은 그분들의 설교를 따라 다른 지역의 불교를 골고루 섭렵할 수 있었다. 나는 어려운 법문보다는 평상시에 예불하는 예불문 송주부터 체계 있게 해설하여 불자의 기초를 다졌으며 거기에 나오는 문장을 따라 이야기식으로 곁들여 설명해 주었다.

말하자면 부처님께 공양하고 여덟 개의 머리카락을 얻어 황금탑을 세운 미얀마의 제수와 발리카 이야기라든지 코브라가 부처님께 풍수해를 막아주고 일곱 가지 즐겁게 사는 법문(七樂法門)을 경전에 있는 대로 예를 들어 설명하였다.

부처님께서 도를 깨친 뒤 제 5일째 되던 날 나무 밑에 앉아 계셨는데 미얀마 상인들의 물건을 싣고 가던 코끼리가 부처님 앞에 엎드려 절하자 감격하여 부처님께 공양 올릴 것을 소청하고 제수가 미숫가루 한 그릇과 밀개떡 4개를 드렸다. 부처님은 달게 잡수시고 축원하였다.

"그대에게 밝은 빛이 있으라."

동행하던 발리카가 발심하여 자신도 공양을 하겠다 하면서 똑같은 음식을 올리고 기념품을 청하였다. 부처님은 6년 동안 고행한 후라서 아무 것도 가진 것이 없어 머리카락을 뽑아주었는데 그 숫자가 여덟 개였다.

"그대들은 장사하는 사람들이라 풍수재해를 만나지 않고 무서운 짐승과 도둑들에게 쫓기지 않고 크게 부자 되기 바란다."

발리카는 기분이 좋아 여덟 개의 머리카락을 두 무더기로 나누어 황금그릇에 넣어 38수레의 맨 앞에 놓고 한 무더기는 뒤에 놓으니 저녁이면 그 곳에서 빛이 쏟아져 풍수재해, 맹수, 도적의 액난도 만나지 않아 가지고 온 물건의 300배를 넘게 벌었다. 또 갈 때도 그렇게 하여 인도 물건을 가득 싣고 갔는데 미얀마 임금님이 이 말을 듣고 군인 2천 명을 데리고 나와 양쪽으로 세워 두 손으로 받들어 끝나는 자리에 탑을 세웠다. 미얀마에서는 천을 '따'라 하기 때문에 탑 이름을 "따따탑"이라 하였는데 탑의 높이는 두 상인의 키와 임금님의 키를 더하여 5m가량 되었다.

임금님은 발원하였다.

"매년 홍수와 태풍 때문에 많은 인명이 상하고 재산을 유실하고 있으니 도와주시옵소서."

과연 그 원은 말 그대로 실현되어 지금까지 2500년 동안 홍수재해와 태풍이 일어나지 않아 세계에서 몇 째 안 가는 명상 대국이 되었다.

지금은 그 탑이 높은 지대로 옮겨져 99.6m나 되어 유네스코 세계문화유산으

하와이 대원사 합창단과 함께

대원사 기대원 스님과 구본하 법사님의 환영을 받고

로 등록되어 있다.

또 부처님이 성도 후 제7 주 호숫가에 있었는데 비바람이 몰아쳐 견딜 수 없기 때문에 옆에 있는 동굴로 들어가려 하니 벌써 모기, 파리, 등에가 꽉 차 있었다. 그래서 들어가지 못하고 굴 앞에 앉아 있었는데 코브라 한 마리가 나뭇가지에 똬리를 틀고 그 머리를 부처님 머리 위에 우산처럼 가려 주어 비바람을 피하게 되었다. 햇볕이 나자 코브라가 부처님 앞에 똬리를 틀고 나타나자 부처님은 그 코브라에게 일곱 가지 즐겁게 사는 법문(七樂法門)을 들려주었다.

① 고요한 곳에 편히 사는 것이 즐거움이고

② 법을 듣고 보는 것이 즐거움이며

③ 세간에 끌리지 않는 것이 즐거움이고

④ 중생을 사랑하는 것이 즐거움이고

⑤ 세간에 욕심을 여읜 것이 즐거움이고

⑥ 똑같이 은혜 버린 것이 즐거움이고

⑦ 능히 아만을 버린 것이 즐거움이다.

용은 그 뒤로 스님들이 공부하는 장소나 사찰, 암자를 보호해 줄 것을 맹세하고 사라졌다.

이렇게 부처님 경전의 말씀을 알기 쉽게 풀이해주니 좋아하였다. 석 달 동안 신도들이 200명 가량 모였다. 텔레비전을 하는 정계성 사장님이 그것을 녹화하여 방영해 주셨기 때문이었다.

나는 이렇게 세 번을 무작위로 다니면서 기초교리를 중심으로 설명하다가 신도들의 요청에 따라 교양대학교를 하게 되어 다시 4회 동안 교양대학을 하고 제5회부터는 단국대 교수이신 이영무 스님께 인계하였다.

(2) 노숙자들의 생활과 베트남스님

하와이를 열세 번 가는 동안 여러 가지 재미있는 일도 많이 생겼다. 교양대학 할 때는 금강경 강의를 하였는데 기수급고독원이 지어지게 된 내력을 이야기하여 신도님들의 의심이 풀어졌다.

대부분의 절은 조계사, 해인사처럼 큰스님과 법을 배경으로 하여 절 이름을 짓는데 대원사는 페지교수에 의해 초청된 대원스님에 의해 지어진 것이기 때문에 대원스님 이름으로 절 이름을 지었다. 그런데 스님 이름으로 절 이름을 지었다 하여 보이지 않게 마찰이 있었던 모양이다.

그런데 '기수급고독원'은 기타태자가 나무를 시주하고 급고독장자가 돈을 내어 지었기 때문에 두 사람의 이름을 붙여 지은 것이라 하니 그 전 의심이 모두 풀어지게 되었다.

하와이 대학 페이지교수는 한국전란 때 파병되어 설악산 일대에 있었는데 공부하기 위해 신흥사에 방을 얻어 몇 달 동안 하숙할 때 대원스님이 총무로 있으면서 도와주어 공부를 성취하였으므로 마침내 하와이대학 교수가 되었다는 것이다.

페이지교수는 그 은혜를 보답하기 위해 대원스님을 미국에 초청하여 구경시키게 되었는데 하와이에 절이 없으므로 인연 있는 분들이 정성을 모아 절을 짓게 되었다는 것이다.

그러므로 대원스님은 미국불교의 큰 공로자라 아니 할 수 없다.

종교단체의 등록과 언어관계에 대해서도 페이지교수가 도와주었고 재정문제는 신도들이 도와주었던 것이다.

한 번은 법문을 하고나니 예쁘장하게 생긴 아가씨가 맨발로 법당에 들어와 삼배를 하고 나의 발에 입을 맞추었다.

"나는 4번 결혼하였으나 남자들이 짐승으로 보여 다시는 결혼하지 않고 방랑인으로 돌아다니고 있는데 오늘 절에 와서 보니 처음으로 사람 같은 사람을 보아 인사를 드렸습니다. 용서해 주십시오."

신도들은 그분을 불쌍히 여겨 따뜻하게 맞아 대접하고 현재 거처하는 주소를 물으니 '알라모아나 파크'에 있다고 하였다.

한 번은 법회를 마치고 그 곳에 찾아가니 20여 명의 노숙인들이 모여 파티를 하고 있었다.

"오늘 정부에서 페이가 나오는 날이기 때문에 축하파티를 하면서 병든 이를 위로하고 있습니다."

말만 들어도 흐뭇한 일이었다. 마침 그 옆에 허운사라는 중국절이 있고 대원사 신도가 있어 찾아 뵈었더니

"저 분들이 파티를 할 때는 저녁 늦게까지 하며 여기가 그대로 음악당, 파티장이 됩니다. 그러나 우리는 무서워서 함부로 나가지 못합니다.

단지 허운사 스님들이 아침이면 강냉이 죽을 쑤어 큰 통에 하나씩 갖다 놓으니 그것으로 속을 풀고 이 주위 청소를 말끔히 합니다."

하여 돌아왔는데 그 아가씨는 종종 찾아와 내가 입고 있는 두루마기를 만지면서 부러워하기 때문에 보트피플로 하와이에 와 스님노릇을 하고 있는 베트남스님에게 소개하여 비구니가 되게 하였다.

베트남스님 통해는 매주 법회가 끝나면 오후 3시쯤 동생이나 신도들을 데리고 왔다. 한국사찰을 구경시키기 위해서였다. 우리는 법회가 있을 때마다 신도들 집에서 저녁초대를 하여 공양하였기 때문에 부담이 되지 않으면 항상 통해 스님과 같이 가고 또 베트남 신도들이 초대할 때도 우리 신도들이 함께 가서 공양하였다.

1990년대에는 한국에도 초청하여 한국의 사찰과 민속촌을 구경하고 간 일이
있다.

통해스님은

첫째 영어에 능통하고

둘째 행정사무에 밝아 베트남 피난민들 수 십 명을 데리고 살면서 배급을 타고
그 자제들을 학교에 다닐 수 있게 하여 많은 사람들이 존경하였다.

그래서 그는 장차 하와이 베트남 불교협회 회장으로 있다가 남가주협회 회장
이 되기도 하고 다음에는 전 미국 베트남 불교협회 회장이 되었다.

(3) 빅아일랜드 리조트

한국의 모 재벌가의 어머니가 아들이 예약해 놓았다고 7순 기념으로 그 리조
트에 가기 위해 오셨다. 그러나 언어도 잘 통하지 않고 풍습도 잘 모르기 때문에
그냥 혼자는 갈 수 없다 하여 대원사 신도 두 분을 데리고 갔다.

표를 예약해 내놓으니

"이 곳은 한 사람이나 한 가족이 들어가 쉬는 별장인데 하루 쉬는데 800만원
이라 하였다."

말만 들어도 겁이나 다른 곳으로 가겠다 하니 이미 다 비용이 지불된 상태이
니 돈은 걱정할 것이 없고 집이 불편하면 다른 곳으로 바꿔주겠다 하였다. 말만
들어도 고마운 일이다. 그래 방 세 개짜리 호텔로 바꾸어 주어 우리들은 그 곳에
가서 편히 쉬게 되었다.

앞에는 따뜻한 태평양 물이 넘쳐흐르고 주위에는 야자수가 꽉 차 있는데 물에
들어가면 팔뚝만한 고기들이 와서 몸을 쪼고 키스를 하며 함께 놀았다. 어떤 때

는 솥뚜껑만한 거북이가 나와 등허리에 올라타고 놀기도 하였다.

이 리조트는 방이 8천 개나 되어 이 쪽 끝에서 저 쪽 끝까지 4km나 되므로 전차가 다니기도 하고 배가 다니기도 하였다. 가운데로 난 길을 걸으면 좌우에 동서양의 갖가지 문화재들이 진열되어 있어 볼 거리가 많았다. 특히 동양 것은 필리핀, 말레이시아, 중국 것이 많았고 서양 것은 스위스, 이탈리아 물건들이 많았다.

1km쯤 가다보면 휴게소도 있고 음식점도 있어 심심치 않았으며 중간 종점에는 큰 배가 바다 가운데 떠서 손님들을 기다렸다.

한 번 타면 빅아일랜드 섬을 한 바퀴 도는데 두 시간이 걸린다 하였다.

하루는 그 배를 타고 빅아일랜드 정상까지 올라가니 산봉우리에서 화산이 폭발하여 계속 흐르기 때문에 가까이 갈 수 없었다.

땅속에서 꿀꺽꿀꺽 토해내면 그 불물은 낮은 곳을 찾아 흐르는데 유황냄새가 지독하게 났다. 식은 땅에 가보면 고사리, 미나리, 상수리나무가 나 있는데 그들이 용암독을 해독해 주기 때문에 제일 먼저 난다고 하였다. 이렇게 해서 빅아일랜드는 바다가 육지로 되어 점점 커져가고 있었다. 우리는 여기서 바다 가운데 육지가 어떻게 만들어지고 있는지 산골짜기와 구릉, 개울, 기기묘묘한 것들이 어떻게 생겨나는지를 알게 되었다.

제3일이 되어 나오려 하니 그래도 기념사진을 한 장씩이라도 찍어 가지고 가야 하지 않겠느냐 하여 사진을 찍기로 했다.

그런데 하루 800만 원씩 하는 별장에 들어가서 사진을 찍으려면 차 한 잔에 30만 원을 내야 한다고 하였다. 겁이 나서 망설이고 있으니 두 사람만 들어가서 찍고 두 사람은 여기서 구경하고 있으라 하였다. 그래서 보살님과 내가 들어가 차 한 잔씩을 마시게 되었는데 한참 기다리고 있으니 로마제국의 군복을 입은 사나이 네 사람이 앞에서는 칼을 들고 뒤에서는 총을 메고 두 여인을 호위하고 왔다.

찻잔을 내려놓고 보니 순전히 금으로 만든 금잔이었다. 조심스럽게 차를 마시며 속을 들여다보니 선녀와 같은 사람이 상냥한 모습으로 나와

"여기가 목욕탕입니다. 우유로 목욕하고 올리브기름으로 마사지 해드립니다."

방은 완전히 네로황제 방처럼 꾸며져 있었다. '아 이래서 돈이 그렇게 많다고 하는구나.' 때가 되면 산해진미가 빠짐없이 나오고 저녁이면 시봉자들이 10명이나 옆에서 호위하고 마사지 해주며 무엇이든 원하는 대로 서비스를 제공해 준다 하였다. 말만 들어도 천국이었다. '아 그래서 부처님이 서방에 극락세계가 있다 한 것이로구나' 하고 실감하였다.

우리는 3일을 자고도 돈 500불을 받아가지고 와서 대원사 불사금으로 시주하였다.

(4) 깡통 줍고 초를 만들어 팔다

대원사는 한국의 여러 재벌이 후원하여 지은 것이지만 아직도 선방을 더 지어야하기 때문에 그 곳 신도님들은 일이 없으면 나와서 깡통을 줍고 초를 만들어 팔았다.

깡통은 길거리에서 먹고 버린 맥주깡통이고 초는 쓰다 남은 초를 올리브기름에 녹여 아기자기한 예술품으로 만들어 판매하면 그 쪽 사람들은 생일 때나 제사, 파티 때 그 초를 켜 놓고 행사를 하였다.

매일 틈나는 대로 이 골짜기, 저 골짜기를 돌아다니며 깡통을 줍다 보니 하와이 거리를 꿰뚫게 되었다. 어디 가면 해수욕장이 있고 어디 가면 공동묘지가 있고 어디 가면 부자동네이고 어디 가면 빈민촌이다.

통해스님

하와이 대원사 제1회 교양대학 졸업생들과 함께

빈민촌에 가면 우리나라 청계천 뒷골목 같았고 부자촌에 가면 부산 선창과 같아 고급요트들이 꽉 차 있었다. 집집마다 배가 마당까지 들어와 배 자가용으로 출근도 하고 파도도 탔다.

한국에서는 바람이 불면 뱃사공이 들어 앉아 화투치고 장기 두고 술 마시는 것이 일인데 여기는 파도를 타면서 체력을 기른다 하니 역시 문명국은 문명국이었다.

길거리에서 싸우는 사람이 거의 없고 깡통도 먹고 난 다음 한 장소에 모아 놓았기 때문에 주워오기도 쉬웠다. 깡통 줍는 바람에 한국 절 일대를 다 돌았고 산골짜기에서 흐르는 폭포, 그 폭포에서 레져하는 사람들이 30m, 50m 높이에서 다이빙하는 모습을 보니 진짜 아슬아슬하였다.

몰몬교에서 전통적인 하와이 춤과 노래, 원주민들의 생활하는 모습을 재현시켜 주는 야외극장들 까지도 만들어져 있었는데 하루에 두 세 번씩 공연하는데도 관람객들이 인산인해를 이루었다. 배를 타고 놀이하는 것이며 야자나무 껍데기에 불을 붙여 밥을 해먹는 방법, 더울 때는 우장 같은 것만 두르고 벙거지 모자를 써 상거지 모습이 분명한데 옷을 바꿔 입고 춤을 추고 나오면 하늘의 천동 천녀와 같았다.

공연을 다 마치고 나면 마음대로 나가서 사진도 찍고 악수도 하고 키스를 하게 되어 있었다. 돈벌이 하는 것이 그냥 되는 것이 아니고 서양 사람들은 서비스 속에서 신사적으로 하는 것이 우리와 달랐다.

돌아오는 길에 하와이 대원사 재무가 운영하는 바(bar)를 들렸는데 우리나라에서는 바 걸들이 손님과 마주 앉아 대담도 해주고 때로는 춤도 추고 노래도 하는데 거기에서는 주문한 술과 음료수를 날라다 줄 뿐 손도 만지지 못하게 하고 있었다. 만약 손을 대고 가까이 하면 풍기문란 죄로 걸려 벌금을 내게 되어 있다 하였다.

최보살님은 바를 경영하면서도 친구들과 김치를 담아 한 통에 3만 원씩 팔아 대원사 불사에 보시를 하고 있었고 숭산스님이 오시면 잠자리를 제공하고 강연장을 만들어 설법하시기 좋게 모든 것을 친구들과 함께 준비한다고 하였다.

단지 그는 불교를 하여도 껍데기 불교를 하다 보니 내용도 모르는 것이 많아 손님들에게 망신을 당할 때도 있다고 하여 불교통신대학 교재를 갖다 주었더니 저자보다도 더 분명하게 외우고 그것을 영어로 통역하여 1등 법사 노릇을 하였다.

그래서 그 뒤로 뉴욕, 보스톤 법회가 있을 때는 같이 가서 통역도 하고 미국의 매너를 가르쳐 주어 실수하지 않게 되었다.

(5) 숭산스님의 선법문

숭산스님은 일찍이 한국에서 조계종 교무부장을 지내다가 홍콩 홍법원 주지가 되고 다음에는 일본 홍법원 원장이 되었으며 미국에서는 나성에 큰 절을 짓고 포교하여 LA, 뉴욕, 보스톤 등지에 여러 사찰과 인연을 가지고 있었다.

아침에는 시내에서 조찬 기도회를 가지고 저녁에는 넓은 룸에서 선에 대한 강연을 하였는데 한국, 미국사람들이 백 여 명씩 모였다. 한국말로 영어를 조금씩 섞어가며 조주선과 임제선을 설명하는데 아주 재미있었다.

「옛날 중국에 조주스님이라는 분이 살고 있었습니다. 서당에서 친구가 갑자기 죽은 것을 보고 죽은 뒤 어디로 갔는가 물어도 아무도 답해주는 사람이 없었습니다.

"절에 가면 알 수 있다."

하여 서상(瑞相)이라는 절에 가니

"3년 동안 시봉을 하면 내 좋은 스승을 만나게 해 주리라."

숭산스님

숭산스님과 함께 LA대학에 가서 천수경 강의를 하고 그 자리에서 동양학 강사 자격과 명예 철학박사 학위를 받았다.

하여 3년 동안을 시봉하였습니다. 3년이 되자 물었다.

"스님, 왜 3년 있으면 좋은 스승 만나게 해준다 해놓고 인도하지 않습니까?"

"아 벌써 그렇게 되었느냐? 내 바로 스승 만나게 해주리라."

하고 하루 종일 걸어 숭산 보원사에 이르게 되었다. 스님이 조실 방에 들어갔다 나오더니

"지금 감기가 걸려 계시니 잠깐만 뵙고 나오너라."

하고 말씀하셨다.

그제야 들어가서 스님이 누워 계신 곳에 인사하니 물으셨다.

"어디서 왔느냐?"

"서상원에서 왔습니다."

"서상을 보았느냐?"

"서상을 보지 않은 것은 아니나 병들어 누워 계신 산 부처님을 보고 있습니다."

스님이 벌떡 일어나며 물었다.

"네가 누구에게 그런 법을 배웠느냐?"

"배우기는 뭘 배웁니까? 본래부터 그러한 걸요."

"좋다."

하더니 시자를 불러 명령하였다.

"내 방 옆에 방 하나를 주어라."

그래 저녁에 쉬고 있으니 큰스님께서 불렀다.

"내 다리 좀 주물러라."

"예."

하고 천천히 주무르다가 물었다.

"스님, 이 방안에 평상심이 불법이다 라고 써져 있는데 그게 무슨 뜻입니까?"

"야 이놈아! 숟가락으로 밥 먹을 때 숟가락으로 밥을 떠 입 앞에 들고 서서 '입

아, 벌려라, 밥 들어간다.' 해야 밥이 들어가느냐!"

스님은 거기서 당장 깨닫고 물었다.

"장차 무엇을 해야 합니까?"

"너는 사방으로 돌아다니면서 30년 동안 선지식들께 점검을 받아야 한다."

"그 다음에는요?"

"포교해야지."

"스님, 스님을 만나 뵙기 위해 3년 동안 머슴살이를 했는데 큰스님을 뵙고 그냥 갈 수 있습니까?"

"그러면?"

"30년은 시봉해야지요."

"허허, 네가 그 나이에 내가 죽을 줄 어찌 아는고!"
하고

"그렇다면 30년 동안 나를 시봉하고 30년 동안 선지식들을 찾아 본 뒤 30년 동안 포교하라."

"그러면 제 나이가 120살이 되는데요?"

"너는 나이가 없다."

그래서 30년 동안 시봉하고 30년 동안 선지식들을 뵈온 뒤 조주성에 이르러 강물을 떠다가 돌솥에 백초(百草)를 끓여 마셔 머리에 푸른 재가 가득하도록 앉아 있었다.

하루는 위(魏)나라 임금님이 조왕(趙王)을 거느리고 찾아왔다. 높은 선상에 앉아 미처 일어나지 못하므로 책상을 세 번 치시니 위왕이 시봉에게 물었다.

"무슨 말씀입니까?"

"나이 120살이 되면 알 바 있으리라 하신 말씀입니까?"

"허허, 저보고 120살을 살으라고요."

조주스님이 말했다.

"차나 한 잔 마시고 가십시오(喫茶去)."

그래 뜨거운 차를 훌훌 마시며 사방을 돌아보니 한 물건도 걸려 있는 것이 없었다.

"저렇게 사는데도 120살을 사는데 싸움을 해서 무엇 하나."

하고

"스님, 사실 제가 조나라와 싸움을 하면 그 결과가 어떻게 되겠습니까? 하고 물으러 왔는데 싸울 필요가 없겠습니다."

"그렇다면 형제처럼 지내게."

"스님. 그 앉아 계신 책상다리가 부러진 것 같은데 선상(禪床) 하나 해드릴까요?"

"무슨 소리여, 그 책상 가지고 60년을 살았는데, 건들거리는 것이 없으면 그냥 앉았다가 거꾸러져 죽으라고…."

"감사합니다."

"잘 가게."

부하 한사람이 옆에 앉았다가 왕에게 이래라, 저래라 하는 말을 듣고

"이런 무식한 영감탱이가 어디 있느냐, 내 없애버리리라!"

하고 칼을 들고 뒷문으로 들어오니 스님께서 좌복을 가지고 섰다가

"여기 앉으세요. 장군님."

하고 자리를 권했다.

"아니, 임금님이 오셨을 때는 선상에서 내려오시지도 않는 분이 어떻게 내려오셨습니까?"

"임금님 같으면 제가 내려올 필요가 없지요."

"스님, 아까 임금님께서 절 지어주신다 하니까 그런 도둑질한 돈으로 절을 지어주면 내가 살겠는가 하였는데 선량한 제조상의 물품으로 절을 지어주신다면 사시겠습니까?"

"너무 크면 안 되니 8평 한 칸만 짓게!"

이것이 저 유명한 '조주원(趙州院)'이다.

이것이 선이예요. 조주스님은 얼마나 청백하게 살았느냐면 방에 불을 넣지 않아 방바닥이 얼음장처럼 차면 웃통을 벗고 햇빛에 등허리를 구워 그 방에 들어가 구들장에 누우며

'너도 햇빛 맛 좀 보아라.'

하고 방바닥을 만져주었습니다. 조주원에는 소와 염소들이 다니며 마음대로 풀을 뜯어먹고 똥을 싸면 그것을 말려 불을 붙여 차를 달여 잡수셨으므로 온 몸이 푸른 재로 가득 찼습니다.」

이것이 숭산스님의 선 법문이었다. 토요일 날 저녁에 강연을 했으니 그 이튿날 대원사 법회에 동참하셨다.

"스님께서 법문을 해 주십시오."

하니

"젊은 사람이 해야지."

하고 사양하였다. 그래 간단히 법문하고 스님을 등단하시게 하니 한국불교의 선정과 미국불교의 상황을 이야기 하면서

"혁명이 일어나야 돼, 혁명이 일어나야 돼."

하시고 자리에서 내려 오셨다. 스님은 가시면서 대원스님과 의논하시며 비행기 표를 하나 주었다.

"나 있는데도 구경한 번 하고 가지."

하여 미국 본토 로드 아일랜드주 프라브덴스로 가게 되었다.

(6) 프라브덴스의 수련법회

약속한 날짜에 비행기를 타고 뉴욕공항에 도착하니 벌써 스님이 직접 차를 가지고 나와 계셨다. 먼저 뉴욕 조계사로 갔다. 조계사는 30층 빌딩 가운데 3층, 4층을 얻어 절을 만들었다. 입구에 도착하니 흑인들이 득실거렸다.

"여기가 할렘가네. 아는 척 하지 말고 나만 따라오게."

3층에 올라가니 영어로 번역된 책들이 수백 권 전시되어 있고 한국 서적들도 더러 눈에 띄었다. 4층은 법당으로 36평 정도 되는 곳에 스님들 방 2개가 있고 나머지는 넓은 법당이었다.

"미국 생활은 이러하네, 내가 여기서 1년 반쯤 지내다가 보스톤으로 갔지. 보스톤은 학원가이기 때문에 학생들이 많거든……."

한참 구경하고 다시 차를 타고 보스톤으로 갔다. 상당히 먼 거리인데 한 번도 쉬지 않고 갔다. 선무도(禪武道)라 써진 집으로 들어가니 삭발한 스님과 유발한 보살님이 와서 삼배를 올렸다.

"내 제자야, 그냥 무술을 하길래 승복을 입고 하면 중국무술처럼 보여 인기가 좋을 것이다."

하였더니

"1년 전부터 삭발염의하고 태권도를 하지. 여인은 일본 사람인데 검도하는 사람이야. 마침 오래된 교회가 나서 싸게 샀는데 십자가는 있지만 마리아도 철거하지 않고 작은 부처님 한 분만 교회 가운데 모셨더니 서양 사람들이 아주 좋아해."

묘한 사람들이었다. 차를 대접하며 말했다.

"저희들은 대학 무도부에서 사귀어 결혼했는데 미국에는 이런 것들이 없으니 젊은 사람들이 아주 좋아합니다. 다음 1월 4일에 여기서 무도 경연대회를 하니 와서 보십시오."

"교회당은 언제 샀습니까?"

"두 달 전에 샀는데 사서 수리를 하다 보니 800년 전에 지어진 교회라 유리에 그려진 그림이라든지 여러 가지 장식물들이 문화재로 지정되어 우리 마음대로 처리할 수 없습니다."

"그러나 이렇게 시내 한 복판에 십자가를 높이 건 교회당에서 절을 한다는 것이 얼마나 자랑스러운 일입니까!"

"모두가 큰스님의 아이디어 입니다."

프라브덴스에 가니 넓은 잔디운동장에 2층 아파트가 쭉 늘어서 있고 햇빛이 내려 쪼이는 강당에는 100여 명의 젊은 사람들이 선을 하고 있었다. 쳐다만 보아도 기분이 좋았다.

미국에서도 교민 사찰은 대부분 노인 여성들이 중심이고 한국에서도 마찬가지인데 절 안에 젊은 이들이 앉아 있다니 얼마나 싱싱한 일인가!

숭산스님께서 연단 앞으로 나를 데리고 가 소개하였다.

"코리아 다르마 티쳐(법사)다."

대부분이 관음젠 스쿨에 찾아오는 스님들이 티베트나 중국, 한국스님들이었는데 머리를 기르고 한복을 입고 구두를 신고 왔으니 눈들이 똥그래졌다.

"한국에서 온 한 법사입니다."

하니 저 뒤에 앉아 있던 아가씨가 물었다.

"저는 일곱 번째 남자와 연애하고 있는데 몇 번째 남자와 결혼하면 좋겠습니까?"

"나는 결혼상담소를 하는 사람이 아니기 때문에 잘 모르겠으나 뉴욕에 가 보니 '업보차별경(業報差別經)'이 번역되어 있는 것 같았습니다. 그것을 사 읽어 보시면 알 수 있을 것입니다."

"왜 그렇습니까?"

"부모와 스승은 만겁의 인연이고 형제간은 9천생 인연이며 8천생 인연이어야 부부가 될 수 있습니다."

"미국에서는 형제보다 부부를 더 중요시합니다."

"아무리 중해도 부부는 헤어지면 남이지만 형제는 헤어져도 피가 같습니다."

"감사합니다."

이렇게 주고받고 그들과 함께 3일 동안 수련을 하였다. 나중에 알고 보니 영국, 독일, 프랑스, 이탈리아, 폴란드 등 각국의 유학생들과 선생님들이 한데 모여 있었다.

2년 전 천주교 수도원을 하던 자리를 판다고 하여 돌아보니 너무 넓고 방이 많아 쓸모가 없는 것 같았으나 일단 계약을 해 놓고 생각해 보니 보스톤은 대학들의 집산지라 학생들을 치르면 잘 될 것 같아 광고를 내었다.

"방 하나에 360불, 부부간 두 사람이 와도 상관없음. 단지 아침에는 반드시 예불하고 발우공양을 해야 함."

신문을 본 사람들이 줄지어 왔다. 특히 혼자 사는 사람들 보다는 둘이 사는 사람들이 많이 왔다.

"이것이 맞습니까? 다른데서는 방 하나에 720불하고 절대 한 방에 두 사람은 안 됩니다."

"첫째는 방이 싸서 좋고

둘째는 둘이서 지낼 수 있어서 좋은데 와서 보니 운동장도 있고 주방도 깨끗하고 방도 넓고 커서 좋습니다."

그래서 52개 방이 꽉 차고 스님도 학생들과 똑같은 방을 하나 차지해서 살고 있었다.

"미국에서는 일하지 않고는 살 수 없어 나도 할렘가에 와서는 공원 청소부로 살았지. 그런데 하루는 길거리에 쓰러져 있는 애를 업어다 절에 눕혀 놓고 청소하고 왔더니 멀쩡히 앉아 있었어."

"어떻게 괜찮으냐?"

물었더니

"아무 이상 없습니다."

하였다. 마약을 했던 것이지. 미국에는 이런 애들이 많아. 아이가 순수한 것 같아 데리고 며칠을 지내보니 그 놈도 나를 순수하게 보아 물었어.

"당신은 왜 머리 깎고 옷을 그 모양으로 입고 있습니까?"

"나는 코리아상가(한국스님)인데 미국에 포교하러 와 있다."

하니 물었다.

"그러면 베트남에 갔다 왔습니까?"

"아니, 한국에서 군인 대위로 제대하였지."

하니 꾸벅 엎드려서 절을 하였다.

"미국 사람들은 미쳤어요, 돈만 많이 준다면 생명하고도 바꾸니까요. 30~40대 중년들이 하루에 300불씩 받고 전쟁터에 나가는 것을 보고 우리는 머리 깎고 (혹은 깎지 않고 그냥 기르기도 함) 옷을 뒤집어 입고 단추도 뒤로 잠그고 모두 한 자리에 모여 프리섹스를 하며 지냈습니다. 제 정신으로는 날마다 사람을 바꾸어 살 수 없으므로 마약을 하고 프리섹스를 했습니다."

"좋은 경험 하였네, 한국스님들은 일생을 결혼도 않고 독신 생활을 하는 사람도 많은데….""

"그렇게도 살 수 있습니까? 그렇게 2년을 살다보니 이젠 세상이 살기 싫게 되었어요."

"마약을 하지 않고 술을 마시지 않고 계를 잘 지키면 우리와 같이 살 수 있지."

그래서 들어온 사람이 무량스님이고 무상스님이네. 숭산스님은 밤늦게까지 이런 저런 이야기를 하다가 물었다.

"그럼 내일 아침 발우공양 할 것인데 경험이 있는가."

"예, 있습니다."

하니

"그럼 죽비를 들고 한국식으로 한 번 해보자고….""

하여 이틀 동안 그들과 함께 발우공양을 하여 수련을 마쳤다.

제4일에는

"이 사람하고 뉴욕에 가서 구경하고 비행기 태워주면 한국으로 가 있으라고."

하며 차비를 주셨다. 차를 타고 오면서 운전수와 이야기를 하다 보니 한국 사람이었다.

"저는 홍신자입니다. 들어보셨어요? 60년대 한국에 들어가 전위 작가로 나체 춤을 추다가 쫓겨난 홍신자예요."

"들었습니다."

"저는 그 뒤 인도에 가서 3~4년 동안 있다가 한국에 모 시인과 인연이 되어 아이 둘을 낳고 지금도 전위 무용가로 활동하고 있습니다."

듣고 보니 짐작이 갔다. 박정희대통령 당시에 한국에 와 알몸으로 춤을 추다가 쫓겨 간 무용가가 있다는 것을 들은 것 같다.

"감사합니다. 먼 거리 태워다 주셔서……."

나는 비행기에 오르면서부터 프라브덴스에서 강의한 숭산스님의 '선의 나침반'을 정리하기 시작하였다.

한국에 도착해서 이틀 만에 완성하여 한국일보에 맡겼더니 8일 만에 책이 나와 스님께서 화계사에 오셔서 출판기념회를 가졌다.

− 한국의 달마 숭산대선사 법어 −
선(禪)의 나침반(羅針盤)

스님의 책이 처음 나온 것은 아니었지만 선의 철학이 교학과 더불어 정리되었기 때문에 많은 사람들에게 공감을 주었다.

(7) 숭산스님의 선의 나침반

숭산스님(이덕인)은 평양출신으로 평양공고를 거쳐 동국대 불교과를 나왔다. 고봉스님 제자로 마곡사에서 대교과를 마치고 군대에 들어가 중위로 제대, 화계사 주지가 되었는데 한국에서는 행원스님이라 불렀다.

출판기념회에는 전 법무부장관 조병일씨, 최고회의 박기석장군이 오셨는데 일찍이 달마회를 만들어 선 수행을 하고 있다 하였다.

나는 이 책을 정리할 때 소승선과 대승선을 이해하지 못하면 조사선을 바르게 이해할 수 없을 것 같아 먼저 소승불교 사상을 십이연기, 사성제, 삼법인으로 정리하고 다음 대승불교를 반야, 열반, 법화, 화엄사상으로 간단 간단히 설명한 뒤 달마대사의 불입문자(不立文字), 직지인심(直指人心)을 정리하였다.

숭산스님의 은사 고봉스님

하와이 성지순례왔던 스님 신도들과 함께

스님은 법상에 오르면 한참 동안 앉았다 주장자를 세 번 치고 올렸다 내렸다 한 뒤 눕혀 놓고 묻는다.

"들었는가? 보았는가? 듣고 보았으면 본 놈이 누군가?

옛 사람들은 '계명축시인일출(鷄鳴丑時寅日出)'이라하고 '삼서근(麻三斤)', '마른똥막가지(乾屎厥)'라 하기도 하고 '마음이 곧 부처요(卽心卽佛)' '비심비불(非心非佛)'이라 하기도 하였다.

어찌하여 질문은 하나인데 이렇게 답변은 많은가. 보는 사람의 견해에 따라 색상(色相)이 달라지기 때문이다.

그런데 여기서 한 가지도 달라지지 아니한 것이 있다. 듣는 놈이고 보는 놈이고 아는 놈이다. 사람들은 제 마음을 보지 않고 나타난 그림자만 보고 판단한다.

그러기에 달마대사가 양나라에 오니 양무제가 물었다.

"저는 절을 5천 개나 짓고 스님들을 10만 명 이상 양성했습니다. 그 공덕이 얼마나 되겠습니까?"

"털끝만큼도 공덕이 없다. 공덕이란 마음을 닦고 세상에 은혜를 베푸는 것이지 자기를 위해 절을 짓고 스님들을 만드는 것은 복덕이지 공덕이 아니다."

"그렇다면 불법의 진리는 나변(那邊)에 있습니까?"

"답변하는 사람에 있지 않고 묻는 사람에게 문제가 있다."

임제스님이 발심하여 황벽스님을 찾아 3년 동안 자신을 찾았다.

"어디서 나왔지? 아버지에게서 나왔고, 그러면 아버지는? 또 아버지에게서 나왔다. 이렇게 한없이 찾아가 무주구천동 하나님께 돌아갔다. 그러면 하나님은 누가 만들었단 말인가? 이렇게 계란이 닭을 낳고 닭이 알을 낳는 식으로 아침부터 저녁까지 생각해도 끝이 나지 않았다. 날마다 꿇어 앉아 머리를 긁적이는 임제를 보고 한마디 일렀다.

"혼자 생각해서 가닥이 나지 않으면 스승을 찾아가 보라."

"누가 스승입니까?"

"누가 스승이야, 황벽이 스승이지."

그래 황벽스님을 찾아가 물었다.

"불법의 적적대의가 무엇입니까?"

말이 떨어지기가 무섭게 30방망이를 내리쳤다.

"괜히 물으라 하여 30방망이만 맞고 왔습니다."

"자네의 위의가 바르지 못했던가 보지."

그래서 목욕재계하고 새 옷을 갈아입은 뒤 정중한 마음으로 찾아뵈오니 역시 30방망이를 쳤다.

이렇게 3번을 맞고 나니 거기에 더 이상 머물 필요가 없을 것 같아 바랑을 짊어지고 대우스님에게 가니

"아니, 그렇게 불법의 대의를 친절하게 가르쳐 주던가."

그 소리에 임제는 크게 깨닫고

"황벽스님의 불법이 몇 근 안 되는군요."

하고 무불통지로 불법을 행하였다.

무엇을 깨달았을까요. 이것이 무엇인가(是甚麼)를 깨달은 것입니다. 알고 보면 업은 애기 3년을 찾은 격입니다. 그러니까 '옛 사람이 소를 타고 소를 찾는다' 한 것입니다.

당나라 때 오과스님이 높은 소나무에 올라 앉아 참선을 하고 있자 백락천이 지나가다 외쳤습니다.

"스님 떨어지면 죽습니다."

"나는 떨어질래야 떨어질 것이 없으니 자네나 조심하게."

"저는 평지에 있는데요?"

"나는 벼슬도 없고, 권속도 없거든."

순간 백락천이 깨닫고 물었다.

"어떻게 살까요?"

"악한 짓은 하지 말고 착한 일만 받들어 행하면 제악막작 중선봉행(諸惡莫作 衆善奉行)이 되어 그 뜻이 스스로 깨끗해질 것이네(自淨其心). 그것이 부처의 가르침이다."

"그까짓 것이야 3척 동자도 다 알고 있습니다."

"3척 동자도 다 알지만 80노인도 행하기는 어렵네."

백락천은 거기서 두 번째 깨달음을 얻어 흥망성쇠에 좌우되지 않고 나머지 생을 멋있게 마쳤다 합니다."

이와 같이 숭산스님의 법문은 평범한 가운데 진리가 있음을 가르쳤다.

제석천왕이 칠현녀(七賢女)들에게

① 뿌리 없는 나무(無根樹)

② 메아리가 울리지 않는 골짜기(無響谷)

③ 그림자 없는 땅(無影地)

삼반물(三般物) 이야기를 듣고 그것을 찾고 있는 자기 자신 속에 삼반물이 있음을 깨닫고 칠현녀와 함께 도리천에 올라가 지금까지 춤을 추고 있는 것처럼 임제스님과 달마대사는 오랜 세월 고민하다가 입적 후에야 '한 물건도 없다는 것'을 깨달았다. 이것은 지금 남경 웅이산 소림탑에 가보면 알 수 있다.

3-2. 제2차 인도여행

말은 제2차이지만 사실은 제 3, 4, 5, 6차 여행을 겸해서 이야기 한다.

첫째는 예수님이 인도에 유학한 일이 있는가를 살피는 것이고,

둘째는 교살라국과 가필라국과의 관계를 보다 구체적으로 탐색하고,

셋째는 티벳 불교를 연구하기 위해서였다.

지난번 여행 때 예수님이 인도에 왔다 갔다는 것을 알았다. 그러나 거기 와서 주로 무엇을 하였는가에 대해서는 공부하지 못했다. 만약 잘못 다루면 기독교인들의 반발이 생길 염려가 있기 때문이다. 한국의 기독교는 미국과 달라 극단적인 점이 있기 때문이다.

그래서 오교수는 '잘못하면 맞아 죽는다.'고 성지순례기 속에서 6페이지나 삭제했다. 그런데 가서 보니 먼저 4년 동안 4베다를 배우고 우가라트에게 인도 의학을 배웠으며 베나레스에 와서 4년 동안 의료봉사를 하다가 아버지 요셉의 사망 소식을 들었다는 것까지 확실히 알았다.

또 예수님 생존시 인도사람들은 유럽 쪽으로 많은 무역을 하였는데 인도에서는 향료를 가지고 가고 유럽에서는 보석을 가지고 왔다는 사실도 구체적으로 알게 되었다.

인도의 왕자 나빈나가 애급에 갔다가 나이 어린 예수가 어른들과 함께 성경 토

론하는 것을 보고, 또 아버지를 도와 목수 일을 하는 것 보고 아버지께 청한다.

"아이가 참으로 총명하게 생겼습니다. 해외에 여행시켜 견문을 넓히게 하는 것이 어떻습니까?"

아버지 요셉은 그 말을 듣고 아내인 마리아와 의논을 했다.

"장차 아이가 내가 진짜 아버지가 아닌 것을 알게 되고 나라가 이렇게 로마의 침략 속에서 고통 받는 것을 보면 독립지사들 사이에 끼어 9족을 멸하게 될 염려가 있으니 넓은 세계에 가서 깊은 학문을 배워 세계적인 인물이 되게 하는 것이 어떻겠습니까?"

하여 의논 끝에 유학을 보냈다. 인도에는 당시 전통적인 바라문교와 새로운 불교가 성하고 있었으나 불교는 상좌, 대중 양파가 나누어져 20부파를 형성해 가고 있었기 때문에 믿을만한 것이 못 되었다.

그래서 제1차로 바라문교의 베다문학을 배우고 인도의 전통적인 법전 마누를 공부하게 되었다. 바라문 교인들은 천신(天神)을 믿고 사문들께 공양하는 것이 기본 신앙이었는데 본국과는 달라 거지가 많았다. 그 거지는 진짜 일이 싫고 노력할 줄 몰라서가 아니라 마누법전의 교리 때문이었다.

"하나님의 머리로 태어 난 것은 바라문이고, 옆구리로 태어난 것은 찰제리 왕족이고, 배로 태어난 것은 평민이고, 발뒤꿈치로 태어난 것은 수드라 노예다."

엄격한 계급 때문에 일도 공부도 할 수 없고 얻어먹고 살아야만 하는 부류가 수드라였다. 주인이 없는 노예는 누구나 데려가는 사람이 임자였고 때려 죽여도 법에 걸리지 않았다.

"하나님이 어찌 그렇게 차별 많은 사람이었을까요?"

말이 떨어지기가 바쁘게

"서방의 이교도가 와서 동방의 신성한 종교를 비방한다."

고 때려죽이려 하였다. 나빈나 왕자가 이 소식을 듣고 급히 다른 곳으로 피신시켜 거기서 의학을 배우게 된다. 당시 인도 의학은 뇌수술을 하고 장(臟) 꼬임을 치료할 정도로 발달하였다. 의사선생님은 부처님과 빔비사라왕의 어의였던 기바 의사를 조(祖)로 하고 그의 제자들에 의해 봉사되고 있었으며 진짜로 사회운동에 모범을 보였다.

예수는 그들을 따라 인도의 사성 계급이 한데 모여 왕생(往生)의 길을 밝히는 베나레스로 가서 봉사하였다. 그런데 그 때 고향에서 온 대상들이 예수임을 알아 보고 어머니께서 주신 편지를 전했다.

"아버지는 돌아가시고 작은 아버지에게 의탁하여 살고 있다."

그런데 그 때 마침 우도라크라라는 사람이

"진짜 불교 공부를 하려면 티벳 라사로 가야한다. 거기 가면 성자들도 많고 학자들도 많다."

그래서 라사에 가서 빨리어와 산스크리트어를 배우고 오랜 세월 저장되어 있는 고서들을 뒤지다가 아가마(阿舍)의 근본교리와 우담바라와 같은 법화경을 발견한다. 그런데 그들은 공부가 성숙해지면서 히말라야의 깊은 산골에 들어가 깊은 명상을 하곤 하였다.

예수도 산 속 깊이 따라 올라가니 스님이 되지 않고는 마음 놓고 공부할 수 없었다. 그래서 스님이 되었는데 스님이 되었던 촉촉사에는 지금도 예수님 상이 나한님의 1수(數)로 모셔져 있다.

나는 두 번 라사에 갔으나 촉촉사의 일을 나중에 증명하기로 하고 다시 인도로 돌아왔다. 인도에는 티벳 법왕 달라이라마가 다람살라에 와 있었기 때문이다.

둘째 교살라국과 가필라국과의 관계는 유리태자의 어머니가 진짜 석가족 출신이 아니었다는데서 반전된 감정이 결국 아버지를 부하 반들라 장군에게 멀리 원정 갔을 때 죽여 달라고 부탁하고 자신은 친형 기타태자를 죽인 뒤 아무 것도 걸릴 것이 없게 해 놓고 까빌라국을 친다. 그 후 반들라장군은 32명의 아들들과 교살 당하고 그 부인은 쿠시나가르 출신이라 고향에 가 있다가 부처님 열반하셨을 때 수레바퀴만 한 큰 화환을 바쳐 화제가 된 일이 있다.

그리고 티벳 불교를 보니 전통 불교가 아니고 티벳 토착종교 본교와 합해서 만들어진 신교였다. 그런데 그들은 북인도의 명승 연화사(蓮華師)를 모셔 요가계(瑤伽系)의 불교를 본교(笨敎)와 화합하여 그들이 믿던 온갖 신을 부처님의 화현이라 설명하여 라마교(喇嘛敎)를 형성하고 있었다. 그들의 신심과 원력은 자비구제(慈悲救濟)에 있었으므로 중국, 한국의 현교로서는 따라갈 수 없었다.

왜냐하면 인도의 범어불교와 중국의 한문불교를 종합적으로 번역 절충하여 티베트 특유의 라마교를 형성하고 있었기 때문이다.

스리랑카, 인도스님들이 4베다, 4아함만 외워도 대단하다고 하는데 티벳에서는 애기 때부터 범한불교(梵漢佛敎)를 습득시켜 대해(大海)와 같은 불교를 형성하고 있었기 때문이다.

뿐만 아니라 사찰의 단청(丹靑), 탱화, 불상은 어느 누구도 따라갈 수 없도록 정교하게 만들었고 진짜 하나의 탱화와 불상을 위해서 일생을 바친 사람들도 많았다.

나는 한국의 단청불사와 탱화사상, 정교한 불상들이 어디서 연유하였는지 확실하게 알게 되었다. 티벳, 인도불교를 조금 이해하여 세계불교가 이렇게 발전되어 왔다는 것을 바르게 이해하게 되었다.

그러나 아직도 예수님이 어떻게 파키스탄, 아프가니스탄을 거쳐 본국에까지 이르러 갔는지 또 본국에 가서 무엇을 하다가 십자가에 못이 박히게 되었는지 하는 의문은 완전히 풀리지 않았다.

하여간 우리 불교를 바르게 이해하는 데는 중국, 티벳불교를 아는 것이 우선이지만 중국, 티벳불교의 모태가 되는 인도 불교를 확실히 모르고서는 이해할 수 없다는 생각이 들었고 예수님이 구약성서를 배경으로 신약성서를 만들었으니 그 바탕이 무엇에 있는가에 대해서는 확실히 의심이 풀리지 않았다.

나는 이번 여행을 배경으로 성서선해(聖書禪解)를 써서 신구약을 바르게 이해할 수 있도록 정리하였고 예수님은 티벳스님이었다는 사실을 보고 들은 대로 정리하여 중국에서 출판을 하도록 원고를 주었다.

나는 한국인들이 외세의 침략 속에서 노예생활을 하는 것은 자기 조상의 역사를 다 잊어버리고 남이 좋아하는 것만 본 따르다 보니 그렇게 된 것이 아닌가 생각하고 있었다. 중국 사람들은 한국 사람들을 '비단장사 왕서방'이라고 하듯 비단에 미친 나라라고 생각하고 일본 사람들은 돈, 명예, 사랑이면 미친개처럼 날뛴다 하여 주구(走狗)라 부르지 않는가. 불교도 근본불교는 잊어버리고 부파 대승불교만 쫓다보니 종파불교가 형성되어 같은 스님들끼리도 옷이 다르면 같이 앉기를 꺼려 하고 있다. 누구를 원망해야 할 것인가.

마지막 산상에서 기도하는 예수(대가사를 수하고 있다)

예수님이 파키스탄에서 목자들과 함께 생활할 때

티베트 촉촉사에 모셔진 예수님 소상. 가사
장삼에 법장을 들고 있다.(부산 화응선사 주
지 묘각스님 제공)

3-3. 동양의 신선사상(神仙思想)

동양의 신선사상은 일본의 무궁정도교(無窮正道敎) 김종기(金鐘基)교주가 불교의 몽수경처럼 꿈속에서 한 경전을 얻어 새로운 종교를 하나 만들고 옛날의 신선처럼 오래 살기를 기원하는 뜻에서 책을 하나 써 가지고 왔다. 그러나 옛날 사람이기 때문에 현대인이 알기 어려워 내가 재편집하고 옛날 신선들이 살았다고 하는 곳을 예를 들어 낱낱이 정리한 것이다.

1894년 미국 아리조나 출신 스폴딩이 11인의 정신문화조사단을 이끌고 인도, 서장 등지를 편역하면서 찾아보니 인도의 마술사들 틈에 한 노인이 끼어 있다가 물었다.

"인도에 오신 지 얼마나 되었습니까?"

"21년 째 되는데 저는 아메리카 사람입니다."

"재미있습니까?"

"재미있습니다."

"이들이 하는 것은 마술이고 최면술입니다."

하고 헤어졌다. 그런데 얼마 있다가 에밀성사와 스폴딩씨가 길을 가다가 비둘기한 마리가 날아와 머리 위를 돌고 있으니 에밀성사가 손바닥을 내밀자 비둘기는 편지 한 장을 떨어뜨렸다.

"어떻게 그것을 아십니까?"

"사념전달(思念傳達)입니다. 동식물에만 국한된 것이 아니고 곤충이나 돌멩이도 마찬가지입니다."

"뭘 먹고 사십니까?"

"보편적 원료이지요. 세상에는 이 같은 원료가 꽉 차있기 때문에 경쟁하지 않아도 살 수 있습니다. 욕심만 떨어진다면……."

1923년 12월 22일 크리스마스날이 다가왔다.

"성스러운 날입니다. 예수님이 자기의 실상을 밝히기 위해 이 세상에 오셨으니 삶의 지혜와 온갖 선(善)이 전체적으로 들어나 있습니다. 조건 없는 사랑…."

조사단이 그 곳으로부터 90km 지점에 있는 야스미라촌으로 가게 되었는데 에밀성사는 그들에게 흰두형 남자 제스트와 네트, 둘을 딸려 보내고 자신들은 뒤에 가겠다고 하였다. 대원들이 5일이 걸려 야스미라촌에 이르니 에밀성사가 먼저 와서 마중하였다.

"실상은 무한하고 시공을 초월해 있습니다. 내 몸은 아직도 그 곳에 있으니까요. 나는 당신 동료들과 4시 20분까지 거기 있었습니다."

"알 수 없습니다."

"내 가르쳐 드릴까요."

하고 그릇 속에 물을 보고

"이것이 무엇입니까?"

"물입니다."

그런데 그 말이 떨어지기 무섭게 벌써 얼음이 되어 있었다.

"자, 얼음과 물이 다릅니까?"

"다릅니다."

"분자로 보면 다르지 않습니다. 단지 온도의 차이 뿐입니다.

바깥공기가 춥지 않더라도 생각으로 얼음을 생각하면 즉시 얼음으로 변합니다. 당신들은 관념에 걸려있기 때문에 물질의 장애를 받습니다. 저기 큰 개울이 있는데 돌아가면 이틀이 걸립니다. 그러나 만일 물위를 걸을 줄 아는 사람이 있다면 10분 이내에 저 물을 건널 수 있습니다.

조사단들은 어느 산골짜기에 들어가 2천 년 전 예수 어머니와 할머니, 할아버지를 만났고 나무 잎에 기록된 요한복음, 누가복음, 마가복음도 보았다.

일이 끝난 다음에는 모든 사람들의 갖가지 일들이 평상시와 같았고 에밀성사의 가족들은 흔적 없이 없어졌다. 그러나 없어졌다고 아주 없어진 것이 아니다. 언제 어디서든지 생각만 하면 나타나기 때문이다. 예수님이 바람을 그치게 하고 파도를 쉬게 한 것은 모두 이와 같은 원리에서 이룩된 것이다.

나는 뒤에 강홍수목사의 '히말라야 성자들' 속에서 이 글을 발견하였고 그 외 많은 히말라야 성자들 이야기를 들을 수 있었다.

동양 사람들은 이것을 신선이라 불렀다.

① 신선은 산에서 살고

② 살결이 깨끗하고

③ 여성처럼 부드럽고

④ 곡식을 먹지 않고

⑤ 단 이슬을 마시며

⑥ 구름을 타고

⑦ 용을 몰며

⑧ 세상 밖에서 살고 있다는 것이다.

따라서 신선은

① 부귀영화에 관심이 없고

② 재물과 명예를 귀히 여기지 않고

③ 바람과 파도를 자유스럽게 응용하고

④ 구름을 타고 하늘을 난다.

⑤ 그러나 인간계에 있을 때는 인간과 하등의 차이가 없이 생활한다 하였다.

사기 봉선서(封禪書)에 보면 송모기(宋母忌), 정백교(正伯僑),

충상(充商), 이문(羨門), 고최후(高最後) 등 연나라 사람들이 있었는데 그들은
의방술(醫方術)과 형태술(形態術)에 능하였다 한다. 그래서 장자의 대자사필(大字
史筆)에 말했다.

"적은 것을 꺼리지 않고 성공해도 자랑하지 않고 구태여 얼을 꾀하려 하지도
않는다. 그릇됨이 있어도 뉘우치지 않고 성공해도 뽐내지 않는다."

중국 사람들은 이 같은 사람들이

① 동태산(東泰山)

② 북한산(北寒山)

③ 중숭산(中崇山)

④ 남형산(南衡山)

⑤ 서화산(西華山)에 살며 하늘의 이치와 땅의 이치를 잘 알아 세상을 복되게
하고 있다 하였다.

하늘의 이치를 볼 때는 각, 항, 저, 방, 심, 미, 기(角, 亢, 低, 房, 心, 尾, 箕)
두, 우, 여, 허, 위, 실, 벽(斗, 牛, 女, 虛, 危, 室, 壁)~ 하는 28수(首)로 보고 땅

의 이치로 볼 때는 음양의 조화를 따라 오행으로 판단하였고 나중에는 그들이 가지고 다니는 물건들을 보고 천선(天仙), 지선(地仙), 공선(空仙)이라 판단하기도 하였다.

신선이 되는 방법은 면벽관심(面壁觀心)을 제일로 쳤는데

신화화형공색상 (神火化形空色相)

심인현공월영정 (心印懸空月影淨)

성광반조부원진 (性光反照復元眞)

벌주도안일광융 (筏舟到岸日光融)

으로 단전복기(丹田腹氣)를 하였다. 이 같은 논리는 포박자(抱朴子)에 많이 나온다. 요즘 중국 사람들이 아침이면 나와 해를 보고 운동하는 것이 그의 일부이다.

이와 같은 내용을 중심으로 자그마치 350페이지를 정리하니

"여기서 출판기념 법회를 하지 말고 중국에 가서 하자."

고 하였다. 그래서 중국 사회과학연구소에 연락하여 출판기념 법회를 갖게 되었는데 학자만 40여 명이 나왔으나 그 가운데 불교학자들이 열 세 명이나 되었다.

인사를 드리고 보니 스리랑카불교 전공자, 인도불교 전공자, 태국, 미얀마, 캄보디아, 라오스, 부탄, 인도네시아 등 각 나라에 한 분씩 맡아 하고 거기 조교 두 사람씩이 따라서 공부하였다.

한국불교는 유설봉(劉雪峰)씨가 담당했는데 한국에 오고 싶어 하여 정식으로 초청해서 서울대학 종교학연구원에서 6개월을 공부하고 갔다.

그 길로 우리는 백두산에 가서 천지(天池)에 예를 올리고 웅녀성모(熊女聖母)와

단군성조(檀君聖祖)를 뵙고 한국학전공 황왕악박사님을 만나 황제신농, 염제 할아버지가 모두 한국 사람이라는 것을 알게 되었고 중국에서 처음으로 동(銅)을 사용하여 무기를 만든 치우임금님이 발해의 조선(祖先)임을 알게 되었다.

이로 인해 단군임금님의 조선(祖先), 천산 7대, 배달 18대를 알아 한족(韓族)의 역사를 새롭게 정리할 수 있었다.

일본 무궁정도교 교주 김종기 박사

3-4. 유럽불교의 현주소

숭산스님과의 인연은 지중한 것이었다. 선의 나침반이 이루어진 뒤 프라브덴스 관음젠스쿨은 일취월장 뻗어나갔다. 미국에 유학왔던 대학, 대학원 학생들과 교수들이 본국에 돌아가 곳곳에 선방을 만들고 포교하였기 때문이다. 그러나 중앙에 기점이 없으니 구미 홍법원(毆美弘法院)이 하나 세워졌으면 좋겠다 하였다.

스님은 먼저 가서 폴란드에서 포교하시고 우리는 뒤에 가서 프랑스 파리에다가 자리를 잡기로 하였다. 그래서 미국의 닥터 최와 조계종 진각스님과 함께 갔다.

파리 시내 한복판에 3층 빌딩이 났는데 120평 정도 되었다.

뉴욕 조계사와 버금가는 장소였다. 복덕방의 소개로 주인을 만나니 물었다.

"몇 년간 쓰실 거예요?"

"작정할 수는 없지만 한 10년 쓰지 않을까 생각합니다."

"그렇다면 70년을 계약하든지 90년으로 하든지 120년으로 하든지 알아서 하세요."

"아니, 내 나이가 43세인데 70년을 한다면 110살이 되는데 죽은 뒤에도 내가 써야 합니까?"

"프랑스는 적어도 2대, 3대를 놓고 계약합니다. 내 집처럼 사용해야하기 때문입니다."

"알겠습니다. 70년으로 계약을 할 텐데 얼마씩 내면 되겠습니까?"

"5천만 원에 5십만 원씩 하시죠."

그래서 프랑스 홍법원이 만들어졌다.

15일 후 개원식을 할 때는 퐁피두 대통령 조카를 중심으로 국회의원 몇 분도 같이 와 일을 도왔다. 알고 보니 닥터 최는 2~3년 전부터 유럽에 왕래하여 숭산 스님을 돕고 있었다. 대통령 조카가 마약을 하면서 닥터 최와 사귀고 싶어 하였다.

"나는 다르마 티쳐인데 적어도 나와 사귀고 싶으면 내가 하는 일을 알아 불교 포교를 도와야 한다."

하고 같이 기도하였다. 알고 보니 마약주사를 꼭 밤중에 맞기 때문에 자시기도(子時祈禱)를 중점적으로 시켰다. 한국식으로 예불 드리고 천수경도 외우게 하고 그 다음에는 법화경, 여래수량품을 외우도록 하였다.

"이제 마약도 하지 않고 법화경도 어느 정도 외웠으니 사귀어도 되지 않겠습니까?"

"그래, 법화경을 공부하였다면 법화경에 스승법사와 연애하라고 나온 데가 있었습니까?"

할 말이 없었다. 워낙 따뜻하고 부드럽게 대하기 때문에 어린애처럼 따랐다.

우리는 쉬는 시간을 의지하여 프랑스 루브르박물관, 영국 대영박물관, 로마박물관 등을 다니며 예수님의 자료를 구했다.

우리나라에서는 4복음서만 사용하고 있으나 유럽에서는 8복음서 내지 12복음서까지 나와 있었다.

그 책에는 예수님이 13세에 인도유학을 가서 29세에 돌아온 사실을 기록한 책이 두, 세 가지나 되었다.

뿐만 아니라 예수가 승려복을 입었기 때문에 예수의 형제들은 만나기를 꺼려했고 어머니와 여동생만이 인도유학에 대한 이야기를 들었다고 기록되어 있었다.

또 어떤 책에는 구약사상과 위배되는 소리를 하고 교회당에서 비둘기나 닭을 사서 희생제 지내는 것을 반대하였기 때문에 그분들이 고발하여 잡혀가 십자가에 몸을 매달게 되었다고도 쓰여져 있고 막달라 마리아를 중심으로 3명의 여인과 결혼하여 막달라 마리아에게서 세 자식을 낳고 나머지 두 여인에게서는 각각 하나씩 자식을 낳았으나 중간 자식은 어머니와 함께 죽고 막내아들은 카쉬미르에서 현재 78대가 살아있다고 그 족보를 사진 찍어 놓은 것도 있었다.

그리고 예수님이 티벳에서 고향으로 돌아올 때 파키스탄과 아프가니스탄에서 포교하며 많은 병자들을 치료하였다는 기록도 있었다.

이것을 믿어야 할지 믿지 말아야 할지는 나 자신도 알 수 없었다. 그러나 뒤에 프랑스문학 전공자이고 세계 펜클럽 회원이신 민희식박사님을 만나 어느 정도 이해하게 되었으나 자세한 것은 뒤에 별도로 말씀드리기로 하겠다.

프랑스 홍법원 개원식 날 식장에 가니 100여 명의 신사숙녀 여러분들이 모여 차를 마시며 담배를 피우고 있는데 닥터 최가 그동안 보지 못한 목걸이를 하고 건장한 남자 두 사람의 호위를 받으며 들어와 그들과 함께 담배를 피우는데 두 손가락에 담배를 끼고 연기를 내뿜는 모습은 영화에서나 볼만한 특출한 모습이었다.

"저러니까 대통령 조카가 반했지!"

"아니야, 요즈음 유럽에 미국 바람이 불어 닥쳤는데 영어를 유창하게 잘하며 유럽 말을 조금씩 하니 말이 통하지 않겠어."

"그렇기도 하지만 인물도 뛰어나고 말도 잘하고 하는 행동이 젠틀맨쉽이야"

하면서 칭찬하고 부러워하였다.

한 시간 이후 개회식이 이루어졌는데 국회의장, 법무부장관이 축사를 하였고 닥터 최가 유창한 영어로 경과보고를 하였다. 그리고 숭산스님을 깍듯이 모시는 유럽불자들이 숭산스님을 모셔서 법문을 청하였다. 스님은 법장을 들고 올라가 세 번 내리치고

"들었습니까. 보았습니까. 듣고 보셨다면 듣고 본 놈이 누구입니까?"

하고 주장자를 눕힌 후 한참 앉았다가 죽림정사와 기수급고독원이 건립된 내력을 말씀하였다.

"오늘 이 자리는 미국에 있는 닥터 최와 그와 인연 있는 모든 사람, 그리고 프라브덴스의 제자들이 만든 것이니 이 자리는 동서 유럽에 선방 기지가 될 것입니다. 격려해 주시고 후원해 주십시오. 교회에서는 10분의 1세를 가지고 운영하지만 불교는 희사의 정신에 의하여 유지되고 있습니다."

말씀이 끝나자 석가모니 정근을 108번 하고 사홍서원을 했는데 군악대와 비슷한 나이트클럽 밴드가 와서 좋은 분위기를 조성하였다. 점심 파티도 닥터 최가 준비했는데 미국 하와이 파티 형식으로 자유스럽게 먹고 놀아 교회 풍습하고는 너무 다르니 모두가 좋아하였다.

젊은 수행자들은 거기서 3일 동안 특별수련을 하였다. 진각스님과 나는 법당 안에서 자고 수련생들은 2층에서 잤는데 새벽에 일어나 산책을 가려고 하니 어떤 사람들이 누군가를 보고 절을 하였다. 사람도 없는데 이상하다 생각하였는데 갔다 와서도 발을 보고 절을 하였다.

"누구에게 절을 하였습니까?"

"각하선(脚下禪)도 모르십니까? 갈 때도 다리 보고 '잘 가라, 좋은 일 하고 돌아오자' 절하고 돌아와서도 발 보고 '고맙다, 좋은 곳을 구경시켜 주어서' 메시 보

쿠(감사합니다)하고 절한 것입니다."

우리는 앉아서 주로 선을 하는데 이곳 사람들은 행, 주, 좌, 와, 어, 묵, 동, 정을 모두 선으로 실천하고 있었다.

이튿 날 아침에도 내려오다가 2층을 보니 남녀 청춘들이 모두 옷을 주섬주섬 입고 있었다. 그런데 아주 발가벗고 있다가 옷을 입는 사람들도 있고 간신히 내복만 입고 있다가 옷을 입는 사람도 있는데 조금도 어색하지 않았다. 그래서 물었다.

"여기는 남녀 숙소가 따로 없습니까?"

"있기는 하지만 필요가 없습니다. 애기 때부터 옷을 벗고 살아 남녀가 어색하지 않게 사는데 무슨 걱정입니까?"

"그렇게 하다 탈이 나면 어떡합니까?"

"탈이 나면 같이 살면 되지만 그럴 정도로 공부가 되지 않은 사람이 선방에 옵니까?"

진각스님이 웃자 물었다.

"스님은 왜 모습이 그렇습니까?"

"한국에서 비구는 머리를 깎고 먹물 옷 입고 이렇게 삽니다."

"여기는 유발 비구, 비구니가 꽉 찼습니다. 시집 장가를 가지 않고 혼자 살면서 자기 하는 일에 몰두하며 모두가 삼매(三昧)속에서 즐거움을 느끼고 있기 때문입니다."

할 말이 없었다. 각하선, 무심선(無心禪) 그러니까 숭산스님의 조주선과 임제선이 먹혀 들어가자 "메시 보쿠(감사합니다)" 하고 웃었다.

수련이 끝난 뒤에는 프랑스 최고 휴양지 니스로 간다고 하였다. 니스대학에서 야외 법회를 하고 우리들이 목욕 갔다 오면 저녁을 같이 먹자 하였다. 그래서 대학으로 갔다.

40명 가량 땅바닥에 무엇인가를 깔고 앉아 있다 숭산스님 스타일로 법문을 시작하였다.

"미국에서 온 닥터 최입니다."

영어로 이야기를 하니 귀가 쫑긋했다.

"부처님은 복과 지혜가 구족하고 그의 가르침은 관념(觀念)을 초월해 있습니다."

"이 분은 한국 조계종 스님입니다."

"진각입니다, 유럽은 처음인데 참으로 신기한 일이 많았습니다."

"이 분은 닥터 한, 다르마 티쳐입니다."

하니 코가 오뚝한 교수 한 분이 일어서서 물었다.

"무슨 재미로 불교를 합니까?"

"지옥 갈 재미로 합니다. 여기 와서 보니 예수님 이후 사람들은 모두 천당에 갔다고 하는데 예수님 이전 사람들은 모두 지옥에 가 있기 때문입니다."

"앗! 뜨거워. 유황불에 지져 지려고 합니까?"

"당신들의 조상이 다 그 속에 빠져 있으니 우리라도 가야지 누가 제도합니까!"

"먼저 가 있는 사람들이 있습니까?"

"지장보살님이 먼저 가 구제하고 있습니다."

조용해졌다. 숭산스님이 큰소리로 게송을 읊었다.

지옥천당구정토(地獄天堂俱淨土)
자성미타하이향(自性彌陀何異鄕)

프랑스 홍법원

지옥, 천당이 모두 정토이고

자기의 마음이 그대로 아미타(영원한 빛)인데

어느 곳에가 지옥, 천당을 찾겠는가.

하고 몇 가지 이야기를 들려주었다.

일본의 모 장군이 큰스님에게 와서 물었다.

"큰스님, 지옥이 어디 있습니까?"

여지없이 일어서며 뺨을 갈겨버렸다. 장군이 칼을 빼들고 쫓아오자 법당을 두어 바퀴 돈 뒤에 '그만 스톱!'하고

"이것이 지옥이다."

하였다.

또 어떤 학생이 절에 와 고시공부를 하였는데 애인이 있어 몰래 찾아 와 애기를 가지게 되었다. 두 집 다 대갓집(大家宅)이라 결혼 전에 애기를 낳으면 망신이 될 것 같아 애기를 낳자마자 핏덩이를 안고 절에 와 주지스님에게 안겼다.

"스님, 애기 받으세요."

하니 스님은 아무 말이 없이 받아

"홍재 하나 생겼구나."

하고 온 마을을 찾아다니며 젖을 얻어 먹였다. 아이가 여섯 살이 되었을 때 애기 어머니가 와서

"죄송합니다. 우리 애기 주십시오."

하고 참회하자 그 스님은 아무 말 없이 아이를 내어 주었다.

이것이 불교다. 상(相)을 내지 않고 견(見)을 갖지 않고 있는 그대로 현실을 타

개해 가는 것, 이것이 불교다.

　사람들은 기립박수를 하였다.

　우리들은 니스로 가서 짠물에 목욕하기로 했는데 가서 보니 옷을 입은 사람들은 들어갈 수 없었다. 겉옷도 벗고 내복도 벗고 수건으로 가려도 안 된다 하였다. 시키는 대로 벗고 들어가니 그 거리가 4km쯤 되는데 특히 북유럽에서 온 백인종들이 햇빛을 쏘이며 자연스럽게 누워있었다.
　물속에서 텀벙대다 나와 몸이 마르면 살갗에 소금이 번쩍번쩍하였다. 우리들도 남 하는 대로 물속에 들어갔다 나와서 말렸는데 세 번 하고 나오니 살갗이 따가웠다. 우리는 거기서 수련하는 사람들이 한 방에서 옷 벗고 자연스럽게 잠잔 것을 조금은 이해할 수 있었다.

3-5. 태국의 테라바다 불교

태국은 테레바다(근본상좌부)의 본산이다. 원래 스리링카에서 미얀마로 전해준 불교가 라오스, 캄보디아를 거쳐 태국에 들어왔지만 승왕 제도를 가장 완벽하게 실천하고 있다. 임금님도 중 노릇을 하지 않으면 임금님이 될 수 없다.

승왕청의 초청으로 가니 부처님 당시 승가대중처럼 중 노릇을 하려면 머리 깎고 승가이를 걸치고 발우를 들고 탁발하여야 한다 하였다.

그런데 그냥 중이 되는 게 아니고 중의 의식을 배워야 한다면서 작은 책자를 하나 주었다. 들여다보니 영어도 아니고 산스크리트어도 아닌 빨리어였다.

지도자 스님에게 한 번 읽어보라 하니 줄줄줄 외우는데 무슨 소리인지 알 수가 없었다.

"띠 사라나 앗탕가 포사나실라"

이것을 '빤짜실라'라 하는데 우리나라말로는 삼귀의와 오계였다.

먼저 삼귀의만 하면 '띠-싸라나'인데 스승님에게 설해 주심을 간청할 때는

'오카사, 오카사, 오카사'

〈설해 주십시오, 설해 주십시오, 설해 주십시오〉

하였다.

'아함 반데 띠사라에나 사하 빤짜실라 앗탕가 사만다가망 우포사따실랑 담망 아짜미 아눅가함 까뜨와 실-랑 대타-메 반떼'

〈존경하는 스승님 저는 삼귀의와 오계와 포살 팔계의 가르침을 청하오니 반떼 자애를 베풀어 저에게 계를 주옵소서.〉

이렇게 떠듬떠듬 3일을 외워 간신히 계를 받게 되었지만 지금도 읽어보면 혀가 잘 돌아가지 않는다.

삼귀의

붓당 사라남 가차미 〈거룩한 부처님께 귀의합니다.〉

담낭 사라남 가차미 〈거룩한 가르침에 귀의합니다.〉

삼강 사라남 가차미 〈거룩한 스님들께 귀의합니다.〉

모든 글은 두 번째(두띠얌띠) 세 번째(따디얌피)로 반복되었다.

이렇게 삼귀의가 끝나고 나면 다음은 오계 팔계가 시작된다.

① 모든 생명을 사랑하겠습니다.

② 주지 않는 것 갖지 않겠습니다.

③ (잘못된)성행위를 하지 않겠습니다.

④ 거짓말하지 않겠습니다.

⑤ 술이나 마약을 하지 않겠습니다.

⑥ 때 아닌 때 음식을 먹지 않겠습니다.

⑦ 춤, 노래, 음악 등 오락을 즐기지 않겠습니다.

⑧ 사치스러운 침대를 사용하지 않겠습니다.

스승은 '살생하지 말라' 하면 제자는 '예 그렇게 하겠습니다.'하고 다짐한다. 그런데 한국에서 받은 계와 그 내용이 상당히 다른 것이 있었다.

　살생계는 병든 스님이 자살을 시도하면 안되고 다른 사람에게 부탁을 하여 죽게 해도 안 된다는 말이었다. 그러니까

　첫째는 자살하지 말라는 것이고
　둘째는 고의로 생명을 죽이지 말라는 말이었으며,
　셋째는 모든 생명을 사랑하라는 말이었다.

　다음, 도둑질은 한국에서는 남의 물건을 훔치지 말라고 들었는데 여기서는 실오라기 하나라도 주지 않는 것은 갖지 말라고 하였다.

　다음, 거짓말은 깨닫지 못한 것을 깨달았다 하고 알지 못 한 것을 알았다고 하지 말라고 하였는데 이것은 큰 거짓말이라 하고 사실과 다른 말을 하는 것은 작은 거짓말이었다.

　또 사음하지 말라는 것은 성행위도 성행위이지만 본인의 승낙없이, 부모형제들의 허락 없이 주인 있는 이성이나 기타 이성을 가까이 하는 것이었다.

　출가 수행자는 하루에 한 때만 먹게 되어 있고 사미승들에게는 아침엔 죽, 저녁엔 약으로 조금 먹게 되어 있으나 20세가 넘은 사람은 누구나 비구, 비구니가 되기 때문에 절대로 때 아닌 때 음식을 먹지 않게 되어 있었다.

　불교 수행은 조용히 명상하는 것을 기본으로 삼기 때문에 춤, 노래, 음악, 오락을 금하고 있고 뿐만 아니라 꽃, 향수, 화장품의 장신구도 사용하지 못하게 되어 있었다. 하물며 사치스러운 침대나 도구를 사용해서 되겠는가.

사미승이 되었든지 비구승이 되었든지 이것들은 출가수행자가 가장 기본적으로 지켜야 할 계율이었다.

이렇게 계를 받고 나면 발원으로 공덕회향이 있었다.
"나는 이 계율을 통해 번뇌를 항복받기 원합니다."
"나는 이 공덕으로 반드시 열반(평화)을 얻겠습니다."
"내가 받은 이 공덕을 모든 중생들에게 회향하오니 모든 존재들이 다 같이 행복하기 바랍니다."

수계자가 이렇게 발원하면 모든 사람들이 칭찬한다.
"사두 사두 사두 "
하고 말이다. '사두'란 훌륭하다는 말이다. 그러면 수계자가 세존 아라한 정등각께 예배드리며 한량없는 삶을 다짐한다.

"오랜 세월 생사윤회를 거듭하면서
  집 짓는 자(渴愛)를 따라 계속해서 윤회를 거듭하였습니다.
  집 짓는 자여!
  나는 그대를 보았노라,
  나는 더 이상 집을 짓지 않으리라.
  서까래(번뇌)는 부서졌고 들보(무명)도 무너졌다.
  이제 내 마음은 조건 지어진 것들(인연)에서
  영원히 벗어났으니 행복하여라."

그래서 그 다음에는 생사윤회의 근본이 되는 십이연기(무명, 행, 식, 명색, 육입,

촉, 수, 애, 취, 유, 생, 노사)를 들려주고 스물네 가지 조건(원인, 대상, 지배, 틈, 지탱, 의지, 업, 과보, 음식, 기능, 선정, 도의)을 설명하고 아함경을 읽어주었다.

"석가족의 거룩한 성자가 보리수 아래서 승리하였듯이 그대도 반드시 승리하기를 축복하노라. 모든 부처님들의 깨달은 자리, 아직 정복되지 않은 자리를 부처님께서는 확실히 깨달으시고 행운의 별을 보았다. 성스러운 삶을 하는 사람에게 공양하면 그 공덕으로 좋은 새벽, 아침시간을 가지게 된다. 경건한 몸과 말, 마음이 세상을 복되게 한다.

이렇게 되었을 때 사람들은 행복하고 부처님의 가르침을 항상 지키고 모든 친지, 권속들이 행복해진다. 따라서 천인들은 보호하고 악마는 멀리 떠나게 된다."

이렇게 계가 끝나고 나니 필수품에 대해 주의를 주었다.
① 파계자는 시주 물을 함부로 받지 못한다.
② 수계자(受戒者)는 반조(反照)하지 않고도 받을 수 있다.
③ 유학(아직 공부가 남은 이)
④ 무학(모든 공부가 끝난 이)이 필수품을 수용하는 방법을 가르쳐 주었다.

만약 계를 파괴하거나 잘못이 있을 때는
① 즉시 참회하고
② 감각기관을 단속하고
③ 함부로 구함을 경계하고
④ 받은 것에 대해 진지하게 숙고(熟考)하여야 한다. 말하자면 받은 옷(가사), 발우(받은 음식), 숙소, 약품에 관한 것을 깊이 생각하고 반성하여야 하였다.

부처님은 이로운 진리만 말씀하시고 평화로운 삶(열반)을 실천하였고 계, 정,

혜의 공덕으로 선, 불선을 잘 가리는 어른이었기 때문이다.

그래서 상서로운 몸을 갖고 청정한 수행자들을 이끈 스물여섯 가지 공덕을 칭찬하였다.

그래서 부처님은 그러한 힘으로 세상을 이끌어갈 수 있었으니

첫째는 진리의 힘이고
둘째는 지혜의 힘이며
셋째는 자애의 힘이고
넷째는 소리의 힘이었다.

수행자는 항상 부처님의 위대한 정신을 본 따라 일체중생을 보호하도록 노력하여야 한다.

그 뒤로 수행자는 이 부처님을 모델로 한 축복경(망길라 수트리), 보배경(나따나수따), 자애경(멧다수따), 무더기경, 공작새경, 메추라기경, 깃발경을 외우며 부처님과 부처님의 가르침, 스님들을 찬탄하는 노래를 불렀다.

이것이 내가 석 달 동안 계를 받고 남방불교를 체험한 교육이었으며 두 번째, 세 번째 가서는 소아함경(小阿含經)과 법구경(法句經)등을 공부하게 되었다.

그런데 남방불교 스님들은 매달 초하룻날과 보름에 비구 250계와 비구니 348계를 낱낱이 외웠다.

법사스님이 높은 자리에 올라 외우면 밑에서 듣고 있던 사람이 자신에게 저촉된 것이 있으면 오리걸음을 하여 옆 좌석으로 옮겨 앉는다. 송계(誦戒)가 끝나면 증사(證師) 스님들이 그들의 고백을 듣고 죄악의 경중을 따라 참회시켰다.

태국 승왕청(법당)

태국 부승왕 담와라자 라야(나의 은사님)

새벽절

왕궁사찰

태국 에메랄드 사원의 에메랄드 부처님

이렇게 교육이 끝난 뒤 내가 한국으로 다시 오게 되자 한국에 가서 밥을 얻어 먹고 1일 1식하고 수행할 수 없다면 여기서 옷을 벗고 환계(還戒)하여 돌아가라고 했다.

3일 동안 말미를 두고 부승왕님께서 몇몇 지도자들과 함께 왕궁 사찰을 중심으로 새벽절 등 10여 개 사찰을 구경시켜주고 처음으로 외식을 시켰다.

그리고 내가 준 보시금을 가지고 임금님의 막내딸이 시집가지 않고 물려받은 재산으로 3천 명 이상 장애인들을 수용하고 있는 보육원에 빵과 우유를 사서 공양하였고 거기서 아이들이 배우고 익힌 대로 노래도 해주고 춤도 추었다.

그리고 또 새로 지은 불교대학에 가서 외국에서 유학 온 학생 두 사람에게 삼의일발(三衣一鉢)을 보시하였다.

나는 거기서 따님이 한 일도 중요하지만 부이 임금님께서 명상할 때 키 큰 야자수를 어떻게 키를 작게 하여 농사짓는 사람들을 편하게 하고 변방에서 마약을 재배하고 사는 백성들을 어떻게 살릴까 구상하다가 임금이 되어서는 궁중과 시내를 꽃밭으로 가꾸어 그들 가족들을 살리게 하고 앉은뱅이 야자수를 개발하여 농사짓게 하였다는 말을 듣고 감탄하였다.

똑같은 이뭣꼬(是甚麼)를 가지고 참선하는데 우리는 깨달은 것만 본위를 삼는데 여기 사람들은 깨달은 뒤에 무엇을 하느냐까지 생각하여 고통 받는 중생들을 구제하고 있다는 것을 뼈저리게 느꼈다.

그리고 나는 한국에 돌아온 뒤 한국대장경 1부질을 새로 지은 불교대학에 보내고 홍콩에 와 있는 정공스님에게 연락하여 대승불교서적을 도서관에 꽉 채우도록 하였다.

3-6. 몽골불교

1900년대 서울 하얏트호텔에서는 세계종교 평화회의가 열렸다. 이치란 박사님의 초청으로 가니 그 많은 세계종교인 가운데 몽골 법복을 입은 스님 한 분이 계셨다.

인사를 하고 나니 울란바토르 다시초링에서 오신 담마쟈브스님이었다. 행사를 마치고 공양대접을 하겠다 하니 숯불갈비를 잡숫겠다 하였다.

"몽골은 주식이 양고기입니다. 그러나 한국에서는 제일 유명한 것이 숯불갈비라 하여 시식하고 싶었습니다."

물론 스리랑카, 태국, 미얀마 같은 남방불교에서는 음식을 가리지 않는다고 보고 들었기 때문에 이상할 것은 없었다.

그러나 너무 멀리까지 갈 수가 없어 외국공관이 많은 한남동 쪽에 내려가 조용한 곳에서 공양대접을 잘했다.

"초청하겠습니다. 몽골불교에 도움을 주십시오."

"좋습니다."

약속하고 가서 보니 몽골은 허허벌판, 명자 그대로 초원의 나라였다. 전통적인 사찰 몇 개를 구경하고 불자들이 모여 회식하였는데 대통령보좌관을 중심으로 교수님들 여섯 명과 불교대학 총장님도 오셨다. 이야기를 듣고 보니 불교계는 우리 6,25사변을 겪은 뒤와 같았고 소련 공산주의로부터 해방된 지 얼마 되지 않아 사회 전체적으로 발전하지 못하고 있었다.

이런 틈을 타 한국기독교가 매년 2~3백억 씩 돈을 풀어 학교, 사회 전체가 복지사업으로 끌려가고 있다고 하였다.

"몽골 전체 스님이 몇 명이나 됩니까?"

"약 350~500명 내외입니다."

"무엇이고 사람이 많아야 되는데 스님을 많이 만들면 1당 백으로 승리할 수 있습니다."

격려하고 헤어졌다. 나는

"담마쟈브스님과 우선 의료봉사를 한 번 해보고 싶다."

하니 좋다 하여 이듬해 다시초링이라는 큰스님 계신 절에서 의료봉사를 하기로 작정하고 돌아왔다.

이듬해 가니 겔 하나를 설치할 장소를 주어 한국불교 진흥원의 후원을 받아 거기에 작은 법당을 마련하고 의료봉사를 시작하였다. 의사는 금강선원 소속 성덕스님이었다. 매우 침을 잘 놓아 3일 동안 1천 8백 명 정도를 치료하였는데 많은 사람들이 그 자리에서 효험을 보았다.

국영방송이 시작할 때부터 현장을 취재하여 방영하였기 때문에 환자들이 더 많이 왔던 것이다.

그런데 제 3일 어떤 노스님에게서 전화가 왔다.

"고려사 주지 활안스님을 만나보고 싶다."

"아마 나이가 많아 침 맞으시려고 연락하신 것 같으니 저녁에 갑시다."

하여, 저녁 늦게 갔더니 보자마자 두 귀를 잡고 이마를 꼭 맞대고 무조건

"해 줄 거야 안 해 줄 거야, 해 준다면 놓고 그렇지 않으면 귀를 빼버리겠다."

"일단 놓고 말씀하십시오."

"안 돼, 분명히 이 대중 앞에서 확답을 해야 돼!"

"예, 시키는 대로 듣겠습니다."

노스님은 귀를 놓고 차를 한 잔 가져오라고 하더니

"내가 정부에서 자이산 중턱에 8천 평을 받았거든. 일본 사람들은 거기에 요정을 지으면 좋겠다 하는데 내가 보니 그 자리는 부처님 자리거든. 거기에 18m 되는 부처님을 모셔야겠는데, 스님이 해 주어야 겠어. 나는 나이가 96세, 세상을 다 살았어."

"좋습니다. 급히 생각하지 말고 3년 안에 만들어 드리겠습니다."

그 때가 7월이라 산천초목이 한창 무성할 때였다. 자이산에 가서보니 울란바토르를 안고 있는 노른자위 땅이었다.

"불상의 모델을 고안해 주시면 그렇게 만들어드리겠습니다."

10월에 기공식을 하겠다고 연락이 와 가 보니 벌써 자리에 터전을 잡고 불도저들이 공사를 시작했다.

수 백 명의 사람들이 모였는데 맨 나중 어떤 분이 세단차를 타고 오더니 부처님 모실 자리 밑에 큰 보따리를 놓고 절하였다.

나는 속으로

"저 사람이 한 등하면 이 불사가 빨리 이루어지겠다."

생각했는데 그 날 저녁 노스님께서 저녁을 먹자 하여 갔더니 커다란 양을 한 마리 잡아 부처님 앞에 엎어 놓고 나에게 칼을 주시며 먼저 한 번 양의 등을 긁으라 하였다.

나는 경험이 없었으므로 칼을 들고 있으니 노스님이 내 손을 잡고 한번 쭉 긁은 뒤 물었다.

"오늘 행사장에서 무슨 생각을 하였는가?"

"마지막 선물을 놓는 분이 한 등 하면 이 불사가 빨리 이루어지겠다 생각하였습니다."

"오, 자네 생각이 내 생각과 꼭 맞았어. 그분이 나의 제자야, 현재 국무총리로 있는데 내년 5월에 대통령에 출마하기로 하였거든."

하고 박수를 쳤다. 그 날 보니 제1회 방문 때 모여왔던 불교학자들이 빠지지 않고 다 와 있었다.

"나는 힘이 없으니 한국에 가서 탁발을 하여 이 불사를 완성하겠습니다."

선언하고 돌아왔다. 비행기에서부터 고민이 생겼다.

"이 불사를 어떻게 완성할꼬!"

공항에서 내려 공항버스를 타고 오다가 신촌로터리에서 내려 아는 집을 찾아갔다. 옛날 고성 보광사에서 야학할 때 도와주던 보살님이 거기 와서 여관을 하고 있었기 때문이다.

"부탁이 있어서 왔습니다."

하고 몽골사정을 이야기 하고

"만원씩 하는 등불 10만 개만 하면 그 불사를 능히 완성할 수 있을 것 같아 왔으니 도와주십시오."

하니

"그런 말씀하지 마세요, 하루에도 몇 사람씩 절 짓는다고 불사하라고 동냥 다니는 사람들이 수가 없습니다."

더 이상 할 말이 없었다.

"10만 등 가운데서 한 등이 실패했다고 해서 걱정할 것은 없다."

마음을 굳게 먹고 돌아왔는데 뜻밖에 불교텔레비전 석성우스님께서 전화가 왔다.

"연말을 기해서 외국소식이 있으면 한 가지 방영하고 싶은데 자료가 있습니까?"

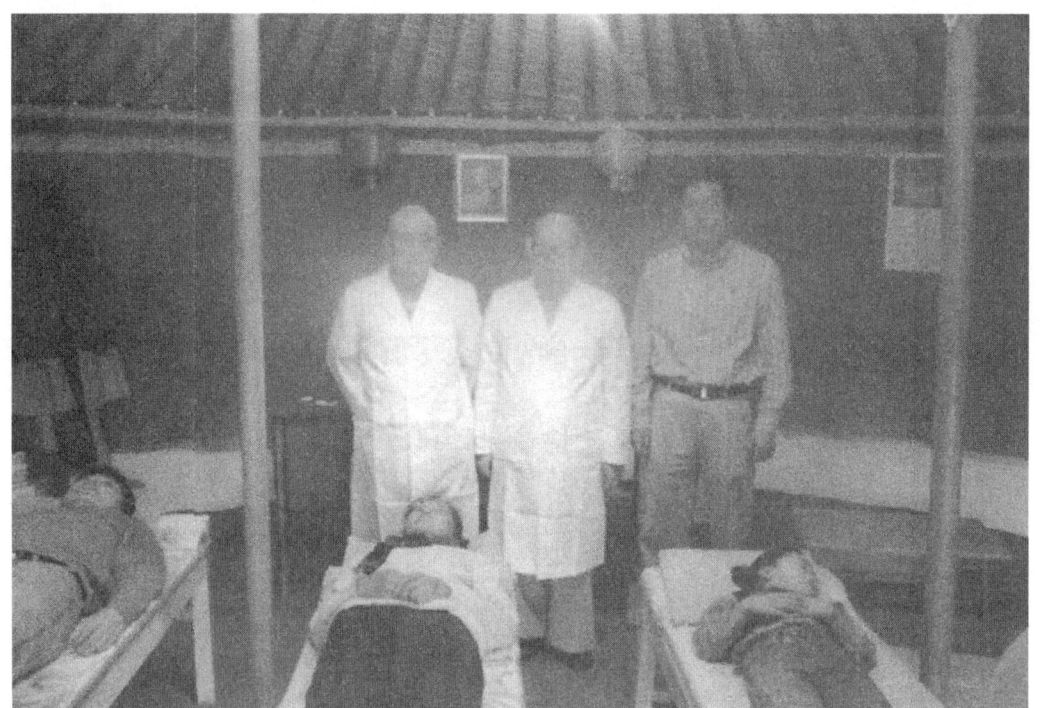

의료 봉사하는 성덕스님과 자성스님 일행

몽골에서 두번째 큰 다시쵸링(절). 여기에 한국 고려사를 만들었다.

몽골 구르데바 노스님

세계평화상을 받고(몽골스님, 관리들과 함께)

그래서 몽골이야기를 하였더니 '좋다' 하고

"음력 초하루부터 방영코자 하니 생방송에 나와 주세요."

하였다. 나는 그동안 있었던 일을 대충 정리하여 한 시간씩 세 번에 걸쳐 방송하였다. 뜻밖에 불교통신대학 출신들이 방송을 듣고 보름 이내에 6천 등 정도가 모여 왔다.

나는 그것을 바로 몽골로 송금을 하고 한국에서는 금강선원을 중심으로 모금운동을 하였다.

이렇게 열심히 불사를 진행하는 가운데 몽골에서는 이듬해 5월 국무총리가 대통령이 되었다. 진짜 축착갑착이라더니 축에 맞고 맷돌 맞듯 일이 잘 된 것이다.

그래서 대통령이 중심이 되어 바닥공사는 2층까지 몽골에서 완성하기로 하고 나는 불상만 모시기로 했는데 몽골과학대학 학장님과 환경부장관이 오더니

"이 뒷산 자이산 높이가 원래 측정한 것보다 높아 불상이 못해도 25m 이상 되어야 하겠습니다."

"그렇다면 거기에 맞추어서 하기로 하겠습니다."

하여 그해 10월 3일 낙성식을 거행하기로 하였다.

낙성식 날 한국에서도 많은 사람이 갔지만 몽골에서는 100만 명이상 모인 것 같았다. 정부요인들이 대부분 나와 축하했는데 나와 노스님께 등기부 일체를 보여주며 사인하라고 하였다.

"내가 이 땅을 가져 무슨 소용 있습니까?"

하고 노스님과 의논하여 정부 것으로 만들어 달라고 하였다.

당시 몽골사람들은 뱃속에 든 아기도 420평 땅을 분양받고 있었는데 8천 평이나 되는 대 도량을 정부에 환원시키니 놀라지 않을 수 없었다.

그리고 1층 지하실에는 나에게 주기로 한 노스님의 모든 책을 그 곳에 진열하기로 했다. 낙성식 날 문교부장관이 와서 보시고

"세계에서 4부질 밖에 없는 몽골대장경이 여기 있으니 문화재로 등록합시다."

하여 문화재까지 겸하다 보니 그 부처님도 따라서 국보가 되고 말았다. 나라에서는 의논하여 낙성식 제 3일 노스님께는 문화훈장을 주고 나에게는 달라이라마 다음으로 두 번째 세계평화상을 내리니 이것은 오직 부처님 몫이었다.

나는 기쁜 마음으로 돌아왔다. 그 뒤로 몽골불교대학과 인연하여 땅 420 평을 얻어 4층으로 짓고 불교대학을 잘 운영 하도록 하고 고려사는 경산스님에게 넘겨주고 다시는 걱정이 없게 되었다.

나는 일찍이 징키스칸의 전기를 읽은 일이 있다. 아시아부터 로마까지 천하를 통일하였으나 로마임금님이

"땅을 어떻게 할까요?"

물으니

"몽골에다 갖다 놓는다면 내 이름으로 하지만 당신네 땅은 당신네 땅이니 그 땅을 가지고 백성들을 잘 살피세요."

하여

"해 뜨는 데 곳부터 해 지는 곳까지 몽골 땅."

하고 비석 두 개를 만들어 하나는 몽골에, 하나는 로마에 세운 일이 있다.

이 세상에 태어나 하늘, 땅 신세를 지고 산 것만도 죄송한데 그것을 가지고 네 것, 내 것을 따진다면 하늘, 땅이 어떻게 생각 하겠는가. 그로부터 나는 불가피한 일이 아니면 절대로 소유한 물건에 대해서는 부처님 이름으로 만들어버리고 소유를 하지 않았다. 그래도 내 나이 80이 되도록 굶지 않고 살고 있지 않은가.

몽골 대통령으로부터 평화훈장 수여

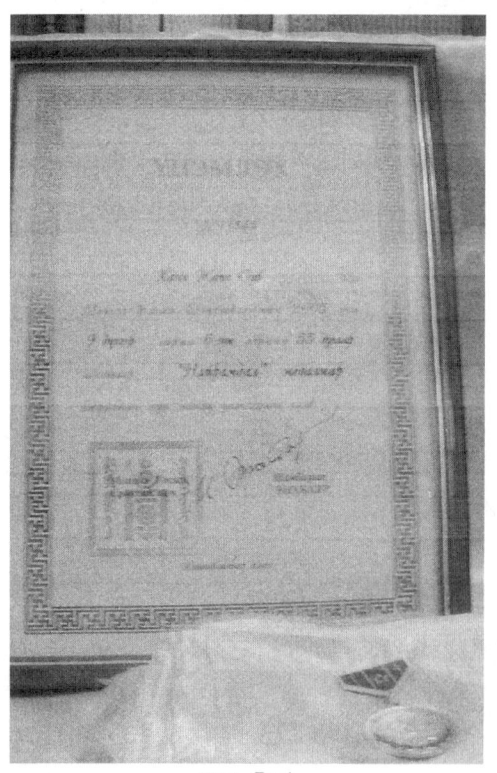

몽골 훈장

몽골 환경부장관 감사패

3-7. 현덕스님과 자성스님

몽골에서 의료봉사를 하신 분들은 성덕스님을 비롯하여 60여 명이 넘는다. 양의사, 한의사, 간호사, 약사, 보조간호사 등 여러분들이 고생을 많이 하였다.

그러나 봉사를 하고 가면 일반인들은 언제나 의사가 상주하고 약과 침을 받고 맞을 수 있는 것으로 생각하여 자주자주 찾아오신다.

그래서 같은 스님이어도 의료봉사 경험이 있고 약이나 침에 경험이 있는 분들이 와 계시는 분들이 좋겠다 하여 먼저 현덕스님을 보내고 두 번째 자성스님이 갔다.

현덕스님은 대구 출신으로 수효사에서 따주기 교육을 받고 대구 일대에서 많은 봉사를 하신 분이다. 세속에 있을 때는 동장으로 지역 주민들을 오랫동안 살펴온 분이다.

그런데 내가 대구관음사 초의스님이 천수경 특강을 초청하여 3일 동안 특강을 할 때 와서 들으시고 상담을 요청하였다.

"저는 남을 위해서는 좋은 일을 많이 하고 있는데 갑자기 한 눈이 어두워 지더니 성한 눈까지 감아지게 되어 어떻게 하면 좋겠습니까?"

"관세음보살은 천수천안을 가지고 있으니 눈 두 개만 달라고 사정해 보십시오."

그 후 스님께서 200일 동안 기도한 뒤에 나에게 연락이 왔다.

"백일기도를 두 번 하였더니 내 눈이 점점 밝아져서 80%는 나은 것 같은데 그동안 나만을 위해 살아왔고 또 내가 남을 치료해 주고 있으면서도 좋은 일하고

고려사 2대 주지 현덕스님　　　　　　　　고려사 3대 주지 자성스님

몽골대총장 체데브, 아시쵸링 주지 담마쟈브, 환경부장관, 송석구 동대총장 등과 함께

있다는 생각에 빠져 상(相)을 많이 낸 것 같습니다. 모든 걸 다 잊어버리고 한가한 곳에 가서 봉사 아닌 봉사를 하고 싶은데 어디 자리가 있겠습니까?"

"몽골에 지금 스님 같은 분을 기다리고 있으니 몽골로 가 보십시오. 머무는 기간은 스님이 원하시는 대로 하실수 있습니다."

그래서 몽골에 가서 울란바토르 대학을 졸업한 두 학생을 데리고 한글을 가르치며 의료봉사를 2년 동안 하셨다. 스님께서는 침을 놓으면 신도들은 불전을 놓는데 스님은 신도님들의 기금을 한 푼도 쓰지 않고 낱낱이 적어 놓았다가 내가 가면 통째로 나에게 주셨다.

"이것은 스님을 위해 보시한 것인데 이렇게 모아 주시니 고맙습니다. 3분의 1은 스님의 용돈으로 쓰시고, 3분의 1은 불사하는 선생님들을 위해 쓰고, 3분의 1은 공부하는 아이들을 위해서 써 주시기 바랍니다."

사실 그분은 수효사 법사로서 오랫동안 지내왔기 때문에 금강선원에서 6개월 동안 불전의식을 익혀 태국 부승왕 담와라자 라야 스님에게 계를 받고 갔다.

그러나 10년 이상 스님 생활을 한 것처럼 먹고 입고 자는 것을 철저히 하셨으므로 지금도 스님을 찾는 사람들이 종종 있다. 스님은 몽골에서 돌아와 그동안 조상에 대해 소홀히 한 것을 크게 뉘우치고 선산에 조그맣게 암자를 짓고 정진하다 흔적없이 입적하였다. 세속에서나 절에서나 후회없이 살다가신 현덕스님을 보면 오히려 우리들의 생활이 부끄럽기 짝이 없다.

자성스님은 경찰 출신이다. 망우리 중랑경찰서에 계시다가 뒤에 종암경찰서로 옮겨 수사 주임을 하였다. 끝날 무렵에는 장위 파출소장을 하였는데 경찰서에 계실 때부터 지방 불교연합회와 경승들에게 여러가지 편의를 제공하고 매주 수요일이면 관내 불자들을 위해 이름난 스님들과 법사님들을 초청하여 불교법회를 주관해 왔다.

사모님께서도 불교통신대학 전 과정을 마치고 법사로서 자격을 취득하여 가정 불당을 꾸미며 동네 아이들을 모아 열심히 포교하였다.

그래서 두 분이 의논하여 상락향에 들어와 1년 이상 고적한 생활을 하면서 참회하다가 드디어 출가를 결심, 6개월 동안 수련하고 계를 받았다.

계를 받은 뒤에도 경기도 의정부 일대를 다니며 포교하다가 다른데 가서 좋은 일을 해 봤으면 좋겠다 하여 몽골 고려사를 추천하였다.

스님은 가면서부터 몽골불교대학 교수로 초빙되었고 현덕스님을 이어 의료봉사에도 남다른 정성을 들였다. 특히 젊은 대학생들에게 한글을 가르쳐 현덕스님 때부터 공부해 오던 학생들이 20여 명이나 국가고시에 합격하였다.

그로 인해 거기서 대학을 졸업한 다섯 명은 동국대학교 대학원에 입학하여 석사학위를 받았고 또 두 명은 박사과정까지 마쳤다.

특히 몽골불교대학 체데브 총장하고는 좋은 친구가 되어 밤낮없이 붙어 다녔고 마침내 학교를 그만둘 때는 박사학위까지 주며 아름다운 회향을 하게 되었다.

한국에 돌아온 이후에도 서울대, 고려대, 시립대에 수십 명의 학생들을 입학시켜 후배를 길렀으니 영원히 잊을 수 없는 포교사의 한 분이다. 스님은 항상 다음 게송을 즐겨 읊었다.

청산첩첩미타굴 (靑山疊疊彌陀窟)

창해망망적멸궁 (滄海茫茫寂滅宮)

물물염래무가애 (物物拈來無罣碍)

기간송정학두홍 (幾看松亭鶴頭紅)

체데브 총장과 , 담마쟈브 스님과 함께

후원해주신 대한불교 진흥원 간부들과 함께

첩첩한 푸른 산은 아미타불 궁전이요

망망한 큰 바다는 이름 그대로 적멸궁이네

낱낱이 물들을 대하여도 걸림이 없더니

푸른 정자 솔 속에서 붉은 학도 보게 되었네.

가는 곳마다 부처님 도량을 삼고, 있는 곳마다 넓은 바다처럼 편안하게 살으셨
다.

그러나 낱낱의 절과 집, 가족과 친구들을 보면 붉은 학을 보듯이 필요한 일을
꼭 해주곤 하였다.

몽골의 겔 호텔

3-8. 법왕궁 보살님

법왕궁 보살님은 구기동 문수원 창건주였다. 신도 한 분이 상락향 납골탑을 구경한다 하여 모시고 왔다. 도량을 보고 운영 상황에 대하여 들으신 뒤 공감을 하는 것 같았다. 특히 신도들을 크게 의지하지 않고 농사짓고 사는 것을 좋게 생각하였다.

"매달 초하루 법회가 있으니 이따금씩 올 수 있느냐?"

하여 틈나는 대로 가겠다 약속하였다.

가서 보니 스님들이 두세 명 계셨는데 큰 종단으로 등록하라 하여 고민이 많다고 하였다.

"사찰은 원래 스님들을 모시는 곳이지만 천편일률적으로 포교나 수행에는 열심하지 않고 소유욕만 꽉 차 있는 것 같아 마음에 들지 않습니다. 일찍이 동산불교대학과 대원불교대학을 다닌 바 있는데 그분들이 운영하는 방법이 이상적인 것 같습니다."

"그렇다면 재단 법인이나 사단법인을 만들어야 합니다. 그러나 그것은 힘에 닿지 않으면 기존 법인체에 부속된 사찰로 쓰는 것이 좋습니다.

"그것은 앞으로 생각해 보기로 하고 우선 법회나 빠짐 없이 보아 주십시오."

하여 그렇게 약속을 하고 왔는데 그 다음에 가니

"고정된 스님 한 분이 있어야 할 것 같은데 뜻 맞는 스님이 있을까요?"

"글쎄요, 사람은 많아도 스님 같은 사람이 흔치 않습니다."

하고 의정부포교원에서 오랫동안 일을 보고 있는 스님을 원장님과 의논한 뒤 일단 와서 보라고 하였다.

그런데 피차 좋다고 하여 법안스님을 큰 법당 법주로 모시기로 하였다.

이렇게 하여 문수원은 별 걱정 없이 살게 되었다.

그 후 몽골에 행사가 있어 같이 가게 되었는데 자이산 부처님을 보고 말씀하셨다.

"부처님 몸에 분장이 안 된 것 같습니다."

"분장은 무슨 분장입니까? 큰 부처님 모시는 것만도 어렵게 하였습니다."

"공사한 사람에게 이야기 해 보세요. 얼마나 드는지?"

그래서 물으니 8,700만 원 달라고 하였다.

"내가 1억을 줄 터이니 얼굴과 가슴, 발등 위에는 세 번씩 금을 입혀 주세요."

너무 갑자기 생긴 일이라 작업자들이 믿을 수 있겠느냐 의심하는 것 같았으나

"당장이라도 하실 수 있으면 즉시 가서 부칠 테니 걱정 말고 일 먼저 하십시오."

하였다. 거기 함께 계시던 불교대학 학장님이,

"내가 보증 서도록 하겠습니다."

그래서 부처님 얼굴과 가슴, 발등까지 훤히 빛나게 되었다. 불교대학 총장님이

"너무 고맙다 인사하시고 저녁 공양을 대접하였는데 이 말씀을 듣고 감격하여 명예학위를 하나 드리면 어떻습니까?"

물었다. 이 또한 당황한 일이라 한번 생각해 보겠다 하였는데 우리들이 몽골을 떠나기 전날 문교부 장관을 오시라 하여 명예학위를 수여해 주셨다. 모두 감사한 일이나 말로 표현하기 어려워 그냥 왔는데 한국에 돌아오시자마자 바로 1억을 몽골에 보내주어 모두를 감격하게 하였다.

이렇게 하여 몽골의 불사는 끝이 났으나 청량리 금강선원에서 3층에 사는 비구니 스님들이 유발 제자들과 같이 살게 되니 여러가지 불편한 점이 많았다.

일찍이 제천 이동성법사님께서 복지사업을 하기 위해 사놓은 땅이 있었는데 다른 사람에게 넘어가게 되었다 하여 농협 융자를 그대로 놓아두고 금강선원에서 인수하여 비구니 기로원을 짓기로 하였다.

2년 동안 갖가지 애로 속에 1,600평 대지 위에 500평 가량 불사를 하여 3억 2천만 원 빚을 지고는 원만히 불사가 이루어졌다.

제천 금강사에서 힘이 닿는 대로 이자를 내기로 하고 나머지는 내가 책임지기로 하였는데 제천은 초창기로 제대로 운영되지 않고 나는 여기저기 법회를 보아 한 달에 148만 원씩 이자를 넣고 있었다. 이것을 제대로 내지 못하니 독촉이 왔다.

나도 없는 사이에 문수원으로 전화가 와 그것이 무슨 돈인가 묻더니, 저녁 늦게 문수원으로 돌아와 보니

"제천으로 3억을 보냈으니 나머지 2천만 원은 제천 사람들이 처리하라 하십시오."

하였다. 나는 또 두 번째 놀라 공양주에게

"그 돈이 무슨 돈인가."

물었다.

"문수원 운영비로 회사에서 보내온 것입니다."

하여 그 다음 달부터 이제는 문수원으로 이자를 내겠다 했다. 천부당 만부당.

"나도 불사를 하는데 조금 도왔는데 걱정하지 말고 문수원이나 잘 살펴 주세요."

하여 지금까지 고개를 들지 못하고 있다. 생각해 보면 우리 금강선원 단체 사찰

이 80개가 넘는다 해도 가서 보면 현상유지도 제대로 안 되는 데가 많아 특별 보시도 요청할 수 없었다.

그렇지만 기로원은 식구가 20명이 넘어도 여러 사찰에서 쌀 한 가마, 기타 부식을 보태주어 지금까지 큰 어려움 없이 살아오고 있다.

세상에 태어나서 무상보시(無相報施)로 어려운 나라에서 부처님께 금 옷을 입혀 드리고 병든 비구니 스님들께 잠자리를 제공하였으니 그 마음을 어떻게 헤아릴 수 있겠는가.

보살님은 누가 알까 하여 누구에게도 말하지 말라 하였지만 내 마음에 맺힌 한을 풀기 위해 나는 이 글을 쓰면서도 눈물을 흘린다. 진짜로 감사하신 분이다. 물론 그분도 자신이 벌고 신도님들이 넉넉히 가져와서 주신 것은 아니다. 보이지 않게 보태주는 자식들 힘으로 근근득신 살아가는데 거기서 피와 살을 나누어 쓴다는 것은 진실로 부끄러운 일이다.

그런데 보살님은 자신이나 가족을 위해 거짓말하고 살아가는 사람들에게는 호되게 나무라고 베푸는 것은 인색했지만 큰스님들, 가난한 절, 어려운 불사에는 살을 에어서라도 통째로 바치고 싶은 마음이 간절하였다.

자신을 위해서 쓰는 것은 인색하면서도 공적으로 포교하는 불교방송, 불교 텔레비전 같은 곳에는 어려운 여건 속에서도 천 만원, 이천 만원을 아끼고 모아 1년에 한 번씩이라도 보시하곤 하셨다.

아무리 큰 부자라도 하기 어려운 일이다. 그동안 큰스님들이 열반하여 49재를 지낼 때도 49재 재물을 모두 담당하여 차리기를 수십 번이요, 3·1절, 6·25 때 비명횡사에 죽은 영혼들을 위령하는 재도 많이 지냈다.

한 번은 문수원 마당에서 6·25 전란 장병들의 위령재를 지내는데

"대한민국 사람들만이 아니고 이북 희생자들, 중국 장병들까지도 빠지지 말고

다 오십시오."

큰소리치니 밝고 밝은 대낮에 시원한 바람이 한참 동안 몰아쳐서 모두가 놀란 일이 있다.

일생동안 따라다니며 영혈사 위령재, 일본 귀무덤, 코무덤에 제사 지낼 때 사회를 보신 이건호 사무총장에 의하면 억수같이 쏟아지던 비도 멈추고 비바람이 몰아치다가도 그만 그친 일이 한두 번이 아니었다고 하였다.

3월 1일 서대문 형무소 사형장에 이르러 막걸리도 붓고 정성을 드리는 일은 말로 다 형용할 수 없다.

이렇게 보살님은 한국불교를 위해 큰스님들과 허물어진 절을 위해 좋은 일을 하시고 매사를 산골짜기 물 한방을 흐르지 않는 곳에 백일기도를 드려 백명이 넘는 등산객들이 마음대로 마실 수 있는 우물을 파니 감탄하지 않는 사람이 없었다.

종단 분규에 쫓겨 나와 오갈 곳 없는 스님들을 먹여 살린 것도 말로 다 표현할 수 없다.

외국 유학을 가서 외롭게 공부하는 학생들을 도운 일, 국내에서 알게 모르게 학비를 조달한 일은 그저 고맙고 감사할 뿐이다.

이제 뒤에 사람들이 그 정신을 받들어 문수원을 잘 운영하면서 하던 사업 잘 하고 건강하게 잘 살기만 손 모아 빈다.

기로원 식구들은 문수원에서 무슨 일만 있다고 하면 친정에 가는 새색시처럼 설렌다. 목욕하고 새 옷 입고 조심스럽게 동참하여 법문도 듣지만 이름도 모양도 없는 늙은 사람들에게 건강하게 오래 살라고 칭찬하는 말을 들으면 너무도 기쁘

쟈이산에 모셔진 큰 몽골부처님

제천 금강사

고 행복하다고 했다.

특별 보시금이 나오면 아끼고 아끼며 돌아가면서 대중공양을 하여 즐겁게 먹고 돌아가신 보살님과 그 가족을 생각하며 공양게를 외운다.

계공다소(計功多少) 량피래처(量彼來處)

촌기덕행(忖己德行) 전결응공(全缺應供)

방심이과(防心離過) 탐등위종(貪等爲宗)

정사양약(正思良藥) 위료형고(爲療形枯)

위성도업(爲成道業) 응수차식(應受此食)

문수원 법왕궁 보살님

3-9. 진각스님과 LA 대각사

진각스님은 전남 목포사람이다. 불교통신대학에 입학하여 2년 과정을 1년에 마친 사람도 있고 8개월에 마친 사람도 있으나 진각스님처럼 일주일이 멀다하고 문답집이 왔다 갔다한 사람은 드물다.

미국에서 유니언 대학 총장과 숭산스님이 오셔서 대왕코너에서 법회를 하는 것을 보고

"나도 해외에 가서 공부하고 싶습니다."

하여 하와이 닥터 최에게 부탁하여 초청하도록 하였다. 그런데 마침 프랑스 홍법원이 만들어 지게 되어 함께 가게 되었는데 마음씀도 원만하고 행도 바르니 숭산스님께서도 좋아하셔서 하와이 절에 있기로 하고 초청하였다.

유럽에 있던 일들은 일기로 정리하게 하여 "유럽견문기"로 썼는데 그 책 또한 공감을 가지게 되었다.

하와이에 가서 2년 동안 영어를 배워 LA 로알대학 한의과에 합격, 장소를 LA로 옮기게 되었다.

처음에는 베트남 스님 절에 있다가 집을 하나 구해 절을 만들었는데 신도들이 제법 생겨 사는데 별 걱정이 없게 되었다. 저서를 네 권이나 내었는데 하나는 한의과대학 논문이고 둘은 기독교와 불교에 관한 책이고 하나는 종교적인 해탈서였다.

스님은 먼저 부처님의 일생 포교 속에서 불교 의방명(醫方明)과 병인론(病因論)

을 찾아내고 상식(常食)과 죽식(粥食) 병식(病食)을 통하여 건강을 조정하게 하였고

① 의사가 해야 할 일

② 간호사가 해야 할 일

③ 병자가 지켜야 할 계(戒)를 구체적으로 설명하였다.

생리학적으로 현세실조병(現世失調病)과 선세행업병(先世行業病) 귀신침입병 등을 치료할 수 있는 방법을 기술했다.

질병의 치료에 대해서는 풍·수·화·지(風·水·火·地) 병을 단식 요법과 상식요법(常食療法), 참회, 호흡을 통해 치료하는 방법을 가르치고, 현대 의학을 통해서 음양오행의 상생 상극법을 통해서 치료할 수 있도록 각 약방문을 제공하고 있다.

스님은 모든 약을 보기(補氣), 수겸(收歛), 발산약(發散藥), 이수(利水), 최토(催吐), 사하제(瀉下濟), 진해(鎭咳), 조기(調氣), 행혈약(行血藥), 온중(溫中), 청열(淸熱), 거담(祛痰), 살충제(殺虫濟)로 나누고, 체질에 따라서 약을 주었다.

한방(韓方)에 관계되는 것만 일부를 간단히 적어보면 다음과 같다.

삼지출초복부자 (參芝朮草茯附子)

계용녹해골자하 (桂蓉鹿海骨紫河)

지양파조석율개 (智羊巴棗石栗蚧)

마사석위천맥정 (馬沙石葦天麥精)

산유지당작인백 (山柔地當芍仁栢)

하자분기감연용 (何子盆杞芡蓮龍)

아구삼갑봉호골 (阿龜參甲蜂虎骨)

LA 로얄대학 강연을 마치고

LA 대각사에서 법회를 마치고

하와이 불자들과 함께 법회를 마치고

이것이 혈기보혈음양약이다.

다시 말하면 인삼, 황기, 백출, 감초, 백복, 부자, 육계, 육종용, 녹용, 해구신, 보골지, 자하차, 익지인, 음앙곽, 파극, 대초, 양기석, 건율, 합개, 해마, 사사, 석곡, 위유, 천문동, 맥문동, 화정, 산약, 산수유, 지황, 당귀, 작약, 산조인, 백자, 하수오, 토사자, 복분자, 구기자, 감인, 연자육, 용안육, 아교, 구편, 해삼, 별갑, 봉밀, 호골은 사기혈, 음양을 보호하는 약이라는 것이다.

이 외에도 수검혈관정기류(收歛血管精氣類)와 발산풍한열습제(發散風寒熱濕濟) 이수최토사하제(利水催吐瀉下濟)등 여러 가지를 종류별로 설명한 것이 있으나 여기에 다 싣지 못한다.

또 간심비폐신(肝心脾肺腎)의 5장 6부에 대하여 구체적으로 설명하고 그들을 진단하고 치료하는 일까지 낱낱이 설명하고 있다.

미국에서 20년간 생활하는 사이 '선과 서구문명' '현대 세계사에 있어서 기독교와 불교의 역할'을 쓰고 나와 함께 유럽 갔을 때의 일을 기록한 유럽견문기, 그리고 수시로 인생을 느끼고 달관한 '허무와 공' '실존' 등에 대한 저서는 내내 많은 사람들에게 깨달음을 주었다.

특히 영어에 능통하여 언어를 구사하는데 아무 걱정이 없으므로 처음에는 LA 불교의 지도자로 활약하다가 나중에는 전 미국의 한국불교를 대표하는 스님이 되기도 하였다.

한국에 들어와서는 은사스님과 관계있는 영광 불갑사에 있다가 다시 백양사로 옮겨 노스님을 시봉하고 지금은 목포 반야사에서 포교하고 있다고 한다.

3-10. 홋카이도 양원사

일본의 불교는 우리 불교와는 사뭇 다르다.

첫째, 입는 옷이 우리는 중국 도포 위에 가사를 걸치던지(태고종), 몽골, 티벳 치마나 저고리에 가사를 걸치던지(조계종) 둘 중 하나인데, 일본사람들은 전통 일본예복 위에 낙자를 걸치고 있다. 물론 큰 가사를 입는 경우도 있지만….

둘째, 일본 스님들은 90% 이상이 유발, 양복 위에 낙자만 걸치는데, 한국에서는 삭발염의하지 아니하면 스님으로 인정하지 않는다.

셋째, 한국은 먹는 것을 5신채를 뺀 채식을 중심으로 하지만 일본 스님들은 무엇이고 가리지 않는다. 그것은 일찍이 스리랑카, 인도, 태국 등에 유학하여 근본 불교의 정신을 본받고 대승불교의 가족불교를 실천하는 불교를 새롭게 개발하였기 때문이다.

그리고 사찰은 몽골과 같이 기도와 교육장소로 사용하면서도 특히 장례식장으로 널리 사용하고 있었다.

홋카이도 양원사 에이준스님은 동산불교대학 김재일법사님과 교류하면서부터 알게 되었는데, 대학교수로 있으면서 중 노릇을 충실하게 하고 있었다.

중견 불교지도자로 평균 80세 이상부터 112세까지 노인들을 중심으로 일본 전통무용단을 꾸며 국내외를 순회한 일이 있었는데, 한국에 와서도 공연한 일이 있다.

나는 특히 동대문 문화회관에서 노인들이 춤을 추는 것을 보고 놀라 43명을 초청하여 공양한 일이 있는데, 그분들 또한 감명을 받고 우리를 초청하였다.

내가 처음 양원사에 갔을 때는 에이준스님이 양원사 주지스님으로 취임하는 날이었다.

전 일본 불교협회에서 180여 명이 넘는 스님들이 취임식에 동참하였다. 할아버지스님, 아버지스님, 손자스님 3대가 할머니, 어머니 등과 함께 법복을 입고 축하를 받았다. 한국같으면 있어도 없는 척, 알아도 모르는 척 하는 것이 상식이었는데, 그분들은 내외표리(內外表裏)가 없었다.

"아, 양심적인 불교로구나."

함께 갔던 법사님들과 스님들이 감탄하였다.

약력을 발표하는데 보니 할아버지는 옛 증조할아버지 때부터 불교를 믿어 왔고 할머니는 홋카이도 노인회 회장이면서 양로원을 경영하였고, 에이준스님의 사모님은 학교 선생님이면서 유치원 원장이었다.

나중에 안 일이지만 대부분 일본의 스님들은 공직에 있으면서도 본직은 스님 신분을 가지고 계셨고 사모님들 또한 그런 입장에 놓여있기 때문에 한 때 서양의 지배를 받았어도 복지나 교육, 사회행정이 서양식으로 변색되지 않고 민족정신을 그대로 살려 갈 수 있었던 것이다.

다시 한번 생각해 보라.

"한국은 유교와 도교, 불교의 미신과 우상, 제사의식 때문에 나라가 이렇게 가난하고 못살게 되어 있으니 싹 쓸어버려라."

"어떻게 쓸어버릴까요?"

"싸움을 붙이면 되지! 왜색승과 비구승, 신교와 구교, 의사와 돌팔이들이 싸우게 되면 저절로 망해 버릴 것 아니냐!"

호주댁과 박마리아가 오랫동안 연구해 온 과제였는데, 그 때 마침 이대통령이 관악산에 구경갔다 와서 기자들이,

"오늘 좋은 구경하셨습니까?"

"좋은 구경했지, 왜색승 절에 기저귀가 널려있는 것을 보았고, 법당에 '천황폐하 만세'라 써진 위패를 보았어."

"그대로 놔두어서야 되겠습니까?"

"왜색승은 물러가야 하고 대처승은 다 쫓아내야지…."

하여 대처·비구의 싸움이 났고, 일본 유학한 스님들 가운데 가정을 가진 사람들은 모두 물러나게 되었다.

또한 사주팔자 오행 등으로 점을 치고 풍수지리하는 사람들은 모두 다 미신의 앞잡이로 몰락되었고, 산천의 귀신을 섬기고 조상을 숭배하던 사람들은 대부분 무당판수로 몰려 쏙 들어가게 되었다.

6.25전쟁 이후 남한을 기독교화 하려는 강대국(미국)의 정치적 의도로 이승만 대통령이 실행한 불교 탄압임을 후에 알게 되었다.

조선조 500년 유생들에게 탄압받던 불교가 일시에 쇠락하게 되었고 신구 양파로 나누어 싸우던 유생들은 지방의 서당을 폐쇄하고 성균관은 삼성으로 넘어가고 전통적인 향약집방(鄕藥集方)으로 지방의약을 담당했던 돌팔이들은 의사 약사들에게 쫓겨났다.

일본의 신사 자리는 대부분 교회, 학교 부지로 팔려갔고 유교, 도교, 불교는 지리멸렬하게 되었다. 그러나 일본 불교는 300년 전부터 서양문화를 받아들여 그 사람들 속을 알기 때문에 자기 정신을 그대로 지켜 지금도 60% 이상이 불교

신자로서 일본정신을 지켜가고 있다.

특히 일본은 일찍부터 묘지 불교를 사찰에서 주관하여 조상의 얼을 그대로 계승해 나왔기 때문에 국민정신이 흔들리지 않게 된 것이다. 결과적으로 홋카이도 불교는 양원사 같은데서 연합전선을 펴서 유아원이나 유치원, 국·공립학교까지도 스님선생님들이 많아 흔들리지 않고 있다.

나는 그렇게 생각했다.

스님들은 스님들의 정신을 의지해서 철저히 수행하고 재가불자들은 재가생활에 충실하여 수행자의 정신이 계승되도록 도와야 한다고….

청정한 스님은 1일 1식, 걸식 생활을 못하더라도 비구의 무소유 정신을 가지고 살아야 한다고….

청정한 불자들도 네 절, 내 절 구분하지 말고 올바른 수행자들을 받들어 모셔야 한다고….

앞에서도 언급했지만 유럽이나 미국에는 유발비구, 비구니가 많은데, 우리 한국스님들과 함께 어울려 절을 운영하다가 안 되겠다고 따로따로 떨어져 나간 곳이 하나 둘이 아니다.

하와이, LA, 보스톤, 뉴욕… 내가 알기만도 열 개가 넘는다. 모두가 욕심 때문이고 네 스님, 내 스님의 자아상(自我想) 때문이다.

흑인이나 백인이나 사람은 똑같은 사람이다. 그런데 아직도 우리 한국에서는 흑백 논리가 더 많고 남녀의 구별이 지나치게 강조되고 있다. 세상의 이치가 그렇게 돌아가고 있는데, 어떻게 옛날 생각만 하고 있어서야 되겠는가.

생활불교, 가정불교, 대중불교를 이끌어가는 일본 불교가 세계적인 불교로 발전해 가기를 손 모아 빈다.

일본 홋카이도 양원사 주지 이, 취임식 기념법회 한일 불교지도자 기념사진

원효종 종정 법홍큰스님   일본 율조(律祖) 사가이상스님과 한국법사불교의 대표 한원장

3-11. 법화홍통원(法華弘通院)

법화홍통원은 법화경을 널리 홍통하는 단체이다. 회장 신호균 원장님과 지혜지 법사님이 선문염송 강의에 동참하여 2년 8개월 동안 함께 법회를 보게 되었다.

이 두 분은 이법화스님의 제자로 법화경 사상으로 철저하게 무장된 분들이었다. 아함, 방등, 반야 불교와 선, 열반의 불교는 방편의 불교이고 법화경만이 일승 진실의 불교라 생각하고 있었다. 사실 논리를 들어보면 그 분들처럼 철저하게 불교를 공부한 사람들이 드물었다. 일념삼천(一念三千)의 학설은 직지인심 견성성불을 능가하는 논리였기 때문이다.

"한 생각 화를 내면 그 순간이 지옥이고

한 생각 굶주리면 그 순간이 아귀이고

한 생각 어리석으면 그 순간이 축생이고

한 생각 사나우면 그 순간이 수라이고

한 생각 정직하면 그 순간이 인간이고

한 생각 착하면 그 순간이 천당이고

한 생각 깨달으면 그 순간이 부처라는 것이다.

성문은 인과를 깨달은 것이고

연각은 인연을 깨달은 것이며

보 살은 바라밀을 실천하는 것이니 모든 것이 일념 속에 다 들어 있다."
는 논리였다.

알기도 쉽고 깨닫기도 쉽고 전하기도 쉬우나 수행방법이 "묘법연화경"을 부르
는 것이었다. 우리는 묘법연화경을 경 이름으로 보았지만 그분들은 법신으로 보
아 주로 경전을 법화경으로 28품 가운데 제16품 여래수량품을 읽었다.

자아득불래 (自我得佛來)

소경제겁수 (所經諸劫數)

무량백천만 (無量百千萬)

억재아승지 (億載阿僧祇)

석가모니 부처님은 이 세상에 처음 태어난 것이 아니라 한량없는 아승지겁부터
이 세상에 존재하였다 하는 법신상주설(法身常住說)이다.

그런데 여기 염송설화를 들으니 그 자료가 더욱 더 풍부해졌다. 선문염송 256
화에 귀종일미선(歸宗一味禪)이 나오니 지혜지가 말했다.

"보십시요. 외도선, 범부선, 소승선, 대승선, 최상승선이 결국 일미선(一味禪)으
로 귀결되고 있지 않습니까?"

"옳은 말이다. 밝은 눈 속에는 맑은 바람, 밝은 달이 보이듯이 천 가닥 개울물
이 모두 한 바다에 이르는 것이다.

지혜지는 특출한 지혜를 갖춰 옳고 그름을 판단하는 데는 제일이었다.

"말세가 되어 중들이 중 답지 못한 행을 하니 세상이 이렇게 흐려지고 있지 않
습니까?"

"세상이 흐린 것은 스님들에게 달려 있지 않네. 부처님을 핑계한 가짜 제자들

에게도 영향이 큰 것이니…"

육조단경 "경송삼천부 조계일구망(經誦三千部 曹溪一句亡)"에 이르면

"출세의 뜻을 밝히지 못하고 글만 외우면 그런 경계에 들어가게 되어 있다."
하였다. 지혜지는 그 뒤 '세계불교' 사장이 되어 문필로써 많은 교화를 폈고 지금
도 이법화스님의 정신을 받들어 법화경 홍통에 전력을 다하고 있다.

신호균 원장님께서는 미국에도 포교원을 만들어 전법하고 있고 그 제자들이
팔대보살을 능가하고 있다. 법화경은 승속에 구분없이 법을 중심으로 하고 있기
때문에 스님들이 있는 데서나 없는 데서나 항상 법주로써 자신감 있는 불교를 한
다.

특히 한번 정진을 시작하면 시간을 잊어버리고 법화삼매에 들고 설법할 때도
마찬가지다.

그분들은 항상 법화행자에게는 불보살의 가호 속에서 마귀, 번뇌가 침범하지
못하므로 영산회상의 불보살과 같은 환희심으로 살아가고 있었다.

나는 일찍이 치문경훈(緇門警訓)에서 당 수아법사 청송법화경가를 읽고 외웠
으므로 그분들이 읽는 법화경 게송이 마치 수아법사의 법화경 가사와 같이 들렸
다.

산색은 침침하고 송연(松煙)은 막막한데
빈 숲 아래 둥글둥글한 돌 위에
한 스님이 석장을 비켜 놓고
아침부터 저녁까지 백련경(白蓮經)을 읽는다.

눈을 감고 마음을 모아 들으니

제호 방울이 초장에 들어간다.

부처님 뜻이요, 조사의 골수요

나의 마음이여. 경의 뜻이로다.

법화홍통원 대표 신호균 법사

인도 영축산에 세워진 일본 묘법사

지혜지 홍통원 법사

3-12. 파키스탄 불교

파키스탄은 이슬람 왕국으로 한국의 약 3.5배, 인구가 1억 8천만에 달한다. 인종은 아리안족, 드라비다, 터키, 페르시아, 아랍족의 혼혈족으로 97%가 이슬람이다. 힌두교와 불교, 기독교는 모두 합해 3%에 불과하다.

언어는 산스크리트어에서 파생된 우르드어와 펀자브어, 신드어, 발록체, 세라키어, 판쉬토어가 혼용되고 있었다. 전 인구의 반 이상이 문맹이다. 오랫동안 서양의 지배를 받다가 1947년 영국의 식민지로부터 해방되어 대통령, 수상, 외교관 중심의 내각책임제였다.

대외 관계는 중국, 미국, 인도와 중요한 관계를 맺고 있고 중동 산유국들과 일본 아시아와도 경제 협력을 맺고 있었다. 주요 자원은 쌀, 천연가스, 석탄, 아연 등인데 우리나라와 관계를 맺은지는 얼마 되지 않는다.

주위에 아프카니스탄, 이란, 중국이 인접해 있고 넓은 평야와 고산준령이 주위를 에워싸고 있다. 기후는 아열대 3계절로 나누는데 우리들이 갔을 때는 20~35도까지 올라 우리나라 초여름 날씨와 같았다. 거의 모든 국민이 술을 마시지 않고 담배는 즐겨 피웠다. 돼지고기와 비늘 없는 생선을 먹지 않는다 하였다.

우리들이 간 목적은

① 불교 유적이 얼마나 남아 있는지

② 종교의 자유가 가능한지

③ 종교 교류를 위해 세계 평화를 실천할 수 있는지 알아보기 위해서 였다.

결론적으로 말하면 문화재 보호는 정부가 아니면 보호할 수 없고 이교도들은 언제 죽을지 모르는 위협 속에서 살아야 했다. 하루에도 몇 번씩 테러가 일어나고 있기 때문이다. 그러나 박물관이나 기타 유적지에 있는 불교 유물은 생각 밖으로 보호가 잘되고 있었으며 영국, 프랑스, 독일, 러시아 등 대국과 교류가 빈번하게 이루어지고 있었다. 우리들은 파키스탄 연방 정부와 간다라 지방 장관의 초청으로 갔기 때문에 양 정부의 기관원들이 철저히 보호해 주었다.

나는 일찍부터 파키스탄은 북부 인도로서 티벳, 몽골, 중국, 한국, 일본 불교의 진원지이기 때문에 인도 다음으로 중요한 불교국으로 생각해 왔다. 간다라 지방은 현 아프카니스탄과 파키스탄의 서북부에 있었으며 아프카니스탄의 수도 카불과 파키스탄 수도인 이슬라마바드도 모두 이곳에 있었다.

지금부터 6천 년 전 평화스럽게 살고 있던 북인도에 페르시아의 다리우스1세가 침입하여 그들의 속국으로 만들었는데 333년 알렉산더가 점령하여 다스리다가 찬드라 굽다왕에게 빼앗겼다. 그가 죽은 뒤에는 인도의 빔비사라왕이 점령하여 272년 아쇼카 왕에게 물려주었다.

알렉산더 왕은 북인도 사람들이 불교 신자로서 진실하게 사는 것을 보고 3천 군대를 인도 여인들과 결혼시켜 알렉산더 도시를 만들고 태양 신전에 부처님 상을 모셔 장차 불교 왕국으로 발전하게 되었다. 알렉산더 이후 많은 불상이 유럽 문화의 영향을 받아 만들어지고 또 거대한 수투파가 만들어졌는데 코살라 수투파, 오릿사 지방의 원탑, 상카다르 사리탑이 원형대로 남아 있었다.

처음 부처님은 연꽃이나 보리수 불족(佛足)으로 묘사되었으나 차차 불상, 보살상, 나한상 순서로 조각되었다.

기원 185년경 아쇼카 대왕이 죽자 희랍 박트리아왕 데메트리우스 1세 매난다가 새로운 왕국을 건설하고 나가세나 스님과 토론하여 독실한 불자가 된다.

"당신의 이름이 무엇입니까?"

"부모님에 의해 나가세나라 부르고 있으나 진정 나는 그 이름 속에 들어있지 않습니다."

"무슨 말씀입니까?"

"지금 임금님께서 수레를 타고 오셨는데 수레를 끌고 온 말과 수레바퀴, 차양, 굴대, 판목 등을 낱낱이 다 떼어 놓으면 그 수레가 어디 있습니까? 마찬가지로 나 라는 이 몸도 지·수·화·풍 사대로 형성되었으나 사대를 분해해 놓고 보면 나라는 것이 따로 없습니다."

"아. 그렇습니다. 그렇다면 나는 공한 것입니까?"

"그 공도 공이 아닙니다."

여기서 깨달음을 얻은 임금님은 약속한 대로 62세에 출가하여 스님이 되었고 옛날 아쇼카 임금님이 보낸 포교사들과 함께 북인도를 완전 불국토로 만들었습니다.

그러나 밀린다 왕의 죽음과 함께 스키티야, 페르시아 두 부족에게 침입을 당했으나 파키스탄 서북에 살고 있던 쿠산족(族)이 이들을 물리치고 오늘날 우즈베키스탄과 전 파키스탄 아프카니스탄을 통일하고 동쪽 베나레스까지 점령하여 델리 남쪽 마투라 지방에 수도를 정하였다.

쿠산 왕조는 동쪽으로 중국과 실크로드를 개통하고 해상으로는 파키스탄의 카런치에 해상 무역을 시작하며 세계적인 부를 축적하게 되었다.

부자가 된 쿠산 왕조는 간다라 지방에 문화 유적지를 개발하고 세계의 문화를 혼돈시켜 옛날에 보기 드문 동서 문화로 발전시켰는데 그 가운데서도 불교문화는 모든 문화의 조종(祖宗)이 되었다. 그래서 현재 영국, 프랑스, 이태리, 독일 등지에 있는 1백만 개 이상의 불상과 불화들은 모두 여기에서 반출된 것이니 동양

파키스탄 싱가다르 스투파

파키스탄 탁트히바이 수도원

의 불교문화가 서양의 보호 문화로 바뀌게 된 것이다.

　우리들은 간다라 박물관에서 부처님의 고행상과 장엄한 미륵상 등을 보고 바미얀으로 넘어가 부서져버린 바미얀의 석굴군을 멀리서 바라보았다.

　쓰왓 계곡은 여러 갈래의 강줄기가 기름진 고장을 형성하고 있었으나 뒷산으로는 상상할 수 없어 큰 벽돌 승원을 참관하게 되었다. 그 곳에서는 예수님이 거처하던 승원과 예수님의 마지막 제자 토마스가 살던 곳도 발견하게 되었고 오랜 세월 폐허되어 있는 사찰과 탑을 보게 되어 나는 나도 모르게 통곡하게 되었다. 울음소리에 놀란 현지인들이 몰려와 그 까닭을 물었으나 전혀 답변할 수 없어 서글픔만 복받쳤다.

　국립 텔레비전 기자가 물었다.

　"왜 우십니까?"

　"이것이 대승 불교의 진원지입니다. 어떻게 이렇게까지 산산히 조각날 수 있습니까?"

하고 울먹였는데 그 기사가 대서특필로 텔레비전에 나오게 되어 카이바주 관광장관이 나와서 안내하고

　"나의 별장을 줄 터이니 여기다가 불교 사원을 만드십시오."

하였지만 주위가 온통 IS의 테러 지역이라 다시 가지 못하고 있다.

　이같은 모든 일은 박교순 박사의 주선에 의해 이루어졌기 때문에 교수님께 새삼스럽게 감사드린다.

　그리고 파키스탄 안에 계신 석학들 특히 불교문화재를 보호해 주시는 학자님들께 감사드리며 특별히 길을 안내해 주신 분들께 다시 한번 감사드린다.

3-13. 예수님의 유적을 찾아서

나는 일찍이 인도에 가서 티벳 승복을 입고 있는 예수님을 보고 새삼스럽게 놀랐다. 바라문교의 왕자에 의해 13세에 인도에 와서 4년 동안 베다사상을 배우고, 4년 동안 의학을 배운 뒤 베나레스에서 의료봉사를 하였다는 사실을 두세 번 확인하였다. 그리고 티벳에 가서 달라이라마 궁전이 있는 장소에서 티벳 말과 산스크리트 빨리어를 배워 근본불교의 대장경을 섭렵한 뒤 파키스탄, 아프카니스탄을 거쳐 본국으로 들어갔다는 것까지 확인하였다. 그리고 파키스탄 불적을 순례하고 토마스의 유적지까지도 확인하게 되었다. 이제 다시 한번 인증하여야 할 것은 로마 이스라엘에서의 행적이다.

나는 지난번 유럽을 갔다가 로마박물관과 루브르박물관, 대영박물관에서 한국 사람들이 사용하고 있는 사대복음(마가, 마태, 누가, 요한복음)이 서기 65년부터 95년 사이에 편집되어 150~200년 사이 정경으로 채택되었다는 사실을 알았고 그 외에도 서기 49년부터 62년 사이 바울이 데살로니가 사람들에게 보낸 서신이 있다는 것을 말씀드린 일이 있다.

그런데 그 뒤 110~150년 사이에 만들어진 로마복음서와 베드로복음서(후세) 마리아복음서가 형성되었다는 것을 알게 되었고 막내 제자 토마스 복음서에는 영지주의적 색채가 강한 것을 보았다. 특히 마리아복음서는 남자 신도들에게 전해지지 아니한 비밀 문서가 있었다는 것도 알게 되었다.

그리고 서기 150년 경에 만들어진 유다(진리) 복음서가 있고 요한의 비밀 문서

대영박물관

루브르박물관

도 있었는데 200~230년 사이 저 유명한 세스의 설교집도 있는 것을 발견하였다.

또 300년 경에는 유다복음서 필사본이 발견되었는데 여기 처음으로 예수님이 십자가에서 죽지 않았다고 하는 사실이 기록되어 있었다.

그 후 367년 알렉산드리아의 주교 아타나시우스가 신약 27권을 정리하고 기독교의 대박해가 일어난 303년부터 313년까지 밀라노의 칙령이 반포되고 그 이후 360년에 비로소 로마의 국교가 선언된다.

그런데 그 후 1800년부터 코텍스, 이집트, 사해(死海)에서 수많은 고서본 성서들이 출토되었는데 특히 1844~59년 사이에 발견된 커텍스본과 1886년부터 96년 사이 이집트에서 발견된 베드로복음서, 마리아복음서가 나왔다는 것도 알게 되었다.

또 1945년과 47년 90년에 발견된 이집트 나그함마니 문서 사해문서, 유다복음서, 구세복음에는 유다의 배반이 예수의 꾸밈에 의해 이루어졌다는 사실도 기록되어 있다.

그 후 한국에 들어와 신약 성서를 다시 한번 보고 법화경과 기타 아함경 등과 유사한 것을 뽑아보니 자그만치 50여 가지가 넘었다. 물론 이같은 사실은 우리들만의 조사가 아니라

① 네덜란드 철학자 반데베르크는 15가지를
② 1913년 파벨은 10가지를
③ J토마스는 16가지 비슷한 점을 발견했고
④ 이란 학자 야알샤르팡티와

⑤ 독일의 어문학자 리항르트 가르베도

⑥ 호주의 아써 비쌈

⑦ 미란다 왕문경에 나오는 이야기들까지 다 예로 든다면 80가지도 넘는다는 것을 알게 되었다.

나는 그때부터 서양불교의 개척자는 예수님인 것으로 알고 다른 종교로 생각 하지 않았다. 단지 구약 성서 때문에 기독교는 세계 각국에서 민족 종교들과 끊 임없는 다툼을 일으키고 있다 생각하였다.

5천 년 전 무지한 원주민들은 푸른 하늘을 쳐다보고

"저 속에 우리 할아버지가 들어 있을 것이다."

생각한 것이 구약의 모태가 되었음을 증명한 사람들이 한두 사람이 아니다.

높고 넓은 가을 하늘을 바라보라. 그 속에 얼마나 많은 지구덩이들이 떠돌고 있는가. 그 속에는 우리의 고향이 있는 것같이 느껴지고 또 실제로 영감과 꿈을 통해 계시를 받기도 하였을 것이다.

그러나 하늘은 하늘이란 말을 하지 않았다. 그러므로 부처님께서 그런 생각을 하는 네 마음을 먼저 깨달으라 한 것이다.

400년 내지 600년 사이 이집트, 이란, 티그리스강, 유프라데스 강가 푸른 농 장에서 노예 생활을 하던 사람들이 거기서 벗어나니 우리도 독점해야겠다는 생 각이 났을 것이다.

그래서 그 쪽 사람들이 오랫동안 가지고 있던 신화를 본따서 내 할아버지 할머 니에 이름을 붙여 천지창조의 신화를 만들어 냈던 것이다.

— 〈세스설교집〉

북인도에서 수행하고 스님이 된 예수님과 그의 제자 토마스

그러나 생각해 보라. 이 지구가 생긴지 5,6천 년 밖에 안 되었는지! 생물학자들에 의하면 지금부터 150만억 년 전에는 지구는 태동하였고 거기서 물, 불이 부딪쳐 바람을 일으켜 지구가 생성되었을 것이라고.

– 〈현대물리학〉

이것을 믿고 안 믿고는 독자 여러분에게 맡긴다.

예수님이 유학하고 집에 돌아왔을 때 어머니 마리아는 돌아가신 아버지 동생과 결혼하여 새로운 동생들을 여섯이나 낳았고 예수님도 자기 말을 제일 잘 알아듣는 막달라 마리아와 인연하여 삼남매를 낳았다. 그 후 십자가에서 부활한 뒤 빈혈과 못 자국을 의사 제자에게 치료한 다음 그의 조카에게 시중을 맡겨 거기서도 아이 하나를 낳다가 어머니와 함께 죽었다는 말이 기록되어 있다.

예수님은 건강치 못한 몸으로 전도할 수 없어 옛날 인도에서 돌아오다가 1년 이상 머물렀던 파카스탄으로 가서 당시 캬수미르의 임금님에게 천거를 받은 시봉꾼과 같이 살며 막내 아들을 낳고 52세부터 78세까지 살다가 열반하여 묘지까지 만들어져 있다고 증언한 목영일 박사의 "예수의 오디세이"도 있다.

그러나 나는 예수에 대한 신앙은 흐트러지지 않고 있다. 위대한 베다의 정신, 베나레스에서의 의료봉사, 티베트에서 스님이 되어 불경을 보고 그를 널리 포교하기 위해 아프카니스탄, 파키스탄을 거쳐 본국으로 돌아가 나라를 잃어버리고 사는 사람들에게 희망을 잃지 않고 사는 방법을 가르친 선구자.

나는 이런 선구자를 존경하고 있다. 배 다른 동생들이 배신하고 살생으로 복을 구하는 애급인들의 희생재를 바르게 가르치려 하다가 십자가에 못이 박힌 예수. 그에게 아들들이 있든지, 부인이 있든지 나는 그런 생각을 하지 않는다.

이 세상 사람들은 똥 묻은 개가 재 묻은 개를 나무라듯 자기보다 나은 사람들을 가만두지 않는다.

그러나 성자는 묵묵부답 말이 없다. 해와 달이 밝은 빛을 주었다고 세금내라 하던가. 공기가 호흡을 제공했다고 난 척하는 것을 보았는가.

예수님은 진실로 부처님과 똑같이 대자연의 넓고 큰 세계에서 하늘 새처럼 춤을 추고 노래하다 가신 어르신이다.

나를 믿고 나를 따르라.

진리가 너의 것이 될 것이다.

얼마나 위대한 말씀인가.

나에게 잘못이 있다고 생각한다면 "마녀재판"을 한번 생각해 보라. 종교의 죄악성이 어디까지 미치고 있는지 알 것이다.

여호와 알라는 이스라엘과 애굽의 조상신이다.

조상신께 예배하는 이슬람 신자들

3-14. 해상왕 장보고

중국 등주는 동해의 봉래이다. 석도를 거쳐 등주에 가면 넓은 바다가 어머니 품속에 들어간 듯 들물, 썰물이 한없이 파도친다.

의상대사가 이곳으로 유학하여 중국어를 익힌 뒤 서쪽 장안까지 가서 지엄스 님 회상에서 법장스님과 같이 화엄경을 공부했다.

나는 삼국유사에서 이같은 글을 보고 무조건 등주로 가서 의상대사의 유적지 를 먼저 찾아보았다.

의상대사는 신라 한신 장군의 아들로 화랑도가 되어 국풍(國風)을 익혔다. 하 루는 동료들과 함께 궁중에서 화랑무(花郞舞)를 추었는데 승만부인이 춤추는 것 을 보고 반해 의상대사에게만 시집가겠다 하였다.

원래 의상대사는 선나부인의 아들로 일찍이 어머니를 잃고 이모에게 의탁하여 살고 있었다. 그 이모가 한신 장군에게 시집오면서 딸 하나를 데리고 와 장차 한 가정을 이루기로 약속하였던 것이다.

그런데 갑자기 선덕여왕의 동생 승만이 청혼을 해 오니 의상은 꼼짝없이 올가 미에 꿰이게 되었다.

의상이 아버지의 승낙을 받고 안함스님께 나가 출가를 희망하니 쾌히 받아 주 었다. 사문(沙門)은 출가외인이라 세속 사람들이 관여할 수 없게 되었으므로 황룡 사에서 기초를 익히고 영축산 반고굴에 가서 원효를 뵙고 2년 동안 고행하였다.

"신라의 불교만으로는 만족할 수 없으니 중국으로 유학 갑시다."

"정부에서 승락을 받아야 되는데 승락을 받을 수 있겠나. 우선 백제 고달산에 고구려 보덕화상이 와 있다니 찾아가 보세."

그리하여 두 사람은 백제로 가서 보덕화상을 만나니 보덕화상은 원효스님에겐 열반경을 강의해 주시고 의상대사에겐 승만경을 강의해 주셨다.

"신라의 승만이 부처님 당시 인도 여왕인데 애인이 신라에 와서 태어나니 그를 따라왔으나 성분(性分)이 다르니 어떠한가. 혼자 어렵게 지내야 한다."

의상이 신라 승만여왕에게 승만경을 주고 보덕스님의 말을 하니

"내 그렇다면 스님을 놓아 주겠습니다."

하여 당나라에 유학가게 된 것이다. 의상대사는 이렇게 당나라 유학을 마치고 보당사(保唐寺)를 지어 당나라와의 전쟁을 방지하고 자신은 불영사, 범어사를 짓고 물속에 빠져 수중고혼이 된 선묘를 천도하기 위하여 낙산사로 기도를 갔다가 낙산사를 짓고 나라 임금님의 뜻을 따라 부석사를 지어 3천제자를 양성 삼국통일의 기초를 닦고 화엄의 무진세계를 만들었다.

나는 이렇게 등주를 통해 의상대사의 구도 역경을 정리하여 『의상대사 이야기』란 책을 출판했는데 그 뒤 해상왕 장보고 이야기를 듣고 석도에 가서 물에 빠져 죽은 영혼들을 천도하고 장보고의 역사를 간추려 『장보고와 법화원』이라는 책도 내었다.

장보고는 진도에서 태어나 부모님들의 영향으로 해상 활동을 하다가 친구 정년과 함께 당나라에 들어가 무령군 소장이 되어 산동성 등주 일대의 진해장군(鎭海將軍)이 되었다.

일생을 바다에서 살다보니 조수간만의 차를 잘 알게 되고 어느 때 바람이 불어

무슨 파도를 일으켜 군수물자를 가져오는데 도움이 되게 하고 어느 때는 해상의 무역선들을 뒤엎어 바다에 생매장시키는 경우도 있다는 것을 잘 알고 있었다.

장보고는 등주, 소주, 양주, 명주를 중심으로 갖가지 운송사업을 하며 나라에도 큰 보탬을 주었지만 법화원이란 큰 절을 지어 해적선, 난파선에서 구제된 사람들을 살려 본국으로 돌려 보내는 일을 거듭하였다.

하루는 일본의 웬인(圓仁) 스님이 중국에 유학 왔다가 비자가 안 되어 돌아가는 길에 풍파를 만나 다 죽게 되었다. 그런데 장보고 문하생들이 구해 2년 동안 법화원에서 생활한 뒤 나라에 장계를 올려 전 중국을 돌아보고 가게 되었다.

그래서 웬인스님은 중국 최초의 여행자로서 2년 동안 쓴 책을 국가에서 보호하고 쿄토 적산촌에 신라 명신 장보고의 초상을 세워 영원히 기리게 되었다.

나는 김영삼대통령이 중국 적산에 세운 장보고 기념탑과 중국 사람들이 바다의 명신으로 높이 108m의 상을 세운 것을 보고 신라 사람들을 보호하였던 신라방 법화원을 역사적으로 정리하게 되었다.

이로써 보면 장보고는 해상의 명장일 뿐만 아니라 세계에서 보기 드문 살아있는 보살이었다.

서주 박물관에 가니 법화원에 모셔진 지장보살이 신라 왕자 김교각스님의 영정인 것을 알게 되었다. 신라 때는 한 자식이 왕위에 오르면 나머지 자손들은 주위에서 벼슬아치도 시켰지만 친혈족일 때는 반란이 두려워 먼 길로 유배시키기도 하였다.

그런데 그 가운데서도 스스로 발심 출가한 사람들이 있었으니 구화산 김교각스님과 아미산 무상(無相)스님, 동산의 무염국사가 그런 분들이었다.

무염국사는 무열왕의 8대 손으로 13세에 설악산 오색석사에 출가 부석사 석정에게 화엄경을 배운 뒤 822년 당나라에 들어가 지장사에서 머물다가 불광사 여만에게 가서 법을 받고 마곡 보철에게 법을 받았다.

　사방으로 돌아다니면서 좋은 일을 많이 하여 동방의 대보살이라 부르게 되었는데 석도에 이르러서는 바위 밑에서 흑수를 발견하여 많은 환자들을 치료하게 하였다.

　문성왕 7년에는 겸양의 청으로 웅천 오합사에 머물렀다가 학도들이 모여들어 성주사를 새로 짓고 성주산문(聖住山門)을 이루게 되었다.

　중국 사람들은 대 약사 보살로 추앙하고 있는데 지금도 그곳에서 흑수(黑水)라 하는 약수가 난다.

　우리가 그곳에 갔을 때는 위해의 산림청이 들어서 있고 비석 몇 개가 흩어져 있었다. 한국에 돌아와 최치원의 4산비 가운데서 성주산문의 주인을 찾으니 죽었던 사람을 다시 만난 것 같았다.

　한 가지 잊지 못할 일은 내가 당시 군장성 법회를 보고 있었는데 무염국사에 미쳐 보령 성주사 터를 보고 창원에 성주사가 있다 하여 가서 보니 제자들이 살던 곳이고 스님이 거처한 곳은 아니었다.

　그래서 다시 대구까지 와서 돌아가신 곳이 추풍령 부근이라는 말을 들었기 때문에 군청에 전화를 하니 스님의 열반지에 상이군인이 음식점을 하고 있다 하여 택시를 타고 밤 11시 도착했다. 주인이 밖에 나와 기다리고 있었다.

　"군청에서 연락받았는데 법사님이 오신다 하여 기다리고 있습니다."

　들어가 저녁 대접을 받고 달빛 아래 뒷밭을 돌아보니 옛날 절터임이 분명하였다.

"장차 우리는 문화재로 등록되면 자리를 옮겨야 하기 때문에 집도 고치지 못하고 있습니다."

하고 군청에 있는 증빙서류를 한부씩 복사해 주었다.

"아, 그렇다면 내 반드시 출가지인 오색석사를 찾아가 보아야 되겠다."

하고 아침 8시 오색 가는 차를 타고 막 양평을 넘어 가는데 전화가 왔다.

"오늘이 법회 날인데 왜 오지 않습니까?"

하여 사실 이야기를 하고 양해를 구했다.

어쨌든 출발하였으니 끝까지 가보자 하여 오색에서 내려 약수터를 찾아가니

"오늘이 마침 무염국사 절을 지키던 스님의 재일입니다. 그러나 이곳은 군인들의 특별 진지이기 때문에 아무나 못 들어갑니다."

하였다. 어제 추풍령에서 받은 증명서류들을 내보이니

"조심해서 다녀오라."

하고 군인 한 사람을 딸려 보냈다. 2km 이상을 냇가로 걸어 올라가니 도자 하나가 헌 탑을 헐어 계단을 만들고 있어

"서울에서 왔는데 잠깐만 기다리십시오."

하고 주지 스님을 뵈오니 길이 없어 옛 탑을 헐어 길을 내고 있다고 하였다.

"무염스님은 성주산문의 주인이시기 때문에 이 절에 있는 것은 한 가지도 버려서는 안됩니다."

하고 제사를 지낸 뒤 군청에 가서 이야기 하였더니 나중에 문화재 관리국 사람들이 와서 복원하고 문화재로 지정한 후 지금까지 잘 보호하고 있다.

나는 옛날 소백산 초암사에 가서 그같이 작은 탑 두 개를 조사하여 문화재로 지정한 일이 있기 때문에 오래된 절 돌맹이 하나도 소홀히 하면 안 된다는 것을

깨닫고 있었다.

이것이 2년 사이 장보고의 법화원과 의상대사의 유학지, 무염국사의 역사를 밝힌 이야기다. 다 책이 한 권씩이니 할 말은 많지만 여기서 이것으로 줄인다.

자광조처연화출(慈光照處蓮花出)

혜안관시지옥공(慧眼觀時地獄空)

우황대비신주력(又況大悲神呪力)

중생성불찰나중(衆生成佛刹那中)

사랑의 빛 비치는 곳에 연꽃이 피고

지혜의 눈으로 보면 지옥도 공해진다.

하물며 대비신주력이야 말할 것 있겠는가

중생이 눈 깜짝할 사이 성불하고 마는데.

무염국사의 무념선(無念禪)은 무심선(無心禪)이다.

해상왕 장보고

중국 석도에 있는 법화원(上)과 김영삼 대통령이 세운 장보고 기념탑

3-15. 유럽정신사와 민박사님

　민희식박사님은 1986년 불교통신대학 하계수련대회에서 처음 만나 지금까지 30년 이상을 가까이 모시고 있다.

　저서에는 프랑스 문학작품 100여 점과 불교 관계 서적 100여 점이 있어 유럽 정신사에 대해서는 누구보다도 더 많이 깊이 있게 알고 계시기 때문에 존경하고 사랑하였다.

　단지 기독교 계통 출판사나 서점에서 민박사님의 책 판매를 금지하고 있기 때문에 그때부터 우리는 책의 평가는 읽는 사람이 하게 되어 있으니 우리는 역사적인 사실만 사실적으로 소개하되 내용에 대한 평가는 하지 마시고 더 늙기 전에 유럽정신사를 정리해 주십시오 하여 금년 85세의 기념으로 이 원고를 상신하게 되었다.

　사실 우리는 기독교와 이슬람, 애급 종교가 같은 것으로 생각하고 있지만 엄밀히 따지면 이슬람과 애급 종교는 예수 이전부터 있어 전통적인 면에서 상당한 차이가 있다. 이슬람교, 애급 종교에서는 예수님과 같은 중개자가 필요치 않고 오히려 예언자가 있으면 만족한다는 것이다.

　그렇다면 구약의 문명은 어디서부터 시작된 것인가.
　수메르 문명에서 나왔다는 것이다. 메소포타미아, 즉 티그리스강과 유프라데스

강 사이에 우르라는 곳이 있는데 유럽 전체가 빙하와 홍수 속에 파묻혀 있을 때 우르지방에서는 보리와 밀, 양이 생활의 중심이 되어 대 풍요를 이루고 있었다.

그러면 그 수메르인들은 어디서 왔을까. 영국의 테일리에 의하면 이 지역에서 발굴된 지구라트(聖塔)와 제1, 제3 왕조의 묘지 및 점판 등을 보면 이 세상 밖에서 온 반인반어(半人半魚)의 우주신 오안나스가 아닌가 생각하였다.

얼마 후 메소포타미아의 함무라브왕이 이 전 지역을 통일하고 바빌론을 형성하였다가 페르시아로 이어진다.

722년 이스라엘 북왕국은 앗시리아 사르곤에게 망하고 남자들은 다 잡아가고 여자들만 남게 하여 천인으로 된 것이 사마리아 여인이다. 기원전 587년 유다왕국은 바빌론의 네부카드 네장에게 망했으나 타미르시아의 큐로스 왕에 의해 해방된다.

그때 그리스의 해로 도토스와 투키디데스는 전설과 신화 전쟁의 역사를 사실적으로 쓴다. 여기에 우루크 큰 잔이 나타나는데 그것은 이라크 남부에서 나는 보리와 아마를 이난나 신의 성혼을 기념하는 뜻이었다. 그때부터 사람들은 의복을 입고 가축을 길렀다.

구약성서의 아벨과 카인 배후에는 오리엔트의 복잡한 신화가 수메르의 농목신앙과 함께 그려져 있다 대지가 메말랐을 때 하나님께서 제사 지내는 의식이 있는데 이것이 저 유명한 아벨과 카인의 이야기다.

이와같이 신전을 배경으로 하여 정치, 경제, 사회, 문화가 발전하는데 이 수메르 문화가 인간과 공물의 탄생, 길가메시의 파란만장한 역경 메소포타미아 판 욥기, 하늘 위에 솟는 바벨탑이 만들어 지고 유럽, 극동, 미국의 언어가 나와 사람들이 알아들을 수 없는 주문(아제 아제 바라아제 바라승아제 모디 사바하)까지 만들어지게 되었다.

이러한 역사의 구조 속에서 유대인의 긴 역사가 시작되는데 그것을 체계 있게 정리한 것이

① 모세 5경 ② 역사서 ③ 사가서 ④ 예언서 들이다.

여기서 로마의 프랑크왕국이 이루어지고 카톨릭 교회와 그리스 정교회가 성립 된다. 그 중에서 비잔틴 제국의 성쇠가 이루어진다.

민박사님과 몇 날 며칠을 두고 이야기한 역사가 바로 이것이었고 이것을 결론 적으로 말하면 구약성서가 이루어지기 까지의 과정이다.

나는 일찍이 듣지도 보지도 못한 이야기였지만 중앙아세아의 역사를 이해하는 데 큰 도움이 되었다. 이 세상 어떤 이야기도 천년만 지나면 고담설화가 되기 때 문이다.

그 다음 우리는 대승불교와 신약성서와의 이야기로 밤낮을 세웠다.

"신약성서를 바르게 알려면 법화경을 잘 알아야 합니다. 부처님이 처음 성도 후 화엄경 이야기를 하였지만 그것은 천백억 일월세계를 천문학적으로 이야기하 였기 때문에 보통 사람들이 이해할 수 없어 유치원. 초, 중, 고, 대 의 순으로 아 함, 방등, 반야를 통하여 제법실상의 도리를 가르치고 마지막 열반경에서 상·락· 아·정(常·樂·我·淨)의 열반법을 가르치는데 오고 가는 세계는 방등경의 미륵신 앙과 미타신앙이 중심이 되므로 기독교는 이 두가지 사상을 배경으로 가는(往生) 천당과 예수의 재림을 강조하게 됩니다."

그러나 이 이야기는 너무 양이 많아 여기 다 소개하지 못한다.

한편 로마 교황청의 역사를 모르고서는 유럽 정신사를 바로 이해할 수 없으므 로 서기 1세기부터 20세기까지의 역사를 간추려 정리한 것이 다음과 같다.

73) 17세기 초반의 유럽

74) 우르바노 8세와 갈릴레오의 지동설

75) 얀센의 장세니즘

76) 포르투칼의 독립과 리슐리외

77) 베스트팔렌 조약과 청교도 혁명

78) 낭트 칙령

79) 프랑스 민법전과 영국의 기술 혁신

80) 중국 과거제도 도입

81) 19세기 말의 유럽 상황

82) 2000년 요한 바울의 특별기사

그러나 우리에게 알려진 지도자들은 264명의 교황들이므로 그 사진까지 모조리 빼지 않고 정리한 것이 유럽정신사이다.

아마 이 책은 세계 어느 곳에 가도 구할 수 없을 것이다.

민희식박사님의 85세의 학문록이고 80개국이 넘는 복잡한 언어와 풍습 속에서 어떻게 2,000년 역사를 이끌어 왔는가가 활동사진처럼 나타낸다. 나는 300권이 넘는 내 저서보다도 단 한권 밖에 안 되는 이 책을 더 소중하게 생각한다.

이것을 모르고서는 세계 평화를 이룩할 수 없고 참된 종교의 진면목(眞面目)을 바라볼 수 없기 때문이다. 세상이 시끄럽고 복잡하게 된 데다가 우후죽순처럼 솟아나 어리석은 백성들을 현혹하는 외래 종교인들, 이들 종교인들의 회개와 참회가 없이는 지구촌의 정의는 실현될 수 없기 때문이다.

모두가 예수 마호메드 하느님 부처님을 팔고 있지만 진실한 예수님의 행, 부처님의 깨달음은 어디 가서도 보기 어렵다. 예수님은 2천 년 후 재림한다 하였고 부처님은 3천 년 뒤 미륵부처님이 탄생한다 하였다.

부처님은 화려한 꽃집 속에 앉아 있을 틈이 없었고 예수는 높은 빌딩 속에 서 서 있을 시간이 없었다.

사마리아 여인들을 구제하고 아힌샤카를 개과천선한 부처님과 예수가 이 시대 에 필요하기 때문이다.

유럽정신사를 정리하신 민희식 교수님과 활안스님

3-16. 모범된 불교국가

경제가 풍부하고 문화재가 많아 자랑하는 국가일수록 일본을 제하고는 본받을 점이 별로 없다는 평가를 받고 있다.

소승불교는 수행하다 망했고 대승불교는 종파 때문에 망했기 때문이다.

중국이 공산화된 것은 노자의 자연주의와 유교의 사·농·공·상의 차별 때문에 그렇게 되었다고 한다. 중국을 본받던 라오스, 캄보디아, 미얀마, 베트남, 한국, 네팔이 모두 공산화의 저격 속에 힘을 쓰지 못하고 있다. 티벳은 라마정신 때문에 나라를 빼앗기고 쫓겨나 있으니 말이다. 한마디로 말하면 중생을 외면한 종교는 생명력이 없다는 말이다.

나는 가보지 못했으나 부탄의 환경부장관과 농림부장관을 만나 보니 국가가 곧 불교이고 국민이 곧 승가인 것을 알았다. 의식주의 편의를 위해서 자연을 파괴하는 일은 절대 용납하지 않는다 들었다. 그래서 부탄이 세계 행복지수 가운데 제1위를 차지하고 있다는 말도 들었다.

태국의 부미 왕세자는 출가 수행하면서

"어떻게 해야 이 나라 백성들을 편히 살게 하고 술이나 마약에 찌들지 않게 할 것인가."

생각하여 마침내 앉은뱅이 야자수와 전 태국의 꽃밭을 구상하며 양귀비를 재배하고 술과 마약으로 정신을 흐리게 한사람들을 궁중의 꽃밭에, 거리의 화원에 취직시켜 한사람도 죽이지 않고 살렸다는 말도 들었다.

이웃나라 필리핀에서는 100만 명 이상을 총살하였는데

"보라, 태국에 가서 사찰의 스님들이 자가용 타고 다니면서 개인 활동을 하고 있는 사람들이 몇이나 되는가."

WFB 사무총장의 말씀이다.

"스님들은 항상 수행에 전념하여 중생의 행복을 위해 경전을 읽고 탁한 세상의 복전이 되어야 한다. 그렇지 않으면 많은 자가용을 타고 자기 수행지를 출퇴근한다면 생각만 해도 끔찍한 일이다. 그렇기 때문에 세상의 지도자들도 걸어 다니는 스님을 보고 스스로 그 마음을 깨닫고 중생을 위해 헌신한다."

세계의 불교는 스리랑카에서부터 새롭게 전파되었다. 그러나 스리랑카는 인도의 속국이었기 때문에 300년 동안 영국의 지배를 받았지만 전통적 불교 정신은 잊지 않고 있다. 요즘 전쟁 후 남자 숫자가 줄어들면서 다소 계율이 해이해진 점이 없지않으나 지금도 그 기본 정신을 잊지 않고 있다. 2천 년 전 스리랑카에는 물이 없었다. 4면이 바다로 둘러싸여 있었기 때문이다. 그런데 스님들이 출가한 스님들은 세속적인 노동을 하면 안된다는 계율 때문에 일을 하지 못하는 것을 보고, 수많은 스님들이 사계(捨戒)를 하고 거사 신도가 되어 절 밑에 흐르는 개울을 호수로 만들어 흐르는 물을 고이게 하고 마침내 그것을 강으로 발전시켜 농사짓고 목욕하고 축생을 기르는데 물이 부족하지 않게 하여 벌써 800년 전부터 쌀을 외국에 수출하게 되었다고 한다. 영국의 원조하에서 작은 개울을 강으로 막고 호수를 만들어 배가 다니고 기선이 다니는 곳까지 있다.

이 근래에는 사찰 관광수입과 절 안의 불전 회비까지도 모두 한데 모아 의료복지사업으로 전 국민에게 돌아가게 하고 돈 때문에 학교가지 못하는 아이들을 위하여 전국민 무상교육 사업을 실시하고 있었다.

스리랑카 국무총리와 큰 스님이 우리 일행을 맞아 영접하는 모습

스리랑카 신도들이 외빈을 환영하는 모습

"우리는 국민소득 25,000불이 넘어섰는데도 그것이 그렇게 잘되지 않았는데 15,000불도 안되는 나라에서 어떻게 그렇게 할 수 있습니까?"

물으니,

"우리는 10년 전부터 스님들 탁발을 제한하고 있습니다. 탁발 때문에 동네마다 소 잡고 돼지 잡고 날마다 잔치를 하다 보니 주민복지에 어려움이 있는 것 같아 여러 절의 길목에 공양시설을 하고 한 장소에서 밥을 하고 찬을 만들어 공양을 하니 전 국민이 채식 중심으로 돌아가고 있습니다."

말만 들어도 시원한 말이다. 뿐만 아니라 아이들을 유치원부터 대학까지 차별 없이 교육하다 보니 유치원 때 쓰레기 관리를 철저히 가르쳐 길거리에 쓰레기 하나 볼 수 없게 되었다 한다.

뿐만 아니라 분리된 재활용품을 가져가 철저히 분리, 관리하여 재생 에너지를 일으켜 모든 물가가 싸지게 되었다 한다.

학교 교육은 대부분 출가 수행했던 스님들이 담당을 해 우선 교육비가 싸지게 되었고 각국의 봉사자들과 협연하여 그 나라 원주민들의 언어교육을 하니 저절 로 국제화가 된다고 하였다.

단지 의료시설과 기술이 1등 국가보다는 못하지만 능력이 있는 사람은 외국에 나가 시술을 받고 오기도 하지만 국립의료원도 원정 나온 명의들 때문에 많이 좋 아지고 있다고 한다 했다.

사람의 수명은 날로 길어지고 있으나 국민들의 마음은 "건강하게 잘 살고 가 자"는 풍습이 싹터 조금 일찍 죽고 오래 사는 것에 대한 관심이 심하지 않는 것 같다. 어디를 가도 술을 파는 곳이 없어 술 취해 건들거리고 마약하고 쓰러져 있 는 사람을 볼 수 없었다.

중국에서는 스님들이 천 명, 이천 명 사는 절이 많아 대부분 모든 것을 자급자족하는데 800년 전 백장스님의 정신은 그대로 실천하고 있다고 하였다. 오히려 절에서 생산되는 청정 채소가 정부 공무원들까지도 먹여 살리고 있다니 놀라지 아니할 수 없다.

서구의 기독교는 진작 150년 전부터 수도원과 교회가 무너지고 그룹 교회식으로 발전하다가 지금와서는 연보돈도 집에서 교회로 부쳐버리기에 한국과는 너무 차이가 있는 것 같다. 그러니까 한국 목사님들이 기독교 교회를 교민 교회로 사용하고 수도원은 불교의 참선방으로 쓰고 있는 것이다.

세상이 단계적으로는 대형화 되면서도 운영상으로는 소형화되어 가고 있는 것 같다.

세계의 모든 불교 가운데서 가장 큰 변동이 없는 것은 일본 불교이다. 애초부터 가족 중심의 불교가 대를 이어가고 있기 때문이다. 그러나 세계 불교 대열에 나가보면 교리적인 면에서 가장 깊이가 있는 불교는 역시 일본불교이고 파벌에 관계없이 상하전후가 일치하게 움직이는 것이 일본불교이다.

몽골불교는 전 불교의 99%가 대처불교로 절이 곧 학교요 수행장이며 신도들의 기복 장소이기 때문에 사찰 중심으로 운영하면서도 가정생활에 충실한다.

천문, 지리, 도액(都厄), 술수(術數)가 불교 속에서 이루어지고 있지만 분야별로 자기 전공에 열심일 뿐 남의 일에 간섭하지 않는다.

한국 불교는 오랜 세월 유교의 풍습과 정복자들의 갑질 때문에 그에 항거도 많이 했지만 흉 보면서 닮아간다고 다른 나라의 종교와 풍습에 잘못 물이 든 것을 깨달아 고쳐가야 한다.

무슨 종파면 어떻고 무슨 종교면 어떤가. 서로 같이 좋은 일 하며 깨달음 얻고 살아가면 될 것 아닌가.

같은 부모의 자손 가운데서도 적서를 따라 차별하는 나라는 조선이 유별났었다. 그 때문에 설움받던 사람들이 이교도로 적을 바꾸어 조상 제사도 지내지 않다 보니 부모님 이름까지도 잃어버리고 사는 안타까운 현실에 놓이게 된 것 아닌가.

나는 1956년 불교에 들어왔다가 대처 비구 싸움 때문에 8천 명 대처스님들 가족이 길거리에 쫓겨나 헤매는 것을 보고 놀랐고 종립학교에 들어가서도 차별받는 것이 싫어 외국으로 유학가 장로 목사가 되어 아버지 어머니를 모셔 가는 것을 보고 불교의 장래뿐 아니라 이 나라 장래가 어떻게 될 것인가 걱정하였다.

석가모니 부처님은 임금님의 자손으로 출가하면서 자신이 탁발하므로써 수천 수만 명의 천민들이 부끄럼없이 밥을 얻어먹고 공부하는 습관을 기르게 하였다.

큰 절이면 어떻고 작은 절이면 어떤가. 잘난 사람이 못난 사람을 구해주고 부자가 가난한 이들을 이끌어 준다면 우리도 일등 국민이 되어 세계 대열에 본이 되지 않겠는가.

세계 자살율 1위… 부끄럽지 않는가.

스리랑카 불치성 장관과 함께

3-17. 달라이라마의 보리도차제(菩提道次第)

달라이라마는 티벳 법왕이다. 영국 사람들이 가까이 와서 티벳을 종속하려 하니 중국 모택동이 먼저 점령하여 속국이 되므로서 인도 쪽에 임시 정부를 만들어 다람살라에서 살고 있다.

그는 세계의 정신적 지도자로서 총칼을 들이대도 빈손으로 항거하여 평화의 상징자가 되어 노벨평화상을 받게 되었다.

부처님은 45년 동안 밥을 얻어먹고 살았어도 그의 제자들이 2,500년간 투쟁하지 않고 불교를 유지하고 있다. 그래서 항상 부처님께서 설하신 보리도차제(菩提道次第)를 기본 교재로 하여 마음의 평화를 얻게 하고 있다.

보리도(菩提道)는 깨달음의 뜻이고 차제(次第)는 순서라는 뜻이다. 말하자면 깨달음에도 차례가 있는 것이니 근기에 따라 공부하여 깨달음을 얻으면 원만한 깨달음을 얻을 수 있다는 말이다.

인도 붓다가야에 가서 세 번 법문을 들었는데 처음에는 교재가 없이 말로 하였고 다음부터는 교재가 나와 각국 말로 다 번역이 되었다. 작년에는 그 자리에서 법문을 하면 10분 이내에 자동 번역하여 각국 말로 나오는 것이 있었다. 금년 나이 82세 기력이 지칠 때도 되었는데 매년 모여 오는 세계시민들을 위해 3일간씩 5일간씩 특강을 하고 계신다. 강의 시간에는 100만 명 이상의 사람들이 구름처럼 몰려 땅바닥에 주저앉아 법문을 듣는다. 법문이 끝나면 특별히 찾아뵙고 보시도 하고 문답도 하는데 가까이 온 사람들의 머리에 마정수기를 하여 축복해 주시기도 한다.

이제 법문의 내용을 간추려 정리하면 다음과 같다.

첫째 수행자는 본받아야 할 사람에게 귀의하고

둘째 깨달음의 차서를 확실하게 알아야 한다고 하였다.

금년 강의는 미륵보살의 현관장엄론(現觀莊嚴論)과 아티샤 협(脇) 존자의 보리도등론(菩提道燈論)이었다.

내용을 보면 먼저 설법자는

① 모든 불법은 상반하지 않게 이해시키는 것이고

② 보통 경전의 요지만 가르치는 것이고

③ 부처님의 사상을 알기 쉽게 이해시키는 것이고

④ 큰 죄를 예방시켜 큰 복을 이루게 하는 것이다.

왜냐하면 알아야 할 것을 알고

제거해야 할 것을 알며

얻어야 할 것을 알고

닦아야 할 것을 알아 뒤바뀌지 않게 해야 하기 때문이다.

따라서 법을 듣는 자도

① 설법자를 의사와 같이 생각하고

② 가르침을 약으로 생각하며

③ 오래된 병에는 많은 의약과 장기 치료가 필요하듯 업장이 두터운 사람은 갖

가지 공덕으로 몸과 입과 뜻의 업을 치료하여야 한다 하셨다.

그러므로 수행자는 선지식을 선택하여 허물을 뉘우치고 부지런히 정진하여야
한다.

여가를 즐길 때는

① 나쁜 친구와 사귀지 말고

② 방탕한 사람을 가까이 하지 말며

③ 믿음이 없고 인색하고 거짓말, 이간질 잘하는 사람도 가까이 하지 말라고
   하셨다.

④ 그런 사람에겐 아무리 어진 사람이 가까이 있어도 소용이 없기 때문이다.

입선할 때는

① 먼저 방을 청소하고

② 불상을 바로 모시고

③ 진실한 마음으로 공양 올리고

④ 외관도 가지런하게 정리해야 한다.

성문지(聲聞地)에서는

① 경행으로 혼침을 막고

② 결가부좌로 욕망을 다스리고

③ 허공과 바다가 넓고 깊은 것처럼 마음을 쓰고

④ 항상 호법신장이 나를 바라보고 있다고 생각하라 하였다.

그렇게 되면 방선(放禪)을 하여도

① 6근에 동요가 없고

② 성현들처럼 항상 엄숙한 생활을 하게 되고

③ 경계에 끄달리지 않고

④ 지식과 상식에 걸리지 않는다 하였다.

그러니까 공부하는 사람 가운데는

① 언제나 자신의 안락만을 위해서 공부하는 사람이 있고

② 해탈의 자유를 구해서 정진하는 사람도 있으며

③ 다함께 불도를 성취하기 위해서 공부하는 사람도 있다.

이것이 곧 성문, 연각, 보살이 나누어지게 된 동기인데

보리도차제에서는

①을 소장부론의 수행법이라 하고

②를 중장부들의 수행법이라 하며

③을 대장부들의 수행법이라 한다.

그러므로 불도를 수행하는 사람은 처음에는 ① ②와 같이 하더라도 점차 발전
하여 ③과 같이 하되 오계, 십계를 지키려고 애쓰지 말고 육도 만행과 4섭법으로
지관정려(止觀精慮)를 잘 실천하여야 한다.

이렇게 4념처 (身, 受, 心, 法)

4정근 (斷, 障, 修, 惑)

4염족 (止, 觀, 靜, 麗)

오근(勤) 5력(力)이 이루어져 호흡이 자연스럽게 되면 4선 8정을 형성하여 해탈
자재하게 된다.

라마교는 티벳, 몽골, 만주, 서금(西金), 부탄, 네팔 등지에서 성행하고 있는 불교다.

인도 아티샤 연화상좌 스님이 요가계의 불교를 가르치고 있다가 747년 티베트 왕의 초청으로 티벳 본교(笨敎)의 모든 신들을 불보살과 교합하여 신구교를 교묘하게 조화시킨 종교다.

그 후 왕은 삼야사를 짓고 선해대사(善海大師)를 주지로 삼은 뒤 범, 한(梵, 漢) 대장경을 번역하여 라마교를 조직하니 그 뒤 100년 동안 대성황을 이루었다.

랑달마 왕이 절을 파괴하고 경론을 불살랐으나 1,038년 동인도 뱅갈주 아통초 스님이 와서 종문을 새롭게 하고 계율을 부흥하였는데 13세기 원세조의 후원을 받아 몽골제국의 국교가 되기도 하였다.

그 후 15세기 쭝객파가 아통초의 교리를 개혁, 새로운 파를 형성하고 구파를 홍파, 신파를 황파로 이름 붙였다. 지금은 티베트 내외 몽골 청해성까지 크게 번창하고 있다.

이러한 불교가 달라이라마에 의해서 티벳 서울 라사에서 정치, 종교 모든 권한을 가진 자로 신처럼 모셔지고 있다가 죽은 뒤에는 또 새로운 탄생지를 찾아 포탈라 종에 모시고 항상 국가 민족을 위해 기도하였다.

쭝객파의 5대손 달라이라마 라복장(羅卜藏)으로부터 법왕이란 이름으로 추대되자 모든 국사를 잘륜복(국무총리)에게 맡기고 자신은 국가와 세계를 위해서 헌신하고 있다.

달라이라마란 랑 달마와 같은 위대한 지도자라는 뜻으로 태양처럼 빛나는 사람으로 최고 최상의 스승으로 생각한다.

그러나 세상이 바뀌면서 달라이라마가 정치 망명가처럼 외국에 까지 쫓겨가 있으니 기가 막힌 일이다.

우리나라는 오랜 세월 중국과 밀접한 관계가 있기 때문에 그를 만나면 민주화 운동의 일원으로 시끄럽게 데모하여 중국 정치에 나쁜 영향을 줄까 우려하여 한국 방문을 꺼려하고 있다. 몽골, 일본, 아메리카, 유럽은 매년 돌아가며 방문하고 있으니 진짜 뵙고 싶은 분은 거기 가서 보시기 바란다.

산치탑(인도의 사랑탑)

사자후 하시는 달라이라마

3-18. 캄보디아와 킬링필드

태국에서 40인승 비행기를 탔는데, 덜렁덜렁 금방이라도 머리 위에서 짐짝이 쏟아져 내릴 것 같다. 그러나 지금까지 한 번도 비행기가 추락한 일이 없다는 말을 듣고 안심하고 타고 갔는데, 막상 내릴 때 되니 더욱 요란한 소리가 들렸다.

비행기 날개도 덜렁덜렁 하는 것 같고 좌석도 성한 것이 별로 없었다. 그런데도 손님을 맞아 떠나 보내는 수행원들의 얼굴에는 조금도 걱정되는 기색이 없었다.

알고 보니 폴포트가 이끄는 정부가 실각한지 6년째 되는 해라 캄보디아는 국내 사정도 말이 아니지만 외국과의 외교가 제대로 되지 않아 외국 방문객을 맞을 준비가 되어 있지 않다고 한다.

그러나 훈센정권이 들어서면서 차차 출가하는 사람들이 늘어나고 정국이 안정되자 몇몇 나라에서 관광을 와 옛날 전쟁 때 사용하던 군용비행기를 수리하여 관광객들을 실어 나르고 있다고 하였다.

우리는 우선 호텔을 정해 놓고 불교학교에 들렀다. 학교라야 건물 1동에 교무실이 있고 학생들은 그냥 나무 밑에 앉아 공부하고 있었다. 그래도 손님이 오셨다고 전통악기를 가지고 와서 학생들이 노래와 춤을 보여주었다.

우리는 교장선생님으로 계신 스님의 말씀을 듣고 앙코르왓트를 구경한 다음 사원 입구에 있는 외호(外湖)에서 방생을 하기로 하였다. 방생비는 힘 따라 내서 주로 학생들을 돕기로 하였다. 32명이 10불, 20불 추렴을 하다 보니 상당한 돈이 걷혔고, 거기에다 여행비에서 조금 보태 1천불을 학교에 보시하였다.

앙코르왓트는 캄보디아에 위치한 세계최대 종교건물군으로 사찰(왓트) 수도(首都. 앙코르)라는 뜻의 범어이다. 사찰은 402헥타르, 162만 평방미터의 대지 위에 거대한 석조 건물로 세워져 있다. 8세기 남인도 촐라왕조의 후손들이 배를 타고 동남아로 진출하면서 12세기에 크메르왕국이 오늘날 캄보디아 중부에 세워지고, 수리아바르만왕에 의해 왕코르왓트 힌두사찰이 건축되었다 한다.

전하는 신화에 의하면 이 사찰군은 하루 밤 사이에 신들에 의해 완성되었다고 한다.

앙크로왓트는 건축 당시에는 시바신을 모시는 힌두사원이었으나 후에 왕이 바뀌면서 비쉬누신을 모시는 사찰로 탈바꿈하고 사원을 중심으로 수도가 건설되면서 한때는 왕족의 사당으로 이용되기도 하였다.

6세기부터 인도의 불교가 쇠퇴하면서 불교스님들이 불교포교를 위해 중국을 위시해서 동남아로 대거 진출하였고, 이에 힘입어 앙코르왓트는 힌두사원에서 불교사원으로 다시 탈바꿈 하고 오늘날에는 중앙 본당 중심부에 부처님 상을 모시고 불교스님들이 관리하고 있다.

사찰의 건축양식은 전통적 크메르양식으로 중앙에 5각형의 거대한 본당 탑이 세워져 있는데, 이는 힌두신화에 등장하는 신의 땅 수미산을 상징한다. 사찰은 한 변이 3.2킬로미터가 되는 정사각형 해자 연못으로 둘러쳐져 있고, 본당 주위에 세 겹으로 된 회랑이 건설되어 있다.

건물은 순전히 거대한 크기의 석물로서 양각의 신상들과 신화에 나오는 설화의 사건들이 수없이 많이 조각되어 보는 이로 하여금 끝이 없는 인간 상상력에 감탄을 금치 못하게 만든다.

앙코르왓트 주위에는 모두가 석조건물인 사원들과 석조상들, 그리고 부속건물들이 정글 속에 묻혀 있다. 앙코르왓트는 1908년 프랑스 고고학자들에 의해 발견되고, 이어서 복원작업이 시작되었다. 2004년 유네스코 인류문화유산으로 등재되면서 복원작업 시 갈라진 석조물을 붙이기 위해 사용된 시멘트 제거 작업을 2013년에 끝내면서 새로운 면모로 방문객을 맞고 있다. 오늘날에는 불교사찰로서 불교의식이 행해지고 있으며, 많은 불교스님들이 나름대로 사찰보존을 위해 노력하고 있다.

앙코르사원에 들려 사찰순례를 마친 후 우리는 킬링필드가 있는 곳으로 가서 천도의식을 거행하였다. 불교예술대학 진하(震河)스님이 법주가 되어 두 시간 동안 장엄하게 의식을 집행하였다.

파괴된 학교운동장 옆에는 폴포트정권 당시 희생된 사업가, 종교인, 학자, 자유주의자 등 수만 명의 해골들이 전시되어 있었다. 그리고 학교 교실에는 당시 사람들을 잔인하게 고문하다 죽인 감옥과 고문장이 있으며, 마지막엔 그들을 데리고 나와 사형시킨 산등성이엔 아직도 수십만 구의 시체가 묻혀 있다고 하였다.

사상이란 참으로 무서운 것이다. 프랑스에서 공산주의사상을 배운 폴포트는 농업주의 공산사상을 반대하는 모든 사람들을 이렇게 무참하게 사살하였다고 한다.

그래도 그가 거처하던 종합청사는 옛 절 그대로 남아있고, 김일성이 방문하여 기증한 여러 가지 물건과 황소작품이 진열되어 있었다. 폴포트 이전의 망명정부의 왕이 중국으로 피난왔다가 김일성의 초대를 받아 금강산을 구경하고 평양에서 석 달 동안 있었는데, 김일성은 그때 영향을 받아 김일성종합대학과 사회과학연구소에서 대장경 번역불사를 시작하여 세 번에 걸쳐 60여 권의 해설서가 나오게 되었다는 것이다.

저녁에는 전통무용을 구경하고 맛사지를 받도록 하여 다같이 맛사지를 받았는데, 그 맛사지는 태국에서 유래된 것이었다.

앙코르와트

킬링필드(해골바가지)

3-19. 청도 금강선원과 대련 영청사(永淸寺)

중국불교는 1980년대 중국 사회과학연구소의 방문으로부터 10여 차례에 걸쳐 옛 고적지를 답사하였다. 특히 역대의 왕성이 있는 북경, 남경, 서안을 중심으로 우리 조사스님들과 연관이 있는 사찰을 수차에 걸쳐 방문하였고, 티베트불교를 이해하기 위하여 서장, 몽골을 20 여차 방문하였으며, 문화교류를 위하여 동북방불교를 수차에 걸쳐 방문하였다.

특히 잊지 못하는 것은 산동성 공자묘, 태산, 남산에 이어 장보고 유적지와 신라방 등이 있는데, 양평 정혜사 주지스님이 중국 청도에 금강선원 지부를 만들어 한국교포 기지를 형성하였다.

정혜사 법인스님은 일찍부터 중국불교성지순례를 갔다가 어떤 인연으로 청도 공항 옆에 위치한 4층 빌딩을 통째로 빌려 3,4층은 법당과 선방으로 개조하고, 1,2층은 요사채로 만들어 법회를 보았는데, 목탁소리만 나면 중국공안원들이 몰려와 법회를 보지 못하게 하였다.

사회주의 사회에서는 사람들이 단체로 모여 행사하는 것을 좋아하지 않기 때문이다. 그래서 조용 조용히 법회를 보아 왔는데, 신도들이 4,50명 넘어서자 교양대학 형식으로 교리강좌를 하자고 하여 서너 차례 간 일이 있다.

숫자는 적지만 신심은 일등이었다. 심지어 이북에서 들어와서 중국생활을 하는 사람들도 적지 않았는데, 집단교육을 많이 받아서 그런지 알아듣는 수준이 일반사람들보다 월등하였다.

천수, 반야심경으로부터 부처님의 생애와 교훈, 진리의 말씀 등을 체계있게 교육하였고, 특히 주지스님의 정성어린 기도는 남달리 뛰어났다.

특히 청도는 중국도교의 발상지이고 유교의 교주가 묻혀 있는 곳이기 때문에 유교, 도교를 즐기는 한국 사람들에게는 좋은 본보기가 되고 태산에는 치우임금님의 어머니가 모셔진 곳으로 유명하였다.

2000년대 초 백두산에 갔다가 대련시 외곽에 있는 영청사란 절에 들렸는데, 주지 항순(恒順)스님은 20여 명의 행자스님들을 데리고 입구에서 법당까지 영접의식을 장엄하게 해 주셨고, 또 소림권을 통해 교육중인 어린 소년들이 다른데서는 볼 수 없는 기능을 보여주어 모두가 감탄하였다.

항순스님은 숭산 소림사 영신스님의 막내상좌로 사회주의 국가에서는 종교활동을 금하므로 자신이 배운 소림무술로서 청소년교육을 시작하였는데, 크게 성공하였다.

중국이나 한국이나 어린 아이들을 하나씩만 낳게 하다 보니 지나치게 귀하게 길러 부모 말씀을 잘 듣지 않고 학교에도 잘 가질 않았는데 우리나라 태권도처럼 질서 있게 예의범절을 가르치면서 하늘을 날고 땅을 기고, 일반사람으로는 상상하기 어려운 기능을 가르치니 애들이 호기심으로 모여들지 아니할 수 없었다. 부모님들께서도 애들이 말도 잘 듣고 학교도 잘 가고, 공부도 열심히 하니 옛 영청사 자리가 되살아나게 되었다.

이 인연으로 시내에 있는 8대 사찰을 다 돌아보게 되었고, 조양사(朝陽寺)라는 절에 가니 주지스님이 중병(重病)으로 누워계시면서도 친히 맞아 차를 접대하고 또 순 고구려식으로 공양을 접대하여 사찰년력(寺刹年歷)을 구해보니 그 절이 고구려 살수대첩 때 희생된 영가들을 위해 지은 위령사찰(慰靈寺刹)이었다는 것을

청도 금강선원 불교대학 졸업식

법인스님

영청사 주지스님의 영접식

알게 되었다.

'조양(朝陽)'이라는 말은 아침에 빛나는 '조선(朝鮮)'이라는 뜻으로 한국의 조상들이 살던 곳이라는 말이다. 소련 사기에 보면 '주신족(朝鮮族)'은 아침 일찍이 사슴을 타고 푸른 초원을 찾아 줄을 지어 행진하였다 한 말이 있고, 이것이 바로 천산족(天山族)의 생활이고 '배달민족'의 생활이며 우랄알타이계 사람들의 생활 풍습이었다.

금강선원과 교류하기로 약속하고 사찰 부지 1천여 평을 제공할 터이니 문화회관을 지어 교육하자고 제안하였다.

그 뒤 스님은 남중국쪽에 가서 요양하고 계시고 조양사 본사가 되는 호북성 옥천사에서 도위(道偉)스님이 방장에 취임한다고 초청이 와서 특별히 갔는데, 600여 명의 스님들과 5천여 명의 신도들이 모여 장엄한 의식을 시연(施演)하였다.

나는 여기서 중국의 어산범패(魚山梵唄)를 처음 보고 들었기에 장차 금강선원 불교예술대학과 교류하기로 하였고 지난 10월에는 불교시문학 출판기념법회에 초청하여 많은 신도님들이 동참하였다.

특히 출판기념회에 중국 금강선원 신도님들이 수십 명 나와 다도(茶道)를 시연해줌으로써 한중불교관계가 더욱 돈독하게 되었다. 진심으로 감사한다.

중국 조양사

중국 금강선원 신도

3-20. 멕시코에서의 다선(茶禪)과 발우(鉢盂)세레모니

멕시코는 멀고도 먼 우리 조상의 고향이었다. 인천공항에서 10시간 비행기를 타고 센프란시스코를 거쳐 다시 또 10시간을 타고 멕시코시티에 이르니 옛 은나라 조상들의 언어와 풍습이 그대로 살아 있었다.

12,000년 전 히말리야에서 화산이 폭발하여 얼어붙은 태평양을 타고 끝없이 흘러가다 마지막 정착한 곳이 멕시코란다. 여기서는 성금련(成琴蓮)선생님으로부터 가야금을 배우고 박귀희명창으로부터 판소리를 전수받은 인간문화재 이수자 정한희(丁韓禧)여사와 세계태권도연맹 기술위원장이며 멕시코 교민회 회장인 문대원선생이 사는 곳이었다.

벽에는 김용옥교수가 짓고 이윤주씨가 쓴 시가 붙어있고, 중부 김충렬선생이 쓴 '애다익료(哀夛益寮)', 효당 최범술선생이 쓴 '춘풍대아능용물 추수문장불염진(春風大雅能容物 秋水文章不染塵)'이란 글도 있었다.

하늘에 명을 받고 땅의 사랑을 받은 사람이 어느 곳엔 고향이 아니겠느냐 하고 봄바람은 능히 만물을 수용하고 가을 물은 티끌에 젖지 않는다 한 말이다.

문대원관장님은 미국에서 건축학을 전공하였는데, 친구들의 권유로 태권도를 하다가 멕시코 카스텔로의 초청으로 멕시코에 들어가 10일 동안 일본 가라대와 시합하여 대승을 이룸으로써 태권도란 이름도 모르는 멕시코에 태권도의 조사(祖師)가 되었다고 한다.

그래서 창남선생이 멕시코에 오셨다가 이런 글을 써 주고 갔다.

능장만인무불가 상기일세여동정 (能將萬人無不可 相期一世與同情)

계리당계천하리 구명응구만세명 (計利當計天下利 求名應求萬世名)

능히 만인을 거느리지 못하겠는가

서로 일생을 기약했으면 뜻을 모아 살아가야지

천하의 이를 구하면 천하의 이를 구할 수 있고

만세의 이름을 구하면 만세의 이름을 구할 수 있다.

이렇게 명예와 이익, 사랑을 성취한 사람들이 우리들을 멕시코로 초청한 것은 불교의 식당작법과 다도, 명상을 체험하기 위해서였다.

그래서 우리는 50여 명이 사용할 네 쪽 발우와 다기(茶器)를 준비해 가지고 가서 간단히 설명하였다.

"원래 스님들이 전통적으로 하는 식당작법은 팔정도(正見·正思·正語·正業·正命·正進·正念·正定)로 앉아 대종·목어·법고·운판 사물을 쳐서 명부(冥府)·수부(水府)·공계(空界)·세간(世間)을 깨닫게 하고, 다음에 오관게(五觀偈)·하발게(下鉢偈)·십념(十念)·약반게(若飯偈)·당좌게(堂佐偈)·회향게(回向偈) 등을 외우며 공양을 하게 되어 있는데, 여기서는 이러한 도구가 갖추어져 있지 아니하므로 사방으로 죽 둘러앉아,

먼저 천수물을 나누고

두 번째 밥을 받고

세 번째 국을 받고

네 번째 찬을 받고

다섯 번째 숭늉을 받고

여섯 번째 발우를 씻도록 하겠습니다.

설명하고 일단 사람들을 자리에 앉혔다.

그리고 경험이 있는 자가 시범을 보여주어야 하므로 먼저 보현법사가 물을 따르고, 다음 대덕스님이 밥을 뜨고, 세 번째 성주스님이 국을 돌리고, 네 번째 한아원장님이 찬을 돌리고 다섯 번째 대원관장님이 숭늉을 돌렸다. 그리고 발우를 씻었다.

처음이기 때문에 서로 눈치를 보며 하기 때문에 조금은 어색하기도 하였지만 대부분 태권도에서 훈련이 잘 된 사람들이라 별 탈 없이 공양을 잘 마쳤다. 공양게는 불교통신대학에서 하는 식으로 공양을 시작할 때는 내가 선창을 하고 다른 사람들은 따라서 하였다.

한 방울의 물에도 천지의 은혜가 스며 있고
한 알의 곡식에도 만인의 노고가 담겨 있습니다.
이 음식을 먹고 건강을 유지하여
사회대중을 위하여 봉사하겠습니다.
감사히 먹겠습니다.

하고, 공양이 끝나면서 하는 회향게는

이 인연공덕이 널리 일체에 미쳐서
우리 모두 다 함께 불국토를 건설하겠습니다.
성불하십시오.

공양이 끝난 뒤에는 다도를 따로 하지 않고 미리 준비한 차를 돌리고 성주스님께서 설명하였다.

"원래 부처님께 올리는 공양은

① 향공양(香)

② 등공양(燈)

③ 다공양(茶)

④ 과일공양(果)

⑤ 꽃공양(花)

⑥ 쌀공양(米)

여섯 가지를 올리게 되어 있습니다.

향은 계, 정, 혜, 해탈, 해탈지견을 상징하고, 그 가운데 계는 윤리도덕이고, 정은 신심안정이고, 혜는 지혜이며, 해탈은 자유, 해탈지견은 대자유로서 세상을 편안하게 하는 것입니다.

다음 등은 어두운 세계를 밝히는 반야(般)이며,

다는 감로(甘露)이고,

과일은 깨달음(菩提果)이고,

꽃은 만행(萬行)이고,

쌀은 선열미(禪悅味)를 상징합니다.

그런데 여기서는 차 한 가지로 대중공양을 하게 되었으니 다게 하나만 읊어드리겠습니다."

하고 범음으로 읊었다.

백초다엽채취성다예(百草茶葉採取成茶藥)

팽출옥구양자강심수(烹出玉甌揚子江心水)

파암장주호장호접번몽회(破暗莊周蝴莊蝴蝶繁夢廻)

척거혼미조주지자미(滌去昏迷趙州知慈味)

유원제중애민수차공양(唯願諸衆哀愍受此供養)

자, 그러면 여러분도 차 한 잔 드십시오.

이 차는 백 가지 풀잎을 채취하여 만든 차입니다.

그것을 양자강 물에 달이듯이 끓였습니다.

이것을 드시면 장주의 호접몽을 깰 것이니

혼미를 씻고 조주의 차 맛을 보십시오.

하는 뜻이다. 우리는 평상시 커피 한 잔 들고 소화제로 훌훌 마시지만 불교에
서는 차를 마시는 것도 도 닦는 마음으로 마시기 때문에 부처님께 차 한 잔 올려
도 이렇게 정중히 경건한 마음으로 올리게 되어 있습니다.

모두가 감격하여 박수를 쳤다.

오전 10시부터 1시간 동안 보현법사의 명상 강의가 준비되어 있다. 이 자리에
는 지역 경찰서장, 시장, 지방 대의원 등 고급공무원도 여러 분 참석하였다.

보현법사가 등단하여 먼저 입정하는 방법을 가르쳤다.

"가부좌 혹은 반가부좌하고 배꼽 아래 단전에 두 손을 마주쳐 대모지(大母指)를 꼿꼿 세운 뒤 머리와 가슴, 배가 일직선이 되도록 되게 앉아 호흡을 고릅니다.

들숨 날숨을 고른 뒤 눈을 반쯤 뜨고 코끝을 바라보며 '이뭣꼬'하고 스스로 그 자신을 돌아봅니다.

자 그러면 지금으로부터 입정에 들어가겠습니다."

하고 죽비를 세 번 쳤다. 방선을 한 뒤 천천히 경행하였다.

11시 선이 끝나자 각기 자신의 소감과 함께 질의 응답시간을 가졌다.

소감은 두 가지였다.

첫째 발우공양에 있어서는

"우리는 배고플 땐 때를 따라 그냥 앉아 먹어버리고 일어나면 끝나지만 식사의 법칙이 불교에서는 정연(整然)하군요.

둘째 차 한 잔 마시는 것도 법도가 있으니, 손님대접을 어떻게 하여야 된다는 것을 알게 되었습니다."

대덕스님이 말했다.

"음식은 생명의 양식입니다. 먹지 않으면 죽으니까요. 이렇게 중한 음식을 함부로 먹어서 되겠습니까. 이 몸의 3분지 2는 물로 채워져 있습니다. 피와 살이 제대로 유지하게 하려면 차 마시는 자세로서 도를 닦으면 이 세상 모든 일이 다 잘 될 것입니다."

다음은 좌선에 관한 질문이었다.

"오랫동안 앉아 있으면 다리가 저린데 어떻게 해야 합니까?"

"사람의 몸은 좌골로부터 중추신경을 의지하여 뇌의 작용을 돕기 때문에 앉은 자세도 중요하지만 걷거나 앉거나 눕거나 자거나 항상 '이뭐꼬'의 자세로 살아가면 실수가 없게 됩니다. 실수하고 뒤에 후회하는 것 보다는 매사에 도 닦는 마음으로 행·주·좌·와, 어·묵·동·정에 습관되면 밝고 맑은 인생을 창조할 수 있습니다."

"짧은 시간이지만 좋은 경험 하였습니다."

"감사합니다."

이것이 멕시코에서의 다선(茶禪)과 발우세레모니였다.

멕시코 발우공양

제 4 편
기 타

4-1. 금강선원과 서의원

불교정신문화원을 만들어 동방불교대학과 한방병원, 유치원을 운영한 이후로는 딴 생각 하지 않고 오직 교도소와 군법당을 위주로 몇몇 단체의 교육기관에서 강의하였다.

그런데 태고종 총무원에서 하루는 제안을 해왔다.

"애써 만든 교육기관을 종단에 보시했으니 우리 신도회를 줄 터이니 무엇인가 해 보시오."

"교도소 법회를 보고 있으니 교화원을 하나 만들면 좋겠습니다."

그리하여 신도단체의 강령을 교화단체로 만드니 그와 연관된 사람들이 모여들었다. 5,6년 재미있게 하고 있는데 동국대 선배 한 분이 찾아왔다.

"나는 동국대에서 교편을 잡다가 경기대 학장이 되었는데, 주위 사람들이 잘못을 저질러 책임자로 4년 동안 고생하고 있을 때 자네가 법문 와서 가슴에 닿는 소리를 하여 나가면 꼭 한번 찾아 봐야겠다 생각하다가 이제야 찾아왔네.

오랫동안 찬 방에서 거처하여 몸도 좋지 않고 할 일도 없이 왔으니 무엇인가 한 가지 시켜주면 열심히 심부름 하겠어."

대학교수, 학장을 지내신 분이라 인물도 좋고 위의도 뛰어나 이사님들과 의논하여 교화원 총재로 모셨다. 행사가 있으면 점잖게 나아가 말씀도 잘 하시고 일처리도 잘 하였다.

한 2년 주위 사람들에게 신망을 얻고 소문이 나니 큰집 출신들이 모여들기 시작하였다. 이분이 대구 동화사 출신이라 특히 경상도 사람들이 왔다갔다 하더니 나도 이사, 대의원 하겠다고 하면서 자진해서 들어왔다.

그런데 3년마다 한 번씩 대의원을 뽑고 이사를 정하는데, 두 회기를 지나니 대의원 가운데는 3분의 1, 이사진 7명 가운데 네 명의 이사가 큰집 출신이 되고 감사까지 한 사람 끼어 있었다.

나중에 들으니 나도 모르는 사이에 상락향, 농민학교, 수원 수월사를 중심으로 몇몇 사찰을 돌면서

"이사장님이 기로원을 하고 있으니 좀 더 키워 복지사업을 하면 좋지 않겠느냐!"

설득하고 다녔다 한다. 그렇지 않아도 10년 이상을 사단법인을 운영하다 보니 법인(法人)이 아니라 사업가로서 변신해 가는 것 같아 이사장을 내놓고 순수하게 기로원과 포교행만 하겠다 다짐하고 있었는데 집과 절을 다 내놓은 모 스님에게 이사장을 맡겼다.

큰집사람들이 하는 일이라 무서운 것이 없었다. 돈도 잘 만들어 내고 행사도 잘 치뤘다. 나는 워커힐에서 원효사상논총 1만 권을 내어 전국사찰에 배부하고 출판기념법회를 하는 것을 보고 더욱 놀랐다.

그러나 불교단체에서 밀었던 사람이 대통령이 되자 모 종단 총무원장과 이 총재님이 어느새 불교계 대표가 되어 교화원 총재로서가 아니라 전한국불교신도회 총연맹회 회장으로 변신하고 있었다.

한편 교화원 살림꾼 총무를 쫓아내고 새 사람으로 바꾸었으며 사무원도 마찬가지였다. 그런데 하루는 권상노박사님이 김천 직지사 출신이니 직지사 주지스님과 함께 문집을 출간하는데 불교통신교육원출판사 명의로 하겠다는 것이다.

나는 평상시 존경하던 은사였으므로 좋다고 허락하고 200부만 내서 중요 도서관에 보내기로 약속하였는데, 책을 내고 보니 700질이나 되었다.

"시주금은 6,000만원 밖에 모이지 않았는데 책값을 어떻게 하려고 이렇게 많이 냈습니까?"
하니

"일본 교포가 300부 갖다가 소모하기로 하였으니 걱정할 것 없다."
하였다. 6개월이 지나고 1년이 지나니 출판사 빚쟁이들이 불교통신교육원으로 몰려들었다. 일본에 300부를 가지고 간 사람이,

"책 속에 일본불교의 뿌리가 한국이다" 하여 책을 사지 않으므로 겨우 20부만 판매하고 다시 돌려 보내와 그 분은 집과 땅이 다 넘어가니 기가 막혀 자살해 버렸다는 것이다.

백방으로 뛰어 90부를 팔아 우선 급한 곳을 입막음하고 나머지 책은 출판사에 맡겨 전국 대학도서관에 판매하도록 하여 끝을 내었다. 그런데 저자는 풀 한 포기도 함부로 뽑지 않는 성격인데 자신의 책을 통해 한 집안이 망하고 주인공이 자살까지 했으니 얼마나 가슴 아픈 일인가.

너무도 기가 막혀 말이 나오지 않았지만 말을 해 보아야 소용이 없는 일이라 결국 교화원은 대선배에게 넘겨버리고 말았다. 그런데 그 뒤 얼마 안 되어 그분은 짙은 병이 들어 고생고생하다가 세상을 떠났다.

다시는 불교단체 일을 하지 않으리라 다짐하고 있는데 여의도 국회의원 불자협회에서 법문을 청해 왔다. 모처럼 국회의 청이므로 가서 법문을 하고 나오는데 회장 서석재씨가 차 한 잔 하고 가라 하여 다방에 갔더니 옛날 장인을 위해서 만들어 놓았던 법인체를 가지고 와 말했다.

"수 년 전 장인의 요청에 의해 만들어 놓았으나 아무 것도 하지 않고 계시니 갖다 쓸 수 있으면 쓰십시오."

들여다 보니 우리 생각과 거의 일치하는 강령으로 짜였으나 신행단체로 되어 있기 때문에 거기 후배양성과 복지사업을 겸했으면 좋겠다 하니 즉시 고쳐주었다.

우리로서는 문화부에 몇 번씩 다녀야 할 것인데 단번에 일을 가닥을 내 주어 다시 금강선원 이사장이 되었다.

평상시 하던 대로 교육과 포교 두 가지만 하되 힘 따라서 기로원을 잘 운영하기로 하였다. 입회하는 사찰에서는 1년에 쌀 한 가마씩 모여 기로원을 운영하기로 하였기 때문에 큰 부담이 되지 않았다. 1년이 못 가서 사찰이 5,60개가 넘었고 법사, 포교사, 스님들이 수십 명 모였다. 숫자가 많으면 좋지만 가지가 적은 나무는 바람을 타지 않는다고 적은 식구로 만족하고 서로 잘 살피는 것으로서 업무를 삼자고 하여 지금까지 100여 사찰과 불교단체가 한 집안 식구처럼 지내고 있다.

이것은 오직 살림꾼 이국장과 조과장, 통신대학을 총괄하고 있는 서무선법사님 덕분이다.

15년이 넘도록 살림구경을 하였으므로 2016년 9월 새 이사장을 뽑아 넘겨주니 죽어도 걱정이 없게 되었다.

기로원은 내가 좋아해서 시작한 일이고, 지금은 옛날과 달리 세상이 많이 좋아졌으므로 지금까지 함께 산 식구들로 끝을 맺을까 한다.

그 동안 도와주신 여러분들께 진심으로 감사한다.

金剛禪院과 耆老院

空寂爲舍禪悅食
智慧爲母方便父
悅婦喜女善實子
和光同塵金剛院

摠持東山無漏樹
覺花美香解脫果
慧日定水三昧月
是卽名爲耆老院

비고 고요한 마음으로 집을 짓고
선열로써 밥을 삼고
지혜의 어머니 방편의 아버지
기쁨의 며느리 딸과 착한 아들들이
빛속에 화엄으로 살아가는 집
이 집이 금강선원이다.

총지동산에 무루수가 우거지고
깨달음의 꽃 그윽한 향기
해탈의 과실 지혜의 해
선정의 물속에 삼매의 달이 뜨니
그 이름이 기로원이다.

서석재의원

한국불교금강선원

기로원 식구들

4-2. 도리도리 짝짝꿍(道理道理 作作窮)

미국에서 위타선생이 오셨다. 키는 156cm, 몸무게는 38kg, 손과 발이 아기처럼 부드럽다. 너무 귀엽게 생겼기 때문에 여자들이 보기만 하면 옆을 떠나지 않는다. 사람들은 징그럽다고 가까이 하지 않으나 3~40대 여성들은 말도 못하게 좋아하였다.

그는 일찍이 영주에서 태어나 초등학교를 졸업하고 서울로 올라와 영어 학교를 다녀 4남매가 모두 미국에 가서 출세하였다.

한국 사람이 미국에 가서 선생노릇 하기 어려운데 들어가자마자 공무원 시험에 합격하여 미국 국가공무원이 되었다.

아시아 교육부장으로 있게 되었는데 하루는 꿈을 꾸니 '네 이름이 위타이다.' 하여 호를 위타로 불렀다. 무엇이고 보면 아는데 그 이름만은 알 수 없어 문수원에서 선문염송(禪門拈頌) 강의한다는 소문을 듣고 구기동 문수원으로 찾아왔다.

"텔레비전 보고 왔습니다. 제가 공양 한번 내고 싶은데 드시겠습니까?"

"나는 절에서 사는 사람이라 외식(外食)을 잘 하지 않습니다."

"아는 사람이 먹어야 짐승들도 해탈하지 않겠습니까?"

"그래 무엇이 궁금하십니까?"

"한국에는 국철(國哲)이 없습니까?"

"왜 없어요. 단군임금님의 홍익인간(弘益人間)이 국철이지요."

"너무 광범위하여 가닥을 잡을 수가 없습니다."

"그렇다면 애기들 동요를 들으면 되지요."

"단군임금님에게도 동요가 있습니까?"

"있고 말구요."

"듣고 싶습니다."

하여 들려주었다.

"뿌라뿌라 (弗亞弗亞)

스상스상 (侍想侍想)

곤지곤지 (坤地坤地)

지암지암 (地闇地闇)

서마서마 (西摩西摩)

업비업비 (業非業非)

아함아함 (亞含亞含)

짝짝궁짝짝궁 (作作窮作作窮)

지아나비활활의 (支阿娜備活活議)

꺽궁 (覺躬) 꺽궁 (覺躬)"

"전생에 들은 것 같습니다."

"한 번 익힌 것은 없어지지 않습니다. 그것을 깨달은 것이 숙명통(宿命通)아닙니까?"

"그러면 그 내용을 알기 쉽게 풀어주세요."

"'뿌라'라는 말은 빛이라는 말이니 사람들은 누구나 6근 6경 빛 속에 살기 때문입니다.

빛을 잘 받지 못하면 썩든지 얼어 죽든지 죽게 되기 때문에 '뿌라뿌라'하여 그 빛을 바르게 '스상스상' 잘 모시라 한 것입니다.

사람은 땅에서 살기 때문에 땅을 잘 파서 씨 뿌리고 농사지으며 쥐었다 폈다를 잘 해야 하기 때문에 '곤지곤지', '지암지암'입니다. 농사지어 수입 지출 잘 해야 한다는 말입니다. 그래 이런 도리를 잘 아셨어요?"

"그래서 내가 미국 가서 40년 동안 공무원 생활하다가 지겨워 일을 그만두고 놀고 있었습니다. 생각해 보니 아시아에서 사람들이 많이 와 있으나 여자들이 제일 잘 하는 것이 남의 집 청소나 빨래하는 것이었습니다. 특히 한국 사람들은 손재주가 있어 무엇이고 시키면 잘하였으므로 방직공장을 만들면 좋겠다 하여 나성(羅星), 별이 많이 쏟아지는 장소에 방직공장을 하나 지었지요.

정부의 땅을 빌렸기 때문에 20년만 하기로 약속하였으나 너무도 사람이 많이 몰려 지금은 다른 사람에게 운영권을 주어 먼 발치에서 관리만 하고 있습니다."

"그래, 바로 그것이 '도리도리 짝짝꿍'입니다. 그런 도리를 알아야 짝 맞춰 시집, 장가보내기 때문입니다. 이런 도리를 모르고 시집, 장가보내면 집안만 망해 먹는 것이 아니라 나라까지 망해 먹거든요. 그 때문에 '업비업비'한 것이며 잘하면 어른들이 수염을 쓰다듬으며 '아함아함'하는 것입니다.

그래서 하기 전 '서마서마'(독립해서 일어서는 것)를 잘 해야 하고 잘못하면 그른 업을 짓거든요.

그렇게 되면 '지아나비활활의'입니다. 제 아버지, 어머니를 모시고 잘 살리라 한 것입니다. 제 애미, 애비도 살리지 못하는 사람이 나라를 다스리고 천하의 일을 어떻게 하겠습니까. 그래서 '꺽궁'(알았느냐!)한 것입니다. 이런 도리를 잘 깨달았느냐 하는 소리지요. 예, 잘 알아들었습니다. 하는 소리가 역시 '꺽궁'입니다.

"허허 동방예의지국(東方禮儀之國)에 태어나서도 선조의 가르침을 모르고 서양 노래만 불렀으니 이런 잰뱅이가 어디 있습니까."

하고 코와 눈을 훔쳤다.

"그러면 당신 이름이 위타인데 무슨 뜻입니까?"

"그래서 오늘 그것을 물으러 왔습니다. 꿈에 선몽하였기 때문입니다."

"인도에는 리그베다, 사마베다, 야지르베다, 아타르마베다의 4베다가 있습니다. 우리나라 사람들은 그 위타를 '베다'라고 쓰고 있습니다.

'베다'란 밝을 명자(明)의 뜻입니다. 이 이치를 알아야 우주 인생의 근본을 알고 깨달음을 얻을 수 있기 때문입니다. 그래서 동양 철학자들은 그 밝을 명자를 지식과 상식으로는 이해하고 있습니다. 지식이 없으면 상식이라도 있어야 세상을 살아갈 수 있다는 말입니다. 그런데 부처님은 그 지식과 상식이 어디에서 난 것인 줄을 확실히 깨달았기 때문에 '깨달은 사람' '증명한 사람'이라 하여 '부처'라 부르지 않습니까?"

"그렇군요, 그래서 부처님이 별을 보고 깨달으신 것이군요."

"그렇습니다. 세상 이치를 잘 알려면 눈빛, 귓빛, 코빛, 혓빛, 몸빛을 잘 알아야 뜻이 밝아지기 때문입니다."

"세 살 버릇 여든 간다고 입으로 외우고 손으로 짝짝궁만 하였지 그런 뜻은 잘 알지 못했습니다."

"깨달음은 늦으나, 이르나 상관없습니다. 늙으면 노망한다 하는데 이런 도리를 알면 치매도 걸리지 않습니다."

"그러나 선생님은 우리나라 놀이 가운데 무엇을 제일 좋아합니까?"

"화투입니다."

"화투는 서양 사람들의 놀이인데 그것도 계절 따라 꽃피는 이치를 알면 심고 거두는 것을 잘 알 수가 있으니 도움이 되지요."

"우리나라에서는 윷을 가지고 농사를 지었습니다."

도 : 돼지 (똥)

개 : 개 (돌아다니며 도둑 지키는 것)

걸 : 양 (부지런히 일 잘 하는 것)

윷 : 소 (쟁기질 잘하여 씨 뿌리는 것)

모 : 말 (운반 잘 하는 것)

집에서는 돼지를 기르고 개는 도둑을 지키고 양으로 젖 내고 소로 갈고 말로 거두어 팔았으니까 말이죠. 말이 온 세계를 한 바퀴 돌려면 뱅뱅 돌아가면 되고 그렇지 않으면 반, 그것도 멀면 가로질러 가면 됩니다. 그러나 골고루 한 바퀴 돌아보면 세상의 이치를 알게 됩니다. 상(商)나라 사람들이 소와 말 위에다 물건을 싣고 먼 길을 오면 은(殷)나라 사람들이 노끈을 꼬아 산대를 놓고 계산 잘 하다 보니 문자(漢文)가 생겼습니다.

그것을 골고루 나누어 먹이되 예의 도덕을 잘 알기 때문에 역(易), 주(周)나라가 만들어진 것입니다. 그래서 역(易)에는 상역(商易)도 있고 은역(殷易)도 있고 주역(周易)도 있으나 골고루 나누어 먹일 줄 모르면 예의도덕이 없으므로 공자님께서는 주역을 취한 것입니다. 염제 신농씨도 그렇고 삼황 오제, 요순우탕, 문무주공 모두가 몰라서 그렇지 다 한국 사람들입니다.

노자, 공자도 마찬가지고 중국이란 큰 나라에서 놀다보니까 작은 고기들에게 휩쓸려 그 근원을 다 잊어버리고 중국 중국 하지만 옛날에는 차이나였습니다. 인도고 아프리카고 중동이고 모두 흰옷을 입고 있는 이들은 대소장단을 막론하고 백의민족(白衣民族)입니다.

"금생에는 다 되었으니 내생에나 만납시다."

그는 나성에 가서

"1946년 10월 10일 한국 땅에서 태어나 2017년 7월 20일 나성에서 갑니다. 이 세상에서 태어나 눈 뜬 사람들을 만나 도솔천으로 가게 되었으니 만난 인연 소중히 여기고 행복하게 살다 오십시오.

빚 하나 없이 떠나는 이 사람

훨훨 날아가니 걱정하지 마십시오.

부처님이 증명하시고 보살님들이 길을 인도하십니다.

내가 나성에 가서 그분 사는 것을 보니 마나님, 자식들은 이스라엘 자손이 되어 있고 위타는 홀로 독성로(獨聖路)를 따라 하늘 높이 나르고 있었다.

도솔천에 가면 당래하생(當來下生) 미륵존불(彌勒尊佛)이 십선 운동을 하고 있으니 그분 따라 계림(鷄林)에 오면 지아나비활활의 할 것이다. 위타선생 꺽꿍

자서(自逝)한 위타 선생의 마지막 모습

4-3. 혜광맹인불자회(慧光盲人佛子會)

의정부 자비유치원 원장 혜주스님은 회룡사 주지였다. 미국 하와이 강의를 갔다가 만났는데 대원사로 볼때는 대 화주 스님이었다.

강의 후 저녁공양 예약이 한달이면 15일 이상이 되어있기 때문에 베트남 통해 스님과 항상 같이 다녔다. 모든 일을 앞장서서 주선하고 또 끝까지 보살피는 성품 때문에 신도님들이 좋아하였다.

의정부에서 여러 사찰 스님들과 공동으로 유치원을 운영했는데 학부모들을 위해 매주 토요일 법회를 보는데 내가 한달에 두 번 법회에 법문을 가기로 하였다.

한번은 법회에 가서보니 맹인 불자 한 분이 앞에 앉아 정성껏 경청하였다.

"어디서 오셨습니까?"

물으니

"의정부에서 늙은 어머니와 살고 있고 어머니 시봉꾼 한 분과 나의 길잡이 한 사람을 데리고 살다보니 부인이 두 사람이나 되었습니다."

하고 인사시켰다. 다른 사람들은 한 사람도 데리고 살기 어려운데 재주도 좋구나 생각하였다. 나중에 알고 보니 침술사 자격도 있고 안마사 자격도 있고 또 독경과(讀經科) 자격도 가지고 있었다. 뿐만 아니라 장님들은 청력이 좋아 학원에 다니면서 사주명리학(四柱名利學)도 배워 모르는 것이 없었다. 자주 뵙고 대화를 나누다 보니

"의정부 양주지역 총회장을 맡고 있는데 전국적으로 불교 맹인불자회를 조직하고 싶습니다."

원했다.

"부처님 당시 아나율 존자가 눈이 어두워졌다가 마침내 천안통을 얻어 10대 제자의 한사람이 된 일이 있으니 원력을 세우면 그렇게 될 수 있습니다."

"당장 하고 싶은데 장소가 없습니다."

"그렇다면 청량리 우리집, 지하실이 비어 있으니 이용하시면 됩니다."

하여 혜광맹인불자회라는 이름으로 법회를 시작하였다.

버스 정류장에서부터 법회 장소까지 딩동댕 종을 달아 길을 인도하고 사람들이 길거리에 서서 길을 인도하니 한 달에 두 번 법회인데도 100여 명씩 모였다. 맹인 불자들은 100여 명 이지만 옆에 따라 다니는 사람들까지 합하면 200명이 넘게 된다.

그래서 법회 후에는 라면이나 떡만둣국을 끓여 주기도 하고 자장면을 시켜 먹기도 하였는데 생일을 맞이한다든지 부모님 제사가 있으면 스스로 돈을 내어 대중공양을 하여 아주 재미가 있었다.

5,6개월 하다 보니 자리가 좁아지자 맹인불자 친구 한사람이 보문동에 200평 강당을 만들어 보시하였다. 그래서 그 운영을 그분에게 맡기고 김부봉 원장님은 돈암동에 있는 자신의 땅 500평을 내놓아 전국 맹인불자회 본부를 만들고자 원력을 세우고 건축자금 문제로 대통령을 만나고자 하였으나 만나주지 않았다.

그래서 매일 선글라스를 쓰고 청와대 앞길에 가서 앉아 있으니 김대중 대통령이 그를 보고 차를 세우고 물었다.

"당신은 누구요?"

"혜광맹인불자 회장인데 돈암동에 내 땅을 내 놓을테니 거기 건물 하나 지어주십시오."

"한번 생각해 보겠으니 뙤약볕에 나와 앉아 있지 말고 집에 가서 기다려 보십시오."

대통령께서 의논하여 즉시 돈 5억이 나와 5층으로 빌딩이 지어지게 되었다. 그런데 맹인불자 가운데는 난다 긴다 하는 사람들이 많아 각 도 지부장을 조직하고 총회장도 선출하였는데 김부봉 회장님은 서울지부 혜광맹인불자회 회장으로 지명되었다. 어떻게든 없던 집과 단체가 생겼으니 만족하고 혜광맹인불자회를 열심히 이끌고 가는데 회원들이 "우리도 산중에다 큰 절을 하나 짓고 장애인 불자들을 공동으로 수용하는 장소를 하나 만듭시다" 하여 춘천에 대지 1만 평에 별장이 있는 곳을 사서 우선 법당을 개설하였다. 그런데 몸이 불편하다 보니 도시하고는 운영하는 방법이 상당히 어려웠다. 마침 골프 회원들이 와서 '저 북한강변에 4만 평 임야를 줄테니 우리하고 바꿉시다' 하자 땅 평수만 생각하고 당장 회의를 하여 바꾸었다.

그런데 산중이 되다 보니 첫째, 교통이 불편하였고, 둘째, 운영하는 데는 스님이 꼭 있어야 했다. 그래서 어느 종단 간부 스님을 모셨는데 문제가 생겼다.

첫째는 자신의 종단에 등록시키라 하고, 둘째는 절 운영권을 스님들에게 맡기라 하니 결국 거기서 의견이 맞지 않아 운영난에 빠지게 되었다. 그렇지 않아도 법당 짓고 요사채 지어 빚이 많은데 운영까지 잘되지 않으니 빚으로 넘어가게 되었다.

나는 보조법사로 춘천까지 어렵게 따라다니며 법문을 하였지만 타 종단 스님들이 오시면서 관여하지 않았다. 결국 단체는 해체되고 회장님은 병들어 누웠다가 돌아가시게 되었다. 정말 안타까운 일이었다. 장애인 불자들이 무슨 일을 하려 하면 눈 뜬 사람들이 도와주지는 못할 망정 운영권 때문에 본래 정신마저 파괴되고 말았으니 참으로 안타까운 일이다. 김회장님 장례식 때도 몇몇 지인 외에는 오는 사람이 없었고 49재 때도 그러했다.

그리하여 혜광맹인불자회는 이것으로 끝을 맺게 되었다.

첫째는 원력이 너무 과(過)했고

둘째는 능력이 부족했으며

셋째는 사회와 종교인들이 자기중심적인 사고방식이 너무 강한데 원인이 있지 않았나 생각하였다.

건달바(피리와 노래, 안마로 세상을 평화롭게 하는 신장)

4-4. 기막힌 세월

사람을 많이 데리고 살다 보니 별별 사람이 다 있게 된다. 한 번은 미국에 갔다 오니 자칭 비구가 조실로 앉아 있었다.

"김의택법사님이 없는 사이 어떤 스님이 오셔서 조실을 자처하고 계신데 아주 훌륭하다고 합니다."

"무엇이 그렇게 훌륭하냐?"

"음식에 파, 마늘이 든 것은 먹지 않고 오직 간장이나 무쪽만 잡수시며 다른 사람은 냄새 난다고 근접도 하지 못하게 하고 있습니다."

"그러면 시봉은 누가 하느냐?"

"같이 온 사람이 한 사람 있는데 여자 같기도 하고 남자 같기도 합니다. 그런데 하루는 큰 법당, 큰 부처님 이마에 깎아 넣은 백호상(白毫相)이 가짜라고 하며 기필코 파서 진짜와 바꿔 놓아야 한다고 부처님을 내려 복장을 다 뒤집고 구슬을 가로 세로 갈아 못쓰게 되었습니다."

"새 구슬로 바꿔야 한다고 신도집에 가서 돈을 5백만 원 빌려 가지고 갔는데 소식이 없습니다."

"시주 잘 했구나. 공부하는 사람은 부처님 탓하지 않는다."

그런데 그 스님을 시봉하던 사람이 이틀째 밥을 먹으러 나오지 않는다 하여 가보니 애기를 낳아 큰 방이 피투성이가 되어 있었다. 급히 병원으로 가서 치료하고 입원시키니 집안은 조용해졌다.

그런데 서울 종암경찰서에서 경찰차가 와서 그분이 쓰던 물건을 모조리 싸 가지고 갔다.

"어디서 오셨습니까?"

"가짜 중을 잡아 놓고 잘못된 일을 추궁하느라 조사 나왔습니다."

"옛날 경허스님은 눈에 빠진 문둥이 여인을 구해준 일도 있었는데 용서해 주십시오."

"애기 낳은 여자는 어디 가 있습니까?"

"교문리 한양병원에 가 있습니다."

"저희들이 가서 데리고 갈 터이니 걱정하지 마십시오."

알고 보니 종단 분규 때 할복 기도한 다섯비구 제자로 마하가 보낸 사람이었다.

지방 사찰에는 이런 사람들이 짝을 지어 다니며 49재, 백일재, 천도재를 할 테니 준비해 가지고 올 차비만 주십시오. 무엇이 문제인가? 문제 해결하면 뭉텅이 돈을 가지고 올테니 그 비용을 조금 보태주면 결코 그 은혜를 잊지 않겠습니다. 하고 돌아다니는 사람들이 많았다.

어떤 스님은 한 보살이 기생처럼 이쁘게 꾸며 입고 100일 기도를 한다고 돈 천만 원을 내놓는 바람에 놀라 주지스님 방 옆에 귀한 이불을 깔아 상전처럼 모시고 기도를 하였다.

며칠만에 한 번씩 갑사 치마, 저고리를 갈아 입고 속이 훤히 들여다 보이는 옷을 입고 100배, 천배를 한다. 온 몸이 땀에 젖어 딱 들러 붙었다. 절을 하다 쓰러져 홀로 사는 스님이 조심스럽게 모시고 옆방에 눕혔다.

급히 내려가 더운 물을 데워 가지고 약을 먹이려고 돌아와 보니 상하 겉옷을 다 벗어버리고 발가벗은 몸으로 이불을 감고 누워 죽는다고 이리 뒤치고 저리 뒤

치고 하여 겁이 난 스님이 젊은 몸을 만지게 되었다. 자신도 모르게 흥분이 되어 그만 범하고 말았다.

이렇게 되어 한 달쯤 지나 스님은 있는 것 없는 것 다 챙겨 먹이고 절 살림을 이 사람에게 맡겼는데 하루는 노신사가 찾아와서

"아무개 보살 여기 있는가?"

하고 문을 두드렸다. 당황한 스님이 옷을 챙겨 입고 나오는데,

"이 쥐새끼 같은 똘마니 비구야, 네가 남의 여자를 통해."

하고 여지없이 달려들어 몽둥이로 팼다.

"아이고 거사님, 잘못했습니다. 한 번만 용서해 주면 그동안 번 돈 당신 다 드리고 떠나겠습니다."

"그렇다면 각서를 써라."

하여 각서를 쓰고 있는 것, 없는 것 다 빼앗아 가지고 떠나버렸다.

"이것이 생시인가 꿈인가. 나를 실험하려 관세음보살이 화현한 것이 아닌가!"

통곡을 하자 아랫집 노 보살이 올라오며

"내 그럴 줄 알았습니다. 옛 스님이 말하지 않았습니까. 재물과 색은 독사보다 심하니 몸을 살펴 그름을 알아 멀리하라"고. 일생을 독신으로 청정비구로 알려진 스님. 스님의 꼴이 무엇입니까. 그러나 이제 통곡한다고 해결되겠습니까. 총무원에 가 사실을 고백하고 멀리 떠나십시오."

간 사람도 소식 없고 보낸 사람도 소식이 없다.

또 한번은 큰집 출신 한 사람이 나타났다.

"법사님께서 제 생일도 챙겨 주고 영치금도 넣어 주어 잊지 않고 찾아왔습니다."

하고 출소 증명서를 보여주어 읽어 보니 틀림없었다.

"이 사람은 간첩으로 밀수자로 무기징역을 받았지만 그동안 불교를 진실로 믿어 하는 행이 모범자가 되었으므로 법사님의 보증 아래 안심하고 내보냅니다."

사실 나는 13년 동안 큰 집을 다니면서 '좋은 일 하면 좋다'고 하여 무슨 일이든 이런 사람들을 발 벗고 뒷바라지 하였다. 그런데 한번 보증서면 의지가 없는 사람은 죽을 때까지 책임져야 한다는 것까지는 알지 못했다.

그러나 한번 그렇게 된 것을 어떻게 할 것인가.

"같이 보증 선 나머지 친구들은 어디로 갔는가?"

"삼각산 큰 절로 가기도 했고 견지동 여관에 있기도 하며 삼지 사방으로 흩어졌습니다. 저는 나이는 들었으나 몸이 건강하여 무엇이든 할 수 있으니 시켜 주십시오."

"여기는 수도장이니 도 닦는 사람들을 뒷바라지 하는 일 밖에 할 일이 없네, 그렇다면 나와 함께 나무를 하도록 하세."

하여 같이 부목(負木) 살이를 하게 되었다.

당시 절에는 방이 20개가 넘었으므로 땔감이 언제나 부족했다. 그런데 이 사람이 기운이 좋아 한 짐씩 짊어지고 오면 2,3일씩 때었다. 모든 사람들이 칭찬하고 사랑하였다.

이렇게 3년을 지낸 뒤

"나도 이제 머슴살이하며 중 노릇하는 사람들을 많이 보았으니 중을 만들어 주십시오."

"이 사람아. 무기수, 사형수에게 어느 누가 승적을 만들어 주겠는가."

"안 만들어 주면 혼자 중이 되면 되지 않겠습니까. 먼저 나온 사람들 가운데는 종정스님도 있고 총무원장 스님도 있습니다."

하며 낱낱이 그 명호를 들려주었다. 18년 동안이나 큰 집 생활을 하면서 수요,

일요법회마다 전국의 유명 인사들을 만나보고 법문을 들었기 때문에 모르는 것이 없었다.

"안 돼. 다른 사람은 몰라도 자네는 안 돼."

"왜 안 됩니까? 기운이 너무 세서 안 됩니까? 큰 일 저지르지 않겠으니 중만 만들어 주십시오."

안된다 했는대도 하계수련 1주일을 앞두고 조계사 앞에 가서 머리 깎고 중 옷을 사 입고 왔다. 겉으로 볼 때는 한가닥 하는 도인 상이다.

그런데 수련회에 왔던 사람 가운데 작년 재작년 함께 공부한 사람이 물었다.

"언제 중이 되었습니까?"

"일주일 전에 되었습니다."

"누구의 제자입니까?"

"부처님 제자지….'"

"누구는 부처님 제자 아닙니까?"

말이 길어지자 솥뚜껑 같은 주먹으로 한 대 때려버리니 온 몸이 피투성이가 되었다. 간신히 4박 5일 수련을 마치고 종단에 데리고 갔더니, 모두가

"안 된다."

하였다. 여지없이 큰소리를 쳤다.

"아무개는 어떤 큰스님 제자가 되었고 아무개는 아무개 큰스님 제자가 되어 있지 않습니까?"

"그것은 종단의 불가피한 사정에 의해서 그리 된 것입니다."

이렇게 두세 개 종단을 돌아다니며 확인을 시켰다.

그런데 집에 와서 또 일을 저질렀다. 60이 넘은 공양주가 아침이 되어도 일어나지 못해 가보니 어제 저녁 도둑놈에게 당해 몸에 상처가 나 있다는 것이다. 그

래서 병원에 가서 보니 옛날 애기 낳을 때 늘어진 신장이 밑으로 빠져 나왔다는 것이다. 그것 때문에 죽지는 않겠지만 크게 힘을 쓰면 대소변이 때 없이 쏟아지게 된다 하였다.

그런데 따라갔던 사람이 말했다.

"나는 혼자 살 수 없습니다. 쉰두 살에 나와 4년 동안 잘 살지 않았습니까. 그렇다면 나에게도 살 길을 열어 주셔야지요. 이런 늙은이를 데리고 어떻게 살 수 있겠습니까?"

기가 막혀 이튿날 어느 절 법회에 갔다가 은근히 비유를 들어 설명하고,

"혹시 이런 사람을 구해줄 사람이 있으면 소개해 주세요."
하였는데 뜻밖에 사람이 나섰다.

"나는 태권도 4단으로 경찰에 입소하여 8년 동안 혼자 살다가 같은 직장의 도반을 만나 결혼하고 딸 하나를 낳았는데 불행하게도 교통사고로 죽고 말았습니다. 딴 짓만 하지 않고 우리 딸만 잘키워 주신다면 제가 모시고 살겠습니다."

그래서 그 이튿날 선을 보고 결혼식을 하기로 작정하였는데 한 가지 조건이 있었다.

"저는 이 옷(승복)을 벗으면 일을 저지를 염려가 있습니다. 그러니 제발 이 옷을 벗으란 말씀만 하지 말고 시골에서 야인 생활을 하게 해 주십시오."

"좋습니다. 그러면 우리 다같이 힘을 합하여 원하는 대로 살게 해 주겠습니다."

그 길로 두 절 신도님들이 힘을 합하여 간단히 결혼식을 올리고 얼마되지 않는 돈이지만 들어온 돈을 몽땅 주었다.

그는 그 길로 부인과 함께 시골 과수원을 돌다가 1천 평 밭을 전세로 얻기로 하고 멧돼지 새끼 20마리를 사 가지고 왔다. 그래서 그 곳에 보금자리를 차리고 흔적 없이 살게 되었다.

그런데 어느 해 가을 추석 무렵 연락이 왔다.

"저희들도 열심히 노력하여 멧돼지 새끼가 500마리가 넘어 밭도 사고 집도 샀으니 현판을 하나 써 주십시오."

그래서 너무도 반가워 택시를 타고 100리 길을 넘어 가서 보니 장래가 촉망되는 곳이었다. 밭에다가는 채소 씨를 뿌리고 울타리를 친 뒤 돼지들을 놓아 먹이니 날마다 일취월장 하였다.

지금은 90노인이 되어 출입도 잘하지 못하고 있으나 부인이 독실한 불자가 되어 집안 일, 법당 일을 겸하여 살피고 있다.

이러한 이야기들을 하려면 말로 다 표현할 수 없다. 나는 이런 역경 속에서 속기도 하고 매도 맞고 죽을 고비도 여러번 겪어 가면서 불교를 하였다. 모두가 나의 스승이시고 도반이고 사랑이었다.

특히 우리 스님들을 도와준 서울 보살님들께 감사드리며 문제가 많은 남편을 모시고 경찰 노릇을 잘한 그 보살님께 감사드린다.

지금도 그 스님은 낡은 승복을 입고 리어커를 끌고 열심히 살고 있다. 마을 사람들은 그를 산 부처로 생각한다. 쌀 한 됫박 불전 몇 푼 모아지면 본인은 쓰지 않고 불쌍한 사람들의 영치금으로 넣어 주고 온다.

4-5. 희방사 법회와 경북불교대학

불교정신문화원을 운영할 때 영주에서 와서 구내 학용품 가게를 하는 사람이 있었다. 강의 때마다 가게를 보지 않고 열심히 와서 강의를 들었는데 하루는 법회를 청하였다.

"한 달에 두 번 철야정진하는 사람들이 있는데 밤에 법문을 해 주실 수 있겠습니까?"

"밤에 한다면 오후에 내려가서 저녁에 법문하고 아침 일찍 차로 올라오면 되겠네요."

"그럼요, 저도 그렇게 다니고 있습니다."

그래서 내려갔다. 가서보니 풍기에서 내려 버스를 타고 30분쯤 산고개를 지나다가 중간에서 내려 또 1시간쯤 소백산으로 올라갔다. 골짜기 흐르는 물을 따라 한없이 올라가니 제법 큰 분지(盆地)가 나오는데 거기 집 두 채가 있고 또 저기만큼 떨어져 있는 곳에 작은 사당이 하나 있었다.

법당은 너무 춥고 요사채에 사람이 많이 모여서 아미타불 염불을 하고 있는데 장단이 잘 맞았다. 작은 사당에 가서 보니 두운조사(杜雲祖師)의 상이 모셔져 있어 희방각씨를 생각하면서 법상에 올라갔다.

"신라 때 한 스님이 깊은 산 속에 들어와 열심히 정진하고 있었는데 밖에서 이상한 소리가 나서 나가 보니 커다란 호랑이가 눈물을 뚝뚝 흘리고 있었습니다. 배가 고파 그런 줄 알고 옷을 벗고 앞으로 갔으나 호랑이는 고개를 숙이며 가로

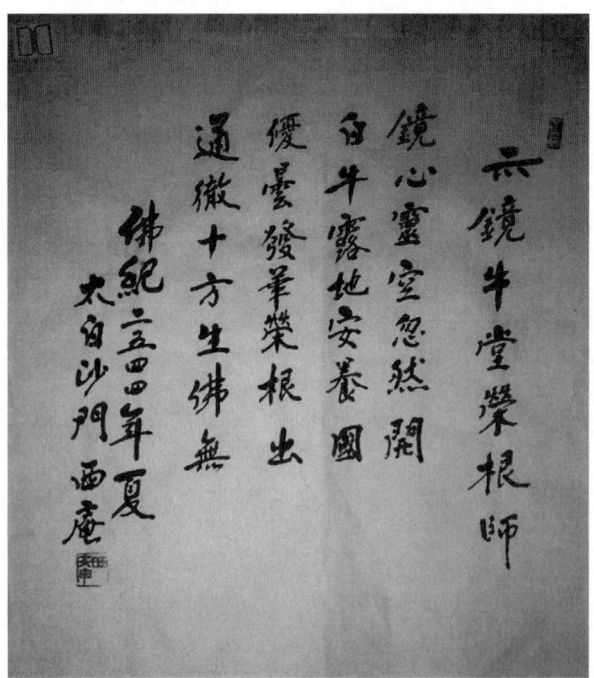

六鏡牛堂榮根師

鏡心靈室忽然開
白牛露地安養國
優曇發華榮根出
通徹十方生佛無

佛紀二五四一年夏
太白沙門西庵

안경우 원장님과 서암종정스님 글

세로 고개를 내저었습니다. 자세히 살펴보니 입 속에 빨간 댕기가 걸려 있었습니다. 팔뚝을 넣으니 꽥 하고 기침을 하였는데 젊은 여자의 비녀와 댕기가 목에 걸려 있다가 빠져 나왔습니다.

"너 이놈. 산 중의 왕이 먹을 것이 없어서 사람을 잡아먹고 다니느냐!"

야단을 쳤다. 감사하다는듯 겸연쩍게 고개를 숙이고 올라갔습니다.

어쨌든 스님은 기분이 좋아 정진을 잘하고 있는데 또 하루는 밖에서 쿵 소리가 나서 나가보니 커다란 멧돼지를 한 마리 잡아다가 마루에 놓고 올라갔다.

"야, 이 산중의 노호(老虎)야. 중이 고기 먹는 것 보았느냐. 어서 빨리 짊어지고 가서 너나 먹어라."

외치고 들어오니 한참 있다가 어슬렁어슬렁 내려와서 멧돼지를 물고 갔다.

"짐승도 은혜를 아는구나. 그러게 개도 불성이 있다 하였지!"

하고 잊어버리고 지냈다. 그런데 음력 11월 중순쯤 지났는데 새벽녘에 또 밖에서 쿵 소리가 나서 나가보니 커다란 처녀를 물어다 놓고 갔다. 사람이 까무라쳐 숨을 제대로 쉬지 못하고 있는지라 앉고 방으로 들어가 더운 물을 입에 떠 넣고 한 식경이 지나도록 팔다리를 주물고 있으니 스르르 눈을 뜨더니

"호랑이야~"

하고 또 눈을 감았습니다. 이렇게 밤중에 두세 번 깨었다 살아났다 하다가 날이 밝아서는 아주 살아났습니다.

"여기가 어디예요?"

"소백산입니다."

"내가 어떻게 여기까지 왔지요? 저는 경주 최부자집 외동딸입니다. 동짓달에 시집가게 되어 채단을 정리해서 어머니 방으로 들고 가는데 갑자기 회오리 바람이 불면서 넘어졌는데 그 뒤로는 아무 것도 생각이 나지 않습니다."

"아. 짐작이 갑니다. 내가 며칠 전 호랑이 한 마리가 죽게 된 것을 살려 주었더

니 그 은혜를 갚는다고 하여 여기까지 아가씨를 물고 온 것 같습니다. 지금은 눈이 꽉 찼으니 아무 생각하지 말고 염불하다가 날이 풀리면 가도록 하십시오."

"이 산중에 사람이라고는 아무도 없는데 단칸방에 단둘이 살았다면 누가 인정해 주는 사람이 있겠습니까. 어차피 이렇게 되었으니 제가 스님을 시봉하고 살겠습니다."

"그런 말씀하지 마십시오. 남이야 무엇이라 하였든지 우리 둘이만 그렇게 알고 살면 되지 않겠습니까. 나도 절에 들어오기 전에는 장가들어 자식들까지 낳아 놓고 발심 출가하였는데 집안 식구를 봐서도 이러면 안 됩니다."

"우리 할아버지도 할머니 두 분을 함께 모시고 살았는데 무엇이 걱정할 것 있겠습니까. 우리는 경주에서 제일가는 부자이니 먹을 것 입을 것 걱정할 것이 없습니다."

"그래도 안 됩니다. 부처님은 왕자로 있으면서도 설산에서 6년 동안 고행하시고 성도 후에는 수많은 여인들이 주위에 있었으면서도 조금도 이상 없이 살았으니 내 마음이 허락되지 않습니다. 방은 좁지만 호랑이 굴보다는 넓으니 당신은 아랫목 나는 윗목에 자리를 정하고 정조를 지킵시다."

"그러면 저는 오늘부터 공양주가 되겠습니다."

"공양주라 할 것이 뭐 있겠습니까. 쌀이라곤 이제 두 말도 남지 않았는데 한 몫으로 죽을 쑤어 두 사람이 나누어 먹도록 합시다."

"나야 뭐 죽었다 살아난 사람인데 먹으나 안 먹으나 걱정할 것이 없습니다."

"그래도 살아서 고향에 갈 때까지는 건강하게 살아야 될 게 아닙니까."

이렇게 두 달을 지내고 나니 날씨가 풀렸다. 그래도 물속에 들어가니 얼음물이 뼈 속을 저며내는 것 같았다.

"아이고 추워. 잘못하여 넘어지면 폭포에 휩쓸려 갈 것 같습니다."

"걱정마시고 이 줄을 잡으세요. 그렇지 않아도 이 물을 건너야 될 것 같아서

초암사 중건주 보원스님

내가 새끼를 꼬아 이렇게 줄을 매 놓은 것입니다."

간신히 두 사람이 산, 물을 건너 경주에 이르니 그날이 바로 씻김굿을 하는 날이었다. 아가씨가 나타나니 귀신이 왔다고 모두 놀래며

"어서 물러나라."

겁을 내었습니다.

"나는 귀신이 아니고 사람입니다. 석 달 전 호랑이에게 물려 소백산에서 살다 온 희방이입니다."

하니 아버지 어머니가 부둥켜안고 울다가 물었다.

"네가 어떻게 그 깊은 산골에 가서 살았느냐?"

"두운스님이 공부하는 장소로 나를 데려다 주어 그분의 은덕으로 살다 왔습니다."

"아니. 차라리 호랑이에게 물려 죽어버리지 젊은 스님하고 석 달이나 살다 왔다면 누가 너를 데려가겠느냐!"

걱정하였다.

"아버님 걱정하지 마세요. 저는 스님은 되지 않더라도 그 절 밑에 가서 살면서 스님의 공부를 돕겠습니다."

그리하여 두운스님은 말 없이 돌아오고 희방이는 서너 달 몸을 추스린 뒤에 절 아래 움막을 치고 살면서 스님을 도왔습니다. 어머니 아버지가 딸을 위해 얼음물이 깊었던 개울 위에다가 철로 다리를 놓아 주었습니다. 그 아가씨가 살던 움막은 지금 희방사역이 되고 그 다리는 오래되어 떠내려 갔는데 그 다리가 우리나라에서 최초로 만들어진 철다리가 되었기 때문에 영주 철다리라 하여 유명한 것입니다.

"이런 곳에 절을 짓고 공부하고 있으니 주지스님은 두운스님의 화신이고 공양주는 희방의 분신이기에 여기 모인 대중 스님들은 그때 일을 돕던 화주 시주들인

것 같습니다."

박수갈채가 소백산을 들었다 놨다 하는 것 같았다.

법문을 마치고 내려와 보니 희미한 불빛 아래 앉았던 거사가 동국대학교 선배 안경우 법사님이었다.

"나는 학교 졸업 후 조명기박사님 연구소에서 일을 보다가 고향 생각이 나서 여기 와 있네."

스님은 원래 조박사님께서 가장 아끼던 제자였고 나는 이사장님 제자로 왔다 갔다 했으니 돌이켜 생각하니 꿈만 같았다.

"조명기박사님이 천타불 만타불 억타불 하면서 칭찬했던 학교의 선배입니다."

신도들께 이야기 하니 경우스님이 말했다.

"나는 학교 다닐 때부터 유발법사라 술 잘 마시고 놀기 좋아하여 모르는 사람 이 없었습니다. 어떤 스님이 강가에 와서 물에 빠져 죽고자 밤낮 없이 3일을 염 불하였어도 물이 더욱 푸르러져 들어가지 못했는데 포수쟁이 한사람이 지나가다 가 이상한 소리가 나서 와서 묻고 보니 자기도 살아보았자 별 소득이 없을 것 같 아서 저도 염불하다 떠날 터이니 염불 방법을 가르쳐 주십시오."

하니 가르쳐 주었다.

"이렇게 앉아서 서쪽을 향해 합장하고 염불하십시오."

하여 염불하다 생각하니

"스님은 절에서부터 염불하고 여기 와서도 3일 동안 밤낮없이 하였는데 나는 이제 이렇게 해 가지고 어떻게 극락세계를 가겠습니까. 한꺼번에 불러야지."

하고

'천 타불 만 타불 억 타불' 하고 물속으로 쏘옥 들어가니 하늘에서 연대가 내 려와 포수쟁이를 싣고 올라가 버렸다. 그래서 스님은 그분이 빠진 곳에 뒤따라 들어가 아무리 기다려도 연대가 내려오지 않아 중택이라는 고기 뱃속에 들어가

제22기 경북불교대학 대학원 졸업기념. 불기2557(2013)년2월23일

중택이가 되고 말았다.

이 법회의 인연으로 먼저는 풍기에 불교대학을 만들었다가 다음에는 영주로 옮겨 영주불교대학을 하고 그것이 확장되어 지금의 경북불교대학이 된 것이다.

안경우 스님께서 배출한 학생들이 8천 명이 넘는 가운데 남자가 3천여 명이 넘으니 영주시장이고 국회의원이고 이 대학을 외면하고는 출세할 수 없다고 하였다.

제9회 진각대학 졸업기념

대전 보현불교대학 학장직 이취임식

4-6. 90세 노인의 고민

서기 2000년을 기념하여 부처님 성지를 찾아 간 우리들의 여행객 속에는 90이 넘은 노인이 세 분이나 되었다.

한 분은 아드님과 같이 왔으므로 걱정이 없었고 한 분은 제자들과 같이 왔으므로 역시 걱정이 없었으나 이민환법사님께서 같이 가기를 원하여 9박 11일간 함께 주무시며 재미있는 이야기를 주고받았는데 특히 87세에 얻은 마나님과 헤어질 것 때문에 고민이 많았다.

당시 이법사님의 나이는 92세였고 시봉을 하고 있는 보살님은 87세였는데 이 세상에 와서 네 번째 만난 여인으로서는 잊지 못할 사연이 있었다.

법사님은 일찍이 아시아 양정계장(糧政計長)을 하여 동남아시아 일대에서 나는 쌀, 밀, 보리, 면화 등 농산물을 전체적으로 계산하여 남는 곳에서는 부족한 곳으로 물건을 교환하기도 하고 부족한 곳에서는 우유나 과일 등을 공출하여 나누어 주기도 하여 의식주에는 걸림 없이 살았을 뿐 아니라 세계 각국을 내 집 드나들듯 하여 재미있는 생활을 하였다고 한다.

같은 양정 일을 보는 사람 가운데서도 일선에 배치된 공무원으로는 전쟁터에 나가 죽은 사람들의 집을 수색하여 후방에 팔아먹음으로서 차마 사람이 하지 못할 일들을 많이 하였는데 법사님은 후방에 있는 농토들을 답사하여 먹고 남은 물건들을 공출하게 하여 혐오심을 받지 않고도 즐겁게 살았다고 한다.

그런데 50대에 첫 부인을 잃고 70대에 둘째 부인을 잃고 80이 넘어서 그냥 살려 하다가 친구의 소개로 셋째를 얻었는데 신혼생활부터 병이 들어 재미있는 여행 한 번 해보지 못하고 죽어 가슴이 아팠다는 것이다.

특히 85세에 내 강의를 듣고는 부처님 경전을 애인으로 삼고 다시는 사람을 만나지 말아야겠구나 생각하였는데 87세에 경로당에 갔다가 한 노인이 옆에 딱 달라붙으며

"어디 갔다 이제 오셨습니까?"

하며 새색시처럼 다정하게 굴었는데 나 역시 싫지 않아 그 때부터 사귄 것이 내 나이 92세가 되었으니 걱정이 태산이라는 것이다.

그냥 다정히 부부처럼 살면 되는데 어머니가 자식을 사랑하듯 너무도 자상스럽게 깊이 사랑하기 때문에 헤어질 일이 걱정이라는 것이었다.

자신이 금강경을 읽으면 그는 요한복음을 큰 소리로 읽으며 찬송가까지 하여 시기 질투가 나기도 하고 때로는 교리 논쟁을 하기도 하며 싸움을 하기도 한다는 것이다. 그런데 그는 뱃속에서부터의 모태신앙이라 남편을 따라 그만두고 싶어도 저절로 입에서 소리가 나니 어쩔 수 없다고 하였다.

그런데 한 가지 고민이 되는 것은 부모님 제사나 명절을 당해 제사를 지내려 하면 음식을 하여 다 차려 놓고도 자신은 절도 하지 않고 제사음식을 먹지 않으니 기분이 나빠 자신도 굶을 때가 있다는 것이다.

그래서 내가 말했다.

"그분은 분명 전생의 친어머니십니다. 어떤 인연으로 외국으로 공출 가 자식을 잃어버렸다가 금생에 산다니 떨어질 수 없고 또 신앙이 다르니 외면할 수도 없지만 안 할 수도 없으니 기분 좋게 그 마음을 따라주도록 하되 내 할 일을 내가 잘

하면 되지 않겠습니까?"

"그렇지 않아도 내가 한산 습득 책을 읽어보니 할머니가 손자를 잊지 못해 이웃마을에 태어나 16세 차이로 절에서 결혼식을 올리니 한산과 습득이가 손뼉치고 웃어 한산사에서 쫓겨났다는 말을 들었고 전생의 조카가 일찍이 부모를 잃고 길거리에서 울고 있는 것을 데리고 와 길러 그 이름을 습득이라는 말을 들었습니다. 너무 사랑하고 집착하고 안타깝게 여기면 이런 일이 생긴다 하는 것을 불경에서 보았으니 우리 또한 헤어질 수 없으니 난감합니다."

"그러면 지금도 일요일이면 교회당에 나가고 법사님은 서대문 법당에 나가 법회를 보시는 것 아닙니까?"

"그렇습니다."

"그렇다면 시간을 바꾸어 오전에는 함께 교회 가고 오후에는 함께 절에 가면 되지 않겠습니까?"

"그것이 잘 되지 않습니다. 내가 양정계장이 되어 동남아 일대를 돌아다니다 보면 부자들은 넉넉히 퍼주고도 걱정 없이 사는데 가난한 사람들은 교회에 가서 끝까지 빼앗기지 않으려 하고 대창을 들고 데모하던 모습이 눈앞에 선하기 때문입니다."

"그렇게 끝까지 자기고집만 부린다면 헤어지는 수밖에 없지요. 그래야 그 사람도 편하고 나도 마음이 상하지 않지 않겠습니까."

"차라리 그랬으면 좋겠는데 그 사람이 나에 대해서 입에 혀처럼 잘하니 버릴 수도 없습니다."

"그것이 애착입니다. 애착 때문에 윤회가 있는 것 아니겠습니까?"

"그러면 내 시봉은 누가 하고요!

"자식이 하나도 없습니까?"

"하나 있기는 있는데 멀쩡한 며느리와 손자를 버리고 새 여자를 얻어 새 살림을 하고 있는데 나무랄 수가 없습니다."

"그렇다면 그 먼저 번 며느리는 시아버지를 좋아하지 않았습니까?"

"너무 가까이 하다 보니 멀리 떨어져 있어야 한다고 부산까지 보내버렸습니다. 손자는 대학 1학년이고 며느리는 60이 넘었습니다."

"그렇다면 걱정할 것 없습니다. 먼저 부산에 있는 손자, 며느리 소식을 알아보고 두 번째는 기독교에서 운영하는 노인복지센터를 알아본 뒤 자식에게 말씀해 보십시오. 너는 내가 준 재산만으로도 먹고 살고 남을 것 같은데 너의 자식과 옛 여인이 객지에서 고생하고 있는데 내가 살피면 어떻겠느냐 물어보세요. 더구나 새로 들어온 며느리는 교인이 되어 아버지 제사도 지내줄 수 없는 형편이라면 뜻 맞는 사람끼리 살면서 마음 편히 사는 것이 좋지 않겠습니까? 보십시오, 서대문 법당에서 같이 공부하던 권오영법사님은 경찰서장을 지낸 엘리트이지만 모든 재산을 마누라, 자식들에게 나누어주고 그의 몸은 장기 전체를 연구용으로 희사해 버리고 환희심에서 떠나지 않았습니까!"

"알고 있습니다. 그래서 내가 법사님과 함께 자야 되겠다 한 것입니다. 나도 그렇게 했으면 좋겠는데 90세가 넘은 노구를 누구한테 준들 유용하게 쓸 수 있겠습니까?"

"젊은 사람들 흉내 낼 필요는 없고 본인의 일신만 잘 처리하면 걱정 없게 됩니다."

이렇게 약속하고 돌아왔으나 차마 아들에게 그 이야기를 할 수 없어 내가 연락해 보니 아들이 마침 병원에 입원해 있었다. 그래서 병원에 찾아가 사실적으로 이야기를 했더니

"그렇지 않아도 내가 너무 못된 짓을 하여 이렇게 병이 났나 생각하고 있습니다. 아버지 열여덟 살에 나를 낳아 나 또한 70이 넘는 노인이 되었으니 갈 길이

망연합니다. 마누라에게 이런 얘기를 하면 화를 내고 야단이 날 것이고……."

"그것은 걱정할 것 없습니다. 재산을 나누어 주는 것도 아니고 할아버지 재산을 큰며느리, 손자에게 물려주면 되지 않겠습니까."

그리하여 할머니는 천주교에서 운영하는 유료양로원에 보내고 며느리와 손자는 할아버지를 시봉하게 되었다.

이법사님이 돌아가시기 전까지는 매주 토요일 꼭 양로원을 찾아 할머니를 위로하고 저녁을 먹었으며 또 용돈도 넉넉히 주어 후회 없는 인생을 살게 하였다.

이법사님은 상락향 여름수련대회에 와서 이 사실을 대중 앞에 고백하고 돈 300백만 원을 내어 권오영법사님 유해를 따로 모시도록 땅을 닦고 비를 세워 그 비석위에 먼저 가신 권오영법사님과 하학순보살님을 넣어 세 법사님 비석을 한 돌에 새겼다.

모든 것은 한 생각에 달려 있다. 한 생각 여의면 그대로 극락인데 한 생각 가지고 이리저리 생각하다가 때 늦어 싸움거리만 만들어 놓을 때도 있다.

이민환법사님은 그 후 4년을 더 사시다가 96세에 세상을 떠나서 아들, 손자들이 환희롭게 초상을 쳤는데 그의 아드님도 3년 있다가 78세로 별세하여 아버지가 묻힌 이북 5도민들의 공동묘지에 묻혔다.

4-7. 효행상좌 양정관법사님

충청도의 별명이 청풍명월(清風明月)인데 나는 진짜 청풍명월을 보았다.

1980년대 통신대학에 입학하여 2년 교육을 마친 뒤 스님이 운영하시는 청주 수도원에 불교통신대학 지부를 만들고 거기서 강의하였다.

나는 청주신도회, 청년회 법회를 시간 따라 보았기 때문에 차차 그 법회를 줄이고 큰스님의 뜻을 따라 대중법회를 한달에 한번씩 보게 되었다.

신도회장의 청에 의해 큰스님의 비석을 만들기로 했는데 스님께서 입적하셨다. 신도회의 추천으로 큰스님의 딸이 일찍 출가하여 강원교육을 마치고 있었으므로 주지가 모시게 되었다. 돌아가신 큰스님은 일찍이 출가하여 강원 선방 이력교육을 마치고 1등 포교사로 활동하였다.

그런데 당시 스님들은 제자들을 결혼시켜 며느리를 빨래 주인으로 데리고 살았다. 늙어 죽게 된 스님들이 손이 없으면 며느리와 상좌들에게서 낳은 자식들을 친자식처럼 데리고 길렀기 때문에 몸에 장애가 있는 사람이 아닌 경우 결혼하지 않은 사람이 거의 없었다. 이것은 지금 일본불교와 몽골불교를 보면 알 수 있다.

그래서 스님도 결혼하여 아들, 딸을 낳았는데 불행하게도 아들 하나가 장애인으로 태어나 항상 걱정 속에서 살았다.

옛날 신도들은 그런 내용을 잘 알고 있었기에 서로 협조하여 키워 성장한 뒤에는 절에서 사무를 보게 했고 그것이 눈에 거슬렸던 주지가 된 스님도 그런 동생이 없는 것만 못한 것 같이 느껴졌다. 돌아가신 스님에게 누를 끼치고 신도들에게는 면목이 없기 때문이다. 그러나 보살님들은 공양주하기 어려운 세월에 가까운 사람이 있어 살림을 살펴주니 얼마나 좋은가 생각하기도 하였다.

주지스님은 아버지 스님을 생각해서라도 더욱 모범을 보이고 후배를 길렀으며 시내 노인들을 위해서 매월 음식을 준비하여 점심공양을 대접하기도 하였다.

돌아가신 큰스님 상좌는 몇 분이 있었으나 결혼해서 사는 사람은 그대로 살고 혼자 있는 사람들은 스승갈이를 하여 재 출가 하였다.

그러나 큰스님처럼 공사(公私)를 분명히 하여 절 살림을 살피는 사람이 흔치 않았으므로 거기서 본을 받은 큰 상좌가 학교 선생님으로 있으면서도 학교에서는 불교학생회를 조직하여 보살피고 밖에 나오면 일반신도회와 청년학생회를 보살펴 대중 불교운동을 일으키는 한편 수도원에서는 거사회를 조직하여 운영하고 있었다. 당뇨, 혈압관계로 몸이 불편함에도 불구하고 불가피한 일이 아니면 한 번도 빠지지 않고 절에 나와 선후배를 살피곤 하였다.

통신대학도 1980년대 초에 졸업했으나 매년 정월, 4월 8일, 8월 추석, 9월 달이면 생일까지 잃어버리지 않고 연락을 주신다.

금년에도 '눈이 어두워 연하장도 쓸 수 없어 맨 입으로 문안드립니다.' 하고 전화가 왔는데 참으로 스승과 제자를 보살피는 마음이 남다르기 그지없다.

나는 법주사 복천암 신미스님을 통해 한글 제작의 원조(元祖)들을 발견하고 그 무서운 유생들 틈에 끼어서도 흔들림 없이 대사(大事)를 완성한 스님들을 생각하며 충청도 기질을 자주 생각해 본다. 세종대왕이

"천하의 유생들이 해인사 대장경을 일본에 주어버리고 보기도 싫어해 장경각까지도 뜯어 없애버립시다."

청주 수도원 일주문

숭산스님과 함께 불교사상 대강연회를 마치고

하였는데

"만약 우리나라 사람들이 대장경을 읽을 수 있게 된다면 어떻겠는가."

하여 미뤄오던 대장경 처분을 신미스님에 의해 한글이 만들어진 것을 보고 즉시 법화경, 원각경 등을 한글로 번역하게 하여 궁중의 나인들로부터 읽게 하였으니 그 은덕이 충청도 사람에 의해 만들어 진 것을 누가 알겠는가.

물론 이 같은 일은 신미스님 혼자의 힘으로만 된 것이 아니다.

고려 말부터 남다르게 불교를 대중화시켜 왔던 스님들이 직지(直指) 같은 선문을 만들기 위해 동활자를 만들어 책을 인쇄해 낸 공덕이 면면히 흘러 내려온 데 원인이 있다.

한말 대홍수로 떠내려간 용화사 부처님들이 무심천에 파묻혀 있다가 낚시꾼들이 자신의 머리에 앉아 방귀 뀌는 소리를 듣고 임금님 부인(황후)께 현몽하여 물 속에 부처님을 찾음으로써 흔적도 없어진 용화사가 복원되어 청주불교의 기본 도량이 되었다. 큰스님은 6.25 후 그 절 주지가 되어 법당, 요사채도 없는 허허벌판에 차일을 치고서 용화사를 복원하였다.

1950년대 종단분규가 일어나자 스님은 스스로 그 절을 본사 법주사에 돌려주고 일본 사람들의 신사 터가 있던 와우산에 신용화사를 짓고 '청주수도원'이라 이름을 붙여 운영하게 되었으니 절 사자(寺)가 붙으면 또 문제가 될 염려가 있었기 때문이다.

주지스님도 수도원 주지로 있기는 했지만 '대처승 딸'이라는 소리가 듣기 싫어 다른 지방에 가서 활동하였다.

신도들이 모셔 와 불가피 두 차례 주지를 한 일이 있다.

이런 환란 속에서 누가 주지로 오든지 끊임없이 스승의 절을 신도로서 지키고 보호하는 사람은 오직 양정관법사님 뿐이었으니 칭찬하지 않을 수가 없다.

정관법사님의 생각은 스님들이 대처 비구가 되었더라도 무신자보다는 낮지 않느냐. 절에 들어온 돈으로 신도들 장학금도 주는데 불자의 자녀들에게 학비를 좀 주는 것이 무슨 죄가 되겠느냐 생각하고 있었다.

문제는 절을 운영하는 방법이다. 돌아가신 벽산스님처럼 신도회를 구성하고 학생회, 청년회, 거사회를 중심으로 거기서 뽑힌 회장님들이 공동으로 살림을 하여 거기서 만들어진 기금으로 학생을 기르고 노동자들을 살핀다면 무슨 죄가 되겠는가. 수많은 교회에서도 신도회가 교회를 운영하듯이 절 살림도 그렇게 한다면 이상할 것이 없지 않겠는가 생각한 사람들도 많았다.

벽산스님이 돌아가신 뒤 외국 유학한 스님, 큰 절 강사, 선사를 지낸 스님들을 두세 번 주지로 임명하여 살림을 맡겨보았지만 따님이신 묘혜스님이 살림할 때만은 훨씬 못 하였기 때문에 돌아가신 스님을 그리워하고 동경하는 것이다.

양정관 법사님

청주 수도원 노스님 비석

한국불교가 달라지려면 이런 문제부터 달라져야 하지 않을까.

나는 청주수도원 법회를 2~30년 동안 보아 오면서 스님의 귀천이 스님들에게도 있지만 자기 스님들만을 칭찬하고 챙기는 신도들에게도 문제가 있다는 것을 뼈저리게 느끼고 보아왔다.

동국대학교에 사찰운영학과가 생겨 교회 운영하듯 조용히 절 살림을 할 수 있으면 얼마나 좋을까 생각도 해 보았다.

4-8. 불교 시문학(佛教詩文學)

불교의 모든 장경은 경, 율, 론 삼장으로 구성되었으나 뒤에 밀교와 선이 별도로 나타나면서 5장(五藏)으로 판단하기도 한다.

그러나 이 모든 장경의 문체를 여러 가지로 나누기도 하지만 기본적으로는 산문(散文)과 시(詩)로 나누고 시는 게(偈) 송(頌)으로 구분한다.

나는 처음 불교의 경전을 보면서 부처님의 이야기를 설화문학(說話文學)으로 정리하고 역대의 신행 체험담을 영험설화(靈驗說話)로 정리한 바 있다.

그리고 다시 설화문학을 비유, 인연, 본생으로 나누어 정리하고 영험설화도 기도, 불사, 괴이담(怪異談)으로 나누어 설한 바 있는데 문화부에서 판권을 부탁하여 자유로 쓰게 하였더니 거기서 에니메이션이 6~70개가 나왔다고 한다.

근본불교에서는 부처님께서 항상 노래하고 외웠던 소아함과 4아함을 축소해서 시문(詩文)으로 만든 법구경이 있고 대승불교에서는 대부분 산문을 시로 엮은 중송(重頌)이 대부분이다. 그래서 부처님의 설법 순서를 따라 화엄경, 아함경, 방등경, 반야경, 법화경, 열반경 순서로 상, 하 양권을 만들고 역대 조사들의 어록을 중심으로 선문염송, 전등록 등을 제 3권에 배정하였다.

나는 처음 불교에 들어와서 찬송가는 기독교에만 있는 줄 알았는데 대부분의 불전(佛典)이 찬송으로 꾸며져 있는 것을 보고 놀랐다.

천상천하무여불 (天上天下無如佛)

시방세계역무비 (十方世界亦無比)

세간소유아진견 (世間所有我盡見)

일체무유여불자 (一切無有如佛者)

를 중심으로

찰진심념가수지 (刹塵心念可數知)

대해중수가음진 (大海中水可飮盡)

허공가량풍가계 (虛空可量風可繫)

무능진설불공덕 (無能盡說佛功德)

같은 찬불가가 헤아릴 수 없이 많았다.

화엄경 10조 9만 5천 48자 가운데 반 수 이상이 시문학이다.

또 세상에 무슨 신, 무슨 신 해서 신(神)도 많지만 불교처럼 큰 신들이 많은 것 또한 처음 보았다.

화엄경 첫 들머리를 보라.

대자재천 광과천, 변정천, 무량정천, 범천, 자재천, 타화천, 지족천, 시분천, 도솔천, 일천자, 월천자 하는 하늘 신들과 건달바, 구반다, 용왕, 야차왕, 마후라가, 긴나라, 가루라, 아수라 하는 허공신, 주주신, 주야신, 주방신, 주공신, 주풍신, 주화신, 주주신, 주하신, 주해신, 주가신, 주약신, 주산신, 주지신, 조왕신, 도량신, 족행신, 신중신, 금강신 등 수많은 지상신들이 있다.

이와같이 부처님 당시 세상 사람들이 신봉하는 신들은 39위로 설정하여 모시고 있는데 그들 모두가 부처님의 위대한 깨달음을 찬송한다. 뿐만 아니라 부처님 다음가는 보현, 정덕, 해월, 혜혜, 뇌음, 중보, 대지 등 많은 보살들이 찬송하고 여래현상품과 보현삼매품, 세계성취품, 화장세계, 비로자나품 등 39품에서도 수많은 보살들이 한없이 노래한다.

나는 이것을 화엄경 10만송이라 불렀다.

법을 알고 뜻을 알고 때를 알고(知法 知義 知時), 절개를 알고, 자기와 대중을 알고(知節 知己 知衆), 사람을 아는 것 이것이 7법이다.(知人 壽命七法)

이렇게 물사람, 목적유(木積劉) 선인경(善人境) 복경(福境) 등을 설하고 업상응품(業相應品)을 설했다. 그리고 서른여섯 가지 축복경을 설했다.

존경 받을 만한 사람을 공경하고
분수에 맞는 곳에서 살고
일찍이 공덕을 쌓아서
스스로 바른 서원을 세워라.

− 〈망갈라 수트라〉

법구경에서는 이러한 글귀들을 한 데 모아 360가지를 설한다.

망상과 선정을 넘어 피안의 저 언덕에 이르면
세상의 모든 굴레에서 벗어나 열반에 이른다.

− 〈브라만품〉

방등대집경에서는 능엄경, 미타정토삼부경, 미륵정토삼부경, 승만경, 유마경,

약사경, 원각경, 지장경, 목련경, 보은경 가운데서 백 천 게송을 설하고 반야, 법화부에서 많은 노래를 중송으로 부른다.

주문을 중심으로 한 밀교경전에서도 찬송과 진언을 쉬지 않는데

① 색을 경계하는 능엄주
② 상대방의 소원을 들어주는 여의륜주
③ 커다란 스케일로 살아가는 모다라니주
④ 자연의 재해를 막아주는 소재주 등 여러 가지 주문이 나온다.

그러면서도 보왕삼매론에서는 이렇게 경계한다.

① 몸에 병 없기를 바라지 말고
② 세상살이에 곤란 없기를 바라지 말고
③ 공부하는데 장애 없기를 바라지 말고
④ 수행하는데 마가 없기를 바라지 말고
⑤ 일을 하는데 쉽게 되기를 바라지 말고
⑥ 친구를 사귀되 내가 이롭기를 바라지 말고
⑦ 남이 내 뜻대로 순종해주기를 바라지 말고
⑧ 공덕을 베풀면서 과보를 바라지 말고
⑨ 이익을 분에 넘치게 바라지 말고
⑩ 억울함을 당해서 밝히려 하지 말고

계율에는 비구, 비구니계와 사미, 사미니계, 식차마나, 재가 팔계, 십선계 등이 있는데 지악(止惡) 수선(修善)을 기본으로 하되 자정기심(自淨其心)을 바탕으로 하였다.

선호어구언 (善護於口言)

역선호어의 (亦善護於意)

신막작제악 (身莫作諸惡)

삼정삼종법 (三淨三種法)

그리고 머리 깎고 법명 받고 가사를 받는 출가자에 대해서는

선재해탈복 (善哉解脫福)

무상복전의 (無上福田衣)

아금정대수 (我今頂戴受)

세세상득피 (世世常得被)

좋구나 해탈복이여

위 없는 복전의로다

저희들이 받아 입었으니

세세에 항상 입겠습니다

이렇게 경장, 율장을 설하고 나면 다음 논장을 설하게 되는데 사리불 집이문론, 목건련 법온족론, 가다연이자의 시설족론이 기본이고 불멸 100년 후부터 대비바사론, 아비담마심론들이 나오다가 세친의 구사, 유식론, 마명의 기신론, 용수의 중론 등이 화려하게 펼쳐진다.

그러나 나는 여기서 끝나지 않고 혜초의 왕오천축국전, 최치원의 쌍녀분전기를 부록으로 기록하였다.

문수동자 게송

면상무진진공양 (面上無瞋眞供養)

구리무진토묘향 (口裡無瞋吐妙香)

심리무진진보시 (心裡無瞋眞布施)

무희무진시진상 (無喜無瞋是眞常)

성 안 내는 그 얼굴이 최상의 공양이요

부드러운 말 한마디 더할 나위 없는 향기되네

아름다운 그 마음이 부처님 마음이고

청정한 그 성품은 영원한 법신일세

다음 하권에서는 선문염송, 1462칙과 전등록 1700공안을 낱낱이 소개하였으
니 뜻 있는 사람은 마땅히 한 번 읽어보시기 바란다.

불교시문학 출판기념회

4-9. 바보 천치

한 지역에서 큰 법사를 모셔 대성황을 이루자 청소년 클럽에서는 서울 선생님을 한 분 모셔 달라고 사정하였다.

그래서 우리 전문대학에서는 난다 긴다 하는 스님들도 많이 있지만 법사 지망생들 가운데서도 뛰어난 인재들이 많이 있었다.

특강 시간에 이 말을 하였더니 한 학생이 자원봉사 하겠다 하여 일단 선을 보였다. 영어도 잘하고 수학도 잘하고 못하는 것이 없을 정도로 만능 인간이었다. 지역 사람들이 와서 기차로 모시고 갔다. 한두 번 강의를 하고 나니 중, 고등학생들이 인산인해를 이루었다.

"역시 서울 선생님이 최고야. 종교고 영어고 수학이고 모르는 것이 없는 걸. 진실로 만능 인간이야!"

하며 모두 만족해 하였다. 학부모들은 모일 때마다 돌아가면서 학생들 간식도 내고 선생님 칭찬도 하였다. 학생 수가 너무 많으니 토요일, 일요일로 나누어 강의를 하였고 학교 실력이 부족한 학생들은 오후에 별도로 특강을 하여 실력을 보충하기도 하였다.

이렇게 5,6개월 지내는 사이 그 선생님은 하늘의 별처럼 반짝이게 되었고 함께 일을 보는 분들도 칭찬을 받았다.

8월 추석이 되어 인사차 왔길래 부탁을 하였다.

"모든 일은 3년이 고비이니 주·색·잡기를 조심하고 함부로 돌아다니면 안 된다.”

“여기저기 초청하여 특강도 하고 있습니다.”

“학생이 돈이 생기면 좋은 일하고도 말을 들을 수 있으니 아주 조심해야 된다.”

“예. 맹세하겠습니다.”

그런데 그 해 9월 단풍철이 되어 학생들이 소풍 가자 하여 어느 큰 절로 구경가 하루를 즐겁게 놀고 돌아오는데 사람이 많아 선발대는 먼저 떠나고 여학생 세 명과 선생님이 뒤따라오게 되었다. 시내에서 30리쯤 떨어진 곳에서 한 학생이 말했다.

“선생님 좋아하시는 차 한 잔 대접하고 싶은데 괜찮겠습니까?”

“부지런히 가야지. 선발대들이 기다리고 있지 않을까!

하니, 한 학생이 다 알아서 하기로 했어요.

“소풍 가셨다가 곡차 한 잔도 하지 못하고 오셨으니 저희들이 한턱 내겠습니다.”

하여 괜찮은 찻집으로 들어갔다. 먼저 차 한 잔 하고

“이왕에 들어왔으니 한 잔 더 하시고 가시죠”

아이들이 둘러앉아 안주를 시키고 술을 가져왔다.

“이것이 이 지방 인삼주입니다. 한 잔 따르겠습니다.”

한 잔 한 잔 하다 보니 정신이 몽롱해졌다.

“저희들도 한 잔 하고 싶은데 마셔도 될까요?”

“나는 모르겠다. 너희들이 알아서 해야지.”

애들은 돌아앉아 한 잔씩 마시고 치킨을 시켰는데 거기까지는 기억이 났는데 그 뒤의 일은 전혀 기억이 나지 않았다.

찻집이 모텔과 겸해 있었기 때문에 학생 한사람이 가서 방 하나 얻고 선생님 먼저 모신 뒤 기다리면서 한 잔씩 더한 것이 모두 취하게 되었다.

"옛다. 모르겠다. 들어가서 자고 가자."

모텔 주인은 여러 사람들이 한 방에 자기 때문에 의심하지 않았다. 그런데 일은 벌어졌다.

이튿날 돌아와서는 정신이 아찔했는데 학생들이 번갈아 가며 시봉을 하여 아무 생각없이 지냈다.

그런데 애들 가운데 선생님을 지나치게 좋아하는 학생이 학교는 가지 않고 아주 선생님 옆에서 살았다.

이것이 문제가 되어 학교에 알려지고 학부모들에게도 알려져 난리가 났다. 급기야 그는 경찰서에 가서 조사를 받고 도경까지 불려가 조사를 받게 되었다.

학생들도 저희들이 좋아서 그렇게 되었다고 하고 아주 한 학생은 선생님께 시집가서 살겠다고 이야기 했지만 나이 어린 학생들을 잘못 지도했다는 이유로 그는 장차 큰 벌을 받게 되었다.

도경에서 편지가 왔다.

"제가 지난 8월 추석 때 찾아뵙고 각별한 말씀을 들었으나 저로서는 더 이상 얼굴을 들고 세상을 살아갈 수 없습니다. 설사 제가 잘못되더라도 이해하시고 용서해 주시기 바랍니다."

편지를 받고 내려가니 벌써 그는 자신의 허리띠로 목을 매어 죽은지 이틀이나 되었다. 혹시 약을 먹고 죽었는지 알 수 없어 부검을 했는데 간을 따로 떼어 비닐에 넣어놓고 말했다.

"다른 사람들보다 간이 한 배 반이나 큽니다."

간 큰 놈이 무서운 줄 모르고 일을 잘 저지른다는 말이다. 그러나 내가 생각할 때 선생이 실력만 믿고 계율을 지키지 않는데 문제가 있었다.

나는 종종 교도소나 군법당에 다니면서 자기 건강과 실력을 과시한 사람들을 보았다. 어찌 그런 곳에 있는 사람뿐이겠는가. 실수는 순간 눈 깜빡할 사이에 일어나는 것이니 진실로 조심해야 할 일이다.

이런 이야기는 차라리 안 하는 것만 같지 못한데 남의 흉내를 내다 잘못될 염려가 있는 사람들을 위해서 불가피 기록한다.

소개한 사람도 소개를 받은 사람도 모두 잘못되었으니 말이다.

통신교육에 강의 오신 무진장 스님(1969)

4-10. 요가의 정신

인도사람들은 인생의 깊은 문제를 참구하고 그에 대한 해결책을 찾고자 오랜 세월 노력해 왔다. 그러므로 플라톤, 칸트를 공부하고 유대 셈족 사상만을 최고의 진리로 여기고 살아왔던 사람들도 보다 완전하고 포괄적이고 진리를 찾아 인도에 왔던 것이다.

서무선법사님은 일찍이 미국에 가 미국 언어로 전문적인 공부를 하고 가족들을 모두 불러 서양사상에 물들게 하였지만 나이들어 우파니사드 철학을 접하고 나서 자그만치 인도를 여덟 번이나 다녀왔다. 히말라야 북부에서부터 남인도 항만에 이르까지 세계적인 명상센타를 빠짐없이 순례 체험하였다.

라다 크리쉬나는 옥스퍼드 대학과 런던대학에서 요가를 강의하여 세계적인 성자가 되었다. 주로 그 내용은

① 보는 자와 보이는 세상 즉 감각 기관과
② 보는 자는 하나이나 대상은 다양하다(안식·이식·취식·설식·신식·의식)
③ 보는 자는 변하지 않으나 보여지는 것은 계속 변한다.
④ 대상을 보는 자를 알지 못한다.
⑤ 보이는 대상은 보는 자에 의해서 통제된다.

8세기 살았던 인도 성인 쉬보암은

① 나는 마음이 아니다.

② 생명은 내가 아니다.

③ 거기에는 증오·혐오·기호(嗜好)·욕심·환영도 없고

④ 선도 악도 없다. 하물며 고통 슬픔이 있겠는가.

⑤ 나는 멸하지 않는다.

⑥ 우주에 변재하기 때문이다.

그러므로 참 나를 찾지 아니하면 허망한 생각과 그림자, 메아리 속에서 일생을 헛되게 살다가게 된다 하였다.

그래서 많은 사람들이 브라만, 범아(梵我) 카르마(業) 라고 이야기하고 분명 부처님은 열반(涅槃)이라고 말했다.

베다는 이를 찬송하는 노래로 불렀고 요가는 이를 실천하는 도구였다.

베단타 철학에서는 불이일원론(不二一元論)을 주장하고 상키야 철학에서는 고결한 빛과 투철한 인식 즉 사트바가 강력한 힘을 가지고 팽창하는데 모호함, 무지. 게으름 때문에 목적을 달성하지 못하는 경향이 있으니 미세한 몸을 찾아 끝까지 뚫어보라 하였다.

쇼펜하우어도 수없는 방황 속에서 우파니사드를 만나 위안을 받고 죽음을 편안히 할 수 있었다.

서무선법사님은 한국이라는 땅에 태어나 수없는 고난을 겪다가 미국에 들어가 물질문명에 푹 젖은 가운데서도 자아의 실천을 위해 여러차례 구도의 역경에 빠졌다가 이제 무아의 경지에서 금강선원의 법우들을 돕고 있다.

단양 영통사에서 온 장애인 영화스님, 의정부포교원에서 온 최충섭법사님 등 의지없는 노인들을 내 몸처럼 보살피며 불교통신대학 학장으로서 구도의 길에서 헤매고 있는 사람들에게 자아탐구의 길을 가르치셨다.

사실 이 몸은 원소의 집합체이다. 그 몸을 만들어 낸 것은 한 생각이지만 생각도 분석해 보면 한 가지 공이다.

그런데 그 공 가운데서는 온갖 중생들의 생각이 다 들어 있다. 마치 하늘은 텅텅 비어 있으나 이 세상에 존재하는 온갖 해와 달, 별들을 그 안에 품고 있듯이 말이다.

이것을 모르는 사람은 자기 생각에 도취되고 이것을 깨달은 사람은 중생의 마음을 따라 윤회한다. 그렇다고 해서 공이 없어지는 것이 아니다. 한 부부가 자식을 낳기 위해서 각자 농산물을 심어 한사람은 감자떡을 하고 한사람은 강냉이 술을 빚어 가지고 가니 주지스님께서 부처님은 잡수시지 않는다 가지고 가라 하였다.

먼 길을 짊어지고 간 것도 힘에 겨웠는데 다시 짊어지고 올 생각을 하니 억장이 무너져 그날 저녁 500 나한님 앞에 순서대로 한 잔씩 올리고 삼배를 한 뒤 그 술을 다 마셔 버렸다.

그런데 그 절 주지스님이 꿈을 꾸니 나한님들이 거나해 가지고 웃으시면서 무슨 이야기를 하시는지라 깨어나서 나한전에 가니 행자는 술에 취해 자고 나한님은 그때까지도 웃고 있었다.

"아, 돌로 만들어진 이 나한님들이 스님들과 신도들의 원력을 따라 이 세상에 나타났다가 인연이 다 되면 티끌로 돌아가듯 모두 다 공으로 돌아가나 저 사람들의 원에 따라 또 태어나는 사람이 있을 것이니 공 속에 유가 생기고 유 속에 공이 생기는 구나."

깨달았는데 그후 1년 만에 부부가 아기를 낳아 데리고 오니 그 이름을 나한(羅

漢)이라 지었다.

그러므로 반야경

색즉시공 (色卽是空)

공즉시색 (空卽是色)

이라 하시고 우리의 마음은 불생불멸하고 불구부정하고 부증불감이라 하신 것이다.

이 세상 어느 곳에 가 있든지 이 도리를 깨달으면 그 있는 곳이 진리의 자리이고 중생들을 보살피며 즐겁게 사는 것이 보리행(菩提行)이다.

그러므로 옛 스님들의(摩拏羅)

이 마음은 경계를 따라 흘러가건만

흘러가는 곳은 나도 잘 알지 못한다네

천만번 흘러가도 하나인 줄만 알면

기쁨과 슬픔에 속지 않으리.

하신 것이다. 그래서 나는 서법사님께 하고 싶은 일을 마음대로 하시고, 가시고 싶은 곳이 있으면 마음대로 가라 하는데 방학이 되면 인도요, 미국이요 마음따라 다녀온다. 정월, 8월이 되면 이 세상에서 인연이 되었던 조상들의 묘지를 찾아 가고 화엄경 법회가 열리면 그 조상들과 자손들을 위하여 축복 기도를 드리고 있다.

월요일부터 일요일까지 그는 쉬는 시간이 없이 전화기에 귀를 기울이고 컴퓨터를 하면서 아메리카 노래 소리에 깊은 명상에 빠진다.

서무선 법사님

쌍룡불자들의 정진법회에 가서 써주신 활안스님 격려시

4-11. 헤아릴수 없는 마음

"나는 여덟 살에 초등학교에 들어가 배광학교를 졸업하고 가정을 살피다가 20세에 결혼을 했고, 남편 되는 사람이 아들 하나만 낳아 놓고 저 세상 사람이 되었습니다. 그래서 전기공사에 들어가 1년쯤 다녔는데 갑자기 죽은 남편 생각이 나서 일도 손에 잡히지 않고 미친 사람처럼 돌아다니고 싶었습니다. 이 길 저 길 다니다 집이라고 들어오면 어린 아이가 울고 있어 나도 따라 한없이 울었습니다."

울고 싶어라. 울고 싶어라.
한없이 울어도 눈물이 그치지 않네.

여보. 당신 보고 싶어요.
어떻게 나를 두고 당신 혼자만 저 세상으로 갔어요.

나도 홀로 쓸쓸해 이 세상을 떠나고 싶어요.
당신 곁으로 가서 한없이 울고 싶어요.

이렇게 하루 저녁, 이틀 저녁, 한 달, 두 달을 지내고 나니 무서운 생각이 없어졌다. 하룻저녁은 초저녁부터 집을 떠나 뒷산에 올랐는데 캄캄한 밤인데도 무서운 생각이 전혀 없었다. 높은 봉우리에 올라가 "야호" 소리를 세 번 지르고 오는데 어디서 소리가 났다.

"이 욕심쟁이야. 너만 홀로 살려 하느냐. 세상에는 병든 사람이 수가 없는데 …… 약사보살…."

돌아 보았으나 아무도 없었다. 내려오다가 어느 바위가 있는 곳을 지나오는데

"약사보살……? 저 바위를 보고 하는 말이 아닌가!"

김정수여사는 우두커니 서서 깊은 명상에 빠졌다.

"약사보살…? 약사보살이 누구지?"

절에 가서 스님을 만나 물으니 약사경 한 권을 주었다. 가지고 와서 읽어보니 약사부처님은 12가지 원을 세워 동방만월세계를 만들고 장애인 노숙자들까지도 구원하였다.

그러나 의지 없는 여자가 이런 일을 한다는 것은 어려울 것 같아 우선 약사부처님 한 분을 모시고 배우지 못한 사람들에게 배움의 길을 열어 주는 장학사업을 하겠다 발원하였다.

부처님도 아닌 바위덩어리 앞에서 "약사여래불"을 부르며 기도하니 마음속에 사무쳤던 사랑의 눈물까지도 차차 말라가기 시작하였다.

눈물도 말라가네.
동지섣달 긴긴 밤에 나 홀로 울었던 밤도

꿈같은 그림자를 따라
달밤에 창문 열고 바라보던 그 많은
눈 속의 초목은 으스스한데도
부푼 가슴은 점점 가라앉아 한숨까지도 줄어들었네.

부처님 도와주세요.

이 염주가 끊어지기 전에—

하며 처음에는 108염주를 10번 하였으나 그 다음부터는 천념을 가지고도 밤을 새는데도 고단한 줄 몰랐다. 비가 오나 눈이 오나 홀로 앉아 3년을 지내고 나니 사람들이 하나 둘 모이더니

"우선 법당을 건립하도록 합시다."

한 보살님이 외치니

"나는 기둥…."

"나는 서까래……,"

하더니 순식간에 세 칸 법당 건축비용이 모여들었다.

"이것은 여러분들의 법당이니 알아서 짓고 기도하세요."

욕심이 없는 보살님을 보고

"요사채 먼저 지어 계시도록 하고 이어서 법당을 짓도록 합시다."

하여 법당과 요사채가 한꺼번에 이루어졌다.

그리고 1967년에는 미륵부처님이 높이 서자

"자. 그럼 여러분들의 전당이 이루어졌으니 다음은 불우한 학생들을 도웁시다."

순간 그때 돈으로 천만원이 모여졌다.

"저는 잘 모르니 우리 아들과 함께 가서 안성교육청에 갖다 주고 오세요."

안성교육청이 생긴 이후로 한꺼번에 100명의 장학금이 들어온 것은 처음 있는 일이라 교육청에서도 와서 인사하였다.

"나는 일자무식한 여인이요, 아무것도 아는 것이 없으니 여러분들이 함께 동참하여 잘 될 수 있도록 도와주세요."

그래서 그 후 전기 불사도 하고 다음엔 삼성각, 미타전, 종각이 차례로 형성되

어 안성약수사 50주년 기념법회에 동참하게 되었다.

당시 방글라데시 빨리어 대학 총장님이 오셨다가 1천 명의 신도님이 모여 500명에게 장학금을 주는 것을 보고 또 경기도청에서 그리고 안성군청에서 여러 가지 표창장을 내리는 것을 보고 명예 철학박사 학위를 내리고 뒤에 가서 학위증을 보내왔다.

보살님은 50년 동안 살아왔던 일을 회상하면서 노래 불렀다.

고향이라고 찾아가니
나의 식구는 온데간데 없어
옛 우리집 담벼락 밑에서 앉은잠을 자고 왔다네.

가로수는 쌩쌩 나를 울리고
우리에게 죽지 않고 산 것을 다행으로 생각했네.

남편 잃은 사람들아
홀로 외로이 돌아다니지 말고
맨발로 길거리에서 일생을 걸으면서
걸식하던 부처님을 생각해보라.

밥이 없겠는가. 명예가 없겠느냐.
사랑이 없었겠느냐.
나를 버리니 모두가 우리집이었다.

그 뒤 보살님은 신도들에 의해 만들어진 뒷산을 시민공원으로 내어주고 재미있게 살다가 96세로 돌아가셨다.

끝으로 김정수(자비행) 보살님의 구비시((口碑詩) 한 수 더 읊어 드리겠다.

잃어버린 사랑의 로맨스여,
어이해 그 추억이 잊혀지지 않는고!
이 밤에 내리는 궂은 비 소리는
내 가슴을 찢고 울리는구나.

어두운 밤 한도 많은 등불아래서
나홀로 외로워 눈을 감으면
그칠 줄 모르는 궂은 비는
한없이 내 가슴을 찢기고 울리는구나.

고난과 역경 속에 눈물을 흘린 사람은 안성 약수사 김정수 보살님만이 아니리라. 세상에는 많은 동료들이 있지만 울산 보살님의 피눈물 나는 이야기를 한 가지 더 하고자 한다.

1990년에 울산에서 전화가 왔다.
"나는 태고종 보살입니다. 법사님의 천수경 테이프를 듣고 한번 만나보고자 전화를 드렸는데 와 주실 수 있겠습니까?"
"인연이라면 내려가도록 하겠습니다."
"멀리 미루면 기약이 멀어지니 모레 일요일 오전 10시까지 와 주십시오."

안성 약수사

김정수 보살님 사진

하고 주소와 전화번호를 알려주셨다.

일요일 오후에 조계사 청년회 법회가 있어 토요일 저녁때 내려가 전화했더니

여관에 들지 말고 보살님 집으로 오라 했다. 가서 보니 현대 조선소 건너편 사거리에 4층 빌딩을 지어 3,4층은 불교회관으로 쓰고 2층은 상담실로 1층은 다방으로 쓰고 지하실에서 거쳐하고 있었다. 나이 87세. 인생의 황혼기에 접해 계시지만 형형한 눈빛이 20대 소녀와 같았다.

"나는 이렇게 살고 있소. 불쌍한 중생. 그런데 불교를 어떻게 공부했기에 천수경 강의를 그렇게 현실적으로 풀어 주셨습니까? 나는 겉으로 보기에는 멀쩡한 것 같으나 속으로는 몸을 두세 번 뒤집었기 때문에 가슴도 없습니다. 한 많은 이야기를 하고 싶어서 법사님을 청했습니다."

"무엇인지 말씀해 주십시오."

"생각하면 부끄럽기 짝이 없지만 내 마음을 이해할 수 있는 사람은 세상에 그리 많지 않을 것으로 압니다.

나는 23세에 결혼하여 28세까지 두 아들을 낳고 깨가 쏟아지게 살다가 29세에 남편을 저 세상으로 떠나 보냈습니다. 가정은 그렇게 가난하지 않았기 때문에 자식들 기르는데는 별 걱정이 없었습니다.

그런데 막내가 세 살 되던 해 또 아기를 가질 때가 되었는지 남자 생각이 불같이 일어났습니다. 집이 울산 변두리에 있어 종종 사람들이 길거리로 다녔지만 내마음을 알아주는 사람은 하나도 없었습니다. 아이들이 잠이 들면 나는 나도 모르는 사이 삼호마을을 걸어 다니기도 하였고 때로는 문수사를 바라보며 하소연도 해 보기도 하였습니다.

그러나 그것이 하소연한다고 될 일이 아니었어요, 한 번은 초저녁부터 새벽 두시까지 산고개를 넘어 오는데 어떤 사람이 길가에 서 있는 것 같아 나도 모르는

사이에 가서 앉고

"여보"

하고 불렀으나 대답이 없어 자세히 살펴 보니 돌부처였습니다. 나도 절에 다니는 불교 신자이기에 너무도 당황하고 부끄러워 땅바닥에 엎드려 수십 번 절을 하고 돌아왔습니다.

그런데 막 집에 와서 잠이 들자마자 돌아가신 남편이 사모관대를 쓰고 오더니 훌훌 벗어버리고 저를 꼭 껴안아 주시며

"그대가 나한테 여보라 불렀지. 내 울산 바닥에 천 년을 넘어 살아도 나한테 여보라 부른 사람은 당신밖에 없어. 내 오늘 저녁부터 당신의 남편이 되어 줄 테니 무슨 일이고 어려운 일이 있으면 나에게 와서 이야기 해 줘…."

하고 한 남자가 떠나갔다. 눈을 떠보니 아침 7시가 되었다.

애들에게 부지런히 아침밥을 해 먹이고 다시 그곳을 찾아갔더니 부처님 입가에 입술연지가 묻어 있었다. 분명히 자기 입술의 것이었다.

그때부터 한 바퀴 돌고 꿇어 앉은 뒤

"당신이 나의 남편이 되어 주신다 하셨지요? 나는 오늘부터 그렇게 알고 열심히 살겠습니다."

그런데 또 며칠 있다가 똑같은 모습으로 나타났다.

"어떻게 살지요, 애들은 점점 커 가는데 살 길이 막막합니다."

"혼자 큰일을 할 수 있는가. 현대 조선 앞에다가 국수집을 내어 맛있게 만들어 봐…."

그래서 그 이튿날 찾아간 곳이 바로 이 집터입니다. 여기에 포장을 치고

"국수 한 그릇에 2천원"

하고 써 붙였더니 조선소 사람들이 몰려 왔습니다. 하루에 보통 2~3백 그릇씩 팔다보니 제법 장사가 잘되어 먼저 집을 팔아 700평 땅을 사서 이 집을 지은 것입

니다.

우리 집에 국수를 먹으러 오는 사람들은 대부분 현대 조선의 불자들이었습니다. 그래서 4,5층은 불당으로 만들어주고 3층은 상담실로 내주었으며 이 집 유지를 위해서 다방을 만들어 저는 이렇게 지하 살림을 하고 있습니다.

"저는 이제 90이 다 되었으니 이 집과 모든 불구를 현대 불자들에게 맡기고 남편 옆에 가서 흔적없이 회향하려 합니다."

이튿날 법회에는 300여 명의 노동자들이 3,4,5층에 모여 복된 법회를 보았다. 그 뒤 보살님과 두세 번 연락하여 서울까지 오셨다 가기도 하였지만 근래에는 아주 소식이 끊어졌다. '궁즉통(窮卽通)'이란 말이 여기서 나온 말이 아니겠는가.

염염물생의 관세음정성 (念念勿生疑 觀世音淨聖)
어고뇌사액 능위작의호 (於苦惱死厄 能爲作依怙)

생각 생각에 의심하지 말라
관세음은 청정하신 성인이시기에
고뇌와 죽을 액에 있어서
능히 의지와 믿음이 되느니라.

— 〈법화경 보문품〉

4-12. 삼신사지 해탈신(三身四智 解脫身)과 고불스님

눈빛이 늠름하여 신검(神劍)을 휘두르니
부처를 죽이고 마음대로 하는구나.
한 번 할(喝)하여 모든 마귀 쫓아내니
천 년 고목에 백 가지 꽃이 핀다.

백암산(柏巖山) 호랑이는 충남 논산 사람이다. 외동아들로 태어나 이름은 상순(商純)이라 불렀다. 7세에 부친을 잃고 논산 보통학교, 양정 고보를 다니다가 13세에 조부와 모친을 잃고 외로운 기러기처럼 먼 하늘을 헤매다 각황사(현 조계사) 김대은 스님을 뵙고 송만암 스님을 만나 21세에 백양사로 출가, 중앙 불전에 다니게 되었다. 졸업후 백양사 영어 강사로 있다 오대산 방한암 스님에게 가서 2년 동안 선을 하고 일본 경도 임제대학에 들어가 히사마쓰 신이치(久松眞一)에게 선을 배우고 니시타기타로와 미나베하지메의 잘못된 학설을 지적, 일본 불교 학계에 일대 센세이션을 일으켰다.

일본 묘심사 선원에서 3년간 정진하고 51세에 동국대학교 선원장으로 오셨는데 나는 거기서 처음 스님을 만나 뵈었다.

글씨는 장대에 바지 걸치듯 '오역문뇌(五逆聞雷)' '수처작주(數處作主)'를 잘 쓰셨는데 스님은 앉은키보다 훨씬 긴 법장을 들고 '악'하고 소리치면 천지가 진동하였다.

상왕빈신사자후 (象王嚬呻獅子吼)

섬전광중변사정 (閃電光中辨邪正)

청풍늠름불건곤 (淸風凜凜拂乾坤)

도기백악출중관 (倒騎白岳出重關)

상왕이 사자후를 하니

번쩍 빛 속에서 사와 정이 갈라진다.

맑은 바람이 늠름하여 하늘 땅에 휘날리니

백악산 거꾸로 타고 관문을 벗어난다.

이런 도인도 배 속이 편찮으셔서 돈암동 신처장님 집에 오셨다. 갑자기 시봉할 사람이 없어 홍내과(洪內科)에 가라 하여 갔더니 웃옷을 활짝 벗어 버리고 침대에 누워 삼매에 들어 있었다.

의사가 몽흔(마취)주사를 놓으려고 하니

"나는 그런 건 안 맞습니다. 그냥 째십시오."

의사가 벌벌 떨면서 아랫배를 째니 "찌익찍" 소리가 났다.

스님은 눈도 꿈쩍하지 않고 누웠다가

"다 됐습니까?" 그러면 내 방으로 가야지…"

아주 반드시 눕지 않고 반만 허리를 세워 고두 앉힌 뒤

"별 것도 아닌 것을 가지고 요란하게 굴었구나."

하고 3일 만에 퇴원하였다. 퇴원 후에도 눕지도 않고 그대로 앉아계셨는데,

"자리에 편히 누우세요."

하면,

"누운 놈이 앉은 놈이고 앉은 놈이 누운 놈이다."

평생 40년 가까이를 장좌불와(長坐不臥)하여 습관이 그렇게 굳어지셨다 하였다.

"한사람이 허망한 소리 하면 만인이 진실로 아니, 쓸데없는 소리 함부로 하지 말라."

당부하고 무문관(無門關)으로 돌아가셨다. 이때가 대학 4학년 때이다.

"스님, 어떻게 몽혼(마취)도 않고 수술을 받습니까?"

"멀쩡한 살에 왜 마약을 쓰나. 삼신사지(三身四智)가 원래 해탈신(解脫身)인데….

영운은 복숭아 꽃 핀 것을 보고 당장에 깨닫고 조주스님은 뜰 앞의 잣나무로 티끌세계를 쓸어 버렸는데 너는 설봉의 쌀(雪峯米粒)을 맛 보았느냐!"

"소머리가 없어지면 말머리가 온다 하였습니다."

"네 스승이 누구냐?"

"기산(綺山) 스님입니다."

"오, 주석산(錫珍)에 보배가 널렸구나…."

하였다.

그 뒤 스님은 대한불교조계종 5대 종정에 이르러 임제록을 출간하고 스리랑카 불치사에 이르러 수상과 대통령, 종정스님을 만나 양국 교류를 다짐하고 국립 푸리베니아 대학에서 명예 철학박사 학위를 받았다. 그 뒤 고불총림의 방장(方丈)이 되신 이후에는 남도 방문을 하지 못하였으나 스님과의 인연 때문에 "조주선과 임제선"이란 책을 쓰게 되었다.

스님은 앞에 간 선후배들에게 한마디씩 남겨주셨는데 전강대종사에게는 "서해 파도 위에 전강의 눈썹이 드러난다" 하고

춘성(春城) 스님과 대의(大義) 스님에게는

"서울시내에 그대 몸 드러나 있네(漢城假頭現金身)"하고

"가도 갈 곳이 없고 와도 올 곳이 없는 인생이여. 동쪽 하늘에 미타의 빛이 높이 솟았구나. (彌陀非外得邊界是西方)"이라 하였다.

또 영암(映岩) 스님에게는

"삼각산 위에 파도가 이니(三角頂上之浪) 한강변에 오대가 나타났네(三留天 漢江側逆五臺觜)"하셨다.

대운스님에겐 "참천쌍학 비무종(參天双鶴 飛無蹤)"이라 하고

구산(九山) 스님에겐 "구산절정 파도용(九山絶頂 波濤湧)"이라 하였다.

월산(月山) 스님에겐 "연년구월 국화신(年年九月 菊花新)이라 하고

육영수여사에겐 "한강유유만고류(漢江悠悠萬古流)라 하였다.

이렇게 스님은 청하는 대로 가서 한마디씩 하시고

"스님은 스님을 어떻게 생각하십니까?"

하니

"순역(順逆)에는 자취가 있으나 어리석은 짓은 헤아릴 수 없다.

두 학이 하늘에 날으니 향기로운 바람 끝없이 불어오는구나…"

하였다.

고불 서옹스님

고불스님의 제자 수산 큰스님

4-13. 정성이 깃들면 서광이 온다

인천에 가면 서광사라는 절이 있다. 외아들 하나를 데리고 이북에서 넘어와 사간동 법륜사 박대륜스님에게 가니

"열심히 염불하면 살 길이 생긴다."

하며 삭발해 주었다. 어머니는 불법은 잘 몰랐지만 스님 시키는 대로 열심히 염불하니 쌀을 올려다 놓고 가는 사람이 있고 돈도 놓고 옷도 갖다 놓고 가는 사람이 생겼다.

쌀은 밥을 지어 배고픈 사람들에게 나누어 먹이고 옷도 불전도 먼 길 가는 사람들에게 차비로 주니 기쁘기가 한량없었다.

이렇게 소문이 나서 지나가던 사람들이 장터처럼 모여 들어 외롭지 않았다. 같은 피난민이지만 나누어 줄 수 있는 힘만 있어도 장하였다.

"부처님, 부처님 덕분에 살 길이 생겼습니다. 길 없는 사람들에게 길이 되고 힘 없는 사람에게 힘이 되겠습니다. 모두가 부처님 덕분입니다. 열심히 공부하여 중생들의 길잡이가 되겠습니다."

하고 정진하다보니 아들도 따라와서 염불하고 포교하였다.

"부처님은 복이 많으신 분이야. 우리 어머니는 열심히 기도하여 수십 명에게 장학금을 주고 의지 없는 사람들에게 방도 얻어 주고 부자처럼 살고 있거든…."

대부분의 아이들이 부모님이 중이 되어 있으면 부끄러워서 숨어 지내는데 이집 아들은 그게 아니었다. 어머니 하는 일이 자랑스러웠고 자기 집 절이 그대로

고아원 양로원처럼 느껴졌기 때문이다.

초등학교를 졸업하고 중고등학교에 들어가서는

"어머니, 제가 목탁치고 염불할께요."

하며 목탁을 치며 염불하였다. 젊은 사람이 염불을 하니 어머니보다 훨씬 힘이 있고 소리가 넘쳤다.

학교를 졸업하자 신도 한 분이 갸륵하게 생각하여 부자집 따님을 중매하였다.

"어머님, 저는 어머니 따라 중 노릇할 것이니 장가 안 가겠습니다."

"어머니를 잘 모시고 절을 잘 운영하려면 심부름꾼이 한사람 있는 것이 좋지 않을까?"

신도님들이 이렇게 권하여 결혼하였으나 염불하는 것이 다른 절에 계신 스님들보다 나았으므로 큰스님과 의논하여 삭발염의하여 어머니 대를 잇게 되었다.

인천은 항구도시라 기독교가 처음 바다를 통해 들어왔기에 기독교 천지가 되어 있으나

"좋은 일하는데 무슨 종교가 차별이 있겠느냐!"

하고 열심히 하다보니 스님들도 목사님도 모두 좋아하였다.

요즈음은 외국 사람들이 한국 사람과 결혼하여 다문화가족이 늘어나고 있으므로 그들과 연관있는 베트남, 미얀마, 스리랑카 스님들이 종종 와서 자리를 잡고 그들의 길잡이가 되므로 스님은 그들을 도와 포교에 힘쓰게 하고 외아들 하나 있는 것까지도 출가시켜 미얀마에 유학시켰다.

한국에서도 금강선원 나란다삼장불교대학, 위덕대학을 졸업하고 범패를 가르쳐 의식을 장엄하게 하고 현대식으로 포교를 겸해서 재일날이면 신도님들이 법당에 꽉꽉 찼다. 특히 4월 초파일, 12월 8일, 2월 15일, 부처님 탄생재일, 성도재일, 열반재일이면 어김없이 법회를 보고 철야정진도 하였다. 나도 여기 동참하여

여러 차례 다녀온 일이 있다.

모여진 공양미를 불편한 노스님들께 공양하여 수년 동안 기로원이 쌀 걱정 안하고 살았으며 7월 백중 천도재 때는 깨끗한 내복들과 비누, 칫솔, 치약을 모아 가난한 사람들에게 나누어 주도록 수백 개씩 가져오기도 하였다.

같은 절을 운영해도 마지못해 운영하는 것이 아니라 신심과 원력이 늘어나서 운영하시니 스님의 입에서는 언제나 찬불가 소리가 그치지 않는다.

외국스님들이 사리 공양을 하여 지금은 사리박물관까지도 겸해서 운영하고 있다.

기쁘구나 즐겁구나 편안하구나
서광사 노래소리 천지에 메아리치네
어머니 아버지 아들 3대가 하나되어
염불·참선·복지하니 풍족하구나.
어두운 세상을 밝히는 절. 인천 서광사

서광사 주지 지환스님

서광사 사리박물관

4-14. 금강선원 식구들

세계는 한 꽃이요
만민은 동체로다.

한 마음에 파도가
천차만별한 세계를 형성하였으니

하나가 곧 여럿이요
여럿이 곧 하나로다.

동·정, 선·악에 관계없이
항상 그 마음 살펴

자리이타에 충만하면
각행원만 이루어져

누구나 이 세계를 밝히는
밝은 빛이 되고

가난한 세계를 구원하는
복전이 되리라.

한 마음 밝으면
가는 곳마다 연꽃이 피리라.

이것은 금강법어이다. 금강선원은 범불교 초종파 세계적인 종교단체이다. 다이아몬드와 같은 금강불괴의 몸을 가지고 휘황찬란한 보신과 자유자재한 화신으로 일체중생을 구원하는 불교, 불구덩이 화염속의 지구 덩어리를 불국정토로 만들어 가는 불교가 금강선원이다.

출가 수행자는 청정한 비구, 비구니로서 천동 천녀의 행자들을 거느리고 눈서리 속에 나타난 매화꽃처럼 향기롭게 불법의 꽃을 피우고, 재가 법사들은 다겁의 인연을 거두고 세상의 오염을 정화해가며 불국토 건설의 역군이 되고 있다.

누구나 가지고 있는 연꽃과 같은 마음을 써 어지러운 세상을 바로 잡고 삿된 물에 젖은 중생들을 건져가며 사랑스런 봉사로 상하가 화합한다. 자원봉사자 대의원과 살림봉사자 이사들이 이사장을 중심으로 똘똘 뭉쳐 정진해 가고 있다.

통신대학, 나란다 삼장불교대학으로 불교교리를 바르게 이해하고 경·율·론 삼장으로 수행자의 모습을 갖추고 예술 범패로서 불교의 예술문화를 통해 먼저 가신 선영들을 천도하고 따라오는 후배들의 심정을 밝혀준다.

아침 저녁 예불로부터 사시마지 의식을 통일하여 어느 곳에 가도 막힘이 없는 불교,

그래서 우리는 스스로 절을 짓고 포교당을 만들고 설법할 수 있는 능력을 길러 일과 이치를 분별하지 않는 일꾼이 되었다.

종교를 초월한 가운데서 이웃을 돕고 장학금을 주고 환자들을 보살피고 죽은 사람들의 길을 닦아주는 불교,

남녀에 구분하지 않고 승속을 따지지 않으며 일불제자로 똑같은 보살도를 닦아가는 불교,

나쁜 일 하지 않고 착한 일 해 가며 스스로 운명을 개척, 맑고 깨끗한 삶을 지

향하는 불교,

가정이 원만하고 직장에 충실하며 항상 건강한 몸으로 이웃과 국가, 세계를 하나되게 하는 불교,

이 불교가 금강선원이고 예술대학이며 통신대학이고 나란다 삼장불교대학이다.

사경을 통해 인격을 도야하고
독경으로 세상의 어리석음을 깨우치며
합동 시식으로 헐벗고 굶주린 영가들을 천도한다.
중생을 건지고 번뇌를 끊고 법문을 배우고
불도를 다 이룰 때까지 우리의 서원은 변치 아니할 것이다.

무주(撫州) 백양순(白楊順) 선사가 말했다.

염연(染緣)은 따르기 쉽고
도업(道業)은 이루기 어렵다.
스스로 눈 앞에 만 가지 차별을 알지 못하면
어떻게 경계의 넓고 큰 바람을 막겠는가.

공덕의 숲은 이루어지고
마음의 불은 염염(炎炎)이 타 오른다.
보리의 종자를 다 태워버리면
어떻게 성불의 길을 닦아갈 것인가.

대중 위하기를 자기 몸같이 하고

피차(彼此)의 일을 내 몸처럼 보살펴라.

자연히 위아래가 공경하고 사랑하면

불법은 흥하고 번뇌 망상은 저절로 사라질 것이다.

跋 文

　스님께서 80고개를 넘으시면서 처음 계획하신 일은 자아를 반조하는 큰 과업으로 구도출가에서부터 시작하여 오늘날까지 이어온 구도와 전법을 세 편으로 나누어 자서전 격 글을 엮으셨다.

　이는 아마도 "인간의 판단력은 언제나 사각점이 있어 예리한 판단력을 지닌 높은 인격의 소유자라 할지라도 알지 못하는 사이에 과오를 저지를 확률을 고려해 놓고 자신의 삶을 되돌아보는 자기성찰의 기회를 가져야 한다"고 강조하신 보조국사의 말씀이 동기가 되었나 보다.

　제1편 출가구도의 첫 길에서 만난 『산도 설고 물도 설고』 세계는 실로 모든 것이 설케만 보였다. 출가를 숙명처럼 받아들인 스님에게 구도의 첫 길은 조계산 송광사 추강주지스님의 심부름으로부터 시작된다.

　이러한 첫 길은 멀고도 험했다고 말씀하고 있지만 그 험한 길을 따라 해방 후 한국불교의 석학으로 일러지는 여러 선지식들이 낯설은 납자의 출현을 기다리고나 있었던 것처럼 차례로 보배로운 인연의 기회를 만들어 주었다.

　송광사에서의 사미계를 시작으로 경남 옥천사를 거쳐 오대산 월정사에서의 사미승 생활을 하면서 상원사에서의 용맹정진을 마치고 얻은 첫 소식, 홍련암에서 만난 관음조와의 해후, 그리고 당시 통합종단 총무원장이시며 동국대학교 이사장이셨던 기산스님과의 만남은 참으로 희한한 것이었다.

제2편 재가법사구도기는 대승정신을 바탕으로 한 자리이타에서 먼저 자리(自利)를 통해 자기실현을 구축해가는 과정이다.

옛말에 '오직 영웅만이 영웅을 알아볼 수 있다' 했다. 처음 만난 기산스님은 짧은 대화를 통해 젊은 납자의 구도열기를 크게 느끼시고, 이 열기를 더 뜨겁게 달구어 중생구제의 재목으로 삼으려는 일념에서 동국대학에 입학, 체계있는 학문 습득의 기회를 마련해 주셨다.

스님께서는 동국대학을 '불교학의 요람' 이라 부르며 4년간의 대학 교육은 불교학에 관한 지식을 구축하는 유일한 기회였다고 말씀하신다.

4년 동안 구도자로서 자신의 인격형성에 커다란 영향을 주신 선지식들의 학문적 지식을 전수 받을 수 있었던 기회를 환희에 찬 마음으로 되돌아보셨다.

특히 학문적인 면으로 만이 아니고 인격적으로도 존경의 대상으로 삼으시고 그로부터 뚜렷한 영향을 받으신 분들로는 김동화박사, 황의돈박사, 양주동교수, 안진호스님, 이기영교수, 조좌호교수, 김포광스님, 김잉석박사, 그리고 백성욱총장님 등과의 만남을 회고하면서 선지식들의 세계관으로부터 종교철학의 일면을 선보이고 있다.

산스크리트에는 서양의 철학이 뜻하는 지식을 사랑하는 학문이란 의미의 필라소피(Philosophy)에 상당하는 단어는 없다. 대신에 고대 힌두인들에게 철학은 세상을 보는 눈을 키우는 다샨(Darshan)이다. 다샨의 어근 drs는 눈으로 대상을 본다는 뜻이다. 힌두철학은 세상을 바르게 보는 눈을 기르는 학문이다. 부처님께서 팔정도를 말씀하실 때 첫 번째 정도가 바로 정견(正見)인 것은 결코 우연인 것은 아니다.

제2편에서 스님은 재가법사로서 포교활동의 일면을 회고하신다. 대학 2학년 때부터 대학선배와 함께 전국순회 강연을 시작으로 포교역사는 시작된다.

20대 초반, 머리가 새파란 납자가 사계(捨戒)를 통해 승복 대신 속복으로 바꾸어 입고, 그러나 누구보다 깊고 강한 신심과 자신감, 그리고 무엇보다 개혁이 아닌 개척정신으로 무장한 스님에게는 넘치는 자신감을 가지고 세상과 마주치셨다. 자신감은 두려움을 억압하고도 남았다.

사계를 통한 승복에서 속복으로의 전환의 의도는 두 가지였던 것 같다. 첫째는 교칙의 강요에 의한 어쩔 수 없었던 선택이었고, 두 번째는 비구와 대처 분쟁의 와중에서 벗어나 홀로 선 초종파적 불교실천을 통한 법사불교를 이끌어 갈 결심이 서 있었던 것은 확실하다. 부처님 당시에도 유사한 재가불자 법사불교가 실천되었던 것은 유마경과 승만경이 잘 증명하고 있다. 유마거사와 승만부인이 법사불교의 표본이 아니겠는가.

불교에서 자신감은 무외심(無畏心)과 동의어이다. 제2편의 법사포교기를 읽으면 그곳에 담겨있는 사건들이 바로 보살의 4무소외심(四無所畏心)을 뒷받침으로 해서 이룩된 포교사업들이었다.

미아리의 고등공민학교 설립운영은 개척정신에 따른 포교사업이면서 남을 가르치면서 두려워하지 않는 마음(能知無畏)의 발로였다. 이어서 구치소법회, 군법당 법회, 불교통신대학의 설립, 팔공산보살을 위한 철야법회 등 40여 년의 법사불교기를 지탱해준 정신적 지주가 된 것은 바로 보살의 무소외심이었다.

14세기 영국에 살았던 라이드 게이트 신부는 시인으로 후세에 잘 알려져 있는데, 이 신부의 시 가운데 오늘날까지 사람들이 즐겨 응용하는 시구에는 다음과 같은 구절이 있다.

"당신은 얼마간의 사람을 얼마 동안은 즐겁게 할 수 있습니다.

당신은 모든 사람들을 얼마 동안은 즐겁게 할 수 있습니다.

그러나 어느 누구도 모든 사람을 언제나 즐겁게는 할 수 없습니다."

이 시구는 인간의 변덕스러운 마음이 때로는 완고한 고집, 근거없는 편견, 참기 어려운 무관심 등으로 인해 하느님의 기쁜 소식을 전하는 사도(使徒)의 일이 얼마나 험난한 가를 지적하고 있다.

활안스님의 포교사업도 역시 인간사업이다 보니 이러한 경우에서 벗어날 수 있는 것은 아니다. 특히 중생구제를 자신의 평생 소임으로 선택한 스님은 모든 사람을 항상 기쁘게 하려는 노력이 제2편 법사포교기 전부에 나타나 있다.

제3 해외포교기는 스님의 포교외연이 해외로 향해 확대된 것이다. 인도를 다녀온 이후부터 해외포교의 가능성에 대한 관심에 싹이 트고, 그래서 하와이 대원사 법회에 이어 해외 포교기회가 주어지면서 그 기회를 최대한 이용하여 외국 불교지도자들과의 교류를 도모하게 된 것이다.

한국불교 금강선원의 법어(法語)는 활안스님의 세계관이 그대로 나타나있다. 법어는 우주의 진리가 부처님 말씀을 통해 언어로 실체화 된 것이다.

『세계는 한 꽃이요, 만민은 동체로다. 한마음에 파도가 일어 천차만별의 세계를 형성하였으니, 하나가 곧 여럿이요, 여럿이 곧 하나로다….』

스님의 해외포교는 일중다 다중일(一中多 多中一)사상을 바탕에 깔고 부처님의 평등사상을 실현하려는 마음가짐이 그 동안의 해외포교사업에 나타나있다.

해외포교는 미국을 시작으로 태국 테라바다불교에서의 수행, 이어서 동남아 불교국가의 순방, 몽골 울란바토르의 고려사 개원, 몽골국립공원내 대불조성 및 헌정. 중국 대련에 위치한 영청사와의 종교문화교류협정 체결과 일본 훗카이도 양원사와의 교류 등 불교국가는 물론 미국내에 한국불교를 심는 개척자적 역할의 일면도 읽어 볼 수 있다.

20세기 미국의 석학으로 제15판 대영백과사전 편집을 책임졌던 미국의 철학자 모디머 에들러교수는 말하기를,

"남의 전기를 읽는 것은 무엇보다 흥미롭고 교육적으로 큰 이익을 수확할 수 있는 기회이다. 특히 전기의 주인공이 모험에 찬 일생을 살아왔다면 그 일생을 통해 발전적 자기개혁을 보여준 주인공을 자신의 생활의 지표로 삼는 일은 실로 현명한 행위라 할 수 있다…"

❀ 활안 한정섭 법사 구도접법기 ❀

산도 설고
물도 설고

2018년 9월 15일 인쇄
2018년 9월 20일 발행

編　著　활안 한정섭
발 행 인　불교정신문화원
발 행 처　불교통신교육원
등록번호　76. 10. 20 제6호
주　소　12457 경기도 가평군 청평면 남이터길 65
전　화　031-584-0657, 02-969-2410
인　쇄　이화문화출판사 (02-738-9880)

값 : 30,000원